2020年度浙江省哲学社会科学规划课题成果（20

王崇炳及其文学研究

吕国喜 著

吉林大学出版社
·长春·

图书在版编目(CIP)数据

王崇炳及其文学研究 / 吕国喜著. — 长春：吉林大学出版社，2023.5
ISBN 978-7-5768-1731-7

Ⅰ.①王… Ⅱ.①吕… Ⅲ.①王崇炳—人物研究②王崇炳—文学研究 Ⅳ.①K820.49②I206.2

中国国家版本馆CIP数据核字(2023)第102194号

书　　名：	王崇炳及其文学研究
	WANG CHONGBING JI QI WENXUE YANJIU
作　　者：	吕国喜
策划编辑：	邵宇彤
责任编辑：	邵宇彤
责任校对：	蔡玉奎
装帧设计：	优盛文化
出版发行：	吉林大学出版社
社　　址：	长春市人民大街4059号
邮政编码：	130021
发行电话：	0431-89580028/29/21
网　　址：	http://www.jlup.com.cn
电子邮箱：	jldxcbs@sina.com
印　　刷：	三河市华晨印务有限公司
成品尺寸：	185mm×260mm　16开
印　　张：	26.5
字　　数：	475千字
版　　次：	2023年5月第1版
印　　次：	2023年5月第1次
书　　号：	ISBN 978-7-5768-1731-7
定　　价：	98.00元

版权所有　　翻印必究

前　言

　　王崇炳（1653—1739），字虎文，号鹤潭，东阳鹤州后田人。二十六岁进学，三十岁以一等第二名补廪，六十五岁出贡。乾隆丁巳（1737年），王崇炳被荐举为孝廉方正，可赐六品服备用于知县等官职，但他却以老疾辞不赴就。然后以居家教授或外出作馆为生，常年身居乡野，从不趋逢权贵。他以拯救婺学和研究地方文化为己任，朝夕讲学授徒，潜心著述，直至耄耋仍手不停笔，目不停卷，终成一乡学界领袖。著有《学耨堂文集》八卷、《学耨堂诗稿》九卷、《学耨堂诗余》二卷、《广性理吟》一卷。此外，唯恐乡邦文献失坠，故编著《金华征献略》二十卷，《金华文略》二十卷。乾隆己酉（1789年）从祀金华七贤祠。

　　深刻影响王崇炳一生的主要有四位老师：十二三岁时，在北山庵家塾师从蔡尔璧先生。蔡先生"为人文深峭直，博学强记""于书多所博览，至于《周易》《尚书》《毛诗》《春秋左氏传》及紫阳《纲目》，并其注，皆能覆背。其余诸子及方言小说，不能举其所记"。先生对学生"教以习诵经史，督课甚严"。（《先师蔡尔璧先生传》）[1]王崇炳因之诸经无不诵习，并采辑传注精要语，以期贯穿。继而从师董肇勋先生，董肇勋先生为"用世之长才，而词坛之雅宗"，著有《寓楼集》《寓楼续集》《逍遥集》等。1681—1683年任东阳训导时，曾"以振起斯文自任，崇炳与同学李凤雏、梁溪华炳泰饮酒赋诗，乐甚。"（《董澹斋先生〈逍遥集〉序》）[2]在董肇勋先生的影响下，王崇炳乃肆力于诗、古文，对《史记》、老庄、唐宋八大家及唐诗、宋词等悉心钻研，打下了坚实的文学功底。第三位老师是赵忠济先生，字济卿，别号岐宁，邑之巍山人。赵先生是王阳明学派第五代传人陈其蒽先生的弟子，"资秉粹美，淳厚坦白。学宗姚江，以致良知为主。"据王崇炳记载，

---

[1] 王崇炳.学耨堂文集[M]//赵一生.东阳丛书：15册.杭州：浙江古籍出版社，2015：89.
[2] 王崇炳.学耨堂文集[M]//赵一生.东阳丛书：15册.杭州：浙江古籍出版社，2015：52.

"先生教人，独揭良知之旨，接引之理甚坚，曰：'教人非止成物，乃成己事。倘云学可不讲，便同自弃。'"(《先师赵岐宁先生传》)①他对先生的处世为人、学业文章以及教学态度无不感佩备至。为了更深入地研究儒家哲学思想，他特地跋山涉水，不远千里地到萧山向淹贯群书又好辩的学问大家毛奇龄登门请教，质疑问难，讲论甚洽，以后不时有书信往来。王崇炳在辗转从师的过程中，因不断得到名师指点，学业与时俱进，成为东阳一带稍有名气的博学君子。

王崇炳有同学二人。一是李凤雏，二是华炳泰。王崇炳与李凤雏为清初东阳学人代表，一为乡学领袖，一为一时之才，二人为同乡兼同窗，以文字、精神相砥砺，个性不同，志趣有异，各自演绎了不同的人生，然而彼此尊重，相互倾慕，不妨碍成为终生知交。以李凤雏出处行藏大略为线索，梳理二人交游始末，或可部分还原清初东阳学术、文学发展概貌，探寻布衣士人在不同人生轨迹下的不同心态。华炳泰，字若虚，无锡梁溪人，十九岁避仇至东阳，留寓十载，与王崇炳、李凤雏相友善，数相唱酬，著有《琪华阁诗词》等。华炳泰三十余岁卒，常引得王崇炳怀念。

王崇炳门人众多，有名姓可考者达45人，大致不出金华范围，其中又以东阳本地者居多。门人中如金玉汝、黄廷元、虞景翰、陈启成、徐泳、徐楒等皆与老师同行，也以设馆谋生，师生共同为当地的教育事业、文化传播等做出了一定贡献。

王崇炳淡泊名利，远离官场，平等待人，绝不趋炎附势，更不主动结交官长，只与少数几位地方官有交往，皆以志同道合为基础，是典型的君子之交，如1713—1718年任东阳县令的门应瓒、1720—1722年任东阳县令的刘溁符、亲聘王崇炳为丽正书院山长的金华知府张坦让、金华府教授诸锦等。

1722年，王崇炳回访慈溪郑性，因之结识四明众友，唱和颇多，尤以李暾、万承勋、郑性等四明四友为最，以此为契机，返回东阳后才有意编选诗集，意在以诗存人。王崇炳与郑性二人相识虽晚，却惺惺相惜，是各自晚年不可多得的挚友。在长达28年的交谊中，他们留下大量的文学作品，据之考述他们的交游始末，探求其交游成因与影响，可稍窥清初盛世浙东布衣士人之生存状态，有助于深入研究王崇炳与郑性其人其学乃至清代浙东经史学派。

王崇炳对地方文学所做的贡献，一方面表现为其所作诗文集序跋与人物传记，另一方面则表现为与乡邦文士的交游，通过雅集、唱和、书信等形式，探讨文学，

---

① 王崇炳.学穮堂文集[M]//赵一生.东阳丛书：15册.杭州：浙江古籍出版社，2015：85-86.

切磋学问，砥砺品性，营造一种崇学向善的良好氛围，形成一个松散的文学、学术集体。与其交游的乡邦文人有杜时芳、杜秉琳、楼梯霞、叶新、张钱沄、程开业、程夔初、叶自合、裴琏、魏坤等。

南岑吴氏乃东阳名门望族，源远流长，人才辈出。王崇炳与南岑吴氏关系密切，与吴氏几代人交好，或同学，或姻亲，或好友，中有祖孙，有父子，有兄弟等，不一而足。交游方式多样，如结诗社、同游玩、诗歌唱和、写传赞、墓铭等，在王崇炳交游史上留下浓墨重彩的一笔，是他人生中一道独特的风景。

王崇炳一生致力于教育事业，与金华五峰书院、丽正书院、藕塘书院、石洞书院、八华书院等渊源甚深。考察其诸多教育实践活动，可探其教育思想，明其渴望以教育复兴婺学的心志。

王崇炳理学学习可大致分四个阶段，第一阶段，青少年起反复熟读《性理大全》《四书或问》等经典，虽能做到"分晰条理，提纲挈领"，却"不能与吾心打成一片"。第二阶段，遍读宋元明诸儒语录，"心契"于程颢、王阳明，然而未臻"涣然冰释之地"。第三阶段，精研《指月录》十年，茅塞顿开，由博而约，"乃知一千数百则公案只是少林一案"。第四阶段，百川归海，触类旁通，一通百通，三教合一，出入无碍。（《自述》）① 王崇炳学宗姚江，远承东阳五峰学脉，其师承顺序为王阳明—卢一松—杜惟熙—陈时芳—陈其蔟—赵岐宁。他所撰《广性理吟》在原题四十八章的基础上扩充为六十章，采用制举之体，以课诸儿，足见其希贤入圣之心。其立论公允平正，无意奇谈怪论，也无意构建理论体系，却体现了他学殖深厚、一以贯之的特点。

王崇炳热心搜集精择先儒之遗书，整理并刊布，乐此不疲，如吕祖谦《东莱文集》、许谦《白云集》、吴绛雪《徐烈妇诗钞》等。《金华文略》乃金华一郡1500年间文章总集，选入124人、393篇文章。讨论其成书经过、资料来源、编选体例以及分类等情况，揭示其阐幽、纪盛之功，进而寻绎其包蕴的文学思想以及学术品格，以窥王崇炳意欲复振婺学、保存地方文献之苦心。探讨《金华征献略》的资料来源、分类、编撰体例与宗旨、流传与影响等，对比正史与同类文献，凸显其集大成特色，通过还原其绘制婺学谱系、颂扬节义之美、考察家族盛衰等努力，说明王崇炳具备才、学、识三才与征显阐幽的学术担当，以及借此欲延金华学脉、文脉之初心。

---

① 东阳河汾王氏宗谱[M]//黄灵庚，陶诚华.重修金华丛书：189册.上海：上海古籍出版社，2014：10.

王崇炳的学术不囿于一家，不辨朱陆，兼容并包，自觉上窥陈献章江门心学，于"自然""自得""静坐"诸奥旨尤所心契。心学与诗学相统一，王崇炳学习陈献章"文以载道"诗学观，以风雅救正理学诗，复归性情派、风韵派，秉承并发扬其诗以明道、教以诗传的诗教精神，在"鸢飞鱼跃"的审美理性中，追步陈献章，一些诗歌同臻性情、自然、自得三位一体之境。王崇炳七十岁以后，偶读澹归之《遍行堂集》，受其"发挥道趣"的启示，转变了词学观念，诗词等量齐观，方才有意识作词。通过咏史怀古、自我审视、关注现实等题材内容，考察王崇炳词对澹归的接受，得知二者的连接点是"哲学"，最终指向都是实践，澹归词是其禅观实践的组成部分，王崇炳词是其诗教观实践的生动样本。王崇炳一生创作了大量农事诗，内容包括农村风光，山居逸趣；同情民瘼，为民请命；关注农事，描写劳作；生产习俗，节俗祭祀等，反映了他以农为本、民胞物与的思想。其农事诗体裁、表现手法多样，感情真挚，艺术特色鲜明。解读这些诗歌，可以了解王崇炳的生活道路、创作道路及其思想，以及清代前期东阳的农村状况、农业生产状况、农民生活状况及其民风民俗等。王崇炳咏史怀古诗词集中于身份强调、地域认同与读史志趣，运用想象、对比、用典等艺术表现手法，多用传体，富有哲学意蕴，反映出王氏"雅慕桑梓，留心前烈"的文化自觉，抑恶扬善的善恶观，一分为二的辩证思维以及借此"载道"的文学观。

　　总之，王崇炳"文足羽翼先儒，行堪楷模后学"[①]，他科考蹭蹬，弃举子业，终身布衣，自觉承担复振婺学之任，他自何王金许而上承朱子，较全面地继承婺学创始人吕祖谦之衣钵，又能兼综陆象山，且学宗姚江，上窥陈献章，无门户之见，转益多师，经史兼治，文学相长，于理学、文学、文献、教育等皆有成就，可谓婺学之殿军、集大成者，清代东阳最后之大儒、心学大师。他与颜李学派代表李塨南北齐名，见重于儒林。他开瞽决障，启迪后进，传先人性命之学，不遗余力，培养众多弟子，教育是其为婺学复兴而开具的良方。他诗学陈献章，词学澹归，崇尚文以载道（关乎风教，关乎世道人心），为文为诗平淡超诣，道趣流溢，有真性情，援学入诗（毛奇龄称其为"学人"）。文学虽未名家，却颇具自家面目，于当时及以后颇受好评，应在清代文学史上给予他适当位置。

---

① 何元显.王鹤谭先生行述.东阳河汾王氏宗谱[M]//黄灵庚,陶诚华.重修金华丛书：189 册.上海：上海古籍出版社,2014：14.

目 录

第一章 王崇炳家世与生平 / 1

    一、家世考略 / 1

    二、生平大略 / 18

第二章 王崇炳与诸师 / 27

    一、经史之师：蔡尔璧、赵忠济、金光奎 / 27

    二、诗文之师：董肇勋 / 33

    三、理学之师：毛奇龄 / 42

第三章 王崇炳与同门 / 51

    一、李凤雏 / 51

    二、华若虚 / 63

第四章 王崇炳与门人 / 67

    一、门人概述 / 67

    二、门人举要 / 71

第五章　王崇炳与地方官长 / 95

　　一、门应瓒 / 95

　　二、刘溁符 / 100

　　三、张坦让 / 102

　　四、诸锦 / 107

第六章　王崇炳与四明四友 / 114

　　一、郑性 / 114

　　二、李暾 / 129

　　三、万承勋 / 130

第七章　王崇炳与乡邦文士 / 133

　　一、杜时芳 / 133

　　二、杜秉琳 / 136

　　三、楼梯霞 / 141

　　四、叶新 / 146

　　五、张钱沄 / 148

　　六、程开业 / 151

　　七、程夔初 / 158

　　八、叶自合 / 163

九、裘琏 / 166

　　十、魏坤 / 169

第八章　王崇炳与东阳南岑吴氏 / 171

　　一、吴毅公 / 171

　　二、吴从霖 / 176

　　三、吴承琰 / 177

　　四、吴承玫 / 178

　　五、吴承烈 / 179

　　六、吴国模 / 180

第九章　王崇炳与金华书院 / 182

　　一、五峰书院 / 182

　　二、丽正书院 / 185

　　三、藕塘书院 / 191

　　四、石洞书院 / 193

　　五、八华书院 / 195

第十章　王崇炳理学研究 / 198

　　一、东阳五峰学脉概说 / 202

　　二、《广性理吟》注释 / 215

第十一章　乡邦文献的整理 / 246

　　一、吕祖谦《东莱文集》/ 246

　　二、许谦《白云集》/ 250

　　三、吴绛雪《徐烈妇诗钞》/ 257

第十二章　乡邦文献的编著 / 262

　　一、《金华文略》研究 / 262

　　二、《金华征献略》研究 / 288

第十三章　王崇炳诗歌对陈献章的接受 / 311

　　一、王崇炳以陈献章私淑弟子自任 / 311

　　二、以风雅救正理学诗 / 316

　　三、诗教：诗以明道，教以诗传 / 322

　　四、"吾师白沙子，率尔句弥新" / 330

第十四章　王崇炳词对澹归的接受 / 336

　　一、作词缘起 / 337

　　二、追求道趣 / 343

　　三、咏史怀古 / 347

　　四、自我审视 / 349

　　五、关注现实 / 353

第十五章　王崇炳农事诗研究 / 356

一、王崇炳农事诗的内容 / 356

二、王崇炳农事诗的思想 / 365

三、王崇炳农事诗的艺术特色 / 368

第十六章　王崇炳咏史怀古诗词研究 / 374

一、咏史怀古诗词的主题内容 / 374

二、咏史怀古诗词的艺术手法 / 387

三、咏古怀古诗词的特征 / 392

参考文献 / 397

第一章 王崇炳家世与生平

王崇炳（1653—1739），字虎文，号鹤潭，浙江东阳人，清康熙五十六年（1717年）贡生，著有《学耨堂诗稿》《学耨堂文集》《金华征献略》《金华文略》《广性理吟》等。耄年为一乡学者领袖。王崇炳虽非显宦，却是闻名遐迩的学者。乾隆己酉（1789年），从祀金华七贤祠。王崇炳的卓行主要表现在与平民交，和善亲为，关心民生；与朋友交，谦虚大度，不拘小节；于己，则放弃举子业，不舍济世情等方面。[1]

一、家世考略

赵忠济《丽川王氏宗谱序》云："王氏出太原，唐中和间，吏部尚书公宏自括苍来居于合浦，五迁至丽川，六迁至金盘，二十八代七百五十余年，土著久，发祥远，盖故家遗族也。"（图1-1）[2]东阳河汾王氏始祖王宏官居吏部尚书，从括苍迁至东阳合浦，后五世从合浦迁至丽川，王崇炳高祖王烶又从丽川迁至金盘，王崇炳《金盘宅舍记》云："高祖鹤泉府君始卜居焉。以山水环抱，名曰金盘。……吾祖从丽川来，与鹤洲烟火相接，庙社相共。其家去鹤洲隔一水，离岸百武，二水合处，曰合浦。净胜寺当其北，故又名合浦寺，始祖尚书公舍宅建，去吾宅可三里。"[3]

---

[1] 陈燕.乡学领袖王崇炳[J].安徽文学，2011（7）：61-62.
[2] 东阳河汾王氏宗谱[M]//黄灵庚，陶诚华.重修金华丛书：189册.上海：上海古籍出版社，2014：1.
[3] 王崇炳.学耨堂文集[M]//赵一生.东阳丛书：15册.杭州：浙江古籍出版社，2015：125.

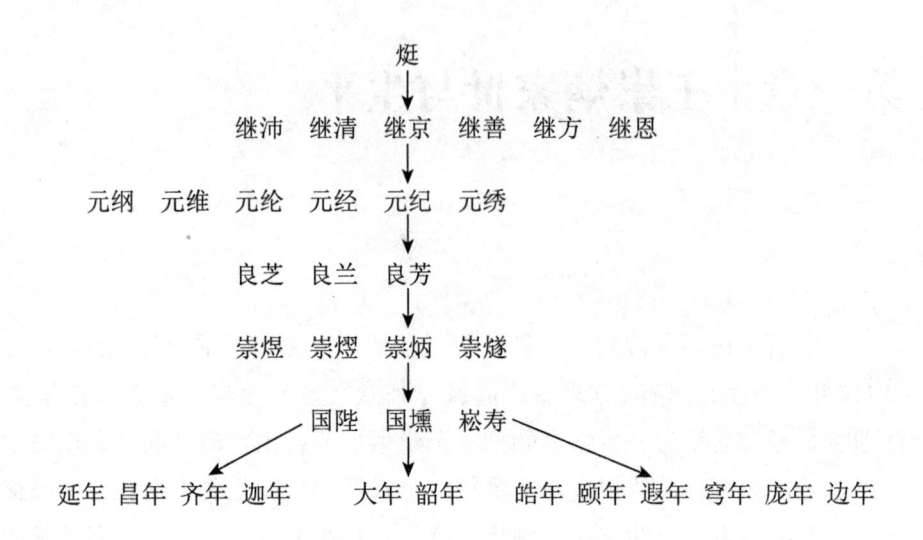

```
                        烶
                        ↓
    继沛  继清  继京  继善  继方  继恩
                        ↓
  元纲  元维  元纶  元经  元纪  元绣
                        ↓
              良芝  良兰  良芳
                        ↓
          崇煜  崇熤  崇炳  崇燧
                        ↓
              国陛  国壎  崧寿
              ↙        ↓        ↘
延年 昌年 齐年 迦年  大年 韶年  皓年 颐年 遐年 穹年 庞年 边年
```

图 1-1　王崇炳家族世系简图

　　家训，是中国传统文化的重要组成部分，它对个人的修身、齐家发挥着重要作用，是稳定社会秩序的重要力量。东阳河汾王氏家训之《男训》曰："为人父者，当正其家。为人子者，须孝其亲。为人兄者，当爱其弟。为人弟者，须敬其兄。长幼有序，朋友有信。夫妇有别，纲常先定。妇顺助夫，言语贵正。宗族和同，有无相通。患难相恤，争忿涵容。毋听妻言，自损和风。毋因私己，乖戾至公。毋犯刑宪，毋隳事功。毋好赌博，毋嗜醉酗。尊母凌卑，私莫欺公。毋习刀笔，教人词讼。毋好游戏，自取贫穷。毋贱诗书，亏损门风。"《女训》曰："模范古训，诲尔诸妇。孝顺公姑，敬成内助。和睦上下，勿生诿妒。四德三从，七出莫污。孕先胎教，毋忘女度。从一坚贞，闺阃庭户。动静有法，容毋戏侮。盥洗贞洁，娇冶勿务。女为贤女，妇为贤妇。为尔家长，严训莫负。"①与其他传统家训相类似，主旨无外乎立身处世、持家治业的教诲，推崇忠孝节义，教导礼义廉耻，鼓励子弟诗书传家，勤奋进取。

　　雍正壬子（1732 年）初夏，八十岁的王崇炳亲撰《家戒》②，载入宗谱，以此为补充完善：

　　　不得盗葬祖坟。吾族盗葬王大陂祖墓者，为金华崇让，今子孙伶仃。盗葬南涧祖墓者，为崇顺、崇祉，崇顺身亡，无后，崇祉逾年身亡。

　　　不得割卖祖坟山。割卖祖坟山，律有明条，今或于己房坟山恃顽犯之后，当

---

① 《河汾王氏宗谱》卷一，光绪戊申（1908）重修。
② 《河汾王氏宗谱》卷一，光绪戊申（1908）重修。

严禁。

不得割卖祀产。祀产，所以供祭，宁可生饥，不可使鬼馁，与割卖坟山者同律。

子孙为盗者，立出族。园蔬、家鸡之偷，临时议罚。

子孙相争，持械殴击，多至伤命，必重惩之。国朝新例最重打降，恐致命也。

子孙有淫乱者，摈远方。吾金盘数十年来，女贞男重，毫无风声。设此条，以为他日之防。

子孙有甘下入流为优为隶者，立摈出族。

修理祠庙。予族祠成后，朔望轮流供茶，及期打扫严洁。家长及诸文学皆会行礼，《春秋》书：太室屋坏，即鲁之衰兆。予每见祠庙破损，其家即衰；祠庙整齐，其家即起。敬之，敬之！

重宗谱。谱以文重，卧云公诗，三序皆名笔。序首冯文中文，以不叙姻戚为疑，然自是老手。钱舜夫文共三篇，舜夫当时有名，东阳故家谱皆有其文，其时为茜畴叶氏西席，故叶应骥《南园诗》曰："昔开高燕集群贤，其时适有钱夫子。"更有诗留叶谱。赵岐宁先生讲学，从祀五峰书院，其所作谱序，及赵用熙上太守公启，毛西河先生二书，皆足以光宗谱，珍之。

前为禁止内容，如禁止盗葬祖坟、割卖祖坟山、割卖祀产，对于为盗、淫乱、为优为隶者，都有严厉的惩罚措施。后两条为提倡内容。王崇炳家族非常重视传承家族精神的各种载体，其"谱以文重"之说，意即渴望打造书香门第。

（一）父祖辈

1. 远祖王通

王崇炳描写先祖的诗文都洋溢着后辈对先祖的敬仰之情，如《壬辰仲春，适予六十诞辰。戒杀既久，理难享客。避居五峰僧舍，斋心静坐，偶览陈拾遗感遇诗，援笔属和，聊托鄙趣云》其十三[1]：

吾祖文中子，希圣得其胎。崛起汾晋间，吹嘘六籍灰。恩弘汤武业，怀抱伊周才。凤彩有时见，龙德岂终埋？献策虽不遇，泰运藉以开。后儒存刻论，公道安在哉？

王通（584—617），字仲淹，又称文中子，祖籍山西祁县，后迁至隋朝河东郡龙门县通化镇（今山西省万荣县，一说山西省河津市），隋朝时期教育家、思想家，"初唐四杰"之一王勃的祖父。王通家学渊源深厚，精通儒学，他不愿做

---

[1] 王崇炳. 学稼堂诗稿[M]// 赵一生. 东阳丛书：15册. 杭州：浙江古籍出版社，2015：31.

官，一生以弘扬儒学为己任，并明确提出"三教可一"的主张，以积极的态度吸收佛、道思想及方法之长，来丰富和充实儒学。王通曾在河汾设帐授学，远近闻名，求学者自远而至，盛况空前，弟子多达一千余人，有"河汾门下"之称，时人称他为"王孔子"。《中说·关朗篇》描述王通门人受学的情况："门人窦威、贾琼、姚义受《礼》，温彦博、杜如晦、陈叔达受《乐》，杜淹、房乔、魏征受《书》，李靖、薛方士、裴晞、王珪受《诗》，叔恬受《元经》，董常、仇璋、薛收、程元备闻《六经》之义。"① 王通的这些门徒，可谓初唐时期赫赫有名的人物，可以说是建立唐朝的功臣以及辅佐唐太宗李世民缔造"贞观之治"的贤臣。隋炀帝大业十四年（618年），"江都之变"后，王通病重，寝疾七日而终，他的数百弟子经过讨论后，私谥为"文中子"。众弟子为了纪念他，弘扬他在儒学发展中所作的贡献，仿孔子门徒作《论语》而编《中说》（又称《文中子中说》或《文中子》），用问答笔记的形式记录了王通讲课的主要内容。著名的启蒙读物《三字经》把王通列为诸子百家的五子之一："五子者，有荀扬，文中子，及老庄。"② 王通在自己的教学和研究实践中，提出了一系列后来成为理学思想的观点、范畴和命题，如"道心"与"人心"，"道"与"欲"，"德"与"功"，"正心""化人""诚""恭""正性""敬""慎""静""穷理尽性"等，为隋唐儒学从传统的汉魏南北朝经学和玄学中脱胎出来，成为探讨新问题、运用新方法、适应时代需求的"新儒学"打下了多方面的基础。到宋代，理学中道学学派的创始人之一程颐曾盛赞王通："隐德君子也。当时有些言语，后来被人傅会，不可谓全书。若论其粹处，殆非荀（卿）、杨（雄）所及也。"③ 明代著名心学大家王阳明对王通也极为赞赏，认为王通是远远超过韩愈等人的"贤儒"。据《传习录》记载，"（徐）爱问文中子、韩退之。先生曰：退之，文人之雄耳。文中子，贤儒也。后人徒以文词之故，推尊退之，其实退之去文中子远甚。"④ 程开业《河汾王氏续修宗谱序》有云："东阳丽川王氏出于太原，今称河汾，盖追慕文中子之为人，而溯其所自云。""文中子之学不显于其身，则在其子孙，王氏子弟，才俊联翩，乘风鹊起，

---

① 王通.中说[M]//影印文渊阁四库全书编纂委员会.影印文渊阁四库全书 子部：696册.台北：台湾商务印书馆，1986：576.
② 常春藤编委会.三字经 百家姓 千字文 弟子规[M].北京：中华书局，2009：23.
③ 程颢，程颐.二程集·河南程氏遗书[M].王孝鱼，点校.北京：中华书局，1981：231.
④ 王阳明.王阳明全集：新编本1册[M].吴光，编校.杭州：浙江古籍出版社，2010：8.

可立而待，然对管幼安、邴根矩说人间富贵事，良可愧矣。"①此诗盛赞先祖隋朝王通，其起家于汾水流域，满腹经纶，胸怀抱负，"吹嘘六籍灰"，即指王通的六部著作《续书》《续诗》《元经》《礼经》《乐论》《赞易》在唐代就全部失传了。"思宏汤武业，怀抱伊周才"，欲弘扬商汤与周武王的伟业，怀抱商伊尹与西周周公旦之才华，无奈际遇难逢，壮志未酬。先祖的此番境遇原本已让人心中不平，然而更令人遗憾的是，后代的儒家学者还对其进行苛刻的批评。对于先祖的种种遭遇，王崇炳感慨颇深，因为先祖的境遇与此时的自己何其相似！这种感同身受的经历使得他在诗中酣畅淋漓地直接表达了对先祖际遇的惋惜，并为其怀才不遇而悲愤，尤其是对后代学者的批评，王崇炳更是大胆直言，为其先祖鸣不平，质问世间公道何在。王崇炳缅怀先祖，充分表现出对王通人品的仰慕、才识的激赏、际遇的同情。尤其是对先祖为人的旷达之处即不为官宦，依然执着自家做学问的品格，王崇炳更是深表敬佩。

2. 高伯祖王奕

王奕（1168—1236），字宗甫，通敏好学，曾从唐仲友、陈亮学习，深得二师器重。《东阳历朝诗》载："乔文惠公（乔行简）尝见其《抚孤松》诗，吟赏不置。"②天文、地理、律历、图志，无不研究，著有《卧云集》。刘埏撰《宋迪功郎卧云王公行状》③。马光祖《卧云集序》赞曰："云情波态，动摇春风，夕秀朝华，映带秋日，置之晚唐格中有不能辨。"④王崇炳《读卧云公遗集》云："昔年王氏有青箱，静几开函礼瓣香。八婺师儒承邹鲁，一家作述踵陈唐。江湖春梦微官老，风雨秋灯旧宅荒。断简不随秦火尽，至今谱牒有辉光。"⑤王奕之学问、文采，永为宗谱之珍宝。王崇炳又有《和高伯祖卧云先生古诗十首》⑥：《观过 悟昨非也》《知复 求反本也》《立敬 以直内也》《由义 以方外也》《惩忿 戒一偏之激也》《窒欲 杜

---

① 东阳河汾王氏宗谱[M]//黄灵庚，陶诚华.重修金华丛书：189 册.上海：上海古籍出版社，2014：2.
② 董肇勋，王崇炳.东阳历朝诗[M]//黄灵庚，陶诚华.重修金华丛书：178 册.上海：上海古籍出版社，2014：173.
③ 东阳河汾王氏宗谱[M]//黄灵庚，陶诚华.重修金华丛书：189 册.上海：上海古籍出版社，2014：5-6.
④ 东阳河汾王氏宗谱[M]//黄灵庚，陶诚华.重修金华丛书：189 册.上海：上海古籍出版社，2014：44.
⑤ 东阳河汾王氏宗谱[M]//黄灵庚，陶诚华.重修金华丛书：189 册.上海：上海古籍出版社，2014：50.
⑥ 王崇炳.学耨堂诗稿[M]//赵一生.东阳丛书：15 册.杭州：浙江古籍出版社，2015：1-4.

众恶之源也》《闲家 立家范以贻后也》《缘俗 因人情以安时也》《涖官 欲行其所素学也》《希圣 克勤以完秉彝也》。这不仅是和诗，更是家学乃至理学的传承。

3. 高祖王烶

王烶（1509—1582），字子静，别号鹤泉。嘉靖庚申（1560年），创业于金盘，为金盘王氏始祖。王烶生平潜心钻研地学，博览群书，著有《地理纂要》。王崇炳撰有《高大父鹤泉府君状》①。他对高祖精湛的地学造诣深表钦佩，更对高祖的人品颇为赞赏，其《鹤泉公〈地理纂要〉序》云："先祖为厝先迁基，留心地学，未尝鬻术以取利也，然偶一为之，皆验。"②其板不幸毁于火，王崇炳排除万难，根据手稿悉心重刊，并加注释于后，使《地理纂要》流传世间，为后代有志于地学者解惑。

王崇炳《鹤泉公像赞》③云：

素发苍颜，清高似鹤。存心谦和，抱器卓荦。旭日可亲，温风不烁。志在亢宗，耻甘尺蠖。别迁凤巢，舍厥燕幕。善乡是卜，强御不怯。内持刚健，外示柔弱。和吉情怀，魁梧作略。金盘营宇，山川秀发。仁为室堂，礼张郭郭。蛟螭待时，戢其鳞鬣。泯厥睚眦，欢通蜡腊。腹贮诗书，兼精管郭。著书数篇，阴阳汇钥。至言无文，义精辞约。毋曰尽知，易知难学。偶试其方，犀燃龟灼。聚德培元，后裔其托。仪容俨然，弗忘祖法。

4. 曾祖王继京

王继京（1535—1623），字尚畿，号盘川，乡饮宾。王崇炳记曰："容貌魁伟，风度汪洋，年甫垂髫，志在承绪高大父鹤泉公胥宇夏山之阳，奠基鹤潭之侧，土阶茆屋，草创初开，峻宇高门，翚飞未展，公也恢廓而光大之，广宅数亩，筑室百楹，鼎新之功，于是乎美。公秉心塞实，御物宽仁，益以兴利，不贷殖而富，家巽以行，权能敛抑以保族，有容乃大，仇有衅而不乘；无欲则刚，势虽盛而弗羡。谊敦棠棣，每受寡而辞多；礼肃闺闱，亦情挚而有别。遭高大父之丧，形毁骨立，逾于礼经。依穴营坟，克遵遗命，以耆善受冠带。"④

---

① 东阳河汾王氏宗谱[M]//黄灵庚，陶诚华. 重修金华丛书：189册. 上海：上海古籍出版社，2014：6.
② 《河汾王氏宗谱》卷二十，光绪戊申（1908）重修，第145页。
③ 东阳河汾王氏宗谱[M]//黄灵庚，陶诚华. 重修金华丛书：189册. 上海：上海古籍出版社，2014：36.
④ 《河汾王氏宗谱》卷六，光绪戊申（1908）重修，第87-88页。

5. 祖父王元纪

王元纪（1580—1642），字邦肃。据王崇煜《大父乾八十府君状》①知，元纪重然诺，喜成人之美。他曾经裁制了一件精美的丝绸衣服，家族里有一个人在路上遇见他，言说将去某家做客，需要借他这件新衣，回来后就还给他。王元纪答应了。恰好有一个人目睹了这一切，奉劝他不要借给那个人，那个人肯定居心不良，大概是拿去换钱，再也不会还给他了。元纪不以为然，他妻子也觉得这事不保险，但元纪说既然已经答应人家了，就不能食言。结果不幸真让那个路人言中了，丝绸衣服被借走后，就再也没有归还，但元纪却不后悔。松谷厉氏家里失火，有一个人偶然得到了他们的一瓶金子，仓促间藏到野外某处了，正巧被另一个人看到了，偷走了一半金子。而松谷有人看见这个人拿走了那半瓶金子，并出面作证。主人诉讼到官府。这个人本来是想还金子的，无奈少了一半，是被其他人盗走的，但他怕说出来没人相信。所以，不敢出来还钱。而主人家里都被烧光了，家资也多被人所得，只要能还回一半金子也不想继续再追究下去了。好多人传递消息，这个人始终不敢相信，他说："使肃兄要我金，乃出丧金者。"元纪被请去做思想工作，这个人果然拿出了剩下一半的金子。

王崇炳《乾八十府君赞》云："不食其言，言出而人信焉。不诡于行，行立而俗宜焉。四知不欺，为乡里之端表。一经诒厥，作子孙之良田。"②

6. 大伯王良芝

王良芝（1603—1650），字汝馥。王崧寿述其"为人幼抱殊志，不屑屑于亩宫堵室，喜交游海内奇士。因外父陈公素以放洋鬻市异货，遂不谋兄弟，介身与外父偕往，乘迅风，逐巨浪，烟云茫渺，瞬息千里，历琉球，底日本，所得奇货殊珍不可胜数。阅三周年而返，至南雷、鳖石等地，飓涛猝起，放天倒海，所同回船人货、舟子尽皆湮没，家得消息，皆哭泣衣白，铺设灵位。已经阅岁，忽夜半叩门启户直入，皆惊骇，乃言：陷海时得一巨人负载洪涛，中置沙岸，因获生归。"③记载了王良芝跟随岳父去日本收购奇珍异宝，返回时，遇到飓风而船覆，家里人以为葬身海底了，谁料一年后，王良芝居然活着回家了，正所谓大难不死必有后福。

---

① 《河汾王氏宗谱》卷二十，光绪戊申（1908）重修，第151-152页。
② 《河汾王氏宗谱》卷二十，光绪戊申（1908）重修，第152页。
③ 《河汾王氏宗谱》卷七，光绪戊申（1908）重修，第88页。

7. 二伯王良兰

王良兰（1613—1661），字秀芝，别号谷馨，邑庠生。王崇炳撰有《伯父谷馨公行状》①。王良兰博综多能，兼善诗文，兼通琴棋书画。清初，山寇作乱，官军坐剿，百姓多所逃避。良兰教以抚绥之术，提挈乡豪共筹团练之策，地方才得以安宁。良兰无子，视侄子为己出，尤其溺爱王崇炳，"忆昔儿时颇慧，伯父抱置膝上，教以吟诗属对，每一对出，辄抚掌称快，或宾朋宴会，必出以夸之。甫就小学，谆谆督课，旦暮以冀有成。易箦之际，惓惓以书香不继为虑。"二伯父对崇炳寄予厚望，而反观自身，功名无成，崇炳不禁怅然有愧。

8. 父亲王良芳

王良芳（1615—1687），字茂之，号旭野，乡饮宾。赵忠济撰《王隐君旭野传》②。王良芳怜贫济苦，终生不倦，赵氏赞其虽无儒名，却有儒行。

王崇炳撰《先考临百廿五府君赞》③：

先考方正坦直，重然诺，好施与。其居乡也，寡者待以老，老者待以养，亡者待以葬，衣食但取才足，而隆礼师宾，思以诗书振其家学，乡党称良德焉。赞曰：

府君瞿瞿，先民遗则。和不随俗，介不绝物。柔亦不茹，刚亦不慑。衾影释惭，威仪必饬。事以断成，功以敏立。割膏分脾，成彼孺节。亦有老穷，赡其口食。时方乱离，遗骸在壑。日于我殡，掩其骸骼。腊月成梁，人鲜病涉。作屋百楹，中为书室。有田一区，蒸尝以给。衣食才足，园林娱适。祖武绳其，孙谋贻厥。敬事师宾，礼仪不忒。勖我后人，思光宗祐。业成车囊，志捧毛檄。庭训未酬，中心怵惕。式瞻仪型，敬承周毅。

远至先祖，近达先慈，王崇炳对其亲人的感情真切而令人感动。尤其是对于先慈的亲情，更可谓刻骨铭心。以至于途经故地，便会睹物思人，虽物是人非，思念之情却始终未变。如《途过菱塘头，因思少时先慈携予避难宿此，时烽烟四起，村落皆墟，猛虎夜啸，先慈恐予怯而抚之。今托宿之家，已为坟垄。感而赋

---

① 东阳河汾王氏宗谱[M]//黄灵庚，陶诚华.重修金华丛书：189册.上海：上海古籍出版社，2014：8-9.
② 东阳河汾王氏宗谱[M]//黄灵庚，陶诚华.重修金华丛书：189册.上海：上海古籍出版社，2014：9.
③ 东阳河汾王氏宗谱[M]//黄灵庚，陶诚华.重修金华丛书：189册.上海：上海古籍出版社，2014：35-36.

此》①：

  国初海宇未全平，乡县顽民尚弄兵。遍地黄巾雄一炬，号村白额骇三更。偶过少日颠连地，难忘慈亲抚抱情。逆旅故居遗址在，春风垄树起寒声。

  王崇炳少时，国内尚未太平，遍地是起义的军队，父亲为躲避战乱，只好携带年幼的崇炳四处躲藏，菱塘头便是避难所之一。物非人非，时隔几十年，王崇炳再次亲临此地，依然清楚记得父亲当年的呵护之情。

  王崇炳从小好学，才名远扬，岁科每试辄第一，年二十六进学，年三十为廪生。然而时运不济，累试不中，最终仅为贡生。年四十后，便不再热衷科举仕途，立志道德学问。他以拯救婺学和研究地方文化为己任，朝夕讲学授徒和潜心著述，直至耄耋还是手不停笔，目不停卷，终于成为一乡学界领袖。在科举场上的失意，并未让王崇炳心灰意冷。相反，他却激励自己另寻其他之途以达到自己的济世初衷。其《伤寒赋症方注序》云："予尝见而慨之。自叹少年攻科举之业，至于今，发且种种，略无成就，济世之愿徒虚。欲弃而为医，平日根底浅薄，耳目既衰，则记诵为难，术固未易工也。"②某年，伤寒大作，他亲见医师杀人，心急如焚，便刻苦钻研历代伤寒医著，以蒋氏《伤寒赋》为纲，以诸家之言逐条疏解，并系之以方。"一开卷即得其途径门钥之所在，则亦明简而易学矣。"③故而他学习岐黄之术，著有《伤寒赋症方注》；后来又专注于乡邦文献的整理，搜集先贤遗书，编纂修订，以传先人性命之学。以上种种的行为，足见先祖的品格对王崇炳人生的深远影响。

（二）兄弟辈

1. 长兄王崇煜

  王崇煜（1638—1718），字继照，号终朗。据王崇炳所撰《先兄终朗府君行述》④，崇煜为人朴实正直，明辨是非，不畏强权。处乡曲，"是曰是，非曰非"，因理而断是非曲直，故贫困弱小者倚其而得以立，而强权者也慑于其威而不敢动恶。乡党之争，赖崇煜遂得以平息。崇煜少从伯父谷馨先生学习。康熙丙辰（1676年），学使于兰溪驻节试士，其年，崇煜进学，已年近花甲。因得头眩症，

---

① 王崇炳.学穭堂诗稿[M]//赵一生.东阳丛书：15册.杭州：浙江古籍出版社，2015：134.
② 王崇炳.学穭堂文集[M]//赵一生.东阳丛书：15册.杭州：浙江古籍出版社，2015：71.
③ 王崇炳.学穭堂文集[M]//赵一生.东阳丛书：15册.杭州：浙江古籍出版社，2015：72.
④ 王崇炳.学穭堂文集[M]//赵一生.东阳丛书：15册.杭州：浙江古籍出版社，2015：143-145.

遂不中。崇煜虽出身于书香门第,但他却没有将自己的全部精力拘泥于科举之事,因兴趣使然,他也曾经研习岐黄之学。崇煜少时与虞彦方交情甚笃,并从彦方学习针灸之术。彦方灸十愈六,崇煜灸十愈八,可谓青出于蓝。崇煜为人治病,不仅医术精湛,且医德极高。他为人诊疾,"视女与男等,视秽与净等,视贫与富等,视野菜淡饭与盛馔等"。如病人为少年妇人者,则"卸衣解缠,手为按摩,点穴、灼艾,如一家子女",无一丝轻亵之意;如若病人为哑聋残疾、癞身烂足,臭秽不可近者,其针灸无一丝厌恶之意。因其医术、医德俱佳,每年来找他就医之人,不绝于门。至六月之时,门庭若市,崇煜全都依次救治,且不收一钱。如遇到有送礼之人至,他必推辞不受;如病不能来者,他必会赴其家为其诊治。年近八十,依然扶筇而往。至贫困之家,或不能饱腹,也不曾介怀。崇煜不仅精通医术,闲暇之余,也颇爱培育花圃,陶冶性情。比及花期,如有邻人索要,必会慷慨施赠,毫无一丝吝啬之意。崇煜不仅勤心学习岐黄之术,以济世人之疾患,更是时时留心先贤时文,对于一切前贤著述,"皆市其善本而甲乙之"。尤其是对于自己特别中意的文章,更是手录并且装订成册。前后所录文章,不下二十本。王崇炳详细记述了自己与崇煜赴兰溪应试一事,兄弟二人初居之所,为娼家之地,后崇煜发觉后,便携崇炳移寓城外,而对此事崇炳当时毫无察觉。事经三十年后,崇炳故地重游,方知此地确为娼家之所,不由感叹崇煜为人之谨慎。自从崇煜放弃科举之业后,他将大半时光都用在了钻研岐黄之术上。尽管到了耄耋之年,他依然不辍其业。临终之前,依旧出诊,忽觉不能伸腰,乃病,遂卧床不起,七日后,卒,享年八十一岁,可谓高朗令终,故号"终朗"。崇煜卒后,王崇炳伤感万分,接连作数首诗以寄其悲。

于兄长殁后次年,王崇炳作《乙亥腊月为伯兄营冢》①:

雪色萋迷万木攒,手营窀穸暗心酸。青山兄已归三尺,白发予犹饱一箪。原上不禁同气痛,垄头粗卜化台安。松楸寂寞人长瞑,日月从教自转丸。

寒冬腊月之际,王崇炳为伯兄营冢,眼见凄凉又模糊的雪景,众多的树木都簇拥在一起,不由得更加思念兄长,心中暗暗忧伤。他站在兄长的坟前,望着寂寞的松楸,想着兄长长眠地下,心中暗自为其祈福,希望兄长可以在另一个世界顺意安好。句句含泪,字字锥心,从中不难看出二人的华萼之情。

---

① 王崇炳.学耨堂诗稿[M]//赵一生.东阳丛书:15册.杭州:浙江古籍出版社,2015:133-134.

东阳县令门应瓒《王隐君墓志铭》①云：

维彼硕人，素履无违。其操则严，其义则随。寄之高岑，玉山崔嵬。寄之清流，画水涟漪。确乎不拔，邈矣难追。汉有休伯，各恐人知。晋有仲御，节不可移。白云在望，如渴如饥。弃兹尘世，入乎崦嵫。生既无欲，死亦何悲？郁郁佳城，百世不隳。

王国陛《大伯父挽章》②云：

八十康强齿德隆，胸无冰炭抱淳风。灌园不辍六时课，灼艾能教二竖穷。岂有嫌疑留屋漏，宁将得失贮胸中。一朝慷慨辞尘世，残疾犹思利济功。

中怀耿介振颓乡，绮季能增闾里光。满架残编皆副墨，一腔真朴是羲皇。生前强御皆心慑，逝后疲癃尽感伤。岁在龙蛇遗献去，谁将薄俗反淳良。

2. 仲兄王崇煜

王崇煜（1643—1715），字用韬。过继给二伯王良兰。

王崇炳《咸百十六府君赞》③云：

府君安和，乡之良德。如水有坊，如堂有额。九族同仁，六亲均恤。推有赡无，扶危济急。敦本厚源，作庙翼翼。割脾崇祀，以妥宗祏。敬祭重神，丰馔延客。治途秋晨，成梁寒月。解衣覆冻，捐资掩骼。友弟恭兄，不弛晚节。喜怒以济，出优慎入。巽以行权，利以兴益。少有苟完，亦增旧业。寿考令终，远近同戚。

王崇炳《仲兄既殁忽将窀穸感而有作》④云：

冉冉星移序屡更，荆花寂寞忆平生。童年友爱交推果，衰鬓相钦共举觥。秋雨忽凋华萼色，西风无限雁行情。鹡鸰原上悲衷切，凄绝深宵唤侣声。

诗叙述了与仲兄之间的深厚情意，自童年的相互友爱，至衰鬓的相饮举杯，叹时间如白驹过隙，感伤斯人不在。将悲伤至极的自己，比作失伴的鹡鸰，其凄惨悲凉之意令人为之动容。《诗经·小雅·常棣》："脊令在原，兄弟急难。"⑤后以

---

① 东阳河汾王氏宗谱[M]//黄灵庚，陶诚华.重修金华丛书：189册.上海：上海古籍出版社，2014：33.
② 东阳河汾王氏宗谱[M]//黄灵庚，陶诚华.重修金华丛书：189册.上海：上海古籍出版社，2014：59.
③ 东阳河汾王氏宗谱[M]//黄灵庚，陶诚华.重修金华丛书：189册.上海：上海古籍出版社，2014：36-37.
④ 王崇炳.学耨堂诗稿[M]//赵一生.东阳丛书：15册.杭州：浙江古籍出版社，2015：102.
⑤ 程俊英，蒋见元.诗经注析[M].北京：中华书局，1991：450.

"鹡鸰"比喻兄弟。

3. 四弟王崇燧

王崇燧（1657—1726），字起明。王崇炳撰《胞弟咸百八十八传》①，称其为人公正，有主持、管理家务的才干。比如，他们亡父奄殁之事，勤心竭力，任劳为多。自仲兄王崇煜亡后，王崇燧接手，一切常产皆其经纪，有增无损。

四弟亡时，王崇炳作哀辞八章，录其四：

岁时聚首共衔杯，不觉光阴次第催。同气四人余我在，各营三尺送泉台。
自从束发到于今，门户支持共一心。日月不居同气尽，却教独木不成林。
古希捐馆事皆成，难割平生相爱情。寒枕梦回常独语，鹡鸰原上夜深声。
双飞鹭序忽离群，顾影单栖旧水溃。老欲节哀哀转剧，此身原是一人分。

（三）子孙辈

王崇炳有子三人，即长子国陞，次子国壎，季子崧寿。

1. 长子王国陞

王国陞（1683—1743），字德载，康熙庚子（1720）举人，拣选知县，敕授文林郎。十九岁，以第一名进学。二十四岁，补廪，试艺皆流布传诵。三十八岁，与乡荐。性嗜书，收藏甚富。著有《学耨堂书目》《学耨堂草》。《两浙輶轩录》收录其诗《拟谢康乐游山》。同年程开业《河汾王氏续修宗谱序》云："冢嗣德载，予乡榜同年友，一试南宫，即悬公车，考县职吏部檄取谒选，以亲老侍养辞。古人一日侍养，三公不换，何有乎百里之宰？"②王崇炳评曰："国陞为文作诗赋，开笔即工，诗学选体，赋学屈宋，书学米襄阳，一摹即肖，一切儒学杂学，举起即知，其聪敏一倍胜予，然予知之难，故入之深，守之固。国陞知之易，故入之浅，好之不笃，或一年不作诗文，或数月不作书，故学儒不能造道，诗赋不能成家，临池不能成书，杂学不能成艺。"③国陞虽然聪敏，涉猎广泛，但用功不勤，钻研不深，惜而不能成名成家。《金华诗录》收录其诗6首。

比如，同年诸锦赞曰：

人行有百，厥孝为先。孝字做到，度越万千。众美虽备，俱可不传。我与王君，乡荐同年。天姿秀绝，无与比肩。幼冠童试，旋补廪员。文品高世，诗骨本

---

① 《河汾王氏宗谱》卷二十，光绪戊申（1908）重修。
② 东阳河汾王氏宗谱[M]//黄灵庚，陶诚华.重修金华丛书：189册.上海：上海古籍出版社，2014：2.
③ 《河汾王氏宗谱》卷九，光绪戊申（1908）重修，第40-41页。

仙。书法追米,落纸云烟。学通灵素,沉疴咸痊。贫资参药,富不受钱。济危扶急,本诸性天。秋闱既捷,南宫不前。乡廉却聘,循选辞铨。养亲一日,三公可捐。溺器亲涤,汤药手煎。日不离侧,夜则伴眠。如雏依翼,如苗附田。一日不见,心沸若颠。自幼至老,其情弥研。手舞足蹈,乐意无边。悉本至性,胪切缠绵。宗族钦爱,乡邑称贤。内外遐迩,绝无间言。参养在志,舜慕不迁。薄俗赖砥,彝伦藉延。纯乎至孝,霙堂有焉。①

王国陛天生聪慧,事亲恭谨,为一乡楷模。其母张氏卒,国陛悲痛欲绝,虽万般神伤,却不敢高声痛哭,唯恐平添年迈父亲的悲伤,故将满腹抑郁寄于诗内,写下《哀思草七章》②,借此述说身为人子的无限哀伤。国陛之孙王学裘云:"一字一血,一语一泪,诵读之下,不绝涕泗沾襟者。……祖抱痛杯棬,惨恻则鸣号,则其感人心而发凄怆者,岂仅等教孝旧文也哉?"③李凤雏、杜瑗、郑性、门应瓒等均有题赠。

母卒之后,身为长子的国陛,不但要照顾年幼的兄弟,还要侍奉年迈的父亲,辛劳之状,不可言表。对于国陛的孝道,王崇炳于多首诗中予以褒扬,如《病疽,国陛等调理勤谨,旋痊,示彭年、延年》④:

古人言道在溲溺,净秽惟嫌有检择。厕牏亲瀚石氏风,啮痈讵可有难色。予老无端忽患疽,尾闾贴近肠强侧。寸肉通身要害区,一气相关连肾脉。兼旬伏枕旋就安,亦由儿辈调停急。贴膏敷药日几巡,销融护养不踰节。腐肌不去新不生,新肌亦视腐肌力。能腐能生总一枢,皆由元气为呼吸。人欲能公天理行,阳爻即是阴爻易。乃知造化本无端,臭腐往往神奇出。粪土栽成锦绣丛,泥涂中有黄金粒。古来孝子千载传,所作庸儿多不屑。误遗一念好洁心,秽非秽兮洁非洁。华美乃为卑贱媒,垢污中有圣贤窟。懒残煨芋积粪堆,劈分一片邺侯食。邺侯食之心不嫌,此时天生宰相骨。黄石授图教纳履,先破贵倨症痞结。此是儒家入理门,偶因示病为宣说。

王崇炳年老得病,所赖儿辈尽心侍奉、调理,方得以痊愈,赞扬儿子的孝道,并以此教育孙子,应以之为榜样。结尾还不忘因之引申、譬喻,以示儿孙之儒家入理法门。

---

① 《河汾王氏宗谱》卷九,光绪戊申(1908)重修,第41页。
② 东阳河汾王氏宗谱[M]//黄灵庚,陶诚华.重修金华丛书:189册.上海:上海古籍出版社,2014:63-64.
③ 《河汾王氏宗谱》卷二十三,光绪戊申(1908)重修,第56页。
④ 王崇炳.学耨堂诗稿[M]//赵一生.东阳丛书:15册.杭州:浙江古籍出版社,2015:231.

又如，《国陛曲尽子道诗示诸孙》①：

美餐随意进，量腹适其平。天属亲斯爱，人怀乐则生。不将官置念，何用表陈情。总是一真性，非关慕孝名。

再次称赞国陛的孝道，而内容、视角与前首不同，前者重在国陛"贴膏、敷药"等具体孝行，此则重心在于国陛不念官职，尽心侍亲之举。

王崇炳对国陛似乎毫不吝啬赞扬之词，于《学稼堂诗余》中叙述国陛的奉养孝亲之举如《阮郎归·予与国陛隔房而寝，微闻声息即披衣起请安，以为常方。首秋下弦，听予微咳，即至榻前呼儿烹茗。啜之时，邻鸡初唱，弦月方升，恬愉融泄之趣，在月明风露间依依可念。词以志之》②：

闻声即起问平安，茶来更进餐。自情自性自心欢。天真欲话难。　　初罢热，又非寒，弦月上东栏。一轩清景露华溥，鸡声报夜阑。

为了更好地照顾生病的父亲，国陛与父亲隔房而寝，稍闻父咳，立即披衣起身，前来问候。奉茶进餐，一刻不闲。终夜奔忙，毫无怨言。这一辛苦之状，王崇炳感怀于心，念念不忘。

2.次子王国壎

王国壎（1692—1772），字孝先，号静轩，二十七岁进学，县学生。为人性躁多怒，然能缩手。精于易象，喜款接宾友。研究艺文，评点精当。常告诫子侄辈："天地间一种闲人，百无所成，汝曹勿蹈也。"③用心于王崇炳茔墓，出力最多。

王崇炳《横山记》云："岁己丑，与弟子唐正学、儿子国壎，游而乐甚，因归为之记。时九月望后云。"④即康熙四十八年（1709年）八月十六日，与学生唐正学以及次子国壎游览兰溪横山。

李正馥《古意俚言一章》赞曰：

溪水清且涟，中有一君子。家学旧渊源，儒林称硕士。自幼耨砚田，腹笥贮经史。节概劲于松，澄怀清若水。敝屣视浮名，烟霞结知己。雅爱玩青山，透彻神峰理。摩诘画中诗，先生堪媲美。挈伴临清流，长吟倾醁醑。莳花种竹余，读书究所以。立心敦薄俗，淳风高栗里。膝绕二贤郎，趋庭禀诗礼。更饶潇洒趣，兀坐幽轩里。涤釜煮松萝，灌园培兰芷。高枕梦羲皇，奚须拖青紫。余忝弇鄙人，

---

① 王崇炳.学稼堂诗稿[M]//赵一生.东阳丛书：15册.杭州：浙江古籍出版社，2015：264.
② 王崇炳.学稼堂诗余[M]//赵一生.东阳丛书：15册.杭州：浙江古籍出版社，2015：321-322.
③ 《河汾王氏宗谱》卷九，光绪戊申（1908）重修，第58页.
④ 王崇炳.学稼堂文集[M]//赵一生.东阳丛书：15册.杭州：浙江古籍出版社，2015：121.

焉敢施议拟。为公记年华,鹤算庆无已。①

3. 三子王崧寿

王崧寿(1696—1777),字齐五,一字铁霞,号恂斋。十九岁进学。三十岁以一等第一补廪。岁贡生,敕授修职郎,任衢州江山县儒学正堂。《两浙輏轩录》收录其诗《护国寺》一首。有乃父之风,颇通岐黄之术,救人急难。擅长诗画,为人激赏。与天台齐召南交好。崧寿在家中虽年纪最小,但自小就深受其兄长的影响,年少懂事,对其父也甚是孝顺。如王崇炳《百字令·族中同辈不满十人,每新正崧寿必治甘旨会饮,此亦养志之孝也。喜而有作》②:

鹡原影只,视宗昆行辈,婉如连气。美景良辰难得聚,暮齿留余兄弟。我默含情,尔能暗揣,展席斟香醴。嘉肴甘软,招呼颇惬人意。　何必洛下耆英,山翁野叟,别有闲风味。樵话农谈征往事,仿佛少年嬉戏。兄尽白头,弟皆苍鬓,而我可知矣。尽欢今日,待看月轮徐起。

养志,谓奉养父母能顺从其意志。《孟子·离娄上》:"若曾子,则可谓养志也。事亲若曾子者,可也。"③汉桓宽《盐铁论·孝养》:"故上孝养志,其次养色,其次养体。"④每逢新年正月,崧寿必会在家中置办酒宴,邀请族中与父亲同辈之人,使其与父亲共同酬饮,并畅谈往事。如此,不仅可以纾解其父的孤寂,更可加深其叔伯辈间的情谊。对于崧寿的用心之举,王崇炳甚是欣慰,称赞其细心、体贴。

王崇炳《阮郎归·括戊申病后所记零语》⑤:

老人危病脱沉绵,儿心方解悬。黑甜一枕莫愁天,凉宵对榻眠。　呼问夜,远鸡传,弦月上疏帘。一轩风露正娟娟,含毫尚婉然。

戊申,即1728年,王崇炳七十六岁。词序云,"予自夏至秋两遭疫气,一病才起,一病又至。前病犹可,后病较深,诸子目不交睫,心不解悬者五昼夜。过此渐安,与崧寿对床而寝,听其沉沉鼾睡,盖劳苦倦极矣。予呼之曰:夜如何乎?曰:殆过半也。风露一天,明月在庭,四壁虫声如相告语。盖秋夜之清,更深人静,尤奇父子之情危而就安,愈见昔东坡追念与子由对床风雨之乐,不能去怀。予之不忘此时,亦由是也。因志之以词。"词中写到,自夏至秋,崇炳两次抱

---

① 《河汾王氏宗谱》卷九,光绪戊申(1908)重修,第58—59页。
② 王崇炳.学耨堂诗余[M]//赵一生.东阳丛书:15册.杭州:浙江古籍出版社,2015:307-308.
③ 杨伯峻.孟子译注[M].北京:中华书局,1960:179.
④ 王利器.盐铁论校注[M].北京:中华书局,1992:308.
⑤ 王崇炳.学耨堂诗余[M]//赵一生.东阳丛书:15册.杭州:浙江古籍出版社,2015:321.

恙。诸子目不交睫，忧心忡忡，终日劳碌，疲倦至极。而崧寿此时与崇炳对床而寝，贴身伺候。父亲稍有不适，他便会起身询问，辛苦之状尤甚。王崇炳有感于此，故作词一首，兼赞崧寿。

康熙六十一年（1722年），王崇炳往慈溪回访郑性，途中有诗《宿月桥》①，题注云："示儿子崧寿"，当有深意焉：

投宿向月桥，人烟亦希少。逆旅止一家，矮屋盖白草。应客无丁男，当炉有苍媪。行人已塞破，搁床藉干藁。客至主不欢，申恳转发恼。前途岂无家，起行苦不早。日落天色昏，烟林互回抱。我行将焉归，婉词谢邱嫂。幸假一夕安，心回颜亦好。籴米客自炊，夜膳得软饱。枕席敢求安，聊以栖倦鸟。谆语少年人，出门戒强蹻。男子志四方，岂能居室老。地远情亦疏，柔谦以为宝。明旦不可迟，欹枕候天晓。

4. 诸孙

王崇炳有孙十二人，王国陞生四子：延年、昌年、齐年、迦年。王国壎生二子：大年、韶年。王崧寿生六子：皓年、颐年、遐年、穹年、庞年、边年。延年（1706—1786），字岳庚，号晴皋，邑庠生。昌年（1709—1776），字谦受。齐年（1711—1789），字渭龄，号慎斋，太学生。大年（1721—1768），字履丰，号玉圃，廪膳生。皓年（1722—1746），字商龄。迦年（1723—1738）。韶年（1725—1803），字敬传，号琴台，邑庠生。颐年（1728—1761），庠名庭槐，字伯龄，号怡斋，郡庠生。遐年（1730—1778），字锡龄，号鹤溪，廪膳生。穹年（1735—1787），字象乾，号环川。庞年（1751—1788），字淳庵。边年（1756—1776），字景新。其中庞年、边年乃王崇炳逝后所生。

延年为王崇炳长孙，王崇炳亲自授业，并以其为傲。延年"少隽慧，五岁时便能从字母切平上去人，大父鹤潭公每携以示客，靡不称异。""少事鹤潭公，日同席讲诵，夜同床伴寝。鹤潭公督课不遗余力，日所讲论，至卧必逐加问诘，稍失一二，即颜色俱厉。又拊摩搔痒，亦有常课，或偶倦睡，必警觉之，为作《搔痒说》"。王遐年记云："迄今相去四五十载，凡少时所领鹤潭公议论讲说及诸规诫，每与兄弟子侄坐聚，追述之本末纤悉，即年时月日形情神吻，亲切如当日相告语，故令遐辈得时闻先人绪言，且知先人之所以课其孙者如是笃挚，而因以知兄不敢稍负夙昔之严训，是以克志鹤潭公之为人，而不失其准绳也。"②

---

① 王崇炳.学樨堂诗稿[M]//赵一生.东阳丛书：15册.杭州：浙江古籍出版社，2015：151.
② 《河汾王氏宗谱》卷十，光绪戊申（1908）重修，第28-29页。

张承坦（1704—1773），庠名彭年，字眉龄，号岘山。王崇炳外孙。彭年自白："知为应世之资，我则愚也；才为涉世之具，我则拙也。人心多甲兵，我心无城府。愚于应世也，世故尚周旋，落寞懒交际，拙于涉世也。然以应世贵知，处心不嫌其愚也。涉世贵才，处身不嫌其拙也。愚则不为人所尤。拙则不为世所役。诘吾者曰：木以不材终，子其似之。而吾师则曰：藏身之安，可全吾素。吾师为谁？外祖王鹤潭先生。"①他自称外祖父王崇炳是他的老师，老师交给他的涉世、应世的道理终身服膺践行。

《河汾王氏宗谱》载，王崇炳"一女，适托塘廪生张世隽"②。即张彭年的父亲是张世隽。提及王国陛妻时，王崇炳道："妇陆氏，惟夫是从，甥张彭年九岁母亡，到予家时，妇姑亡，当家，一切衣服履袜，皆与子同。廿六岁，进学方归。"③张彭年九岁时母亲亡故，寄养于大舅王国陛家，舅母待他如同自家儿子一般，直到二十六岁进学后他才回到张家。

从年龄看，张彭年比王延年大两岁，表兄弟是一起学习，一起长大的。王崇炳与二人既有祖孙之情，亦有师生之谊，自然，延年、彭年在王崇炳诗文中出现频率较高，其他人鲜有记述，足见王崇炳对延年及彭年二人格外青睐。或是携其游历，或是指导学业，祖孙深情，历历在目。如《偕楚乔廷佐孙延年游石洞》④，诗中叙述了王崇炳偕弟子郭楚乔、徐廷佐、孙子延年游历石洞书院一事。又如，《雪夜嘱彭年、延年作文》⑤：

慎莫贪昏睡，怀安实败名。志从严苦练，慧向静虚生。乘风索寒藻，资清引逸情。应知寂然地，千树焕春英。抱犬资微暖，坐灰聊压寒。欲为天下士，敢恋片时安。蘸笔米花白，挑灯焰蕊丹。功当成熟后，真趣溢笔端。

诗中描述了王崇炳对两个孙子的悉心教导，为其阐述为学之道：若要为学，必须吃得起苦、习惯寂寞，不贪安逸，功到自然成。这既是他的躬身亲得，又是对孙子的期许与鼓励，希望二人能以此为箴言，刻苦治学。

又如，《雪夜课文示彭年延年》⑥，又写到王崇炳对二人的循循善诱、谆谆叮嘱。王崇炳首先回忆自己弱冠之时的读书经历，冬季夜深仍未眠，此种辛苦，他却称其

---

① 《吴宁托塘张氏宗谱》卷十四，2005年重修，第172-173页。
② 《河汾王氏宗谱》卷八，光绪戊申（1908）重修，第41页。
③ 《河汾王氏宗谱》卷九，光绪戊申（1908）重修，第41页。
④ 王崇炳.学稼堂诗稿[M]//赵一生.东阳丛书：15册.杭州：浙江古籍出版社，2015：175.
⑤ 王崇炳.学稼堂诗稿[M]//赵一生.东阳丛书：15册.杭州：浙江古籍出版社，2015：214.
⑥ 王崇炳.学稼堂诗稿[M]//赵一生.东阳丛书：15册.杭州：浙江古籍出版社，2015：223.

为"乐事"。以自己的亲身经历来教导孙儿,甚是用心、用情。他认为作文须达到"心要忘手手忘笔"的境界,方可称之为登峰造极。"文章原是不朽业,妙不自寻方造极。秘要千金无过熟,心要忘手手忘笔。此时积雪满人寰,风景不殊妙契别。意到能兴北陆雷,信手推出东溟日。心景融融寒景消,濡毫顿释冰花结。枯木芳菲浩荡春,万紫千红一时合。此境可说不可传,久久功到方自然。"意到兴雷,信手推日,此种境界,便是心景,即不受外物所限,心中所想之景;即使是在冬季里提笔作诗,亦能书写出姹紫嫣红、芳草群莺的春日美景。但是这种境界,却又是只可意会,不能言传的。工夫到时,自然可得。最后劝勉孙儿珍惜光阴,莫空度了读书的好时光,"年少光阴弹指间,莫令发似雪峰巅"。

王崇炳《中秋得月知崧寿延年毕试》①云:"蟾轮皎洁正当时,鹊起吴台屈指期。幸喜儿孙同较试,还欣教学有留遗。中秋正及三场毕,畅饮方于五夜宜。芬座秋香风送远,人人拟折月中枝。"崧寿、延年叔侄同时参加秋闱即乡试,王崇炳于中秋节赏月饮酒,盼望子孙的好消息。这里不能确定这是哪一年,但结果是确定的,延年多次参加乡试都不中。

王崇炳《百字令·幼孙歌诗清朗,喜而有作》②:

老怀索汉喜晨昏,丫角雏孙环立。绿树阴浓盖四邻,长夏江村风日。引袂前吟,牵裾后咏,声似莺簧涩。齿牙伶俐,爱他音吐清历。　夸夸樊素樱桃,歌喉婉啭,低唱金杯侧。何似垂髫天籁发,远共沧浪相答。一座茅堂,数竿修竹,聊破山家寂。须臾歌罢,倚骄又索梨栗。

此词刻画了诸孙群像。不论晨昏,幼孙们环立身边,咏唱诗篇,声似莺鸣,宛如天籁,打破了山村的岑寂。诗书传家,后继有人,王崇炳当然喜不自禁了。

二、生平大略

(一) 治学讲学

王崇炳颖悟聪慧,少有才气,深刻影响他一生的有四位老师:蔡尔璧、赵忠济、董肇勋、毛奇龄。通过名师指点,王崇炳学业与时俱进。但他时运不济,仕途不畅,在弱冠之年成为金华府生员后,累试不得志,直至康熙五十六年(1717

---

① 王崇炳.学耨堂诗稿[M]// 赵一生.东阳丛书:15册.杭州:浙江古籍出版社,2015:263.
② 王崇炳.学耨堂诗余[M]// 赵一生.东阳丛书:15册.杭州:浙江古籍出版社,2015:326.

年）才得以出贡。康熙六十一年（1722年），适逢金华知府张坦让欲兴起婺学，选八邑英杰之士而教育之，聘他掌丽正书院，耋年成为一乡学者领袖。他于《鹤潭时艺稿自序》总结道："不佞少而入泮，五入棘闱，六十五出贡，殆非山人也。然老无所归，则亦将归于山人。"①对"山人"身份的认同很是尴尬，这是哀叹，也是牢骚。

王崇炳虽无从政经历，却关心民瘼，关爱乡里，有忧国忧民之心。他平生最为赞赏的诗句是韦应物的"身多疾病思田里，邑有流亡愧俸钱"（《寄李儋元锡》）②，认为这才是"诗之正道""得风雅遗意"（《〈赵斯敬诗册〉题辞》）③。他歌颂历史上如明代杨一清、张璁、杨廷和、李东阳等忠臣，痛斥如严嵩一流的奸佞，咏史怀古诗词反映了他深沉的思考。雍正癸卯年（1723年），金华地区大旱，农田颗粒无收，饥黎辗转沟壑，崇炳特拟《上张太尊救荒书》，陈述金华、义乌、东阳一带之荒情，比辛丑年（顺治十八年，1661年）的吃树根、嚼白泥更为惨重，为民请命，乞求救济，百姓无不感恩戴德。甲辰之岁（即雍正二年，1724年），有虎在县北伤人，他即致书邑大令庞玺要求请勇士除害，其恳陈之辞十分感人。

王崇炳主要是个学者，他一生的业绩主要表现在治学讲学上。他治学无门户宗派之偏见，无文人相轻之陋习。杜秉琳在《广性理吟题辞》中说："鹤潭王先生学宗姚江，不立异于朱子，尝言'学者当于自心中辨舜跖，不当于纸墨上辨朱陆'。"④王崇炳兼收并蓄，广学勤思，不自设门限，他可以登访姚江派名师，广交致良知的朋友，也可以跟崇信朱子理学甚坚，拒象山、姚江甚力的张祖年共事丽正书院，并乐于为其《丽正书院文集》作序。他崇尚文以载道，潜心四书五经，并祖述朱子之言，模仿题名朱熹的《性理吟》而吟成《广性理吟》以课诸儿，可见其希贤入圣之心。他对子书、史书、诗词也广有兴趣，甚至对佛学、医学、堪舆学等也不乏研究。就是被儒家目为乱世之书的《战国策》，他也有自己的学术眼光与判断，提出了相当深刻的见解。他于《程嗣音〈战国策集注〉序》中说："夫儒者以经学为重，《国策》乃纵横家言，三王之罪人，孟子所显斥也。然其文高古峻洁，凭空设譬，洞中情势，使人入于耳而莫逆于心，大则连兵数万，拓地千里；而细则隐刺其心中之微爱于一家骨肉之间，立褫其权而夺之位：非长于言，何能至此？故虽乱世之书，而与《史记》《南华》《离骚》并传至今。而儒者或以

---

① 王崇炳.学耨堂文集[M]//赵一生.东阳丛书：15册.杭州：浙江古籍出版社，2015：169.
② 孙望.韦应物诗集系年校笺[M].北京：中华书局，2002：353.
③ 王崇炳.学耨堂文集[M]//赵一生.东阳丛书：15册.杭州：浙江古籍出版社，2015：141.
④ 王崇炳.广性理吟[M]//赵一生.东阳丛书：15册.杭州：浙江古籍出版社，2015：卷首.

其坏人心术而摈之,则不善学之过也。"他接着分析说:"今夫乌喙、砒石,毒药也,国医恒用之以收捷效,不善用之,则钟乳琥珀,或至杀人也;黥徒盗魁,险人也,名将恒用之以建奇功,不善用之,则虽端人正士,或至偾事也。善作文者,牛溲马勃,皆可以入用;不善用之,则虽准经酌雅,未必能制胜也。我以仁义用纵横之言,可以排难;我以忠诚运游说之知,可以纳诲。吾有以转《国策》,而不为《国策》所转,安在《国策》之不可读,而读之可不必注哉?"①不仅揭示了《战国策》"长于言"的艺术特色,而且论述了以正御邪、以为我用的读书方法,很有启发意义。这些说明王崇炳不仅广泛学习,也善于学习,这也是王崇炳成为一个博学君子的奥秘所在。

金华是婺学的根据地,自吕祖谦创立婺学以来,自宋及明,继之者有何基、王柏、金履祥、许谦、章懋等,他们师生传授,相继不绝。但正如齐召南在《学耨堂文集》序言中所说:"自明中叶,海内讲学颇多,求如婺宋元时恪守矩度,究不可得。即婺自章枫山后,未闻再有硕儒。盖学之不讲亦已久矣。"②这一点,王崇炳深有同感,他于《楼勇轩〈四书五经考略〉序》③中说:"吾婺自东莱先生兴起理学,何、王、金、许继之,自元迄明,相继不绝;至于今,则阒其无人。予老矣,婺学一脉,其谁任之?"他深感婺学一脉有后继无人之虞。为此,针对当时俗儒举业之粗陋,于圣贤经术毫发无所得的状况,他提出了"治经以学道"和"治经如服药"的学以致用的主张。他说:"夫治经以学道也,学道而无得于身心,必致于阿世;得于身心而不能兴起后学,亦止足以自了。"他又说:"治经如服药,取其已病。"这就是说,学经的目的在于领会道理,并把它传诸后学,在于更好地舒畅自己的身心,完美自己的道德,为社会作出贡献。这是对只知死记硬背,不去领会思想内容和精神实质的学习方法的深刻批判,给当时的学子指明了努力的方向。为了让学子在学习经籍时既有所得又能少花时间,增强学习效果,他深感有整理经籍的必要。他说:"经义自汉疏以后至今,年日积而多,则论亦日积而繁,彼是此非,或非其所是,是其所非,入海算砂,何时得了?"对经籍的这种现状非常不满。他以为"与其博而不精,不如约而能该"。因而他对楼勇轩的"约而该"的《四书五经考略》给以充分肯定;也是基于这一观点,他不知疲倦地热心搜茸精择先儒之遗书的整理和刊布工作。比如,他辅助董肇勋老师刊刻陈樵《鹿

---

① 王崇炳.学耨堂文集[M]//赵一生.东阳丛书:15册.杭州:浙江古籍出版社,2015:60.
② 王崇炳.学耨堂文集[M]//赵一生.东阳丛书:15册.杭州:浙江古籍出版社,2015:卷首.
③ 王崇炳.学耨堂文集[M]//赵一生.东阳丛书:15册.杭州:浙江古籍出版社,2015:40-41.

皮子集》，编刻《东阳历朝诗》。亲自编著了《金华文略》《金华征献略》，是为金华文献姊妹篇，他自称："使学者欲求先贤之言，则《文略》可稽；欲考其行，则兹编（指《金华征献略》）颇具其概"①。他非常赞赏金履祥十八世孙金孔时重刻《金仁山文集》和许谦弟子搜葺刊印《许白云先生遗集》的善举，并亲自为之校订、编帖、作序。他在《重刻金仁山先生文集序》②中说："一国之人才，犹黍苗也；先贤之绪言，犹和风甘雨也。和风甘雨作于上，则黍苗勃然兴起；钟镛笙管杂奏并作，则必有起舞而登场者。"其盼才育才之心甚切。为此，他又提出了道统的传承问题。他于《东藕塘金仁山先生祠堂记》③说："先贤有形气之传，有性命之传。形气传之子孙，性命传之后学，道统之的裔，不必皆其子孙也。即以吾婺学四先生论之：北山（何基）之的裔为王鲁斋（王柏），而何氏不与焉；鲁斋之的裔为金仁山（金履祥），而王氏不与焉；仁山之的裔为许白云（许谦），而金氏不与焉。"肯定了这种"道统之的裔，不必皆其子孙"的性命之传，热切地希望有人出来能挑起振兴婺学之重任。

为振兴婺学，王崇炳在《重刻〈石洞遗芳〉序》④中提出要振兴教育。为什么兴盛于南宋的吾婺理学文章，自元迄明，相继弥光，而今却寥寥无人呢？他分析，因为在宋元时，吾婺是会友之地：一是书院多。金华有时氏学古书舍，浦江有东明书院、月泉吟社；而东阳最盛，有蒋氏的横城书塾，陈氏的路西义塾，而最为有名的则是郭氏的石洞书院。二是名师讲学访学。以郭氏石洞书院为例，其时讲学者有叶适、叶味道等，访道而至者则有朱熹、吕祖谦、魏了翁、陈傅良、陈亮、唐仲友、陆游等，一时大江以南，鸿才卓行之士，罔有不至。三是隆师之风甚浓。对名师巨儒，"至则盛其飨，去则厚其赆，留则丰其膳。一时藉藉相传"。而现在呢？"乡曲丰实之家无有好贤礼士而招致之者，此贤者之所以裹足而不至也。"于是，"礼贤之风替，则师道息；师道息，则正学衰；正学衰，则人才陋"。因此，要振兴婺学，首先要振兴教育，要恢复宋元时隆师重教的优良传统。为此，他提出了"遗金满籯，不如遗子孙以学"的观点，他希望"乡曲丰实之家"，要像东阳建石洞书院的郭钦止一样办教育，"以其所蓄陶铸人才，黄白之精，皆化为文章理学"，这才称得上是"善用财"了。其次，他希望那些宿学巨儒能走出书

---

① 王崇炳.金华征献略[M]//赵一生.东阳丛书：15册.杭州：浙江古籍出版社，2015：卷首.
② 王崇炳.学耨堂文集[M]//赵一生.东阳丛书：15册.杭州：浙江古籍出版社，2015：43-44.
③ 王崇炳.学耨堂文集[M]//赵一生.东阳丛书：15册.杭州：浙江古籍出版社，2015：103-104.
④ 王崇炳.学耨堂文集[M]//赵一生.东阳丛书：15册.杭州：浙江古籍出版社，2015：48-50.

斋，投身讲学，自觉地担负起培养后学的责任。他说："生逢盛世，不可有傲爵禄之心。为诸生教弟子，为朝廷育才宏化，即月食数斗米不为过。"（《应慵庵传》）[①]此话也许有他屡试不第的感慨，但从中也可看出他崇尚和热爱教育的品格。授徒讲学本是他终生的职业和谋生的主要手段。他主要是家居教授，偶尔短暂外出坐馆，如1723年，王崇炳应金华知府张坦让之请，出主丽正书院；雍正十二年（1734年）春，王崇炳应金律延请讲学于藕塘书院（东湖书院）。由于他夙负文章重名，好学深思，再加上他"家居教授，一言一动，皆足楷模后学"（《学耨堂文集序》）[②]，美名远播，金、台各邑之士，莫不百舍重茧而至，入堂愿为弟子。天台神童，后累官至礼部侍郎的齐召南在《学耨堂文集序》中深有感触地说："愚束发受书，即耳先生名，恒以不获亲炙几席为恨。"[③]这并非客套溢美之辞。他到郡城掌丽正书院时，一上任即订学规十一条，以启迪后进，并勖勉学员做学问要以力行为重。他说："凡人积学非难，而广学为难。广学之难，难于出身担荷。"[④]又说："凡为学，才出口，必须有用力处；才用力，必须有得力处；才得力，便须有感发人处；才感发，便须有成就人处。学不能成就人者，皆非真学也。"（《与郑南溪书》）[⑤]这是他一生讲学的心得体会和经验总结。

王崇炳教授学生，因材施教，"莫不因端开譬，决其障而各如其意之所欲得。善气薰人，不言而饮人以和。……其启迪后进，则大叩大鸣，小叩小鸣，各如其质之高下而语之。初不强以所难，而亦不欲有所秘。"（《王鹤潭先生传》）[⑥]弟子黄廷元赞其"谊重桑梓，志扶绝学，时时讲学，以启迪后进"。王崇炳"教弟子，不论贤愚，悉勤心训诲，故多所成就"。他尝言："学须体行，不在多言。说得一丈，不如行得一尺。为学无他法，只将此心托出，在千万人面前看，必不可有覆护遮掩之思。即在幽居独处，俨若十目十手之并集。"（《王鹤潭先生传》）[⑦]从中可见，王崇炳教习非常重视"行"，他认为要想学有所成，只此一法，别无捷径可寻。《四书口谈序》[⑧]详细记述了其对学生循循善诱的教导，可谓良师。首先弟子陈述学习困惑："某看书于大文，则见其貌厚，而不能入也；于传注则见其里深，

[①] 王崇炳. 学耨堂文集 [M]// 赵一生. 东阳丛书：15册. 杭州：浙江古籍出版社，2015：94.
[②] 王崇炳. 学耨堂文集 [M]// 赵一生. 东阳丛书：15册. 杭州：浙江古籍出版社，2015：卷首.
[③] 王崇炳. 学耨堂文集 [M]// 赵一生. 东阳丛书：15册. 杭州：浙江古籍出版社，2015：卷首.
[④] 王崇炳. 金华文略 [M]// 赵一生. 东阳丛书：16册. 杭州：浙江古籍出版社，2015：815.
[⑤] 王崇炳. 学耨堂文集 [M]// 赵一生. 东阳丛书：15册. 杭州：浙江古籍出版社，2015：154.
[⑥] 王崇炳. 金华文略 [M]// 赵一生. 东阳丛书：16册. 杭州：浙江古籍出版社，2015：814-815.
[⑦] 王崇炳. 金华文略 [M]// 赵一生. 东阳丛书：16册. 杭州：浙江古籍出版社，2015：814-815.
[⑧] 王崇炳. 学耨堂文集 [M]// 赵一生. 东阳丛书：15册. 杭州：浙江古籍出版社，2015：74-75.

而不能出也；于诸家小注，则见其分途杂出，而不知所抉择也"。学生听闻王崇炳之言，觉得鞭辟入里、豁然开朗，遂希望以笔录之。王曰："其诸藏火于木，而取之不竭也；其诸藏玉于璞，而随其所斫以成器也。若予之言，是已取之火、以斫之璞，其为用也容有几？予不以锢尔之聪明，而使不得窥于宏览昭旷之域也。谈焉偶耳，录而存之不可也。"崇炳自谦地说自己所总结的学习之法只是已取之火、已斫之玉，不如火之源头木、玉之源头璞，不仅可以取之不竭，且可尽情为自己所用，以使其发挥庞大的作用；不止如此，他还谦虚地称自己的这种"拙见"，还有可能会影响弟子的思维，禁锢了他们的聪明才智，以使其不能到达学问的更高境界。而对于老师的此种说法，弟子则曰："不然。火则已出矣，取之之法可试也；玉则已斫矣，斫之之方可传也。先生其不欲使火之幽于木，而玉之掩于璞，而有以利用而前民，则先生之言有不可少者。"学生的恳切言辞最终说服了王崇炳，他最后允许学生"录"下此法。从中可见，王崇炳不仅自己做学问不喜墨守成规，且力将此法悉心传授学生，以发挥其独特的创造性思维。而且，乐于与学术沟通，平等交流，善于听取学生的建议，从不固执己见，能做到教学相长，从善如流，的确不易。王崇炳对学生的教导不只限于学问之事，有时还将做人处事之理贯穿教学活动之中，积极培养学生的人格品性。如他在《书筌随笔》中提道："一日之间，默自检点：不是昏气，便是惰气；不是浮气，便是躁气；不是散气，便是悍气：此皆谓之客气。客气不除，则真气消蚀；杂气不乘，则正气日生。"[①]"极得意时无喜色，极不得意时无愠色：此便是学问得力处，可以观人，可以自观。"[②]王崇炳教授学生不仅重视其学问造诣，更关注其人品修为，可谓全面培养其综合素养。据《学耨堂文集》《学耨堂诗稿》《学耨堂诗余》记载，在王崇炳门下受业的学生颇多，诸如何器琎、徐汝复、蔡六平、陈灿文、方景贤、郭楚乔、徐廷宣、金玉汝、唐思臣、黄殿选、徐廷佐、陈公位、虞仲赤、袭映书、朱景阳、杜萼先等，他们都曾跟随王崇炳学习，并且都取得了不俗的成绩。

王崇炳虽不以复兴婺学自任，但正如论者所说的"婺学既微复著，恃先生克寻坠绪"（《学耨堂文集序》）[③]，的确，婺学久衰复振，王崇炳功不可没。

（二）文学创作

王崇炳不仅是个学者、教育家，也是个诗人、文学家。他认为文章是作者性

---

① 王崇炳.学耨堂文集[M]//赵一生.东阳丛书：15册.杭州：浙江古籍出版社，2015：2.
② 王崇炳.学耨堂文集[M]//赵一生.东阳丛书：15册.杭州：浙江古籍出版社，2015：5.
③ 王崇炳.学耨堂文集[M]//赵一生.东阳丛书：15册.杭州：浙江古籍出版社，2015：卷首.

情的表现，他说："性，犹器也；文，犹响也。性不足，而强求其文之至，是犹叩石而求琴筑之声也，必不得矣。"因此，"无令伯之性，而强使《陈情》；无武侯之性，而拟为《出师表》：虽拟之，必不肖也。"（《赵云参〈石皮堂古文〉序》）[①]因此，他要求作者"夫刓方为圆，突梯滑稽，饰小言以希世者，修辞者所不屑也；涂脂抹粉，取青媲白，修媚容以悦人者，立言者所深戒也。"（《答雠文篇》）[②]他自己的文章写得平实质朴，"篇篇皆从心性中流出"（郭燕贻《学耨堂文集记》）[③]。但也不乏文采，尤其是传记文和游记文颇有文学意味。王崇炳自言："予作古文，无以因袭，神机天放，不妨自成一家。"（《自述》）[④]他极具史才，所撰传记文多采用史传体，注重典型选材和细节描写，形神毕肖，往往笔端带有感情，如金之介的友恭之谊（《金之介传》）[⑤]，叶自合的尊师重道（《叶老人传》）[⑥]，李梧冈的入谒取祸（《李梧冈传》）[⑦]，吴毅公的率性而游（《吴毅公传》）[⑧]，应慵庵的棘院投笔（《应慵庵传》）[⑨]等都写得如见其人，如闻其声，给读者留下深刻印象。王崇炳好游，其履痕除东阳家乡附近的风景名胜外，遍及金华北山、兰溪横山、武义明昭、明州四明、诸暨五泄，以及萧绍诸胜。游记是他游踪的记录。他的游记语言清丽省净，描写生动自然，尤其是借游议论、记游寄慨的，更能给人以美感和启迪。如《练溪看桃花记》[⑩]，"大凡看花之处：喜清，宜白砂翠竹；喜幽，宜鸥汀凫渚；喜淡，宜山桥野渡；喜朴，宜茅茨水碓；喜雅，宜断亭残阁；喜旷，宜横皋极浦；喜高，宜叠嶂层峦。而看花之时：喜润而不湿，宜宿雨初干；喜温而不暖，宜和风披拂；喜晴而微阴，宜霁日平临。而看花之人：喜野，宜芒鞋竹杖；喜文，宜诗瓢笔格。"又说："夫达于景者，于景无择：其初开，则乐其含英而吐艳；其盛开，则乐其敷荣而交辉；其将残，则乐其辞葩而孕实。故或连亩缤纷，则乐其繁而不杂；

[①] 王崇炳.学耨堂文集[M]//赵一生.东阳丛书：15册.杭州：浙江古籍出版社，2015：57.
[②] 王崇炳.学耨堂文集[M]//赵一生.东阳丛书：15册.杭州：浙江古籍出版社，2015：159.
[③] 王崇炳.学耨堂文集[M]//赵一生.东阳丛书：15册.杭州：浙江古籍出版社，2015：176.
[④] 东阳河汾王氏宗谱[M]//黄灵庚，陶诚华.重修金华丛书：189册.上海：上海古籍出版社，2014：10.
[⑤] 王崇炳.学耨堂文集[M]//赵一生.东阳丛书：15册.杭州：浙江古籍出版社，2015：76-77.
[⑥] 王崇炳.学耨堂文集[M]//赵一生.东阳丛书：15册.杭州：浙江古籍出版社，2015：79-80.
[⑦] 王崇炳.学耨堂文集[M]//赵一生.东阳丛书：15册.杭州：浙江古籍出版社，2015：90-92.
[⑧] 王崇炳.学耨堂文集[M]//赵一生.东阳丛书：15册.杭州：浙江古籍出版社，2015：92-93.
[⑨] 王崇炳.学耨堂文集[M]//赵一生.东阳丛书：15册.杭州：浙江古籍出版社，2015：93-95.
[⑩] 王崇炳.学耨堂文集[M]//赵一生.东阳丛书：15册.杭州：浙江古籍出版社，2015：122-123.

或一树横斜,则乐其独而自整;或数株错落,则乐其美不孤。所乐于景不同,而可乐均也。"洋洋洒洒,由看花之处、之时、之人、之景,娓娓道来,有理论,有感受,简直是一篇指导人们如何赏花的美学论文,不仅给人以美的享受,更给人以新的启迪。《横山记》云:"夫人终日居城中,所瞩不过数武,碌碌尘市中,不见天地之广;一登此山,则耳目易,而心思为之一旷。岂非处下者不足与窥高,见大者不足与语小,居阛阓则世俗之情胜,陟山林则清旷之趣多乎?"①他主张走出书斋,登山临水,亲近大自然,以陶冶胸襟,藻雪精神。

王崇炳也雅好诗词,他认为诗歌是诗人性情的表现,因此"啬于性者,天不能资以韵;薄于情者,地不能贡以文"(《杜雍玉〈枫庄诗〉诗序》)②。又说:"夫诗,犹绘事也。绘山绘水绘风月,绘草木禽鱼,要不如自绘其性情行履。"(《张西园诗序》)③王崇炳《与郭岸先夜坐谈诗》云:"要得无师知,宜传言外神。君看万花色,都是一丸春。舒卷云容变,高寒月色真。吾师白砂子,率尔句弥新。"④王崇炳学术不囿于一家,不辨朱陆,兼容并包,又自觉上窥陈献章江门心学,于"自然""自得""静坐"诸奥旨尤所心契。心学与诗学相统一,王崇炳诗歌陈献章有一定程度的接受,如"文以载道"的诗学观,以风雅救正理学诗,复归性情派、风韵派,秉承并发扬其诗以明道、教以诗传的诗教精神,在"鸢飞鱼跃"的审美理性中,追步陈献章,一些诗歌同臻性情、自然、自得三位一体之境。王崇炳《踏莎行·兰溪唐中舍有素客山西携〈澹归全集〉回,特以见赠,作此志感,兼颂澹公》云:"来自山西,去从南粤。去来万里飞无翼。故人持赠极难忘,为予远作传书驿。曾戴貂蝉,仍披裓衲。庄周梦破非蝴蝶。杖头指处落天花,霜毫万斛翻春雪。"⑤王崇炳词对澹归有明显的接受,表现在作词缘起、追求道趣、咏史怀古、自我审视、关注现实等诸多方面。王崇炳《自述》云:"予向不作词,以其赓酒颂色,不足以翼风雅。七十以后,得《金澹归集》,其词皆发挥道趣,心窃喜之,兴之所到,时亦为之,虽不足为华艳,庶可为砥世励俗之一助云。"⑥《学穮堂诗余序》云:"诗

---

① 王崇炳.学穮堂文集[M]//赵一生.东阳丛书:15册.杭州:浙江古籍出版社,2015:120-121.
② 王崇炳.学穮堂文集[M]//赵一生.东阳丛书:15册.杭州:浙江古籍出版社,2015:63.
③ 王崇炳.学穮堂文集[M]//赵一生.东阳丛书:15册.杭州:浙江古籍出版社,2015:161.
④ 王崇炳.学穮堂诗稿[M]//赵一生.东阳丛书:15册.杭州:浙江古籍出版社,2015:34-35.
⑤ 王崇炳.学穮堂诗余[M]//赵一生.东阳丛书:15册.杭州:浙江古籍出版社,2015:292.
⑥ 东阳河汾王氏宗谱[M]//黄灵庚,陶诚华.重修金华丛书:189册.上海:上海古籍出版社,2014:10.

何必不词，词何必不俪情、通情、通性、通雅、通俗，此则予为词之大概也。"①词与诗等量齐观，符合他一贯的性情、真雅、诗教观念。

　　王崇炳所著诗文有《学耨堂文集》八卷、《学耨堂诗稿》九卷、《学耨堂诗余》二卷、《广性理吟》一卷。《东阳丛书》第15册学耨堂诗词稿共选诗854首（卷一129首，卷二125首，卷三84首，卷四110首，卷五112首，卷六81首，卷七81首，卷八83首，卷九40首，补遗9首）、词165首，题材广泛，内容丰富。他于《学耨堂诗稿序》中云："壬寅（1722年）以后诗录十之五，壬寅以前诗录十之二。其所去取，止能叙交，不能择诗。"②可见，王崇炳诗稿远非他诗歌的全部，而且主要目的是"叙交"，故多选唱和之作，用以存人。如此选录，其诗歌题材必会受到一定限制，由此难以窥他诗歌全貌，难以凭借诗词作品完整考察其用舍行藏，是为憾事。

---

① 王崇炳.学耨堂诗余[M]//赵一生.东阳丛书：15册.杭州：浙江古籍出版社，2015：271.
② 王崇炳.学耨堂诗稿[M]//赵一生.东阳丛书：15册.杭州：浙江古籍出版社，2015：卷首.

第二章 王崇炳与诸师

王崇炳一生尊师重教,其《自述》云:"予待师长即蒙师亦不忽置"①。他是这样说的,也是这样做的。推崇其为人,传承其学术,他为老师立传,并写诗进行深情缅怀。

一、经史之师:蔡尔璧、赵忠济、金光奎

(一)蔡尔璧

蔡尔璧(1622—1697),名彬,原名国璁,字尔璧,号太乙,邑庠生。王崇炳《先师蔡尔璧先生传》②云:

先生姓蔡,讳彬,字尔璧。为人文深峭直,博学强记,好为矫俗之行。既入学为弟子员矣,犹椎髻垢面,敝衣草履,与其侪樵汲耕作。或出而试有司,至逆旅,后生少年不知其谁何,侮慢之;既与之谈,则援据今古,辩若悬河,每举一事,辄罄其表里,穷其巅末,闻者口张舌挢不能下。于是焉每试,父兄必戒其子弟曰:"有长而上偻,椎髻多髯、短衣窄袖、履草履、担负而来者,蔡尔璧先生也。其人博通今古,见之宜加恭敬弗慢。"

崇炳十二三时,从先生于家塾,教以习诵经史,督课甚严。先生于书多所博览,至于《周易》《尚书》《毛诗》《春秋左氏传》及紫阳《纲目》,并其注,皆能覆背。其余诸子及方言小说,不能举其所记。崇炳自从先生,先生不时至,所谈皆传家大义。炳交游寡,目中所见,多记而确,素心相与,不欺其志者,惟先生一人。

性严刻少容,每面斥人过,人不敢近。先生世居邑之白鹿峰下蔡宅,多学而

---

① 东阳河汾王氏宗谱[M]//黄灵庚,陶诚华.重修金华丛书:189册.上海:上海古籍出版社,2014:10.
② 王崇炳.学穮堂文集[M]//赵一生.东阳丛书:15册.杭州:浙江古籍出版社,2015:89.

不乐著文，故文无传焉。

蔡尔璧博学强记，不修边幅，严刻少容，好面斥人过。王崇炳十二三岁师从蔡尔璧，"习诵经史，督课甚严"。而《鹿峰蔡氏宗谱》中所记多出一些文字，可相互参读，其曰：

先生姓蔡，讳彬，字尔璧。为人文深峭直，博学强记，好为矫俗之行。既入学为弟子员矣，犹椎髻垢面，敝衣草履，与其侪樵汲耕作。或出而试有司，至逆旅，后生少年不知其谁何，侮慢之；既与之谈，则援据今古，辩若悬河，每举一事，辄罄其表里，穷其巅末，闻者口张舌挢不能下。于是每试，父兄必戒其子弟曰："有长者而上偻，椎髻多鬓、短衣窄袖、履草屦、担负而来者，蔡尔璧先生也。其人博通今古，见之宜加恭敬弗慢。"

崇炳十二三时，从先生于家塾，教以习诵经史，督课甚严。乡多虎，虎多入村落哐人，天将晚，皆闭门不敢出入。或为厉有号阎罗王者，决人生死如响，乡人畏而询之，时岁将腊矣，阎罗王曰："汝乡今冬幸免于虎，但有一人，姓蔡，多鬓，外人也，吾且票而捉之矣。"先生性僻，夜静月出，则循宅之东山而上，沿溪而下，归馆，张灯读书，乃卧。或告先生，先生曰："阎罗王之言人乎？吾其试之。"夜出益甚，已而，解馆去。岁且终矣，虎入人村，哐一人以去，乃吾族之雇佣也，多须，蔡其姓。蔡氏或以私盐株连，府官捉之急而呼先生，先生归，缚其役而扑之，褫其衣并其符而裂之，役愬诸官，官大怒，拘执先生，狱既成，牒诸巡盐御史，御史者，武定相公邺园李公也，先生状白其冤，李公释之，而重责其与土豪之表里为奸者十数人，死者居半，通邑大快，自此私盐之害渐寝。先生于书多所博览，至于《周易》《尚书》《毛诗》《春秋左氏传》、紫阳、《资治通鉴》，并其注，皆能覆背。其余诸子及方言小说，不能举其所记。崇炳自从先生，先生不时至，每家有过，举辄面斥之。所谈皆传家大义。炳交游寡，目中所见，多记而确，素心相与，不欺其志者，惟先生一人。

先生性严刻少容，每面斥人过，人不敢近。然善作家，家屡破，晚年仍聚畜成计。享年七十有六，终于家，生子女各一。先生博学善谈辩，朴直类周秦时人，不喜著书，故书无传焉。①

据落款"康熙癸巳菊月上浣之吉"知，此传写于1713年。蔡尔璧与一蔡姓雇佣相貌酷似，通过虎咬人与私盐株连两个相关联的故事，表现了蔡尔璧无惧、不惑人言、峻直、善辩等性格特点。

---

① 《鹿峰蔡氏宗谱》卷三十，民国戊午年（1918）重修。

王崇炳有诗《寿鹿峰蔡夫子》①：

寒月晴将白发晞，庄椿居士木绵衣。怡情曲糵违时俗，放眼乾坤有是非。谷口新霜秔稻熟，村西小雨晚菘肥。群书贮腹全高尚，莫怪生平述作希。

据《鹿峰蔡氏宗谱》知，蔡尔璧生于十一月初九日，诗中"谷口新霜秔稻熟，村西小雨晚菘肥"紧扣这一时节。庄椿为祝人长寿之词。语本《庄子·逍遥游》："上古有大椿者，以八千岁为春，八千岁为秋。"②"怡情曲糵违时俗，放眼乾坤有是非"，是说蔡先生好饮酒以怡情，眼界宽广，却"违时俗"，即《先师蔡尔璧先生传》中"好为矫俗之行"意，"有是非"即为人峻直，心中有褒贬，绝非好好先生。结尾"群书贮腹全高尚，莫怪生平述作希"，即赞先生满腹经纶，博闻强记；"述作希"即《先师蔡尔璧先生传》中"多学而不乐著文，故文无传焉"。

从王崇炳为蔡氏所作其他传记中亦可了解蔡尔璧的其他侧面。1713年，王崇炳作《蔡隐君蕴如翁传》云："予师蔡尔璧先生，性严毅，于人慎许可，每举族中之贤，辄口及蕴如兄弟。"③1714年，其《蔡府君殷有传》云："府君讳景国，字殷有，蔡尔璧先生之从弟也，与先君交最契。尔璧先生文深峭直，不能容物，而独善府君……尔璧先生论事据经而裁法。"④1723年，其《元房义四百二十惟翁传》云："予在婺郡，晤蔡子云从于密印禅院，蔡子曰，先人谢世数载余矣，未获表彰其实行，敬乞数言以垂不朽。予因念弱冠时，往鹿峰师蔡尔璧先生，十有余载。"⑤均有助于我们了解蔡尔璧其人。

遍检《鹿峰蔡氏宗谱》，只发现蔡尔璧三篇文章，即《重修宗谱序》《和二百四十五府君暨安人曹氏传》《隐君白山公传》。试举其1680年所撰《元房隐君白山公传》⑥，以管窥豹：

伯父讳枋，字宗卿，号白山。和三百四公之长子，仁二百四十五公之孙也。初配楼氏，育男二女一而逝。次娶孙氏，卒，又娶金氏，享年七十有七。余年十六，归自玉山，与其长汝大者同学，次年又与其季明远者同坐，爱接异常，因益相稔。……今修谱者将竣，其昆季齐谓予曰：女其为予父传。余曰：予无文，行之未远，乌乎传？又齐谓予曰：谱以纪实，焉用文？予曰：伯父之纯德阴善多

---

① 王崇炳.学稼堂诗稿[M]//赵一生.东阳丛书：15册.杭州：浙江古籍出版社，2015：14.
② 曹础基.庄子浅注[M].北京：中华书局，2000：4.
③ 《鹿峰蔡氏宗谱》卷三十一，民国戊午年（1918）重修。
④ 《鹿峰蔡氏宗谱》卷三十，民国戊午年（1918）重修。
⑤ 《鹿峰蔡氏宗谱》卷三十一，民国戊午年（1918）重修。
⑥ 《鹿峰蔡氏宗谱》卷三十，民国戊午年（1918）重修。

矣，汝自知之，汝自传之可也，奚用予为？又曰：以子传父，恐疑于私，固不若子传之足信也，虽不文，其奚害？予再辞不获，遂以其所见而知者书以为之传云。

（二）赵忠济

赵忠济（1633—1687），字济卿，号岐宁，东阳巍山人，县学廪生，治《诗经》，屡应浙试，潜心理学，游陈蘋斋先生之门，著有《志学衍义》《述古约言》《四书精解》《求仁录》等。附主五峰书院，次于陈亮、程文德之下。从弟赵忠藻《崇祀五峰小叙》中言："济兄瑰玮之文，妙绝当世；孝友之行，追配古人。而且淡如秋菊，煦若春风，虽不言，而四时之气备焉。"[1]门人有王崇炳、陈启宗、陆又新、赵承锦等。

王崇炳撰有《先师岐宁赵先生传》[2]：

先生姓赵，讳忠济，字济卿，别号岐宁，世居邑之巍山。

先生资秉粹美，淳厚坦白。学宗姚江，以致良知为主，而善气薰人，不言而饮人以和，仁者之气居多。事亲至孝，尊人性严急，少不当意，对客手批其颊，先生不动神色，执事弥恪。时或予杖，跪而受之，必得其欢心乃已。处兄弟友爱，推有济无，忧喜与共。教弟子不为课程约束，非唯口授，而身率之，无俟鞭策，使人叠叠乐从而自不能已。读书不屑屑于笺注，涵泳于字句之外，得古人不言之隐。作文不尚雕琢，切事中理，畅所欲言，故其文每为人传诵，先生不色喜。其文愈工，其遇愈穷，人皆为之不平，而先生淡如也。计炳前后在先生之门，未尝见先生轻议一人，轻绝一人；又不曾因人之誉而喜，因人之毁而愠，因情之厚薄、学之异同而分爱恶。诸生请益无虚日，莫不因端开譬，抉其障而各如其意之所欲得，即劳苦倦极而未尝有厌弃之意。其于及门，情义关切，姝姝然如慈母之于爱子。故凡四方之士，见先生之文而喜，闻其名而震，既与之游，不见可畏，而乐久与之居，而终有所不能去也。

先生教人，独揭良知之旨，接引之心甚坚，曰："教人非止成物，乃成己事。倘云学可不讲，便同自弃。"甲寅之乱，人有流离之患，犹与韩国辅先生讲学不辍。其言有曰："求性命，不出尽伦物。伦物恳切处，即性命透彻处；伦物恰好处，即性命精微处；伦物常尽自慊处，即性命纯亦不已处。此学明，而平日浮泛之言尽涤，而反诸切实平易，当下便可着脚。从善信以及圣神，只此一条鞭做去，其理则先圣后圣所不易，其心则天地鬼神所同契，其事则愚夫愚妇所共能，以之

---

[1] 《东阳赵氏宗谱》第9册，2002年版，第218页。
[2] 王崇炳.学稼堂文集[M]//赵一生.东阳丛书：15册.杭州：浙江古籍出版社，2015：85-86.

修身齐家治国平天下，俱不外此。"

先生年少，纵酒不羁，自从频斋陈先生游，有以窥性命之真，遂束身规矩，以道自任。频斋先生之学，得之陈春洲先生；春洲先生，得之杜见山先生；见山先生，得之卢一松先生；卢一松先生，亲受业于阳明夫子之门人也。代主永康五峰讲席，至先生而复讲学于法界淇阁。先生殁，而会亦废。

老师孝悌为本，平等待人，坚守、弘扬王阳明"致良知"学说，热衷讲学。王崇炳《书筌随笔》云："极得意时无喜色，极不得意时无愠色，此便是学问得力处，可以观人，可以自观。"[1]这很可能是王崇炳久与老师相处而悟出的道理。黄廷元《王鹤潭先生传》中言："教弟子，不论贤愚，悉勤心训诲，故多所成就。……雍正癸卯，七十有一，郡守汉阳张公坦让建书院于郡，首以礼聘为合郡弟子师。至则莫不因端开譬，决其障而各如其意之所欲得。善气薰人，不言而饮人以和。"[2]对比赵忠济"而善气薰人，不言而饮人以和，仁者之气居多。……诸生请益无虚日，莫不因端开譬，抉其障而各如其意之所欲得，即劳苦而倦极而未尝有厌弃之意。其于及门，情义关切，姝姝然如慈母之于爱子"，其风格气度、为师之道、献身教育等，王崇炳可谓得老师之真传。

《金华征献略·赵忠济传》[3]与此略有不同：

先师赵讳忠济，字济卿，号岐宁，东阳人。其学以致良知为主，而善气薰人，不言而饮人以和，则仁者之气居多。性至孝，弱冠时，曾为父纯利府君执盖出，府君甚严厉，少不当意，对客辄批其颊，先师不动神色，执事益谨。或予杖，跪而受之，必得其欢心而后已。处兄弟友爱，推有济无，箪瓢屡空，未尝有忧色。生平未尝轻议一人，轻绝一人，不因誉喜，不因毁愠，不因情之厚薄、学之同异而分爱恶。其主师席，为弟子释经，不屑屑于训诂，每用明道法，以一二字点摄，使圣贤精神溢出于语言文字之外，闻者即于言下有会。或疑姚江之学与考亭异者，则晓之曰："为学不在多言，试取子思、孟子、周程之言沉潜玩味，一一反求诸身，当自得之。"又曰："学患见道不明，尤患立志不笃。担夫贩妇皆可作圣，患在不能自立。"作《立志衍义》一册。晚年接引之心愈坚，曰："教人非止成物，乃成己事。倘云学可不讲，便同自弃。"昼之所为，夜则书之，以之自检，并以教人，以至于卒。享年五十有五。

---

[1] 王崇炳.学樨堂文集[M]//赵一生.东阳丛书：15册.杭州：浙江古籍出版社，2015：5.
[2] 王崇炳.金华文略[M]//赵一生.东阳丛书：16册.杭州：浙江古籍出版社，2015：814.
[3] 王崇炳.金华征献略[M]//赵一生.东阳丛书：15册.杭州：浙江古籍出版社，2015：163-164.

王崇炳学宗姚江，不立异于朱子，所言"学者当于自心中辨舜跖，不当于纸墨上辨朱陆"①。反复强调"反求诸身""立志"等，方知皆本于赵老师。

1686年，即赵忠济逝世前一年，赵忠济为王崇炳父亲所作《王隐君旭野传》中提及王崇炳："三子崇炳颖悟绝伦，文艺超卓，童试时，寸晷中纵笔作十五艺，皆殊绝也，遂夺帜。先登饩于庠，每试辄冠军，尤笃志理学。余不敏，承先师蘋斋陈子提命，窃先贤唾余，冀延道学一线，炳时赴会，有以佐其不逮，德造高深，殊未可量。"②他对王崇炳的学问品行高度认可，并对其寄予了殷切期望，与毛奇龄的殷殷嘱托类似。

何元显《王鹤潭先生行述》云："初受业赵济卿先生，后济卿先生卒于馆，讣至，先生方疽于股，距馆八十里，即扶病奔丧，随柩旋里毕，葬而后归。"③王崇炳连夜"扶病奔丧"，这行动本身就说明师徒情深。

（三）金光奎

金光奎（1624—1689），字自平，治《诗经》，郡庠生。生二子：士炼，士铸。④

王崇炳《金自平先师》："苦吟日渐减霜鬓，觅句携筇绕画湖。三载追随情不浅，可怜曙后一星孤。"最后一句自注："师一子，无孙。"⑤此注与宗谱所载"生二子"略有出入。从诗中"三载追随"可知，王崇炳跟随金光奎学习了三年，主要是学习《诗经》。

金光奎有《闻王子继照虎文暮春同登东白山因寄二首》⑥：

东白峰高旧有名，登临闻尔最怡情。方期沂水携童冠，未抵兰亭集弟兄。岩壑千层随指顾，莺花三月半阴晴。自怜不共探奇去，双屐丹梯梦里行。

岩峣不与众山齐，共说攀萝尽日跻。谷口侵衣岚翠湿，峰头回首雨痕低。天连瓯括层峦起，地尽钱塘勺水迷。知尔经行良足乐，彩毫随处有留题。

---

① 王崇炳.广性理吟[M]//赵一生.东阳丛书：15册.杭州：浙江古籍出版社，2015：卷首.
② 东阳河汾王氏宗谱[M]//黄灵庚，陶诚华.重修金华丛书：189册.上海：上海古籍出版社，2014：9.
③ 东阳河汾王氏宗谱[M]//黄灵庚，陶诚华.重修金华丛书：189册.上海：上海古籍出版社，2014：13.
④ 《岘西金氏宗谱》卷二十一，宣统庚戌年（1910）重修.
⑤ 王崇炳.学耨堂诗稿[M]//赵一生.东阳丛书：15册.杭州：浙江古籍出版社，2015：205.
⑥ 东阳河汾王氏宗谱[M]//黄灵庚，陶诚华.重修金华丛书：189册.上海：上海古籍出版社，2014：60.

两人未能同登东白山，甚是可惜，直至梦里同游。想象东白山雨中春景，期待读到二人归来之诗作。师生情谊淡而永。

金光奎又有《赠王隐君旭野》："屋外良田数顷饶，青山当户日招邀。闲逢邻叟开尊酒，笑引诸孙灌药苗。长日生涯安稼圃，暮年踪迹混渔樵。何当容我求羊客，三径从容话寂寥。"[①]王旭野即王崇炳父亲。从赠诗看，金光奎与王崇炳父亲交情不浅。诗描绘了王旭野晚年隐居生活，闲与邻叟对饮，笑引诸孙浇药，"安稼圃""混渔樵"，尽享天伦，极其逍遥，金光奎羡慕不已，自比汉代隐士求仲与羊仲，请求王旭野携他一同归隐。

二、诗文之师：董肇勋

董肇勋，字幼待，会稽人，生卒年不详，1681—1683 年任东阳训导，博学，工诗文。编刻《东阳历朝诗》，重刻《鹿皮子集》。其自为诗甚富，著有《寓楼集》《寓楼续集》《逍遥集》等。《金华诗录》收录其诗 8 首。

王崇炳为老师《逍遥集》作序：

大鹏之天飞，与斥鷃之翱翔蓬艾，其为逍遥一也。夫出处，时也；穷达，命也。富贵贫贱患难，以道御之，焉往而不自得乎？

吾师董澹斋先生，用世之长才，而词坛之雅宗也。其始秉铎吴宁也，有《寓楼集》；其赞政关中也，有《寓楼续集》；至其病废，则名其所作曰《逍遥集》。

方师在吾邑时，以振起斯文自任，崇炳与同学李凤雏、梁溪华炳泰饮酒赋诗，甚乐。升洽阳丞而去，临歧执手，有"五十犹卑官"之叹。比至秦中，与金留村、康孟谋诸公相唱和。屡奉符檄，勤劳王事，南登蜓道，西出榆林，历览三川四郡之胜；经行关陇，见古鏖兵接战之地与先贤里居坵墓，莫不徘徊凭吊，赋诗而过。积有劳勩，两以循卓见推，上京谒天子，一再陌于当事。又数年，循例得县令，方将谒吏部，而疯痹之症作，乃舆疾归。蓬门昼掩，故人不至，风晨雨夕，搔首独坐，亦甚失逍遥之趣矣。己酉秋，崇炳省先生于越城里第，相对欷歔，若江湖巨鱼，损其鳞鬣，纳之涔蹄中，一转侧即不自得。越数年，乃得先生《逍遥集》而读之，不觉跃然起曰："先生其有瘳乎？何其诗思之勃然，横奋侧出，不可禁御

[①] 董肇勋，王崇炳. 东阳历朝诗[M]//黄灵庚，陶诚华. 重修金华丛书：178 册. 上海：上海古籍出版社，2014：235.

如此也？"盖世态交呈，而物理益出；人情既绝，而自性昭彰。意至而句得，神动而天随，斯则寂处一室，而神游千古，不出户庭，而与四海诸君相往来，盖诚有得乎逍遥之趣矣。

始先生之诗，以典雅为宗，以秀丽为则。今则膏经沐史，而拟古之迹化；披文相质，而藻缋之痕消。体则犹是也，而神气不同矣。向使吾师不病，病不久，则将没首一官，碌碌簿书钱谷间，纵有高车大盖，宾从壶觞之乐，其所为诗，不过酬酢付应之章，恐不能恣胸适意，落落自得如此。天之处吾师甚厚，盖巧置之蓬艾间，而使有天游之趣也。然而其情怅，其音楚，其节沉郁而顿挫，虽曰逍遥，其仍屈子《九歌》之遗则乎！①

依此序，可将董肇勋与王崇炳的交游大致划分为三个时期，即任东阳训导、赞政关中、病废归里。

（一）任东阳训导期间

董肇勋于 1681—1683 年任东阳训导，"以振起斯文自任"，被推为东阳"词坛之雅宗"。王崇炳、李凤雏、华炳泰等投其门下，学习诗文。师生常常雅聚，"饮酒赋诗，甚乐"。

《金华征献略》云华炳泰："或延之饮，则不脱袈裟而食肉，遂蓄发作诗，诋讥一切，自负甚高，所交皆绝。或请为蒙师亦不终，学师董澹斋先生见其诗甚喜，延礼之。时予馆邑城，每夜辄治具相邀，拈韵赋诗，极欢而罢，即背诋之，董公不为意。"②华炳泰行为怪癖，喜背后诋人，董肇勋最是宽容，始终以礼相待，这份情谊，这份知遇之恩，华炳泰铭感于心，《东阳历朝诗》中载华炳泰写给董肇勋诗多首，如《志感数韵柬董学师》《秋日赋寄董幼待师台》《董幼待师台即席赋隔墙乱萤分支字》《寄怀董幼待师台》③等。

此间，王崇炳与其师董肇勋之交游文字留存甚少。董肇勋有《奉赠旭野王隐君》："自剪茅茨数亩宫，桑麻行处有春风。千金市义身能隐，十日留宾兴不穷。户外青山随履迹，阶前玉树绕兰丛。丈人本是烟霞客，莫道忘机是海翁。"④王旭野即王崇炳父亲。诗极赞王良芳之隐士风流，蕴含无限歆羡之意。由此可见，董肇

---

① 王崇炳.学耨堂文集[M]//赵一生.东阳丛书：15册.杭州：浙江古籍出版社，2015：52-53.
② 王崇炳.金华征献略[M]//赵一生.东阳丛书：15册.杭州：浙江古籍出版社，2015：546.
③ 董肇勋，王崇炳.东阳历朝诗[M]//黄灵庚，陶诚华.重修金华丛书：178册.上海：上海古籍出版社，2014：221-222.
④ 东阳河汾王氏宗谱[M]//黄灵庚，陶诚华.重修金华丛书：189册.上海：上海古籍出版社，2014：59.

勋与王崇炳一家人相处融洽。

在东阳三年，董肇勋留心东阳文献，文化上做了两件大事，一是选辑《东阳历朝诗》，一是重刻《鹿皮子集》。

《东阳历朝诗》共九卷。董肇勋"窃见风诗一脉犹存岘山画水间"，且欲使"一邑风雅之遗征长存"，于是广搜博采历朝有关当地之诗，集成一编，分前集、后集、外集、续集四部分，所录范围上始唐宋下至清初，计194人，诗710首。前集四卷，收录唐至明诗，其中唐7人、宋15人、元10人、明59人。选诗最多者为元李裕35首，其次为元李序28首、明李能茂20首、元陈樵17首、明贾天民11首，其余皆在10首以下。后集一卷，收清诗，共14人，诗86首，选诗最多者为李凤雏21首，其次为王崇炳15首，其余皆在10首以下。外集二卷，收录历代流寓东阳诗人（包括在东阳为官者），始于南朝沈约，迄于清郑性，共40人，诗154首。其中不乏名流，如唐戴叔伦、方干，宋朱熹、陈傅良、唐仲友、陆游、魏了翁、刘过，明屠隆、陶奭龄，清查嗣瑮等。选诗最多者为董肇勋56首，其次为清华炳泰15首、门应瓒15首，其余皆在10首以下。续集一卷，补录前集、后集之疏漏。收录东阳明清诗人30人，大多取诗仅一二首。以上四集皆为董肇勋所编。又续集一卷，则为王崇炳所编。补清人20（其中楼梯霞续集中已录1首）人，诗102首。取诗最多者为王国陛15首、杜瑗11首，其余皆在10首以下。仿元好问《中州集》体例，"以史为纲，以诗为目"，以达"诗史相表里之义"。每录一诗必注明作者生平仕履，按时间顺序排列，以便使"后之读是书者知人论世，而不徒视为缘情绮靡之功"。《东阳历朝诗》对东阳地方史及文学（尤其诗歌）之研究均有相当的参考价值。最早版本为清康熙年董肇勋、王崇炳合刻本，即董氏寓书室刻。其后王崇炳后裔又于乾隆五十三年（1788年）重订校刊，即学耨堂本。

董肇勋撰《东阳历朝诗序》云：

东阳之有历朝诗刻也，存一邑之风也。孟子曰："王者之迹熄而《诗》亡，《诗》亡然后《春秋》作。"朱子谓"自黍离降为国风，而雅亡"。论者又谓："《诗》亡，兼风雅颂在其中。"窃意周辙既东，诸侯无复陈诗，由上而言，则谓风之亡也固宜，然其散在列国者未尝不昭然可考，是以邶鄘郑卫之诗多在春秋之世，邶鄘郑卫之诗，有孔子之删之而亡者，不至于终亡，则夫《诗》，与《春秋》之相表里者，风之所系为尤重乎？后世采风之事废不复讲，人各自以其风鸣。汉魏代兴，一时操觚之士率多西北之人，典午南迁，风流始盛于东，二王、三谢、沈、陆、褚、虞，皆一代作者，鸿篇巨制，飙扇波委，然而终不可进于十五国之风，则以昔之为诗者，思妇、劳人、怨臣、羁客，无不各有性情，感物而动，虽邪正不同，要皆可为劝惩之藉，是故闺房燕笑，田野讴唫，无一非诗，无人不可进于风也。今则不然，文章之运，主于一二巨公之手，运在台阁，则台阁之人主之；运在山林，则山林之人主之。其或下里偏方，么丝孤韵，非有大力者负之而趋，则不获自附于风雅之林，如是则一邑之风一人有之，将欲考其贞淫而观其得失，其又孰从而知之耶？是盖不胜其《诗》亡之戚也。余在东阳岁久，窃见风诗一脉犹存岘山画水间，尝与同志之士商略此事，以为不及今讨论，则前之存者继此将日趋于亡，责有攸属，其又安辞？于是广搜博取，上下千有余年，凡夫名位已高，流传已久者无论已外，此单寒之士，片语之长，从败壁故纸中而拂拭出之者不可胜数，久之得诗凡五百篇有奇，序而付诸剞劂氏。美哉，此一邑之风也！虽不敢望桧曹，其犹太史之所采乎？昔元遗山《中州集》以史为纲，以诗为目，犹是诗史相表里之义，余学岂能有遗山之万一？无事蹈袭前人，取讥当世，则姑以此存一邑之风，使后之读是书者知人论世，而不徒视为缘情绮靡之功，是则余之所重赖也夫。①

董肇勋有着强烈的文化自觉和历史使命感，选辑《东阳历朝诗》的目的无非是不坠诗教，延续采风传统，以存东阳一邑之风。

乾隆戊申（1788年），石洞郭燕贻撰《重订东阳历朝诗序》：

闻昌黎伯云："莫为之前，虽美勿彰；莫为之后，虽盛勿传。"岂虚语哉？昔王巡狩，命太史陈诗以观民风，盖诗言志，即诗之贞淫可以观志之美恶，即志之美恶可以观俗之醇浇，但十五国风诗非得尼山删定不足以永传奕世，此采辑参订诚有待乎其人也，至其书既成，不有世守青缃者为之藏高阁摽邺架，则逾数十百年，又患残缺失次散佚而不可复集。吾邑向有会稽董澹斋学师采辑《东阳历朝诗》，当时与王鹤潭先生同商订锓板，后澹斋升洽阳丞而去，将此板授鹤潭先生，诚知其书香启后必能永传勿替，且或继而续之，推而广之，俾岘山、画水、八华、石洞间长存风雅之遗徽，诚于是有厚望焉。又逾年，鹤潭先生访澹斋于越城，出《逍遥集》诗，请先生为之序，知其兰臭相投，非伊朝夕矣。岁戊申，鹤潭先生后裔重印《学㩜堂文集》，并印《历朝诗录》，一展卷而讽诵之，见忠烈之咏操贞松柏，披节义之吟字挟风霜，乐道之儒得趣若兰芳幽谷，履洁之士舒怀如菊傲秋园，猗欤盛哉！生其后者，读是编，亦可知所尚而正其志矣，是为序。②

序称美董肇勋选辑东阳文献之功，王崇炳及其后人保存文献之功，并提及王

---

① 董肇勋, 王崇炳. 东阳历朝诗[M]// 黄灵庚, 陶诚华. 重修金华丛书: 178 册. 上海: 上海古籍出版社, 2014: 166.
② 董肇勋, 王崇炳. 东阳历朝诗[M]// 黄灵庚, 陶诚华. 重修金华丛书: 178 册. 上海: 上海古籍出版社, 2014: 165.

崇炳为董肇勋《逍遥集》作序之事，盛赞师生"兰臭相投"。

王士禛《香祖笔记》卷六云："近日金华刻元陈樵《鹿皮子集》，郡人卢联所编，刻于明正德戊寅，今郜阳县丞会稽董肇勋重刻于婺郡，凡古赋十五首为一卷，诗三卷。卷首载宋文宪公所撰墓铭，董有序，颇佳。又云原刻有慈谿周旋序，佚去不载。甲申，董自秦中以卓异入京陛见，来谒，以是书为贽，惜未暇晤其人。"①据《中国古代诗文名著提要》，所言一为明正德十三年（1518年），刊本，一为康熙三十三年（1694年）据正德本重刻本。正德本为卢联编，兵科左给事中慈溪周旋序。序称，陈樵所作古赋诸作"组织缛丽，铺叙整肃，信然楚汉间故物"，律诗则"自然平淡简远""求诸古人，殆靖节之流也"。正德本今已不存。康熙本为会稽董肇勋据正德本重刻于寓楼书室②。

周旋《鹿皮先生诗集序》③见于《岘北陈氏宗谱》卷十：

先生名樵，姓陈氏，好衣鹿皮，因以为号。有经济之才，介持（特）自负，时胡元入主中国，自执政以至秉州县之权者，悉以其国人为之，惟散秩则兼用华士，且以儒为九流之末，先生薄其时而不出，时贤交荐，卒隐避不就，以注（著）述自娱，宴如也。及我太祖起正华夏，延访硕儒，而先生已不存矣。予固惜其有才而不遇也，所注（著）多散逸，不传于世，百余年来，徒知重先生之名而不及睹其所作，虑其名必致久而将泯，予又重惜之。忽钱君伯章行自婺回，携一帖见示，诗凡若干首，伏读而爱之，伯章因进曰：此编予契交卢子友所辑。亦斯文之庆也，愿序诸首。窃惟古赋之作，自宋诸公始变其体，以文为赋，而不拘声韵，如赤壁诸作，虽授意高妙，较诸古赋体裁，则迥别矣。至于律诗，自唐沈宋始创拘声限律，去古甚远，至元人，入纤巧，而古制殆以荡然，今先生所作，组织褥（缛）丽，铺叙整肃，信然楚汉间故物，而其为律，又不坠于纤巧之弊，自然平淡简远，盖以其胸次之洒落，故立言与人殊，如此求之古人，殆靖节之流也欤？予慕先生之高，又嘉子友之好义，且难辞伯章之请，乃不让而为之序。

明正德十三年岁在戊寅桂月望日
广东参议前兵科左给事慈溪周旋拜撰

《鹿皮先生诗集》乃卢联所辑，卢联友钱伯章求序于周旋。周旋高度评价了陈樵的诗赋，将陈樵拟为陶渊明。

---

① 王士禛.香祖笔记[M].洪之,点校.上海：上海古籍出版社,1982：122.
② 傅璇琮.中国古代诗文名著提要：金元卷[M].石家庄：河北教育出版社,2009：206.
③ 《岘北陈氏宗谱》卷十,2004年重修,第3-4页.

董肇勋《重刊鹿皮子集序》云：

余选《东阳历朝诗》，于元得两先生焉，曰陈樵、李裕。陈先生诗见于《元诗选》本中尚十数首，李先生诗即邑乘艺文亦略之，窃念丰城剑气尚能光烛牛斗，两先生文章，当日所称光焰万丈者，今乃不获与爝火争，是可叹也。既读宋文宪公濂所撰两先生墓志，深加推许。其称陈先生谓："先生入太霞洞著书，纵横辩博，一洗支离穿凿之陋。晚益以斯道为己任，操觚靡昼夜。书成，合数百卷。"迄今三百余年，虽先生之名犹在学士大夫之口，而问其遗书，仅有存者，惟《鹿皮子》数卷耳。复窃念先生以旷世之才，其所著书明理一分殊之义，若遂欲起洙泗伊洛而师友于一堂，讵屑以俪词韵语自见哉？而世之好先生反在此，不在彼。顾先生诗实自成一家，独取古韵，不就休文三尺。其七言律新逸超丽，如玉树琼葩，天然自放，实有不可及者。至古赋十余首，体备风骚，足以兄事骆丞，弟畜元瑞。余尝购得旧本于许司马家，重加校订，付之剞劂氏。亦自知非先生所欲，而一生精力已付秦灰，此詹詹者犹得于残编断简之中存什一于千百，是亦先生之幸也。

先生当元季，隐居不仕，清风高节，庶几希夷后尘。出处之义，较李先生为正，而所学亦过之。余既重刻是编，而于《历朝诗选》中载李先生诗独多。后有博雅者，取两先生诗合刻之，譬之雌雄双剑，不任孤飞，干将既来，莫邪自至。百年尘土一旦拂拭而出，风雨之夜，定闻鬼唱。两先生之诗灵，其犹徘徊于山巅水涯间乎？①

董氏因编选《东阳历朝诗》而注意到东阳元代两位诗家陈樵、李裕，并希望后人将二人诗歌合刻，方成双璧。《金华征献略》云："公饶（李裕）才望阒然，康熙年间，广文会稽董澹斋先生从李氏得其遗编，盛加称赏，登其作于列朝诗中独多。相去数百年，酱瓿澌灭中忽遇赏音，文章之臭味，岂以时代隔哉？"②《东阳历朝诗》录李裕诗35首，陈樵诗17首。

董肇勋撰《鹿皮子集》凡例附于此：

是集为卢君子友所编，子友讳联，都宪公睿之曾孙，解元公楷之子也。好诗古文辞，悯先生遗文散失，购得是编刻之。要为有功于先生者，故不欲逸其名。

旧板刻于明正德戊寅，历一百七十八年，间多漫灭不可辨识。兹细加寻绎，共得二百七十字，其余概从阙文。

旧板既毁于火，藏书之家，罕有存者，二卷脱去乐府一简，殊为可惜。

---

① 党金衡.道光东阳县志[M].杭州：西泠印社出版社，2017：728-729.
② 王崇炳.金华征献略[M]//赵一生.东阳丛书：15册.杭州：浙江古籍出版社，2015：300.

原序系慈溪周公旋所撰，因中多忌讳语，不及登载。

先生宜传儒林。明洪武二年诏宋文宪公濂、王忠文公祎，为监修《元史》总裁官。二公皆先生同乡，是时先生尚存，格于定例，报罢。殁而文宪公为作墓志，今以冠篇首，使读是集者，知先生之学为儒学，诗赋小道，不足以尽先生也。

先生诸体，七言律诗独多。旧本分三、四二卷，列于绝句之后，今仍之。

先生诗赋，旷绝千古，但命意选词，读者多苦其难晓。俟有余闲，再加笺注，便成善本。①

卢联（1465—1520），《雅溪卢氏家乘》卷三载：志五，讳联，字子友，号蓬莱，礼二次子，著有《蓬莱集》行世，又编梓《陈鹿皮子集》②。

（二）赞政关中时期

王崇炳《逍遥集序》言："（先生）升洽阳丞而去，临歧执手，有'五十犹卑官'之叹。"由此可见，董肇勋离开东阳时大概五十岁左右，董氏感叹仕途不显。李凤雏《送董幼待先生之官秦中四首》③云：

其一

画水骊驹发，秋霄白雁斜。那堪人欲别，刚及菊初花。风月留光霁，关山涉岁华。生徒共萧飒，沾袂有侯芭。

其二

薄宦何须叹，儒官岂不尊。阳春高郢曲，深雪照程门。制锦观新政，栖鸾感昔言。哦松清韵好，聊自信吾存。

其三

选楼公自启，异代感相知。吾道推龙腹，斯文起鹿皮。精严诗律细，品骘士风移。艺苑论词伯，于今更拟谁。

其四

片楫去江乡，西征上太行。一官仍傲吏，匹马向咸阳。秦地旧天府，潼关古战场。悬知登历处，凭吊有文章。

其一写送别之情，李凤雏将董肇勋比为扬雄，而自比扬雄的学生侯芭。其二是劝勉，是对董肇勋"五十犹卑官"的正面回答。其三是对董肇勋训导东阳三年

---

① 陈樵.鹿皮子集[M]//赵一生.东阳丛书：10册.杭州：浙江古籍出版社，2015：卷首.
② 《雅溪卢氏家乘》卷三，民国己巳年（1929）重修.
③ 李凤雏.梧冈诗集[M]//赵一生.东阳丛书：18册.杭州：浙江古籍出版社，2015：95-96.

的回顾与总结，崇敬之情溢于言表。其四是展望，是虚写，推想董肇勋一路上登临凭吊，必有诗文。

1704年秋，李凤雏与董肇勋邂逅于长安，李凤雏有诗《董幼待先生丞郃阳，别六七年矣。今甲申孟秋，忽晤于长安邸舍，喜而有作。时先生以陛见至京，仅得西安臬司幕官》[①]：

陇云秦树阻离思，乍见音容喜复疑。卓茂誉经驰魏阙，贾生身已觑彤墀。掀髯却美仍如戟，脱颖宁嗟未若锥。旅邸一尊重慰藉，从头细话岘山时。

枳棘文鸾世所称，休言词客滞飞腾。定知手版新趋府，差胜头衔不负丞。月白秦川秋染翰，花明杜曲夜携灯。百篇怀古奚囊富，共许辞华哲匠能。

董肇勋有《次酬李紫翔见赠之作》[②]：

青衫对命俨书思，咫尺天颜转自疑。敢道凤鸾栖枳棘，不妨鸲鹆舞轩墀。悲歌市上犹余筑，羞涩囊中未置锥。却喜故人京国里，相逢刚及藕花时。

庄叟刘伶世共称，梦中栩栩醉腾腾。君为傲吏殊胜客，我作参军雅类丞。惜别关河千里月，思归烟雨半湖灯。明朝拟就江淹赋，霜鬓经秋病未能。

董肇勋一直沉沦下僚，离开东阳二十年了，依然无多改观，"陛见至京，仅得西安臬司幕官"，即王士禛所记董肇勋"入京陛见，来谒，以是书为贽"事。

《逍遥集序》中言，"屡奉符檄，勤劳王事，南登笔道，西出榆林，历览三川四郡之胜；经行关隘，见古鏖兵接战之地与先贤里居坵墓，莫不徘徊凭吊，赋诗而过。"大约即指李凤雏诗自注"先生有秦中怀古诗百首"。

（三）病废归里时期

《逍遥集序》云："又数年，循例得县令，方将谒吏部，而疯痹之症作，乃舆疾归。蓬门昼掩，故人不至，风晨雨夕，搔首独坐，亦甚失逍遥之趣矣。"1729年，王崇炳前往会稽探望老师，作诗《会稽省董澹斋老师道故叙欵四首》[③]：

重得登堂侍绛帷，相看喜极转含悲。姓名再入山公启，衰病终同贺监归。夫子不须惭马革，门人犹自着牛衣。鉴湖一曲堪垂钓，秋入霜田紫蟹肥。

剪烛深宵话有余，三年不得半行书。千岩树色容高枕，万壑秋声问索居。面目久尘犹抱玉，鬓毛成雪正悬车。高斋聚首真如梦，浮世功名一觉除。

---

① 李凤雏.梧冈诗集[M]//赵一生.东阳丛书：18册.杭州：浙江古籍出版社，2015：163.
② 李凤雏.梧冈诗集[M]//赵一生.东阳丛书：18册.杭州：浙江古籍出版社，2015：164.
③ 王崇炳.学耨堂诗稿[M]//赵一生.东阳丛书：15册.杭州：浙江古籍出版社，2015：76.

游宦天涯旧业荒,稽山秋色晚风凉。渊明归去余三径,曼倩迁延愧一囊。拟买吴趋栽药圃,重寻宛委读书堂。晚年诗法窥韦柳,珍重南丰一瓣香。

入蜀归来便去秦,秋风吹忆越溪莼。官衔才辍哦松兴,山国长为采蕨人。作述早知身后贵,文章不济眼前贫。天涯朋旧皆鸿渐,戢翼蓬蒿一怅神。

两人相见,悲喜交集。喜的是时隔三年,师徒重聚。悲的则是董先生半生为官,年老却落寞独居,情不自禁地为师傅干理之才的埋没而惋惜。两人三年未见,亦未有书信往来,此番见面,不由得秉烛促膝长谈,直至深宵夜半,仍不知困倦。[①]王崇炳宽解老师不以位卑为怀,想想他这个学生还终身布衣呢,病废也不要丧失生活的勇气,应学学贺知章,鉴湖垂钓,安度晚年也很好。盛赞老师诗歌艺术不断探索,晚年诗法韦应物、柳宗元,风怀澄澹;兼学曾巩,质朴清新,雄浑超逸。

《逍遥集序》当作于此时。

王崇炳又有《和董澹斋老师七十自寿原韵》[②]:"文章教泽留东邑,王事贤劳复入秦。一曲鉴湖投老日,六弓书屋古希人。诗籤药里消清昼,春燕秋鸿探病身。廿载官程策高足,回头都付马蹄尘。"回顾老师一生,也够充实、丰富的了,因此,他劝老师放下执着,保持一颗平常心。

王崇炳又有《寄董澹斋老师》[③]:"一番花落又花红,都在流光迅速中。三载温寒书未达,五更风雨梦常通。青春弟子年华暮,白发耆儒素业空。李杜文章光焰在,当时无术救羁穷。"对老师的终生遗憾进行多方开解,化用韩愈《调张籍》"李杜文章在,光焰万丈长"[④]诗句,暗示老师虽不能"立功",却可以"立言"。

王崇炳对董肇勋终生师事之,二人性情相投,精神上相互扶持,堪称知音,情同父子。王崇炳跟随老师学诗,对老师的诗歌也有深入的研究,"始先生之诗,以典雅为宗,以秀丽为则。今则膏经沐史,而拟古之迹化;披文相质,而藻缋之痕消。体则犹是也,而神气不同矣。"指出董肇勋早年与晚年所为诗之不同如此。尤其是《逍遥集》"其情怅,其音楚,其节沉郁而顿挫,虽曰逍遥,其仍屈子《九歌》之遗乎!"认为董氏继承了屈原《九歌》的遗则,"绮靡而伤情"[⑤],风格清新凄艳,幽渺情深。王崇炳能体味到诗歌的情感、音律、神气,而做出如此精深

---

① 陈燕.王崇炳研究[D].金华:浙江师范大学,2012:18.
② 王崇炳.学耨堂诗稿[M]//赵一生.东阳丛书:15册.杭州:浙江古籍出版社,2015:107.
③ 王崇炳.学耨堂诗稿[M]//赵一生.东阳丛书:15册.杭州:浙江古籍出版社,2015:172.
④ 韩愈.韩昌黎诗系年集释[M].钱仲联,集释.上海:上海古籍出版社,1984:989.
⑤ 刘勰.文心雕龙注[M].范文澜,注.北京:人民文学出版,1958:47.

的解读。老师请学生为自己诗集作序，这本身就说明老师对学生的器重与信任。

王崇炳于《学耨堂诗稿序》中言："不佞二十为诗，三十学诗，四十能诗；然能为易，而不能为工，至七十犹故吾也。于中亦有微觉其进，而不能喻诸人者。"①说明他将诗歌当作了终生的事业，不断学习、钻研，这不能不说受到了老师董肇勋的影响。董肇勋选辑《东阳历朝诗》，重刻《鹿皮子集》，这种自觉的文化精神也为王崇炳所发扬光大，他留心桑梓文献，编成《金华文略》《金华征献略》，帮助金律整理校订《宋金仁山先生遗书》《白云先生许文懿公传集》，辑录整理《徐烈妇诗钞》，编次重刊《吕东莱先生文集》，等等，终成为清初金华文献大家。

三、理学之师：毛奇龄

毛奇龄（1623—1716），浙江萧山人，原名甡，又名初晴，字大可，又字齐于，号河右、西河、僧弥、僧开、初晴、秋晴、晚晴、春庄、春迟等，以文名，号小毛生，学者称西河先生。明诸生。明亡，清兵南下，与沈禹锡、蔡仲光、包秉德等避兵县之南乡深山，筑土室读书。因仇家罗织罪名，遭几度诬陷。后辗转江淮，遍历河南、湖北、江西等地。赖友人集资向国子监捐得廪监生。康熙十八年（1679），荐举博学鸿词，授检讨，充明史纂修官、会试同考官。假归不复出。生平事迹见《清史稿》卷四八一、《清史列传》卷六八、《国朝先正事略》卷三二、《国朝名家诗钞小传》《乾隆萧山县志》卷二十五等。著作宏富，《四库全书》著录就达五十二种。逝后其门人子侄编为《西河合集》，分《经集》《史集》《文集》《杂著》四部，近五百卷。

毛奇龄经术湛深，通乐律，工诗文词。"奇龄著述之富，甲于近代。""奇龄之文，纵横博辨，傲睨一世，与其经说相表里。不古不今，自成一格，不可以绳尺求之。"②《平滇颂》尤称骈文名篇，八代高格。其诗大抵尊唐抑宋，博丽窈渺，声名甚著。阮元称其诗"咀含六朝、三唐之胜，沉博绝丽，窈眇情深"，徐世昌称其"诗多伫兴而成，然格律严，骨韵隽，思力亦沈。"③词学《花间集》，兼有南朝乐府遗意。陈廷焯谓"词亦在五代宋初之间。但造境未深，运思多巧"④。

---

① 王崇炳.学耨堂诗稿[M]//赵一生.东阳丛书：15册.杭州：浙江古籍出版社，2015：卷首.
② 永瑢，纪昀.影印文渊阁四库全书总目：4册[M].台北：台湾商务印书馆，1983：590.
③ 徐世昌.晚晴簃诗汇[M].闻石，点校.北京：中华书局，1990：1700.
④ 陈廷焯.白雨斋词话[M].杜维沫，校点.北京：人民文学出版社，1959：67.

王崇炳从学于毛奇龄，具体从师时间无考。乾隆四年（1739年），何元显撰《王鹤潭先生行述》云："先生少年登萧山毛西河先生门，西河一见如故，遂折辈行，为忘形交，讲论古今，至夜分不辍。先生尽得西河著述并所议论，而学益广。西河《六经全集序》，诸贵人作皆不用，而独喜先生，以弁其首，其相契乎有特深矣。西河送先生，必至舟次，嘱云：'勉旃！婺州理学复振，惟视子矣。'"①何元显为王崇炳弟子，此行述写明王崇炳入毛奇龄门始于"少年"时。乾隆庚申（1740年），黄廷元撰《王鹤潭先生传》云："萧山毛西河先生，著书数千卷，淹贯宏博，于前代儒者鲜所许可。至与先生论学，则中心喜悦。年九十余，犹致书问难，每岁无虚日。盖先生之学，不立异同，亦不肯苟同，故西河先生心折之。"②黄廷元也是王崇炳学生，所记似乎与何元显言有所不同，揣摩"至与先生论学，则中心喜悦""故西河先生心折之"等语，似乎王崇炳少年时学问不至于如此精深，以致毛奇龄如此以友朋待之。程开业《河汾王氏续修宗谱序》中言："恕谷与先生皆出萧山毛西河先生之门，然恕谷之学尚经济，先生之学在性命，其趣操不同，要其卓然高蹈成一家之学，则一也。"③这里点出王崇炳与李恕谷同为毛奇龄学生，殊途同归，皆成一家之学。《河汾王氏宗谱》录入毛奇龄书信两通，附有简介："毛老师，讳奇龄，字大可，萧山人。称西河先生，以博学宏词为翰林院检讨，学冠一时，书入御府。"④乾隆三十三年（1768年），顾震《河汾王氏重修宗谱序》："予交当世知名士久矣，如鹤潭太老先生，振婺州之绝学，而绍其传于何王金许四先生后，诚本朝一代伟儒，故当时如颜学山、汪荇洲、毛西河、方朴斋、杭堇浦、郑南溪、郭开远、诸孚斋、齐次风诸名宿靡不悉心折服，而乃萧然泉石，不乐仕进，默窥其志，惟愿以其学淑郡邑之士与其后裔，令不汩没于词章肤浅之习，有以继先哲而昭来许。"⑤王崇炳振婺州绝学，一代伟儒，令当时诸多名宿"悉心折服"，就中包括毛奇龄，只是并未点明二人之师生关系。毛奇龄撰《东阳杜雍玉诗序》云："当世有文人而无学人，而今则并文人亦无之。自避入山中，曩时四方枉讯者，多

---

① 东阳河汾王氏宗谱[M]//黄灵庚，陶诚华．重修金华丛书：189册．上海：上海古籍出版社，2014：14.
② 王崇炳．金华文略[M]//赵一生．东阳丛书：16册．杭州：浙江古籍出版社，2015：814.
③ 东阳河汾王氏宗谱[M]//黄灵庚，陶诚华．重修金华丛书：189册．上海：上海古籍出版社，2014：2.
④ 《河汾王氏宗谱》卷二十三，光绪戊申（1908）重修，第51页。
⑤ 东阳河汾王氏宗谱[M]//黄灵庚，陶诚华．重修金华丛书：189册．上海：上海古籍出版社，2014：3.

以五七字当乘韦之藉，近且寥寥焉。顾残年相对，由同里旧游外，独与东阳学人王虎文父子暨卢子远辈，间以学术相往复。"①"以学术相往复"，正可与王崇炳两个学生之文相印证。卢子远者，亦是东阳人，王崇炳好友。王崇炳有《卢子远〈太极参图〉序》②。《道光东阳县志》载："卢人宏，字子远，殚精经传，终日坐园中小楼，闭目凝思，以顿悟得文家不传之秘。著有《过庭草》，毛奇龄为之序。"③《西河文集》参较姓氏中列有王崇炳、王国陛父子④。

1706年，毛奇龄致书王崇炳一通，其文曰：

虎文吾老友，海内名士如是有几？向以慕思颇久，故敢以拙著遥请教益。蒙涉江过访，已属厚幸，顷接来翰，过于贬损，此岂眇末，敢谩承者，邴长史纵不屑入郑乡，亦不应向孙宾石有所委曲，虽培塿卑隘得庐岳为门户，何等倚藉，然究不相称也。前札过情，顾先生遇我厚矣，敬谢金华阁部千秋人物得大文掩映，两相生色，心力稍健，亦欲附一言，以藉不朽，特畏此前文未敢踵事耳。弟今年八十有四，日衰一日，比前见时又悬远矣，身后全赖知我稍为表章，拙经集拟增《中庸说》《圣门释非录》诸卷，敬求健笔为我作经集序一首，在凡例前，总祈弗却，为嘱世兄，并候《中庸说》呈政。

二月初八日奇龄顿首⑤

信不长，但信息不少。毛奇龄称王崇炳为"老友"，足见对这个学生之器重，恰好说明两人关系亦师亦友。二人学术往还频繁，毛奇龄寄自著向王崇炳请益，王崇炳涉江过访毛奇龄，而且经常鸿雁传书，探讨学问。毛奇龄赞赏王崇炳编辑《金华征献略》，并主动提出要为之作序。毛奇龄生前即着手编订自己的著作，其中经集拟增《中庸说》《圣门释非录》等，《中庸说》拟寄给王崇炳过目，并为其经集求序于王崇炳。师命难违，王崇炳也乐为其序《六经全集》：

六经，圣人之心法也。欲释圣人之经者，必先有以得圣人之心；不得圣人之心，而徒分析于字句文义之间以求合，吾未见其有当于圣人也。虽然，字句文义，圣人之心之所寓也，不能集诸儒之成，辨析以折其衷，终不足以窥圣道之大全，

---

① 毛奇龄．西河文集[M]//清代诗文集汇编编纂委员会．清代诗文集汇编：87册．上海：上海古籍出版社，2010：415.

② 王崇炳．学耨堂文集[M]//赵一生．东阳丛书：15册．杭州：浙江古籍出版社，2015：45.

③ 党金衡．道光东阳县志[M].杭州：西泠印社出版社，2017：454.

④ 毛奇龄．西河文集[M]//清代诗文集汇编编纂委员会．清代诗文集汇编：87册．上海：上海古籍出版社，2010：18.

⑤ 《河汾王氏宗谱》卷二十三，光绪戊申（1908）重修，第52页。

而为垂世立教之巨儒。

吾师西河先生，秉天授之绝质，少读书，寓目成诵，即能竖义于传注之外。尝以避仇至嵩山少林寺，得医间贺氏体用一原之学于隐者高笠僧，豁然有以见天下之万理不外吾身，曰："六经之道，尽在是矣。顾念先儒之学，以六经注吾心；在今日正当以吾心注六经，又不如以六经注六经。"于是退修其所学，博搜广询，覃思极研，辨正是非。书未成，大臣以博学宏辞荐，起授翰林院检讨。在史馆，与诸儒议论不合。时方群喙一声，以攻阳明子之学，赖天子圣明，九鼎一言，浮议遂息。而习见未忘。先生所与同趣，惟睢阳汤公潜庵而已。潜庵卒，先生漠然无所向，意忽忽不乐，拂衣归山，筑城东草堂，不接宾客，以经学教授数年，六经义疏，次第成书。

崇炳尝受其书而读之，见其宏纤毕该，巨细悉包，既分类而昭彰，亦同条而共贯。性命之理具，帝王之道备，洋洋乎大观哉！文章之富，探焉而不穷；义理之精，取之而即得。读其书者，如渔人之猎于海，千艘满载，而海之所有，不加损也；又如樵人之入大麓，大小之材，各得其所选，而山之所产，未尝减也。先生貌古而气粹，德盛而礼恭。与人言，从容款密，以诲其所不及，恂恂乎如未尝有学者。盖先生之学，足以包罗万古，而德又足以居其所学，则得乎六经之本者深矣。

世皆以先生著书不合于宋儒，此甚非也。天下有大同。大同者，即少不同，不害其为同。大时不齐，而春秋之序常正；竽笙异吹，而同协于律；舟车异器，而同合于矩。尧舜同心，不在眉目之瞳彩；汤文一道，不在躯形之短长。假使规规焉分文析义，以求合乎先儒之言，六经之言在，而六经之精已亡矣，吾不知于先儒同焉否耶？今先生注经，求之宋儒之注而不合者，则以汉儒之疏证之；求之汉儒之疏而不合者，则还以六经之言，彼此援引以互证之，初未尝另标一旨、设一义于六经之外也。假如六经之言而有悖于六经也，则先生异也；不然，未见其异也。而议者如此，盖积习成好，积好成僻。习与水居者，登陆则骇；生于陆者，入水则病：而不知水陆之皆可居，皆可生也。学者诚能去其习见，游心于六经之源，以观先生之书，则是非出矣。①

毛奇龄同道者汤斌（1627—1687），字孔伯，号荆岘，晚号潜庵。河南睢州（今河南睢县）人，政治家、理学家、书法家，官至工部尚书，卒谥文正。汤斌一生清正廉明，是朱学理论的倡导者，所到之处体恤民艰，弊绝风清，政绩斐然，

---

① 王崇炳.学耨堂文集[M]//赵一生.东阳丛书：15册.杭州：浙江古籍出版社，2015：38-40.

被尊为"理学名臣"，著有《汤子遗书》。可惜，汤斌六十一岁而卒，毛奇龄因之独学无友。王崇炳概述读后感受，认为毛师包罗万古，以德立学，德才兼备。"世皆以先生著书不合于宋儒"，他起而反驳之。进而称赞毛奇龄以经注经之谨严，在推崇宋儒、汉儒研究成果的同时，治经尽可能以原文为主，鲜明地表达了自己的学术见解。

此序当作于1706年，时间大约在二月初八日至四月十二日之间，因四月十二日毛奇龄又寄来一信：

周永公还时，以不能再过尊居，遂失良信。顷蒙卢子远年兄讪体远来，亦复以间隔，不得相通。但闻年兄今年又授经他所，右塾之师，如藏中秘，想读书谈义，定饶新得。仆老败日甚，笔墨心想俱断，行尸走肉，无生理矣。但恐生平苦心不传于后，如唐与政数千余卷蔑沫何有？惟年兄爱我特甚，前恩大文，为我播扬，总祈掩所短，而标所长，不拘所在，凡有誉我处如前惠寄札子，或讲辨书义，有彼此相映发处，总藉相示，以为将来推挽之地，虽属私心，亦系斯文忧患一大公情也。嗣后相思相寄，总在心知，何藉相对千里之驾？岂容再命笔墨可达，万勿以见隔为画。仆亦疲于津梁，将养老乡僻，千秋大事，不在一时轥辖中耳。《中庸说》自谓有裨圣教，且亦赖诸公之力，期细阅之。德载世兄乐府一卷直追古人，此他时一大作者，卷少留玩，俟另寄覆。

四月十二日奇龄再顿首①

1709年，王崇炳父子经过六年的辛劳，终编成《金华文略》二十卷。王崇炳求序于毛奇龄师，初则不肯，有书信为证，"八十七之年，耳目心力，日败一日，所仅存者一息耳。久不相见，接札甚喜。虽不能晤对，而犹闻话言，然且辑乡先进文集，表章先烈，总是快事。只惜从前搦见，勤可读经史诸子，而疏可读集，且宋元以后尤所忽略，以故宋、王、陈、吴诸名集，并无遐录，本可应考索。至所询金先生经，雅直搜所见，一一紫苍，惟祈检视。大抵闽洛后，人多伪强说经，亦是习气。古经重大，要一经一事，辄有数十经，要十事互相照证，岂可凭验嗣断？但表章乡先贤，则不必以此雅是，非乎？弁言之属，未敢辐承，日来戒为文，况名贤在前，实不敢窥见底里耶。而□□万祈复之。令郎世兄学问日进，有之著否？少儿碌碌度日，远归姚江，宜旋□□，只候虎文年兄先至。周应公已嘱之。不生能用□否乎？奇龄顿首。"②一则日来戒为文，二则名贤在前，未窥底里，不敢

---

① 《河汾王氏宗谱》卷二十三，光绪戊申（1908）重修，第52页。
② 此信原件为东阳博物馆藏。

轻易落笔。王崇炳当再请，始序之，兹录《金华文略序》①全文如次：

孔子曰：我欲观夏道，是故之杞而不足征。夫之杞而犹不足征，其故何也？谓夫文与献之有未备也。夫如是，则文献要矣。然而献何能征？献年不满百，而无文则亡。结绳以前，未闻能道一人也；顾亦有文在而仍难征者。三代饶策书，且殷、周祚长，合不下千数百岁。而人文之盛，则止春秋二百年，而他无闻焉。何则？以《春秋》一书，其文有定之者也。而不惟是也，予尝读江左五书，叹其人其文，何减三代？即十国棼轮，其所著编年旧文，亦复如是，而修五史者寥寥焉。此真目不见国书所云，无知而妄也者。然且宋、元各有词，宋词虽清班道学，皆有秽词存集中；而元词千本，则并当年功令所称十二科取士之法，亦蔑之沫之。迄于今，诸词繁然，不知为何代之书、何王之文。非天降而非地出，公然若鬼伥之游人间，则可谓信史者乎？则无征而已。金华自颜乌、许孜以后，多忠孝节烈之士，而各有文章在。唐则骆丞最著，而舒侍郎与冯节度继之，顾专以诗名。至宋、元迄今，则道学如吕伯恭、经学如唐与政、史学如陈同甫，以及元之金、许，明之王、宋，辉煌彪炳，指不胜屈。东南文献未有若斯之盛者，然而全文未易辑。而从前会粹，若《文统》《文宪》《文征》《婺书》，类又多所阙轶。王子虎文起而选定之，而唐子中舍受其尊人坯庵之遗命而为之较录。凡夫大经大法、典礼制度，以至帝王之升降，时代之得失，或剖析理学，或表章人物，稍有系于匡时救世之作，必龈括而探存之。然且前贤不幸有为门户所排弃而遭楚灭者，亦竭蹶搜讨，不遗余力。将所谓阐幽之功多于纪盛者非耶？虎文父子皆有学，其文致足传。以视前贤，只接踵间耳。予邑多文献而继起乏人。以萧山名邑，昉自汉志而改名萧。然以唐贺学士知章生斯辛斯者，而认作鄞人。以予先司马公作《三江水利碑记》，树之郡门。而旧时郡志，并亡其文。此何为者也夫？而后愧可知已！

康熙己丑仲秋月，西河毛奇龄老晴氏敬题于书留草堂，时八十七岁。

孔子感叹殷、周之礼无存，乃文献不足征；《春秋》一书则文有定之者，借此可窥春秋人文之盛。五代十国文虽多，修史者却寥寥。宋词中多有芜秽，元词量多却不受重视，后代如无人采摭整理，必将湮没无闻，无以成信史。此序开头部分以大量例证说明文献与征以及史的关系。接下来追溯金华文献之盛，不绝如缕，而之前一些会粹多有阙轶，未能尽善尽美，故而王崇炳起而选定之，多所补益，集其大成。既而概括《金华文略》选文标准，称赞其历史功绩，"所谓阐幽之功多于纪盛者非耶"，特指王崇炳摒除门户之见，全力以赴搜集唐仲友作品之举，夸

---

① 王崇炳.金华文略[M]//赵一生.东阳丛书：16册.杭州：浙江古籍出版社，2015：卷首.

赞王崇炳父子足以担当此任，其文以较前贤，毫不逊色。最后萧山比之金华，自叹弗如。序纵横开阖，放得开又收得拢，毛奇龄以八十七岁高龄，逻辑严谨，思路畅达，从远古一直写到当下，从大的背景上、从史的纵深上挖掘了《金华文略》的价值与意义，用笔老到，言近旨远。言语间流露出老师对学生的爱护、欣赏之情。

　　大概毛奇龄又附书一封，高度赞扬王崇炳此举，称其取舍评定均精肃，尤其看重唐仲友之文。"《文（金）华文略》真不朽大业。前文词雄然，舍选评鹜，俱极精肃。至搜唐先生诸篇，尤足为先贤吐青。即此一评，快纯矣。唐文果具纯学，《井制》二篇，在胡先生《井牧》之上，虽至中，而引司马法，不无可商，然其条理贯穿，衍接上下，在唐宋后文人，谁有近者？宜其睥睨一切，视宋学如溷岚，乃前况蹄淌濯之汪洋，惠□□哉。与席士概不能专及矣。兄掷中管，特为表出为妙。日来病老濒死，老妇之亡，极至小事，然崦崑已及自身矣，如何已。唐□□□□致总不言。序已好，惟改存之。奇龄顿首。"①

　　《金华文略》文后评论中王崇炳就经史之学引毛奇龄语凡三处，说明他是推崇、赞许老师的观点的。其一为唐仲友《春秋论》文后，"西河先生曰：孔子所修者简书，左氏所修者策书。简书载其纲，策书载其详。然则在《春秋》与《左氏传》，固相表里者也。《左氏》为案，《春秋》为断。不易之论，不是祖附丘明也。"②可参看毛奇龄《春秋简书刊误》卷一："夫左氏之传即是策书，左氏之经即是简书。故夫子笔削只袭鲁国之简书以为之本，即绝笔以后犹有旧简书一十七条见于左传，则哀十四年获麟以前其为真简书，而以之作夫子之圣经，公羊、谷梁俱无与也。乃宋胡安国自为作传，而元人创八比法，直用其书，以取士立学官而著功令。明代遵之，每经凡四题，而春秋一经则专以胡氏四传代夫子之经，而圣经已亡，然且其所载传中者，原非简书，只以谷梁本为据，而谷之与公，如狼狈飓贝，彼此呼吸，与左氏之所载者，全不相合，而于是圣经亡，即简书亦亡矣。予著《春秋传》，念不及此，亦仍以胡氏所载为圣经原本，而反标三传诸字同异于其下。东阳李生紫翔者，著《春秋纪传》，早已行世，及之官岭表，疑予传圣经之有未核，属王生虎文问及之。予乃命犹子文辉取三传圣经之各异者，以简书为主，而各注所误，而明标之，名曰《刊误》。"③毛奇龄对春秋之简书、策书也有

---

① 此信原件为东阳博物馆藏。
② 王崇炳.金华文略[M]//赵一生.东阳丛书:16册.杭州：浙江古籍出版社,2015:284.
③ 毛奇龄.春秋简书刊误[M]//影印文渊阁四库全书编纂委员会.影印文渊阁四库全书 经部:176册.台北：台湾商务印书馆,1986:411.

一个认识的过程，但直至他著《春秋传》时，依然未完全弄懂。他的学生李凤雏著有《春秋纪传》，对春秋之学用力甚勤，颇有心得，去广东做官后，担心老师春秋原文未核，特意嘱托同乡兼同学王崇炳向老师献疑，毛奇龄大受启发，遂成《春秋简书刊误》。

其二为金履祥《微子不奔周辩》文后，"按西河夫子曰：《商书·微子》篇所云逊荒、行遁者，非奔周也。考其讹溷之故，则以《秦誓》旧文谓纣作新声，而太师、少师有抱器奔散之事。此二师者，乐师也。适与微子篇太师、少师相合。而《宋世家》载微子，又有持祭器造军门之文，此微子奔周之说所自来也。但微子虽不奔周，至唧璧舆榇之事，策书纪事，并是实录，左氏不应有误。倘移此事于武庚，纣方被诛，禄父虽忘父，恐亦不得讲舆榇事。若云微子既降，何无封国？而不知微实有封，何封？曰：仍封于微。《左传》所云复其所。《史记》所云复其位如故是也。既而旋封于宋，《乐记》所云：下车而投殷之后于宋是也。直至武庚既诛，乃作微子之命。始有统承先王，建尔上公诸文。以为微子遁野未获，迨至武庚就戮，始求微子以代殷后，恐未必然。"[1]

其三为金履祥《西伯戡黎辩》，"尝以此事质之西河夫子，其略曰：卫是纣旧都。黎虽相近，然黎侯失国，终在卫外，未必畿内诸侯也。畿内之说，始于郑氏。孔氏《正义》，引王肃语辟之曰：若在畿内，文王方率殷之叛国事纣，岂得入伐？正辩黎非畿内也。且文王伐黎，在改元之五年。《尚书大传》所云：一年质虞芮，二年伐邗，三年伐密，四年伐犬夷，五年伐耆。耆即黎也。至六年伐崇，而讨伐终焉。此非可漫移之武王者。若谓《史记》称伐耆为误，则在《殷本纪》称饥国，《周本纪》称耆国，《微子世家》又称阢国。而注谓并是黎国。不得专指《周本纪》为史迁误也。若武王则有必不得伐黎者。武王嗣位，在文之十年，已八十三。服丧再期，甫及大祥。观兵孟津，伯夷以父死不葬罪之。至三年服阕，即兴师牧野，一伐而毕。自武嗣位，至此三年之间，何时可行讨伐？而以为武王戡黎，误矣。"[2]

1716年，毛奇龄卒。王崇炳作《毛西河夫子挽章》："曾被春风在讲庭，光同皓月领群星。功存柱下探三极，道在名山羽六经。青镜垂辉开众目，黄钟独奏隔卑听。不堪千里悲梁木，四顾齐州泪雨零。"[3]首联交代师生情谊。中两联赞老师

---

[1] 王崇炳.金华文略[M]//赵一生.东阳丛书：16册.杭州：浙江古籍出版社，2015：373-374.
[2] 王崇炳.金华文略[M]//赵一生.东阳丛书：16册.杭州：浙江古籍出版社，2015：376.
[3] 王崇炳.学耨堂诗稿[M]//赵一生.东阳丛书：15册.杭州：浙江古籍出版社，2015：114.

平生著述宏富，探讨天、地、人大旨，尤其是经学精湛。如青镜垂辉，启发人思；如黄钟独奏，远离尘俗。栋梁忽折，全天下为之恸哭。多用史笔，态度庄重、肃穆，感情沉痛、真挚。"用词哀婉，字句含泪，足见其伤感之深。"[①]

[①] 陈燕.王崇炳研究[D].金华：浙江师范大学，2012：22.

第三章 王崇炳与同门

王崇炳老师众多，按说同门应该不少，然而翻检其作品，却发现并不多，与同是董肇勋门下的李凤雏、华若虚交往材料稍夥，分述如下。

一、李凤雏[①]

李凤雏（1655—1724），字紫翔，号梧冈，东阳巍山镇古渊头人。拔取入泮第一，累试冠军，廪饩黉宫，康熙时贡入太学。再应举不中，乃归。至苏州与尤侗、彭定求唱和。年五十，得选曲江令，一年后落职，发五仙驿为徒。毛奇龄收作弟子，为其作《东阳李紫翔诗集序》，盛赞其诗为学人之诗。著有《春秋纪传》《梧冈诗集》《叩心集》等。

董肇勋于康熙二十年（1681年）至二十二年（1683年）任东阳教谕期间，王崇炳、李凤雏皆师之。同时，王李又师从毛奇龄，二人乃同乡兼同窗，王崇炳于《李梧冈传》中称其为"一时之才"[②]。一次，某诗社以历史名楼白玉楼、黄鹤楼、岳阳楼、燕子楼、筹边楼等十二楼为题，揭示原唱七律十二首，要求大家唱和，优胜者可奖洋酒、名茶等。李凤雏胸富才学，诗思泉涌，自己和了十二首，又为其他三位社员代和，计和四遍，成诗四十八首，首首出色，遍遍得奖，可谓"诗豪"。李凤雏于侪偶中惟推王崇炳，余无足当其意。王李堪称当时东阳二杰，虽志趣不同，人生道路不同，却并未妨碍他们成为终生挚友。

（一）早年交往蠡测

王崇炳与李凤雏早年之交游作品付诸阙如，故二人最早相识于何时，如何相识，均不见明确记载。惟藉零星之外围资料蠡测其大致情状。《河汾王氏宗谱》中

[①] 吕国喜.王崇炳与李凤雏交游考[J].兰州文理学院学报（社会科学版），2019（2）：98-104.

[②] 王崇炳.学耨堂文集[M]//赵一生.东阳丛书：15册.杭州：浙江古籍出版社，2015：92.

载有李凤雏两首诗，一为《寒食别王皆中兄于沈胡桥》①，诗后注曰：此诗紫翔十六岁作，即1670年。另一为《乙卯访皆中兄于宅舍》②，乙卯即1675年。诗中"王皆中"无考，估计是王崇炳同族兄长，而李凤雏十六岁即赋诗与之，可能与时年十八岁的王崇炳亦已相识。董肇勋于1681—1683年间任东阳教谕，而李凤雏、王崇炳皆董诗文弟子，据此，至迟1683年二人相识。1684年，王崇炳父亲王良芳七十大寿，李凤雏有诗《敬祝茂翁王隐君太翁七秩荣寿》："衡门流水足栖迟，鹤发萧疏世外姿。红药被畦时抱瓮，青山当户日支颐。囊中秘箓窥天地，膝下诸孙绕杖藜。他日香山图九老，为翁添取角巾宜。"③从赋诗行为本身及诗语判断，二人关系熟稔、笃厚。

（二）1686年，李凤雏拔贡北上后

1686年，李凤雏拔贡北上。王崇炳有诗《贺李紫翔拔贡》④：

山窗风雨共谈经，才子先标邺下名。韩愈书工三上绌，贾仙诗品一敲成。燕台花月今多事，越国风骚旧主盟。忆到明年春色好，关河迢递北游情。

首联回忆二人谈经论文之同窗岁月，许李凤雏为才子，赞其如建安七子一样声名远播。《金华征献略》载："凤雏诗得之家学，弱冠即工。太仓相王公掞为浙江学使，凤雏作《梅花》诗十章上之，王公以才士目之。贡入太学。"⑤颔联用典，以韩愈三上宰相书而被黜说明求官不易；贾岛因"推敲"之典而诗名大噪，却官微命蹇。颈联是说黄金台难以再现，越国主盟文坛也已成为过往。虽云"贺"，却隐含无尽的担忧。尾联表达美好祝愿，静候佳音意。

事实表明，王崇炳的担心不是多余的，李凤雏旅食京华五年，未获一官半职。

1692年，客居永康的李凤雏有诗《寄王虎文》⑥，为王崇炳庆生（农历二月十二日）：

壬申春二月，鹤潭逢初度。李生客丽州，时在桃花渡。称觞已后期，草草寄

---

① 东阳河汾王氏宗谱[M]//黄灵庚，陶诚华. 重修金华丛书：189册. 上海：上海古籍出版社，2014：57.
② 东阳河汾王氏宗谱[M]//黄灵庚，陶诚华. 重修金华丛书：189册. 上海：上海古籍出版社，2014：57.
③ 东阳河汾王氏宗谱[M]//黄灵庚，陶诚华. 重修金华丛书：189册. 上海：上海古籍出版社，2014：59-60.
④ 《东阳瀫溪李氏宗谱》上卷，2014年重修，第309页.
⑤ 王崇炳. 金华征献略[M]//赵一生. 东阳丛书：15册. 杭州：浙江古籍出版社，2015：328.
⑥ 李凤雏. 梧冈诗集[M]//赵一生. 东阳丛书：18册. 杭州：浙江古籍出版社，2015：18-19.

诗句。君昔年总角，神明特朗悟。滚滚流词源，森森罗武库。小试用全力，如狮子搏兔。一挥十四艺，风檐日未暮。宿儒心尽折，小生舌齐吐。余谓此何奇，英锋特偶露。君学有本原，词章非所务。六籍供穿穴，百家穷攻错。理境探月窟，心王得天祚。既病汉氏驳，讵袭宋儒腐。名山自著书，卓然成独步。自余游太学，结交半厨顾。逢人说王生，倘亦爱莫助。庙堂重英俊，公卿敦儒素。焉有如君才，而不升皇路？河汾今讲学，门徒多疏附。大旨崇行谊，治经略训诂。余亦攻《春秋》，疑义以十数。每一就君谈，豁若披云雾。所赏诚当奇，有摘必洞锢。譬彼郢人斤，妙斲鼻端垩。以兹一瓣香，不向他人炷。犹记登君堂，云山莽回互。元方好兄弟，德公佳儿妇。既钦古人风，复饶觞咏趣。中间有离别，五载京华住。飘飘南征鸿，渺渺江东树。旅愁乱似草，客况涸于鲋。寄我数篇诗，恍忽获良晤。开缄临春风，恐被春花妒。今年春色好，桃李争驰赴。对此酌春酒，可以陶胸愫。我诗如太羹，淡不着盐醋。为君侑一觞，聊以供清娱。

"君昔年总角，神明特朗悟。"从中或可推断二人乃总角之交。追溯王崇炳学有本源，不务词章，肯定其深究六籍百家，理学渊深，著书立说，卓然独步。李对王心折之，逢人便提王，惜其不为朝廷所用。李治《春秋》，多所请益。睽违五年，诗筒常递，如获良晤。只可惜，他们此间往复的"数篇诗"今多已无存。

1702年，李凤雏乡试下第，别内北上，有诗《壬午乡试下第北行别内》："万山木落雁飞辰，游子辞家倍怆神。白首牛衣仍涕泪，青衫驴背足风尘。荆裙草率怜娇女，菽水精严奉老亲。此去藉卿宽内顾，看吾舌在未长贫。"① 为了一家人的生计，李不得不顶霜再踏风尘，北上求官，怜女怜妻，心下不舍，宽慰妻女耐心等待，只要三寸不烂之舌在，定有发达之日。凄楚难掩，情真意切。王崇炳则有《送李梧冈北上》二首，其一曰："献赋甘泉此胜游，青丝白马黑貂裘。少年车骑来京国，早岁文章入选楼。自有美名存宇宙，何妨长揖见公侯。诸君若问东吴士，漫说机云第一流。"② 王崇炳抱乐观之态度，满是鼓励，将好友此去北上比作当年扬雄献《甘泉赋》，可轻取功名。不要说东吴名士"二陆"即陆机、陆云为文坛第一流。李凤雏"至太学，诗名大噪，倾动公卿间。"（《李梧冈传》）③ 正可谓后先媲美。其二曰："历落寒星动彩毫，昂藏气压五陵豪。蔡谟入洛风流盛，枚乘游梁词赋高。珍重怀中名士刺，剧怜腰下故人刀。白云一片南天远，夜雨疏灯梦转

---

① 李凤雏.梧冈诗集[M]// 赵一生.东阳丛书：18册.杭州：浙江古籍出版社，2015：116.
② 《东阳瀼溪李氏宗谱》上卷，2014年重修，第309页。
③ 王崇炳.学耨堂文集[M]// 赵一生.东阳丛书：15册.杭州：浙江古籍出版社，2015：90.

劳。"①他将李凤雏北上比作蔡谟入洛、枚乘游梁，功名必取，只是迟早而已。但应自尊自爱，不能丢了读书人的气节，不要辜负家乡老朋友的惦念。

（三）1703—1709年，王崇炳设教兰溪

李凤雏诗《鹤潭长兄设教兰溪》②云：

讲学河汾有典型，兰江芳草遍沙汀。诗篇纵笔云生案，文选开楼月满庭。宝婺古来推理学，山川今日见精灵。君家父子皆时帅，著述功多羽六经。

从诗题及诗中"讲学""文选""君家父子""著述"等语，可判断正是王崇炳携长子王国陛赴兰溪唐家可园讲学，并受唐骧遗命而编选《金华文略》之时，《金华文略》编选、刊刻历时六年，即1703—1709年，而此诗具体作于何年，尚不敢臆测。

（四）1704—1710年，李凤雏在外为官

1704年，李凤雏年五十，得选曲江令。其事见其《纪恩二首》，题注云："甲申十一月初七日，皇上御乾清门召见，郎官守令五十四人，臣凤雏滥厕班末。"③

1705年春，王崇炳写有《送李紫翔之任曲江四首》④：

候吏迎新令，蛮溪入画船。江山留胜迹，前辈有高贤。海暗鲛人室，春晴蜑户烟。官衔动清啸，白雪破南天。

屈指之官日，南邦正火耕。荔枝青入署，榕树碧围城。鸟语蛮乡异，霜颜治谱清。无令始兴相，独有曲江名。

客路逢寒食，星轺听子规。官临无雁处，人到看花时。敷政诸方异，推心百族宜。高堂有垂白，临事但三思。

莫以诗名重，逢人自眼看。君才倚马易，吾道割鸡难。大吏司操切，穷黎望治安。殷勤追送意，江路正春寒。

多为想象之辞，第一首设想大小官员曲江迎接李凤雏的盛大场景。第二首火耕、荔枝、榕树、鸟语等皆为广东习俗、风物，并提及李凤雏高祖李学道，意即提醒李凤雏以高祖为榜样，做一个好官。第三首感叹客路辛苦，布政应因地制宜，而推心置腹、付出真心无论对哪个民族都是相宜的。奉劝他念及家中白发父母，

---

① 《东阳瀔溪李氏宗谱》上卷，2014年重修，第309页。
② 东阳河汾王氏宗谱[M]//黄灵庚，陶诚华.重修金华丛书：189册.上海：上海古籍出版社，2014：60.
③ 《东阳瀔溪李氏宗谱》上卷，2014年重修，第285页。
④ 王崇炳.学耨堂诗稿[M]//赵一生.东阳丛书：15册.杭州：浙江古籍出版社，2015：28-29.

临事一定要三思而行。第四首仍是语重心长之告诫，不要因自己诗名大、才思敏捷便恃才傲物，应注意克制自己，与上下级处理好关系，让老百姓安居乐业。王崇炳不愧为李凤雏的同窗知音，一路追送，直言不讳，苦口婆心。

不幸又被王崇炳言中了，所谓江山易改本性难移，李凤雏任曲江令未及一年便落职，王崇炳《李梧冈传》有记：

> 未一岁，入谒巡抚范公时崇，喻以当作好官，梧冈应声曰："生平慕包孝肃、海刚锋之为人。"范公怫然曰："二公非中道。"麾之出，逾月而名挂弹章矣。梧冈两上书自白，中丞心折梧冈才，闻其尊人讣，恻然怜之。一日诸邑令见，乃言"曲江李令，书生不谙世务，今闻其家有大故，汝辈同寅，可酿金以资其归。"范公虽悔，第既已提参，势难遽释，同官馈亦不至。梧冈志曰："小人之谢过也以文，君子之谢过也以实。昔吴抚慕天颜误参嘉定令陆陇其，既悔而复其官；江抚董卫国误参崇仁令骆复旦，既悔而贶之三千金以归。今公既悔，不能处我以陆陇其，亦当以骆复旦待我。徒有悔过之文，而无迁善之实，公殆非君子也。"其言既达，范公颔之，发五仙驿为徒，梧冈因自号仙驿钳奴云。①

范时崇（1663—1720），字自牧，号苍岩，清功臣范文程之孙，范承谟之子，汉军镶黄旗人。范承谟死后以难荫出知辽阳州，迁顺德知府，有政绩。1705年，任广东巡抚，署兼理盐政。广东巡抚任上清欠、盐政、粮饷、火耗归公等均获成功，有效整顿了吏治，肃清了弊政。1710年，擢升闽浙总督。按说以李凤雏之才学、之抱负，原本该受到这样上司的赏识、重用，不料范李初次会面即生抵牾，究其因，乃出于个性之冲突，或曰为官理念之冲突，李凤雏以包拯、海瑞为榜样，而范时崇却嫌二人机锋太过，未奉行儒家中庸之道。话不投机，翻脸成仇。一个上弹章，一个上书自白；一个认为"书生不谙世务"，一个判断"徒有悔过之文，而无迁善之实，公殆非君子也"。范虽怜其才，有悔过之意，却不愿放下身段，李父讣至，范欲为之酬金而不成，终发李为五仙驿徒了事。

（五）1710年后，李凤雏归里、闲居、入狱

1710年，李凤雏卸职归里。王崇炳有《庚寅腊月，梧冈长兄岭南解绶归，即蒙过访，出〈叩心集〉见示，感而有作》②：

> 远道冰霜始就安，便临茅屋访衰残。生归瘴疠三千里，身历风涛百八盘。眼见浮云多聚散，从来尘世有悲欢。不须更请朱云剑，且向严陵觅钓竿。

---

① 王崇炳.学耨堂文集[M]//赵一生.东阳丛书：15册.杭州：浙江古籍出版社，2015：90-91.
② 《东阳瀫溪李氏宗谱》上卷，2014年重修，第309页。

思君六载五羊城，故里新还素发生。白简不容廉吏操，皂囊偏妒旧儒名。江湖牢落余孤愤，宇宙崎岖有不平。宋玉问天多感慨，太虚何事寂无声。

王感激李之归里即访，对李过去六年的为宦生涯表示同情与理解，既然罢官归来，便劝他及时转变角色、心态，不要再像朱云请剑那样，忠直敢谏，请诛奸佞，应学严陵，垂钓归隐。此二诗亦见载于《学耨堂诗稿》，诗题为《李梧冈岭南归过访谈愫二首》①，文字略有差异。

李凤雏似乎听从了王崇炳的劝告，过上了闲适的村居生活，其《卜居城隅》其一云："半生蓬转素心违，此度真同社燕归。风雨借枝聊避迹，江湖何处不忘机。城头绿树云生牖，屋里青山翠染衣。早晚灌园兼种秫，长依膝下奉庭帏。"②半生飘零，落叶归根，灌园种秫，尽享天伦之乐。《村居感怀》其三云："静掩双扉为避哗，薜萝村巷野人家。手谈局散同谁语，头责文成颇自嗟。失学课儿勤起草，懒妆替妇戏簪花。灌园种菜蹉跎老，空赋闲居感鬓华。"③貌似闲居，尾联毕竟透露了李凤雏美人迟暮之感，不甘寂寞之心。

李凤雏陷三年牢狱之灾，事情始末不甚了了，王崇炳于《李梧冈传》中所记极简："时东阳令门公应瓒方莅任，见梧冈大悦。忽衅开隙末，梧冈未即举，令先发制之，系狱三年。得解，令亦被参去。"④据《道光东阳县志》⑤知，门应瓒自康熙五十二年（1713年）至康熙五十六年（1717年）任东阳县令。门应瓒上任伊始，即与李凤雏相识，二人初甚相得。后来因小事陡起波澜，竟至两败俱伤。《李梧冈传》又云："除奸之疏未上也，胆虽足以办，而事则不宜扬也，而动曰：'我杨椒山'……然梧冈以一介之士，气凌田、窦，人所禁口而不敢发者，乃抗言不讳，虽断项绝脰，无所恐怖。"⑥李凤雏自比杨椒山，即杨继盛，明朝中期著名谏臣，因上疏弹劾仇鸾开马市之议，上书《请罢马市疏》，奏言仇鸾之举有十不可、五谬。被贬为狄道典史。1553年，上《请诛贼臣疏》弹劾严嵩，历数其十罪、五奸，遭诬陷下狱，弃市。倨傲任意，思不防患，此乃李凤雏致命弱点之一。发为五仙驿为徒系于此，入狱三年亦系于此。王崇炳与门应瓒关系也不一般，门氏曾为王崇

---

① 王崇炳.学耨堂诗稿[M]//赵一生.东阳丛书：15册.杭州：浙江古籍出版社，2015：92.
② 李凤雏.梧冈诗集[M]//赵一生.东阳丛书：18册.杭州：浙江古籍出版社，2015：62.
③ 李凤雏.梧冈诗集[M]//赵一生.东阳丛书：18册.杭州：浙江古籍出版社，2015：161.
④ 王崇炳.学耨堂文集[M]//赵一生.东阳丛书：15册.杭州：浙江古籍出版社，2015：91.
⑤ 党金衡.道光东阳县志[M].杭州：西泠印社出版社，2017：109.
⑥ 王崇炳.学耨堂文集[M]//赵一生.东阳丛书：15册.杭州：浙江古籍出版社，2015：91-92.

炳长兄王崇煜作《王隐君墓志铭》①，为王崇炳长子王国陛作《题表哀册》②，等等。王夹在门李二人中间，不尴不尬，依王的个性，背后必也做了大量工作，却难以掌控整个事态的发展。不过，从王对李的颂美中似可窥见王的立场，他认为李是代表正义的，超越于西汉田蚡窦婴之争权夺势，李为公不为私，且不顾个人安危，挺身而出，言他人所不敢言，这其中可能也包括王自己，王大概碍于交情，对门应瓒持保留态度。翻检《东阳瀫溪李氏宗谱》，发现李凤雏写于1714年3月11日的《请邑侯补给老人绢肉书》③，似可解开这个谜团：

> 本月给散老人绢肉银两，舆论嚣然。不服公台端坐堂皇，垂帘冰署，耳目或有所不闻。治弟辈目击老人怨愤情形，不敢不以直告。近阅邸报，河南巡抚奏销老人恩赏数目每名绢一匹，折银一两；绵一斤，折银二钱五分；肉十斤，折银二钱；米一石，折银一两零，每名开销至二两五钱。各省通例皆然。今东阳给散浇绢一匹，疏如蛛网，叠成方样，纯用草纸充塞，值价不过一钱六分。又令两老人中分，各得八尺。其绵一斤、肉十斤、米一石，共折价银三钱六分。无养老人之实惠，虚朝廷之大恩。各乡老人闻之，多不来领。
>
> 非不屑也，盖老人之费多矣。地保开写有纸笔钱，报子报喜有花红钱，离城远者，百数十里扶携杠抬有脚钱，歇家有饭钱，经承书办有常例钱，和盘打算，得不偿失，故不愿也。父台乃遣家丁五六人，乘肩舆，带快役，分往各乡给散。山深路僻，村落四远，尊使肩舆，有至有不至。其所至之村之老人，有在有不在。其在村之老人，有领有不领。其领赏之老人，又索其酒席供应。而所得三钱六分之赏银，俱送入家丁快役之腹中矣。其粉绢半匹，则全然不给，岂尊使权时留下以代老人为酬劳之礼耶？治弟辈敢公请父台照恩诏实数给发，纵不能然，亦请照邻县大例。西邻义乌县每名绢一匹，银一两二钱，北邻诸暨县、南邻永康县每名绢一匹，银一两三钱。邻县如此给散，不应使东邑老人独怀愤叹，谓朝廷养老而令君顾侮老也。又诏书云，八十以上者，谓从八十岁算起，今错解以上二字，谓从八十一岁算起，而八十者不与焉。其九十以上者倍之，谓从九十岁算起，今从九十一岁算起，而九十者不与焉。老人花名总册详报藩司者，共五百余名，今悉扣裁而所给散仅一百三十名。恩波如海，仅流涓滴而已。以此舆论哗然，尚求补

---

① 东阳河汾王氏宗谱[M]//黄灵庚，陶诚华.重修金华丛书：189册.上海：上海古籍出版社，2014：33.

② 东阳河汾王氏宗谱[M]//黄灵庚，陶诚华.重修金华丛书：189册.上海：上海古籍出版社，2014：65.

③ 《东阳瀫溪李氏宗谱》上卷，2014年重修，第44-45页。

给，以溥皇仁可也。忠言逆耳，驳议致憎。弟辈为公非为私，仰祈鉴宥。魏星渠曰：声罪致讨，直截痛快。我犹恨当事祖护贪令，不将此书上闻也。

优恤老人之免杂派、恩赏，古已有之，清代沿袭。《清史稿》载顺治元年诏曰："军民年七十以上者，许一丁侍养，免其徭役；八十以上者，给与绢绵米肉。"①《永康县志》载："兵民年七十以上者，许一丁侍养，免其差役；八十以上者，给绢一匹，绵一斤，米一石，肉十斤；九十以上者，倍之。"②《汤溪县志》载之更详："顺治十六年，康熙九年、二十七年、四十二年、五十二年、六十一年，雍正元年、十三年，迭下恩诏，凡军民七十以上者，许一丁侍养，免其杂派、差役；八十以上者，给予绢一斤，绵一斤，米一石，肉十斤。九十以上者，倍之。"③

1714年，正值门应瓒当任东阳县令。这篇上书必是写给门应瓒的。李凤雏结合耳闻目击，有理有据，对比各省通例，恩赏老人折银二两五钱，几近东阳的七倍；邻县如义乌、诸暨、永康等亦三倍余于东阳。有人觉得不划算，干脆不去领取，但门应瓒却派人下乡去送，被送者苦于应付各种开销，得不偿失，怨声载道。再加上故意误解恩诏，将享受国家养老政策的年龄推迟一岁，致使当年东阳八十以上老人数量从上报的五百多名降为实际受益的一百三十名。李凤雏毕竟书生意气，将书上呈门应瓒本人，并扬言举发。贪赃枉法？弄虚作假？抗旨不遵？纵容手下敲诈勒索？对照大清律例，门应瓒难免做贼心虚，混迹官场的他只得恶人先告状，先发制人，不知捏造了什么罪名，将李凤雏送进大牢。另有李凤雏存目之《请邑侯禁杂派书》，推测也是写给门应瓒的。

门应瓒任满归襄平，王崇炳有诗《送门介庵明府归旗》④。得知后来门应瓒"亦被参去"，系狱十年。

另外，《金华征献略》之陈龙骧传后论及东阳土地税收之弊，王崇炳能探其本源，估计李凤雏亦能轻易揭发：

侯初至，丈量方将告成，邑粮多羡。盖东土山田硗瘠，原有高、平、水之不同。成化旧册，积步本宽，其后者保畏法，尺寸不遗，故每都皆有溢额。公令于沙塞水伤处，裁割以符旧额。其后俞侯始通民呈首，勘沓隐亩取赂，凡受惠者，害且倍之。至史侯、伍侯，则丈山量水、尺寸比较，十室五空，而民大病矣。陈

---

① 赵尔巽.清史稿[M].北京：中华书局，1977：90.
② 李汝为，潘树棠.永康县志[M].台北：成文出版社有限公司，1970：162.
③ 丁燮，戴鸿熙.汤溪县志[M].台北：成文出版社有限公司，1975：1362-1363.
④ 王崇炳.学耨堂诗稿[M]//赵一生.东阳丛书：15册.杭州：浙江古籍出版社，2015：137.

侯编审，悉遵《赋役全书》，册书令民公举，听就近地，聚图桥甲，以便催取，开局过割。编册既定，则书榜张挂，使民观看，仍令册书侧立，挨户序点，民或言户单与榜册不同者，立责册书，使之改正。东邑自四十年编审，当事以儒籍册书牟利厚，不由公举，取银十二两，官自金拨。至五十年，史公编审，无论儒民册书，皆取银十二两，银既入橐，至册书舞弊，则概置不问，隐实挂虚，千孔并出，甚至有过无割，不止零星飞洒而已。又或一图牵连二十余都，不知谁何之人，见里既有催取之艰，又有赔纳之苦。盖陈侯时，见里不许包充，所用止正粮一倍之费；景侯时三倍可包充；今则包充而兼包比，其费益多。厥后包充之人，侵收待赦，或死或逃，见里受累，有费至十倍者。见里之病极矣，虽谓陈侯为良吏可也。①

可能碍于私交，王崇炳未提及门应瓒之名，然而门氏上任史宏、下任伍槐伍树之变本加厉都提到了，可知门氏自然是沿用旧例，未加改革。门应瓒未入《金华征献略》之名宦传，从中也可看出王崇炳对门应瓒的总体评价。如果再加上土地税收方面的营私舞弊，门应瓒的罪状可谓夥矣。故而，先下手为强，门氏采取了极其果断的办法，以迅雷不及掩耳之势对李凤雏下手了。从整个事态看来，李多半是被冤枉的。

（六）1724年，李凤雏濒岁入都，卒于京邸

1710年，李凤雏自岭南归里后，想起任曲江令时与范时崇的过节，愤懑难平，入都作疏万言，候驾上之，为导骑所沮而归。1724年，将近年关，七十岁的李凤雏想起被门应瓒冤枉下狱三年，委实寝食难安，再次欲入都告御状。王崇炳急欲劝止，有诗《寄李梧冈》②：

劝君北阙休上书，归向南山结草庐。折腰曾饱五斗米，秋风一棹思鲈鱼。居官滋味略已悉，尚思谒帝垂华裾。君年即今已七十，须发风尘吹作雪。京华迢迢三千里，陆资车马水舟楫。贾生虽有宣室谈，明主未必前席。朱云请剑事已虚，焦山批鳞万言余。徒将疏草腾都下，片语曾无达玉除。十年奔波软红土，何如倚杖逍遥墟。两间惟有一事实，君非其人难向说。淡淡池塘杨柳风，娟娟窗外梧桐月。一瓢陋巷双吟管，何处人间不自得，寸心中有好安宅。

以陶渊明、张翰之典深情呼唤朋友，劝他放下心中仇恨，居官的况味已然深

---

① 王崇炳.金华征献略[M]//赵一生.东阳丛书：15册.杭州：浙江古籍出版社，2015：532-533.
② 王崇炳.学穮堂诗稿[M]//赵一生.东阳丛书：15册.杭州：浙江古籍出版社，2015：182.

有体味,何必再踏红尘,现已年老体衰,京都迢遥,又哪堪舟车劳顿?贾谊有才尚不得尽展,更何况明主也未必能礼贤下士。应该早过了强谏批鳞的年纪,火气不要太盛,颜回陋巷,但求自得心安。

其间,二人应有书信往来。王崇炳有《寄答紫翔》:"关河愁绪正漫漫,窗户秋生薜荔寒。輂上何人能结袜,山中有客笑弹冠。骑驴旅食黄尘重,引犊行歌绿野宽。世事如棋知孰胜,故人久已在长安。"①这首诗写法特别,前三联运用对比,出句皆言李凤雏,对句言自己。尾联用比喻,奉劝好友放下执念,不必在乎胜负,以优游岁月,超越自我为上。

然而,李凤雏一意孤行,事未成,竟卒于京师。

(七)李凤雏逝后

闻李凤雏客死京邸,王崇炳长歌当哭,有《李梧冈挽诗三章》②:

申劝忠言过耳风,介身弗念客途穷。萧然巅顶千茎白,难忘京华十丈红。旅榇知留何佛寺,游魂盼不到江东。少陵死葬襄阳道,衰草年年泣夜虫。

诗伯文豪化髑髅,雕龙绣虎刻时休。人生惟有一真住,浮世谁能百岁留。堪叹眼前悬八口,空令身后有千秋。故交沦落俱衰老,遗骨何年反旧丘。

此身原拟葬江鱼,老送疲躯向帝居。只有青蝇为吊客,曾无黄犬寄家书。高文百卷才堪霸,流誉千秋志不虚。何用委身儿女手,茫茫天地总吾庐。

埋怨朋友不听自己良言相劝,断不了功名执念,只落得如杜甫一般客死他乡。生老病死乃自然规律,断不能免,可叹一家老小八口生活无着,故交沦落,俱已衰老,无人去京取其遗骨。李凤雏本拟效屈原而投江,不料临老命送帝京。无亲友吊唁,无陆机之黄耳犬长途传信。聊可慰藉的是李凤雏"立言"可得不朽,何必执着于常人丧葬之事?

李凤雏卒时,其长子李彧早于1705年二十四岁而夭折,李彧之子光韶不过弱冠,李凤雏幼子鸿逵(庶出)刚刚五岁,家中无人主事,王崇炳责无旁贷,托人、筹款,多方协助。何元显《王鹤潭先生行述》中云:"窗友李梧冈,诗名重海内,卒于京邸,亦为倡捐募资,载柩归里。盖尊师重友,皆人之大节所在,而先生视

---

① 董肇勋,王崇炳.东阳历朝诗[M]//黄灵庚,陶诚华.重修金华丛书:178册.上海:上海古籍出版社,2014:209.
② 王崇炳.学耨堂诗稿[M]//赵一生.东阳丛书:15册.杭州:浙江古籍出版社,2015:187.

属本分事也。"①黄廷元《王鹤潭先生传》:"觅人往京师取友衬以归。"②至李梧冈古堰故居,与其族人议至京移柩。"特与宗人论取柩,心伤京国路三千。"③郑性《梧冈鹤潭歌》云:"李梧冈,李梧冈,抉异才,惜太狂。邀一命,宰曲江。遽被黜,还乡邦。乡邦不耐郁久居,仍走长安拟上书。上书未遂遂客死,旅榇凄凉抛僧寺。家贫妻老子幼小,孰往收之归故里?我慈邑东马鞍山,有僧通会居其巅。年年岁岁北走燕,收拾遗骸将三千。忽焉一缄缄金来,仆仆远属五岳游人转相属。游人将游南岳装已束,停留行脚登山与僧告。梧冈生时意气如云,交游良侈,究竟死后谁其为此?此举倡自鹤潭子,鹤潭子,鹤潭子。"④据此可知,王崇炳还曾缄金嘱郑性转相委托慈溪马鞍山僧人通会往京城代收李凤雏遗骸,未果。

　　1732 年,王崇炳代为募资,并藉义邑沈济野资,光韶得以扶柩归。王崇炳《梧冈孙韶生至京扶祖柩归,具述客况》⑤有载。巧合的是,与此同时,王崇炳收到门应瓒出狱书,于是有诗《得门介庵明府出狱书,是日闻李梧冈柩至是京》:"覆雨翻云事不常,到头两败怅俱伤。追叹花县连诗社,劈破词坛作战场。正喜活埋方出狱,旋闻旅衬得还乡。十年黑业今销缴,都付南华第二章。"⑥作为整个事件的见证者、旁观者,王崇炳作了沉痛的持平之论,翻云覆雨,两败俱伤,其实何必?大道至公,视万物如一体,没有分别,正如《庄子·齐物论》之齐彼是,齐是非,齐物我,齐生死。

　　毛奇龄对王崇炳与李凤雏这两个学生非常赞赏、器重,毛奇龄《西河文集·东阳杜雍玉诗序》:"顾残年相对,由同里旧游外,独与东阳学人王虎文父子暨卢子远辈,间以学术相往复。"⑦毛奇龄撰成《六经全集》,独用王崇炳序。《复章泰占质经问书》:"而东阳李紫翔,则长于《春秋》,其作春秋诸纪传,久已行世,今

---

① 东阳河汾王氏宗谱[M]//黄灵庚,陶诚华.重修金华丛书:189 册.上海:上海古籍出版社,2014:13.
② 王崇炳.金华文略[M]//赵一生.东阳丛书:16 册.杭州:浙江古籍出版社,2015:814.
③ 王崇炳.学耨堂诗稿[M]//赵一生.东阳丛书:15 册.杭州:浙江古籍出版社,2015:234.
④ 郑性.南溪偶刊[M]//四库未收书辑刊编纂委员会.四库未收书辑刊:8 辑 27 册.北京:北京出版社,1997:553.
⑤ 王崇炳.学耨堂诗稿[M]//赵一生.东阳丛书:15 册.杭州:浙江古籍出版社,2015:252.
⑥ 王崇炳.学耨堂诗稿[M]//赵一生.东阳丛书:15 册.杭州:浙江古籍出版社,2015:246.
⑦ 毛奇龄.西河文集[M]//清代诗文集汇编编纂委员会.清代诗文集汇编:87 册.上海:上海古籍出版社,2010:415.

且为潮阳令去。"①《东阳李紫翔诗集序》："紫翔以学为文，即以学为诗，温柔敦厚，一本经术以出之。"②序《梧冈集》曰："李子之诗，一矩于雅，而有典有则，铿然发为钟吕，而尤于五七言古擅长，可谓备诗家之能事矣。以李子经学精邃如彼，诗才工丽又如此，吾老矣，阅人多矣，如撷芳兰于榛林，睹珠光于蚌泽，一见而心异之。"③朱琰于《金华诗录·序例》中云："东阳斯惟武、李仲达缘之以起，递相传述，以至于今，李梧冈、王鹤潭，不失故武。……金华之诗起于义乌，盛于浦江，振于兰溪，承于东阳，而金华、永康、汤溪、武义应和于其间也。"④东阳人明代斯一绪、李能茂，至清代王崇炳、李凤雏乃承续流风之中坚。斯一绪（1555—1628），字惟武，号怀白，东阳人，著有《怀白山房集》。累试不第，弃诸生攻古文辞。万历四十六年（1618年），与徐伯阳、龚季良、陈大孚、章无逸、吴赐如诸君子为"八咏楼社"，昌东阳一时诗教，公实为盟长。《金华诗录》录其19首，《金华诗粹》录其诗3首，《明诗纪事》录其诗2首。汤英评其诗，"大抵声与情俱，采与骨附，饶有兴寄，不乏风致。"⑤李能茂（1558—1592），字允达，东阳巍山古渊头村人，李学道仲子，故亦称仲达或仲子，著有《武林唱和集》《友疴山房集》《卑迩亭稿》《青霞集》。《金华诗录》录其诗38首，《金华诗粹》录其诗25首，《明诗纪事》录其诗10首。其诗与胡应麟有"胡李"之称。赵衍《新修东阳县志》卷二十"总论"中评价李能茂："李仲子天资颖茂，力迈古人，而中道殒逝，不竟其志气，惜哉！"④又于卷二十一"总论"中再赞："李仲子规迹王胡，斯惟武变胎温李。"⑤李能茂三十五岁而英年早逝，不能尽展其才，他作诗遵循明代王世贞、胡应麟，斯一绪则脱胎变化于晚唐温庭筠和李商隐。王崇炳论曰："李仲子笔力雄健，倘假以年，岂易限其所至，长才限于短箅，惜哉！"⑧"同时代中，追随

---

① 毛奇龄.西河文集[M]//清代诗文集汇编编纂委员会.清代诗文集汇编：87册.上海：上海古籍出版社，2010：172.
② 毛奇龄.西河文集[M]//清代诗文集汇编编纂委员会.清代诗文集汇编：87册.上海：上海古籍出版社，2010：449.
③ 李凤雏.梧冈诗集[M]//赵一生.东阳丛书：18册.杭州：浙江古籍出版社，2015：卷首.
④ 朱琰.金华诗录[M]//黄灵庚，陶诚华.重修金华丛书：178册.上海：上海古籍出版社，2014：251.
⑤ 汤英.明代金华府作家研究[D].上海：上海师范大学，2013：202.
④ 赵衍.康熙新修东阳县志[M].杭州：西泠印社出版社，2018：543.
⑤ 赵衍.康熙新修东阳县志[M].杭州：西泠印社出版社，2018：576.
⑧ 王崇炳.金华征献略[M]//赵一生.东阳丛书：15册.杭州：浙江古籍出版社，2015：321.

李能茂诗风的还有李有朋、李学等,并影响着东阳后代诗人。"[1]据《东阳瀫溪李氏宗谱》[2],李能茂为李凤雏曾伯祖。

《东阳历朝诗》收录李凤雏诗 21 首,王崇炳诗 15 首,《金华诗录》收录李凤雏诗 29 首,王崇炳诗 18 首,正相颉颃。二人刻苦自励,常设教谋生并传道,经史诗文兼通,著述精绝,为婺学复振做出了自己应有的贡献。他们彼此尊重,相互倾慕,其深情厚谊成就文学史上一段佳话。不过,王广博;李精深。王沉稳;李峻急。王恬淡;李浮躁。王不慕荣利;李热衷功名。王韬光养晦,乃温柔敦厚之长者;李逞才使气,乃任意倨傲之才子。王宽弘,以德报怨,而好忍;李量浅,睚眦必报,而好讼。王与人为善,劝人行善,人际关系融洽;李我行我素,是非分明,不太擅长处理人际关系。王是现实主义者,随俗俯仰;李是理想主义者,与世多忤。个性使然,二人演绎了不同的人生,王自食其力,以教育、学术为志业,脚踏实地,自我圆满,老死乡间,享年八十七岁;李不甘久居人下,常漂泊在外,苦觅机会,眼望星空,知其不可而为之,个人奋斗失败,终客死他乡,享年七十岁。王识人甚深,对李之优缺点洞若观火,时时处处提醒规劝之,却收效甚微。王千方百计,收归亡友遗骨,尽友之责,令人感佩。考察二人交游情状,或可部分还原清初东阳学术、文学发展概貌,探寻布衣士人在不同人生轨迹下的不同心态。

二、华若虚

华炳泰,字若虚,无锡梁溪人,年十九避仇至东阳,留寓十载,与王崇炳、李凤雏善,数相唱酬,著有《琪华阁诗词》等,与王崇炳同学于东阳训导董肇勋。《金华诗录》收录其诗 5 首。《金华征献略·游寓传》载:

华炳泰,字若虚,无锡人。尝至京,贵人延为上宾,辄以使酒骂坐去。初至东阳,年十九,面白皙僧也。手执饶钹,至人家应付,问其来历,答以诗云:"为问天涯流落意,溪头流水自分明。"人皆异之。或延之饮,则不脱袈裟而食肉,遂蓄发作诗,诋讥一切,自负甚高,所交皆绝。或请为蒙师亦不终,学师董澹斋先生见其诗甚喜,延礼之。时予馆邑城,每夜辄治具相邀,拈韵赋诗,极欢而罢,

---

[1] 金一初.明朝开东阳诗派的李能茂[N].东阳日报,2014-07-09(6).
[2] 《东阳瀫溪李氏宗谱》下卷,2014 年重修。

即背诋之,董公不为意。若虚于作诗外,兼工时艺,独标天韵,迥出时蹊。能作四体书,至今得其遗墨,皆可珍。其诗情韵秀发,如春草碧色,春水绿波,虽寡性情,而翡翠兰苕,无妨可爱。已而之绍兴,金赤玉待之最厚。病,使人至梁溪探其家,乃送之归,不数日而殁。其妻以室女为尼,邑令旌之。予常会赤玉于武林,述其在绍兴事,与予所见,合之可作笑谱。若虚诗与诗余体各为集,予得其七言律一本,择其数首及警句录之。《夜坐》云:"检点奚囊少鹔鹴,清宵何处问壶浆?天于我辈真无意,节近残冬倍可伤。对此惊寒梅几点,照人无梦月他乡。谁家漫奏关山曲,若为王孙惹憾长。"《独坐》云:"漫道秋深漏亦迟,昏鸦犹未定栖枝。青闺刀尺含愁夕,虚馆茱萸中酒时。转尽羊肠孤客路,添成蛇足几行诗。无聊不到消魂地,肯信当年宋玉悲。"《书徐天池集》云:"坐我孤帆天上雪,葬君十丈并头莲。"《自叹》云:"论才那肯居龙腹,痴绝还应似虎头。"又:"碧玉一楼寒月晓,芙蓉千丈晚霞红。"又:"竹阴密护空庭雨,水气虚吹半壁云。"《出济河》云:"月明风定燕山远,霜落鸦啼济水寒。"①

华炳泰十九岁即来东阳,著僧服,而饮酒食肉,后蓄发,"诋讥一切,自负甚高",朋友零落,为人师而不终。董肇勋赏其诗才,经常延请华、王等人,饮酒赋诗,尽欢而去。面对背后诋毁,董老师不以为意,王崇炳自然也是不以介怀,故而相交能久。王崇炳认为华炳泰虽寡性情,但其文采艳丽,纤小娟媚的诗风却也可爱。后,华炳泰至绍兴,病,客死绍兴。

华炳泰于东阳还有几个知交,如魏山赵忠蕃(1654—1731),"字翰卿,号蓝石,宪赐孝名养志矜式。"②《学耨堂文集·赵翰卿传》载:"又时延博雅之士如石艇先生李元公、梁溪华若虚、武岩虞彦方谈说文字其间。翰卿因得以领其绪论,掇其英华,时或作诗。"③石艇先生即李凤雏之父李振声。虞彦方也是王崇炳好友,《学耨堂文集·虞彦方传》云:"彦方于人无款曲。梁溪华若虚负才傲诞,所主家虽极款接,再过一家必盛毁之。或造彦方,彦方卧不起,若虚就床与语。或与同寝,则命若虚起,实烟于筒,吹火吸之。然而若虚终无一语诋诮彦方。"④王崇炳《栲坑庵访悟源长老》诗自注云:石艇翁、华若虚,皆悟源诗友⑤。又提到华炳泰的

---

① 王崇炳.金华征献略[M]//赵一生.东阳丛书:15册.杭州:浙江古籍出版社,2015:545-546.
② 《东阳赵氏宗谱》第3册,2002年版,第601页。
③ 王崇炳.学耨堂文集[M]//赵一生.东阳丛书:15册.杭州:浙江古籍出版社,2015:78.
④ 王崇炳.学耨堂文集[M]//赵一生.东阳丛书:15册.杭州:浙江古籍出版社,2015:88.
⑤ 王崇炳.学耨堂诗稿[M]//赵一生.东阳丛书:15册.杭州:浙江古籍出版社,2015:75.

另一位诗友悟源长老。

王崇炳又有《送华若虚远游序》①：

物必有所容也，而后有所受；有所受也，而后有所合。以若虚之心，视天下之大，无可容之一人，则天下之大遂不能受一若虚，无怪乎其不合也！不合何病？不合于此，必合于彼；不合于今，必合于古。即使终身困顿，不能使其文之不有传于世。合与不合，于若虚何病？如是，则即营半亩以幽栖可也。重趼可无劳，贵者之门可无至也。

然吾观当世振奇之士，挟其热中不能忘贵之情，既已登贵人之堂而缔其欢矣，仍复激其跌荡不群之气，以博其藐视富贵之名。譬之身入汙途，而复以泥水洗之，何益？夫吾之心苟无富贵，则虽貌逊而礼恭不为谄；不然，则虽灌夫颜而祢衡口，其与偻磬折者相去无几。其不能忘贵，一也，徒自取穷而已。

夫若虚之穷久矣，其或不得志于家庭之间乎？问之而不予告也，曰："吾将以尽天下之大观也。"年甫弱冠，辄渡江北游，自淮及济，达于京师，知天下之文章尽聚于是。与诸贵人交，顾藐然无足当意者。介身东还，负行李沂江而上，至于襄汉，踰山而南，自闽抵浙，留滞吾土。历有年所，所阅山川溪谷之险，人情物态之变，而少年英锐之气渐消磨于风尘憔瘁之中，而旅馆孤灯，邮亭夜雨，又有以发其天性之真。自此而往，其于天下必有所容。吾知其必有合也。

夫人情不甚相远也，五方之风气不齐，而人心之真，则内自中国帝王之上，以至于穷发无霤之域，皆不谋而合。苟有所合，不必其求诸远也；苟无所合，独吾邦也乎哉？独吾家也乎哉？然则华子其归乎？

华炳泰年十八出游，自淮及济至于京师，处穷而不附贵，东还，至襄汉，自闽抵浙，落脚东阳。游览名山大川，经历人情物态，少年锐气渐渐消磨，而天性之真得以抒发。王崇炳的逻辑是物有所容，方有所受，最后才有所合。王希望华炳泰经过这次人生游历，有所容，最终有所合。

华炳泰有《醉中作夸语与虎文》："漂泊青衫不我妨，人间乐事在逢场。曾携粉队供行部，漫认词坛作夜郎。自分狂来成独绝，何人才更擅兼长。楼头百尺邀君坐，挥麈须看上下床。"②也许是醉后吐真言，对于知己如王崇炳，他还是相当敬重的，王崇炳既然深刻认识、赏识并接纳了他这个人，他也没必要戴着面具了。

---

① 王崇炳.学㯯堂文集[M]//赵一生.东阳丛书：15册.杭州：浙江古籍出版社，2015：70-71.
② 董肇勋，王崇炳.东阳历朝诗[M]//黄灵庚，陶诚华.重修金华丛书：178册.上海：上海古籍出版社，2014：222.

其实，他对自己的处境、品性还是有自知之明的，能够明辨是非、真假。他敢于自我解剖，发言肺腑，"狂"的表象下裹着无比的真诚与真实。

华炳泰逝后，王崇炳思念所及，梦中常见，如诗《梦故人华若虚》[①]：

入户惊相见，萧然江海身。谁知天外客，犹作梦中人。飘泊衣冠敝，风流笑语亲。浪游疑未死，存殁绝音尘。

见尔疑山鬼，诗狂尚婉然。囊中楚天雪，衣上女萝烟。别绪输今夕，盘桓忆昔年。魂来暮山黑，辛苦越山川。

梦中犹是生前形状，华氏衣冠破敝、风流潇洒、笑语可亲、喜好游历、诗狂婉然。王崇炳疑其未死，悯其辛苦，其哀悼、沉痛、思念之情，溢于言表。

王崇炳于《书张白湖诗卷后》[②]又忆及华炳泰：

始，予见金司农《松响集》喜之，中有赠白湖诗，知其为友也。以问儿子国陛："白湖诗何如司农？"国陛曰："以白湖比司农，如以孟浩然比李长吉；然白湖《杜宇》诗云：'独夜皆残月，空山又落花。'恐其人不寿。"卒如所言。白湖貌白皙，恂恂文雅，似华若虚。若虚工诗词，兼行楷篆隶，年逾三十卒。然白湖诗淡雅，若虚秀艳；白湖端而有情，若虚狂而无情；若虚年十八出游，无妻子，死无人怜；而白湖则人皆痛之：此其不同者也。白湖之诗，初不逊金司农。今司农诗名冠武林，其于白湖，不啻过之。若虚见李梧冈诗辄诟之。今若虚之诗，视梧冈何如耶？人固不可以无年，信然。

读此文知华炳泰三十余岁而卒。对比张钱沄与华炳泰，两人状貌相似，才华相当，皆不寿，然性情不同，张端而有情，华狂而无情，逝后情状也不同。继而分别做了两两对比，张钱沄与金农，华炳泰与李凤雏，生前诗歌成就或相当，或不及，然而由于不寿，最终成就远不及金与李，故而，王崇炳得出结论："人固不可以无年，信然。"一种思念与哀痛升腾而起。

---

① 王崇炳.学耨堂诗稿[M]//赵一生.东阳丛书：15册.杭州：浙江古籍出版社，2015：34.
② 王崇炳.学耨堂文集[M]//赵一生.东阳丛书：15册.杭州：浙江古籍出版社，2015：137-138.

第四章 王崇炳与门人

王崇炳一生以教育为志业，或居家教授，或外出作馆，或往来公私书院，门人众多，大致不出金华范围，其中又以东阳本地者居多。门人中如金玉汝、黄廷元、虞景翰、陈启成、徐泳、徐楫等皆与老师同行，也以设馆谋生，师生为当地的教育事业、文化传播等做出了一定贡献。

一、门人概述

王崇炳《自述》云："吾为丽正书院师，受业五十人，不数年，或进学，或补廪，或登第。方予辞馆归，诸弟子送郭外，或至堕泪。"①可惜这五十人名单不详。黄廷元《王鹤潭先生传》云："岁甲寅年，八十有二，扶杖至郡，赴东湖金孔时之请，讲学于藕塘书院。讲义四条，至性豁露。时与听者六十人，闻者无不感动心怵。"②藕塘书院之六十名学生也不详。《学耨堂文集》《学耨堂诗稿》主要由王崇炳门人编校，据此统计，参与编辑校对《学耨堂文集》的有程建楷（端儒）、何元显（器琏）、黄廷元（殿选）、俞济（楫川）、唐正学（思臣）、赵田（心树）、朱文燨（景阳）、俞德锽（元音）、张洪麟（灵一）、应沂（绍曾）、龚韩橄（映书）、李楷（翰书）、方象山（景贤）等13人。参与编辑校对《学耨堂诗稿》的有徐泳（汝复）、蔡光昇（六平）、陈士瑛（灿文）、方象山（景贤）、郭懋楠（楚乔）、徐辑（廷宣）、金璐（玉汝）、唐正学（思臣）、徐杰（廷佐）、张兆麟（以敬）、徐焴（日辉）、陈启成（公位）、董逢原（静夫）、杜皋（舜士）、唐正身（文度）、陈启瑾（怀如）、虞丁燧（仲赤）、陈璋（永琡）、赵云然（位思）、胡之伦（经五）、龚韩橄（映书）、赵田（心树）、朱文燨（景阳）、杜正华（萼先）

---

① 东阳河汾王氏宗谱[M]//黄灵庚，陶诚华.重修金华丛书：189册.上海：上海古籍出版社，2014：10.
② 王崇炳.金华文略[M]//赵一生.东阳丛书：16册.杭州：浙江古籍出版社，2015：815.

等24人，合计37人，减去重复者唐正学、赵田、朱文燸、龚韩樾、方象山5人，实际32人，这些参与者极有可能是王崇炳入室弟子，文史功底颇好，且与王崇炳关系颇密。王崇炳作品中提及门人计29人，去掉以上重复者，实际11人。其他来源之门人4人，去掉与上重复者，实际得2人。共得王崇炳门人45人。诚然，此远非王崇炳门人之全部，但基本可认定为其杰出代表。

表4-1 王崇炳作品中提及门人统计表

姓名	简介	相关篇目	备注
黄廷元	字殿选，浙江兰溪人。作有《王鹤潭先生行述》	《清义堂记》《寄黄殿选》《和黄殿选谒赵清献公祠诗》《上元节方景贤、黄殿选以候师至》《金华征献略序》《黄遴生七十寿序》	—
何元显	字器琏，浙江义乌人。作有《王鹤潭夫子传》	《门人龚映书招游绣川纪事》《赠门人何器琏应试礼闱》	—
陈士瑛	字灿文，浙江金华人	《重刻〈许白云先生遗集〉序》《〈鹤潭时艺〉稿自序》《贻燕堂记》	—
蔡光昇	字六平，号东白，东阳人	《重刻〈许白云先生遗集〉序》《偕虞羽翔、蔡六平看红叶于鹿峰下》《首春虞羽翔、蔡六平以不佞出贡到舍，兼遗美酝云履，作此奉酬》《蔡六平过访，有作学徒和韵，即用原韵以示诗笺十首》《往四明访郑南溪，仆不任负，留止蔡六平家》	东阳鹿峰蔡氏宗谱
虞景翰	字羽翔，号鹿溪，东邑增广生。著有《自反集》	《依韵和虞羽翔见赠》《偕虞羽翔、蔡六平看红叶于鹿峰下》《悼亡之余虞羽翔以诗寄慰，依韵裁答》《首春虞羽翔、蔡六平以不佞出贡到舍，兼遗美酝云履，作此奉酬》	华溪虞氏宗谱
徐咏	（1669—1743），字汝服，又字济川，东阳人	《门人徐汝复以行地至》《初夏偕徐汝复至郭楚乔园舍》《徐汝复书楼》	三元徐氏
徐辑	（1667—1727），名时雅，字廷宣，号松崖，东阳人	《挽门人徐庭宣》	三元徐氏
徐杰	（1668—1745），名时朝，字廷佐，号特庵，邑庠生，东阳人	《偕楚乔廷佐孙延年游石洞》《沁园春·门人徐庭佐六十》	三元徐氏

续表

姓名	简介	相关篇目	备注
郭懋楠	（1666—1730），字楚乔，浙江东阳长衢人，康熙四十一年（1702）拔贡	《陪鹤潭夫子游石洞和韵》《依韵和郭楚乔寄贺出贡》《门人郭楚乔以饼蛋红烛魁圆馈岁，作诗以酬》《偕楚乔廷佐孙延年游石洞》《癸卯上元后郭楚乔过叙》《法曲献仙音·楚乔病自往问至园舍感而作此》	长衢郭氏
唐正学	字思臣，浙江兰溪人	《首夏重至可园与弟子唐思臣》《兰溪别唐思臣于江浒》《横山记》《近思堂记》	—
唐正身	字文度，浙江兰溪人	《可园十咏》序	—
龚韩檄	字映书，义乌松门人	《门人龚映书招游绣川纪事》《游双龙洞 时从游弟子方景贤、杜尊先、龚映书、周文九、郑圣仪、楼飔侯》《宜尔堂记》	—
陈启成	字公位	《陈公位以觅馆至》《陈公位过访二首》	安文陈氏
方象山	字景贤	《上元节方景贤、黄殿选以候师至》《游双龙洞 时从游弟子方景贤、杜尊先、龚映书、周文九、郑圣仪、楼飔侯》	—
张兆麟	字以敬	《携诸弟至周岩书舍访张兆麟》	—
金璐	字玉汝	《杪秋偕金玉汝、徐庭宣游经破寺，登古墓。叶赵珍以壶榼至》《上元节造之介兄玉汝弟，连日风雨，屡淹归期》《兰阴归门人金玉汝以诗见询，依韵裁寄》《至禹麓金之介玉汝伯仲家，儿子崧寿在焉。玉汝喜婿作元宵留客，诗依韵和之》《至弟子金玉汝歌山馆中谈悰》《禹山记》	—
杜秉台	字舜士，庠名皋，号栎园，邑庠生。东阳人	《清潭同杜舜士过上元节》	岘西杜氏
杜正华	字尊先，号西麓，别号实夫，太学生，著有《西麓杂咏》，创建亲贤祠。杜秉琳次子，东阳人	《游双龙洞 时从游弟子方景贤、杜尊先、龚映书、周文九、郑圣仪、楼飔侯》	岘西杜氏
方六御	—	《至门人方六御墓》	—
蒋畜成	—	《和门人蒋畜成〈雨霰〉诗》	—
虞仲赤	—	《从封山归，时残雪未消，门人虞仲赤止宿》	—
周文九	—	《游双龙洞 时从游弟子方景贤、杜尊先、龚映书、周文九、郑圣仪、楼飔侯》	—

续表

姓名	简介	相关篇目	备注
郑圣仪	—	《游双龙洞 时从游弟子方景贤、杜尊先、龚映书、周文九、郑圣仪、楼飏侯》《猫攫蝶影，和门人郑圣仪韵》	—
楼飏侯	—	《游双龙洞 时从游弟子方景贤、杜尊先、龚映书、周文九、郑圣仪、楼飏侯》	—
曹我怀	—	《和门人曹我怀游朝真洞原韵》	—
叶亮工	—	《和门人叶亮工游仙洞》	—
朱景阳	—	《自茶场偕门人朱景阳至永泰寺访杜汪千不值留寄》《弟子朱景阳以候师至，天雨及晴而归》《金朱氏，予弟子朱景阳妹也。年二十六丧夫，伯欲逼之改嫁，朱氏乃归家守制，茹素斋心，节砺冰霜，晨昏操作，今将四十矣。景阳属予作诗表之》	—
赵诚斋	—	《〈节妇赵张氏〉序》	—
厉子曜	—	《百字令·门人厉子曜来问疾兼致食物出素笺乞词，走笔书之》	—
金德煌	—	《任烈女传》	—

表 4-2 其他来源之王崇炳门人统计表

姓名	简介	来源
徐时茂	字芝发，号世盛，东阳人	三元徐氏
徐焻	字日辉	三元徐氏
陈几贤	号屏麓，千祥人	道光东阳县志
陈启瑾	字怀如，号蕴庵，辛卯科举人	安文陈氏

二、门人举要

（一）黄廷元

黄廷元，字殿选，浙江兰溪人。王崇炳《寄黄殿选》①云：

地主华居占一方，西宾坐享兴尤长。红蕖连亩初收艳，紫菊分畦又吐香。六月临湖朝气爽，三秋倚阁晚风凉。无缘扶杖分清赏，飞梦题诗到藕塘。

大约黄廷元在藕塘设馆，自夏及秋，风景怡人，兴味悠长，王氏诗中勉励、欣慰、艳羡之情兼而有之，体现了师徒情深。

王崇炳《和黄殿选谒赵清献公祠诗》②：

挂壁囊琴驯鹤翔，闻雷放出顶门光。浑身脱去全身见，始识柯村赵四郎。

"囊琴驯鹤"，紧扣赵抃本事，赵抃任成都转运使，到官时随身只带一琴一鹤。《宋史·赵抃传》有载，及谢，帝曰："闻卿匹马入蜀，以一琴一鹤自随，为政简易，亦称是乎？"③后来称人为官清廉，常用此语。后赵抃致仕，《罗湖野录》记："（赵清献）元丰间以太子少保归三衢，与里民不间位貌，名所居为高斋，有诗见意曰：腰佩黄金已退藏，个中消息也寻常。时人要识高斋老，只是柯村赵四郎。"④诗后两句指此。王崇炳将赵抃诗当作偈子看待，未为不可。赞其铅华落尽，不计功名，方回归本真，觅到全身。

王崇炳《上元节方景贤、黄殿选以候师至》⑤：

阳回草暖气氤氲，远道相将到水门。春霁梅花行处路，上元灯火数家村。碧空皓月间门静，断续星桥鼓吹喧。寂寞山居君谙否，荒园挑菜佐清樽。

逢着上元节，弟子结伴而来候师。阳回草暖，梅花傍路，村村灯火，皓月当空，鼓乐吹喧，煞是热闹。然热闹是暂时的，平常山居，唯有园蔬佐酒，打发寂寞。一动一静，悉数讲给弟子们听，可见师生关系之融洽。

黄廷元祖上为其居所命名为"清义堂"，王崇炳为之作《清义堂记》，中有言：

---

① 王崇炳.学耨堂诗稿[M]//赵一生.东阳丛书：15册.杭州：浙江古籍出版社，2015：262.
② 王崇炳.学耨堂诗稿[M]//赵一生.东阳丛书：15册.杭州：浙江古籍出版社，2015：262.
③ 脱脱.宋史[M].北京：中华书局，1977：10323.
④ 释晓莹.罗湖野录[M]//王云五.丛书集成初编：3354册.北京：商务印书馆，1935：1.
⑤ 王崇炳.学耨堂诗稿[M]//赵一生.东阳丛书：15册.杭州：浙江古籍出版社，2015：260.

> 予弟子金华黄殿选，世为兰溪名族。其祖某府君，名其所居曰"清义堂"，其知义之所从来乎！顾义之名，世之所共托；而清之名，世或且嫌之，而或且讳之，以其类于贫也。夫贫者不必皆清，而清亦不必即贫。资生于地，资泽于天，资力于人，贸迁有无不伪，仕宦受禄不诬，不必以贫为清，亦不必以清贫为义，何嫌乎清贫之名而讳之？夫世之讳贫者多矣，蔑义以聚财，稔恶以致富，将以垂子孙而永享之，其人皆讳贫惟恐不深者也；一旦而穷且及之，至求贫而不可得。而行义之家常守其清，而或且不贫，清亦何负于人哉？
>
> 夫行义而不讳清，斯则真行义者也。①

王崇炳着力解释了"清""义"的含义。

弟子父亲庆生，都以求得王崇炳寿文为荣。1732年，王崇炳为黄廷元父亲作《黄遴生七十寿序》，中云："金华黄殿选，予弟子中之原思也。"②孔子弟子原宪，七十二贤之一，出身贫寒，个性狷介，一生安贫乐道，不肯与世俗合流。王崇炳将黄廷元比作原宪，大概二人出身、个性、人生经历也相似吧。又云黄廷元于丽正书院从学王崇炳，后又至王家受业。

王崇炳《重刻白露山人遗稿序》云："族孙殿选，予弟子也，欲纠宗人再为刊刻，嘱予较订，因叙其端。公讳傅姓黄，字梦弼，枫山门人。以进士历官御史，事见《皇明儒林录》。"③《白露山人遗稿》为黄廷元族祖黄傅（章懋门人）所撰，黄廷元为之重新刊刻，请老师王崇炳校订，并作序，从中看出，王崇炳对此是大力支持的。汲汲于文化事业，这是师生共同的志趣。

1732年夏，黄廷元为王崇炳《金华征献略》作序：

> 金华山水甲于他方：山有仙华、灵洞之奇，水有双溪、绣濑之胜。灵萃所钟，英贤迭出，自秦汉以迄唐宋，代有闻人，至南宋而极盛。东莱吕成公以中原文献倡道于兹，一时从游之士居台鼎者，则有若乔文惠、葛端献；其余树名节、建功业者，指不胜屈。迨何、王、金、许四先生，得朱门之正学，递传至白云先生，而门人最盛。若柳文肃、黄文献，及宋文宪、王忠文，踵武而起，遂开有明三百年文教之盛。暨明中叶，章文懿讲学兰江，程文恭讲学五峰，其时居朝列而著贤声者，约三十余人。此"小邹鲁"之称有由来也。
>
> 然代远人湮，不有记载，生乎后者，孰从而知之。记载之书，在元则有吴礼部之《敬乡录》，在明则有郑清逸之《贤达传》、童庭式之《文献录》，以及董东

---
① 王崇炳.学耨堂文集[M]//赵一生.东阳丛书：15册.杭州：浙江古籍出版社，2015：111.
② 王崇炳.学耨堂文集[M]//赵一生.东阳丛书：15册.杭州：浙江古籍出版社，2015：145.
③ 王崇炳.学耨堂文集[M]//赵一生.东阳丛书：15册.杭州：浙江古籍出版社，2015：56.

湖之《金华渊源录》。国朝则有吴赐如之《婺书》、姜子发之《婺贤言行录》。诸先进之书，要皆略焉不详，只载名臣、理学、文儒，而于孝友、节烈、卓行，多不录。惟吾师《征献略》无所不登，自孝友、忠义，以迄仙释，中分十三类，统计二十卷。至其搜遗，采之《金华杂志》，惟《儒学传》，自元以前则取法于宋潜溪《元史》，明以后则黄梨洲《儒林录》，及万季野《儒林源流考》。博采群书，而断以己意，备古今人物之缺，阐道德性命之精，发至论以阐幽，引群言以证实，靡不考核至当，以成是书。

自来撰录之家不无偏见：重理学者以事功为斗筲，重经济者视儒教为刍狗，尊经术则薄诗赋为浮华，尚文辞则鄙疏义为训诂，意有专主，必多遗弃。吾师学窥渊源，识量弘广，其所载如聚众宝于五达之衢，随其所好以为取舍，而无价衣珠自在其中，惟知者自得之。盖不仅一郡之书，而凡有志于学者之宝筏也，元以不得流传是惧。予友金君孔时好善乐施，志存表彰，刻其家集方竣，以《金华征献略》相告，慨然允诺，元复加较雠，即付梓人。夫事非偶然，人如有待：吾师专精此书，一郡人物之面目待之以开，盖由宿契；适遇金君为之刊布，巧值机缘；而元亦得效力其间，精神开感有不知其然而然者，尤愿读是书默悟先贤于楮墨之外，而神契志通，无负吾师撰录苦心与金君刊布之意云。①

概述金华古来理学、文学之盛，追溯金华号为"小邹鲁"之由来。列举历代金华文献之书，通过对比，突出王崇炳《金华征献略》集大成的特点，介绍其分类、资料来源、价值等。弟子为老师编著作序，这表明老师看重弟子的学问、人品，且师徒关系融洽，相互信任。正如王崇炳曾为老师毛奇龄《六经全集》作序、董肇勋《逍遥集》作序一样。

乾隆四年（1739年）正月初六，王崇炳无疾而终，黄廷元本欲趋候老师，恰巧初七日赶上为老师送最后一程，这也是师徒缘分。黄自称"受知最深"，他大概是为王崇炳作传的不二人选。这又如王崇炳为自己的老师赵忠济、蔡尔璧作传类似。黄廷元所撰《王鹤潭先生传》②全面记述了王崇炳丰富多彩的一生，重点是人品、道德以及在教育、学术等方面取得的成就。

（二）何元显

何元显，字器琏，义乌人。

---

① 王崇炳.金华征献略[M]//赵一生.东阳丛书：15册.杭州：浙江古籍出版社，2015：卷首.
② 王崇炳.金华文略[M]//赵一生.东阳丛书：16册.杭州：浙江古籍出版社，2015：813-816.

1727年，王崇炳《赠门人何器琏应试礼闱》①诗序云："器琏尊人客游涿鹿，已逾廿载。当出门时，器琏由慈母抚养教育，弱冠登第，公车北上，首先省亲，赠之以诗，以荣其行。"诗云：

公车北上喜难支，廿载尊人客帝畿。秋榜先传登第帖，春闱即是省亲时。更衣拜庆初相识，执御荣旋知有期。为报萱堂勤色养，倚闾老祖鬓如丝。

何元显父亲客游涿鹿二十年，离家时，何元显尚在襁褓之中，如今何元显已弱冠，登第后入京赶考，顺路省亲，王崇炳赠诗饯行，嘱其早日归来，以报答老母养育之恩，以慰老祖倚闾之盼。

1739年孟冬，何元显作《王鹤潭先生行述》②，与黄廷元所作《王鹤潭先生传》互相发明。据此，可推测其地位与黄廷元差可比肩。

（三）虞景翰

虞景翰（1674—1744），字羽翔，号鹿溪，增广生。《金华诗录》收录其诗4首。王崇炳为其父作传《虞彦方传》，有提及弟子："彦方一子曰景翰，为文稍柔软，少年即得博士弟子。"③

乾隆八年（1743年）七月，王国陛撰《虞羽翔兄传》，略曰：

虞羽翔兄，讳景翰，高祖讳希辂者，自义邑花溪迁居东阳之孙宅。考彦方先生，博通灵素，能以针灸起人痼疾，凡太乙、奇遁、演禽、风角、禄命、建除、历算，以及二曜之交蚀，五纬之逆顺，莫不精于其学，布掌即得。工书画，迄今山兰墨竹购其片纸尺幅，重如拱璧。羽翔师承家学，善属文，尤长于五七言律诗，有明初高季迪、徐来仪风味。年二十八补邑博士弟子，试即高等，旋补增生。以数奇，屡应乡闱，不售。其少年为余家塾师，余群季俱出其门，其所为制义及诗辞，皆先君之所指授也。其为人淳朴，有古风，严气正性，无一切脂韦习。初与之接，落落寞寞，其仪容则冻涧枯槎也，其謦欬则清宵霜籁也，其滋味则太羹元酒也。久与之交，外栗而中宽，始淡而终腴，霭乎如春曦之宜人也。其天机之活泼，襟期之俊爽，固寓于溪深峭巘之中也，故素无甘醴美疢之契合，亦无凶终隙末之猜嫌。其课徒，规矩严束，弟子畏而敬之，久则益亲，而终身悼之，故皆循循雅饬，一见而知其为安定之门人也。曾馆于舍东程氏，适有宗人观察程君敬一

---

① 王崇炳.学稼堂诗稿[M]//赵一生.东阳丛书：15册.杭州：浙江古籍出版社，2015：234-235.
② 东阳河汾王氏宗谱[M]//黄灵庚，陶诚华.重修金华丛书：189册.上海：上海古籍出版社，2014：13-16.
③ 王崇炳.学稼堂文集[M]//赵一生.东阳丛书：15册.杭州：浙江古籍出版社，2015：88.

至，凤仰其丰采，造门请见，从者引之入，羽翔方皋比踞坐，俟造几前，乃起立拱手，不交一言而出，敬一心折之，退谓余曰："虞公气宇高峻，倘得延致幕中优游坐镇，吾有望矣。"其推服如此。余少壮时与之游处最密，其后会面日稀。今春予游四明，便道访之，知其得疯痹之疾，蹒跚而行，嚅涩其语，然细叩之，则仍目空一世，而了了澄澈犹故羽翔也。总其生平计之，其礼仪之踞简类傲，其中怀之鲜可类隘，其颦笑取予之不苟类介，其一丝一粟毫不轻费类悭，然其心真貌朴则诚，今世之古人也。①

虞景翰博学志高，多才多艺，却未得功名，王国陛评其"傲""隘""介""悭""诚"。虞氏为王崇炳门人，而虞景翰又曾做过王崇炳儿子王国陛家塾师，可见王崇炳对这个门人之倚重。

王崇炳与虞羽翔唱和颇多。虞羽翔有《寄王鹤潭先生》："幽栖群羡子云居，自喜今来万境如。到处寻山兼问水，何须戴笠羡乘车。清宁天地容高卧，变幻风云较异书。回忆古城吟啸夜，分携已是半年余。"②他对老师这种萧散自然如地仙的生活颇为艳羡，分别半载，思念深长。

某年秋，王崇炳冒雨造访虞羽翔于书塾，虞羽翔有诗《王鹤潭先生过访》③：

草堂秋霭昼阴阴，为报高人冒雨寻。别久忽逢瞻紫气，晦深旋散见丹林。和容玉润欣常健，欸吐珠倾湔旧襟。自惜近来诗思减，冀翻词海一长吟。

学生称老师为"高人"。对老师冒雨前来感念非常，久别之下，本来十分挂怀，重逢后见老师身体康健，心下自是庆幸。师徒二人谈及最多的还是诗词。

王崇炳依韵而和，即《依韵和虞羽翔见赠》④：

纤纤微雨晓天阴，深竹书堂缓步寻。霜铸黄金垂橘柚，风翻红锦满园林。时逢丽景堪栽赋，喜见知心展素襟。珍重琼瑶新句赠，秋鸿流响入高吟。

老师称学生为"知心"，可见师徒情分。因心情大好，雨中秋景皆成"丽景"。得学生赠诗，甚为欣慰。

这是专程造访，有时是路过招晤，如王崇炳《临江仙·赴程氏招晤虞羽翔》⑤：

---

① 《华溪虞氏宗谱》卷十四，1999年版，第102-103页。
② 董肇勋，王崇炳.东阳历朝诗[M]//黄灵庚，陶诚华.重修金华丛书：178册.上海：上海古籍出版社，2014：245.
③ 董肇勋，王崇炳.东阳历朝诗[M]//黄灵庚，陶诚华.重修金华丛书：178册.上海：上海古籍出版社，2014：245.
④ 王崇炳.学耨堂诗稿[M]//赵一生.东阳丛书：15册.杭州：浙江古籍出版社，2015：41.
⑤ 王崇炳.学耨堂诗余[M]//赵一生.东阳丛书：15册.杭州：浙江古籍出版社，2015：285.

雪后银峰寒景霁，佳招广厦渠渠。竹兜借作灞桥驴。看山入雪谷，喜近故人居。　　年少新霜今上鬓，予衰清兴如如。小园屋角早梅舒。夜长聊剪烛，莫待盼鸿书。

雪后乘竹兜赶路，顺便走访弟子，秉烛夜谈，以慰相思。

康熙四十九年（1710年）闰七月初九日，王崇炳妻张氏卒，王崇炳作《悼亡诗》：

秋景方凄戾，萧条露气清。征鸿呼侣夜，孤幌悼亡情。苦忆糟糠色，虚闻刀尺声。人生不长好，皓月易亏盈。于归如昨暮，容鬓忽凋枯。辗转忧劳集，蹉跎年运徂。机中残素在，琴上旧弦孤。婚嫁谋将半，乌雏未毕哺。伉俪将三纪，身居宾友间。服劳无倦色，奉养有和颜。柔惠群情惬，支持百虑艰。可怜人世促，不得半朝闲。束发谐鱼水，悠然百感增。中宵读书案，分影织麻灯。婉转娱亲意，精勤不自能。为生皆净业，无事哞伽陵。七夕天河影，三生石上魂。梦回闻雁枕，人在落桐村。严父弥留语，慈姑垂殁言。同声称孝顺，为志碧松原。①

通过各种细节，回忆了将近三十年的婚姻生活，妻子日夜操劳，持家有方，公婆一致称其"孝顺"。王崇炳如梦如幻，情不能已。虞羽翔恐老师悲恸过甚，以诗寄慰，惜原作未见。王崇炳步其韵，即《悼亡之余虞羽翔以诗寄慰，依韵裁答》②：

岳色江声共一楼，昔年元畅忆同游。迎春柳絮频经眼，催老霜毫已上头。满院莺花三月节，怀人风雨五更愁。篇诗为我悲摇落，知尔吟成及早秋。

怀妻之意虽不能稍减，对弟子的拳拳之心却有感于心。

1717年，王崇炳出贡，作有《首春虞羽翔、蔡六平以不佞出贡到舍，兼遗美醖云履，作此奉酬》③：

溪上寒梅已着花，故人连袂到贫家。谈诗不愧虞光禄，题版原推蔡少霞。老作明经无足表，山居身健正堪夸。拜承美醖兼云履，藉引清吟踏暖砂。

对于出贡本身，王崇炳并不十分在意，高兴的是弟子连袂来访，身体健康，能够享用弟子送来的美酒及鞋子。

相聚的美好时光总是很短暂，如某年秋，师生几人同去鹿峰赏红叶，王崇炳有诗《偕虞羽翔、蔡六平看红叶于鹿峰下》："酣红深紫午烟攒，人在名园步障间。

---

① 王崇炳.学稼堂诗稿[M]//赵一生.东阳丛书：15册.杭州：浙江古籍出版社，2015：90.
② 王崇炳.学稼堂诗稿[M]//赵一生.东阳丛书：15册.杭州：浙江古籍出版社，2015：92.
③ 王崇炳.学稼堂诗稿[M]//赵一生.东阳丛书：15册.杭州：浙江古籍出版社，2015：122-123.

霞护鹿峰东去路,锦铺白顶北来山。日临郁郁增奇彩,露湿腾腾发醉颜。可惜桃花源水客,深秋不到武陵湾。"①

师生聚少离多,平日主要靠鱼雁传书,形式多样,不只有诗,还有词,如王崇炳《百字令·依韵和答虞羽翔》②:

微躯衰谢病相寻,闲却一秋风月。阵阵江枫飘绛叶,荡扫炎威俱绝。锦鲤浮沉,霜鸿杳缈,咫尺书邮隔。羽翔词六月寄,秋尽方至。新词入袖,素交真透胸臆。　　遥想白鹿峰前,橙黄橘绿,满地荞花雪。诗思伴良多好句,颗颗珠光清澈。客舍吟梅,家园采菊,转瞬成今昔。故人知否,一枝寒鸟栖息。

回忆起相聚的种种,反衬出当下的衰老,他将自己当下的处境比作"一枝寒鸟栖息",不禁令人唏嘘。

(四)金玉汝

据王崇炳《金之介传》③可知,金璋,字子介,乃王崇炳从表兄,其弟金玉汝,乃王崇炳从表弟。"或弟授徒至馆,则送之于路,忍泪而别,豫订归期。"又知金玉汝亦以授徒为业。后来,王崇炳与金玉汝竟成儿女亲家,王崇炳三子王崧寿是为金玉汝女婿,王崇炳诗题《至禹麓金之介玉汝伯仲家,儿子崧寿在焉,玉汝喜婿作元宵留客,诗依韵和之》可证,其诗云:"山堂列坐酒频倾,照野星桥几处横。白鬓皆为垂发友,青灯聊展盍簪情。羡君同气联华萼,窃喜家儿属馆甥。知己相逢敢辞醉,良宵难得月华清。"④亲上加亲,又兼师生,更是知己,二人关系非同一般。

师生一起登览,兴味益然,如王崇炳《杪秋偕金玉汝、徐庭宣游经破寺,登古墓。叶赵珍以壶榼至》:"入谷穿松石径微,蔓藤衰草揽秋衣。诸天忽已成砂劫,抔土何劳论是非。朋旧壶觞人正倦,山庄烟火客将归。追游最有同心乐,仰见霜禽结队飞。"⑤"追游最有同心乐"尤见师生相契之情。

造访相聚,更是无话不谈,难舍难分。如王崇炳《上元节造之介兄玉汝弟,连日风雨,屡淹归期》:"虚怀灯市落梅天,尽日风颠复雨颠。春昼阴晴难预料,新堂杯酌足留连。寒冲急霰忽成雪,气洩遥峰旋变烟。最是君家棠棣好,高谈银

---

① 王崇炳.学耨堂诗稿[M]// 赵一生.东阳丛书:15册.杭州:浙江古籍出版社,2015:41-42.
② 王崇炳.学耨堂诗余[M]// 赵一生.东阳丛书:15册.杭州:浙江古籍出版社,2015:307.
③ 王崇炳.学耨堂文集[M]// 赵一生.东阳丛书:15册.杭州:浙江古籍出版社,2015:76-77.
④ 王崇炳.学耨堂诗稿[M]// 赵一生.东阳丛书:15册.杭州:浙江古籍出版社,2015:135.
⑤ 王崇炳.学耨堂诗稿[M]// 赵一生.东阳丛书:15册.杭州:浙江古籍出版社,2015:14.

烛夜无眠。"①上元节造访金氏兄弟，却因天气原因，一再拖延归期，金氏兄弟最是好客，极力挽留，酒肉不断，高谈阔论，秉烛无眠。王崇炳《至弟子金玉汝歌山馆中谈悰》云："青山碧洞读书堂，橘柚当门已着霜。乌鹊成群天欲冷，蛩萤无语夜初长。人当暮境才方逸，诗入深秋气更苍。庐阜风光随处有，缓吟花径领寒香。"②通过写景，透露了王崇炳悠闲的心态，由此表现出师生的默契。

二人不常会面，便鸿雁传书。王崇炳《兰阴归门人金玉汝以诗见询，依韵裁寄》："奔趋鹿鹿老颜仪，秋入关山大火移。好雨一川秔稻熟，暮虫四壁玉绳低。客途风日潜销鬓，稔岁桑麻各展眉。多谢故人劳寄询，萧斋沦茗诵新诗。""光阴一半旅怀中，游屐诗瓢寄断篷。别绪灯窗萦促织，素书秋雨候飞鸿。月明萝墅砧声动，露湿银河雨气通。记得山堂灯火彻，春盘菜甲绿樽同。"③门人以诗见询，老师便和韵以答，皆为风雅中人，性情中人。诗中充溢着欣慰与欣喜，回忆里满满的都是温馨。1690年，金玉汝游禹山，作游记后寄给老师王崇炳，王忆起二十年前即1671年携友游禹山情形，作《禹山记》④，比较起来，王认为弟子所见与当年自己所见有所不同，故而献疑于此，不比走马观花之游。

（五）郭懋楠

郭懋楠（1666—1730），"荣二百四十五，字楚乔，号定庵。由庠生考授拔贡，入国学肄业，期满，例授教谕，在籍，候选生。"⑤乃东阳长衢郭氏，石洞书院创始人郭钦止后裔。王崇炳多次游览考察石洞书院，其《偕楚乔廷佐孙延年游石洞》云："乐意相关何用寻，到山已会古贤心。风多众木皆翻翠，花落时禽又变音。入峡不须愁日暮，疲躯且喜得天阴。青春弟子皆星鬓，莫厌探幽路转深。"⑥同游者郭懋楠、徐杰、孙子王延年。"青春弟子皆星鬓"，说明弟子们也都老了。郭懋楠有《陪鹤潭夫子游石洞和韵》："尽向悠悠歧路寻，洞门高启暮年心。苍颜自映寒松色，雅步还留空谷音。石吐层云环翠壁，峰凌灏气驾清阴。追游正喜逢时雨，满

---

① 王崇炳.学耨堂诗稿[M]//赵一生.东阳丛书：15册.杭州：浙江古籍出版社，2015：81.
② 王崇炳.学耨堂诗稿[M]//赵一生.东阳丛书：15册.杭州：浙江古籍出版社，2015：232.
③ 王崇炳.学耨堂诗稿[M]//赵一生.东阳丛书：15册.杭州：浙江古籍出版社，2015：84.
④ 王崇炳.学耨堂文集[M]//赵一生.东阳丛书：15册.杭州：浙江古籍出版社，2015：121-122.
⑤ 《长衢郭氏宗谱》卷一之五，2003年重修，第29页。
⑥ 王崇炳.学耨堂诗稿[M]//赵一生.东阳丛书：15册.杭州：浙江古籍出版社，2015：175.

路潺溪新涨深。"①他自称"暮年",以"追游"为乐。

康熙五十六年(1717年),王崇炳出贡,弟子寄诗而贺,老师依韵而和。《依韵和郭楚乔寄贺出贡》:"培嵝讵足当峤瞻,徒抱河汾架上编。迟尔廿年方出贡,看予双鬓似吹绵。秋萤依草难矜照,寒树生花强作妍。风月一川聊自乐,漫劳物色钓矶边。"②郭楚乔于康熙四十一年(1702年)拔贡③,"迟尔廿年方出贡",这是夸张的说法,举其成数而已。老师比弟子出贡迟迟,表面似是自嘲,实际蕴含着无尽辛酸与愤懑。

王崇炳《门人郭楚乔以饼蛋红烛魁圆馈岁,作诗以酬》云:"恭承饼蛋及魁圆,兼有通红蜡炬鲜。滋味允堪娱老性,辉煌又好过新年。相知不在归珍贶,睹物因思用意虔。尺苓无存疏报礼,题诗酬寄早梅天。"④馈岁,岁末相互馈赠。郭楚乔赠老师以饼蛋、红烛、魁圆,礼轻情意重,且都很实用,弟子用心了,老师当然心领神会。老师惭愧,无以回报,便作诗以酬谢。

毕竟师生都是东阳人,见面相对容易些。1723年,王崇炳《癸卯上元后郭楚乔过叙》:"窗外梅花似故人,每逢岁首一回新。故人亦与梅花似,移步过从及早春。老圃嫩芽挑菜夕,软风细雨散灯晨。湛然汨汨无新故,鹤浦桥边好问津。"⑤上元节后,弟子来看望老师,根据诗意,这应该已成惯例。老师将弟子比作窗外梅花,从中可窥二人过从甚密。王崇炳有时也带着其他弟子去看望郭懋楠,如《初夏偕徐汝复至郭楚乔园舍》⑥:

池上榴花开欲燃,池中莲叶贴青钱。清和令节情怀好,朋旧追游杖履便。引露新篁供雅集,聒窗娇鸟惊酣眠。村居触目皆生意,正是蚕成麦熟天。

黄粒登场正麦秋,杖藜挚友续春游。难忘衰鬓师资契,兼喜临塘园舍幽。当户好峰青似染,参天夏木翠如浮。雨余一片苍□影,都向茅亭静处收。

徐汝复即徐泳。初夏时节,大自然一派生机勃勃,舍幽心适,师生相得,无须多言。

弟子病了,王崇炳当然要亲自探视,如《法曲献仙音·楚乔病目往问至园舍,

---

① 董肇勋,王崇炳.东阳历朝诗[M]//黄灵庚,陶诚华.重修金华丛书:178册.上海:上海古籍出版社,2014:247.
② 王崇炳.学耨堂诗稿[M]//赵一生.东阳丛书:15册.杭州:浙江古籍出版社,2015:122.
③ 党金衡.道光东阳县志[M].杭州:西泠印社出版社,2017:308.
④ 王崇炳.学耨堂诗稿[M]//赵一生.东阳丛书:15册.杭州:浙江古籍出版社,2015:133.
⑤ 王崇炳.学耨堂诗稿[M]//赵一生.东阳丛书:15册.杭州:浙江古籍出版社,2015:168.
⑥ 王崇炳.学耨堂诗稿[M]//赵一生.东阳丛书:15册.杭州:浙江古籍出版社,2015:185.

感而作此》：

池上荷风，亭前花月，都付柳丝萦绾。倦开霜毫，困使藤枕，闲阶落桐堆满。安得□、师半偈，为伊放天眼。　欢缘浅，叹文园、近来多病，愁默默，阁上有书长掩。处世百无尤，被全家、鬼伯相绊。墙下□海棠，锁烟帷、自舒幽艳。人琴俨在，已减风流一半。①

与上二诗比，景虽类似，情怀殊异，词中满是老师的担忧与抚慰。

（六）陈启成

陈启成，字公卫，号简庵，邑庠生。诗文书法为时宗匠，方谓夺魁擒元如采囊取物耳，不期天奇其遇，食饩飨及期年，即赍志以没，良足惜也。②陈启成之字，宗谱中作"卫"，而《学耨堂诗稿》中作"位"。

王崇炳《陈公位以觅馆至》③：

冒雨泥泞上没骹，一肩行李衲僧包。夜乌啼月无栖树，寒鹊先春各定巢。村馆难于求兔角，文章空自袭龙韬。一瓢何似居家乐，藜藿甘于五鼎肴。

弟子陈启成设馆为业。诗开头描写弟子一身狼狈，冒雨上路，脚踩泥泞，行李在肩，败如衲僧包，实在寒酸。不料村馆难觅，空有满腹锦绣文章。如此想来，倒不如居家以享天伦，即使一箪食一瓢饮，即使吃着最粗劣的饭菜，却比山珍海味还香甜。王崇炳对弟子满是同情与怜爱。

王崇炳《陈公位过访二首》④：

老懒惟于枕席宜，案头书点燕巢坭。主人当昼梦初熟，有客登堂唤始知。才尽半年无警句，兴高发箧出新诗。探梅时节逢君后，又见高梧花满枝。

客到山堂日御迟，凌霄花发正离披。一囊书册全家具，四处行歌会友资。寄迹乾坤随逆旅，留神衰朽屡探师。白鸥浩荡无栖泊，难借阴浓夏木枝。

根据诗意推测，陈启成可能仍在四处寻馆，抽空特来拜望恩师。上次相逢是探梅时节，这次一晃已是梧桐花开的时候。王崇炳昼眠初醒，值弟子来访，当然兴致颇高，翻箱倒柜，找出新诗，与弟子共赏。对弟子"留神衰朽屡探师"的用心深感欣慰。弟子如白鸥，明知难以久留，依依不舍之情深埋心底。

---

① 王崇炳.学耨堂诗余[M]//赵一生.东阳丛书：15册.杭州：浙江古籍出版社，2015：310.
② 《安文陈氏宗谱》第1册，2001年版，第371-372页。
③ 王崇炳.学耨堂诗稿[M]//赵一生.东阳丛书：15册.杭州：浙江古籍出版社，2015：178.
④ 王崇炳.学耨堂诗稿[M]//赵一生.东阳丛书：15册.杭州：浙江古籍出版社，2015：186-187.

康熙六十一年（1722年），王崇炳七十岁，陈启成有《恭祝鹤潭夫子七十》[①]：

炯炯元精万象全，苍须黑发古希年。生当鲁叟千秋后，妙契庖羲一画前。独处长为风月主，朋游不隔舞雩天。清和润泽人如玉，履蹈平常漫拟贤。

坐对青山列素琴，无弦中有海潮音。千番聚散云经眼，一碧澄空月印心。满室芝兰融晓日，盈门桃李浥春霖。方圆不滞神常泰，乐处依稀似可寻。

文坛一出冠群雄，四十藏名虚谷中。总为养和俱冻解，还因无欲得心通。啸□都是江门趣，咳唾无非庐阜风。诸见不生同异泯，莫将文字号犹龙。

这位学生十分了得，他对老师的出处行藏、为人、为学的精髓把握相当精准到位。此等见识，在王崇炳弟子中应该比较罕见。

（七）徐泳

徐泳（1669—1743），字汝服，又字济川，东阳三元徐氏。

1745年，徐英撰有《济川公传》，略曰：

先生讳泳，字汝服，又字济川，茂六百七十府君次子，气度舒徐，体貌端秀，而言论风生，令人闻之，尘襟悉涤。得鲁公书法。少为王鹤潭先生高弟，岁试，以案元入邑庠，后补增广生，声籍人口。乃以数奇，屡困乡闱，既而幡然曰："吾不欲点额龙门。"遂寄意堪舆，遍游名山大川，所交多名公巨卿。永邑程敬一先生任东山（山东）济南太守，丁父忧，旋里，闻先生名，请卜窀穸，得牛眠，益敬待焉。彭泽袁公讳学谟，字迪来，按守金郡，以礼征先生，先生因往，谭论甚惬，遂成忘形交，袁后为叶太尊以官第圮坏，又以郡守多不利迁升，故在公署因请先生更吉于旧衙之东。不数年，叶太尊升道署中，立碑记，归美先生，以志眷宇之善。雍正年间，帅宗师按临岁试，时先生年近古稀，因亲诣给项，帅宗师以先生气色未衰，不准及发，案先生名列第五，评其文曰："程才效技，按部就班，深得先民矩矱。"人益惊为老师宿儒。因旧庐湫隘，别构闲轩，极雅洁，颜曰"亦可居"，所列多名公书画，载酒问奇者不减元亭，更精五星子时均，年四十余未嗣，先生知其艰，乃自置侧室，后二年，果叶熊罴，头角峥嵘，不愧继起。乾隆八年，先生有疾，自知岁在龙蛇，乃以平日所聚书册一一检阅，悬以牙签，标以甲乙，顾谓子曰："吾蓄书亦多矣，后世必有兴者，若鬻借他人，俱作不孝论。"及危命造栗主，亲手自书并所卒之年月日时欲填。时英后之先生，乃拱其手曰："此回别矣，吾主可验。"英视之，凄然泪下。及卒，果如主中所书，人皆奇之，先生生

[①] 董肇勋，王崇炳. 东阳历朝诗[M]// 黄灵庚，陶诚华. 重修金华丛书：178册. 上海：上海古籍出版社，2014：246.

于康熙己酉十月初九日戌时，卒于乾隆辛（癸）亥九月初三日亥时，享年七十有五。①

王崇炳有《门人徐汝复以行地至》，题注"时方失馆"。看来这又是一个和王崇炳同行的弟子，以设馆谋生。只是这次来，恰逢刚刚失馆。

青乌秘简箧中藏，儒者谋生别有方。孔孟道穷难贱市，杨曾术美正当行。偶因饥岁收秕稗，岂厌常餐却稻粱。葬法原非先圣授，莫云吾学有黄囊。②

艺多不压身，孔孟之道难售，以其擅长之堪舆为业，亦不至于忍饥挨饿。葬法原非圣贤所授，乃王崇炳自学得来，又传授给弟子徐泳，居然有大用处。

王崇炳《徐汝复书楼》："焚香独坐半间楼，百卷残书恣卧游。会得言前原有句，千岩万壑一时收。"③《济川公传》中载，徐泳蓄书颇多，为储书、藏书，当有书楼。从王诗可知，这间书楼应收有许多古籍，可供老师"恣卧游"，说明书的内容足以吸引老师，具有文献价值，也说明徐泳颇有学术眼光，同时颇有财力。

（八）徐杰

徐杰（1668—1745），名时朝，庠字廷佐，号特庵，邑庠生，东阳三元徐氏。1746年，王崇炳三子王崧寿撰《特庵先生传》，略曰：

徐廷佐，讳杰，号特庵，衍二百四十公之次子，评事公二十世孙，余先伯槐庭公婿。少游先君鹤潭门，举止端方，謦笑不苟，其言讷讷，不能出诸口，乡党皆以孝友称，而潜心力学，读书至夜分不辍，先君深器重之。弱冠，游庠试辄优等，然甘伏处，不乐仕进，一试辣闱不再。设教梓里，课徒讲业，有时雨之化，族中英髦挺出多属门下，乃手不停披，目不停阅，每遇奇文佳句，击节欣赏，□行手录，至名公制义，多经评核，删疵存醇，以归至当。书法直追钟王，时人得其只字以为至宝。年届八旬，犹能书蝇头细字，笔画端楷，无异少年。④

徐杰是王崇炳长兄王崇煜之次女婿。此于《河汾王氏宗谱》卷八有载："咸九十讳崇煜，字继照，号终朗，府庠生。……二女，长适卢，幼适徐。"⑤

王崇炳《徐松溪〈自得编〉诗序》载于《学耨堂文集》卷三⑥，又见于《三元

---

① 《三元徐氏宗谱》卷四，民国庚申年（1920）重修，第30-31页。
② 王崇炳.学耨堂诗稿[M]//赵一生.东阳丛书：15册.杭州：浙江古籍出版社，2015：181.
③ 王崇炳.学耨堂诗稿[M]//赵一生.东阳丛书：15册.杭州：浙江古籍出版社，2015：224.
④ 《三元徐氏宗谱》卷一，2005年重修，第508页。
⑤ 《河汾王氏宗谱》卷八，光绪戊申（1908）重修，第20-21页。
⑥ 王崇炳.学耨堂文集[M]//赵一生.东阳丛书：15册.杭州：浙江古籍出版社，2015：51-52.

徐氏宗谱》卷一①，署名为"通家眷弟墨香楼王崇炳"，其后附有徐杰识：

> 禹门汝宾先生讳应嘉，别号松溪，乙酉春，馆于双溪，杰过访，捧读诗稿，谈论竟日，后以全集寄示，不几时而先生逝矣，诗遂留于家，异哉，其以阐扬之事属我耶？今葺家史，集浩繁不能尽载，登墨香师所赠序一篇，俾后之考者，其诗可知而其人亦可想云。
>
> 壬辰仲秋从侄特庵②

王崇炳为徐应嘉诗集作序，徐杰整理修撰家谱，登载其序，他称王崇炳为"墨香师"。杜毓芳撰有《墨香堂记》③，墨香堂乃存放王崇炳、王国陛等著述之所。

1727年，徐杰六十，王崇炳有寿词《沁园春·门人徐庭佐六十》④：

> 快雪时晴，冻云放暖，晓日和融。正全周花甲，箕筹海揲，欣逢诞庆，香鼎烟浓。伉俪齐眉，斑斓竞爽，更有雏孙似玉童。勘书罢，手调心适，洒翰成风。
>
> 当年结队相从，似桃李、阶前共一丛。洎簪冠插鬓，开花各异，酸牙悦口，结实难同。广宅良田，身荣道泰，几个均归屈指中。晨光好，想围炉家燕，颊玉生红。

上阕写景以及弟子的当下生活。雪后放晴，天公作美，弟子儿孙满堂，勘书而后作书，风流儒雅。下阕回忆当年师生相处时光，众多弟子，各有成就，比较之下，徐杰出类拔萃，屈指可数。结拍设想宾客盈门，围炉设宴，酒后酡红，点明主旨。

1738年仲春，王崇炳撰《云三百九廷佐贤契赞》⑤：

> 潭之水兮悠悠澄澈，中有人兮散步而闲立。书楼疏旷兮千峰环碧，德曜为偶兮齐眉发白。令子才俊兮诸孙秀出，雏诵琅琅兮佳晨良夕。忆昔从予游兮沂雩雅集，少工文史兮壮而学易。思乐泮水兮文鸳矫翼，秋风阻我以云程兮且与时偕息。一啸一咏兮聊以永日，寄情毫翰兮神凝气逸。人可接而不可摹兮，惟良工为之传出。

落款为"八十六叟鹤潭友人王崇炳题"，不称"师"，而称"友人"，说明王崇炳谦虚，尊重门人，二人在亦师亦友之间。此像赞与上寿词可参看。

---

① 《三元徐氏宗谱》卷一，2005年重修，第209-211页。
② 《三元徐氏宗谱》卷一，2005年重修，第211页。
③ 《河汾王氏宗谱》卷二十，光绪戊申（1908）重修。
④ 王崇炳.学耨堂诗余[M]//赵一生.东阳丛书：15册.杭州：浙江古籍出版社，2015：317.
⑤ 《三元徐氏宗谱》卷八，民国庚申年（1920）重修。

(九)徐楫

徐时雅（1667—1727），邑名楫，字廷宣，号松崖，东阳三元徐氏。著有《芝园杂咏》《续桃源记》《会城杂识》，藏于家，未刊行。

楫父徐应保，字定甫，别号如川。1712年，王崇炳为其作《徐隐君定甫亲翁行传》，其中有言："翁既毕丧，益精勤家事，尽复其旧业，命其次子楫就学于吾，甫弱冠，即入泮，为儒弟子。……翁生二子，长曰隽，勤俭克家；次曰楫，在庠序有声。"①

1727年，徐楫逝世，王崇炳作《踏莎行·挽门人徐庭宣》②：

艺苑皋比，旗亭文酒。羽觞醉月难回首。飞花落地听无声，余香犹在芬人口。

受业英才，相知老友。惊蛇掣断寒空走。此时个事好商量，没商量处谁知有。

上阕夸赞弟子平生成就，无愧于艺苑中的好老师，文坛中的健将，身后留下诸多著述，犹有余香。下阕表达师生情深，直呼为"受业英才，相知老友"，以及失去弟子后的怅惘、沉痛，今后有事，可与商量者有谁？

1745年，徐楫从侄暨弟子徐炳撰有《云二百八十九松崖先生传》，略云：

先生讳楫，字廷宣，别号松崖，如川公季子也。炳方舞象时，大父谓炳曰："族中文行兼优者，汝从伯廷宣最著，若长，必往师之。"炳询其详，大父曰："生而颖异，幼知占对。"一日，与群儿射箭作戏，邑有绅士楼先生素知其非凡，因"三支箭封万户侯"命对，即应声曰："一管笔种千钟粟。"闻者奇之。及长，作文千言立就，咸称公奉再世，取科第当如拾芥。迨越二十一，即入郡庠，至今仅博升斗廪膳，不得大展奇猷，亦天之故老其材也。其祗父恭兄，悉本性，成年未弱冠，母氏患病，衣不解带者数月。近乃父病喑，年逾六旬有九，从伯先意承顺，调养毕周，遂获健饭如故。后学所宜准则，炳随于康熙壬寅偕族叔讳英者同受业于芝园书屋，四方负笈俊髦，多萃门下，先生朝夕训诲，以品行为上，文艺次之，设有试回蹇落于介介中者，辄斥之曰："人患不力田，宁患不逢年。何作小人态耶？"先生棘闱凡十一不遇，恬不介意，遇知己则快谈，遇酒则快饮，对青山绿水、鱼鸟飞潜，则游泳天机，故著有《芝园杂咏》《续桃源记》《会城杂识》，虽未付梓行世，久已脍炙人口。丙午春，邑城有李翁者，设帐以待先生，辞以老父在堂，未敢远离。秋九月，省回，路感风霜得疾，戒二子勿令大父知，贻以忧。后延医治之乃愈。疾病中，曲体亲心尚如此。次年三月，如川公遐升，先生哀毁

---

① 《三元徐氏宗谱》卷一，2005年重修，第460页。
② 王崇炳.学穑堂诗余[M]// 赵一生.东阳丛书：15册.杭州：浙江古籍出版社，2015：292.

成疾，炳等复延医，请先生，曰："予向所恋恋于生者，以老父在耳，今不幸归世，得服侍九泉，固所愿也，尚何医为？"举座潸然泪下。①

1745年，徐榍从弟暨弟子徐英撰有《松崖先生传》，略云：

> 先生讳时雅，籍讳榍，字廷宣，号松崖，衍三百八十四如川公幼子，生而聪颖，四五岁即善属对，稍长，能文，如川公甚喜之，曰：他日充闾在是矣。及从王鹤潭先生游，先生曰天上石麒麟也。应童子试，每夺帜。弱冠游郡庠，后数年补食天禄，岁科试，必高列。先生学博，尤癖于《左传》，有请问者，大叩大鸣，小叩小鸣。为文不着稿，当杯酒微酣弥复句矜得意，凡骚赋古律箴铭记序，靡不仗境生情，苍老入古，若言谭，则謦欬皆成珠玉，诙谐亦是文章，此又其绪余也。四十后，讲学于芝园书屋，梓里从游，远方来学，得成就者未易缕指。英不才，幸附骥尾，皆先生益也，尝以为如先生者自宜出其才以鸣，国家之盛，乃数抱荆山之泣。②

以上二传可互参，可想见其为人。

（十）蔡光昇

蔡光昇（1687—1735），字六平，号东白。书画绝妙，善榜书，著有《隅阁诗》，其族弟蓝石，遝搜博访，求其散亡，订其残阙，合诸体得101首，虞景翰作《隅阁诗序》③曰："其诗或赋物，或怀人，或酬唱，流播人间。""六平凡事命意高远，不屑苟同于侪俗。其交友也，必极当世知名士，而区区者不为所许可；其作文也，宁终不受一篇，而必使庸蹊肤径之刷尽；其学书也，动以钟王为祖述，而晚近名流，俱在所不当意；其作画也，经营格局，必使畦封之脱尽，而独出新奇；其图章也，必远追秦汉，而温文密栗，压倒一切时下众家。"二十五岁时，师从虞景翰，后投入王崇炳门下，为王得意门生。虞景翰《隅阁诗序》云："时辛卯，年二十五岁，就予学，是岁始学诗，即节奏天然，音韵协律。后别去，执贽鹤潭先生门下，得其宗匠，趣操雅正，不与时俗波靡，日臻佳妙。甲寅秋九月，年四十九岁卒。"

乾隆九年（1744年），吴大炜《蔡东白传》云：

> 东白姓蔡氏，名光昇，字六平，邑之鹿峰乡人。考逍遥公，匿迹蓬蒿，为圣世逸民，生东白，东白垂髫时，从师习制举业，不待指授，暇辄旁及诗歌书画，

---

① 《三元徐氏宗谱》卷四，民国庚申年（1920）重修，第58-59页。
② 《三元徐氏宗谱》卷四，民国庚申年（1920）重修，第60页。
③ 《鹿峰蔡氏宗谱》卷三十四，民国戊午年（1918）重修。

诸前辈知是儿有别长，偶一试之，便如出水芙蕖，不假修饰，自尔芳鲜可爱。及长，从王鹤潭先生游，鹤潭平日授徒虽多，至啧啧称王门高弟者，咸为东白屈一指焉。东白负妙才，自谓取青紫可唾手得，奈数奇不偶，屡踬场屋，因郁郁不自得。晚益留神于骚人墨客所擅长，以发泄其胸中一段不可磨灭之奇。第见遇虽穷，而才益工，诗则脱口隽逸，雅无俗韵；书则遒劲中带妩媚，其骨力姿致几自成一家；画则独出心裁，布境点缀，出人意表。予尝图小影自写照，科头箕踞，一童傍侍，他无有也，出示东白，东白为我加竹篱、苔径、黄花数钵于前，谬以渊明爱菊相推许，此其拟人虽甚不伦，要其运笔之精巧，几添颊上三毫矣。至撚指作扇头小品尤妙绝，一时城中凡缙绅文士及衙署幕客莫不购扇候东白，闻东白至，遂各持扇来叩，堆案盈几，夥如积薪。东白初亦一一应敷，后实烦苦之。昔文与可厌画竹，尝掷绢于地曰："吾将以为袜。"东白亦束扇置之高阁，任尘封虫蠹，不复问其谁何焉。酒量不甚高，顾其好饮，兴趣又与刘伶、毕卓无异，当濡首大醉，豪呼狂叫，虽名公大人在座，亦无复顾忌。或有时萧索无聊，把杯少伴，即菜佣奴隶，亦与泥饮，绝无芥蒂。父兄宗族间，其孝友睦姻，惟出之至诚，不事缘饰，而意气如云，尤雅敦友谊，投桃报玖，不惜破家。与当世知名士交，士之望风怀想者皆交口称道之。一时声名大噪，倾动儒林，四明则裘太史蔗村、郑明经南溪，丽川则程大尹敬一，山右则姚邑尊蒲阳，诸先生咸鉴赏其文墨，甚见器重。予初以县尹补选外省，尚不识东白，后以才力不及，循例改教，因得秉铎兹土，东白家传笑引，不时诣城，常来谒予，予每留之饮，剪灯深酌，相与抹月批风，评诗品画，致足乐也。无何，乙卯端阳别后，遂成永诀，予甚痛之，今蔡氏续修家乘，其子文裔执贽索传，予惟平昔相知之深，念今恳托之切，爰不辞，而录其概如此。①

吴大炜，钱塘人，举人，雍正九年（1731年）任东阳教谕②。此传则作于乾隆九年（1744年），蔡六平已逝九年。"鹤潭平日授徒虽多，至啧啧称王门高弟者，咸为东白屈一指焉。"由此可见，蔡六平深为王崇炳所器重。蔡六平虽不善饮，却饶有酒趣，颇似刘伶醉酒、毕卓持螯，为当时士裘琏（号蔗村）、郑性（号南溪）、程开业（字敬一）等所推赏。

1738年，蔡光瑗《东白大兄像赞》云：

君年三十我一十，我是阿戎君阮籍。相与也作忘年交，今古知心同一辙。我

---

① 《鹿峰蔡氏宗谱》卷三十一，民国戊午年（1918）重修。
② 党金衡. 道光东阳县志[M]. 杭州：西泠印社出版社，2017：133.

闻交浅难言深，交深肺腑言之切。君貌魁梧情爽豪，君才脱略性慨激。丰裁俊整酌座梨，精神矍铄紫稜石。焚车责己阮裕流，投辖留宾陈遵匹。读诗雅爱杜少陵，作画直拟王摩诘。题榜吾宗推少霞，淋漓醉墨君堪敌。酒债寻常行处有，交杯无碍屠儈值。觅胜探奇汗漫游，短衫每为寻诗出。四时风月一奚囊，十里溪山双蜡屐。倦归寄傲倚南窗，炉香茗椀坐抱膝。盆梅灌菊绝尘氛，吹箫看剑抒胸臆。芳郊绿树啭黄鹂，乘兴挟弹试巧力。师友从游皆宿儒，鹤潭鹿溪频负笄。平生不解助匿非，同辈有过时面叱。直言非不招怒瞋，但思苦口攻人疾。以故闻风故愿交，一与之交如胶漆。幼试郡县屡有名，无奈数违终沦寂。壮士暮年不称意，酣歌恒把唾壶击。纷纷尘俗岂无人，支持风雅需君急。何故皇天不慭遗，人琴忽化昆明劫。乘云跨鹤已三年，笑貌空于图上接。百身莫赎痛奈何，遗容展拜人皆泣。试问泣下谁最多，黄垆酒伴青衫湿。①

此赞记述了蔡六平的一些生活细节，如相貌魁梧。"阮裕焚车"出自《世说新语》：阮光禄在剡，曾有好车，借者无不皆给。有人葬母，意欲借而不敢言。阮后闻之，叹曰："吾有车，而使人不敢借，何以车为？"遂焚之。②蔡六平恰如阮裕那样直率、助人为乐、品德高尚、自我要求严格。蔡六平又如陈遵一样好客。《汉书》卷九十二《游侠列传·陈遵》："遵耆酒，每大饮，宾客满堂，辄关门，取客车辖投井中，虽有急，终不得去。"③陈遵为留住客人，把客人车上的辖取下投到井里去。诗爱杜甫，画拟王维，题榜如蔡少霞。深得酒趣，好觅胜探奇，出门寻诗，遍游溪山。喜茶，莳花弄草，甚而能用弹弓射鸟。像蔡尔璧一样，时面叱人过。

1744年，蔡光瑗《东白兄尊嫂李氏孺人传》云："东白束发读书，所交师友多邑中名宿，诗坛文社，宾朋过从，岁无宁晷，肴馔咄嗟立办，即风晨雨夕，吾辈造六弓书屋，与东白抱膝絮语，时进茶樋，虽漏尽更残，剪灯伺候，亦不厌倦。家传筶引，获私枭雄，闻商友召东白赴公质对，嫂必规劝再三，事弗太认真，使无知穷民械系受累，故东白业商二十余年，不妄取一钱，不虚指一人，资费徒见其出，而不见其入者，皆贤内助意也。"④蔡六平饱读诗书，所与交者皆东阳名宿，且师友过从甚密，家中几乎客人不断。六平乃为儒商，从商二十多年，堂堂正正，钱不妄取，人不虚指。

---

① 《鹿峰蔡氏宗谱》卷三十一，民国戊午年（1918）重修。
② 刘义庆.世说新语校笺[M].徐震堮，校笺.北京：中华书局，1984：20.
③ 班固.汉书[M].北京：中华书局，1962：3710.
④ 《鹿峰蔡氏宗谱》卷三十一，民国戊午年（1918）重修。

1717年，王崇炳出贡，时年六十五岁，弟子虞羽翔、蔡六平到舍祝贺，并赠美酒、云履，王因有诗《首春虞羽翔、蔡六平以不佞出贡到舍，兼遗美酝云履，作此奉酬》①。王崇炳称二个弟子为"故人"，虞羽翔善谈诗，蔡六平善书法。"题版"，《鹿峰蔡氏宗谱》作"题榜"②，蔡少霞梦书新宫铭，书法大进③。对于出贡，王崇炳觉得无足夸表，身闲体健才是最应该高兴的，表现了王崇炳淡泊名利、看穿场屋的超然。

1722年春，王崇炳往慈溪访郑性，道途艰难，半路小阻，投宿弟子蔡六平家，有诗《往四明访郑南溪，仆不任负，留止蔡六平家》："出门一步即随缘，小阻无劳意悯然。我仆痛兮行却曲，故人相挽且留连。欣逢此夜欢娱地，莫问明朝晴雨天。从古好游随处乐，踰关周岳动经年。"④出门遇阻，仆人疲劳致病，宿止弟子蔡六平家，不急赶路，且与留连。蔡六平得知事情原委后，即随师前往四明，对老师照顾备至。蔡六平途中有诗《壬寅春从鹤潭夫子游四明途中作》："追随差喜趁风和，一路花香杂鸟歌。暮卸中车投野店，朝乘蓬艇泛清波。登山肃拜钦先哲，入庙倾诚礼孝娥。欲学不须长闭户，见贤能法得观摩。"⑤以追随老师左右为荣幸，正可借此开阔眼界，交流学问。

某年秋，王崇炳偕这两个弟子去鹿峰观赏红叶，王氏有诗《偕虞羽翔、蔡六平看红叶于鹿峰下》⑥。

王崇炳大概经常光顾弟子六平家，有词为证，其《临江仙·过蔡六平家》⑦云：少日追游文酒地，孝乡不异吾乡。数峰残雪眩银光。寒鸦争古木，野渡带斜阳。　饮膳即今无检择，故人曲体难忘。六弓新辟读书堂。锦函开宝绘，尺幅展潇湘。

王崇炳老师蔡尔璧即鹿峰人，鹿峰便成为他年少时追游之地，对此地的熟悉程度，不亚于自己故乡了。然后写景，对鹿峰的自然风物充满了浓烈而温馨的感情。老来常至弟子六平家，饮食无择，重点是谈诗论文，交流感情。这一次，六平的六弓书屋新成，王崇炳即去庆贺，并同观马远画册。

---

① 王崇炳.学稼堂诗稿[M]//赵一生.东阳丛书：15册.杭州：浙江古籍出版社，2015：122-123.
② 《鹿峰蔡氏宗谱》卷三十四，民国戊午年（1918）重修.
③ 王世贞.艳异编[M].上海：上海古籍出版社，1993：1616-1619.
④ 王崇炳.学稼堂诗稿[M]//赵一生.东阳丛书：15册.杭州：浙江古籍出版社，2015：139.
⑤ 《鹿峰蔡氏宗谱》卷三十四，民国戊午年（1918）重修.
⑥ 王崇炳.学稼堂诗稿[M]//赵一生.东阳丛书：15册.杭州：浙江古籍出版社，2015：41-42.
⑦ 王崇炳.学稼堂诗余[M]//赵一生.东阳丛书：15册.杭州：浙江古籍出版社，2015：285.

王崇炳《蔡六平过访，有作学徒和韵，即用原韵以示诗筌十首》[1]谈诗论艺，本是师生交往的重要内容。

1732年，王崇炳八十大寿，蔡六平作诗《鹤潭夫子八秩》为贺："星灿长庚照丽川，庆余堂上彩弧悬。鉴空万有非崇佛，道足千秋不羡仙。桃李环庭沾雨化，图书旷世见薪传。年登大耄神弥壮，更喜承欢有象贤。"[2]长庚为傍晚出现在西方天空的金星，暗喻王崇炳，其道德学术犹如一盏明灯，火尽薪传。首联描写祝寿的喜庆场面，颔联概括王崇炳的学术特点，取资佛道，以儒为主，接下来说王崇炳桃李满天下，子孙满堂，后继有人。

1735年，时八十三岁的王崇炳为蔡六平遗像作《东白公赞》[3]：

吾门弟子难屈指，蔡子六平情弥奢。筍舆相邀欣良会，半道命子壶提茶。年高饮啖有常数，斟情酌体无浮华。苍鹰搏兔不期得，烹凫有法逾豚豝。追随甬江南溪宅，得见名迹临摹佳。不须握管驰毫翰，信手忽作天河槎。指头生意世所尚，名墨落纸欹新花。题欤俨似素旭笔，夭矫出草腾惊蛇。作诗欲拟阳春雪，杂奏难为下里巴。开轩手植列嘉树，藏册架上多名家。我来尽出共欣赏，马远小幅堪吁夸。赏心己未年方富，忽然落照成余霞。我老于今已归垄，萧萧松柏啼昏鸦。

本诗深情回忆师生相处的点点滴滴，赞赏弟子的才华，诗书画皆能，"题欤俨似素旭笔"，甚而至于将之比作唐代书法家怀素、张旭。念及追随他前往慈溪的情谊，白发人送黑发人，寄托了无尽的哀思。

爱屋及乌，同年，王崇炳又为蔡六平原配李氏寿容作赞，即《李氏孺人寿容赞》，其中有言："郎君执贽通门生，内人于分亦为媳。"[4]高度赞扬了李氏的贤淑，门生如子，李氏亦如儿媳。按：瀫溪李氏，生于康熙丁卯（1687年）三月廿五日辰时，卒于乾隆辛巳（1761年）正月十五日未时。

王崇炳与蔡六平父亲蔡绍琦亦多有交往，1713年，王崇炳为其作《蔡隐君蕴如翁传》，结尾言："配李氏，生一女。继娶杜氏，生二子，长光冕，次光昇，皆业儒。光昇醉书画，予与契。"[5]1716年，王崇炳《恭挽契丈蕴如翁诗》："次公予

---

[1] 王崇炳.学耨堂诗稿[M]//赵一生.东阳丛书：15册.杭州：浙江古籍出版社，2015：116-118.
[2]《鹿峰蔡氏宗谱》卷三十四，民国戊午年（1918）重修。
[3]《鹿峰蔡氏宗谱》卷三十一，民国戊午年（1918）重修。
[4]《鹿峰蔡氏宗谱》卷三十一，民国戊午年（1918）重修。
[5]《鹿峰蔡氏宗谱》卷三十一，民国戊午年（1918）重修。

素交,托契在毫墨。每来展书画,追欢尝酒炙。开轩品名泉,留宾投去辖。"①王崇炳《赠蕴如公》:"郎君笔墨风流甚,题榜真同蔡少霞。"②诗文中时时提及弟子蔡六平,爱生之意至为感人。

另有蔡六平几首暂时无法系年之诗附录于后,似可帮助我们更全面、更深刻地了解其人。《五峰书院》云:"昔宋名贤聚五峰,辟关户牖四玲珑。始知圣学无多旨,到处青山有化工。石窦细飘空谷雨,珠帘斜挂一林风。漫言此地无由入,举步阶前即可通。"③由此可窥蔡六平学问重观察体悟,重践行。这正是习得了王崇炳学术的精髓。《仲冬趋候鹤潭夫子途中作》云:"河汾教泽被东阳,学海源深未易量。时雨遥沾庭草绿,春风远播笔花香。稔知径曲随流入,转见山多行路长。天际同云将雨雪,鲰生不觉忆游杨。"④追根溯源,王崇炳家学渊源于祖上王通。因天阴欲雪,遂想起"程门立雪"之典,《宋史·杨时传》:"至是,又见程颐于洛,时盖年四十矣。一日见颐,颐偶瞑坐,时与游酢侍立不去,颐既觉,则门外雪深一尺矣。"⑤游酢(1053—1123),建州建阳人,北宋书法家、理学家。杨时(1053—1135),字中立,号龟山,南剑西镛州龙池团人,北宋哲学家、文学家。蔡氏《陪邑侯姚蒲阳登白峰规度地势》云:"东来山势耸高峰,地险拳泥信可封。幸有清风云外至,何愁烟雨肆横纵。"⑥能陪邑侯登山度地势,可见蔡六平堪舆之术了得。大概得了父亲蔡绍琦与老师王崇炳的真传,其父好谈管郭家言,赍粮结履,跋涉崇山广谷间,求灵秀之所钟,穷日不倦,王崇炳《蔡隐君蕴如公传》中有载。王崇炳亦通此道,著有《地理握要》。

(十一) 陈灿文

陈灿文(1696—1734),1732年乡试中式,春宫落第后卒。

陈灿文宅在婺州城最高处醋坊岭,名为贻燕堂,王崇炳为其作《贻燕堂记》:

城居之风气聚于高低者,多为沟港水道。醋坊岭,婺城中最高处也,予弟子陈灿文宅焉,名其堂曰"贻燕",盖与宋时潘、吕故址接近。二姓多贤,为一时望族,亦地气钟灵然也。

灿文之尊人,字宸若。家仅中资,昔予募刻《东莱文集》无有应者,宸若一

---

① 《鹿峰蔡氏宗谱》卷三十四,民国戊午年(1918)重修。
② 《鹿峰蔡氏宗谱》卷三十四,民国戊午年(1918)重修。
③ 《鹿峰蔡氏宗谱》卷三十四,民国戊午年(1918)重修。
④ 《鹿峰蔡氏宗谱》卷三十四,民国戊午年(1918)重修。
⑤ 脱脱. 宋史[M]. 北京: 中华书局, 1977: 12738.
⑥ 《鹿峰蔡氏宗谱》卷三十四,民国戊午年(1918)重修。

身任之。予叙之曰:"天降时雨,山川出云,嗜欲将至,有开必先,此亦陈氏家运将开之先兆也。"不十年,而灿文暨弟焕文皆入泮;其婿程子敬一,联捷南宫,官部曹:门第辉焕,顿改前规,则予言验矣。①

记中提及灿文之父,曾出资助王崇炳刊刻《东莱文集》,又提及灿文姐夫程开业敬一,乃王国陛同年友,王崇炳忘年交。

程开业有《内弟灿文陈君传》,中云:"灿文为宸若公冢子,少颖敏,读书目数行下。公笃爱之,督课素严,凡动止话言出入酬应,必教以省身寡过之要,处己接物之方,提撕诱掖,期以远且大者。灿文亦深自刻苦,奋志励业,泛滥于经史百家之书,为文日益进。弱冠游邑庠,每试辄拔萃,顾禀受素弱,攻苦既坚,神志越溱,霜露之疾,时所不免。然益自肆力于文章,春容安雅,蜿蜒沦涟,翕乎若八音之肃雝和鸣,沛乎若百川之决流而东注也。壬子登贤书,乡之荐绅夙儒及都门先达均卜为廊庙器,乃春宫未第,赍志以归,劳瘁郁陶,疾忽大作,竟以不起,年卒三十有九,惜哉!"②

(十二)唐思臣

唐正学,字思臣,兰溪人。其弟唐正身,字文度。1703—1709年,王崇炳受兰溪唐骧之聘,编纂《金华文略》,且为其子唐正学、唐正身授业。唐思臣之堂曰"近思",其父唐骧所书,王崇炳住宿于此堂,作有《近思堂记》③。

王崇炳《兰溪别唐思臣于江浒》④云:

行人立船头,送者自涯反。交语方及终,舟人已开桨。寒水无绿波,平沙有疏莽。江城看渐远,西风一帆满。

王崇炳自兰溪返东阳,弟子唐思臣送至兰江边。二人依依惜别,话未了,船已发。渐行渐远,频频回首。

王崇炳《首夏重至可园与弟子唐思臣》⑤云:

好山遥接故人来,满座青阴泛绿杯。水阁已经三度至,园英又见一番开。云移石砌通诗展,鸟啄风花上月台。且喜谢家能继志,不教幽径没苍苔。

王崇炳此乃三至可园,风景依旧,旧情依依,过去设帐于此的情景历历在目。

---

① 王崇炳.学耨堂文集[M]//赵一生.东阳丛书:15册.杭州:浙江古籍出版社,2015:112.
② 《安文陈氏宗谱》外篇卷五,民国戊午年(1918)重修,第60页。
③ 王崇炳.学耨堂文集[M]//赵一生.东阳丛书:15册.杭州:浙江古籍出版社,2015:109-110.
④ 王崇炳.学耨堂诗稿[M]//赵一生.东阳丛书:15册.杭州:浙江古籍出版社,2015:119.
⑤ 王崇炳.学耨堂诗稿[M]//赵一生.东阳丛书:15册.杭州:浙江古籍出版社,2015:82.

弟子唐思臣颇能承继父志，善治家、守家，老师颇感欣慰。

康熙四十八年（1709年）九月十六日，王崇炳与弟子唐正学、次子王国壎，游兰溪横山，即兰阴山，归而作《横山记》①。

弟子英年早逝，王崇炳作《阳关三叠·伤弟子唐思臣》②：

宦兴如耽饮。书投浑未省。严装计日赴贤良，悯悯悯。毛檄方传，潘舆未御，玉楼已请。　　老泪难禁忍。江枫不住殒。师资恩分白头新，忖忖忖。兰砌寒芽，妆台残梦，萱庭晚景。

唐思臣即将赴任，不幸早逝。毛子檄，意为孝子不贪利禄，只为养亲而出仕。出自《后汉书·刘平王望等传序》："庐江毛义少节，家贫，以孝行称。南阳人张奉慕其名，往候之。坐定而府檄适至，以义守令，义奉檄而入，喜动颜色。奉者，志尚士也，心贱之，自恨来，固辞而去。及义母死，去官行服。数辟公府，为县令，进退必以礼。后举贤良，公车征，遂不至。张奉叹曰：'贤者固不可测。往日之喜，乃为亲屈也。斯盖所谓"家贫亲老，不择官而仕"者也。'"③潘舆，出自潘岳《闲居赋》："太夫人乃御板舆，升轻轩，远览王畿，近周家园。体以行和，药以劳宣。常膳载加，旧痾有瘳。"④后以"潘舆"作为尽孝养亲的典故。这里反用典故，是说唐思臣不能尽孝。玉楼赴召，用李贺典，文人早死的婉辞，出自李商隐《李贺小传》中，"长吉将死时，忽昼见一绯衣人，驾赤虬，持一版，书若太古篆或霹雳石文者，云当召长吉，长吉了不能读，欻下榻叩头，言：'阿㜷老且病，贺不愿去。'绯衣人笑曰：'帝成白玉楼，立召君为记。天上差乐，不苦也。'长吉独泣，边人尽见之。少之，长吉气绝。尝所居窗中，勃勃有烟气，闻行车嘒管之声。太夫人急止人哭，待之如炊五斗黍许时，长吉竟死。"⑤弟子死后，留下孤儿寡母，还有年迈的老母亲，只落得晚景凄凉。

（十三）朱景阳

王崇炳《弟子朱景阳以候师至，天雨及晴而归》⑥：

冒湿来相访，登堂展素襟。甘美进诸品，殷勤一片心。且留饱粗粝，天寒积

---

① 王崇炳.学㯭堂文集[M]// 赵一生.东阳丛书：15册.杭州：浙江古籍出版社，2015：120-121.
② 王崇炳.学㯭堂诗余[M]// 赵一生.东阳丛书：15册.杭州：浙江古籍出版社，2015：284.
③ 范晔.后汉书[M].北京：中华书局，1965：1294.
④ 萧统.六臣注文选[M].李善，吕延济，刘良，等，注.北京：中华书局，1987：292.
⑤ 刘学锴，余恕诚.李商隐文编年校注[M].北京：中华书局，2002：2266.
⑥ 王崇炳.学㯭堂诗稿[M]// 赵一生.东阳丛书：15册.杭州：浙江古籍出版社，2015：265.

雨淋。年高多更事，恒语亦堪听。树德惟师善，道在省愆深。花阴莫虚度，岁月易浮沉。吾方坚晚节，子盍惜英龄。荞收余野翠，菊散剩篱金。天霁群阴净，亭皋霜叶零。山家惟薄酒，行矣莫辞斟。

弟子冒雨来访，老师懂得这一片殷勤的心意，唯恐粗茶淡饭薄酒，怠慢了弟子。老师又絮絮叨叨地告诫弟子应珍惜光阴，年华不可虚度，师善以树德，行省愆之道。虽然同样的话不知已经说过多少遍了，但子弟依然恭敬地聆听着。于此可见，师生相得。弟子领教，晴而后归。

某年秋，王崇炳带着弟子朱景阳自茶场往永泰寺拜访老友杜汪千，可惜杜秋收未归，未能谋面，故而王崇炳留诗《自茶场偕门人朱景阳至永泰寺访杜汪千不值留寄》中有云："茶场地近永泰寺，杜郎开馆僧西廊。苦心作诗研寒玉，同人属和积成轴。朱生效颦不损眉，举袖旋舞苦局促。"[1]杜汪千作馆于永泰寺西廊，作诗苦吟，同人属和，积成卷轴，朱景阳仿此，只是苦于局促，不若杜之长袖善舞。

王崇炳表彰朱景阳妹妹金朱氏，《金朱氏，予弟子朱景阳妹也。年二十六丧夫，伯欲逼之改嫁，朱氏乃归家守制，茹素斋心，节砺冰霜，晨昏操作，今将四十矣。景阳属予作诗表之》[2]，从诗题知，这是朱景阳为表彰妹妹而委托老师所作。

王崇炳为朱景阳父亲做寿词《金菊对芙蓉·朱景阳尊人六十》[3]。

（十四）方六御

王崇炳有诗《至门人方六御墓》[4]：

为有交情不可忘，再来垄树已经霜。空思执手临南牖，扶老含凄到北邙。百亩菑畲凭耄父，一楼缃帖仗孤孀。心怜廿载攻文藻，寂寞西风付白杨。

多年师生成朋友，王崇炳再次来到弟子墓前，忆起从前授教期间，师生情深，不料弟子遽去。弟子早逝，留下老父亲独自耕耘百亩良田，孤儿寡母空守一楼书卷。方六御生前二十年专攻文藻，却功名无成，身后寂寞，岂不令老师唏嘘感叹！思前想后，情何以堪？

---

[1] 王崇炳.学耨堂诗稿[M]//赵一生.东阳丛书：15册.杭州：浙江古籍出版社，2015：203-204.
[2] 王崇炳.学耨堂诗稿[M]//赵一生.东阳丛书：15册.杭州：浙江古籍出版社，2015：266.
[3] 王崇炳.学耨堂诗余[M]//赵一生.东阳丛书：15册.杭州：浙江古籍出版社，2015：311.
[4] 王崇炳.学耨堂诗稿[M]//赵一生.东阳丛书：15册.杭州：浙江古籍出版社，2015：33.

（十五）虞仲赤

王崇炳《从封山归，时残雪未消，门人虞仲赤止宿》[①]：

雪埋千岫冒平原，早发封山谷口村。路滑行潦初解冻，人希野店未开门。连天岭峻程难计，腊月云深日易昏。多感故人留宿意，书楼高话接清樽。

时值腊月，残雪未消，翻山越岭，路滑昼短，野店不开，正愁投宿无处，可巧门人虞仲赤留宿，不禁喜出望外，更兼书楼谈宴，清樽频举，旅途的疲劳消去大半。

（十六）龚映书

王崇炳《门人龚映书招游绣川纪事》[②]，据此诗，龚乃义乌松门人，与王崇炳另一门人何器琏邻村而居。师生同游义乌绣川，乃践前年之约。参拜了徐侨墓。晚上听闻了喻氏四杰的故事，提及义乌斗牛风俗：为庆祝丰收，白天演戏，夜晚放烟火。

王崇炳《宜尔堂记》云："然则默生龚府君，其深会此意而有味乎其言之乎？府君世居松门，数迁而至绕溪，名其堂曰'宜尔'。乙巳杪秋，予游其地，盘桓于此堂将浃旬。""默生之次子映书，予弟子也，属予为记，予因发挥其义而书之。"[③]龚映书父亲为龚默生。乙巳年（1725年）秋，王崇炳去龚家盘桓将近十日。联系上诗首句"晚秋凉飔振林薄"，可能是同一次，一诗一文，作于同一时期。

[①] 王崇炳.学耨堂诗稿[M]//赵一生.东阳丛书：15册.杭州：浙江古籍出版社，2015：43.
[②] 王崇炳.学耨堂诗稿[M]//赵一生.东阳丛书：15册.杭州：浙江古籍出版社，2015：210-211.
[③] 王崇炳.学耨堂文集[M]//赵一生.东阳丛书：15册.杭州：浙江古籍出版社，2015：115.

第五章 王崇炳与地方官长

王崇炳《自述》云："吾居乡不谒官长，贵者不趋，乞丐不慢，视一族如一家，视异姓如同姓，一以宽洪谦退处之，故生平并无微嫌。"[1]他淡泊名利，远离官场，平等待人，绝不趋炎附势，更不主动交结官长，只与少数几位地方官有交往，皆以志同道合为基础，他们的交往是典型的君子之交。

一、门应瓒

《东阳历朝诗》云："门应瓒，号介庵，正红旗人，以笔帖式为东阳令，著有《鱼梦堂集》。"[2]门应瓒，襄平人，1713—1718年任东阳县令。

刘禹锡《答东阳于令涵碧图诗》云："东阳本是佳山水，何况曾经沉隐侯。化得邦人解吟咏，如今县令亦风流。"[3]门应瓒即是继唐于兴宗之后的风流县令，常与王崇炳、李凤雏、陈纯嘏、杜瑗、赵云璠、吴沛生、杜雍玉等文学之士雅集，或饮酒赋诗，谈诗论文，或登山临水，啸傲山林，门县令俨然一代东阳文学盟主。

1713年秋，门应瓒初到东阳，即邀人同游水竹坞。门应瓒有诗《癸巳仲秋招王鹤潭偕陈纯嘏诸友游水竹坞》："陟彼西峰上，偕朋撷素芳。菊丛当径艳，松气逼樽凉。绝壁分高瀑，攲岩出短篁。梵音答泉响，鸟道带云翔。莲沼犹余碧，禾畴半染黄。遗踪怀隐逸，古碣志贤良。此日联兰臭，何年涤鹿场。碧梧秋色好，鸣凤在高岗（冈）。"[4]王崇炳有和诗："岩壑生灵籁，相将拾润芳。喜随仙辇健，复

---

[1] 东阳河汾王氏宗谱[M]//黄灵庚，陶诚华.重修金华丛书：189册.上海：上海古籍出版社，2014：10.
[2] 董肇勋，王崇炳.东阳历朝诗[M]//黄灵庚，陶诚华.重修金华丛书：178册.上海：上海古籍出版社，2014：230.
[3] 刘禹锡.刘禹锡集[M].北京：中华书局，1990：331.
[4] 董肇勋，王崇炳.东阳历朝诗[M]//黄灵庚，陶诚华.重修金华丛书：178册.上海：上海古籍出版社，2014：230.

值素秋凉。丰膳芬精舍，移樽就密篁。云龙原并逐，雁鹜不孤翔。歌遏行云白，霜侵暗叶黄。诗名北地重，治理颍川良。士女群观社，时八月十三社姆迎神。农功未毕场。他年传胜事，瞻望此崇冈。"①李凤雏亦有和诗："水竹坞，在西岘门外十里，高二百余丈。上有庵，东西两静室，榜曰齐云舍、独冷斋。又有翠竹林、万松湾、菌山桥、隐圣潭、碧桃坞、紫云岩、印月池诸胜。"②

时常衙斋雅集。比如，门应瓒有诗《重阳前三日招王鹤潭李梧冈赵岩夫诸友雅集衙斋》："开樽未至重阳日，会客先怀登眺情。秋菊自应供正则，白衣谁不重渊明。幽居溪竹凌霜劲，博古图书向夜评。不见寒蝉饮清露，高嘶流响彻山城。"③王崇炳有和诗："世家为政树英声，诗社招寻觉有情。冒雨篱花争赴节，开樽银汉得微明。良宵先饮重阳酒，胜事应登月朔评。百斛珍珠新句丽，风流堪继谢宣城。"④吴沛生亦有和诗。

应王崇炳之请，门应瓒为其长兄王崇煜作《墓志铭》，撰《像赞》。其《王隐君墓志铭》有云：

隐君东阳人，讳崇煜，字继照，号终朗，盖取"高朗令终"之义。鹤潭王先生伯兄也。寿八十一，以无疾终，卜地于大垒山洋沟里之原，窀穸有日，适予访鹤潭先生于其里，属予志之，因以韵语叙其生平，而系以铭。越有高士，系出太原，居练溪之上流，世济其美；接河汾之遗绪，独得其传。少而岐嶷，长而淳谨，内则致孝，外则亲仁，慕孺仲之风刑于妻子，凛彦方之节，化及萑苻贞白乃心，砥砺其行，且有元方季方之乐，二难并美，于家庭复得嗣宗仲容之美，二阮咸闻于乡国。早游芹泮，不登通显之门，晚成地仙，自叶朗终之义，心研岐伯疗疾病而不受一钱，术继涪翁，施针灸而深明六技。足迹不履于城市，空劳太守之车，行迹每托于蒹葭，徒咏伊人之什，优游泉石，鹿豕忘情，吐纳烟霞，山川生色，好善不倦，守志靡迁，既而黄犬吠云，青牛喘月，少微下陨，九九之数已终，玉椁飞来，元元之机不测，文献不远，几杖犹存，德垂世而尝馨辞，因人以不朽，乃为之铭曰：维彼硕人，素履无违。其操则严，其义则随。寄之高岑，玉山崔嵬。

---

① 董肇勋，王崇炳.东阳历朝诗[M]//黄灵庚，陶诚华.重修金华丛书：178 册.上海：上海古籍出版社，2014：230-231.
② 党金衡.道光东阳县志[M].杭州：西泠印社出版社，2017：609.
③ 董肇勋，王崇炳.东阳历朝诗[M]//黄灵庚，陶诚华.重修金华丛书：178 册.上海：上海古籍出版社，2014：231.
④ 董肇勋，王崇炳.东阳历朝诗[M]//黄灵庚，陶诚华.重修金华丛书：178 册.上海：上海古籍出版社，2014：231.

寄之清流，画水涟漪。确乎不拔，邈矣难追。汉有休伯，各恐人知。晋有仲御，节不可移。白云在望，如渴如饥。弃兹尘世，入乎崦嵫。生既无欲，死亦何悲？郁郁佳城，百世不隳。①

门应瓒《朗翁年长兄像赞》②云：

所谓伊人，在涧之滨。闲云作友，明月为邻。贞不违俗，清不染尘。洁同齐蠋，达似右军。奇搜博采，格物广闻。术寄涪翁，针灸通神。一钱不受，视疾维勤。世人慕势，君独安贫。世人伐德，君独兴仁。邈矣难追，遗矩斯芬。

《道光东阳县志人物志·孝友》载："后田人国陛，崇炳子。生而敏慧，有至性。母张氏卒，陛以父老，恐益之悲，不敢高声哭，而抑郁未舒。不得已，寄之于诗，有《哀思草》七章。"③1710年，王崇炳妻子张氏卒于闰七月初九日子时，王国陛有《云海慈晖图表哀诗有序》④：

痛我仁妣，秉性温恭。伦亲兼笃，谓当寿考。康宁乃年，未周甲遽即幽冥，命之违矣。陛等仲氏之米不供，毛义之檄未捧，叹亲恩之莫酬，痛昊天之罔极，爰作哀辞，以申悲绪。

其一

隙驹不可挽，逝川不可停。寸草心未报，慈景倏西沉。凄风拂尘幔，皓月照空楹。亲恩信罔极，我生何不辰。昔为彩衣戏，今为衰绖身。欲养不逮存，梦想接音形。深宵感啼鸟，凄然泪盈襟。

其二

吁嗟我仁妣，孝友兼睦姻。生小怀明发，没齿仍未谖。姒娣有余爱，舅姑无间言。委身事严父，秉性淑且温。克顺还可比，鞠子兼鞠孙。辛勤信无极，劳瘁难具论。天运不我祐，严霜凋绿萱。萱草既云萎，儿出谁倚门。归来见空帷，恻怅断心魂。

其三

抚我身上衣，径寸皆母织。顾我室中器，物物留母泽。心神亦已疲，形骸遂幽隔。小子孱弱躯，顾服恩非一。未寒思我衣，未饥怀我食。谁谓未中寿，而竟

---

① 东阳河汾王氏宗谱[M]//黄灵庚，陶诚华.重修金华丛书：189册.上海：上海古籍出版社，2014：33.
② 《河汾王氏宗谱》卷20，光绪戊申（1908）重修.
③ 党金衡.道光东阳县志[M].杭州：西泠印社出版社，2017：469.
④ 东阳河汾王氏宗谱[M]//黄灵庚，陶诚华.重修金华丛书：189册.上海：上海古籍出版社，2014：63-64.

返幽宅。成名苦不早，深惭慈母力。易箦复何言，谆诲崇明德。

其四

秋蔬初入供，秋果亦堪尝。睹兹景物鲜，中心益以伤。白露下空阶，悲风吹素裳。深夜不能寐，起视秋月光。秋月一何皎，秋夜一何长。微霜入庭户，始觉衣絮单。母在一家欢，母去三子寒。

其五

膝下难久恃，白云沉沧海。草木岂无情，春晖不相待。荏苒年岁徂，风物忽已改。殡宫何寥寥，遗容尚俨在。思酬鞠育恩，霜露凝皑皑。

其六

灵蛇知含珠，慈乌能反哺。嗟我托人类，讵敢忘鞠乳。追思慈母恩，弃捐在中路。抱疾未经年，容颜忽异故。曾不已疾忧，而惟儿瘦懼。儿瘦尚生存，母今遗世去。即景悲燧谷，临秋感风树。涕泗宁可挥，没身有余慕。

其七

号泣呼苍天，苍天不我恤。阴云蔽寒空，晻暧成暝色。思慕老莱戏，转效曾闵泣。回肠结欲断，肝脑痛将裂。怀我顾复恩，沧波浩难极。敢不凛冰渊，追贻母氏戚。

王国陛这组诗发乎真情，感人肺腑，写了母亲的美德，表达了对母亲的深长思念，以及"子欲养乎亲不待"[①]的悔恨。门应瓒读后，深有感触，作有《题表哀册》："助读丸熊育众儿，还从鸿案见遗规。皋鱼何事悲风木，潘岳多情忆蕙帷。学就大儒机尚在，性几纯孝获犹思。他时彤管收贤淑，都在申哀一卷诗。"[②]

1717年，东阳大旱，门应瓒劝赈，路过王崇炳家，王崇炳留其就餐，门应瓒有诗《丁酉春以劝赈过往王鹤潭留餐》："知君才藻富缥囊，闭户终年著作忙。山静日长思太古，民原宪庞俗俭似洪荒。远峰带雨归云湿，野渡飞花溅水香。郁郁座凝书带草，驱车时过郑公乡。"(《东阳历朝诗》卷七)此诗将王崇炳比作汉代经学的集大成者郑玄，整理古籍，博采众家之长。王崇炳则有和诗《门鹤书明府以公事枉顾》："不是桥西旧草堂，喜承车骑访耕桑。贫家隘巷同原宪，令尹清斋似太常。脱粟一餐惭薄陋，论诗半晷接辉光。请看千树林塘色，都向春风展嫩黄。"[③]他自拟出身贫寒且甘于清贫的原宪，山家薄陋，唯恐怠慢了县令。谈诗论

---

① 刘向. 说苑校证 [M]. 向宗鲁, 校证. 北京：中华书局，1987：261.
② 东阳河汾王氏宗谱 [M]// 黄灵庚，陶诚华. 重修金华丛书：189 册. 上海：上海古籍出版社，2014：65.
③ 王崇炳. 学耨堂诗稿 [M]// 赵一生. 东阳丛书：15 册. 杭州：浙江古籍出版社，2015：110.

词，诗词面前，人人平等，文学的辉光仿佛泯灭了官民的界限。

门应瓒官满归里，王崇炳有送别诗《送门介庵明府归旗》①：

归去仍携两袖风，谈诗八载岘山东。群黎馈赆攀留切，吾党联吟臭味同。始信人情平似水，漫云天道曲如弓。燕台比首三千里，书札逢秋盼远鸿。

居官时浅谪官多，乐与诸生共切磨。归去无田供伏腊，经游遗墨满关河。帆随水国双凫影，目送霞天只雁过。一枕黄粱春梦觉，依然身在硕人阿。

门应瓒宰制东阳八年，两袖清风，百姓馈赠、挽留，文学雅士依依不舍，想路途遥遥，盼鸿雁传书，彼此保持联系。

李凤雏与门应瓒之间的一场官司，讳莫如深。1724年，李凤雏出狱后，上京欲告御状，不料，事未成而卒于京师。1732年，李凤雏孙韶生将之遗骸扶柩归乡，同时，王崇炳收到了门应瓒出狱的消息，便成诗一首《得门介庵明府出狱书，是日闻李梧冈柩至是京》："覆雨翻云事不常，到头两败怅俱伤。追叹花县连诗社，劈破词坛作战场。正喜活埋方山狱，旋闻旅衬得还乡。十年黑业今销缴，都付南华第二章。"②王崇炳的两个朋友撕破脸皮，斗得两败俱伤，均为此付出了惨痛的代价，想想当初，又何必呢？正所谓佛家讲的因果报应，应以《庄子·齐物论》对之。

与此相参的还有王崇炳词《沁园春·得门介庵明府出狱书，并询东邑绅耆，自述狱中读书之详，作此寄答》③：

僻县神京，鱼缄难达，喜接来鸿。见十行细札，回环叙款，一腔积热，婉转摅衷。承问耆年，皆登鬼录，空忆残花昨日红。叨天幸，只憗遗一老，啸月吟风。

听来悲喜交胸，亦只是、诗人倒合穷。想圜扉矮屋，鬼门关里，焚香展卷，净焚天中。自古英才，须从此过，练出精金一片融。凝眸望，望冷官再起，莫负前功。

王崇炳冷眼旁观，好心相劝，客观总结，于二人之间，持平公允，不唯官，不唯上，不偏袒任何一方，不诋毁任何一方，也没有失掉与两个人的友谊，虽然未能改变整个事态的发展与走向，但尽了朋友之义，实属难能可贵，这也从一个侧面看出王崇炳的为人。

---

① 王崇炳.学稼堂诗稿[M]//赵一生.东阳丛书：15册.杭州：浙江古籍出版社，2015：137.
② 王崇炳.学稼堂诗稿[M]//赵一生.东阳丛书：15册.杭州：浙江古籍出版社，2015：246.
③ 王崇炳.学稼堂诗余[M]//赵一生.东阳丛书：15册.杭州：浙江古籍出版社，2015：328.

二、刘溁符

《金华征献略·来宦传》有刘溁符传："刘溁符，山东昌乐人。进士。康熙五十九年任东阳令。为人端方谨重，公廉有威，城狐社鼠，搜剔一尽，乡之豪猾，莫不削迹。前任史与伍取民色目，一扫除之，用法虽严，而意实平恕。东阳令自陈公之后，当推公第一。在任三年，丁艰去。公在任时，楼姓倚众强娶小户女，雪夜拥众至，椎门入，女家以赛社炮御之，杀三人而退。公不究人命，此事与明时永康县毛公衢同。"①

《昌乐县志》亦有其传："国朝刘溁符，字济源，恒长子。生而端慤，好读书，经史子集罔不淹贯。康熙戊子举乡试第五人，己丑成进士，选授浙江东阳令，东阳僻处山谷，自明末兵燹之后，流离播迁，民生日蹙。公至访求利弊，力图兴革。期年之间，风为一变。村鄙多盗，公力行保甲，奸宄屏息。东俗尚气轻生，同室藉以居奇，公验视死者无他故，即令掩埋，于是□□免滞，而轻生之风渐息。里长勾通，吏役输粮，为害最大，公易以十甲分催之法，积弊顿清。三年，丁外艰，服阕，补四川通江令，一如其治东阳时。雍正十二年，钦差进藏郡守护送方伯檄，署府事充食，帐房供具一无误，而民不扰。职满行，取户部江南司主事，大司农海公重之，将奏以为仓监督，固以足疾辞归。著有《四书制义》行于世。"②

1720—1722年，刘溁符任东阳县令，除奸革弊，颇有政绩。"史"指史宏，康熙五十一年任，"伍"指伍槐，五十六年（1717年）任，伍树，五十七年（1718年）任。"陈公"即陈龙骧，《金华征献略》有传："陈龙骧，号蟠海，山东阳信人。己亥进士。康熙六年为东阳令。……公为治以实不以文，凡丈量、编审、保户、革保歇、弭盗贼、禁锢婢诸事，皆宪令各邑所通行，未尝创立名色，而行之以诚始终不倦，故事成而民利之。当其法初行，严刑以督不率，不无枉屈，然法立而民不敢犯，所以阴折奸萌、默扶民气者不可胜计。故当公之世，盗窃匿影，

---

① 王崇炳.金华征献略[M]//赵一生.东阳丛书：15册.杭州：浙江古籍出版社，2015：533-534.
② 魏礼焯，时铭，阎学夏，等.嘉庆昌乐县志[M]//中国地方志集成·山东府县志辑35.南京：凤凰出版社，2008：165-166.

奸蠹潜踪，豺虎遁迹，家户饶给。近数十年来宰东阳者，治行推公第一。"①

不究人命事与永康县令毛衢相同。《永康县志》载：木同知女寡居，强宗拥兵夺之，格杀三人，其人来陈词，公览已，笑曰："此附罪人拒捕，律格杀勿论。聚众有明例，不汝贷也。"竟坐其人编置焉，其英断类此。②《金华征献略》有毛衢传：

> 毛衢，字大亨。嘉靖五年，由太平知县调繁永康。为令精敏绝出，公廉有威，抑豪除猾，蠹弊尽刷，凡所措画皆可为后世法。邑当孔道，过官往来，里用浩繁，衢概从节省，一切支应率以身先，而绝其取索。岁旱，预检被荒分数，不待陈告而申报奏豁。其催科则酌缓急而次第征解，不任鞭扑而事集，且严禁揽纳，以绝侵渔。接士大夫以礼，苟有请托，竟谈不能发言而出。有朱同知女寡，强宗强娶，拥众至，妇家御之，格杀三人，及陈词，衢曰："此附罪人拒捕律，格杀弗论；聚众则有明条，不汝贷也。"其英断类如此。时永人称贤令，必曰刘公、王公，并公而三，俱祀名宦。③

王崇炳《吴毅公至山斋叙款》云："口诛笔伐有风霜，贤臣可歌贪可杀。即今且喜得循良，年谷丰稔人乐康。"④"贤臣可歌贪可杀"下自注：时以《东阳十一令贤否论》见示。"即今且喜得循良"下自注：时刘公来任篡。即指刘溁符到任，共许其为"循良"，在其治下，"年谷丰稔人乐康"，乃为百姓之福。

何元显《王鹤潭先生行述》有云："惟刘公讳溁符者，性傲慢，士素不通音问，而牧事严明，先生嘉之，《金华征献》独为立传，谓人曰'清官甚难得也'。后刘公丁内艰离任，始知尊重先生，浼人卑辞乞诗，以荣归里。先生予之，结语云：'况钟不识龙（尤）文度，难损循良一代名。'盖得好恶之公正，未有如先生也。"⑤

刘溁符在东阳任上三年，与王崇炳居然并不相识。"性傲慢"估计不是全部原因，也许刘氏不喜附庸风雅，不好大喜功，不愿被人捧，被歌功颂德，不想过多介入文坛，如此为官，未免不是一股清流。然王崇炳极其公正，不以无私交而损

---

① 王崇炳.金华征献略[M]//赵一生.东阳丛书：15册.杭州：浙江古籍出版社，2015：531-532.
② 李汝为，潘树棠.永康县志[M].台北：成文出版社有限公司，1970：562.
③ 王崇炳.金华征献略[M]//赵一生.东阳丛书：15册.杭州：浙江古籍出版社，2015：519-520.
④ 王崇炳.学穮堂诗稿[M]//赵一生.东阳丛书：15册.杭州：浙江古籍出版社，2015：163.
⑤ 东阳河汾王氏宗谱[M]//黄灵庚，陶诚华.重修金华丛书：189册.上海：上海古籍出版社，2014：14.

其清誉，实事求是，称其为难得清官。刘氏离任时，托人向王崇炳求诗，王慨然应允，作《刘大令归里，诗以颂之》①：

半刺曾无通谒情，三年老体藉安宁。银毫判出人俱服，蓬户更深犬不惊。剸剧才优霜锷利，秉公心映玉壶清。况钟不识尤文度，无损循良一代名。

三年不通姓名，王反倒觉得相安无事，本来他也是一个不喜官场，不喜热闹的人。颂刘县令判案公正，无人不服，轻车简从，更不扰民。又颂其具有管理才能，大公无私之心。最后将刘比之况钟。况钟（1383—1442），字伯律，号龙冈，又号如愚，江西靖安人，明朝著名廉官，任苏州知府十三年，人呼为"况青天"。而自比为尤文度。"尤安礼字文度，长洲人。为人尚义轻利，一友当远戍，念其幼女无所托，安礼曰，吾有男当娶之。已而友死戍所，其女已得痼疾，迄践其言。用荐为崇安教谕，历兵部郎中、贵州参议归。居穷巷中，屋隘甚，知府况钟割官地益之，固辞。"②

王崇炳于《金华征献略》中为刘氏立传，秉笔直书，使其传之久远。想想二人之风，真令人肃然起敬。

三、张坦让

《金华征献略·来宦传》有云："张坦让，字襄左，号逊庵。湖广汉阳人。举人，康熙五十九年（1720年）任金华守。初至，访郡之元恶大憝，及伤风败俗者，尽置之法，一郡肃然。壬寅癸卯间，岁大饥，劳心赈济。建丽正书院，以祀七贤；旁作学舍，招八邑生童肄业其中，延名儒为师，日有膳，月有课，每课文，必亲至品论甲乙，多所成就。以丁艰去，弟子追送，抆泪而别。补江西吉安知府。"③

（一）丽正书院

清康熙六十一年（1722年），金华知府张坦让在滋兰书院旧址上修建了丽正书院，合金华于宋明时期丽泽书院、崇正书院二名于一。其后堂设为七贤祠，供祀一同创道于婺州的朱熹、张栻、吕祖谦三位理学大师和"金华四先生"何基、王柏、金履祥、许谦等七人，祠祀的目的，是使丽泽遗风一脉相传。《浙江通志》

---

① 王崇炳.学耨堂诗稿[M]//赵一生.东阳丛书：15册.杭州：浙江古籍出版社，2015：187.
② 昌彼得，乔衍琯，宋常廉，等.明人传记资料索引[M].台北：台湾文史哲出版社，1978：89.
③ 王崇炳.金华征献略[M]//赵一生.东阳丛书：15册.杭州：浙江古籍出版社，2015：528.

载:"丽正书院,在府治西北。雍正四年知府张坦让即金衢严道故基建,中奉朱文公、吕成公、张宣公,并何王金许四先生为七贤祠,前设讲堂,列斋左右以为书院。"①雍正四年即1726年,此处误。《光绪金华县志》载:"丽正书院,在北三隅,距县东二里许,即滋兰书院址,后圮。康熙六十一年,知府张坦让重建,凡五层,每层三楹,旁舍二十六楹,名曰丽正,盖合丽泽、崇正而一之。"②丽泽书院乃南宋吕祖谦创办的金华最早的书院。崇正书院,始建于元朝后期,系江浙行中书省奏立,位于旌孝门外。

书院建成,1723年,张坦让考察权衡之下,决定亲自去请王崇炳出任书院山长。不料,王崇炳却拒绝了,他以诗达意,即《辞郡侯张公聘主丽正书院二首》③:

一川风月伴溪村,曾乏官书到水门。何意使君勤物色,忽警束帛贲丘园。山人自爱粗毛褐,田父相传老瓦盆。绣缎银杯还拜纳,礼仪隆重敢忘恩。

贤关圣域略曾窥,腊月满葵已过时。讲学论文情未淡,事繁食少力难支。停粮病鹤慵长唳,抱叶寒蝉罢远嘶。五马倘能相委悉,幸留残喘守山茨。

其一言自己蛰居乡下,与官府极少往来,张知府忽然亲临寒舍,带着丰厚的礼物,又礼贤下士,自然受宠若惊。其二言自己年老体衰,不堪重任,请知府大人体谅,以求安度晚年。年老体衰,学问不精,大概是谦虚语,同时也可能是试探语。

张坦让和诗《王鹤潭先生辞屈降丽正书院以诗至谨和韵以申固请之意》④最终打动了王崇炳,王答应出山。

东白峰前水抱村,高贤长啸拟苏门。久钦理学承文献,更美才华似弇园。罗乌重吞霏玉屑,江花入梦耀缥盘。扶风绛帐知无负,固屈先生广圣恩。

七贤堂奥独君窥,多士齐声公举时。纵使陶情在五柳,还期淑世溥三支。焚香默坐追摩诘,得句先颁似项斯。桃李盈门盼望久,莫耽薜荔卧蓬茨。

两首诗多用典故,精准而庄重,又很讲究策略,也能搔到痒处,有尊重,有肯定,有信任,有期盼,有激励,真乃高才。诚然,张坦让事先一定做足了功课,

---

① 浙江通志[M]//影印文渊阁四库全书编纂委员会.影印文渊阁四库全书 史部:519册.台北:台湾商务印书馆,1986:726.
② 邓钟玉.光绪金华县志[M].上海:上海书店,1993:747.
③ 王崇炳.学穮堂诗稿[M]//赵一生.东阳丛书:15册.杭州:浙江古籍出版社,2015:165.
④ 东阳河汾王氏宗谱[M]//黄灵庚,陶诚华.重修金华丛书:189册.上海:上海古籍出版社,2014:63.

经过深思熟虑,才做出了这个决定,他礼贤下士,亲自去请王崇炳。他在《楼氏忠孝节义序》中云:"余自己亥(1719年)岁奉命来守此邦,夙慕'小邹鲁'之名,幸而承乏兹土,下车之日,即访求四先生之遗踪。八婺之内,代多名贤,指不胜屈,而于公余之下,晋接诸生,每有谈及先世轶事者,余不厌叠叠倾听之。"①张坦让对婺学心仪已久,来金华后,访求金华四先生遗踪,多闻轶事掌故,同时必当留心物色书院山长人选。

王崇炳施展平生所学,恪尽职守,何元显《王鹤潭先生行述》云:"郡守张逊庵坦让聘为丽正书院师。不旬月,诸弟子心悦诚服,不异程门雪立。时也比腊,解馆归,弟子环送途次,多有泪湿沾襟者。"②

王崇炳与张坦让鱼水相得,王曾为张父作寿诗《张太尊太翁先生八秩寿诗二首》:"旬宣政绩著河阳,京兆廉能本姓张。三世人才皆鸑鷟,一家文彩尽鸳鸯。磻溪风日情怀好,洛社壶觞岁月长。五马翩翩方出守,济时名业属贤郎。""敷政东郊重保厘,至今遗爱系讴思。功名付与儿曹管,山水偏于大老宜。汀草白鸥随客至,酒楼黄鹤见人骑。专城寄重门才显,驿路遥驰献寿卮。"③还有赠张之子诗《赠张若虔世兄》:"偶从僧舍读新篇,句句圆成色色妍。鸾戏晴波如濯锦,莺啼晓树似调弦。曾叨乔荫生徒聚,喜见名门子弟贤。湘水源源东赴泽,洞庭春浪绿浮天。"④从偶然读到张若虔的新作品写起,赞其流利圆转,灿若云锦,声如啼莺,不愧为名门之后。又为张作《张逊庵郡守四十一寿序》⑤:

癸卯之岁,适逊庵张公强仕之年,晋历一筹。时惟夏五月,将生明,乃揽揆令辰,丽正书院弟子合词陈曰:"世之庆寿者,或庆十,或庆一。十固当庆,一亦不可不庆也。吾侪小子受恩深重,其何可以无祝?愿先生为之词。"某窃思之,诗曰:"寿考作人",古之美作人之化者必及寿,诚不可以无词。顾欲陈公之令德,约言之,则不尽也;详言之,又不胜述也。无已,则即以在书院者言之。

窃尝窥公之微矣,其于书院,凡栽一木,树一卉,必亲度其地,而相其浅深之宜以封固之;再至,必周走而视之,见蘖其芽焉则喜;再至而视之,见茁其枝

---

① 诸自毂,程瑜.义乌县志[M].台北:成文出版社有限公司,1970:532.
② 东阳河汾王氏宗谱[M]//黄灵庚,陶诚华.重修金华丛书:189册.上海:上海古籍出版社,2014:13.
③ 王崇炳.学耨堂诗稿[M]//赵一生.东阳丛书:15册.杭州:浙江古籍出版社,2015:167.
④ 王崇炳.学耨堂诗稿[M]//赵一生.东阳丛书:15册.杭州:浙江古籍出版社,2015:241.
⑤ 王崇炳.学耨堂文集[M]//赵一生.东阳丛书:15册.杭州:浙江古籍出版社,2015:148-149.

焉则又喜；又再至而视之，见其引条布叶，则又益喜。夫木其小焉者也，其阅诸弟子之文也，见命意之善而喜之，不啻木之蘖其芽焉者；见其神会机动而益喜之，不啻木之茁其枝焉者；见其精神焕发，文采昭彰，而又益喜之，欣欣焉形于色，津津焉见于词，不啻木之引条布叶，葱茏蕃茂，而不可阨焉者。夫文其小焉者也，倘二三子能以树木者树德，始蘖其芽，旋茁其枝，至于抽条布叶，四畅旁达，则有以副公隆祀七贤，兴起道学之本愿，其为喜更当何如？吾知欣欣焉有不止形诸色，津津焉有不能罄诸词者。

噫！公于诸弟子，可谓用心诚而培植至矣。昔徐蝶园先生巡抚两浙，选髦士于敷文书院而教之，如亲父之于子也，至今两浙之士歙歙而言徐公；李邺园先生以金华司李内升，仍以制府建牙此土，其于婺人亦不啻亲父之于子，而婺人戴之则如子之于父母焉；今公治行茂异，廉能之声腾于朝野，三槐九棘不日而至。他日拥旌乘传，行过此都，见所树之木，大者围，小者拱，莫不离离成实；所树之人，小者成才，大者成德。公顾之色然喜，喜而歌曰："昔年种树，丽正之堂。今来涖止，错落成行。树则梁栋，人则圭璋。扬于王廷，于婺有光。"诸弟子以次上寿，其佑之以此词，以为公祝。

将植树与育人相类比，肯定了张坦让对金华教育事业做出的巨大贡献。

（二）金华大旱

1723年，金华大旱，尤其东阳受灾严重。王崇炳为民请命，关心民瘼。其诗《悯饥上郡侯张公》云："一春鸣鸟惨无欢，人似前秋旱稻干。马腹势悬沾泽鲜，龟毛情竭望恩难。腐儒虚口论施济，当路何人计治安。五马翩翩临下邑，千家仰屋待分餐。"[1] 又经过实地勘察，撰《上张太尊救荒书》[2]：

闻宪台将至各邑勘荒，请粗陈其略：

合东阳之田记之，有坂田居十之四；有原田，有山田，二者亦居十之四；有溪田，居十之二。溪田厚薄不等，皆有收；坂田三分计之，一分有收，二分断粒；若原田、山田，则皆颗粒无有，且难种秋作。

贡生于本月初八起行，历坂四十里，至审胡桥，见有若青黑者，则苗而不秀者也；见有若青青者，则枯苗得雨而苏，秀而不实者也；见有若枯黄者，则虚穗漂浮者也。若山田、原田，欲求黄色鲜矣。递询金义土人，莫不欷歔太息，交口道荒。由此以论，则今岁之荒，比之辛丑更甚。辛丑之荒，木皮草根，采食一尽，

---

[1] 王崇炳.学耨堂诗稿[M]// 赵一生.东阳丛书：15册.杭州：浙江古籍出版社，2015：184.
[2] 王崇炳.学耨堂文集[M]// 赵一生.东阳丛书：15册.杭州：浙江古籍出版社，2015：37-38.

甚者至食白泥。幸蒙宪台详灾发赈，附郭之民，实受其赐，乡民所得，止供一粥。所恃宪谕殷户捐赈，略受其惠，然殷户有粟则可捐。至于今年，殷户颗粒无收者多矣，欲强之捐，不亦难乎？

窃思东邑今年之荒，饥黎分散四方，上也；辗转沟壑，下也。至使忍禁不得，诪张为幻，丙申打抢之事，见于前矣。此则在上之人所当熟计者也。何则？泉涸则鱼跳跃；圈众豕于牢栅，一不食则叫，再不食则啮，三不食则突牢而出矣。今合数万倚食为命之生灵而饥之，而不之思恤，欲其坐以待死，难矣！纵周之，未必活也。然思朝廷之念我如是，官府之急我如是，乡邻之济我如是，至于力有所止而死，死不憾矣。饥者虽不活，而生者安矣。然此乃老生过计之论。

古有流民数万突至，尚能画策以救之，以宪台秉救民之权，岂有属县之民而不能生之者乎？苟能活数万生灵之命，上达君恩，挽回造化，名标青史，皆在此举。老生之谈，未审足当采择否？

他实地踏勘了东阳受灾的总体状况，调研其具体情形。对此进行筹谋，比之前年，再用捐赈的办法似乎行不通了，毕竟"殷户颗粒无收者多矣"。告诫张坦让，应尽快采取适当措施，救民于水火，谨防打抢之事发生，这是张知府职责所在。

（三）丁艰去金

何元显《王鹤潭先生行述》有云：

初，逊庵丁外艰，欲循例居任守制，先生正色直言，历引古人以晓之，逊庵勃然不悦，弟子曰："太守怒矣，先生休。"答曰："吾为院长，理当言之，岂恋区区遇合，辄忍默乎？"后数年，逊庵改调吉安，寄书先生曰："吾守金华，所负先生者二事，一以郡志久芜不获，乞掾笔修之，后谁克当此任者？一以身罹大故，蒙先生正言不悟，遗嗤后人。吾阅人多矣，如先生者，所仅觏也。"①

张坦让丁父忧，想循旧例不去职，学生们也以知府已经发怒为由，请求王崇炳不要去规劝进言，但王崇炳予以拒绝，义正词严，谏言知府应该离职，还是回家守孝为妥。忠言逆耳，张坦让最终还是接受了王崇炳的建议。王崇炳有诗《送张逊庵郡侯丁外艰归汉阳》："恳恩归省误前期，父老聊舒借寇思。泣奠亲帷正晷刻，催征王事有驱驰。身羁宦海三千里，梦绕家山十二时。丽正堂前余手植，春

---

① 东阳河汾王氏宗谱 [M] // 黄灵庚，陶诚华.重修金华丛书：189 册.上海：上海古籍出版社，2014：13.

风岁岁长花枝。"①尾联紧扣上举《张逊庵郡守四十一寿序》，仍以植树喻育人。张坦让改调吉安后，写信告诉王崇炳，感谢当初"蒙先生正言，不怕遗嗤后人"，并称赞王崇炳是自己"所仅观觏"之人，给予王崇炳以极高评价。

张坦让慧眼识珠，猥自枉屈，求贤若渴，请王崇炳主丽正书院师席，做到人尽其才，为金华的教育文化事业做出了积极贡献。王崇炳为张坦让的情怀、境界、精神所打动，答应出山，尽职尽责，为国育才，以报答张坦让的知遇之恩。但王崇炳一直保持自己的人格，不依附，不谄媚，不盲从，不畏上，在大是大非面前，仗义执言，有理有据，犯颜敢谏，坚持真理，最终赢得了学生的爱戴与张坦让的理解乃至感谢。某种意义上说，二人官民相得，乃至相互成全。

四、诸锦

诸锦（1686—1769），字襄七，号草庐，浙江秀水（今嘉兴）人。家寒微，父有隐德。锦生数岁孤，母氏为择师，日携以就塾，力针黹以俱脯修。锦为李绂门人，博洽多闻。锦自发愤刻励，甫冠，以举人考授内阁中书，雍正二年（1724年）进士，由庶常改知县，再改金华府教授。乾隆丙辰（1736年），以博学鸿词，召试一等第三名，授翰林编修，充《三礼》馆纂修官，典福建、山西、贵州试，历左赞善，假归，不复出。锦于书无所不窥，于笺疏考核尤精，诗学韩、苏，书法瘦硬，如其人。著有《毛诗说》二卷，《通论》一卷，《补飨礼》一卷，《飨礼补亡》一卷，《夏小正诂》一卷，《绛跗阁诗文集》十一卷。晚年辑浙中耆旧诗，题为《国朝风雅》。自作《绛跗阁诗稿》，编古今体诗分三一集，自1704—1762年，跨度达59年，计1500余篇。古诗学韩，近体主宋，近于石湖、诚斋，标格清新。徐天秩称其诗"在退之、永叔之间"（《诸襄七诗集序》）②。袁枚评曰："陆陆堂、诸襄七、汪韩门三太史，经学渊深，而诗多涩闷，所谓学人之诗，读之令人不欢。"③《金华诗录》收录其诗15首。生平事迹见《清史稿·文苑传二》卷四八五、《清史列传·儒林传下》卷六八。

据江跃霞考证，诸锦于1726年由散馆改金华府教授，1736年至京师应博学

---

① 王崇炳.学耨堂诗稿[M]// 赵一生.东阳丛书：15 册.杭州：浙江古籍出版社，2015：241.
② 诸锦.绛跗阁诗稿[M]// 清代诗文集汇编编纂委员会.清代诗文集汇编：313 册.上海：上海古籍出版社，2010：3.
③ 袁枚.随园诗话[M].顾学颉，校点.北京：人民文学出版社，1982：118.

鸿词①。诸锦与王崇炳的交往主要集中于这一时期。诸锦《绛跗阁诗稿》卷五注曰：雍正辛亥至乾隆丁巳②，即1731—1737年，与诸锦任金华教授之期有大部分重合。其中《梅石集》29首、《三秀集》30首、《朝天集》50首。中有《白望峰下白梅一株》云："先生五载金华住，两见梅花涧底开。惭愧孤芳莫相赏，瀑泉终日闹如雷。"③诗后自注："癸丑甲寅余两过此。"癸丑即1733年，甲寅即1734年。又有《学舍古梅一株冠绝婺州余官八年心赏而未有诗也顷以内荐行有日矣临别用东坡惠州松风亭下韵记之》："八年冷署真山村，此花耿耿萦心魂。"④

诸锦为王国陛作《赞》曰："我与王君，乡荐同年。"⑤落款，诸锦自称"年弟"。因此，他称呼王崇炳为"老年伯"，自称"年侄"。

诸锦母亲当年因绣千佛幢而生诸锦，诸锦以绣图嘱王崇炳题诗，王崇炳因有《诸孚斋年兄尊慈绣千佛幢，乃生孚斋，作绣图属题》⑥：

木生必有根，花开必有实。太君帝网珠，来生阎浮国。礼像及持名，凤龄修净业。浣濯香水海，讽诵贝多叶。袖里有金针，绣出千尊佛。传神经匠契，微妙穷毫末。霞焕六铢衣，云连三事衲。一念十年成，千尊一针出。太君结愿重，冥理开感捷。天上石麟儿，抱送苍眉释。才名冠一时，起作瀛洲客。乞外养慈亲，关河省跋涉。好传绣佛什，留以补衮职。

以佛家因果解释绣千佛幢的功德，浓墨重彩描绘绣图，期望为诸锦未来仕途带来好运。

诸锦有《自题月中清露点朝衣图三首》⑦：

蛾眉班押引冠裙，垂露高梧澹复疏。孤鹤不眠翻五夜，借来官骑躅清虚。

自爱循陔赋白华，朝衣彩服也堪夸。含情照我西清月，重为金华护绛纱。

述志编诗愧照藜，忍寒半臂几曾围。嫦娥应鉴薰衣少，启笥蓬山露未晞。

---

① 江跃霞.诸锦及其《绛跗阁诗稿》研究[D].合肥：安徽大学，2021：7.
② 诸锦.绛跗阁诗稿[M]//清代诗文集汇编编纂委员会.清代诗文集汇编：313册.上海：上海古籍出版社，2010：59.
③ 诸锦.绛跗阁诗稿[M]//清代诗文集汇编编纂委员会.清代诗文集汇编：313册.上海：上海古籍出版社，2010：63.
④ 诸锦.绛跗阁诗稿[M]//清代诗文集汇编编纂委员会.清代诗文集汇编：313册.上海：上海古籍出版社，2010：70.
⑤ 《河汾王氏宗谱》卷九，光绪戊申（1908）重修，第41页。
⑥ 王崇炳.学樗堂诗稿[M]//赵一生.东阳丛书：15册.杭州：浙江古籍出版社，2015：252.
⑦ 诸锦.绛跗阁诗稿[M]//清代诗文集汇编编纂委员会.清代诗文集汇编：313册.上海：上海古籍出版社，2010：60.

王崇炳则有《题诸孚斋月明秋露点朝衣册》:"暂卷朝衫逸兴赊,囊书笼鹤到金华。凌晨梦醒冰壶月,秋露梧桐片影斜。"①其图未详,大概是依据李德裕诗而作诸如下班图之类,为勤勉为官写照。李德裕《长安秋夜》诗:"内宫传诏问戎机,载笔金銮夜始归。万户千门皆寂寂,月中清露点朝衣。"②李德裕是唐武宗会昌年间(841—846)名相,为政六年,内制宦官,外复幽燕,定回鹘,平泽潞,有重大政治建树,曾被李商隐于《太尉卫公会昌一品集序》中誉为"成万古之良相,为一代之高士"③。此诗像一则宰辅日记,反映着他从政生活的一个片段。眼前景、眼前事,一个兢兢业业的无双国士的形象跃然纸上。

王崇炳与诸锦可谓忘年交,互相敬重,彼此爱慕。诸锦有《王稼轩明府和新桥韵诗见赠酬答》④云:

休文赋郊居,俗士误读霓。亦恐作险诡,夜半临深溪。语出佛菩萨,首肯无昂低。欲清濯龙渊,先护黄鹄堤。罗列吾乡贤,西河叹推挤(卜人木休)。言诗固哉叟(高大立孝本),品卓追关西。南州徐孝廉(徐安叙天秩),骏马缓銮蹄。亦有曾梅厅(曾济苍安世),稽古珍驰踶。更有墙东王(王虎文崇炳),有谋自天稽。沉沦展子禽,调笑鲁人鹥。二吴暨茅郑,天步艰阶梯(贵池吴复古铭道曾寓禾,归安吴临原斯洺,茅湘客应奎,余姚郑亦亭世元,并以诗名)。方今圣继圣,田间起涂泥。泽雉翚彩扇,朱轮映寒闺。娄东大雅材,以礼勤招携。名实剖璞鼠,辎軿笺天鸡。端如一角麟,划若分水犀。饱吃惠州饭,高然太乙藜。遂歌有苗平,鼎铸刑天脐。

诸锦向知府罗列了一大批乡贤,其中就包括王崇炳,其他人尚有卜人木休,高大立孝本,徐安叙天秩,曾济苍安世,吴复古铭道,吴临原斯洺,茅湘客应奎,郑亦亭世元等。可见,诸锦对王崇炳评价甚高。

王崇炳有《百字令·寄金华教授诸孚斋年兄》⑤:

五经贮腹,玉堂仙供奉,清裁谁及。特简广文培椷朴,借重郑虔三绝。山谷涪州,子瞻儋耳,去国才方逸。泮林疏柳,鹭鸿天上飞集。　休厌首宿盘餐,掌纶秉铎,内外俱清职。不见苏湖翻教授,弟子分科齐出。啸玉生烟,倾珠作雨,

---

① 王崇炳.学穮堂诗稿[M]//赵一生.东阳丛书:15册.杭州:浙江古籍出版社,2015:261.
② 中华书局编辑部.全唐诗[M].北京:中华书局,1999:5426.
③ 刘学锴,余恕诚.李商隐文编年校注[M].北京:中华书局,2002:1666.
④ 诸锦.绛跗阁诗稿[M]//清代诗文集汇编编纂委员会.清代诗文集汇编:313册.上海:上海古籍出版社,2010:68-69.
⑤ 王崇炳.学穮堂诗余[M]//赵一生.东阳丛书:15册.杭州:浙江古籍出版社,2015:309.

况有题诗笔。沈楼虚待,清风吹送明月。

词赞诸锦博通经史,如郑虔一般诗书画三绝。引导他学习苏黄,黄庭坚被贬涪州,苏轼被贬儋州,职低不失志,反而才华大显。教授虽是清职,而教书育人的责任重大,勉励他恪尽职守。

诸锦曾为王崇炳题像赞"渊默雷声",众人多不解。后诸锦再题曰:

有至人者,绵绵或存。一动一静,互为其根。忽潜于渊,忽见于田。虚以待之,无为之先。水中有火,雪里成春。显微微显,宾主主宾。渊默雷声,雷声渊默。问之先生,笑而不答。风月无边,八荒我达。得意忘言,秦灰汉粕。①

玄之又玄,高深莫测,像在打哑谜。王崇炳却心领神会,作《渊默雷声跋》②曰:

诸孚斋年兄题予小像额曰:"渊默雷声",用意深矣。至理不孤,至言必偶,《南华》另有语曰:"雷声渊默"。渊默雷声,主中有宾,即紫阳所云"默不能藏"也;雷声渊默,宾中有主,即紫阳所云"语不能显"也。主中有宾,一切天地山河、日月星辰、鸟兽草木,一一为鹤潭写照;宾中有主,声臭俱泯,形影不彰,何从得此面目?将于无面目处见鹤潭,则失鹤潭;将于百千万面目处见鹤潭,则失鹤潭;将于散一为万、摄万归一、即一即万、即万即一处见鹤潭,则失鹤潭。会得,则时时处处,面目俨然。

《庄子·在宥》:"尸居而龙见,渊默而雷声"。"渊默雷声",曹础基释为"看来深沉静默,实如雷声一般震动"③。《孟子·尽心上》中,公孙丑曰:"道则高矣,美矣,宜若登天然,似不可及也。何不使彼为可几及而日孳孳也?"孟子曰:"大匠不为拙工改废绳墨,羿不为拙射变其彀率。君子引而不发,跃如也。中道而立,能者从之。"朱熹言:"此章言道有定体,教有成法;卑不可抗,高不可贬;语不能显,默不能藏。"④王崇炳认为应从"主中有宾""宾中有主"两方面来体会,去除偏颇,以达到"时时处处,面目俨然"之境地。

除了诗文往还,二人还与众人一起联句,文人雅会,风流一时。比如,王崇炳、诸锦会同邵异、朱日知、诸葛彬、诸葛仪、章文成、陆承楷、程建楷、周景灏、季田在、陈秉谟、诸葛举等人,仿效唐颜真卿五杂组联句,成《五杂组联句

---

① 《河汾王氏宗谱》卷一,光绪戊申(1908)重修,第44页。
② 王崇炳.学穮堂文集[M]// 赵一生.东阳丛书:15册.杭州:浙江古籍出版社,2015:172.
③ 曹础基.庄子浅注[M].北京:中华书局,2000:144.
④ 朱熹.朱子全书·孟子集注:6册[M].上海:上海古籍出版社,2002:440.

效颜鲁公作》①：

　　五杂组，邰公厨。往复还，绣屏纡。不得已，满眼酤。（王崇炳）
　　五杂组，设供张。往复还，排衙仗。不得已，作官样。（诸锦）
　　五杂组，东陵瓜。往复还，缫丝车。不得已，水田墓。（邵昇）
　　五杂组，芳菲圃。往复还，迓田祖。不得已，熏社鼠。（朱日知）
　　五杂组，抛球乐。往复还，围棋格。不得已，巢危幕。（诸葛彬）
　　五杂组，花红缎。往复还，年月换。不得已，侵蚀贯。（诸葛仪）
　　五杂组，判事手。往复还，要路走。不得已，岐舌口。（章文成）
　　五杂组，山雉毛。往复还，沐猴跳。不得已，瘦狗嗥。（陆承楷）
　　五杂组，中秋月。往复还，云出没。不得已，盈又缺。（程建楷）
　　五杂组，扶天藻。往复还，长安道。不得已，阳城考。（周景灏）
　　五杂组，梁辀梨。往复还，短长毂。不得已，车脱輹。（季田在）
　　五杂组，乡人傩。往复还，茑女萝。不得已，无斧柯。（陈秉谟）
　　五杂组，女娲石。往复还，连城璧。不得已，元凯癖。（诸葛举）

颜真卿有《三言拟五杂组二首》："五杂组，绣与锦。往复还，兴又寝。不得已，病伏枕。""五杂组，甘咸醋。往复还，乌与兔。不得已，韶光度。"②其一作于大历八年（773年），颜真卿任湖州刺史，浙西观察使判官袁高巡部至州，颜陪其游杼山，有《夜宴咏灯联句》《月夜啜茶联句》《五杂组拟作联句》，此次参与联句的还有李崿、殷佐明、陆士修、蒋志等四人。其二乃颜真卿与张荐、李崿、皎然等一起联句。

二人还相互为对方作品撰序。李卫（1687—1738），字又玠，江南铜山（今江苏徐州丰县大沙河镇李寨）人，雍正五年（1727年），升任浙江总督，管巡抚事。雍正九年（1731年），他曾出钱修《浙江通志》，聘诸锦参与纂修。同时受聘者有厉鹗、沈德潜、杭世骏等浙江名士，其中多其师友③。据沈德潜《归愚自订年谱》："（九年）三月，浙督李公聘修《浙江通志》《西湖志》，赴馆，总裁学士沈公西园讳翼机、太史傅公阆陵讳王露、陆公聚缑讳奎勋，嘱先修湖志，分水利、名胜、祠墓、志余四门，遍览载籍，时率松儿往来湖上，到处寻访。回忆前游，相距二十三年，犹梦寐也。同人会合，时相倡酬，尤契合者方文辀、张存中、陈

---

① 诸锦.绛跗阁诗稿[M]//清代诗文集汇编编纂委员会.清代诗文集汇编：313册.上海：上海古籍出版社，2010：70.
② 中华书局编辑部.全唐诗[M].北京：中华书局，1999：1586.
③ 江跃霞.诸锦及其《绛跗阁诗稿》研究[D].合肥：安徽大学，2021：7.

葆林、诸襄七、厉太鸿、周兰坡、王介眉诸公,不必出门求友矣。"①提及共事者有方楘如、张存中、陈葆林、诸锦、厉鹗、周长发、王延年等。诸锦《省志图说竣呈馆中前辈》云:"诏开志局事编摩,欲正陶阴亥豕讹。万卷琳琅群玉集,三台照耀五云多。已排东阁贤人聚,复道河阳处士罗。自分散材非作手,谨书圣德迈元和。"②王崇炳则为之作《两浙通志地图说序》③云:

  浙督李公妙简两浙邃学耆儒,修《全浙通志》,金郡教授诸孚斋先生以辞林名宿与选,阐得《舆地图说》。合之,则志中一体;分之,则说可单行。

  夫地不能飞行,必籍图以传远;图不能自言,必籍说以通志。见境于图,图不尽境,必能绘难图之境,方为善图;见图于说,说不尽图,必能拓说中之图,方为善说。如是,则见说,而图在说中;见说中之图,而境在所说之图中。如是,则地不必亲到,但详阅其说,宛如踰冈陟险,历游全浙,山海城郭邱亩而身亲见之。

  昔者王季重、袁石公善作记,能使岩壑奇奥跃然楮上,可以涤凡襟而发高韵,乃骚人墨客之所珍,而非通志之体。通志者,关一朝之政教风俗,在《书》,则法《禹贡》;《周礼》,则法《职方》;余则《山海》《水经》《耆旧》等传。至于流连光景之作,间有取焉,而非所重也。是故图有列郡,不但设疆域建制也,并其土田水利而说之;图有岩险,不但设重关复奥也,并其屯聚防御而说之;图有山泽,不但说土宜物产也,并其人情俗尚而说之;图有名胜,不但说琳宫梵刹也,必因丽泽学舍而及之。约说则漏,详说则繁,说奇则诡,说平则芜,总以苍森卓健、简严精核为主。

  先生宏才博学,所著诗文不一体,莫不独出冠时。图说乃豹彩一斑,然已足单行矣。

  此序论述了通志中地图的作用、范围、特色等,赞诸锦图说"独出冠时",足可流传后世。

  雍正十一年(1733年)四月,诸锦撰《金华征献略序》④:

  莫重于文献:国有史,郡有志,家有乘。阙则获之于野,疑则征之以稗,搜

---

① 沈德潜.沈归愚诗文全集·归愚自订年谱[M]//清代诗文集汇编编纂委员会.清代诗文集汇编:234册.上海:上海古籍出版社,2010:10.
② 诸锦.绛跗阁诗稿[M]//清代诗文集汇编编纂委员会.清代诗文集汇编:313册.上海:上海古籍出版社,2010:61.
③ 王崇炳.学耨堂文集[M]//赵一生.东阳丛书:15册.杭州:浙江古籍出版社,2015:58-59.
④ 王崇炳.金华征献略[M]//赵一生.东阳丛书:15册.杭州:浙江古籍出版社,2015:卷首.

残讨逸，微显阐幽，上下数千年，文献偹而乃成掌故。然有其文，而未必贤者矣。未有其人贤，而文不足以垂世者也，则献为尤重。俗学纰缪放佚，旧闻横见倒出，末由师承先贤之坠绪茫如也，于文乎何有？宣尼之圣也，其言礼，则曰："闻诸老聃"；好古，则曰："比于老彭"。《毛诗》之序也，以公孙尼子、孔丛子、仲梁子、高子、孟仲子；《公》《谷》之传《春秋》也，以子沈子、司马子、子女子、北宫子、鲁子、尸子、公子启：盖不忘所自也。至于桑梓之地，则加意敬恭焉。此昌黎切切于钓游，眉山惓惓于乡曲，匪直则古称先学者自应宜尔，亦以老成典型所当景仰者。自在事不师古，而披然自是，直游言横议耳！何当焉？然儒者崛起一乡，地寒门薄，先哲邈然，虽欲上下议论，铺陈述作，而邈不可得；有其贤矣，而承其后者，悠悠忽忽，空螳梁黍，才学无三长之称，缮录鲜千钟之助，虽有乡贤懿行，亦徒付之纸敝墨渝，啮蚀断烂，黯黜无光，此亦后学者之过也。

东阳鹤潭先生，独以金华文献为己任。盖婺州代有贤才，至宋、元、明而大盛，会萃两浙之英华，文献几甲于天下。先生以明经操著录之柄，征引皆有来处。其论通而介，平而不挠，披拂一过，如春风之入座也。婺州之献，得先生为表彰，而忠孝仕学之林，芒寒色正，孚尹旁达，能使其人与骨并其言而不朽，真足为婺贤插齿牙，树毛发，其人传，其文传矣。感不绝于余心，溯风流而独写昔，吾有先正其言明且清。此书当有神明护持，以备圣朝良史之采择，岂直并梓潼之士女、襄阳之耆旧、汝南之先贤已哉！锦曾承乏史阁，书此以志券焉。

开头述史，强调了文献的重要性，王崇炳能以金华文献为己任，孜孜矻矻，征引有出处，"其论通而介，平而不挠"，婺州先贤其人其言其文借此不朽，功莫大焉。

总之，二人以各自的才学、人品吸引对方，诗文唱酬、学术砥砺是二人的主要交往方式。

第六章 王崇炳与四明四友

王崇炳《学耨堂诗稿序》云:"壬寅至四明访友,类多倡和,欲刻为一帖。儿辈以为不如捡平日所为诗,择其精者合刻之。一开卷则束发故人,不胜存殁之感,存者当留,殁者亦难恝置。故此编凡六卷。"[1] 1722年,王崇炳回访慈溪郑性,因之结识四明众友,唱和颇多,尤以四明四友为最,以此为契机,返回东阳后才有意编选诗集,意在以诗存人。

四明四友,也称甬东四友,指清初李暾、万承勋、郑性、谢绪章四人。清陈康祺《郎潜纪闻初笔》卷十四云:"吾乡康熙间,李东门太学暾、万西郭刺史承勋(皆鄞人)、郑南溪明经性(慈溪人)、谢北溟茂才绪章(镇海人),渊源家学,各以诗鸣,号为四友,合刻集曰《四明四友诗》。南溪父寒村太守梁为之序。"[2]

一、郑性[3]

"观其交游,则其贤不肖可察也。"[4] 清初浙东布衣文人王崇炳与郑性年龄相差十二岁,自1712年神交直至1739年王崇炳逝世,友谊长达二十八年,二人相互欣赏,惺惺相惜,是各自晚年不可多得的挚友。整理二人的交游形态并深入当时社会情境,考察立身行事、出入进退、趣味好尚、人生行藏等,对其文学研究颇有助益。

郑性(1665—1743),字义门,号南溪,清慈溪鹳浦人,终身布衣,立志走游五岳,自署五岳游人,郑梁子,黄宗羲再传弟子。筑二老阁贮藏黄、郑两家图书,对表彰黄氏之学不遗余力。康熙五十九年(1720年)贡生,因受铨不赴。著

---

[1] 王崇炳.学耨堂诗稿[M]//赵一生.东阳丛书:15册.杭州:浙江古籍出版社,2015:卷首.
[2] 陈康祺.郎潜纪闻初笔二笔三笔[M].晋石,点校.北京:中华书局,1984:301.
[3] 吕国喜.王崇炳与郑性交游考论[J].盐城师范学院学报(人文社会科学版),2018(4):44-48.
[4] 黎翔凤.管子校注[M].梁运华,整理.北京:中华书局,2004:52.

有《南溪偶刊》《二老阁书目》《仅真集》等。

粗略统计，王崇炳写及郑性的作品共 35 篇（首）：诗 29 篇，词 4 篇，文 2 篇，郑性提及王崇炳的作品计 41 篇（首）：诗 40 篇，文 1 篇。

（一）1712 年，神交；1713 年，订交

1712 年，郑性偶识东阳金泽躬，再识其族弟金素公，通过素公的绍介，闻知王崇炳，且神交不已。《金华诗录》载："光润，字泽躬，东阳人，贡生，官青田训导。"① 据《岘西金氏宗谱》，知其生卒为 1678—1760 年，"号玉阳，邑廪生。乾隆丁巳（1737 年）岁贡，任处州府青田县教谕。"② 1716 年，郑性往东阳访王崇炳，顺便去拜访金素公，却未能谋面，其《访金素公不值》"臭味迄今逾结契，因缘何日可忘君"后自注"余从素公识鹤潭"③。1740 年，郑性往东阳吊唁王崇炳，见金泽躬、金素公，其《投金泽躬》云："东阳金泽躬，有才善属文。不幸昔遭厄，岁忆在壬辰。族弟素公氏，营救逾周亲。客邸忽邂逅，诉我殊酸辛。属我共拯挽，天幸屈者伸。从兹交素公，以成鹤潭因。"④ 又《东阳访金素公》中自注"余识鹤潭自素公"⑤。反复言明此事。

郑性父郑梁 (1637—1713)，字禹梅，初号香眉，后号寒村，康熙二十七年（1688 年）进士，选庶吉士，改工部湖广司主事，旋升本司员外郎，擢刑部山西司郎中，三十三年（1694 年）充文武会试同考官。康熙三十四年（1695 年）出守高州知府。父郑溱去世丁艰归里，晕仆地十九日始甦，遂成半身，因改名风，字半人。郑溱"与黄宗羲交最密，尝命梁师事宗羲。梁以陈师道年三十一见黄鲁直，尽焚其稿而学焉。"⑥ 黄宗羲曾评价其"文章则郑禹梅清工"⑦。《清史列传》评："学有心得，诗近陈献章，文类归有光，宗羲极称之。"⑧ 全祖望以"高州之文章"与万

---

① 朱琰. 金华诗录 [M]// 黄灵庚, 陶诚华. 重修金华丛书：178 册. 上海：上海古籍出版社, 2014：725.
② 《岘西金氏宗谱》卷二十一, 宣统庚戌年（1910）重修。
③ 郑性. 南溪偶刊 [M]// 四库未收书辑刊编纂委员会. 四库未收书辑刊：8 辑 27 册. 北京：北京出版社, 1997：499.
④ 郑性. 南溪偶刊 [M]// 四库未收书辑刊编纂委员会. 四库未收书辑刊：8 辑 27 册. 北京：北京出版社, 1997：575.
⑤ 郑性. 南溪偶刊 [M]// 四库未收书辑刊编纂委员会. 四库未收书辑刊：8 辑 27 册. 北京：北京出版社, 1997：575.
⑥ 清史列传 [M]. 王钟翰, 点校. 北京：中华书局, 1987：5803.
⑦ 黄宗羲. 陈夔献墓志铭. 黄梨洲文集 [M]. 北京：中华书局, 1959：232.
⑧ 清史列传 [M]. 王钟翰, 点校. 北京：中华书局, 1987：5804.

斯同之史学、万充宗之经学、万公择之理学相提并论。[1]除文学外,郑梁对经术也有造诣,黄宗羲在《郑禹梅刻稿序》中称:"吾友郑禹梅,深于经术,而取材于诸子百家,仁义之言,质而不枯,博而不杂,如水之舒为沦涟,折为波涛,皆有自然之妙。"[2]著有《寒村诗文集》三十六卷。

郑梁逝后,王崇炳代诗以挽,《郑寒村先生挽诗》:"南雷弟子吕游贤,半臂操觚障百川。人世讳言新建学,先生力任蕺山传。功存瘴峤猺猺国,书在瀛洲金石编。大木忽倾遗宪尽,一时挥泪海东天。"[3]这首诗高度总结、赞扬了郑梁的文学、书画成就,且追溯其学脉,自黄宗羲而上达刘宗周,功莫大焉,栋梁忽折,洒泪痛悼。郑性读其诗,赞其才学,欲友之,此乃二人订交之始。何元显《王鹤潭先生行述》云:"四明郑南溪性,号五岳游人,遍交天下知名士,因得友人挽父禹梅先生诗,拜泣坠地,询系先生代作,千里造庐相访。"[4]此诗很可能是代金素公所作,但无确凿证据。郑性《祭王鹤潭文》有云:"性识先生,年亦既晚。先子之丧,一诗来挽,久承道脉,新建蕺山,措辞出俗,命意超凡。性矢诸怀,久不能去。"[5]

(二)1716年冬,郑性访王崇炳

郑性服丧期间,与王崇炳虽未谋面,但诗简往还,讨论学术,且立约登门拜访。郑性《酬王鹤潭》:"东阳豪杰士,契好遥弥敦。每怀一投谒,相与深推原。夙约敢终爽,珍重登龙门。"[6]郑守丧期满除服,即远赴东阳,拜会王崇炳。郑性《祭王鹤潭文》:"未几服阕,阻修弗惧,半途坠水,卒抵吴宁,有神祐我,导以宵灯。获见先生,不胜喜慰,三宿高斋,鄙陋自愧。"[7]

---

[1] 全祖望.全祖望集汇校集注[M].朱铸禹,汇校集注.上海:上海古籍出版社,2000:1064.
[2] 黄宗羲.黄梨洲文集[M].北京:中华书局,1959:354.
[3] 王崇炳.学耨堂诗稿[M]//赵一生.东阳丛书:15册.杭州:浙江古籍出版社,2015:33.
[4] 东阳河汾王氏宗谱[M]//黄灵庚,陶诚华.重修金华丛书:189册.上海:上海古籍出版社,2014:14.
[5] 郑性.南溪偶刊[M]//四库未收书辑刊编纂委员会.四库未收书辑刊:8辑27册.北京:北京出版社,1997:631.
[6] 郑性.南溪偶刊[M]//四库未收书辑刊编纂委员会.四库未收书辑刊:8辑27册.北京:北京出版社,1997:498.
[7] 郑性.南溪偶刊[M]//四库未收书辑刊编纂委员会.四库未收书辑刊:8辑27册.北京:北京出版社,1997:631.

"半途坠水"的小插曲，郑性后来作诗《蔡宅旅次纪事》①以具告王崇炳，王则依韵以和，即《郑南溪自杭邸见寄长篇具述见访闻警迷途溺溪事依韵奉酬》②，诗以王柏求教杨与立而中途迷路之典类比。杨与立 (1183—1256)，字子权，福建人，受业于朱熹。曾任遂昌知县，后讲学终生，以道学著称。辑有《朱子语略》二十卷。寓兰溪，王柏曾去求教，"行至大安迷失道，苍茫四顾靡由之"。王崇炳不敢自比杨与立，而赞郑性堪比王柏："鄙人不中船山仆，君与鲁斋真肩随。"

三天中，王崇炳带着郑性游玩、访友，探讨学问。二人游合浦、观双岘（东阳东岘峰、西岘峰）。郑性有诗《同鹤潭游合浦》③等，访杜雍玉，王崇炳有诗《杜雍玉以麦面款客，郑南溪论及唐人不敢题糕事，遂以面字押韵分赋》④，郑性有诗《雍玉以牙刀面饷客，鹤潭有诗，因次其韵》⑤等。王崇炳将所著《金华征献略·儒林》教正于郑性，郑有诗《阅鹤潭金华儒学传》："名山闭户著书深，钝汉来看也悦心。安顿自家多活计，阐扬郡哲首儒林。东西南北从人认，远迩高卑任地寻。一道康庄原四达，知君抛得定盘针。"⑥诗中对儒林传的价值、编排体例与思想大加褒扬。王崇炳有和诗："闭户搜罗岁月深，迂疏空负表彰心。谬承扬榷群儒传，敢信身居著作林。覆瓿他年终散失，张灯此夜感披寻。婺贤千载心相契，岂特愚衷藉砭针。"⑦回忆自己搜集编著的过程，感慨系之，希望不要辜负了他的表彰先进往贤之初心。承蒙好友谬赞，自信《金华征献略》必将自立于著作之林，传之久远。他认为，其实并非人借文传，而是文借人传罢了。

相聚短暂，转眼离别。二人惺惺相惜，遂结成忘年莫逆。郑性不虚此行，对王崇炳的身世、才学有了深入了解，这为日后密切而长期的交往奠定了坚实基

---

① 郑性.南溪偶刊[M]// 四库未收书辑刊编纂委员会.四库未收书辑刊：8 辑 27 册.北京：北京出版社，1997：498.
② 王崇炳.学耨堂诗稿[M]// 赵一生.东阳丛书：15 册.杭州：浙江古籍出版社，2015：107-108.
③ 郑性.南溪偶刊[M]// 四库未收书辑刊编纂委员会.四库未收书辑刊：8 辑 27 册.北京：北京出版社，1997：499.
④ 王崇炳.学耨堂诗稿[M]// 赵一生.东阳丛书：15 册.杭州：浙江古籍出版社，2015：106.
⑤ 郑性.南溪偶刊[M]// 四库未收书辑刊编纂委员会.四库未收书辑刊：8 辑 27 册.北京：北京出版社，1997：499.
⑥ 郑性.南溪偶刊[M]// 四库未收书辑刊编纂委员会.四库未收书辑刊：8 辑 27 册.北京：北京出版社，1997：498.
⑦ 董肇勋，王崇炳.东阳历朝诗[M]// 黄灵庚，陶诚华.重修金华丛书：178 册.上海：上海古籍出版社，2014：231-232.

础，恰如郑性于《别鹤潭》中言："自是往来魂梦熟，不须待月照前川。"①《又赠鹤潭》云："鹿皮久没鹤潭兴，火尽吴宁另一灯。万载天空九日月，诸儒蚁竞穴邱陵。心如秋水还无底，身在悬崖第几层。当日潜溪唤不至，南溪不唤却来应。"自注："吴宁先儒陈樵号鹿皮子，尝欲传道于潜溪，易簀时呼之，而潜溪不至。"②陈樵（1278—1365），元代东阳亭塘人，常反穿鹿皮衣，自号"鹿皮子"，终生未仕，隐居于小东白山圁谷涧，长于诗赋，理学独到，几百卷著作多毁于兵燹，今仅存诗赋集《鹿皮子集》四卷，明末清初理学家孙奇逢称陈樵为"守先待后之儒"③，《四库全书总目》言："郑善夫《经世要言》称其经学为独到，然所称'神所知者谓之智'实慈湖之绪余，而姚江之先导。"④陈樵晚年写信招宋濂，欲尽传其学，宋濂因故未及往。对此，后人每有慨叹。郑性谓薪火相传，王崇炳是继东阳元代陈樵之后的大儒。王崇炳有和诗："通德门才有嗣兴，蕺山旧学引孤灯。世儒划地凭江界，几辈遵途陷固陵。叹彼日迷三里雾，何人身立万峰层。不图老遇南溪子，虚谷传声目远应。"⑤言明晚年得遇知己，实乃三生有幸。王崇炳《送郑南溪见访归》诗云："寒崖木石含声气，寰海文章共性情。惭叹南溪相顾意，崎岖来往历千程。"⑥以此感谢郑性远道造访，依依惜别。

（三）1722年春，王崇炳回访郑性

1722年，时隔六年后，正值郑性游岳归来，王崇炳回访之，王自言："壬寅仲春，予七十诞辰时，方苦饥不忍受祝，因报谒郑南溪于慈溪鹳浦，起行于正月廿五，至二月廿九还家。所阅山川城郭道路，晦明风雨之况，辄有所作。四明多贤，其间耆儒英俊、山人野衲相与往来，各有唱和。凡得诗四十余章，并其所赠诗录之，聊以记游云。"⑦可参之于郑性《祭王鹤潭文》："迄乎壬寅，先生七十，访我四

---

① 郑性.南溪偶刊 [M]// 四库未收书辑刊编纂委员会.四库未收书辑刊：8辑27册.北京：北京出版社，1997：499.
② 郑性.南溪偶刊 [M]// 四库未收书辑刊编纂委员会.四库未收书辑刊：8辑27册.北京：北京出版社，1997：498.
③ 孙奇逢.理学宗传 [M]// 续修四库全书编委会.续修四库全书 史部：514册.上海：上海古籍出版社，2002：515.
④ 永瑢，纪昀.影印文渊阁四库全书总目：4册 [M].台北：台湾商务印书馆，1983：428.
⑤ 董肇勋，王崇炳.东阳历朝诗 [M]// 黄灵庚，陶诚华.重修金华丛书：178册.上海：上海古籍出版社，2014：232.
⑥ 王崇炳.学耨堂诗稿 [M]// 赵一生.东阳丛书：15册.杭州：浙江古籍出版社，2015：105.
⑦ 王崇炳.学耨堂诗稿 [M]// 赵一生.东阳丛书：15册.杭州：浙江古籍出版社，2015：139.

明，盘桓半月，日夕诗篇，以倡以酬，积书盈册，弥著风流。"①

郑性喜出望外，赋《喜王鹤潭至》诗三首，其一云："年年盼断子猷来，疑是中途兴尽回。今日春风吹送到，柴门不倩主人开。"②用子猷访戴典，怀疑王崇炳像王子猷一样，行至中途便兴尽而返，其渴盼之情至为殷切。

半月内，郑性带着王崇炳游山玩水、投亲访友，唱和酬答，不亦乐乎。一起去墓祭，王崇炳有诗《偕姚圣在陪郑南溪福泉墓祭》③《至西岙谒郑寒村先生墓，俚句侣南溪》④，郑性则有《扫先大父墓王鹤潭姚圣在偕至次鹤潭韵》⑤《扫先大父墓酬鹤潭次韵》⑥。二人同游太白山、天童寺，鸡山，五峰等，王有《偕郑南溪天童寺同赋》⑦《舟次鸡山，南溪登涯沽酒看古松，悦之俞望桥留膳》⑧《偕南溪天童晚发晓至五峰，赠全拙和尚》⑨《偕郑南溪游山得句》⑩，郑有《太白山次鹤潭韵》⑪《携鹤潭乔梓游东谷中峰二院》⑫《鸡山偶泊得古松一株山翁俞望桥留饭鹤潭有诗次韵》⑬等。通过王《偕南溪天童晚发晓至五峰，赠全拙和尚》《五峰即大梅和尚住处，记得僧诗有"一池荷叶衣无尽，半亩松花食有余。刚被世人知住处，又移茅屋入深

---

① 郑性.南溪偶刊[M]//四库未收书辑刊编纂委员会.四库未收书辑刊：8辑27册.北京：北京出版社，1997：631.
② 郑性.南溪偶刊[M]//四库未收书辑刊编纂委员会.四库未收书辑刊：8辑27册.北京：北京出版社，1997：542.
③ 王崇炳.学耨堂诗稿[M]//赵一生.东阳丛书：15册.杭州：浙江古籍出版社，2015：144.
④ 王崇炳.学耨堂诗稿[M]//赵一生.东阳丛书：15册.杭州：浙江古籍出版社，2015：144.
⑤ 郑性.南溪偶刊[M]//四库未收书辑刊编纂委员会.四库未收书辑刊：8辑27册.北京：北京出版社，1997：542.
⑥ 郑性.南溪偶刊[M]//四库未收书辑刊编纂委员会.四库未收书辑刊：8辑27册.北京：北京出版社，1997：542.
⑦ 王崇炳.学耨堂诗稿[M]//赵一生.东阳丛书：15册.杭州：浙江古籍出版社，2015：146.
⑧ 王崇炳.学耨堂诗稿[M]//赵一生.东阳丛书：15册.杭州：浙江古籍出版社，2015：147.
⑨ 王崇炳.学耨堂诗稿[M]//赵一生.东阳丛书：15册.杭州：浙江古籍出版社，2015：147.
⑩ 王崇炳.学耨堂诗稿[M]//赵一生.东阳丛书：15册.杭州：浙江古籍出版社，2015：146.
⑪ 郑性.南溪偶刊[M]//四库未收书辑刊编撰委员会.四库未收书辑刊：8辑27册.北京：北京出版社，1997：542.
⑫ 郑性.南溪偶刊[M]//四库未收书辑刊编纂委员会.四库未收书辑刊：8辑27册.北京：北京出版社，1997：542.
⑬ 郑性.南溪偶刊[M]//四库未收书辑刊编纂委员会.四库未收书辑刊：8辑27册.北京：北京出版社，1997：542.

居"，即此地也。偶成二截句与全拙和尚》①《赠姚圣在孝廉》②《李东门留膳》③《赠万西郭》④《访钱在德留膳》⑤，以及郑性《陪鹤潭访太白乘公偶占》⑥《同鹤潭访五峰安公次客岁见访韵》⑦等诗，可知王崇炳此行结识了李暾、万承勋、姚圣在、钱在德、全拙和尚、乘公、安公等，三教九流，广增交游。

离别又是一番难分难舍。郑性《送鹤潭返里》云："水陆行程过半千，高年跋涉亦维艰。不知底事殷勤至，更为何因倏忽还。观海约成虚幻境，看山兴在有无间。春风欲返吴宁谷，畴向仙家借术攀。"⑧感慨路途迢遥，来去匆匆，观海之约未践，看山之兴未尽。王崇炳《依原韵和郑南溪赠行之作兼以留别》："冉冉年光失壮颜，久要必践岂辞艰。心如天水遥相接，迹似风潮去复还。性海不离方寸地，名山都在画图间。叮咛五岳峰头客，进步无多仔细攀。"⑨天涯咫尺，心意相通。"性海"，佛教语，指真如之理性深广如海，这里借指心学。尾联激励郑性学问精进。

郑性事后得知王崇炳乃二月十二生日，即传说中的花神生日，那一天恰好带着王崇炳去墓祭了，寄诗《补祝鹤潭七十初度》⑩，以表达歉意及祝福意。王崇炳则不以为意，作《壬寅仲春十有二日，予七十初度，在郑南溪家，既归，南溪寄诗补祝，依韵和答》⑪。

（四）1723年，武林邂逅

1723年四月，王崇炳与郑性于杭州试院前邂逅，郑性《棘院前喜晤鹤潭》云：

---

① 王崇炳.学耨堂诗稿[M]// 赵一生.东阳丛书：15册.杭州：浙江古籍出版社，2015：148.
② 王崇炳.学耨堂诗稿[M]// 赵一生.东阳丛书：15册.杭州：浙江古籍出版社，2015：142.
③ 王崇炳.学耨堂诗稿[M]// 赵一生.东阳丛书：15册.杭州：浙江古籍出版社，2015：148.
④ 王崇炳.学耨堂诗稿[M]// 赵一生.东阳丛书：15册.杭州：浙江古籍出版社，2015：149.
⑤ 王崇炳.学耨堂诗稿[M]// 赵一生.东阳丛书：15册.杭州：浙江古籍出版社，2015：149.
⑥ 郑性.南溪偶刊[M]// 四库未收书辑刊编纂委员会.四库未收书辑刊：8辑27册.北京：北京出版社，1997：542.
⑦ 郑性.南溪偶刊[M]// 四库未收书辑刊编纂委员会.四库未收书辑刊：8辑27册.北京：北京出版社，1997：542.
⑧ 郑性.南溪偶刊[M]// 四库未收书辑刊编纂委员会.四库未收书辑刊：8辑27册.北京：北京出版社，1997：543.
⑨ 王崇炳.学耨堂诗稿[M]// 赵一生.东阳丛书：15册.杭州：浙江古籍出版社，2015：150-151.
⑩ 郑性.南溪偶刊[M]// 四库未收书辑刊编纂委员会.四库未收书辑刊：8辑27册.北京：北京出版社，1997：543.
⑪ 王崇炳.学耨堂诗稿[M]// 赵一生.东阳丛书：15册.杭州：浙江古籍出版社，2015：161.

"泰州儒伟今重见，海岱言遥此再申。莫管有人倾耳未，确然吾德不无邻。"①表达的是"德不孤，必有邻"②的欣喜。王崇炳《雍正癸卯，首夏设科，晤郑南溪于棘院前，示以所作，依韵奉和二首》③则心领神会："喜极良朋逢邂逅，沂雩风浴岂无邻。"也用《论语》典："莫春者，春服既成，冠者五六人，童子六七人，浴乎沂，风乎舞雩，咏而归。"④其二："才子接肩神不契，故交握手意重申。愿言此处真儒出，先后文成远结邻。"意在共勉，以此试院而出的刘基、王阳明为榜样，争做"真儒"。

郑性同行者有李暾，王崇炳他们一起去试院之邻即小山堂拜访赵昱、赵信兄弟。王崇炳诗《偕李东门、郑南溪访赵功千兄弟，游小山堂园舍二首》⑤，写了小山堂院内景致与主人的风流。郑性《题赵功千意田小山堂》二首⑥，后成雅集，分韵赋诗，王崇炳有《小山堂雅集，分韵得峰字，同赋者为五岳游人郑性、吴尺凫焯、厉大鸿鹗、沈栾城嘉辙、陈蔚九芝光、符幼鲁曾、杭大宗世骏、周粹存、徐彩江、冷红。赵公千昱其弟信，号意田，则主人也》⑦。郑性则有诗《小山堂雅集分韵得缸字》⑧。

杭州小山堂赵昱、赵信兄弟及昱之长子赵一清，于雍正、乾隆之际以藏书宏精著称东南，与"虞山钱氏、昆山徐氏、宁波范氏、嘉禾朱氏先后比埒"⑨。全祖望《小山堂藏书记》赞曰："近日浙中聚书之富，必以仁和赵征君谷林为最。"⑩赵昱（1689—1747），二十字功千，年五十改字谷林，著有《爱日堂吟稿》十六卷，杭世骏为序。有两个弟弟：信、殿景，信与昱齐名，并称"二林"。赵信（1703—1765），字辰坦，别字意林，著有《秀砚斋吟稿》。

王郑二人又顺便回访了向璿。王崇炳《偕郑南溪报谒向荆山于杭城茭白田寓

---

① 郑性.南溪偶刊[M]//四库未收书辑刊编纂委员会.四库未收书辑刊：8辑27册.北京：北京出版社，1997：545.
② 杨伯峻.论语译注[M].北京：中华书局，1980：41.
③ 王崇炳.学耨堂诗稿[M]//赵一生.东阳丛书：15册.杭州：浙江古籍出版社，2015：170.
④ 杨伯峻.论语译注[M].北京：中华书局，1980：119.
⑤ 王崇炳.学耨堂诗稿[M]//赵一生.东阳丛书：15册.杭州：浙江古籍出版社，2015：172.
⑥ 郑性.南溪偶刊[M]//四库未收书辑刊编纂委员会.四库未收书辑刊：8辑27册.北京：北京出版社，1997：545.
⑦ 王崇炳.学耨堂诗稿[M]//赵一生.东阳丛书：15册.杭州：浙江古籍出版社，2015：173.
⑧ 郑性.南溪偶刊[M]//四库未收书辑刊编纂委员会.四库未收书辑刊：8辑27册.北京：北京出版社，1997：546.
⑨ 沈德潜.春草园记.归愚文钞[M]//清代诗文集汇编编纂委员会.清代诗文集汇编：234册.上海：上海古籍出版社，2010：511.
⑩ 全祖望.全祖望集汇校集注[M].朱铸禹，汇校集注.上海：上海古籍出版社，2000：1066.

舍》①题注："荆山，山阴人，南溪称其笃实好学。"据《乾隆绍兴府志》载："向瑾，字荆山……闻郡城阳明后裔阐良知学，即纠同人为辅仁会，沉酣其说者六七年。后得高忠宪、薛文清遗书，反复玩味，乃渐觉向之疏脱，确然以居敬穷理之旨为不可易，自是奉程朱为圭臬……手不释卷，间有所作，有自得之趣。晚岁涵养益深，气宇和平。卒年五十。所著有《四书记疑》《志学后录》。"②

（五）1723—1734年，日常文字往来

王崇炳与郑性平生大凡三见，其余时间惟赖文字往还，或勉勖询问，或为其大事记，或为作品序跋之，或彼此祝寿等。今举其大端者如下：

1.1723年，王崇炳为郑性作《二老阁记》

二老阁于1721年开建，1723年始成。郑性《祭王鹤潭文》："二老阁记，遗我至文，辉我里闾，慰我先魂。"③王崇炳《二老阁记》④简洁明快，要言不烦，情致宛然，写明二老阁乃是郑性遵父亲郑梁遗命而建，二老者，一为郑性祖父郑溱，一为黄宗羲。二老阁收郑、黄二家藏书，郑性每日参拜，"事死如生"。

2.1724年，郑性六十岁生日

王崇炳《寄祝郑南溪六十》言："今逢良友周甲年，记在仲冬三五月圆之次夕。"⑤推知郑性生日乃农历十一月十六日。然后就郑性登华山以及"耳顺"立论。然则王崇炳所记郑性生日实误，应为十一月二十六日。郑性诗题《族叔秀卿以丙午正月二十六日生，而性于乙巳十一月二十六日，各跻七十，绝句祝之》⑥最为显豁。又《七十台游日记·（十一月）廿六日》作有多首诗歌，如"生朝满引屠苏酒，听罢群仙奏乐回""生朝行脚经过偶，未算霄宫洞府跻""生朝痴自寿，老足健能

---

① 王崇炳. 学耨堂诗稿[M]// 赵一生. 东阳丛书：15册. 杭州：浙江古籍出版社，2015：171.
② 李亨特，平恕，徐嵩. 乾隆绍兴府志[M]// 中国地方志集成·浙江府县志辑40. 上海：上海书店，1993：258.
③ 郑性. 南溪偶刊[M]// 四库未收书辑刊编纂委员会. 四库未收书辑刊：8辑27册. 北京：北京出版社，1997：631.
④ 王崇炳. 学耨堂文集[M]// 赵一生. 东阳丛书：15册. 杭州：浙江古籍出版社，2015：105-106.
⑤ 王崇炳. 学耨堂诗稿[M]// 赵一生. 东阳丛书：15册. 杭州：浙江古籍出版社，2015：191.
⑥ 郑性. 南溪偶刊[M]// 四库未收书辑刊编纂委员会. 四库未收书辑刊：8辑27册. 北京：北京出版社，1997：568.

前"①。生朝即生日。又可征之于全祖望《五岳游人穿中柱文》记郑性"生于康熙乙巳十一月二十六日，卒于乾隆癸亥七月十日，其年七十有九"②。

郑性收到王崇炳祝诗，有《酬王鹤潭枉祝六十》③回寄，继有《鹤潭叠前韵寄酬仍叠前韵奉答》④。而王崇炳之叠韵寄酬未见于其诗稿。

3.1735 年，王崇炳跋郑性台游日记

郑性《七十台游日记》小序云："雍正甲寅，南溪子行年七十，脱嚣尘之汙隘，翔碧落之清遐，生朝在迩，偶作天台一游。"⑤查其日期，自十一月十六日至十二月初一，历时半月。郑性《祭王鹤潭文》有云："后性台游，日记一帙，先生跋之，有言未质，是一是二，禅理禅机。"⑥王崇炳跋曰：

南溪之台游，盖以万八千丈之胜，作七十诞庆也。往反共一十六日，经历八邑，所交黄冠、缁衲、达士、文人，一一皆在记，其所为诗不能记其数，谓非诗乎？不可为非诗也。以为诗乎？则不可为诗也。往往随地、随时、随见、随闻、随兴、随口而出，如登山而呼，响随声答；临水而游，影逐形生。不必住思停机，而句皆天成，虽非禅理，无非禅机，此景良非言思拟议之所能到。忆余七十时在南溪家，亦无日不游，无日不会友、吟诗，然人间游也，其诗，则地籁也。而南溪之游则天游也，则其诗，亦天籁，其寿得毋亦天寿乎？⑦

此跋概括了郑性游记诗的创作机理以及特点，称其"虽非禅理，无非禅机"，是为"天籁"。"禅理禅机"之说，郑性可能有自己的理解，可惜未能当面探讨。王崇炳又有诗《题郑南溪诞日游天台》："万八千峦插汉奇，缓行消雪及晨曦。南溪到处山川换，华顶凭凌耳目移。淄衲黄冠为地主，文雄烟客共题诗。生朝且践

---

① 郑性.南溪偶刊[M]//四库未收书辑刊编纂委员会.四库未收书辑刊：8 辑 27 册.北京：北京出版社，1997：633.
② 全祖望.全祖望集汇校集注[M].朱铸禹，汇校集注.上海：上海古籍出版社，2000：379.
③ 郑性.南溪偶刊[M]//四库未收书辑刊编纂委员会.四库未收书辑刊：8 辑 27 册.北京：北京出版社，1997：552.
④ 郑性.南溪偶刊[M]//四库未收书辑刊编纂委员会.四库未收书辑刊：8 辑 27 册.北京：北京出版社，1997：553.
⑤ 郑性.南溪偶刊[M]//四库未收书辑刊编纂委员会.四库未收书辑刊：8 辑 27 册.北京：北京出版社，1997：631.
⑥ 郑性.南溪偶刊[M]//四库未收书辑刊编纂委员会.四库未收书辑刊：8 辑 27 册.北京：北京出版社，1997：631.
⑦ 郑性：《南溪台游日记》，清刻本。

台游约,海日浮圆劝寿卮。"①熟读郑性台游日记,信手拈出其行踪以及天台山之景,并为其祝寿。

另外,尚有暂时无法系年的,如彼此关切、询问健康状况的,郑性诗《病足卧云台观》②与王崇炳词《临江仙·寄郑南溪,予剧病得痊,南溪亦病足,停南岳之游》③。

(六) 1740 年,郑性往吊王崇炳

1739 年正月初六,王崇炳卒,弟子黄廷元《王鹤潭先生传》云:"乾隆己未正月,元趋候先生。初三日自兰起程,初七日始至。而前一日先生已无疾而卒,享年八十有七。"④第二年暮春,七十六岁的郑性始前往吊唁,其诗《鹤潭卒于己未初春,至庚申春暮,余甫往吊,嵊县道上口占》:"甚矣吾衰也,年余作此行。生前深向慕,殁后等忘情。书问悲长杳,怀思赍未成。白枫岭路怯,身倩仆夫轻。"⑤《登鹤潭阁》⑥则抒发了斯人已逝、风光长在的物是人非之慨。《祭王鹤潭文》⑦以四言和之血泪写就,扼要追述了二人从相识到相知的历程,披肝沥胆,深情款款。

(七) 王郑交游的成因与影响

王郑的交谊,以学为根底,因学而友,以文会友。郑性为黄宗羲再传弟子,兼收并蓄,无门户之见,其《酬王鹤潭》云:"俗儒别门户,道脉绝羲轩。千秋孔子圣,曰予欲无言。出则仕廊庙,处则止丘园。仕止惟其可,一诺答烝豚。万物固一体,随地见真源。朱陆辙本合,狗豕唇徒掀。王刘昌圣学,阴寒逢晴暄。吾乡有潘子,韦布没穷村。不依朱陆讨,不傍王刘论。独揭求仁旨,浑然宇宙吞。体用一忠恕,义著如朝暾。南雷谓无体,恐以惑后昆。先子默衔之,一笑容温温。

---

① 王崇炳.学樨堂诗稿[M]// 赵一生.东阳丛书:15册.杭州:浙江古籍出版社,2015:264.
② 郑性.南溪偶刊[M]// 四库未收书辑刊编纂委员会.四库未收书辑刊:8辑27册.北京:北京出版社,1997:508-509.
③ 王崇炳.学樨堂诗余[M]// 赵一生.东阳丛书:15册.杭州:浙江古籍出版社,2015:281.
④ 王崇炳.金华文略[M]// 赵一生.东阳丛书:16册.杭州:浙江古籍出版社,2015:816.
⑤ 郑性.南溪偶刊[M]// 四库未收书辑刊编纂委员会.四库未收书辑刊:8辑27册.北京:北京出版社,1997:574-575.
⑥ 郑性.南溪偶刊[M]// 四库未收书辑刊编纂委员会.四库未收书辑刊:8辑27册.北京:北京出版社,1997:575.
⑦ 郑性.南溪偶刊[M]// 四库未收书辑刊编纂委员会.四库未收书辑刊:8辑27册.北京:北京出版社,1997:631.

三教既鼎立，众说任纷繁。大道无彼此，旷视齐昭昏。"①他表明不参与朱陆、王刘等无谓的辩争，独以"求仁""忠恕"统贯之，并质疑黄宗羲提出的"心无本体，工夫所至，即其本体"②。诚如全祖望所言："先生（郑性）讲学，其泛滥诸家，不无轶出于黄氏范围之外，而其孤标笃行，持力之严，则依旧师门之世嫡也。"③全祖望又称"先生（郑性）以友朋为性命，然诗酒过从，以至书筒往复，无一不归于学……浙中求明招、丽泽之传，则友王鹤潭"④。王崇炳逝后，郑性于《祭王鹤潭文》中慨叹："今我仪型，东浙其谁？"⑤即郑性认定王崇炳乃理学正脉、浙东学术的楷模。其《题鹤潭小照卷子》其一："霁月光风周茂叔，青天白日邵尧夫。两人面目能兼得，优孟衣冠一点无。"⑥郑性从王崇炳的画像上能看出王兼具北宋理学名家周敦颐、邵雍的气质、风度。郑性始终视王崇炳为"心师"，《蔡宅旅次纪事》："五伦朋友居其一，况乃学道心所师。"⑦《清和望后呈鹤潭》："漫为科场一送儿，良缘遘我旧心师。"⑧《东阳访金素公》："心师难得藉良朋，畴昔因缘感不胜。"⑨王崇炳视郑性为忘年交，其《金缕曲·寄郑南溪》云："举目寥寥谁共语，藉谈衷、千里鳞鸿口。知我者，忘年友。"⑩王崇炳于《壬辰仲春，适予六十诞辰，戒杀既久，理难享客，避居五峰僧舍，斋心静坐，偶览陈拾遗〈感遇诗〉，援笔属和，聊托鄙趣云》其十五言："吾师阳明子，觉开万物先。提挈良知学，弘启曾孟传。"⑪全

---

① 郑性.南溪偶刊[M]//四库未收书辑刊编纂委员会.四库未收书辑刊：8辑27册.北京：北京出版社，1997：498.
② 黄宗羲.梨州先生原序.明儒学案[M].沈芝盈，点校.北京：中华书局，1986：卷首.
③ 全祖望.全祖望集汇校集注[M].朱铸禹，汇校集注.上海：上海古籍出版社，2000：377-378.
④ 全祖望.全祖望集汇校集注[M].朱铸禹，汇校集注.上海：上海古籍出版社，2000：378.
⑤ 郑性.南溪偶刊[M]//四库未收书辑刊编纂委员会.四库未收书辑刊：8辑27册.北京：北京出版社，1997：631.
⑥ 郑性.南溪偶刊[M]//四库未收书辑刊编纂委员会.四库未收书辑刊：8辑27册.北京：北京出版社，1997：543.
⑦ 郑性.南溪偶刊[M]//四库未收书辑刊编纂委员会.四库未收书辑刊：8辑27册.北京：北京出版社，1997：498.
⑧ 郑性.南溪偶刊[M]//四库未收书辑刊编纂委员会.四库未收书辑刊：8辑27册.北京：北京出版社，1997：546.
⑨ 郑性.南溪偶刊[M]//四库未收书辑刊编纂委员会.四库未收书辑刊：8辑27册.北京：北京出版社，1997：575.
⑩ 王崇炳.学耨堂诗余[M]//赵一生.东阳丛书：15册.杭州：浙江古籍出版社，2015：315.
⑪ 王崇炳.学耨堂诗稿[M]//赵一生.东阳丛书：15册.杭州：浙江古籍出版社，2015：31.

祖望对此认识深透，其《与郑南溪论明儒学案事目》言："《明儒学案》间有需商榷者，愚意欲附注之元传之尾，不擅动本文也。其有须补入者，各以其学派缀之。"①其中《阳明永嘉弟子》一则云："王鹤潭以永嘉、五峰诸公并传姚江之绪，不知何以不录。按先生固言阳明弟子多失落不备者，五峰诸公朴学淳行，不类龙溪之横决，然所造似亦未深，附之浙中学案之后可矣。"②今检《明儒学案》，王崇炳并未入列，未知郑性为何不采纳全祖望之观点。李凤雏《寄王虎文》："六籍供穿穴，百家穷攻错。理境探月窟，心王得天祚。既病汉氏驳，讵袭宋儒腐。名山自著书，卓然成独步。"③黄廷元《王鹤潭先生传》："盖先生之学，不立异同，亦不肯苟同"④。汤庆祖《读王鹤潭先生文集》云："姚江为之宗，紫阳乃其祖。"⑤皆勾勒了王崇炳学术宗统。王崇炳尝登毛奇龄之门，毛奇龄送王"必至舟次，嘱云：'勉旃！婺州理学复振，惟视子矣。'"⑥这既是对王崇炳的殷切期盼，也是对他的高度肯定。

二老阁藏书丰富，王崇炳《与郑南溪书》提及向郑性借书事："去岁，曾欲借《东莱集》较正，今已刻就矣。所托访唐悦斋《文粹》、胡汲仲《缶鸣集》，未知可得否？"⑦

性相近，人以群分。王郑品行、爱好、志向等诸多相似。如二人皆淡泊名利，布衣终身，王崇炳"居乡不谒官长，不趋权贵，一以宽弘谦退处之""乾隆丁巳，观察孝感程公光钜，荐举孝廉方正，以老疾辞不赴"⑧。郑性亦然，"守令有愿见者，谢不往。以明经贡太学，应受籍于选部，亦不赴。"⑨王崇炳一生投身于教育事业，先后讲学于五峰书院、丽正书院、藕塘书院等，并致力于乡邦文献的整理，整理重刻《金华四先生书暨吕东莱集》《鹿皮子集》，辑《金华文略》《金华征献略》《金华颂古诗》，帮助金孔时校勘、重刻《金仁山先生集》和《许白云先生遗集》，自著《四书口谈》《东湖讲义》《广性理吟》《学耨堂文集》《学耨堂

---

① 全祖望.全祖望集汇校集注[M].朱铸禹，汇校集注.上海：上海古籍出版社，2000：1691.
② 全祖望.全祖望集汇校集注[M].朱铸禹，汇校集注.上海：上海古籍出版社，2000：1694.
③ 李凤雏.梧冈诗集[M]//赵一生.东阳丛书：18册.杭州：浙江古籍出版社，2015：19.
④ 王崇炳.金华文略[M]//赵一生.东阳丛书：16册.杭州：浙江古籍出版社，2015：814.
⑤ 汤庆祖.五嵒诗稿[M]//赵一生.东阳丛书：20册.杭州：浙江古籍出版社，2015：8.
⑥ 东阳河汾王氏宗谱[M]//黄灵庚，陶诚华.重修金华丛书：189册.上海：上海古籍出版社，2014：14.
⑦ 王崇炳.学耨堂文集[M]//赵一生.东阳丛书：15册.杭州：浙江古籍出版社，2015：154.
⑧ 王崇炳.金华文略[M]//赵一生.东阳丛书：16册.杭州：浙江古籍出版社，2015：815.
⑨ 全祖望.全祖望集汇校集注[M].朱铸禹，汇校集注.上海：上海古籍出版社，2000：378.

诗稿》《学稼堂诗余》《伤寒赋症》《地理赘言》《地理握要》等。郑性是二老阁的创建者，一生致力黄宗羲学术的传承与发扬。二老阁不仅庋藏黄宗羲遗书和郑氏家传藏书，更重要的是整理、校订、刊行黄宗羲的著作，先后刻刊七十余年，所刊之书世称"二老阁丛书"，在藏书界、出版界享誉遐迩。二人皆重友道。王"视一族如一家，视异姓如同姓，待师友如骨肉。""少壮之交，白首如新。"郑性则"以友朋为性命"。又皆古道热肠，周急济乏。王"捐赀募同学置田养师母，兼营师墓。""尝途遇一病者，冒暑僵卧，先生以其筍舆舁之，尾而归。汤药治之，不瘳乃殡殓焉。"①郑"西成所入，惠及三党，竭欢尽忠，不以为厌，盖数十家待以举火。有佃人负租，询之，知为慈湖先生之后也，尽捐之。"②

二人都将自己的好友引荐给对方，扩大了彼此的交际圈，获得了更为广阔的文学交游空间，多了许多切磋磨砺的机会，也多了很多文学创作的契机与心情。如王崇炳将杜雍玉介绍给郑性，郑性有诗《赠杜雍玉》③《读雍玉诗毕因同登吴宁城眺望归而有作》④《雍玉属题思答春晖图》⑤等。郑性与李暾、万承勋、谢北溟并称"四明四友"，李暾乃热情好客之人，全祖望言："四方之士至甬上，无不叩李氏，而太学倾筐倒庋待之，各以其差无爽者。百函并发，半面不忘，自朝至暮，不以为倦。"（《李东门墓表》）⑥通过郑性，王崇炳与李暾、万承勋结交，有诗《李东门留膳》⑦《李东门约游招宝观海，予已反棹，已而诗至，依韵奉答》⑧《赠万西郭》⑨，其余还有钱在德、姚观（圣在）、周因严、乘公、安公等。

王郑谈文论艺，切磋学问，游山玩水，呼朋引伴，唱和酬答，快意诗酒，成就了清代浙东文坛、理学研究领域的一段佳话。二人皆为清代盛世里的布衣诗人，

---

① 王崇炳.金华文略[M]//赵一生.东阳丛书：16册.杭州：浙江古籍出版社，2015：814.
② 全祖望.全祖望集汇校集注[M].朱铸禹，汇校集注.上海：上海古籍出版社，2000：378.
③ 郑性.南溪偶刊[M]//四库未收书辑刊编纂委员会.四库未收书辑刊：8辑27册.北京：北京出版社，1997：499.
④ 郑性.南溪偶刊[M]//四库未收书辑刊编纂委员会.四库未收书辑刊：8辑27册.北京：北京出版社，1997：499.
⑤ 郑性.南溪偶刊[M]//四库未收书辑刊编纂委员会.四库未收书辑刊：8辑27册.北京：北京出版社，1997：499.
⑥ 全祖望.全祖望集汇校集注[M].朱铸禹，汇校集注.上海：上海古籍出版社，2000：383.
⑦ 王崇炳.学稼堂诗稿[M]//赵一生.东阳丛书：15册.杭州：浙江古籍出版社，2015：148-149.
⑧ 王崇炳.学稼堂诗稿[M]//赵一生.东阳丛书：15册.杭州：浙江古籍出版社，2015：160.
⑨ 王崇炳.学稼堂诗稿[M]//赵一生.东阳丛书：15册.杭州：浙江古籍出版社，2015：149.

杭世骏于《秋竹馆小稿序》中为布衣其人其诗传神写照："布衣憔悴之士，漠然一无所向，其精神必有所寄，则诗其首事矣。夫不酣豢于富贵，志气自清；不奔走于形势，性情自澹；不营逐于世故，神理自恬。"①以此言衡王郑，甚当。其不豢养于权贵，不奔走于形势，不营逐于世故，这种疏离自放、淡泊超然的精神追求在当时整个文坛是比较突出的。②

以黄宗羲为首的清代浙东学派，是一个崛起于清初、延续至清末，涵括经学、史学、文学、科学等多个领域而以经史之学为主体的学术流派。该学派的活动区域，以浙东的宁波、绍兴为中心而扩展于浙西，影响于全国。清代浙东经史学派"其主要代表人物，以经学为主兼治史学的有黄宗炎、万斯大，以史学为主兼治经学的有万斯同、邵廷采、全祖望、章学诚，经史兼治而偏重文学的有李邺嗣、郑梁、郑性，偏重于自然科学的有黄百家、陈讦、黄炳垕，偏重考据的有邵晋涵、王梓材。"③

王崇炳"年二十即治《诗》《礼》《春秋》三经，《周易》《尚书》则手抄全书，记其精语。三《传》《史记》、老、庄、唐宋八大家，无不诵习。笃志理学，凡先儒语录，尽透本旨。而于濂溪、明道、白沙、阳明之言，尤所心契。"④弟子黄廷元称"先生之学淹贯弘博，包罗万有"⑤。的确，经史、医筮、地理、堪舆等，王崇炳无不涉及。其学术宗旨为明经通史，经世致用，学术路径为"近守成宏悬正鹄，远宗濂洛溯渊源"⑥。这些观点皆与浙东经史学派不谋而合。

王崇炳与郑性相比，理学造诣相颉颃，诗文成就差可比肩，文献之功各有千秋，教育功绩可相媲美，而郑性荣登清代浙东经史学派代表之列，王崇炳却少有人提及，寂寞无闻，这对王崇炳来说是不公正的。考量二人的交游情态或可稍觇清初盛世里布衣士人之生存状态，对于深入研究王崇炳及郑性其人其学乃至清代浙东经史学派均具有重要意义。

---

① 杭世骏.道古堂文集[M]//续修四库全书编委会.续修四库全书 集部：1426册.上海：上海古籍出版社，2002：320.
② 袁静兰.论厉鹗的孤寂幽僻诗风[D].湘潭：湘潭大学，2016：40.
③ 吴光.关于"清代浙东学派"名称与性质的辨析——为"清代浙东经史学派"正名[J].中共宁波市委党校学报，2008（4）：69-72.
④ 王崇炳.金华文略[M]//赵一生.东阳丛书：16册.杭州：浙江古籍出版社，2015：813-814.
⑤ 王崇炳.金华文略[M]//赵一生.东阳丛书：16册.杭州：浙江古籍出版社，2015：815.
⑥ 王崇炳.学耨堂诗稿[M]//赵一生.东阳丛书：15册.杭州：浙江古籍出版社，2015：121.

二、李暾

李暾（1660—1734），字寅伯，号东门，李杲堂邺嗣之子，浙江鄞县人，康熙时太学生，著有《松梧阁集》《闲闲阁草》《寄轩草》等。全祖望撰墓表。性好游，"春则渡钱唐，探河渚，入姑苏，游邓尉，直至花信更番，告毕而归。秋则观曲江潮，徘徊桐庐一带，坐待霜叶尽脱始去。至于四明二百八十峰，则其屐齿所晨夕也。"①这是典型的深度游，每到一地，必至景消方回。独游不算奇特，还极其好客，常常众游。"座上之客常满。颇不善饮，而喜召客，其自监司、牧守、镇将、荐绅先生、骚雅游客，以至剑侠术士、沙门道流，参错旁午，不可究诘。四方之士至甬上，无不叩李氏，而太学倾箧倒庋待之，各以其差无爽者。百函并发，半面不忘，自朝至暮，不以为倦。善治具，其出门亦必挟客，挟客则其具连车兼舫：生者熟者，炙者脯者，酱者腌者，醯者蜜者，晨凫夜鲤，春韭秋菘，莫不充韧。盖自太学逝，而吾乡游人骤衰，风流顿尽。"②他交友极广，且极谙待客之道，务使各尽其欢。以致李暾逝后，鄞县游人骤减。

1722年，王崇炳慈溪拜访郑性，郑性带着王崇炳四处访友，其中就包括甬东四友之一李暾。王崇炳《李东门留膳》云："名山到处睹新篇，一见欢迎气蔼然。道合时宜无定则，手操风雅有微权。醇醪精馔能留客，蓬屋疏窗类泛船。不用更寻岩壑隐，囊云古木是忘年。"③王崇炳受到李暾的热烈欢迎与盛情款待，对酒食相当满意，对其居住环境也十分艳羡，直称李暾为风雅之主。这是他们第一次见面，彼此留下了很好的印象。

李暾果然好客，约王崇炳一起去招宝山观海，可惜王崇炳已返程，李暾便寄诗来，原唱未见，王崇炳次韵诗《李东门约游招宝观海，予已反棹，已而诗至，依韵奉答》④云：

---

① 全祖望.全祖望集汇校集注[M].朱铸禹，汇校集注.上海：上海古籍出版社，2000：383.
② 全祖望.全祖望集汇校集注[M].朱铸禹，汇校集注.上海：上海古籍出版社，2000：383.
③ 王崇炳.学耨堂诗稿[M]//赵一生.东阳丛书：15册.杭州：浙江古籍出版社，2015：148-149.
④ 王崇炳.学耨堂诗稿[M]//赵一生.东阳丛书：15册.杭州：浙江古籍出版社，2015：160.

海水涵人心，海月开人面。水月不离人，人苦不相见。东门老词伯，著述亦不倦。邀作水月游，一览东溟遍。招宝约已虚，胜景空复恋。志合千里通，缘希咫尺眩。远感相爱情，笔墨兼妙善。三复佳招言，好风起蓬院。

招宝山素有浙东门户之称，苍松翠竹，景色宜人。登山远眺，海天渺茫。《宁波府志》载："招宝山，县东北三里，旧名候涛山，后以诸番入贡停舶，改今名。山巅原设台堠，明嘉靖己未镇守都督与海道谭纶筑城以防海患。山之东南峙一小山，仅高寻丈，名昌国山，潮汐至此分流，舟行可达昌国。"①可见，李暾很会选址。王崇炳赞他"东门老词伯，著述亦不倦"。

1723年春，王崇炳与郑性、李暾邂逅于武林。三人结伴去小山堂访赵功千兄弟，王崇炳有诗《偕李东门、郑南溪访赵功千兄弟，游小山堂园舍二首》②：

辟疆园主擅风流，看竹今来王子猷。郑李相从诗笔健，群年竞秀赋才优。分庭绿菉迎梅雨，满院青阴正麦秋。谁识盈城喧杂地，入门一步即蓬丘。

伯仲荦荦尽练冠，素帧循讽引悲端。翘枝余朵春犹在，高树垂阴夏亦寒。棘院群英裁凤锦，萧斋闲客品龙团。胜游不必夸登岳，只作庭前岛屿看。

之后，二人似乎再未会面。

三、万承勋

万承勋（1670—1735），字开远，又字宇光，号西郭，浙江鄞县人，万斯同侄，万言子，黄宗羲孙女婿。父万言官五河知县，以忤大吏论死罪。承勋时未弱冠，踉跄万里，乞哀于当世贤大夫，醵金告赎，久之，父终得释生还，时人称其为"万孝子"。承勋复以严追赎锾，思自投西安狱，已入关，遇故人子某力援得免。归家不久，双亲连逝。雍正初，以诸生保举，端方奏对称旨，授磁州牧，为官勤勉，以劳疾卒于任内。

承勋自少即以诗名，查慎行赠诗《题四明万开远冰雪集故友贞一之子也》称其"翻澜涕泪随声出，彻骨冰霜炼句来"③。为人笃于内行，与人交，绝去城府。尝自谓生平时文不如古文，古文不如诗，诗不如人。著有《冰雪集》。生

---

① 曹秉仁.宁波府志[M].台北：成文出版社有限公司，1974：320.
② 王崇炳.学稼堂诗稿[M]//赵一生.东阳丛书：15册.杭州：浙江古籍出版社，2015：172.
③ 查慎行.敬业堂诗集[M].上海：上海古籍出版社，1986：1150.

平事迹见《清史列传》卷六八、《国朝耆献类征》卷七二、《国朝名家诗钞小传》卷四。

全祖望《磁州牧西郭万君墓表》云：

家无一陇之植，奔走衣食且不给，年过五十，困甚。会有荐举之例，浙之大吏以之充赋，其老友郑义门止之曰："西郭欲行道耶？恐今之世未易言也。若但以博禄耶？且愧其家声矣。况西郭茶苦一生，其资于有力者不少，一旦得官，不答则负恩，欲答则力必不副，进退失据，不特无以报国也。"于是西郭辞檄不得，竟入京，忽沐殊恩，用为直隶磁州牧，感激流涕，思为桑榆之补，以循吏少展其志力，然而年且六十，菁华亦既衰矣。莅事三年，大吏奏课，以最入觐。天子将用为方面，西郭固辞，乃命之回任。故人索逋者，未能一副，纷纶嗟怨。①

郑性具远见卓识，了解万承勋的经历，也清楚他的处境，劝他不要参加荐举，否则进退失据，很难做事做人。万承勋力辞不得，勉强入京，授磁州牧，三年后，辞归。果然，亲友催讨欠债，却无力偿还，落得嗟怨四起。

大概也是1722年，王崇炳拜访郑性时得见万承勋。王崇炳有诗《赠万西郭》②：

四友惟君壮岁英，接君眉宇益心倾。感深知己输肝胆，死拔亲艰见性情。欸唾尽成冰雪韵，选词不杂管弦声。门前千顷明湖色，终日无风浪自平。

四明四友中万承勋年最少，王崇炳初见倾心，情同莫逆。诗赞其孝子之行，诗集《冰雪集》，以及堂中牌匾题字"温厚和平"等。

同样，王崇炳也给万承勋留下了美好而神奇的第一印象。《王鹤潭先生行述》有记：四明万西郭开远，目空一世，至见先生，惊为神仙下降，对南溪云："吾久欲求一胸怀干净人不可得，如王鹤潭，真干净矣。"南溪笑云："子初见，何由悉知？"答曰："此殆有神化使然，吾亦不自解也。"③"胸怀干净"大约是指醇儒吧，王崇炳即具此气象。

万承勋《四友》诗写得十分贴切，可助我们增进了解：

同郡结四友，分南北西东。东门负侠气，南溪怀清风。自幼识其面，近岁知心同。北溟交最后，砌里忻相逢。冥然但饮酒，而目明耳聪。感此三君子，置我在心胸。诗文为我定，有无为我通。西郭刚而隘，气盛理不充。十年躬自厚，学

---

① 全祖望.全祖望集汇校集注[M].朱铸禹，汇校集注.上海：上海古籍出版社，2000：397.
② 王崇炳.学耨堂诗稿[M]//赵一生.东阳丛书：15册.杭州：浙江古籍出版社，2015：149.
③ 东阳河汾王氏宗谱[M]//黄灵庚，陶诚华.重修金华丛书：189册.上海：上海古籍出版社，2014：15.

之愿未从。李郑奋臂起，所告岂不忠？谢谈每微中，俾无地可容。我欲就北面，二子共磨砻。①

---

① 万承勋.冰雪集[M]//清代诗文集汇编编纂委员会.清代诗文集汇编：212 册.上海：上海古籍出版社，2010：687.

第七章 王崇炳与乡邦文士

何元显《王鹤潭先生行述》云:"盖尊师重友,皆人之大节所在,而先生视属本分事也。"①黄廷元《王鹤潭先生传》赞王崇炳:"少壮之交,白首如新。"②王崇炳尊师重友,出乎天性,自然而然。郑梁笃信:"古之王者之取士,必于其乡者,人生宇宙无往不可用假,唯一乡之中耳目甚亲,责备甚严。"又谓:"是故古今人品必以得之乡评者为最真。"(《崇祀乡贤录序》)③郑梁以"乡评"之体系求乡邦人物点存之"真",其集中展现了一定意义上的"史"家实录精神和"文献"家务实精神,这恰是浙东经世致用哲学观统照下的有功于社会发展的地方儒士追求,极具文化意义。④王崇炳与郑梁的理念极其类似,他对地方文学做出的贡献,一方面表现为其所作诗文集序跋与人物传记,另一方面则表现为与乡邦文士的交游,通过雅集、唱和、书信等形式,探讨文学,切磋学问,砥砺品性,营造一种崇学向善的良好氛围,形成一个松散的文学、学术集体。

一、杜时芳

杜时芳(1613—?),字汪千,别号蘅洲。少负不羁才,士林矜式,嗜吟咏,与王崇炳、李凤雏、杜秉琳等为文字交,后以明经授湖州武康教谕,公没,著作散失。1735年,岘西杜氏重修家乘,杜廷仪遍搜遗集于长衢滕某家,得杜时芳《苹埜轩诗稿》一部,览其目次,自康熙辛丑(1721年)至乾隆丙寅(1746年),诗不下千余首,而此部中不过自辛丑(1721年)至辛亥(1731年),散失严重。《金

---

① 东阳河汾王氏宗谱[M]//黄灵庚,陶诚华.重修金华丛书:189册.上海:上海古籍出版社,2014:13.
② 王崇炳.金华文略[M]//赵一生.东阳丛书:16册.杭州:浙江古籍出版社,2015:814.
③ 郑梁.寒村诗文选[M]//清代诗文集汇编编纂委员会.清代诗文集汇编:148册.上海:上海古籍出版社,2010:360.
④ 杨亭亭.梨洲弟子郑梁及其文学研究[D].金华:浙江师范大学,2017:108.

华诗录》收录其诗4首。

　　杜时芳《秋日陪王鹤潭先生楼凤麓山人枚臣吴君紫萼赵君岩夫卢丈颖孙郭丈蒿园洪生家侄辑公雍玉雅集枫庄仿少陵体》①：

　　鹤潭酣古饱青编，咳吐成珠落九天。凤麓山人逸兴翩，叉手高唱称诗颠。酕醄还挂杖头钱，延陵俊雅玉生烟。襟期洒落挟飞仙，诗情勃发如涌泉。岩夫落笔老弥妍，到处传看小字笺，名与松雪争后先。卢子雄才七札穿，如椽雄笔勤雕镌。蒿园家世林宗传，三茅二酉费精研。德业文章绍昔贤，古调独弹世所捐。辑公髯须苏比肩，笔锋犀利夺龙渊，不持寸铁向无前。次球唐宋究真诠，枫庄唱和动星躔。

　　杜甫《饮中八仙歌》将当时号称"酒中八仙人"的李白、贺知章、李适之、李琎、崔宗之、苏晋、张旭、焦遂从"饮酒"这个角度联系在一起，用追叙的方式，洗练的语言，人物速写的笔法，构成一幅栩栩如生的群像图。句句押韵，一韵到底；前不用起，后不用收；并列地分写八人，句数多少不齐，但首、尾、中腰，各用两句，前后或三或四，变化中有条理。杜时芳仿此。第三句"翩"不押韵，疑为"翩"，形近而误。大概他写的是当时东阳的诗中八仙：王崇炳、楼枚臣、吴紫萼、赵岩夫、卢颖孙、郭蒿园、杜辑公、杜雍玉。王崇炳资格老，成就大，排于首位。诗为每个诗人画肖像，呼之欲出。此为一群诗友在杜雍玉枫庄雅集，由此推测，这种雅集可能经常举行。

　　除了雅集，王崇炳也顺路登门拜访杜时芳，《自茶场偕门人朱景阳至永泰寺访杜汪千不值留寄》："村南村北禾稼黄，墙根篱脚鸣蛩螿。疲躯忽尔动高兴，为啖南枣游茶场。茶场地近永泰寺，杜郎开馆僧西廊。苦心作诗斫寒玉，同人属和积成轴。朱生效颦不损眉，举袖旋舞苦局促。诗家堂室不易窥，吾欲叩之论工曲。时方收获归未回，门锁松筠半房绿。芸窗寂寞不闻声，粉壁纵横诗满屋。揩摩老眼方谛观，细雨霏霏暗原陆。病足怯湿作速行，叹息新诗不终读。年丰家家大作社，八月秋风正潇洒。倘能仍向巍麓游，阔绪诗怀或堪写。"②由门人朱景阳陪侍，王崇炳去茶场品尝南枣，茶场离永泰寺很近，而杜时芳就住在寺旁，于是便顺路去拜访杜，可惜杜家门落锁，正值秋收季节，杜收获未归，没能见到，只好留下这首诗。作为回应，后杜时芳写有《王鹤潭先生见访不值留句作此转寄》："金风

---

① 《岘西杜氏宗谱》卷二十四，民国甲子年（1924）重修。
② 王崇炳.学耨堂诗稿[M]//赵一生.东阳丛书：15册.杭州：浙江古籍出版社，2015：203-204.

荡暑谷登场，传说河汾步晚凉。携屐寻僧游古刹，题诗访我记西廊。月浮苍昊烟云散，麝过青山草木香。收获旋归疏一遇，沉吟高咏正难忘。"①语短情真，朋友之谊，一览便知。

朋友不常见面，诗筒互传，当是再平常不过的了。王崇炳有词《百字令·杜汪千致札以诗就正，作此答之》②：

新秋小雨浅凉生、正是吟诗天气。一枕草堂方睡觉，恰喜故人书至。静比幽兰，清同白雪，佳咏兼邮寄。微哦延伫，碧空河影如洗。　　遥想翠列千峰，锵鸣众壑，人在高楼倚。木落亭皋诗未就，月在断崖飞起。松鼓苍须，竹摇素节，颇会词人意。尘寰驰逐，谁知佳山滋味。

杜时芳开馆于深山，与王崇炳又算是同行了。书札的内容主要是寄来新诗，请求王崇炳雅正，王便作词以答，赞其诗为"静比幽兰，清同白雪"。因诗而想象杜深山生活，可谓心有灵犀。

二人还有诗歌唱和。王崇炳《游净岩庵》③自注：俗名和尚岩。诗序云："岁在丁酉，自春徂冬，再至净岩。今年霜迟，十月之交，天气犹暖。伴晚快晴，不胜裘褐。翼日早起，则晓色昏昏，飘空洒雪，湿云布濩，不辨归路矣。遂留庵中.游憩岩下。岩有鸣瀑，春夏尤盛，比冬泉涸，则寂若无声。欲求前者喷珠洒玉之观，盖不可得。午后雪消，渐闻涓滴，至夜转增。越宿而观，则冰花垂结，纷布石面，镂银削玉，倒悬数尺，亦一奇也。兹游也，再宿岩下，三日之间，风气不同，景象差别，至于如此。而世乃欲以一览毕山川之胜陋矣。因将前后所作，列之一处，以纪所见云。录二首。""丁酉"即1717年。三日之间，和尚岩晴雪景色不同，蔚为奇观，王崇炳以诗纪之。

岩窦中冬气似秋，客来欲解木绵裘。遥山日出先临户，高树风多不入楼。石上萝衣阴渐减，云根珠箔响全收。僧寮夜静声闻断，一叶敲空落案头。

就火雏僧据灶棱，屋头峭壁转崚嶒。适看颗颗岩端玉，忽作条条石面冰。岭路崎岖残雪在，阴云解驳曙光升。阳乌无力如人懒，墙角微吟似冻蝇。

又有《道士岩》④：

故基荒草乱交加，欹壁苔封一半斜。古庙香炉岩下佛，撑天石壁劫前霞。瀑

---

① 《岘西杜氏宗谱》卷二十四，民国甲子年（1924）重修。
② 王崇炳.学櫺堂诗余[M]// 赵一生.东阳丛书：15册.杭州：浙江古籍出版社，2015：307.
③ 王崇炳.学櫺堂诗稿[M]// 赵一生.东阳丛书：15册.杭州：浙江古籍出版社，2015：115-116.
④ 王崇炳.学櫺堂诗稿[M]// 赵一生.东阳丛书：15册.杭州：浙江古籍出版社，2015：116.

泉不断千年雨，霜叶犹余十月花。莫问人间成毁事，空庭寒鸟聚为家。

杜时芳分别和之。其《游净岩庵和王鹤潭先生韵》①：

缓步高坪览翠微，行吟薄暮宿禅屏。山深地僻云生履，林密阴多雾湿衣。石屋穹窿悬薜荔，瀑泉倾泻散珠玑。天花落处原无相，舞鹤凌空锡杖飞。

从和诗看，用韵与前文王崇炳两首原作均不同，可见王崇炳《游净岩庵》诗不止这两首。

杜时芳《游水濂岩和王鹤潭先生韵》②：

一路秋山入望赊，峻峋峭壁树横斜。岩苔喷瀑常飞雪，霜叶摇红似落霞。凉意盈襟逢白露，幽香满袖采黄花。清虚石屋堪留句，尽入诗翁老作家。

王崇炳《道士岩》题注：名水濂。可知杜时芳乃和王崇炳此诗。然平仄格式不同，第一个韵字"赊"与"加"也不同，和诗方式是依韵，而非次韵。

王崇炳与杜时芳同行兼诗友，唱和往还，关系甚密。

二、杜秉琳

杜秉琳（1670—1728），字雍玉，号枫庄，康熙五十一年（1712年）贡，因四子正蔼封荫，诰授修职佐郎，善诗文，工书法。由郡庠博士举明经，赴都留京，与知名士诗文唱和。以运屯不获登仕版，归里，避居枫庄，日以吟咏自怡。著有《枫庄文集》《枫庄诗集》《北游草》等。《金华诗录》收录其诗14首（包括补12首）。《道光东阳县志·孝友》载："性醇谨，有声庠序，不事奔竞。居乡好施，孝行尤表表。母病，忧形于色，泣血吁天，祈以身代。病将革，刲股和药以进，危者稍安。既而父病，亦如之。且广施舍，焚积券，冀以阴功延父算。及殁，哀毁骨立，垂绝者数次。"③

毛奇龄《东阳杜雍玉诗序》："顾残年相对，由同里旧游外，独与东阳学人王虎文父子暨卢子远辈，间以学术相往复。而子远竟推其乡人杜君雍玉为文章之雄。"④《道光东阳县志》云："又卢人宏，字子远，殚精经传，终日坐园中小楼，闭

---

① 《岘西杜氏宗谱》卷二十四，民国甲子年（1924）重修。
② 《岘西杜氏宗谱》卷二十四，民国甲子年（1924）重修。
③ 党金衡.道光东阳县志[M].杭州：西泠印社出版社，2017：469.
④ 毛奇龄.西河文集[M]//清代诗文集汇编编纂委员会.清代诗文集汇编：87册.上海：上海古籍出版社，2010：415.

目凝思，以顿悟得文家不传之秘。著有《过庭草》，毛奇龄为之序。"①王崇炳则有《卢子远太极参图序》②。毛奇龄对当时东阳的学人、诗人如王崇炳王国陛父子、卢子远与杜秉琳等颇为赏识。

1716年冬，郑性自慈溪往东阳拜访王崇炳，留三天而辞去。其间访友、游玩、探讨学术等，不亦乐乎。杜秉琳即通过王崇炳的介绍而与郑性结识，郑性赋诗数首，如《雍玉属题思答春晖图——图为太夫人作》："王祥昨日示慈晖，客子含毫泪洒衣。今日杜羔投一卷，更堪题得片辞归。图穷不见影依稀，影在途中肖亦非。总是北堂人去后，天涯无复白云飞。"③《读雍玉诗毕因同登吴宁城眺望归而有作》："画溪天设本无私，私与诗人杜牧之。写物精神全活现，挥毫添彩便纷披。读完携我登城眺，游返为君掩卷思。要是右丞亲指授，唐贤三昧了能知。"④诗末自注：雍玉学诗于鹤潭。诗中将王崇炳比作唐代王维。此意又见于《赠杜雍玉》："风雅家声孰子先，唐时三杜竞流传。偏于今代宗王建，又向他州觅郑虔。日暮辔投邻巷里，门开屐往客堂前。匆匆好把伊谁认，昨日知名自后田。"⑤"偏于今代宗王建"句下自注"谓鹤潭"。意即将王崇炳又比作唐代王建，还是说杜秉琳诗学王崇炳。况且点明"昨日知名自后田"，是王崇炳昨天隆重介绍了杜秉琳，才给郑性留下了深刻的第一印象。杜秉琳以牙刀面款待郑性，郑顺便提及唐诗中无题糕者，王崇炳遂以面字押韵赋诗为《杜雍玉以麦面款客，郑南溪论及唐人不敢题糕事，遂以面字押韵分赋》："高人肯为吾曹留，老瓦陶樽荐薄鳝。刘郎昔日不题糕，郑子于今拟赋面。落锅条条似牙刀，堆盘滑滑如霜练。柔嫩恰于残齿宜，饱食正值吟诗倦。寒山苍翠夕阳斜，罢席登城看双岘。"⑥郑性次韵为诗《雍玉以牙刀面饷客，鹤潭有诗，因次其韵》："谷口里儿不足留，少陵早膳复午膳。甲兵久向胸中销，何须饲以牙刀面。沾唇拂拂吴薄飘，触眼皑皑越绢练。老饕挟肉宁少余，寡

---

① 党金衡.道光东阳县志[M].杭州：西泠印社出版社，2017：454.
② 王崇炳.学稼堂文集[M]// 赵一生.东阳丛书：15册.杭州：浙江古籍出版社，2015：45-46.
③ 郑性.南溪偶刊[M]// 四库未收书辑刊编纂委员会.四库未收书辑刊：8辑27册.北京：北京出版社，1997：499.
④ 郑性.南溪偶刊[M]// 四库未收书辑刊编纂委员会.四库未收书辑刊：8辑27册.北京：北京出版社，1997：499.
⑤ 郑性.南溪偶刊[M]// 四库未收书辑刊编纂委员会.四库未收书辑刊：8辑27册.北京：北京出版社，1997：499.
⑥ 王崇炳.学稼堂诗稿[M]// 赵一生.东阳丛书：15册.杭州：浙江古籍出版社，2015：106.

陋无诗非真倦。区区咏物惭续貂，况欲责之咏双岘。"①

1718年，杜秉琳妻子五十大寿，王崇炳作《杜雍玉内子卢氏五十寿诗》②：

不羡明珠作佩珰，相随刀尺与缣绡。警晨时进闻鸡语，飨客长余斗酒藏。内则只教司委质，闺仪更喜爱文章。怪来得句俱能解，咏絮曾惊太傅堂。

诗赞杜妻工女红，喜书册，时时劝勉杜以闻鸡起舞之语，不仅深谙内外礼仪，而且更喜爱文章，有咏絮之才。参看杜正蔼《先君枫庄府君暨先妣卢孺人墓志》，可资补益：

先妣孺人卢氏，婺州东阳县东郊雅溪人，其族为邑大姓，父光佺，字卓人，邑增广生，娶徐氏，以康熙己酉年八月初十日生，孺人性仁厚贤淑，年十九归府君，逮事舅姑孝谨笃至，处家人，宽而有制，工针绣，通书算，先府君举明经，留京都，一切家政皆出孺人手，内外肃然，人人啧服。先府君广交游，座客常满，好施与，每苦难继，孺人怂恿赞成，无懈心，亦无愠色，且慧性过人，家用出入皆手自登记。幼时，外祖口授孺人诗文甚博，若《陈情表》《木兰从军行》，叠叠数千言，暇时即以课蔼等，朗朗不遗一字，诚女中博士也。①

1719年，杜秉琳五十岁，居僧舍而避人祝寿，王崇炳有诗《杜雍玉五十谢客避居僧舍，作此寄祝二首》④：

诞辰不用会缨簪，禅室花深缓步寻。礼佛敬参无量寿，知非静检未来心。竹窗风细堪消暑，山径云多易作霖。白社旧交疏酒禁，俏觞松响入秋琴。

消夏清风设矢时，一轩凉影对僧棋。万年枝暗禅房静，五色幢悬佛日迟。方外喜同支遁友，素心堪语卫蘧知。题诗莫漫嗟星鬓，高适如君始学诗。

《岘西杜氏宗谱》卷十一载，杜秉琳生于康熙庚戌（1670年）六月廿八日午时，难怪王崇炳于诗中要说"消暑""消夏"了。杜主要是避"缨簪"者，即贵官。寻花、礼佛、弹琴、弈棋等，喜结交如支遁一样的方外友，如蘧伯玉一样的素心人。"题诗莫漫嗟星鬓，高适如君始学诗"这最后两句，是一种慰勉，莫叹五十已老，应学高适，不要放弃心中梦想，加入名将哥舒翰的幕府，找到人生转机。王崇炳也常有此举，如曾经避居五峰僧舍。

---

① 郑性.南溪偶刊[M]//四库未收书辑刊编纂委员会.四库未收书辑刊：8辑27册.北京：北京出版社，1997：499.
② 王崇炳.学穮堂诗稿[M]//赵一生.东阳丛书：15册.杭州：浙江古籍出版社，2015：126.
① 《岘西杜氏宗谱》卷二十四，民国甲子年（1924）重修。
④ 王崇炳.学穮堂诗稿[M]//赵一生.东阳丛书：15册.杭州：浙江古籍出版社，2015：131.

王杜二人颇多唱和。王崇炳《顾子花》①诗序云："顾子花者，予初未之见也。众花仰蕊，一花特大，覆之有类顾子，故以名。许司马园中有之。杜秉琳有诗，予亦继声和之。"此序说明花的形状、得名、产地，杜秉琳首唱，王和之。《道光东阳县志·紫薇山》云：在五十九都。众山环卫，若列宿之拱紫薇。明大司马许少薇聚族山麓②。《道光东阳县志·花园》云：在城东北隅，大司马许少薇公别业，今属木香李氏③。其诗曰：

旧苑名花绝比伦，一花上覆众花身。交攒似写瞻依切，曲庇如传抚子仁。草木无情犹顾子，人生何事不思亲。分栽愿植庭前地，婉似生存堂上人。

由花联及人之仁孝，劝世之意甚明。

枫庄乃杜秉琳精心营建的私家园林，《道光东阳县志》录有杜秉琳《枫庄》④诗一首：

人生何必美簪裾，近爱溪山趣有余。别墅留宾吟好月，邻村送酿荐新蔬。花能解语堪酬答，云却无心任卷舒。一榻茶烟清梦觉，柴门深闭读残书。

此类诗料必很多，王崇炳就留下《和杜雍玉枫庄杂咏四首》⑤：

采得茶芽谷雨余，满山新绿碧窗虚。鸣鸠逐妇来茅屋，文雉寻媒唤麦畦；喧墅蜜蜂如负课，盈畴蝌蚪忽成书。闲园寄傲无他事，草暖泥松正可锄。

小堂新筑野桥边，绕屋扶苏树逼天。敲案有声筜解箨，入帘无影柳吹绵。荳花引蔓飞新燕，梧叶垂阴咽早蝉。一曲熏风凉意足，香沉石鼎暗浮烟。

秋到山居物物宜，天澄墟里上孤炊。瓢分红玉收瓜垄，花吐朱英缀槿篱。入馔鸡豚田舍酒，喧村鼓角社公祠。豳人风俗真堪绘，半在枫庄杂兴诗。

又是同云搅雪天，巢松乳鹊已催年。庭前著老身无咎，屋角梅开象自全。赛腊不支邻舍酒，行春先贮杖头钱。迫除织作家家急，机杼声喧夜不眠。

四首诗分咏枫庄春夏秋冬四时景色，动物植物，节俗，劳作等描摹细致、亲切，显见对枫庄及主人的了解至深。王崇炳更为其《枫庄诗》作序：

予友杜子雍玉，以《枫庄诗草》饷予，且请题其端。予读而悦之。

客有过予者见之，曰："美哉！飒飒乎句佳哉！天盖以诗人处杜子矣。杜子家有良田广宅，厌城市之喧嚣，爱田园之闲旷，离城十五里而近构草堂，贮国史。

---

① 王崇炳.学耨堂诗稿[M]//赵一生.东阳丛书：15册.杭州：浙江古籍出版社，2015：40.
② 党金衡.道光东阳县志[M].杭州：西泠印社出版社，2017：79.
③ 党金衡.道光东阳县志[M].杭州：西泠印社出版社，2017：638.
④ 党金衡.道光东阳县志[M].杭州：西泠印社出版社，2017：775.
⑤ 王崇炳.学耨堂诗稿[M]//赵一生.东阳丛书：15册.杭州：浙江古籍出版社，2015：37.

三径从容,求羊日至,宜其超超乎有风人之致也。不然,厨无隔宿,炊妇内谇;句有新思,租吏外迫;诗恶能佳哉?"予曰:"唯唯,否否。啬于性者,天不能资以韵;薄于情者,地不能贡以文。杜子之诗,杜子之性情也,岂关处地哉?且夫父母,人所同有也,杜子上垄,则结想白云,他人则北邙抔土耳;朋友,人所同有也,杜子离居,则梦悬梁月,他人则角枕黑甜耳;邻曲,人所同有也,杜子与处,则蒿目石壕,他人则秦越肥瘦耳。由斯以谈:花县鸣琴,雅事也,墨吏止以聚囊橐;讲堂青草,道趣也,俗儒止以供训诂;庭前柏子,禅意也,庸僧止以佐口谈。彼枫庄者,向岂杜氏宅哉?颓垣老屋,野老家而村妇骷有年矣,自杜子居之,而鸡栖豚栅皆会诗心,瓜壤芋区俱登啸咏;不然,古木数章,三家小聚,犬吠牛鸣,何兴味之有哉?吾故曰:杜子之诗,杜子之性情,非关处地也。"既以之答客,即书简端,以复其请。①

序以主客问答的方式,阐述了"杜子之诗,杜子之性情,非关处地"之理。客人只强调了杜秉琳具备良好的客观条件,如经济殷实,居住环境幽雅,藏书丰富,日与如东汉隐士求仲羊仲等人来往,故而能创作出好诗。王崇炳认为这不全对,关键还是要看杜之主观意识,其诗只不过是其情感的表达而已,与所处环境关系不大。同样对待自己的父母、朋友、邻居,杜至情至性,悲天悯人,超越凡俗。而且热爱生活,能以一颗诗心去观察、体味身边的事物,发之于诗,兴味盎然。序为知味之言,非泛泛可比。

反过来,王崇炳有《广性理吟》,杜秉琳为之作序,即《广性理吟题辞》②:

吾郡性理之学,东莱吕氏首辟蚕丛,北山、鲁斋诸公踵武继起,考亭之学在金华矣;正嘉间枫山氏崛起瀫滨,而邹鲁之风复振,继则卢一松、程松溪讲道五峰,而姚江之学大彰。今讲席久虚,风流余韵犹有存者。

鹤潭王先生学宗姚江,不立异朱子,尝言"学者当于自心中辨舜跖,不当于纸墨上辨朱陆"。所著《性理吟》一帖,以唐人制举之体诠宋儒理性之学,盖于典确切,当中寓自得之趣焉。今天下于朱子书莫不手抄而口诵矣,顾讲究虽详,墨守先贤训诂,而中无所得,见之吟咏,则枯稿生涩之意卒不能自掩于骨格气韵之间,无他,其所造浅所积薄也。先生研理精熟,粹然一出于正,虽祖述朱子之绪言,而江门高致时时溢出字句之外,使人讽而不厌。略加训释,首为刊布,以为性理五言六韵之诗,学者首路焉,而一唱三叹所以兴起,其希贤入圣之心,亦

---

① 王崇炳.学穤堂文集[M]//赵一生.东阳丛书:15册.杭州:浙江古籍出版社,2015:63-64.
② 王崇炳.广性理吟[M]//赵一生.东阳丛书:15册.杭州:浙江古籍出版社,2015:卷首.

将于是乎在。

开篇简述金华性理学史，王崇炳无疑为"风流余韵犹有存者"。指出王崇炳学宗王阳明，又不立异于朱熹，兼融会贯通了明代陈献章所开创的江门学派精义，兼容并蓄，无门户之见，五言六韵，以唐人制举之体诠宋儒理性之学，是为创体。这无异于解读《广性理吟》的一把钥匙。

三、楼梯霞

楼梯霞（1645—1723），东阳人，王崇炳好友。《凤山楼氏宗谱》载："仁房仁百三十二，讳先春，考名悌霞，字枚臣，邑庠生。"①《金华诗录》收录其诗11首。《楼枚臣诗集序》乃王崇炳所作，楼氏宗谱竟以之充楼枚臣行传，其序云：

予友楼子枚臣，家故望族。自其曾祖如山先生起家成进士，即以诗文世其家学。

枚臣幼颖异，落笔洒洒，意豁如也；顾性豪放，不拘细行。年逾冠而病废，家益落，几无自活。垂二十年，未尝发策读书，率其天真，佳句叠出。今大中丞晋陵周公讳清源视学两浙，按婺之日，枚臣短衣敝履，随诸童子入，兀然而立，自陈曰："生不幸病废，目昏，不能谛视；手颤，不能正书。然生平学文，不能自藏以殁。幸给能书者二人，生口诵授之。倘得一吐其奇，使当代有知己，死且不憾。"周公心异之，许以草书成文。枚臣顷刻落笔，大小纵横，涂鸦作千余字投之。周公读之，愕而起曰："吾两试婺郡，止得此一士。"即以硃书评其卷端，遂入泮。枚臣大喜，以为得知己。既而试诗赋，枚臣诗最先成，徘徊朗诵，旁若无人。周公益奇之，取其卷视之。枚臣诗既宫商谐律，而周公音吐高朗，为漫声歌之。在座耸听，枚臣跳跃起舞，周公目笑之。诗载集中《晨征听晓鸿作》是也。落句"尚有板桥人迹在，鸡声相共渡关河"。为周公所最赏。

枚臣诗，才高于学，兴复高于才。岁庚午，枚臣访予合浦山寺。酒后耳热，睁目睨予曰："虎文，汝视楼枚臣何如人？倘当世有杨意、吴武陵者，予岂庸下老耶？"因历诵平日所为文，绕柱而走，一气不断，盖十余篇。时夜将半，山林晦暝间，高声杂诵，音节悲壮，栖鸟拍拍起树间，其雄襟杰气，有王处仲击碎唾壶之意。尝语予曰："吾古风法李学士，律法高、岑。不敢望汉、魏，自唐以下，羞

---

① 《凤山楼氏宗谱》卷十，2006年版，第48-49页。

与比肩。"大都枚臣之品似谢茂秦，其兴似桑民悦，其狂似宋春登。今所欲刻诗皆其所自裁，择其平日贺生宠亡，零篇剩句，错见于家乘屏障之间，徒取一时沽酒之资者不与也。①

《楼枚臣诗集序》亦载《凤山楼氏宗谱》②，文字大体相同，个别字词稍异，如"顾性豪放，不拘细行"。《凤山楼氏宗谱》作"顾性清狂，不拘少节"，似"清狂"二字更确。

楼枚臣二十几岁时不幸眼盲，却不废学。适值周清源视学两浙，惊赏其才，得以入泮。1690年，枚臣访王崇炳，酒后吐露了怀才不遇之叹，渴望有人汲引，不想老死乡间。杨意即杨得意，据《史记·司马相如列传》，司马相如经蜀人杨得意引荐，方能入朝见汉武帝。吴武陵与柳宗元同贬至永州四年后遇赦回长安，向宰相斐度陈述柳宗元的不幸，写信给工部侍郎孟简，希望将柳宗元从边地调回，改变境遇。夜半诵自为文，表示渴望施展才能，壮怀激烈。王处仲即王敦，此用"唾壶缺"之典。《晋书·王敦列传》载，（王敦）每酒后辄咏魏武帝乐府歌曰："老骥伏枥，志在千里。烈士暮年，壮心不已。"以如意打唾壶为节，壶边尽缺。③王崇炳评其诗为"才高于学，兴复高于才"，将其品、其兴、其狂拟于明三人：谢榛、桑悦、宋登春（疑非宋春登）。谢榛（1495—1575），字茂秦，号四溟山人、脱屣山人，山东临清人，明代布衣诗人，一生浪迹四方，著有《四溟集》。出身寒微，眇一目，自幼喜通轻侠，爱好声乐。十六岁时作乐府商调，流传颇广，后折节读书，刻意为歌诗，以声律有闻于时。嘉靖间，挟诗卷游京师，与李攀龙、王世贞等结诗社，为"后七子"之一。他倡导为诗模拟盛唐，主张"历观十四家所作，咸可为法。当选其诸集中之最佳者，录成一帙，熟读之以夺神气，歌咏之以求声调，玩味之以裒精华。得此三要，则造乎浑沦，不必塑谪仙而画少陵也"④。较之枚臣语："吾古风法李学士，律法高、岑。不敢望汉、魏，自唐以下，羞与比肩。"如出一辙。桑悦字民怿，号思玄居士，常熟人。成化元年举人，试春官，语多不伦被黜。除泰和训导，迁柳州府通判，丁外艰归，遂不出。为人怪妄，敢为大言以欺人，著有《周礼义释》《太仓州志》《两都赋》《思玄集》《桑子庸言》。桑悦作诗文，敏于兴，《明史》本传云："初，悦在京师，见高丽使臣市本朝《两都赋》，无有，以为耻，遂赋之。居长沙，著《庸言》，自以为穷究天人之际。所

---

① 王崇炳.学樨堂文集[M]//赵一生.东阳丛书：15册.杭州：浙江古籍出版社，2015：66-67.
② 《凤山楼氏宗谱》卷二十二，2006年版，第140-141页。
③ 房玄龄.晋书[M].北京：中华书局，1974：2557.
④ 谢榛.四溟诗话[M].宛平，校点.北京：人民文学出版社，1961：80.

著书，颇行于世。"①宋登春（约 1515—1586），字应元，号海翁、鹅池，明代诗人、画家，在世于嘉靖、隆庆、万历年间，真定府冀州新河县六户村（今河北省邢台市新河县新河镇六户村）人。少年失父母，依靠兄嫂生活，聪慧好学，能诗善画，且"诗祖少陵，画宗吴伟"。嗜酒慕侠，能骑射，被乡人称为"狂生"。三十岁间，妻子儿女五人俱丧，宋一夜间须发皆白，自号海翁。此后带义子（侄子）宋鲸弃家远游。他以书画为资，行程 5 万余里，北出居庸，南涉扬子，西越关陕，东泊沧海，广泛结交诗画文人，晚年定居江陵天鹅池（今湖北省石首市天鹅洲经济开发区），更号鹅池，后投钱塘江而死。著有《鹅池集》《燕石集》。他狂放，恋酒，蔑视权贵，向往自由、隐逸的生活等。《宋布衣集》入选《四库全书》，《四库全书总目》提要云：邢侗《来禽馆集》有《吊宋叟诗序》，称"登春尝语侗，君视宋登春岂杉柏四周中人"。其生平立志如此，盖亦狂诞之士也。②邢侗《吊宋叟》诗序云："子愿，子愿，君视宋登春岂杉柏四周间人？"③与枚臣语"虎文，汝视楼枚臣何如人？"如出一辙。濮阳李先芳《清平阁唱和序引》曰："岁癸酉，鹅池山人至自荆州，能诗画，性嗜酒作狂。高贵之族，非造门不见。"④徐学谟守荆州，深敬礼之。徐学谟《鹅池生传》中记录了二人初识的片段，足见宋登春之狂。

是时，吴人徐某为荆州守，闻生高，自往物色之，生始匿，不欲见守。至再，始见。明日生戴紫箨冠，衣皂缯衫，报谒，据守上座，守侍人窃窃私语曰："客颇妄亡知，守奈何轻威也。"久之，往来廨中，而守之寮吏奉守意，皆浮慕生为谬，恭延致之。生揣其无实，终不肯一往。守为生授室城中。从天鹅池徙之居，约以他日见访。是日，守偶先有所往，经其门而迟及之，生恚曰："守胡绐我也。"比临其室，生已键扉卧，不欲内守，守令人穴其垣入见，生方科跣，席一藁，僵偃壁下，守笑曰："若欲为庞萌耶？琅琊人将捕汝矣。"生起谢曰："室无几榻，难淹尊官耳。"因索酒饮之，薄暮而罢。⑤

---

① 张廷玉.明史[M].北京：中华书局，1974：7354.
② 永瑢，纪昀.影印文渊阁四库全书总目：4 册[M].台北：台湾商务印书馆，1983：572.
③ 邢侗.来禽馆集[M]//四库全书存目丛书编纂委员会.四库全书存目丛书 集部：161 册.济南：齐鲁书社，1997：385.
④ 钱谦益.列朝诗集小传[M].上海：上海古籍出版社，1983：515.
⑤ 徐学谟.徐氏海隅集[M]//四库全书存目丛书编纂委员会.四库全书存目丛书 集部：124 册.济南：齐鲁书社，1997：576-577.

王崇炳《雨中道遇楼枚臣款语而别》①：

冻雨霏霏朔风紧，人立高滩鹭鸶冷。十二峰前逢故人，带湿冲风残醉醒。独行旷野放浩歌，知尔苍颜尚轰饮。我乘篮舆类陶潜，冒雪君同孟浩然。交臂清谈杂风雨，萧骚客意如飞烟。晷短途长天易暮，分携只过黄砂渡。东去苍茫山雾深，君归不是予归路。

霏霏冬雨，二人途中邂逅，枚臣酒后放歌，清狂不减当年。王崇炳自比陶渊明，而将枚臣比作孟浩然。两人把臂而谈，意犹未尽。因昼短途长，二人只得分手，各奔东西。

王崇炳《和楼枚臣落花诗六首》②：

细雨轻烟飏鬓丝，忽惊花事到荼䕷。一丛碧净莺啼树，千朵红飘鹤踏枝。太液池头重到日，元都观里再来时。人间无限伤春意，分付东风莫乱吹。

倦飞无力欲倩扶，风剪枝头半有无。冷随（堕）香泥随燕嘴，暖飘金粉上蜂须。细堆碧砌如铺锦，点缀青茵似绣襦。万紫千红好园圃，一时俱变似清都。

水面回纹聚作堆，惊风阵阵更相催。巧粘谢客登山屐，故逐王家修禊杯。月晓露溥如有恨，春寒阴重且迟开。东皇不管韶华色，一任纷纷点翠苔。

武陵深处引渔郎，又向筵前劝舞筵。数朵沾泥扶不起，有时矜态随（堕）还翔。离枝逸艳难消色，波面高英忽送香。二十四番风易过，娇嘶金埒马蹄忙。

高烛荧荧柱自烧，人间何处避冲飚。乳莺飞救随风瓣，粉蝶空翻结子条。茂苑一丛容易尽，洛阳千种不须骄。无情脱蒂犹怜色，插傍佳人金步摇。

鱼吞锦浪逐春流，千树红敷散不收。雨洗忽迷沽酒宅，风翻又上读书楼。开当迟日从容落，飞触晴丝婉转留。九十光阴弹指过，芒鞋犹作踏青游。

此为王崇炳和作，而枚臣原作不见。落花诗，主要写暮春之景，传达了伤春、惜春、留春之意。

王崇炳《孔山怀古三章》③，其序云："孔山者，宋相乔文惠公故居也。当日海县中分，偏安半壁，议和则屈膝含羞，议战则函首受辱。乔公柄国，适襄樊用兵之时，能以持重，效其忠悫，使垂危国步，迄可少休。身兼师相，为国元老，功存桑梓，名在竹帛，贤矣！公致政时，作孔山书院以逸老，时人以比裴晋国之午桥，司马公之独乐。今虽桑田迁改，而故迹犹存。予友楼枚臣首唱怀古之作，标

---

① 王崇炳.学櫏堂诗稿[M]//赵一生.东阳丛书：15册.杭州：浙江古籍出版社，2015：78.
② 王崇炳.学櫏堂诗稿[M]//赵一生.东阳丛书：15册.杭州：浙江古籍出版社，2015：99-100.
③ 王崇炳.学櫏堂诗稿[M]//赵一生.东阳丛书：15册.杭州：浙江古籍出版社，2015：127.

题十二，使同人属和。予倦于笔墨，止得三章焉。"孔山乃南宋乔行简旧第。乔行简（1156—1241），字寿朋，浙江东阳人。学于吕祖谦之门。宋光宗绍熙年间进士，宋理宗时曾任参知政事，兼同知枢密院事、进知枢密院事、右丞相、左丞相，晚年至平章军国重事，并被封为鲁国公。赠太师，谥文惠。著有《周礼总说》《孔山文集》。《宋史》卷四一七有传①。《道光东阳县志》载："乔行简宅在县东南二百步孔山下，有孔山圃，亦曰乔宅园。山左有孔山堂，右有双岘楼，临溪有水馆钓台，皆理宗御书扁。阛阓闤其北，溪山拱其南，为一邑登览之胜。今废，流觞处冰磡尚存。"②且下引王崇炳《孔山怀古三章》。诗序高度评价了乔行简的道德、政绩，乔退休后所建孔山书院，时人比之唐名相裴度的私家园林午桥庄，宋司马光退居洛阳的独乐园。时过境迁，凭吊遗迹，楼枚臣为之首唱，组诗十二首，唱和者多。王崇炳未一一和之，只和了其中三章：

乔公致政反丘园，旧府相传父老言。荒径已无牛氏石，古城犹有谢公墩。苔生断砌冰花合，霜落疏林寒鸟喧。不见南朝好陵寝，年年风雨泣黄昏。

河山半壁藉调元，光映文昌上相尊。闻说朱门花作垺，眼看黄叶鸟归村。高名尚喜留桑梓，故国徒劳问子孙。五府相连各衰散，一从野老牧鸡豚。

相臣门第对三丘，绕郭崩砂水漫流。一代功名余石砌，四郊烟火抱城楼。市喧日暮人将散，树老台荒我欲愁。只有青编两行字，尚留忠亮照千秋。

乔行简位极人臣，功名卓著，显赫一时，当年门第高耸，五府相连，如今子孙寥落，遗迹斑斑，其人、其事于父老口中代代相传，载入史册，彪炳千秋。古今对照，无限感慨。

据《凤山楼氏宗谱》卷九，"元房悌四百九十七 讳其嵩，字允中，号豫瞻。恺五百六十九鼎公次子，生于顺治乙酉二月十七日申时，卒于雍正癸卯八月十七日寅时。"③可知，楼其嵩生于1645年，卒于1723年，享年七十九岁。亦可推知王崇炳此序当写于1723年。枚臣极为推崇其族叔之为人与为诗，在他的强烈推荐下，王崇炳加深了对楼其嵩的了解，为其诗集《自娱集》作序，且为之作传，即《元僖豫瞻山人传》④。

---

① 脱脱.宋史[M].北京：中华书局，1977：12489-12495.
② 党金衡.道光东阳县志[M].杭州：西泠印社出版社，2017：618.
③ 《凤山楼氏宗谱》卷九，2006年版，第154页。
④ 《凤山楼氏宗谱》卷二十一，2006年版，第85-86页。

四、叶新

《金华诗录》收录叶新诗 17 首。《清史稿·循吏二》有叶新传：

叶新，字惟一，浙江金华人。康熙五十一年，顺天举人。从蠡县李塨受业，立日谱自检，尤严义利之辨。雍正五年，以知县拣发四川，授仁寿县。有与邻县争地界者，当会勘，乡保因阍人以赂请，新怒，悉下之狱。勘毕，各按其罪，由是吏民敛手奉法。

署嘉定州，故有没水田，多逋赋。新视旷土可耕者，召民垦辟，以新科抵赋额，旧逋悉免。时仁寿采木，部匠倚官为暴，民勿堪，纠众相抗，县以变告，檄新往治之，抵匠头及首纠众者于法，余释不问。迁邛州知州，再迁夔州府同知，署龙安及成都知府。又署泸州知州，讼者至，立剖决，滞狱一空。治泸两载，俗一变焉。新自授夔州同知，阅五载，始一莅任。寻又署保宁、顺庆两府，擢雅州知府，母忧归。

乾隆十年，服阕，补江西建昌。修盱江书院，招引文士与讲论学术。复南城黄孝子祠，以励民俗。十三年，南丰令报县民饶令德谋反，令德好拳勇，令以风闻遣役往侦，误探其雠，谓谋反有据，遂往逮令德，适他往，乃逮其弟系狱。令德归，自诣县，受刑诬服，杂引亲故及邻境知识为同谋，追捕蔓及旁郡。新得报，集诸囚亲鞫，株连者已七十余人，言人人殊。

新诘县役捕令德弟状，役言初至其家，获一箧，疑有金宝匿之。及发视，无所有，弃之野。令闻，意箧有反迹，讯以刑。妄称发箧得簿剳，纳赂毁之矣，令谓实然，遂逼令德诬服。新于是尽释七十余人缧绁，命随往南昌。戒之曰："有一逋者，吾代汝死矣。"及至，七十余人则皆在。谒巡抚，具道所以，巡抚愕不信，集才能之吏会勘，益杂逮诸所牵引，卒无据，而巡抚已于得报时遽上奏。朝命两江总督委员就谳，新为一一剖解得白，所全活二百余人。

十七年，调赣州，有赣县抢夺拒捕之狱，值改例，新旧轻重悬殊。新谓事在例前，当依旧比，争之不得。复以宁都民狱事，与同官持异同，不得直，谢事闭门候代。上官慰喻，不从，遂以任性被劾免归。欣然曰："今而后可无疚于心矣！"家居十余年，卒。①

---

① 赵尔巽. 清史稿[M]. 北京：中华书局，1977：13011-13012.

叶新为人刚直不阿，辗转多地为官，有担当，有作为，颇有政声，是为循吏。叶新师从李塨，李塨与王崇炳皆师从毛奇龄，这是一层关系。另外，王崇炳长子王国陛与叶新为乡试同年。康熙五十一年（1712年），叶新中北榜举人，王崇炳写诗《赠叶惟一孝廉》以贺："妙龄三策捷神京，榜墨初干归兴生。年谊喜同儿辈好，英才还使老夫惊。居当邹鲁群贤地，囊括关河万古情。试上婺星台上看，双溪不断宋时清。"① 王崇炳恭贺叶新中榜，盛赞他才华出众，俨然接续了婺学文脉。

1723年，王崇炳应金华知府张坦让之特聘主丽正书院师席，叶新有诗《丽正书院落成特请鹤潭年伯主讲席喜而有赋》："邹鲁遗风久陆沉，振兴几费守臣心。聿新俎豆尊贤切，别起胶庠育德深。济济誉髦咸有造，茫茫坠绪共相寻。仰看婺学昌明日，不数当年翰墨林。"② 金华号称"小邹鲁"，宋元时达到鼎盛，此后，逐渐式微，至清初，竟是"久陆沉"了。为振兴婺学，知府张坦让可谓煞费苦心，建丽正书院，聘王崇炳为主讲，叶新欢欣鼓舞，感觉婺学昌明可期。从王崇炳和诗二首看，叶新原作当也有二首，另外一首未见。正如《金华县志》言叶新"为文闳整明达，不尚饾飣，官文书皆手自作，然多削稿不存，惟古文诗词各一卷"③。王崇炳《主教丽正书院，叶惟一孝廉以诗见赠，依韵奉和二首》④云：

一片江光景未沉，人同高鸟向山心。不堪贤守扳留切，还恐门徒责望深。邹鲁风颓谁共挽，孔颜乐处岂难寻。相知最有钟湖子，披拂清风到竹林。

结榻鸥砂㹘草边，人希土旷易称贤。衰龄淡似陶家菊，年少清同华岳莲。庐阜光风随地有，江门真月要人传。薄分官俸资吟啸，短策寻山挂酒钱。

叶新站位高，目光如炬，对此事评价中肯，故而王崇炳许为"相知最有钟湖子"，自注"居钟湖"。以居地代指叶新。《金华县志》载："叶新，字惟一，号艮堂，天钟湖人。"⑤ 其一交代了未能坚辞的缘由，一是张知府情真意切，二是学生期望值颇高，意欲深孚众望，三是欲挽理学之颓，四是重寻孔颜乐处。其二自明心志，自谦枉称贤，本性清淡，不慕名利，主师席为的是弘传心学，薄俸可资吟咏、买酒即知足了。

---

① 王崇炳. 学稼堂诗稿[M]// 赵一生. 东阳丛书：15册. 杭州：浙江古籍出版社，2015：154-155.

② 东阳河汾王氏宗谱[M]// 黄灵庚，陶诚华. 重修金华丛书：189册. 上海：上海古籍出版社，2014：63.

③ 邓钟玉. 金华县志[M]. 台北：成文出版社有限公司，1970：545.

④ 王崇炳. 学稼堂诗稿[M]// 赵一生. 东阳丛书：15册. 杭州：浙江古籍出版社，2015：166.

⑤ 邓钟玉. 金华县志[M]. 台北：成文出版社有限公司，1970：542.

王崇炳《留别程敬一、叶惟一年侄》："人似蓝田玉有烟，欣逢二子各英年。居连冰洞千峰晓，水拍江城五月天。老去斯文思后辈，力强取法有前贤。分携后会知何日，客路明朝上濑船。"① 王留别程开业、叶新二年侄于金华，不知作于何年。王对二人寄予厚望，希图他们取法前贤，斯文有继，并流露出眷恋不舍的情感。

五、张钱沄

"张钱沄，字白湖，钱塘人，文学诗宗王孟，年三十二亡，无子。其友为刻《平寿堂诗集》。"②

王崇炳与张白湖初识于兰溪唐思臣家中，正值张于唐家作馆。王崇炳有诗纪之，其《辛卯夏五晤武林张白湖于唐氏古槎书厅》③云：

晴云拽天白日赫，江城郁郁逢佳客。吐论如霏玉雪烟，清标似濯冰壶月。关河迢遥良晤迟，一见千秋豁胸臆。书厅疏竹列宿繁，主人日暮频开樽。良夜沉沉动深酌，瀫江花气芬高言。解衣淋漓逸兴发，翰墨风流时间作。籀文章草及行真，知君大有临池乐。池亭微凉耸高柯，疏萤数点横天波。当年聚书甲东浙，即今词客频经过。风月乾坤畅幽抱，当杯不饮欢情多。君家吴山山色好，胥江雪浪秋偏早。努力乘风踏海潮，客里相逢殊草草。昨暮看君赋可园，字字如珠吾倾倒。

从诗题可知，时间是辛卯年（1711年）农历五月。王崇炳与张白湖一见如故，相见恨晚，谈论甚契，张酒后逸兴遄飞，当场泼墨，为大家展示书法，"籀文章草及行真"俱精到，因读张赋可园诗，赞其字字珠玑。

盘桓一个月，二人始分手，自此结成忘年之交。

次年，即1712年，张白湖病，归钱塘，《寄怀王鹤潭先生》二首云：

吾道因时晦，先生自陆沉。不离忠孝质，常见圣贤心。干禄终何益，为农愿已深。著书成晚计，辛苦待知音。

谈论喜相识，疏顽负所知。秋风归棹急，春草寄书迟。病久医无力，情亲梦

---

① 王崇炳. 学耨堂诗稿[M]// 赵一生. 东阳丛书：15册. 杭州：浙江古籍出版社，2015：157.
② 东阳河汾王氏宗谱[M]// 黄灵庚，陶诚华. 重修金华丛书：189册. 上海：上海古籍出版社，2014：62.
③ 王崇炳. 学耨堂诗稿[M]// 赵一生. 东阳丛书：15册. 杭州：浙江古籍出版社，2015：93.

有私。杖藜多胜概，何自数追随。①

相识虽短，而张白湖足称为王崇炳之"知音"，诗第一首写王崇炳之遭逢、行迹与品性，对王之"忠孝质""圣贤心"不无赞叹，对其淡泊名利、晚年著述抱有同情之理解。第二首则描述己之近况，友情难忘，思念日深，表达长愿追随之意。"秋风归棹急，春草寄书迟"，应是1711年的秋天张白湖即因病归家，次年春，寄诗给王崇炳。

此事于《王鹤潭先生行述》中亦有载："江干张白湖讳钱沄，诗学甚精，迸弃一切，杭人多宗之，见先生辄倾倒心服，执弟子礼，所呈诗有'何事数追随'之句。"②只不过，所引诗句有"事"与"自"异文。

王崇炳以诗答之，《和韵寄张白湖二首》③云：

终日候霜素，空山夜雨沉。一书良玉色，千里故人心。天阔冥鸿远，春寒泷水深。新诗入怀袖，吟罢有遗音。

雅调掩卑听，怀情待所知。自惭闻道浅，尝叹纳交迟。甘苦终同实，乾坤讵有私？离群感风翼，不得久相随。

王崇炳对张白湖滚烫的友情做了积极的回应，每日盼其书来，今日书来，却亦喜亦忧，又愧又叹，只恨不能长久相伴。其实，王已有了一种不祥的预感。时间不久，张即殒命。

王崇炳《书张白湖诗卷后》④记述稍详：

予之识白湖，在兰溪唐氏，时白湖馆予门人唐思臣（正学）家。白湖见予诗，讥以不唐不宋。夫不唐不宋，所以成其为鹤潭诗也，而白湖乃以为讥。既而白湖以其诗一帖就正予，予评而归之。情日洽，盘桓一月。次年白湖病，寄予诗二首，有永诀之意。

白湖性落落，到兰溪不交一人，惟与成锡文善。锡文以书画为生，胸无宿物，与予亦甚契。白湖善行草篆隶，兼镌图章，锡文款志细小而精者，皆白湖作也。白湖归，病不起，卒年三十二。家徒四壁，遗有耄父、孀妻、弱女，相继皆殁。

---

① 东阳河汾王氏宗谱[M]//黄灵庚，陶诚华.重修金华丛书：189册.上海：上海古籍出版社，2014：62.

② 东阳河汾王氏宗谱[M]//黄灵庚，陶诚华.重修金华丛书：189册.上海：上海古籍出版社，2014：14.

③ 王崇炳.学耨堂诗稿[M]//赵一生.东阳丛书：15册.杭州：浙江古籍出版社，2015：32.

④ 王崇炳.学耨堂文集[M]//赵一生.东阳丛书：15册.杭州：浙江古籍出版社，2015：137-138.

诗亦散亡，止留予所评一帙，今其友□□为刻而布之。

　　始，予见金司农《松响集》喜之，中有赠白湖诗，知其为友也。以问儿子国陛："白湖诗何如司农？"国陛曰："以白湖比司农，如以孟浩然比李长吉；然白湖《杜宇》诗云，'独夜皆残月，空山又落花。'恐其人不寿。"卒如所言。白湖貌白皙，恂恂文雅，似华若虚。若虚工诗词，兼行楷篆隶，年逾三十卒。然白湖诗淡雅，若虚秀艳；白湖端而有情，若虚狂而无情；若虚年十八出游，无妻子，死无人怜；而白湖则人皆痛之：此其不同者也。白湖之诗，初不逊金司农。今司农诗名冠武林，其于白湖，不啻过之。若虚见李梧冈诗辄诟之。今若虚之诗，视梧冈何如耶？人固不可以无年，信然。

　　从初识到殒没，到惋惜、感叹，娓娓道来，感人至深。相识的一个月中，两个人可谓进行过深入交流，包括互阅、互评诗歌，张讥王诗为"不唐不宋"，而王恰恰认为"不唐不宋"方为其诗。"清初，由于钱谦益等人对七子派的批判，七子派的模拟之弊日益为人们所认识，而钱谦益主真重变的诗学越来越来人们所认同。复古派的审美禁区被打破了。先是冯班等掀起了晚唐热，到康熙年间又兴起了宋诗热。"①至少在康熙十八年（1679年），宋诗热已成为全国性的潮流。如毛奇龄《徐宝名诗集序》中说，他于康熙十八年举博学宏词科时，"长安言诗者，……自称宋诗，誂胶焉垢明而訕唐，物有迂夸不入市者，辄以唐人诗呼之。"②顾景星作于康熙十八年夏五月的《簏稿诗序》云："今海内称诗家，数年以前，争趋温、李、致光，近又争称宋诗。"③尤侗继承了钱谦益一派的性情优先主张，他于《吴虞升诗序》中说："诗无古今，惟其真尔。有真性情，然后有真格律；有真格律，然后有真风调。勿问其似何代人之诗也，自成其本朝之诗而已；勿问其似何人之诗也，自成本人之诗而已。"④蒋寅论云："古典诗歌自汉魏以后形成自己的传统以来，历代作者论诗，无不标举某个时代的诗歌为艺术理想，或汉魏、或六朝、或三唐、或宋元，奉之为师法的典范，而尤侗这里却解构了所有时代的典范性，将诗歌所有的价值理想归结于一个'真'字，……这就破除了诗歌传统的藩篱，以真性情

---

① 张健.清代诗学研究[M].北京：北京大学出版社，1999：362.
② 毛奇龄.西河文集[M]//清代诗文集汇编编纂委员会.清代诗文集汇编：87册.上海：上海古籍出版社，2010：425.
③ 顾景星.簏稿诗序.邵长蘅.邵子湘全集[M]//清代诗文集汇编编纂委员会.清代诗文集汇编：145册.上海：上海古籍出版社，2010：149.
④ 尤侗.西堂诗集[M]//清代诗文集汇编编纂委员会.清代诗文集汇编：65册.上海：上海古籍出版社，2010：127.

为统摄，为准衡，肯定了诗歌史上所有时代的艺术价值。"[1]王崇炳"不唐不宋"与尤侗"无古无今"的观点何其类似，他敢于超越流俗，不为门户所限，跳出宗唐宗宋的藩篱，自写性情，自具面貌，不以为病，反以为荣。张则将其诗就正于王崇炳，王评而归之，疑即所言《平寿堂诗集》。次年寄二诗，即上列二诗，王读出其"永诀之意"。张孤高，与人难合，在兰溪独与成锡文友善，书画为其共同爱好，而成锡文也是王崇炳好友。张殁时年仅三十二岁，身后凄凉，其父、其妻、其女相继而殁，惟有王崇炳所评之诗尚存，其友人刊刻之，是世间仅存之物。

金农（1687—1763），字寿门，又字司农、吉金，号冬心，又号稽留山民、曲江外史、昔耶居士、心出家庵粥饭僧等，浙江钱塘（今杭州）人。乾隆元年（1736年）举博学鸿词，在京未就试。晚寄食扬州，卖书画自给。生平事迹见《清史稿》卷五四、《清史列传》卷七一、《国朝先正事略》卷四一。[2]金农为"扬州八怪"之一。擅书法，楷书号"漆书"，自成一家；亦能篆刻；年五十始学画，笔致古拙。其诗"戛戛独造羼提，他山罕臻斯诣"[3]。《清史列传》评其："诗格高简，有奇气。"[4]金农自称"鄙意所好，常在玉溪、天随之间"[5]。著有《冬心先生集》，以及《冬心杂画题记》《冬心斋砚铭》等。王崇炳以张白湖之诗比于金农之诗，其子王国陛回答巧妙，以之比于唐代孟浩然与李贺，且将白湖《杜宇》句"独夜皆残月，空山又落花"看作诗谶，恐张不寿。果不其然，张氏英年早逝。

最后，王崇炳将张白湖与华若虚作对比，同者不同者，实令人发一浩叹。且两两对比，张白湖诗初不逊金农，华若虚生前诟病李凤雏诗，然皆因天不假年，成就有限，身后落寞凋零，为友人所怜所痛。

六、程开业

程开业，字敬一，号五峰。方峰公六世孙，雍正甲辰进士，由户部郎中历任

---

[1] 蒋寅.清代诗学史：第一卷[M].北京：中国社会科学出版社，2012：352.
[2] 傅璇琮.中国古代诗文名著提要：明清卷[M].石家庄：河北教育出版社，2009：325.
[3] 法式善.梧门诗话[M]//续修四库全书编委会.续修四库全书 集部：1705册.上海：上海古籍出版社，2002：537.
[4] 清史列传[M].王钟翰，点校.北京：中华书局，1987：5867.
[5] 金农.冬心先生集[M]//续修四库全书编委会.续修四库全书 集部：1424册.上海：上海古籍出版社，2002：57.

兖沂曹，兼管黄河道，署山东布政使司事。著《五峰吟稿》一卷，辑《先儒粹语》一册。

程敬一乃王崇炳长子王国陛乡榜同年友，故对王崇炳自称"年侄"。据王崇炳撰《贻燕堂记》①知，程开业又是王崇炳学生陈灿文之姐丈。追溯起来，开业乃程梓六世孙，王崇炳乃卢可久六传弟子，程梓与卢可久同为王阳明弟子，同在五峰书院讲学，同开五峰之学，这个学脉渊源更深。程梓"弱冠为诸生，往姚江受业阳明之门，归即五峰建书院，讲明正学"②。程开业对五峰书院具有天然深厚的感情，其《游五峰书院二首》③云：

灵山奇巧似蓬壶，蹋屐行来一径纡。绝巘千寻排锦障，飞泉白道散明珠。讲堂自昔传真学，石室于今祀大儒。何日尘缘俱谢尽，好从此地结茅庐。

紫岩深洞锁苍烟，销夏行游兴洒然。奇石飞来堪拜丈，灵峰琢就合居仙。几忘境外成何世，但觉壶中别有天。胜地蓬门相咫尺，一回眺览一流连。

五峰书院风光秀美，学问渊深，不啻为"蓬壶""胜地"，虽与自家相距不过咫尺，却每每令其流连忘返，甚至许下"何日尘缘俱谢尽，好从此地结茅庐"的宏愿。

《永康县志》所记程开业于山东任职之政绩颇详，兴利除弊，实事求是，爱民如子，身先士卒，为万民爱戴。

程开业，字敬一，号五峰，雍正甲辰进士，授户部贵州司主事，时常熟蒋相国秉政，重其才，遇事必与谘度，奉命督学粤东，途次，闻父丧，归，终制。服阕，赴部，授山东司员外郎，寻转本司郎中，适东省首郡需人，遂出守济南，釐剔积弊，兴举废坠，他郡巨狱审克简孚始成，信谳大府欲垦荒，益课督办严切，而东省野无旷土，有司率谬报升科，开业持不可，曰："是谓殃民，吾不忍。"竟格不报。摄盐法道篆乡闱派内监视诸生，以监临搜检严刻，忿不可遏，开业晓以大义，皆帖然无取哗者。乾隆元年，权藩篆时法中丞初莅任，见措施甚当，深器之，遂奏请补授兖沂曹道，有"才守兼优，十府第一贤员"之语。河帅某者慕开业名重而又心服其能，奏请兼管黄河道。尝遇秋泛盛，涨势将溃防，开业欲以身捍金隄，鹄跱其上指挥，下埽暴流冲激，弁兵抢护，呼邪许曳，埽不得泊岸，塞

---

① 王崇炳. 学櫾堂文集 [M]// 赵一生. 东阳丛书：15册. 杭州：浙江古籍出版社，2015：112-113.
② 王崇炳. 金华征献略 [M]// 赵一生. 东阳丛书：15册. 杭州：浙江古籍出版社，2015：158.
③ 程尚斐. 五峰书院志 [M]// 赵所生，薛正兴. 中国历代书院志：9册. 南京：江苏教育出版社，1995：254.

窣作声，将横决，众且奔窜，有曳裾请暂避者，开业厉声叱曰："此口直达徐邳，吾足一移，数万生灵尽鱼鳖矣。悉力保，固不暇顾，安所避耶？"语未既，适上流湍溜少缓，埽泊岸厢做工讫，民赖以安。后因公左迁湖南宝庆府，治效如在济南时，旋以前道任误揭属县案镌级去任，士民数千人为棐实政编，诣省门呈，乞留，中丞许为奏准，留湖南委用，仍摄长沙、宝庆等郡，篆后以丁母忧归。①

《雍正朝朱笔引见单》对程开业三十九岁前履历所述甚详：

程开业，浙江金华府永康县人，年三十九岁。由生员中康熙五十九年庚子科副榜，六十一年癸卯恩科举人，雍正二年甲辰科进士。十一月内引见，奉旨著内用。三年正月内，补户部贵州司额外主事。四年九月内，吏部题补户部湖广司主事。九年二月内，大学士张廷玉等保举补授山东司员外郎。本年十二月内，大学士张廷玉等保举山东司郎中。十年九月内，大学士张廷玉等遵旨拣选，保送川北道。十月初九日，吏部带领引见，奉旨特授山东济南府知府。

朱批：中年中材，因郎中拣选用的。中平人，试用看。中中。②

雍正十年（1732年），程开业三十九岁，可推知其生于1694年。

难以确考王崇炳与程开业具体相识于何时，可能是王国陛乡试之后，与程开业先成好友，王国陛遂将之引荐于家父。从送别、唱和、游玩以及文字往还来看，王崇炳与程开业关系甚为密切，程曾请王崇炳为其父作墓志铭，且对王其诗其学有过精辟的评价，说明程对王至为敬慕，且知之甚深。

（一）离别

从现存王崇炳赠别程开业的几首诗看来，程开业大概居住金华。其《自金华薄游兰溪，程敬一送至江浒，有诗赠行，依韵奉和》云："出郭烦追送，朝随估客舟。看君临岸立，顾我逐波流。趁此一帆便，将为十日留。逢人如可语，乘兴或淹留。"③未见程敬一原唱。此诗韵脚连续重复两个"留"字似不妥。王崇炳告别金华，前往兰溪，大早上搭载商人船而去，程开业出城追送，且久立岸边不肯遽去，又赋诗赠行，足见二人友情深厚。又《婺城赠程敬一年侄》，题注云：时与校刻《吕成公遗集》。"双溪无恙此重来，渌水芙蓉羡尔才。共绎微言传丽泽，吹嘘残简出寒灰。心欢地主能留客，正喜甘霖欲送梅。鉴古须开千丈眼，晨昏商确（榷）

---

① 李汝为，潘树棠.永康县志[M].台北：成文出版社有限公司，1970：428-429.
② 中国第一历史档案馆.清代档案史料丛编：第九辑[M].北京：中华书局，1983：124.
③ 王崇炳.学耨堂诗稿[M]// 赵一生.东阳丛书：15册.杭州：浙江古籍出版社，2015：155.

藉清裁。"①对程开业尽地主之谊表示感谢，对程参与校刻《吕成公遗集》表示真心赞赏。又《留别程敬一、叶惟一年侄》②，后生可畏，勉励程敬一、叶惟一两位年侄承前启后，大有作为。此日一别，不知相见何时，道出了依依惜别的深情。

王崇炳有词《百字令·送程敬一年侄起复入京补缺》③：

新凉郊郭动行旌，香稻秋风披拂。张盖鸣金人吏拥，驿路官桥相接。玉露催桐，金飚荣菊，税驾长安日。九重有喜，身在琼宫瑶阙。　簪缨天上星罗，缔新访旧，万里鸳鸿集。曰慎曰勤清第一，难得诚同才合。预拟荣旋，慈帷省觐，归思萦初别。山翁伫待，话雨灯窗连夕。

程开业起复入京补缺，固然可喜可贺，王崇炳欢送之，锦上添花本是应有之义，上片设想之辞，想象程开业到达北京，被文武百官盛大迎接的场面，仿佛置身仙界。下篇则是长辈的谆谆教诲，为官之道"曰慎曰勤清第一"，可谓要言不烦，语重心长。"他以长辈的口吻叮嘱敬一，在朝中为官，就如置身琼楼玉宇，且朝堂之上又有数不清的官宦显贵。身处这样的环境中，须是把持住自己的心性，不可在荣华富贵中迷失自我，更须虚心地缔新访旧，结识贤者。"④最后寄托思念之意，静候他归省，"话雨灯窗连夕"则可。

（二）唱和

有王崇炳和程开业诗两首，其一为《和程敬一年侄移家作》："绳榻朝看烟火升，官衙曾记卧青绫。乡情不改贫时好，诗格还因宦后增。鱼鲊印封遗县尹，竹胎笼寄荷山僧。东屯西瀼频移室，仿佛耽吟杜少陵。"⑤从诗中"鱼鲊""东屯""西瀼"等语，可判断与四川有关。而据《雍正朝朱笔引见单》："十年九月内，大学士张廷玉等遵旨拣选，保送川北道。十月初九日，吏部带领引见，奉旨特授山东济南府知府。"大约一月之内，程开业就由川北道入京引见，后授山东济南府知府，的确称得上"频移室"。尾联类比杜甫夔州辗转经历，用典老到，信手拈来。杜甫《自瀼西荆扉且移居东屯茅屋四首》，朱鹤龄注"公以大历二年移居东屯，当是其时作"⑥。《瀼西寒望》，朱鹤龄注："此是大历元年冬作。明年春，迁居赤甲。

---

① 王崇炳.学耨堂诗稿[M]// 赵一生.东阳丛书：15册.杭州：浙江古籍出版社，2015：154.
② 王崇炳.学耨堂诗稿[M]// 赵一生.东阳丛书：15册.杭州：浙江古籍出版社，2015：157.
③ 王崇炳.学耨堂诗余[M]// 赵一生.东阳丛书：15册.杭州：浙江古籍出版社，2015：327.
④ 陈燕.王崇炳研究[D].金华：浙江师范大学，2012：24.
⑤ 王崇炳.学耨堂诗稿[M]// 赵一生.东阳丛书：15册.杭州：浙江古籍出版社，2015：243.
⑥ 杜甫.杜诗详注[M].仇兆鳌，注.北京：中华书局，2015：1439.

三月，迁瀼西。"①《暮春题瀼西新赁草屋五首》，《年谱》，大历二年，自赤甲将迁居瀼西而作。"②其一为《和敬一年侄失鸡诗》："日日阶前啄绿苔，远行亦是尔当灾。只因每日忘频数，遂使乘昏竟不回。邻舍敢疑随便攘，别栖误入倘重来。自辞中禁听密钥，窗下酣眠藉早催。"③揣测诗意，当是程开业远行搬家之前丢失一只公鸡，也许出于他的粗心，没有每天点数，及时发现丢失，或者公鸡误跑到邻家去了也未可知。可惜的是，程还要仰仗这只鸡催他早起呢。诗歌体贴入微，富有生活气息。

（三）游玩

王崇炳父子与程开业曾一起游玩，有诗《游灵岩寺偕程嗣英程敬一儿子国陛》④：

碧峦云涌妙高台，台下中虚绝点埃。石屋穹隆如琢就，灵山奇巧似飞来。暖窗正喜临南启，风穴何妨向此开。胜境此行舒积悃，兼承良友共追陪。

灵岩寺，在金华城南。《光绪金华县志》载："灵岩寺，在二十五都新建村，旧名紫岩（《万历府志》）。唐时赵州师有弟二人，一沐尘，一新建，游南山宝华，而新建住锡于此，遂以名其地。皇朝顺治六年，天台僧履中卜寺东北半里许，立庙，称为新灵岩。十二年，淮安叶遁庵延僧如岑说戒于此。"⑤全诗以写景为主，胜境固美，以舒积悃，更兼良友追陪，则尽善尽美矣。

（四）程开业为父请墓志铭

《王鹤潭先生行述》载程开业请王崇炳为其父撰写墓志铭事：

永康程敬一先生以主事历任至道，其尊人需斋先生随任，没于署，敬一扶柩归葬，以年侄谊来乞墓志，先生以敬一所交多巨公何取山人言固辞，敬一云："开业所交虽广，其不乞言当路者，以心目中大河以北则有李恕谷先生，大江以南则有王鹤潭先生。先君在日，恕谷曾许作传，奈先君弥留之际，犹兢兢遗言，必欲得先生数语目始瞑。"其为所钦尊如此。⑥

王崇炳始而推辞，理由是程开业南北为官多年，所交多名公巨卿，应该请这

---

① 杜甫.杜诗详注[M].仇兆鳌，注.北京：中华书局，2015：1291.
② 杜甫.杜诗详注[M].仇兆鳌，注.北京：中华书局，2015：1330.
③ 王崇炳.学耨堂诗稿[M]//赵一生.东阳丛书：15册.杭州：浙江古籍出版社，2015：243.
④ 王崇炳.学耨堂诗稿[M]//赵一生.东阳丛书：15册.杭州：浙江古籍出版社，2015：130.
⑤ 邓钟玉.金华县志[M].台北：成文出版社有限公司，1970：225-226.
⑥ 东阳河汾王氏宗谱[M]//黄灵庚，陶诚华.重修金华丛书：189册.上海：上海古籍出版社，2014：14.

些大手笔撰写，何必找他这个在野之人呢？而程开业据实以告，在他心目中，当世才学最高者，北有李恕谷，南有王崇炳，其父亦深以为然，生前，李恕谷答应为其作传，未果；其父弥留之际，郑重留下遗言，必欲得王崇炳墓志铭而可瞑目。王崇炳感其诚，不得辞，命笔为之。可参看程开业撰《河汾王氏续修宗谱序》，此中亦有提及。《待赠奉直大夫需斋程府君墓志铭》转录如下：

程子敬一，予子乡荐同年友，与予有特契。甲辰成进士，授户部主事，迎亲侍养。越一年，尊大人卒官邸，扶柩归，卜地得吉，而属予铭其墓。予辞之曰："志铭必得巨人鸿笔，不当问山野之羸夫。"不数日，又以书至云："所以不乞言当路者，凡以心目中，大河以北则有李恕谷先生，江以南则王先生。恕谷许为先人立传而未就。倘不得先生文志墓，无以慰先人于地下也。"其词恳至，殆不容以不斐辞。

按状府君，程姓讳衍，初字嗣丰，号需斋。程氏为永康文献之族，婺学自枫山先生殁，日就荒落。其高祖方峰先生，偕其族文恭公负笈受业于姚江之门，归而讲学于五峰书院。至今五峰之学显列《明史》，实方峰先生开之。其子居左公，官京尹，为名臣。居左公有贤嗣，年止三十，博极群书，所著《樗言》，堪与《山堂四考》相颉颃。再传而至枚邃先生，府君父也。忆予初至五峰，先生暨府君皆在会，枚邃先生苍而瞿，府君方弱冠，顾而晢，标格出众，与祭先师，执事折旋进反，礼成而敏，予心志之。再至，府君入泮。戊子秋闱试，文为汤溪令杜公海树所欣赏，以微嫌见黜。比予四至五峰，而府君发种种矣。及见敬一，年未冠，神采玉立，文章斐然。窃意程氏之门将复大，乃取科第如拾芥。谒选而得京职，乃叹予之预必于府君之必兴其后者，诚不爽。良亦以先人之积累深，而家学之远有端绪，固如是也。

府君为人，诚确和平，事亲无失节。太夫人徐氏，当明季兵乱，常挟刃自随，夜闻狂人打门声，误疑贼至，遂自杀。府君沥血求旌，不得有司表闾，长以为憾。其处宗族，则修谱牒，表节孝，葬遗骸，祀孤绝，以敦一本。处乡党，则释争讼，劝赈恤，扬善讳过，以厚风俗。逍遥山水，乐禽鱼，适意棋酒，箪瓢屡空，晏如也。其旷达有如是者。敬一既服官，命之曰："进身之始，宜小心谨慎，言勿妄发，人勿妄交，实心办事，毋以予食贫为患。"噫！此官箴，即家箴也。倘非学有源本，世笃忠贞，恶能及此？

戊申，葬于本境独松旧宅之南山。铭曰："谓天之有意于斯人兮，胡丰其文而不显其身？谓天之无意于斯人兮，天其以时之有待，不显其身，而显其后人。禄不终养，孝子之恸；葬不淹时，送终之节。独松之原，不出近乡，佳城郁郁，松柏苍苍。卜云其吉，即于幽堂；华表峙立，以待焚黄。其藏永固，其后弥昌。"①

程开业其父嘱其"进身之始，宜小心谨慎，言勿妄发，人勿妄交，实心办事，毋以予食贫为患"。与王崇炳《送程敬一年侄起复入京补缺》中"曰慎曰勤清第一"何其相似！

（五）对王崇炳诗与学的评价

1. 评其诗

程开业《读鹤潭年伯学耨堂诗集》②云：

诗祖白沙子，情和语自工。终篇无楚调，满纸尽南风。品洁缑山鹤，韵高商雒鸿。德星光照处，一老隐墙东。

这是一篇别致的读后感，也是一首论诗诗。首先追溯王崇炳的诗学渊源，乃远承明代陈献章。陈献章（1428—1500），字公甫，别号石斋，广东新会（今江门市新会区）白沙里人，故又称白沙先生，世称为陈白沙。明代哲学家、教育家、书法家、诗人。广东唯一一位从祀孔庙的大儒，是明代心学的奠基者。陈献章精擅诗文，工书法，善画梅。他是明朝著名的诗人，留存各种体裁的诗作 1977 首。他的诗格调很高，诗作雅健平易，他用诗来教育弟子，也用诗来传播他的学术思想。他的诗文创作，可以证明陈献章是一位善于运用"诗教"的名士，他的思想都寓藏在诗里面，将那些抽象的道理用诗来表达，从而以诗为教。王崇炳部分作品也是以诗为教。楚调为楚地的曲调，常与吴弦、燕歌对举。后为乐府相和调之一。"楚调者，汉房中乐也。高帝乐楚声，故房中乐皆楚声也。"（引《唐书·乐志》）③房中乐是周代宫廷音乐的一种，由后妃们在内宫侍宴时演唱，用琴、瑟伴奏。并且多从民间诗歌中选择比较适合统治者口味的予以加工改编，娱乐性较强。南风指《诗经》中的国风，借指古代淳朴的诗风。这两句大约是说王崇炳不著空文，不媚上，而是有感而发，反映民间疾苦，诗风淳朴。缑山鹤，相传王子乔于缑山乘鹤成仙。后用作歌咏仙家之典。商雒，商县和上洛县之合称，汉初"四皓"曾隐居于此。颈联用典，无非是称赞王崇炳诗"品洁""韵高"。德星：古以景星、岁星等为德星，认为国有道有福或有贤人出现，则德星现。 隐墙东，《后汉

---

① 王崇炳.学耨堂文集[M]//赵一生.东阳丛书：15 册.杭州：浙江古籍出版社，2015：142-143.
② 东阳河汾王氏宗谱[M]//黄灵庚，陶诚华.重修金华丛书：189 册.上海：上海古籍出版社，2014：63.
③ 郭茂倩.乐府诗集[M].北京：中华书局，1979：376.

书·逸民传·逢萌》："君公遭乱独不去,侩牛自隐。时人谓之论曰：'避世墙东王君公。'"① 后因以"墙东"指隐居之地。尾联赞王崇炳为真正的贤者、隐士。

2. 评其学

程开业于《河汾王氏续修宗谱序》②中有言："诗书一脉，如火相传，将烬复燃，今则有鹤潭先生。窃尝自浙至京，遍交朝贤，无足当意，大河以北则有李恕谷，大江以南则有王先生，故先人行状出之恕谷，而墓志则必得先生之文。恕谷与先生皆出萧山毛西河先生之门，然恕谷之学尚经济，先生之学在性命，其趣操不同，要其卓然高蹈成一家之学，则一也。"该序作于雍正十年（1732年）三月上巳节。以程开业的识见，认为当时学问源深者，乃大河以北李恕谷，大江以南王鹤潭，而李、王二人均为萧山毛奇龄弟子，"恕谷之学尚经济，先生之学在性命，其趣操不同，要其卓然高蹈成一家之学，则一也。"二人擅长之处与侧重点不同，然皆能成"一家之学"。

七、程夔初

程夔初，永康人，《永康县志》载："字嗣音，颖悟绝人，于书无所不窥，为文简老兀傲，如枯松怪石苔藓班驳，绝非耳目近玩。屡困棘闱，思以著述自见，遂肆力于诗、古文、词，尤好读史集，左氏、公、谷、国语、国策，订为一编，名五家古文。所着有诗、古文集，《战国策评注》，西轩前后集，各若干卷，并刊布行世，其未付梓者藏于家。"③《金华征献略》亦载："程嗣音，学博才赡。老好著述，自命不朽。讳夔初，廪贡生。有时文、诗、古文集，又有《战国策注》。皆有刻。"④

王崇炳与程夔初二人常相探访，王《程嗣英（音）西轩作》⑤，即为其例：

故家盘桧起层台，百里佳招发玉醅。客到鲜鳞举网得，天晴好鸟送诗来。水门月出临波待，苔径花香带雨开。不尽殷勤临访意，西轩栏槛重徘徊。

---

① 范晔.后汉书[M].北京：中华书局，1965：2760.
② 东阳河汾王氏宗谱[M]//黄灵庚，陶诚华.重修金华丛书：189册.上海：上海古籍出版社，2014：2.
③ 李汝为，潘树棠.永康县志[M].台北：成文出版社有限公司，1970：439.
④ 王崇炳.金华征献略[M]//赵一生.东阳丛书：15册.杭州：浙江古籍出版社，2015：332.
⑤ 王崇炳.学耨堂诗稿[M]//赵一生.东阳丛书：15册.杭州：浙江古籍出版社，2015：131.

看来此次王崇炳乃应邀而来，由头大概是品尝程之新酷酒。山光水色，鸟语花香，鲜鱼佐酒，徘徊西轩，不禁感念朋友殷勤之意。

二人偶尔结伴游玩，如王崇炳《游灵岩寺偕程嗣英（音）程敬一儿子国陛》结尾云："胜境此行舒积悃，兼承良友共追陪。"①游览胜境，且有良友追陪，此乐何极！

鱼雁传书，诗筒往还，则是二人交流的主要方式。如王崇炳《蝶恋花·寄友程嗣音》："矫鹤摩空谁约住，落毳零毫，又作云飞去。满院西风天淡泞。一窗凉影催诗思。　　送燕迎鸿时又至，香客南来，借作传书递。霜稻连阡秋雨霁，忆君吟啸黄花地。"②《程嗣音病痊以书并诗至却寄》："不得鱼鸿便，非阕修候迟。仍蒙枉华札，兼喜寄新诗。病已情逾畅，神开句转奇。秋风助吟兴，吹放傲霜枝。会合年来阔，颓龄意更亲。书成落帽日，邮寄进香人。兴极牵悲绪，欢多酿病因。钧天一梦破，枯木更添春。君病何从起，还从起处痊。溪山无改色，花木尚依然。一会观身幻，三年淡世缘。昏甦皆泡影，别有定中天。虫语已停响，蝉声亦罢嘶。老翁不自默，偶兴尚吟诗。霜晓鸿来早，山寒菊放迟。年光暗流转，报与故人知。置酒栽花圃，长吟醉月天。怡情皆有托，至乐本无缘。黄菊凝朝露，丹林染暮烟。触途皆不隔，何必问飞鸢。"③他以诗时刻关注对方的健康状况，病痊以诗相贺，并大谈养生之道。王崇炳《依韵和程嗣音买石歌》："三江急浪催花速，白发耆儒出空谷。杭州繁华十倍加，奇书珍玩千般足。一味之甘众蚁攒，一花之香群蜂族。吾友过之不一顾，特买一石娱心目。此石嵌空质理奇，三峰并起苔纹簇。焚香相对手摩挲，石性人情俱不俗。此时士心如火急，终日关门温试牍。老将临敌气自如，甲兵十万蟠胸腹。围棋不辍似谢安，缓带从容类羊叔。鼓声咚咚方索战，暂将此物藏巾簏。"④程夔初去杭州买一石，赋诗寄王崇炳，王和韵一首。1722年，王崇炳生日时，程夔初特意遣使送来礼物，并有诗贺寿。王崇炳《壬寅二月，予七十初度，故人永康程嗣音暨其伯兄嗣玉，尚使致馈，有诗寄祝。依韵奉和转寄》："岁岁春山一度青，颓颜已届古希龄。闲居寻得尼山乐，默转非同竺国经。诞日扁舟游海岳，故人专使到莎庭。品尝珍馈吟新作，句里微闻兰麝馨。"⑤他对好

---

① 王崇炳.学耨堂诗稿[M]//赵一生.东阳丛书：15册.杭州：浙江古籍出版社，2015：130.
② 王崇炳.学耨堂诗余[M]//赵一生.东阳丛书：15册.杭州：浙江古籍出版社，2015：281.
③ 王崇炳.学耨堂诗稿[M]//赵一生.东阳丛书：15册.杭州：浙江古籍出版社，2015：211.
④ 王崇炳.学耨堂诗稿[M]//赵一生.东阳丛书：15册.杭州：浙江古籍出版社，2015：170.
⑤ 王崇炳.学耨堂诗稿[M]//赵一生.东阳丛书：15册.杭州：浙江古籍出版社，2015：153-154.

友的了解表示欣慰，对其祝贺表示感谢。

二人交游的重中之重乃文学与学术的交流、探讨。《永康程夔音使至，以近稿见示，并以诗询问，作此寄答》："茂陵秋雨卧相如，酒兴史豪老不除。高唱沉雄怜疾苦，长篇激楚惜居诸。月明画水怀人际，书到桃溪听雁初。为报素交相询意，年来无歉亦无余。"①程夔初寄书稿以征求老友意见，且问询日常生活状况。《读程嗣音西轩初集》："三献非因玉有瑕，溪回盘谷旧儒家。烟林雨过全疑黛，石巘云生半似霞。世上好龙多姓叶，古来识剑孰如华。山中仅有闲风月，暂向东篱醉菊花。"②此诗相当于西轩初集的读后感。和氏璧三献而无人能识，并不是它本身有瑕疵，意即程夔初屡试不第，并不是他本身无才学。王崇炳赞他能守得儒家本分。既然没机会出仕，那就学陶渊明那样做个隐士也好。

更有单独品赏程夔初一首诗的，如《书程嗣音〈西子诗〉后》③：

此诗盖以越女有胜西子者，而西子独以色美名千古，以寓其文工不中，感慨不平之意，误矣。

子亦知色乎？夫色之美恶缘目而分。色有定质，目无定明，鹿则怜麂，猿则怜狙，人各怜其偶。而夫差则怜西子，亦不言西子之如何美也，因其瞎爱，以国殉之。后之文人转相摹绘，而西子遂以色名千古。盖皆因缘境而成。目缘色，爱缘目，誉复缘爱，想复缘誉，究竟不知西子之如何美也。倘使西子不入吴宫，作一若耶樵家妇，一切朝欢暮乐，沉波泛湖，其无许多公案供后人检点。既无许多公案供后人检点，而西子之本真自在，无增无减。

所以一切立言立德，只要不失本真，一切人好人恶，人毁人誉，皆于本分事不加不损，到此方能脱洒自在；然非真知在我之贵不能。

程夔初《西子诗》未见，但自王崇炳此文第一节可大略得知其主要内容，大概是借古讽今，寄寓自己怀才不遇之情。而王崇炳却一本正经地大讲"色"之义，反驳程之观点，王的意思是西施的美为本真自在，无增无减，不因为她入了吴宫得后人赞美而增，也不会因为她即使嫁作若耶樵家妇而减。故而，果欲立言立德者，不失本真，方能洒脱自在。

与此类似的诗篇，王崇炳还有《答讐文篇》⑤，序曰："丽州程丈嗣音，才高学

---

① 王崇炳. 学檽堂诗稿[M]// 赵一生. 东阳丛书：15册. 杭州：浙江古籍出版社，2015：189.
② 王崇炳. 学檽堂诗稿[M]// 赵一生. 东阳丛书：15册. 杭州：浙江古籍出版社，2015：130.
③ 王崇炳. 学檽堂文集[M]// 赵一生. 东阳丛书：15册. 杭州：浙江古籍出版社，2015：159.
⑤ 王崇炳. 学檽堂文集[M]// 赵一生. 东阳丛书：15册. 杭州：浙江古籍出版社，2015：157-159.

富，六十未遇。以文章之无灵，嗟年岁之迟暮，乃着《讐文》之篇。予代为文言，以释其意。"为文代言，堪称奇文。可谓成也萧何败也萧何，何必讐文？

程所著西轩前集、后集均亡佚，《战国策集注》由其裔孙程朱昌、程育全依据国家图书馆所藏清抄本点校整理，由上海古籍出版社2013年出版。

《战国策》以记言为主，是战国时期纵横家或游说之士策谋、言论的汇编。现有497篇，非一时一人之作，作者不可考，汇集成书当在秦统一以后。编订者为西汉末年的刘向。初有《国策》《国事》《事语》《短长》《长语》《修书》等名称和本子，刘向删其重复，勘其错讹，编订为33卷，定名《战国策》。与《国语》一样，《战国策》也是国别体史书，分东周、西周、秦、楚、齐、赵、魏、韩、燕、宋、卫、中山十二国，上起战国初年，下止秦灭六国，记述245年间的各国情事。《战国策》宋时已有缺佚，曾巩作了订补。策文原本讹错甚多，既经刘向校正，历高诱、曾巩、姚宏、姚宽、鲍彪、吴师道诸公考订是正，文字已趋完善。其成书后，东汉高诱曾作注，与原书一起流传，早已残缺。宋时，姚宏在曾巩本基础上加以整理、续注，通称"姚本"；同时，鲍彪改变原书次序，各国按王的顺序分章作新注，元吴师道又为之补正。鲍、吴合注本，通称"鲍本"。程夔初取鲍、吴合注，舍其非，取其是，删繁就简，并采入十二位先儒评语，合二氏诸家为"集注"；且对二氏注不当处提出己见，于有文而无注者，则"发前人所未发"，别为"附注"；内难字稍加音释，又撰评语以为眉批；并增二周十国都邑考，补鲍、吴之未备，名曰《战国策集注》。

雍正丁未五月，程夔初自序①。雍正十二年中秋，王崇炳为程夔初撰《战国策集注序》②：

凡注书有与本文并重，传世不敝者，则有杜征南《左传》、裴松之《三国志》、郦道元《水经注》。《战国策》向无注，有之，自鲍、吴合注始。鲍，缙云人，名彪；吴则为兰溪吴师道，字正传。正传为元大儒，与金仁山、许白云同载《元史·儒学传》。其《战国策校注序》，予列入《金华文略》中。嗣音之于《国策》，犹杜氏《左》癖也。乃兼二家注及他评断，删繁补缺，名曰《集注》。凡诵古，地不明，则目碍于疆域；人不明，则目碍于情势；事不明，则目碍于巅末；一经详注，则不待转瞬，即有以得。其指归条贯、变化离合之机，了然心目间，而有以识其是非成败之故。

---

① 程夔初.战国策集注[M].程朱昌，程育全，译.上海：上海古籍出版社，2013：卷首.
② 程夔初.战国策集注[M].程朱昌，程育全，译.上海：上海古籍出版社，2013：卷首.

程氏世有家学，高祖方峰先生师姚江，传良知之学，会讲五峰；名嗣居左公析薪克荷，官京尹；第四子式言，幼而博学，作《樗言》，将汇三通而一之，未成书而卒，惟有《禅学颂古》及《海运议》，乃其已刻成书。至嗣音，程氏之学凡三变。嗣音读书广记，其作诗文，皆以该博高古胜人，而于《国策》尤精。夫儒者以经学为重。《国策》乃纵横家言，三王之罪人，孟子所显斥也。然其文高古峻洁，凭空设譬，洞中情势，使人入于耳而莫逆于心；大则连兵数万，拓地千里，而细则隐刺其心中之微暧，于一家骨肉之间，立裭其权而夺之位，非长于言何能至此？故虽乱世之书，而与司马迁《史记》《南华》《离骚》并传至今。而儒者或以其坏人心术而摈之，则不善学之过也。

今夫乌喙、砒石，毒药也，国医恒用之以收捷效；不善用之，则钟乳参著，或至杀人也。黥徒盗寇，险人也，名将恒用之以建奇功；不善用之，则虽端人介士，或至偾事也。善作文者，牛溲马勃，皆可以入用；不善用之，则虽准经酌雅，未必能制胜也。我以仁义用纵横之言，可以排难；我以忠诚运游说之知，可以纳诲；吾有以转《国策》，而不为《国策》所转，安在《国策》之不可读，而读之可不必注哉？

彼吴正传者，真儒而注《国策》者也。嗣音之集注，即正传之志也。嗣音近十年诗、古文尚多，方与予谋布之，至易箦出藏金，惟以刻《国策集注》为谆谆。其嗣子开昌等治丧毕，即募工开雕，遵遗命嘱予为序。予与嗣音交久，而知之甚悉，故序其缘起如是。

此序亦载《学耨堂文集》①，个别字句有异，尤其是结尾，《学耨堂文集》版本少了几句话，二序可参看。《战国策》历来被视为乱世之书，乱乎圣人之经，长期以来备遭责难。二人则皆极力为《战国策》正名。王崇炳不仅揭示了《战国策》之"长于言"的艺术特色，而且论述了以正御邪、以为我用的读书方法，很有启发意义。说明王崇炳不仅广泛学习，而且也善于学习，这也是王崇炳成为一个博学君子的重要原因。

程夔初易箦之时念念不忘的是刊刻《战国策集注》，可见他对这一毕生心血所凝聚的学术成果之看重与珍惜，意即"立言"之义。王崇炳当然尊重好友的劳动成果，遵程之遗命而序之，详述其缘起，大力誉扬之，企望广布之。于此更可见二人友情之深厚与真醇。

---

① 王崇炳. 学耨堂文集[M]// 赵一生. 东阳丛书：15册. 杭州：浙江古籍出版社，2015：59-60.

八、叶自合

叶自合（1629—？），字永和，兰溪人。"少读书，不治举子业，以师友为骨肉，以诗文为性命，以曲蘖为佐辅，以山川风月为资产。"①著有《烛光斋诗集》，王崇炳评其诗"高雅有古意"②。从乡先辈章懋曾孙章有成学诗，师生感情甚笃。章之诗文，自合皆手录藏之于家，将诗一册寄王崇炳，嘱王为之作序，王有《章无逸先生诗序》③。自合聋，善饮。兰溪令殷廷弼，年少雄于诗酒，延自合与武林人季煌为上客，每听政暇，即邀与畅饮联吟。而尤敬自合，二人酬和诗最多。比失官去，登山临水，见故所与觞咏处，唏嘘而言殷侯。殷廷弼，兰溪县令，"康熙三十年任"④，即 1691 年。《金华征献略》记其轶事："殷廷弼，至任未三十丧偶，即不娶。勇于为治，好抑强扶弱。以诗自豪，喜急就而少完善，礼诗人季煌、叶自合，四方词客至，皆有赠遗。以卓异升，检其库，亏银二万，兰人为捐补，妇女或脱簪典衣以助，仍以那移，徒于驿站。廷弼平日用物甚侈，既失官，悔之，乃斋素，卒落魄不振。其后官兰溪者相继亏帑，募捐一无所得。"⑤"季煌，字伟公，武林人。少随父岭南官署，父亡，长于粤。有俊才，金公绚以侄女妻之。公绚殁，挈妻子乔寓兰溪。时兰溪令殷廷弼好士，延叶自合与季煌为上客。殷令好为急就章，煌隐诮之，令觉，灌以酒，煌不胜杯爵，乃病卒。季煌在广有诗名，在陈元孝诸人间，与石厂和尚唱和。"⑥

《金华征献略·叶自合》云：自合工书，凡婺中先贤遗集莫不抄录。予募刻《东莱集》及《征献略》，多资之。自言："古人抄书之多无过庄蓼堂，予可不逊，因自号蓼庵。"其为诗数十韵，顷刻立就，岁为一编。临殁，嘱其子寄予。⑦"自合

---

① 王崇炳.金华征献略[M]// 赵一生.东阳丛书：15 册.杭州：浙江古籍出版社，2015：330.
② 王崇炳.金华征献略[M]// 赵一生.东阳丛书：15 册.杭州：浙江古籍出版社，2015：331.
③ 王崇炳.学耨堂文集[M]// 赵一生.东阳丛书：15 册.杭州：浙江古籍出版社，2015：61-62.
④ 张许，陈凤举.兰溪县志[M].台北：成文出版社有限公司，1983：349.
⑤ 王崇炳.金华征献略[M]// 赵一生.东阳丛书：15 册.杭州：浙江古籍出版社，2015：529-530.
⑥ 王崇炳.金华征献略[M]// 赵一生.东阳丛书：15 册.杭州：浙江古籍出版社，2015：544-545.
⑦ 王崇炳.金华征献略[M]// 赵一生.东阳丛书：15 册.杭州：浙江古籍出版社，2015：331.

留心桑梓，有表彰旧学之诚，凡先辈文章澌灭将尽者，必手录藏之。所录书凡数千卷。"[1]经考，蓼堂乃蓼塘之误。"庄肃，字恭叔（一作幼恭），号蓼塘，上海人。宋末为秘书小史，入元不仕。家藏书至七万卷，子不能守，元末已散失殆尽。"[2]《南村辍耕录》云："庄蓼塘，住松江府上海县青龙镇，尝为宋秘书小史。其家蓄书数万卷，且多手钞者，经史子集，山经地志，医卜方伎，稗官小说，靡所不具。书目以甲乙分十门。"[3]

自合晚年极重推举后进，常常感叹兰溪文宪俱尽，后继乏人，如能得王崇炳而游处数年，可望有继起者。王崇炳《叶老人传》云：自合年八十余，平日所与称诗，若吴北鱼、赵岸舫、释子愚公、范古雪，皆相继下世，自合漠然无所向，益推毂后进赵云参、徐贲溪诸君。已而贲溪死，自合益孤。自合见予，每叹"兰溪文宪俱尽，风雅道息。倘得子游处数年，后进之士庶有踵武而起者"[4]。

《金华征献略·叶白合》载有叶白合《送王鹤潭归东阳》[5]诗：

哀鸿鸣霜晨，冲风度南楼。况值岁云暮，客子方倦游。江郭融旭霁，行将理归舟。携筇急送之，吹而风飕飕。老人重离念，何以申绸缪？江店酒可沽，聊欲挽少留。含杯怅夕晖，俯瞰长江流。江流归大壑，客子反故邱。愧乏缟苎私，长抱此穷愁。愿言怀好音，函书寄星邮。

时将岁暮，一个初晴而寒冷多霜的早晨，王崇炳乘舟欲行，叶自合挂杖相送，二人话别，依依不舍，便去江店饮酒，不觉日已偏西。"缟纻"为友朋交谊之典。出自《左传·襄公二十九年》："聘于郑，见子产，如旧相识，与之缟带，子产献纻衣焉。"杜预以缟是中国所有，纻是南边之物。非土所有，各是其贵，知其示损己耳，不为彼货利也。[6]后因以"缟纻"喻深厚的友谊，亦指朋友间的互相馈赠。叶自合这里"愧乏"乃谦虚语，实则与王崇炳友情深笃。临行时再三嘱咐，一定要常通书信，以慰相思之苦。

1708年，叶自合八十大寿，王崇炳有《叶永和八十寄寿》[7]诗：

别翁无多念翁切，屈指今年翁八十。路遥愧乏一缣私，寄与篇诗写胸臆。二

---

[1] 王崇炳.学櫎堂文集[M]//赵一生.东阳丛书：15册.杭州：浙江古籍出版社，2015：80.
[2] 王德毅，李荣村，潘柏澄.元人传记资料索引[M].北京：中华书局，1987：1217.
[3] 陶宗仪.南村辍耕录[M].北京：中华书局，1959：340.
[4] 王崇炳.学櫎堂文集[M]//赵一生.东阳丛书：15册.杭州：浙江古籍出版社，2015：80.
[5] 王崇炳.金华征献略[M]//赵一生.东阳丛书：15册.杭州：浙江古籍出版社，2015：331.
[6] 李学勤.十三经注疏·春秋左传正义[M].北京：北京大学出版社，1999：1108.
[7] 王崇炳.学櫎堂诗稿[M]//赵一生.东阳丛书：15册.杭州：浙江古籍出版社，2015：77.

载盘桓潋水滨，惟翁与我情最亲。新诗积叠巾箱底，开看真如见故人。古之诗人多处士，罗尹方干数君子。白首名场不见收，归向青山甘没齿。明时乃有鹅池生，五岳三江资驱使。振奇作怪翰墨林，姓名乃与当途市。惟翁秉性自端良，北窗高枕晤羲皇。少年拔脚风尘际，削迹不入声利场。箪瓢屡空无所乐，惟有朋友与文章。一樽到手句即得，秃管淋漓风雨入。篇什遂多不自裁，止将年岁为甲乙。当时曾见采芝篇，今岁应有钓璜集。令子登山朝出薪，老妻任春作午食。残菊在篱梅始华，窗下时有谈诗客。吁嗟乎！人生乐地何处无，功名富贵皆畏途。行年八十躬遇太平世，今者不乐胡为乎？屠鸡市肉沽美酒，好对妻儿尽一斗。

路遥资乏，寄诗以寿。兰溪两年，与叶最亲。读其诗，如见其人。将叶比之罗隐、方干等处士、君子，秉性端良，自少年起即不入声利之场，箪瓢屡空，所乐唯在交友与文章。酒后，诗兴大发，书法淋漓。作诗既快又多，岁为一编。妻贤子孝，菊残梅绽，诗客盈门，此种人生真可乐也。赞扬了叶的道德文章，对其生存状态不无艳羡，祝寿之意自在其中，寓有真情实感，有异于一般虚与委蛇者。

叶王二人不常晤面，便诗筒常传。如1708年，年已八十的叶自合有《赠王鹤潭即用其赠唐广文韵》[1]：

大道未丧真，微夫将焉托。屹立激颓波，起衰藉振作。肆笔即有神，奇句堪已痤。冥冥脱纲罗，渺渺卑燕雀。世曰骥可求，毋乃图空索。追新怅刓圜，厌故失轮斫。旷怀希庄苏，执志迈李郭。元论何霏霏，风度殊落落。投分露天倪，拯俗出警铎。大凡弗妄应，所以慎唯诺。我友示所珍，满眼珠光烁。吾其等破瓢，差可施救药。于云则无心，于鳞则潜壑。于饥石可耕，于渴水可酌。散情或漫吟，任意且行乐。高襟入晤言，神思觉清发。愿言续胜游，归理双芒屩。

唐广文即唐彪(1640—1713)，字翼修，兰溪人，清顺治十八年（1661年）岁贡。自幼博览群书，曾求学于黄宗羲、毛奇龄之门。存心平恕，立论和易。历任会稽、长兴、仁和训导。"秉铎武林（杭州），课徒讲学"，长期从事教学工作。解职后，益力于学，时被誉为"金华名宿"，著有《身易二篇》《人生必读书》《读书作文法》《父师善诱法》等。王崇炳称其"遍贽耆宿，履蹈端方。胸怀开广，门标户列，著述不倦。"[2]王崇炳亦求学于毛奇龄，故与唐彪为同学。王崇炳赠唐彪诗不存，叶自合和韵却在。全诗重在说理，估计王崇炳原作亦此种风格。开篇大概

---

[1] 东阳河汾王氏宗谱[M]//黄灵庚，陶诚华.重修金华丛书：189册.上海：上海古籍出版社，2014：62.
[2] 王崇炳.金华征献略[M]//赵一生.东阳丛书：15册.杭州：浙江古籍出版社，2015：332.

在阐发"文以载道"大义，多用《庄子》语，追求本真，力主诗文要能起衰拯俗。将王崇炳之诗喻为珠宝，喻为救药，其诗无所不可施，散情漫吟，任意行乐。高情远韵，与之接谈，觉神思清发。更渴望能与之共作胜游，朝夕相对，因而立即准备出行的芒鞋。谈诗论文，轻松活泼，称扬赞美。

来而有往，王崇炳亦有《和叶永和山人秋日杂感诗三首》①：

吴岫云垂接地阴，亭皋木落浪痕深。萧萧萝薜人斯在，浩浩烟霜我欲寻。前辈风流余此老，行逢山水遇知音。五湖三亩先生宅，共摘黄花剖素襟。

焚香薄饮读《黄庭》，梧叶声干酒乍醒。乐与岳僧评水品，闲同海叟谱《茶经》。鸡鸣竹屋眠高士，枫落沧江老客星。白布单衫簪笏贱，遗文不愧草堂灵。

矗似霜松竟后凋，声飞霹雳古桐焦。兰荣幽涧终成隐，桂老淮南不可招。鶗鴃过时鸣愈切，芙蓉虽晚艳难销。欲将杂佩遗湘浦，秋水苍茫路转遥。

兰溪风雅凋零，惟余叶老人，王崇炳遇之，视为知音，二人年龄相差二十四岁，可称真正的忘年交了。"共摘黄花剖素襟"，一语道破了二人共同的思想基础与生活旨趣。第二首描绘了叶老人的生活日常，焚香、读经、饮酒、品茶、高卧、著文，淡泊功名，优游岁月。第三首写叶老人的精神品格，香草美人，得《离骚》余韵。通篇用比体，其形似松，其声如霹雳，其隐如兰，其品如桂，其质如莲，天生清高，至老不改，不禁令人肃然起敬。三首诗笔酣墨饱，情真意切，以秋为背景，为叶老人图貌传神写心，使其人凛然如生，极富艺术感染力。虽为和韵，却不受一丝拘束，反具潇洒风神。

叶自合曾在平川王氏宗祠西塾任塾师数年，与王崇炳有着相似的生活经历，二人都留心桑梓，叶专注抄书，王极力募刻，表彰先进，不遗余力。二人皆能诗善文，教书育人，奖掖后进。故能相互推重，砥砺切磋，引为平生知音。

九、裘琏

裘琏（1644—1729），字殷玉，号蔗村，别署废莪子，人称横山先生，浙江慈溪横山裘墅（今江北区洪塘镇裘市）人。有文才，早岁从黄宗羲学，以诗名。一生以坐馆为业。科场失意达50余年，清康熙二十六年（1687年）参与纂修《大清一统志》，主纂《三楚志》，阅15日成，既工且速，总裁徐乾学览而称奇。康

---

① 王崇炳.学稼堂诗稿[M]//赵一生.东阳丛书：15册.杭州：浙江古籍出版社，2015：97.

熙帝南巡，献《迎銮赋》，帝六十大寿，复献《升平乐府》，帝阅后命近侍记名。康熙年间，七十二岁终成进士。授翰林院庶吉士，旋以年老乞归。倘佯山水，著述不懈。雍正六年，年八十五，冬被逮，相传以鼋山三徐事株及，孙丰苣奉之入都，明年六月卒于燕邸。裘琏工乐府，擅写戏曲。论者谓其诗文可与姜宸英齐名。善作传奇、杂剧，著有杂剧《昆明池》《集翠裘》《鉴湖隐》《旗亭馆》，合称《四韵事》，及传奇《女昆仑》等，另有《复古堂集》《天尺楼古文》《述先录》《横山文集》《横山诗集》《玉湖诗综》《明史崇祯长编》等。参与编撰清朝康熙《定海县志》《南海普陀山志》等。生平事迹见《光绪慈溪县志》卷三十二、《清史列传》卷七十一。

1722年春，王崇炳前往慈溪拜访郑性，郑性友裘琏听闻消息，来访王崇炳。裘琏有诗《壬寅中春访东阳王鹤潭先生于鹤浦书带草堂作长歌奉赠》①：

华峰高峙亘三百，金婺两星手可摘。巨灵尊严长万山，钟英孕秀名贤作。宋时理学尤昌明，北山重振东莱铎。元畅楼头八咏才，东阳千古夸词伯。先生居爱岩壑深，天姥天台邻咫尺。樵斧声中雉诵高，渔灯光里笔花赤。卫道门有伯疆徒，问字人过罗隐宅。手抄千卷濂洛书，朱陆异同贯于一。宗传直溯隋文中，讲堂遥接宋王柏。自此门多长者车，榛莽丛开邹鲁辙。吾乡高士郑南溪，远访画溪踰东白。溪阔天昏津无梁，踏石深堕层渊碧。淋漓湿衣失路悲，恍有神灯阴引翼。夜半叩门相见惊，身疲心喜笑言适。园菘山果列芳甘，长夜沉沉动寒酌。今春重跰诣康成，弟子担簦儿布席。拜罢问询别后功，易奇诗正俱糟粕。我闻君住带草堂，率浒穿林渡远陌。道气冲和玉蕴山，儒情酝藉珠藏泽。赠予一编广性吟，倦羽颓龄振衰翮。闻道不嫌岁月晚，余明或似载生魄。

诗赞王崇炳"手抄千卷濂洛书，朱陆异同贯于一"，家学远绍隋朝王通，讲学上接北山四先生，再现婺学邹鲁遗风。回忆郑性1716年往东阳拜访王崇炳途中迷路落水事。"道气冲和玉蕴山，儒情蕴藉珠藏泽"，这是王崇炳给裘琏的第一印象。裘琏还受赠王崇炳一册《广性理吟》，他认为不必相见恨晚，毕竟"朝闻道，夕死可矣"②。

稍后，王崇炳回访裘琏，赋诗《酬裘蔗村庶常四首》③：

不杖乌藤步履便，磻溪风月钓璜年。较书天禄藜辉阁，归老香山雪满肩。随

---

① 东阳河汾王氏宗谱[M]//黄灵庚，陶诚华.重修金华丛书：189册.上海：上海古籍出版社，2014：62.

② 杨伯峻.论语译注[M].北京：中华书局，1980：37.

③ 王崇炳.学耨堂诗稿[M]//赵一生.东阳丛书：15册.杭州：浙江古籍出版社，2015：143.

例共倾春社酒，高情仍是玉堂仙。明珠百斛叨投赠，归向吴宁次第传。

云树参差千室村，相将访道共登门。留欢密室情无隐，再睹清光义更敦。纸帐匡床堆卷帖，金书高阁有丝纶。悬知北阙瞻天远，思著文章报国恩。

缃帖琅函读易庐，春来草色上阶除。求羊道侣时来往，商雒风光溢步趋。春雪调高听度曲，玉兰花发对雠书。掌纶青禁承恩眷，都付南华一梦余。

白头遇主即辞官，布袜青鞋饭一箪。只有文章为性命，更无忧喜上眉端。共疑元礼门墙峻，且喜娄公襟度宽。德邵年高今世瑞，临行传语劝加餐。

诗自注"南溪陪予报谒"，即郑性陪王崇炳回访裘琏。裘琏当年已七十九岁，"不杖乌藤步履便"，可知裘琏身体还很硬朗，不须扶杖。"较书天禄藜辉阁"，说明裘琏老当益壮，不废学术，王赞其"思著文章报国恩"的高境界。"春雪调高听度曲"下自注"时方观剧"，这颇合裘琏戏剧家的身份，裘不仅自己写剧，而且喜欢看戏。"白头遇主即辞官"即指裘琏七十二岁中进士，授翰林院庶吉士，旋以年老乞归事。"元礼门"出自《后汉书·李膺传》："膺独持风裁，以声名自高。士有被其容接者，名为登龙门。"唐李贤注：以鱼为喻也。龙门，河水所下之口，在今绛州龙门县。辛氏《三秦纪》曰："河津一名龙门，水险不通，鱼鳖之属莫能上，江海大鱼薄集龙门下数千，不得上，上则为龙也。"[①]后世因以此为典，比喻人受到在高位者的援引而提高声望。娄公为对娄敬的尊称。亦即刘敬，汉初齐人。因首劝刘邦建都长安有功，赐姓刘氏。拜为郎中，号奉春君，后封建信侯。是时匈奴兵强，刘敬提出和亲之策，并徙六国贵族后代及豪强大族十万余人充实关中。这两句用典，是说王崇炳事先担心裘琏的门墙高，不容易接近，等见面后才明白裘琏气度宽弘，有海纳百川之量。最后，王崇炳给裘琏的中肯评价即为"德邵年高"，且祝愿他长命百岁。

1723年，王崇炳与郑性、裘琏等邂逅于武林，王郑一起去小山堂拜访赵昱、赵信兄弟。王崇炳与裘琏共同参加了西湖雅集，王崇炳有诗《西湖雅集》，其诗序云：为主者，方先生文辀、周孝廉粹存、杭文学大宗，首座则慈溪裘蔗村先生年八十，次者予，次者姚江邹古岳，次者茗水吴琳岩、嘉禾叶景文，皆古希人也。裘琏最长，八十岁，王崇炳七十一岁，邹古岳、吴琳岩、叶景文等也都七十余了。诗曰：

节序方清和，复值天日朗。泛舟陶佳晨，好风翼兰桨。列座多耆英，群秀皆偶傥。春蚕罢萦丝，夏禽送清响。抑志收观摩，虚襟泯群党。观理有冥契，览物

[①] 范晔.后汉书[M].北京：中华书局，1965：2195.

无杂赏。曲港采芙蕖，澄潭集鱼网。被岸草木繁，环郭疏烟上。诸君三殿英，结欢五湖长。共作永和游，还申丽泽讲。微雨从东来，苏堤有归鞅。罢席莫匆匆，真趣盈俯仰。①

正值春末夏初季节，众人泛舟西湖，览物观理，采莲网鱼，似兰亭雅集以文会友，似丽泽书院以学会友。虽因雨而辍，却真趣弥满。

十、魏坤

魏坤（1646—1705），字禹平，号水村，浙江嘉善人。魏大中侄孙，父文煌，能文，称隐君子。游京师，就试国学，撰《石鼓赋》，国子师击赏，以为绝伦。康熙三十八年（1699年）举人，善古文诗词。交游甚广，如与朱彝尊、查慎行、姜宸英、顾嗣立等过从甚密，足迹遍及南北。著有《倚晴阁诗钞》《秦淮杂咏》《历山唱酬集》《粤游纪程诗》《水村琴趣》。《金华诗录》收录其诗2首。

乾隆五十三年（1788年），石洞后学郭燕贻撰《学耨堂文集记》云："金盘王鹤潭先生德修行著，声名几遍海内，当时如嘉兴诸公孚斋、魏公禹平、慈溪姚圣在、裘蔗村、郑南溪诸先生所题赠，俱道其真，非虚语也。盖寔大声宏，固有如是。"② 记中提及王崇炳与魏坤之交游。

魏坤《寄酬虎文年长兄》诗序云："余向与赵岩夫论诗，极推长兄，矜贵有身分，词苍格老，一洗靡曼之习，极为心折。中冬萧寺坐愁，忽接枉赠诸什，凌寒披诵，不忍去手，漫次元韵奉酬兼志别怀。"序称王崇炳曾赠诗魏坤六首，魏本就心折于王诗，读其诗，爱不释手，连寒冷都无暇顾及，赶忙次其韵。六首录其三：

空于额外著丛谈，怪雨盲风我倍谙。何似乡园长自守，一编人在画溪南。

断句玲珑类竹枝，门才似尔最称奇。梦花除却双吟管，不信东阳更有诗。

转瞬风光又早春，老梅雪里露精神。知君定有相思句，一寄烟村把钓人。③

此诗赞美了王崇炳的清淡自守，著书立说，非凡的诗才，兼互致相思。

王崇炳有《题魏禹平水村第六图二首》④：

---

① 王崇炳.学耨堂诗稿[M]// 赵一生.东阳丛书：15册.杭州：浙江古籍出版社，2015：173.
② 王崇炳.学耨堂文集[M]// 赵一生.东阳丛书：15册.杭州：浙江古籍出版社，2015：176.
③ 东阳河汾王氏宗谱[M]// 黄灵庚，陶诚华.重修金华丛书：189册.上海：上海古籍出版社，2014：61.
④ 王崇炳.学耨堂诗稿[M]// 赵一生.东阳丛书：15册.杭州：浙江古籍出版社，2015：35.

迷离百树千树烟，参差一村二村雪。竹楼高处暗香飞，坐对梅花人读《易》。一楼寒玉影模糊，月到花间似有无。曾梦罗浮山下路，清幽仿佛水村图。

透过王崇炳的题画诗，仿佛看到了迷离烟树，参差雪村，竹楼外梅花怒放，楼中人读书灯下。月照花间，似有还无，罗浮山下，亦真亦幻。

查慎行亦有《题禹平水村图二首》："蓼洲疏雨荻洲烟，一扇低篷水拍天。不碍主人长作客，披图还有鹤看船。""春波十字水西东，草浅迴塘有路通。着个归人应更好，倒骑乌犕柳阴中。"① 从诗看，所描写景物，与王诗不同，可能不是同一张图。从王诗题看，那是魏坤水村第六图，不知查慎行所题为第几图。查诗第二首甚至提出了自己的建议，"着个归人应更好，倒骑乌犕柳阴中"。如添上倒骑黑色母牛的归人徜徉在柳阴之下，画面就更加完美了。

魏坤《毗卢阁》："杰阁苍然立，吴宁尽目中。有云都作雨，无铎不吟风。天近飞空翠，林疏缀晚红。檐前如泼黛，两岘列西东。"② 王崇炳有和诗："去鸟高云外，山城落照中。无人共清啸，有客独吟风。阁倚暮烟碧，霜侵江树红。故人湖海隔，留句岘山东。"（《东阳历朝诗》卷七）毗卢阁前为法界院，魏坤有《寓法界寺》诗："邑治西偏寺，居然竹径深。市声喧不到，山色冷相侵。偶听三皈义，偏征七处心。萧疏秋雨歇，清磬发高吟。"③

---

① 查慎行.敬业堂诗集[M].上海：上海古籍出版社，1986：212.
② 党金衡.道光东阳县志[M].杭州：西泠印社出版社，2017：645.
③ 党金衡.道光东阳县志[M].杭州：西泠印社出版社，2017：645.

第八章 王崇炳与东阳南岑吴氏

南岑吴氏乃东阳名门望族，源远流长，人才辈出。仙居吴全智九世孙吴芾任金华知府时让其次子吴洪从学于吕祖谦主师席的友成书院，遂筑墅于南街恺悌坊。吴洪辞官后奉父命于乾道九年（1173年）定居东阳。后裔分衍城内之城西、南门、和平，白云之西庄、学陶，江北之湖塘、锦坊、王山坞，六石之东后里，虎鹿之石埠头，佐村之宝山，东江之新城，湖溪之前阳、擎天丘、光明，横店之新荷庄、后周、三景头、赵宅、良渡、石龙桥、湖塘头、苦竹岭，南马之下和塘70余处及磐安、义乌、嵊州、新昌等县市。

王崇炳与南岑吴氏关系密切，与吴氏几代人交好，或同学，或姻亲，或好友，中有祖孙，有父子，有兄弟等等，不一而足。交游方式多样，如结诗社，同游玩，诗歌唱和，写传赞、墓铭等，在王崇炳交游史上留下浓墨重彩的一笔，是他人生中一道独特的风景。今按照南岑吴氏排行字辈"传名崇敬宾"择要讨论如下。

一、吴毅公

吴从辂（1655—1730），义房里仁行传九百六十一，字毅公。性极浑朴，少孤苦学，广博雄文，授徒百余人，当时名宿咸钦仰之，著作往来，与李凤雏、王崇炳、赵云璠公最多。为文开爽坦易，挥笔立就。李凤雏作《春秋纪传》，多所赞助。雍正二年（1724年）岁贡生，考授修职郎，即补儒学训导，载入邑志。与王、李合称"东邑三名士"。《金华征献略》曰："吴毅公，天怀旷逸，强记博闻。介不累物，和不刓方。讳从辂，岁贡生。好奖诱后学，至老不倦。"[1]

1694年，吴毅公四十，王崇炳寄诗《寿吴毅公学兄四旬》："廿年风雨一灯同，暂隔音尘望远鸿。道谊自投声气外，素心相照笑谈中。布袍雅淡山人貌，古色萧

---

[1] 王崇炳.金华征献略[M]//赵一生.东阳丛书：15册.杭州：浙江古籍出版社，2015：333.

疏儒者风。聊寄短章歌一阕，尊前红蕊放芙蓉。"①不晤面，而思念常在，二人声气相投，肝胆相照，毅公虽着布袍，古风犹存。

1704年，吴毅公五十岁，王崇炳有诗《寿吴毅公学兄五旬三十四韵》②：

凤龄抱高志，竭心事文墨。同袍四五人，吾子善英特。振笔等飞翰，篇成即顷刻。峄桐发孤响，芙蓉示真色。存心既清简，名理亦昭晰。观世多不平，鉴古有得失。鸣剑长抚磨，将以试一割。生世不逢时，吾党运方阨。荏苒三十年，不觉头须白。子未脱荷衣，予亦披蓑笠。捐弃既已同，沉幽何足恫？幸为太平民，四海干戈息。放怀击壤吟，且以娱白日。南山有紫芝，北山有薇蕨。廓落箕颖情，寂寞耕钓业。笑彼肉食徒，滥竽异名实。草木怀臭味，人亦慕其匹。所憾中道乖，出处或异辙。子戴我亦负，耦耕似沮溺。如鱼偕泳游，如鸟共栖集。逾时失良晤，渺若经年别。我居在山野，子居在城邑。时与樵者语，不入长吏室。热心多感慨，朴意谢雕饰。所以乐子真，相视而莫逆。而我为饥驱，远作异乡客。年登将作社，西风理归檝。黄鸡秋正肥，白酒味方烈。解缆登君堂，良友方在席。知君贺诞辰，行年今五十。省身及知非，处世毋苟得。佳儿业诗书，贤妻事作织。人生在适意，贫贱何足戚？悠悠五岳期，俟君昏嫁毕。

其时，王崇炳作馆于兰溪唐家，秋回东阳，舍舟登岸，来到吴毅公家，恰逢亲朋好友为其庆祝诞辰。王从少年高志写起，好友四五人，就属吴毅公"英特""振笔等飞翰，篇成即顷刻"的情景，于《吴毅公传》中有述："毅公为文，不构思，击钵响止而就。或终岁不作，或数日成一巨编。其入试也，他人方属稿，毅公已完卷。其文明朗洒落，无研精殚思之劳，又无钩章棘句之病，一览如霁月之入怀，使人色喜，不待住思沉吟，已领其佳。"③然而生不逢时，久困场屋，三十年忽忽而过，二人皆未脱布衣，过着如沮溺一样的隐逸生活。沮溺，《论语·微子》有载："长沮、桀溺耦而耕，孔子过之，使子路问津焉。"④但人生只在适意耳，胡虑贫贱？有对过往的追溯，有对当下的审视，还有对未来的期盼，发自肺腑。

"五岳期"大概未能成行，其实，吴毅公是随性之人，兴之所之，说走就走。《吴毅公传》中记其游天台、绍兴，颇生动，"其为人亦如其文，开爽坦易，意豁如也。每兴之所至，纳履即往，曾不告诸家人。其游天台，初非有前期也，偶遇一行脚僧，即从之行。数日，而玉京、琼台、华顶、石梁俱遍，归宿予家矣。又

---

① 《南岑吴氏宗谱》第12册，2017年版，第446页。
② 《南岑吴氏宗谱》第12册，2017年版，第446-447页。
③ 王崇炳. 学耨堂文集[M]// 赵一生. 东阳丛书：15册. 杭州：浙江古籍出版社，2015：92-93.
④ 杨伯峻. 论语译注[M]. 北京：中华书局，1980：193.

与偕之杭，方毕试，忽思山阴道上千岩万壑之胜，即介身渡江。不数日，而名胜皆遍。盖其性不凝滞，故人所迟疑不决者，率尔竟往；人所留连不舍者，一览竟过。寓意于物，过而不留，大都如此。"①

吴毅公游天台，撰有游天台杂咏，王崇炳和之三首②，《夹溪桥》云："晨装遵广陌，侧足踏危桥。奔流趋急峡，疏木冠云标。既抱登蹑兴，敢辞跋陟劳。躁鳞跃潭濑，恬翼息烟梢。接目自成趣，每与心赏交。"《华顶》云："山寒草木希，冷冷陟孤峭。休心溯一极，澄目观众妙。积气满神州，浮烟乱海峤。山川互出没，云日相照耀。愿言凌沧州，一试任公钓。"《望日亭》云："夜半天鸡鸣，披草陟穷路。跻足望日亭，伫候圆景吐。丹光跃金波，阳乌离海树。万里纵奇观，将以协所慕。杳暝孤宿心，海色秋多雾。"

1722 年，吴毅公拜访王崇炳，王崇炳有诗《吴毅公至山斋叙款》③：

故人三年一度来，忽然见之心颜开。年少论交今老大，头颅俱向雪中埋。我今龙钟不出户，羡君健步踰崔嵬。温寒未毕出新作，读罢令人神思豁。口诛笔伐有风霜，贤宦可歌贪可杀。即今且喜得循良，年谷丰稔人乐康。天晴家家刈禾稼，白酒初熟鸡烹黄。雕胡白饭可飨客，更有紫芋兼红姜。话到三春不忍道，草根木皮山中粮。村树垂阴槐蕊吐，桂花何处飞清香。万里高骞老鹤心，明年拟欲凌云翔。我年即今已七十，君亦将随驾马迹。我从四十谢浮名，止向心中营寸宅。营成寸宅号休休，闲看浮云屡兴灭。除目何能损道心，美馔不中饱人食。老聃不愧人中龙，庄周原是花间蝶。瓮里醢鸡得出头，枯椿掣断黄金勒。君今下场十三回，络首难抛系驴橛。来科定作榜头人，金花插帽须眉白。同心更有郭蒿园，相将携手登金阙。此时洋洋得意归，山中有人笑不彻。欲知笑者是何人，尺水藏身缩头鳖。当杯且勿说来年，好看樽前秋月圆。

据"我年即今已七十"推知，当时王崇炳七十岁，吴毅公六十八岁。"即今且喜得循良"句自注"时刘公来任篆"，刘公指刘溁符。二人可以纵论时势，关注民生。一别三年，再次相见，固然喜不自胜，自然有千言万语要说。少年论交，如今俱已白头，寒暄未毕，吴毅公便急忙捧出新作《东阳十一令贤否论》，王崇炳评之赏之。当下的富足生活与三年前的饥荒不可同日而语，二人感而叹。对于科场功名，王崇炳四十岁即断了念想，而吴毅公下场十三次，仍不肯罢休，王唯

---

① 王崇炳. 学㯋堂文集[M]// 赵一生. 东阳丛书：15 册. 杭州：浙江古籍出版社，2015：93.
② 王崇炳. 学㯋堂诗稿[M]// 赵一生. 东阳丛书：15 册. 杭州：浙江古籍出版社，2015：88-89.
③ 王崇炳. 学㯋堂诗稿[M]// 赵一生. 东阳丛书：15 册. 杭州：浙江古籍出版社，2015：163.

有祝福他来年好运。

王崇炳《书吴毅公东阳十一令贤否论》,当作于同时或稍后:"舆论千秋不可欺,分符岂止为营私。时来天道无分晓,官去人情有是非。莫倚虎飞能食肉,须知豹死要留皮。春冰偶结还成水,蕉鹿空收醒自知。"①王崇炳继上诗"口诛笔伐有风霜,贤臣可歌贪可杀"后再发议论,豹死留皮,人死留名,公道自在人心,时间是最公正的。

关于参加乡试,王崇炳《吴毅公传》中有云:

毅公少聪敏,年三十余入泮,再试而食饩。不住足而应闱试者一十三科。试文多为房考所许与,而卒不第。年七十乃出贡,闱试届期,毅公气勃勃,尚欲为沉舟计。予止之,毅公愀然曰:"予岂不能芥视一举哉?但念先君望吾切,临殁之语,今犹在耳。必尽吾力,死而后已。"予曰:"此岂独毅公哉?即予之先人何尝不然。又岂独予?凡头童齿豁,腰佗背曲,喀喀喘嗽,扶携而入场者,其人皆欲扬名显姓,慰先人于地下者也。时不我与,亦当姑止。天地甚阔,行孝之途甚广。古之孝子,岂必皆登巍科跻膴仕哉?子其休矣。"毅公于是蹶然遂止,盖其气亦稍倦矣。②

吴毅公从三十多岁开始,连续参加乡试十三次,均落第。七十岁出贡后,仍欲破釜沉舟,再次应试。王崇炳劝其适可而止,吴说他不是越不过举人这道坎,而是为完成先君遗愿。王崇炳说这类情况多了,包括他也是,但"时不我与,亦当姑止"。且尽孝之途甚多,不必限定于高官厚禄。吴豁然冰释,遂止。

王崇炳于《毅公学兄先生赞》中亦提及此事:"十三应举,将伸仍绌。时耶命耶,战非不力。岁月蹉跎,头须皓白。仍贾余勇,背城借一。子且休矣,与子偕息。岘山之阳,佳木森立。清波溶溶,砂明月白。一觞一咏,聊以永日。怡情希夷,栖神一极。"③应举之事,吴毅公数十年无法释怀,王崇炳为此屡屡苦劝之。

王崇炳另有词《百字令·喜吴毅公见访》④:

小楼枯坐,故人来猝尔,扫门无及。我既病余同瘦鹤,君亦将扶藤策。老友难逢,旧欢重整,好雨淋霜节。是日霜降喜雨。连床清话,别久情怀堆积。

休拟首蓿饥餐,毅公尚想作教。秋宵正永,且快谈风月。屈指辈行余几在,

---

① 王崇炳. 学耨堂诗稿[M]// 赵一生. 东阳丛书:15 册. 杭州:浙江古籍出版社,2015:162.
② 王崇炳. 学耨堂文集[M]// 赵一生. 东阳丛书:15 册. 杭州:浙江古籍出版社,2015:92.
③ 《南岑吴氏宗谱》第 12 册,2017 年版,第 231-232 页。
④ 王崇炳. 学耨堂诗余[M]// 赵一生. 东阳丛书:15 册. 杭州:浙江古籍出版社,2015:305-306.

赢得鬓毛如雪。篱菊初妍，江枫渐紫，苍翠寒山色。暂留少聚，新菘小圃堪摘。

写年无考，但据"老友""屈指辈行余几在，赢得鬓毛如雪"等语来看，应是二人老年时期。"我既病余同瘦鹤，君亦将扶藤策"，对比上诗《吴毅公至山斋叙款》之"我今龙钟不出户，羡君健步踰崔嵬"，二人身体每况愈下，似乎此词应晚于1722年。据自注知，当天乃是霜降日。"难逢""别久"是常态，故而重逢总是欣喜的，"连床清话""快谈风月"，饮酒赋诗当是二人主要的活动内容。

当然，王崇炳、李凤雏也去吴毅公家里相聚。有吴毅公《友人王鹤潭、李梧冈斋头坐话》为证："萧疏四壁朔风寒，聚散无多岁已阑。节物忽惊新历日，中年相对旧尘冠。几人声价荆山玉，大半生涯苜蓿盘。据坐谈经殊不恶，姑将青眼向人看。"[①] 正值中年，三人岁末难得相聚，谈谈同辈时好，兼谈经论道，不亦乐乎。

吴毅公又有《友人王鹤潭书斋留饮》："夕阳移屐叩莓苔，便共消寒命酒杯。昨日春从何处至，今朝花向故人开。小园作赋真成趣，秘枕藏书自见才。笑我萍踪尚漂泊，任他溪畔白鸥猜。"[②] 可能是吴毅公去拜访王崇炳，王留他饮酒消寒，二人吟诗作赋，共赏藏书，惬意非常。

吴毅公多才多艺，会作画，曾画鹿一幅，请王崇炳赏鉴，王即作题画诗一首《题吴毅公学兄画鹿图》："东溟汪洋日高时，呢喃紫燕飞参差。苍黄细点雪花白，寿鹿不似临江麋。四蹄着地碧玉色，额擎双角珊瑚枝。曾向灵山嚼瑶草，不骖赤豹从文狸。"[③]

除了晤面，二人也少不得诗筒往还，鸿雁传书。比如，王崇炳有诗《和吴毅公学兄冬日别后寄怀原韵》："朔风飒飒剪疏林，搔首云天思不禁。别后每看飞雁影，岁寒遥见故人心。词源羡尔能倾峡，流水怜余亦赏音。为报画溪风雪夜，欲将清兴拟山阴。"[④] 深长思念之情，高山流水之意，翘首期盼之殷，呼之欲出。结尾用典，欲学子猷，雪夜访之。可惜，未见吴毅公原韵。

友情所及，王崇炳为吴毅公父亲吴良桢撰《吴太翁廷臣府君传》[⑤]，李凤雏为其撰志铭并像赞。

二人还有另外形式的合作，吴毅公口述故事，王崇炳作传。"予友吴毅公述二

---

① 《南岑吴氏宗谱》第12册，2017年版，第364页。
② 《南岑吴氏宗谱》第12册，2017年版，第364页。
③ 《南岑吴氏宗谱》第12册，2017年版，第449页。
④ 《南岑吴氏宗谱》第12册，2017年版，第448页。
⑤ 《南岑吴氏宗谱》第11册，2017年版，第456-457页。

氏之行，乞予传之，予书至此，泪下掷笔而罢。"①指的是王崇炳所撰《张门双节吴氏、卢氏传》，王感慨道："呜呼！痛哉！天而不佑张氏矣！吴与卢皆使无子可也，乃夺吴之夫而予以子，至卢娶而后夺之；夺卢之夫而仍予以子；至于既娶而又夺之，夺之而不复予之。徒使两人之筋力尽于乳养，精神尽于昏娶，而膏血殚于哭泣，物于天地而欲为人何哉？"②

二、吴从霖

吴从霖（1663—1721），智房仁德传九百九十八，字沛生，号培庵、存台、芸心亭，邑廪生。精《易》，善文擅诗。先后受聘主吴学讲席及金华丽正书塾，后设帐浙江学政马豫家，著有《如意拙草》《详阐〈易〉义》《分类〈易〉语》《稽疑图说》《〈书〉〈礼〉撮要》《月令歌词》《〈离骚〉的录》，东阳市文物办现存《四书衍义》《理学问对》。与良森、云龙、承斐等主持第九次康熙庚寅本宗谱重修。

吴从霖有诗《寄王虎文》："寒宵雪辅语频投，弥月人分两地愁。琴剑若携兰水去，梅花门外好停舟。"③原注：王子将开帐兰溪。可知此诗写于王崇炳赴兰溪唐家前夕，即1703年。王崇炳有诗《兰溪得吴沛生书，知东邑岁丰，却寄》："明河如练月来初，自雁南飞慰索居。为客拟闻乡县事，开函喜见故人书。才忧籴贵民争食，难得年登稻满畦。一雨新凉买归棹，故园浥露剪园蔬。"④吴不愧为王崇炳知交，清楚王崇炳最关心东阳收成，便写信告诉他，以解他担忧。

康熙六十年（1721年）三月十六日戌时，吴从霖卒，王崇炳沉痛写下《挽吴沛生》："高襟上与碧虚邻，淡泊论交臭味真。细雨青灯谈《易》夜，萧斋绿酒品诗晨。城居老友惟余子，吾党知心更几人。从此岘山苍翠减，鹃啼花落不成春。"⑤诗赞吴从霖品性高洁，对《易经》深有研究，回忆生前二人谈易论学、品酒赋诗的美好过往，王崇炳不禁黯然神伤，春色为之减，鸟啼不忍听。发自肺腑，撼人心魄。

---

① 王崇炳.学稼堂文集[M]// 赵一生.东阳丛书：15册.杭州：浙江古籍出版社，2015：97.
② 王崇炳.学稼堂文集[M]// 赵一生.东阳丛书：15册.杭州：浙江古籍出版社，2015：97.
③ 《南岑吴氏宗谱》第12册，2017年版，第366页.
④ 王崇炳.学稼堂诗稿[M]// 赵一生.东阳丛书：15册.杭州：浙江古籍出版社，2015：27.
⑤ 王崇炳.学稼堂诗稿[M]// 赵一生.东阳丛书：15册.杭州：浙江古籍出版社，2015：40.

吴沛侄孙吴礼撰《培庵公二世行略》①。

三、吴承琰

吴承琰（1655—1703），贞房节孝崇百九十九，字得照，邑庠生。其人其行见于1710年王崇炳所撰《吴学兄得照行传》②：

得照予友也，世居南岑，为吴宁右族。得照生而谨懃，承祖父旧业，开拓而扩充之，富有日新未艾也。而溘焉以卒，卒之年未及知命，同学之士皆欷歔悲悼之。

得照盛时常有志举业，攻黄石之术，列为诸生，屡应乡举。不得志，遂弃去。常与予言富贵有时而尽，荣辱与时移易，人生天地间，欲图永世，无如为善。顾念独为善，不若与人共为善，因将平日所持《太上感应经》并注凡若干卷，镂板广施。

呜呼！今之《太上感应经》，缙绅家尊而重之，比于六经有加矣。贫贱之士，当其草茅跧伏，饥寒切体，急欲得一第以求达，则手执一编，焚香庄诵，朝为善而夕取偿焉。既已操券而得逾于所望，夫且忽出其蛇虺之心思，与其虎狼之面目，以恣睢布恶于当世。当世之士莫不指目其人，以为持诵太上之戒，此甚非也。仁义忠信岂阶恶之梯？而要人爵者借之以为资，不得为仁义忠信咎也。人负太上，太上何负于人哉？则刻施太上经者，又何负于人哉？得照所布，不下千有余册。得之者或高置尘阁不观，或观而无所感，或有所感，数日数月而废，于人似乎无所益，而不知得一善读者，诚信而终身行之，则施者之功大矣！世日漓而人日薄，不有善人焉处乡县之间以相劝化，太平其可久乎？如得照者殆其人也。

得照又尝读《家礼》，至割田供祭之条而有得焉。因指其膏腴凡若干亩，为其祖传四百二十七府君永远祭田。兹二事者，皆今世所难，而得照行之，可谓贤者。

忆余束发时，得照以甲寅之乱避地余家，与予读书鹤潭僧舍，风窗雪案，谈艺甚欢。既归，延余读书其家。嗣后，余凡至城，即客于得照所。得照既卒，卒且八年，墓门之草宿矣。予每过其门，即徘徊呜唈不能去。予与得照，盖朋友而

---
① 《南岑吴氏宗谱》第11册，2017年版，第504-505页。
② 《南岑吴氏宗谱》第11册，2017年版，第551-553页。

兄弟者，谨录其梗概，志诸吴氏之谱。

落款时间有误，乾隆四十九年，应为甲辰，即1784年，而王崇炳卒于1739年，显然不合。据文中"得照既卒，卒且八年"顺推，应为康熙四十九年，即1710年。

吴承琰四十九岁而卒，令人欷歔。"忆余束发时，得照以甲寅之乱避地余家"，此句亦矛盾，王崇炳束发即十五岁应是康熙丁未（1667年），而甲寅则为1674年，王则二十二岁。二人同学于鹤潭僧舍，又在吴得照家一起学习，故曰同学。王崇炳每次进城即投宿吴家，往来深密，故而又是朋友兼兄弟。传文举二事以证得照为贤者，一是自费印刷《太上感应经》千余册广施而劝善，二是割田供祭。

王崇炳又有挽诗《亡友吴得昭》："善必昌后恶必殛，南宫设问子不答。君不见，得昭无瑕金玉身，天之报施信难测。亲谊交情予最深，念之默然伤予心。"①好友劝善却未得善报，天意难测，可为一叹。

1710年，王崇炳又为吴承琰父亲吴学僖作传《吴公季绎府君传》②，因吴学僖妻为中山金氏，乃崇炳表姑，故崇炳自称表侄。

四、吴承玫

吴承玫（1657—1722），贞房行崇二百九，字得珠，号诚斋，郡庠生。

1706年，吴承玫五十大寿，祝寿诗集为一帙，王崇炳为作《得珠公五秩寿诗小引》③：

予友得珠长兄，弱冠时与余同学于赵岐宁先生。彼时标格隽雅，机颖横出，推吾党之快士。既已腾声庠序，稍稍厌举子业，修计然之术，拥有高资。胸襟爽朗，才具敏给，应酬人事。六时多暇，玩心于管郭之书。登山临水，察微知著。予时与语，迎机而解，相视莫逆。得珠少年遵遗训以事二人，伯仲竞爽，皎若联璧。又得淑善如桓少君者以为内助，予甚慕之。今则诸子出拜，如芝兰玉树，生人乐事萃于一身。年登五十，貌粹气充。忆与得珠同学时，良友数十人皆名家子

---

① 王崇炳.学檽堂诗稿[M]// 赵一生.东阳丛书：15册.杭州：浙江古籍出版社，2015：206.
② 《南岑吴氏宗谱》第11册，2017年版，第519-521页。
③ 《南岑吴氏宗谱》第12册，2017年版，第496页。

弟，衣冠言动，鱼鱼雅雅。不三十年而菀枯荣落之况，悬若天壤。如得珠者，诚未易一二数。得珠不负年，年亦不负得珠，信可祝也夫！

从小引知，弱冠时吴承玫与王崇炳同学于赵岐宁，庠序有声，却厌举子业，转而致力于生财致富之道，颇有资。吴好堪舆之学，颇有钻研，时解王崇炳之疑难，二人渐成莫逆。娶徐氏，泮东庠生骏达公女，生三子，希镕，邑庠生，希钫，考名成郡庠生，希鈏，邑庠贡生。妻贤子孝，家庭美满，惹人羡慕。

五、吴承烈

吴承烈（1686—1767），义房里仁崇五百廿七，字光炜，号镐山，邑庠生，著有《鹃啼集》。

王崇炳曾赠诗索和，吴承烈因有《答王虎文先生寄赠索和次韵》："鸿名久矣压芹宫，天府清高姓氏通。万丈金山潜绣虎，千寻玉海隐雕龙。月中桂子临风馥，阶下兰孙浥露秾。文宪渊源公克绍，怜才知为类焦桐。"[①]未见王崇炳原唱。吴承烈次韵诗赞王崇炳继承王柏等朱学正脉，大名如雷贯耳，乃藏龙卧虎之真隐士，儿孙辈又多承家学，文采熠熠。从诗注"时先生长郎德载兄领乡荐"可知，此诗当作于1720年。

1755年，值吴承烈七十大寿，文林郎、四川泸州江安县知县、前丁酉亚魁桂坡李秀会（字士英）撰有《寿吴翁镐山先生七秩大庆序》，节略如下：

今春秋已古稀矣，手不停披，口不绝吟，铄矍自喜，不待鸠杖之扶，是即太素之流亚也。曩与余结诗文社，旗鼓各出。及癸巳县试，门鹤书明府得其卷，屡覆悉佳，即拔为一邑领袖。时李梧冈、王鹤潭前辈各贺以诗，惜雁母丧，旋服阕，与余同受知于督学汪荐洲先生。比余获隽，后驰驱仕版，翁益肆力于文章古学，虽棘闱点额，而从游日盛，余不禁退避三舍。姚东村以三晋经魁名进士莅吾东，恒往顾其庐，兼携赞赠其子之勤学，更屡以诗文交成莫逆。而翁则非公不入，明府重之曰"今之灭明也"。

时而教授生徒，则口授指画，如坐春风也；时而喜交名士，则披风抹月，如接光霁也；时而习古搜奇，则左图右史，如邺侯架也；时而含杯草圣，则鸾翔凤翥，如逸少池也；时而旷怀遥寄，则抱膝著书，如子云亭也；时而雅歌投壶，则

[①]《南岑吴氏宗谱》第12册，2017年版，第372页。

往来谈笑,如禹锡铭也。以今人而具古人之风,入世而怀高世之志,著有《鹃啼集》散刻回文、连环诗文等藏于家。行见受诏蒲轮,为时盐梅舟楫之用,即宋之梁太素"名与寿齐",可以后先辉映矣。至于孝悌克惇,敦宗睦族,重修家谱,同事任劳,党戚中自有称之者,余弗更琐述也。①

1713年,东阳县令门应瓒主持县试,拔吴承烈为第一,王崇炳、李凤雏等贺以诗,可惜贺诗无存。因吴承烈非公不入,门应瓒将其比作孔子弟子澹台灭明。

六、吴国模

吴国模(1699—1760),元房县前宾五十,字乔林,号清峙。

吴国模为王崇炳表侄,读过王崇炳诗集,作诗《读学耨堂集》:"对月翻函足自娱,名编朗唱世堪扶。探喉击雨谁能会?触手飞烟不可图。淡扫灯传欹静寂,笑他佛子说虚无。砚田欲耨无从学,独向纱窗细细摹。"②这无疑是一篇读后感,但似乎评价不全面,也不深刻,颇有以点带面的嫌疑。大意是说学耨堂诗有自娱自乐的性质,而且关乎风教、世道人心。然而又颇有深意,令人捉摸不透,内容又杂,包蕴理学与佛学等,诗虽好,却难学。

王崇炳认为吴国模理解有偏差,特作《和吴乔林韵》十一首,其诗序云:"乔林读拙集诗,甚见倾注。但以枯坐谈空为禅悦,则非也。依韵辄成十一章奉酬,以示鄙趣。"③今难见全豹,《学耨堂诗稿》中录五首:

弄月吟风只自娱,缓行不用倩人扶。闲寻鱼鸟为朋友,揽取烟云作画图。捏聚群言归一实,还从众有契三无。碧天清籁凭空作,此是真诗好细摹。

鱼社鸥邻老共娱,兴阑聊假浊醪扶。何须龟背寻筹数,自有蟾轮揭易图。此事是虚还是实,个中非有亦非无。从来月色谁能写,看取疏筠青影摹。

秋晚凉飔老最娱,斗枢北倚欲教扶。家邻东岭荺菀路,人似西成刈获图。俯地拾将千个有,从天降下一九无。雪坭印处留鸿迹,爪趾完成不用摹。

日色融合物物娱,堕空风蝶藉风扶。桃花流水羲黄世,春雨鸣鸠耕织图。绿水人家行处有,闲云潭影看来无。须臾萍末轻飔动,缉碧波纹细细摹。

---

① 《南岑吴氏宗谱》第12册,2017年版,第9—10页。
② 《南岑吴氏宗谱》第12册,2017年版,第384页。
③ 王崇炳.学耨堂诗稿[M]//赵一生.东阳丛书:15册.杭州:浙江古籍出版社,2015:249.

雏孙一队向人娱，相伴溪途欲我扶。夕照乍收虚谷寺，初阳又展澥花图。菊篱秋老余黄在，须发霜欺寸黑无。学与汉碑同放失，只留碧落任鸿摹。

"闲寻鱼鸟为朋友，揽取烟云作画图"是说其投身自然，追求"天人合一"的境界，万类皆可为友，心源造化，诗中有画。"碧天清籁凭空作，此是真诗好细摹"，重视并捕捉天籁，认为这才是人间真诗。"俯地拾将千个有，从天降下一九无。雪坻印处留鸿迹，爪趾完成不用摹"，似乎强调人要务实，脚踏实地，"知行合一"；生活即诗，雪泥鸿爪，弥足珍贵，保留其本真面貌，而不必刻意去雕饰。诗中涉及王崇炳许多诗学思想，值得深入研究。

《南岑吴氏宗谱》存三首，计八首：

我与先公黑发娱，名孙踵起学能扶。少年已抱青云器，老子应参白社图。点笔弹丝家世好，镂冰刻玉辈行无。成运指法何劳授，早向溟涛涌处摹。

分群百鸟入春娱，社散人归各醉扶。三径蓬蒿张氏宅，一川烟雨米家图。涨流消长水清浅，岚气纷飞山有无。袖里金针识暗度，鸳鸯绣谱且先摹。

布被蒙头暖自娱，日高慵起鸟声扶。身同村妇蓬松髻，诗似粗工没骨图。行处频逢英少出，坐来默数故人无。乾坤原是多情地，看取游丝婉转摹。[1]

《南岑吴氏宗谱》所选三首多与吴国模祖父吴承斐相关。吴承斐（1643—1722），崇百廿四，字君莱，号绿园。元房县前世祖。雅重斯文，广交名士，与赵衍、杜时萼等共修康熙《新修东阳县志》，与王崇炳同入泮，并与王崇炳、李凤雏结社论诗。著有《绿园诗集》《易林考索》《卜筮直指》《地理辨伪》等。上诗自注透露了重要信息："与令祖同入泮，诗文称莫逆交"，王崇炳与吴承斐是同窗好友，诗文相当；"令祖工琴棋书画"，是说吴承斐琴棋书画无所不能；"时悲令祖梦游仙府"，点出吴承斐去世不久，据此推断这组诗当作于1722年。

---

[1] 《南岑吴氏宗谱》第12册，2017年版，第466-467页。

第九章 | 王崇炳与金华书院

王崇炳《楼勇轩〈四书五经考略〉序》云:"吾婺自东莱先生兴起理学,何、王、金、许继之,自元迄明,相绳不绝;至于今,则阒其无人。予老矣,婺学一脉,其谁任之?楼子勉乎哉!"①他深感婺学一脉有后继无人之虞,诚然,他的担心并非多余,自王氏后,婺学骤衰。王崇炳出贡而未仕,一生汲汲于教育事业,除家居教授外,与金华之五峰书院、丽正书院、藕塘书院、石洞书院、八华书院等渊源甚深,梳理其诸多教育实践,可探其教育思想,明其终生为之奋斗的初心。②

一、五峰书院

方岩寿山有固厚、瀑布、桃花、覆釜、鸡鸣五峰,其地形如城郭,四周岩壁平地拔起,岩根部位突然后缩,生成许多天然石洞,五峰书院就坐落于固厚峰脚大石洞中。永康应典、程文德、程梓、卢可久等皆从王阳明学,先后主讲五峰书院。嘉靖二十六年(1547年)九月,应典病逝,五峰书院进入程文德、程梓主讲时期。嘉靖三十八年(1559年)程文德病逝,五峰讲会实际由卢可久主持,前后近五十年,四方来学者众,五峰书院遂为浙中王门讲学重镇。卢可久(1503—1579),字德卿,号一松,永康儒堂人。从小禀性超迈,志尚弘远,十七岁随叔祖泉山先生习举业。二十一岁拜王阳明为师,数赴姚江求学,学业精进。著有《望洋日录》《就正日录》《光余或问》《草窗巷语》等。清康熙二十六年(1687年),赵岐宁去世后,王同廱坚持五峰主讲十年,直至康熙三十六年(1697年)去世。其后的五峰讲会一直得到延续,据应望梧、程士英、卢德基之五峰书院志跋所记,

---

① 王崇炳.学耨堂文集[M]//赵一生.东阳丛书:15册.杭州:浙江古籍出版社,2015:41.
② 吕国喜.王崇炳与金华书院[J].湖北职业技术学院学报,2019(3):64-68,108.

直到民国二十五年（1936年），五峰书院还保留有每年一次的秋季讲会。①

五峰书院讲会由应典发端，至程文德因显赫功名与宦业成就，使书院显扬于地方，讲学、祭祀事业更加完备。卢可久主讲时期，五峰讲学拓展至东阳，影响力更波及整个浙中。

王崇炳延续五峰学脉，其师承顺序为王阳明——卢可久——杜惟熙——陈时芳——陈其蒠——赵忠济——王崇炳。王崇炳《金华征献略》言王同廱"与先师赵岐宁同受学于陈其蒠，卒皆入主五峰。先师亡，主五峰讲席十年。予尝两至会，见其为人，敦厚浑朴，貌恂恂如也"。②1687—1697年间，王崇炳自言曾两至会，其一于《寿岩记》中有载：虚其中，如铁炉状。天球先生曰："此鸿钧大冶，所以陶铸人材者也。"予揖而对曰："先生其谨持橐钥，毋使炉中之火熄而不燃。……是行也，宿于岩下者再，与祭先师者一。其至也，以九月十三；其归，则十有五日也。"③具体年份无考。王崇炳除了游览，还与祭先师，往返达半月之久。另一次为1719年，王崇炳《己亥九月重至五峰书院与祭先贤》云："石巘嵯峨昼影凉，紫霞深洞著书堂。山川如故流风远，俎豆依然旧业荒。讲席虚传齐白鹿，乡人犹自重牺羊。一泓学脉灵湫水，重为先贤致瓣香。"④《五峰书院志》卷八《仪注》明确三祠（丽泽，学易斋，五峰祠）各行三献礼，惟五峰祠歌诗三章。《会规》载："按旧例，十一日诸友到会毕，列坐，请年高德劭者讲明会规。十二日早膳后，各出质言，以相参证，其式正楷大书登名于尾，凡与会者，各带纸笔。午后，互相钞录完，时实粘壁上。十三日早膳后，老成者各拈书一章，性理一章，三日内余功，或质疑问难，或阐发格言，俱登载于簿。"⑤可见此时的五峰书院讲学活动渐趋弱化，祭祀先贤、教化乡里功能日益突出，规制日趋严密。

王崇炳于《应慵庵传》中言："余生平极重五峰先贤，搜罗表彰不遗余力。王天球先生曾致书，虚皋比以请，余不往。"⑥王同廱曾写信邀请王崇炳往五峰书院主师席，王不往，可能出于礼节，晚辈不好夺师叔之席。《五峰书院志》之王崇炳传

---

① 程尚斐.五峰书院志[M]//赵所生,薛正兴.中国历代书院志:9册.南京:江苏教育出版社,1995:264.
② 王崇炳.金华征献略[M]//赵一生.东阳丛书:15册.杭州:浙江古籍出版社,2015:164.
③ 王崇炳.学耨堂文集[M]//赵一生.东阳丛书:15册.杭州:浙江古籍出版社,2015:103.
④ 王崇炳.学耨堂诗稿[M]//赵一生.东阳丛书:15册.杭州:浙江古籍出版社,2015:130.
⑤ 程尚斐.五峰书院志[M]//赵所生,薛正兴.中国历代书院志:9册.南京:江苏教育出版社,1995:261.
⑥ 王崇炳.学耨堂文集[M]//赵一生.东阳丛书:15册.杭州:浙江古籍出版社,2015:94.

云:"郡尊张公坦让延为丽正书院师,弟子云集。后屡至五峰讲学"①。王崇炳屡至五峰书院讲学,应为王同麑逝世之后了。

王崇炳《待赠奉直大夫需斋程府君墓志铭》中曾忆及四至五峰书院事:"忆予初至五峰,先生暨府君皆在会,枚遴先生苍而矍,府君方弱冠,顾而晢,标格出众,与祭先师,执事折旋进反,礼成而敏,予心志之。再至,府君入泮。戊子秋闱试,文为汤溪令杜公海树所欣赏,以微嫌见黜。比予四至五峰,而府君发种种矣。及见敬一,年未冠,神彩玉立,文章斐然。"②虽具体时间不详,但其中有两个大致参照点,"戊子"即1708年,程敬一生于1694年,其"弱冠"约为1713年。

王同麑从兄弟王同曾,字沂公,岁贡,其《寿山道会答王虎文步原韵》云:"晤对三朝殊有得,那堪话别看丹枫。"③可知王崇炳去永康参加寿山道会,起码滞留三天,且与会友朝夕晤对,质疑问难。

王崇炳除了往五峰与会、与祭、讲学、游览外,还去五峰僧舍闭户读书,1705年,其《乙酉春重下帷五峰僧舍》云:"寒勒花期柳未舒,疏蓬当户着霜余。清斋静扫人初到,丛竹苍森我旧居。一壑盘桓难号隐,十年著述未成书。徒将岁月供高卧,抱膝深惭住草庐。"④觅此山深景幽之僻处,王崇炳主要用来读书、著述。1712年,适逢王崇炳六十大寿,为免人祝贺,他悄悄躲到五峰僧舍,其《壬辰仲春,适予六十诞辰。戒杀既久,理难享客,避居五峰僧舍,斋心静坐。偶览陈拾遗〈感遇〉诗,援笔属和,聊托鄙趣云十八首》⑤,和陈子昂《感遇》诗十八首。

王崇炳《五峰书院》云:"真儒绝学寄名山,披拂遗风万象间。新建祠幽寒籁寂,考亭书老古苔班。人间原有仙凡界,吾道中分梦觉关。黄菊青筠引归路,水逢源处可无还。"⑥一心朝圣,仰慕先贤,溯源探流,承传遗风。

据《五峰书院志》载,在崇祀朱熹、王阳明、卢一松、杜惟熙等前哲圣贤同时,将王崇炳作为唯一的清朝学者,与叶适等人一起列入《奉祀附载传略》中⑦。

---

① 程尚斐.五峰书院志[M]//赵所生,薛正兴.中国历代书院志:9册.南京:江苏教育出版社,1995:187.
② 王崇炳.学耨堂文集[M]//赵一生.东阳丛书:15册.杭州:浙江古籍出版社,2015:142.
③ 程尚斐.五峰书院志[M]//赵所生,薛正兴.中国历代书院志:9册.南京:江苏教育出版社,1995:254.
④ 王崇炳.学耨堂诗稿[M]//赵一生.东阳丛书:15册.杭州:浙江古籍出版社,2015:28.
⑤ 王崇炳.学耨堂诗稿[M]//赵一生.东阳丛书:15册.杭州:浙江古籍出版社,2015:29-31.
⑥ 王崇炳.学耨堂诗稿[M]//赵一生.东阳丛书:15册.杭州:浙江古籍出版社,2015:11.
⑦ 程尚斐.五峰书院志[M]//赵所生,薛正兴.中国历代书院志:9册.南京:江苏教育出版社,1995:187.

这无疑高度肯定了王崇炳对五峰书院的贡献及影响。

二、丽正书院

丽正书院,"在浙江金华,康熙六十一年(1722年)知府张坦让建于原滋兰书院旧基(一说始建时即名滋兰)。金华于宋明时期有丽泽书院、崇正书院,丽正之名是合丽泽、崇正二名于一。书院规模宏大,前后分5进,每进3楹,两旁耳房各26间,后堂为7贤祠,主祀朱熹、张栻、吕祖谦、何基、王柏、金履祥、许谦,乾隆、嘉庆年间多次整修。"[①]

1722年,丽正书院成,张坦让亲自延请王崇炳主师席,王崇炳却谢绝了,事后寄诗《辞郡侯张公聘主丽正书院二首》[②],自称山野之人,与官府绝少往来,却不料金华太守登门造访,且"礼仪隆重",带来"绣缎银杯",王崇炳自觉受之有愧。"无功不受禄",当得知太守请自己出山担任丽正书院山长时,王崇炳说,学问略窥皮毛,然已过时。"讲学论文情未淡",即是说讲学论文热情不减,无奈"事繁食少力难支",将自己比作"病鹤""寒蝉",明其力不从心之感。如果能得太守体恤,就让他继续在深山里苟延残喘吧。态度谦恭,立场却分明。

张坦让次韵二首《王鹤潭先生辞屈降丽正书院以诗至,谨和韵,以申固请之意》[③]云:

东白峰前水抱村,高贤长啸拟苏门。久钦理学承文献,更羡才华似弇园。罗鸟重吞霏玉屑,江花入梦耀缥盘。扶风绛帐知无负,固屈先生广圣恩。

七贤堂奥独君窥,多士齐声公举时。纵使陶情在五柳,还期淑世溥三支。焚香默坐追摩诘,得句先颁似项斯。桃李盈门盼望久,莫耽薜荔卧蓬茨。

张坦让将王崇炳、王国陛、王崧寿比作"三苏",钦羡王崇炳远绍吕祖谦婺学正脉,尤其是中原文献之传,才华似明代"后七子"领袖王世贞,独窥七贤堂奥,多士举荐,众望所归,虽有意学陶渊明而隐,但还是期望王适时出山"淑世",就像汉末、三国时月氏高僧"三支"即支谶、支亮和支谦来华弘法一样。赞王崇炳如王维一般沉静禅悟,逢人说项。钦慕有之,赞誉有之,期盼有之,多

---

① 季啸风.中国书院辞典[M].杭州:浙江教育出版社,1996:57-58.
② 王崇炳.学耨堂诗稿[M]//赵一生.东阳丛书:15册.杭州:浙江古籍出版社,2015:165.
③ 东阳河汾王氏宗谱[M]//黄灵庚,陶诚华.重修金华丛书:189册.上海:上海古籍出版社,2014:63.

以古人拟之，动之以情，晓之以理，再三以申"固请"之意。

1723年，王崇炳感其诚，出山而主丽正书院。黄廷元《王鹤潭先生传》云："雍正癸卯，七十有一，郡守汉阳张公坦让建书院于郡，首以礼聘为合郡弟子师。至则莫不因端开譬，决其障而各如其意之所欲得。善气薰人，不言而饮人以和。作学规十一则以示教。"①

王崇炳于《与郑南溪书》②中亦提及此事：

敝郡府尊汉阳张公作丽正书院，颇觉宏整。以阖邑绅衿之荐，选八邑之士，招弟为师。窃思深山老衲，修行数十年，一旦应请，不开期讲经参禅，惟使教沙弥学课颂，打鼓钹，作应付事，殊觉可耻。初意欲乘此机会略阐婺中旧学；然无可发口处，良由学力未到，积诚未至，天机不灵，牙颊不快，故不能有所开明。此事须随机指点一两句，便透入人心窝，如辟尘熊胆，置一碗灰水，但着一毫，其尘自散；又须如琥珀引芥，相近毫许，便两处胶粘。此皆真性开感，非口舌之力也。王弇州云："先辈相传，见王伯安，暂交数语，未有不倾心输服者。今人动辄诋之，何曾梦见他脚底汗？"凡为学，才出口，必须有用力处；才用力，必须有得力处；才得力，便须有感发人处；才感发，便须有成就人处。学不能成就人者，皆非真学也。弟老矣，桑榆日迫，进步为难，担荷之力，惟在长兄辈耳。

对于教学内容与方法等，王崇炳曾做过精深的思考。既然答应出山，便要真正负起责任来，决不能应付了事。本打算借此系统阐发弘扬婺学，一时之间却又不知从何讲起，恐不能有所开明。但教学中要见缝插针，全面渗透，直指人心。"学不能成就人者，皆非真学也。"可见，王之教学目的是成就人，大类于"立德树人"。他在《张申伯丽正书院文集序》中言："而吾虚受刺史之延聘，徒以经生制举之业，谆谆为诸生督课，其于先贤之实学，毫发不能有所发明。此虽由学者之根器，亦吾之所积者薄，无以为之感也。"③官办书院，制举之业必为主要教学内容，婺学未得系统发明，与学生根器有关，而王自恨所积者薄。"而好用所短，时时作时文：课徒有作，课子有作，课孙有作，积日累月，楮墨遂多。"④其制艺文结集为《鹤潭时艺稿》，弟子陈灿文为之刻版印行。

1723年夏，王崇炳作《丽正书院坐夏二首》，"讲堂疏豁气如蒸，赤日当中

---

① 王崇炳.金华文略[M]//赵一生.东阳丛书：16册.杭州：浙江古籍出版社，2015：814.
② 王崇炳.学耨堂文集[M]//赵一生.东阳丛书：15册.杭州：浙江古籍出版社，2015：154.
③ 王崇炳.学耨堂文集[M]//赵一生.东阳丛书：15册.杭州：浙江古籍出版社，2015：169.
④ 王崇炳.学耨堂文集[M]//赵一生.东阳丛书：15册.杭州：浙江古籍出版社，2015：169.

势益增"①，酷暑难当，无奈"叩门触暑难辞客，对榻忘言且学僧。不共解衣磅礴裸，镇烦岂有玉壶冰"②。消夏无方，却不废教学。《丽正书院五色芙蓉》则写于重阳节前。

这一年中，王崇炳与知府张坦让相处甚洽。张父八十大寿，王崇炳作《张太尊太翁先生八秩寿诗二首》，不忘夸赞张知府"五马翩翩方出守，济时名业属贤郎"③。又逢知府四十一岁寿，王崇炳作《张逊庵郡守四十一寿序》④，将张坦让栽植花木与培育学生类比，认为建书院者必为人贤，徐元梦之于敷文书院，李之芳之于金华，张坦让之于丽正书院，真可鼎足而三。

1723年，金华大旱，王崇炳有诗《悯饥上郡侯张公》⑤。王崇炳历坂四十里，实地踏勘，考察东阳灾情，"合东阳之田计之，有坂田居十之四；有原田、有山田，二者亦居十之四；有溪田，居十之二。溪田厚薄不等，皆有收；坂田三分计之，一分有收，二分断粒；若原田、山田，则皆颗粒无有，且难种秋作。"⑥因有《上张太尊救荒书》，根据实际情形，王崇炳建议不宜采取强捐之策。

张坦让丁外艰，欲循例在任守制，王崇炳认为不可，正色直言，遍引古人之例说明之。知府怒，学生们都十分忌惮，劝王崇炳不必犯颜直谏。而王崇炳认为恰恰因为自己是院长，才应该直言相告，不能因受知府礼聘便沉默不语，视而不见。张终离任守制。临别，王崇炳作诗《送张逊庵郡侯丁外艰归汉阳》⑦，仍然在讲王事与丁艰的抉择，结尾肯定其教化之功。

在任守制，是清朝独创的丁忧守制的变异形式。康熙年间，官员在任守制的原因大致有战时需要、政务需要、官员贪恋权势等。⑧赈灾确是政务需要，同时可能有"贪恋权势"之嫌。

多年以后，张坦让调往吉安，寄信来说，他有两件事负愧王崇炳，一是没能请王续修金华志，二是得王劝告，回乡守制，免为后人嗤笑。并赞王为他"所仅

---

① 王崇炳.学稼堂诗稿[M]//赵一生.东阳丛书：15册.杭州：浙江古籍出版社，2015：175.
② 王崇炳.学稼堂诗稿[M]//赵一生.东阳丛书：15册.杭州：浙江古籍出版社，2015：175-176.
③ 王崇炳.学稼堂诗稿[M]//赵一生.东阳丛书：15册.杭州：浙江古籍出版社，2015：167.
④ 王崇炳.学稼堂文集[M]//赵一生.东阳丛书：15册.杭州：浙江古籍出版社，2015：148-149.
⑤ 王崇炳.学稼堂诗稿[M]//赵一生.东阳丛书：15册.杭州：浙江古籍出版社，2015：184.
⑥ 王崇炳.学稼堂文集[M]//赵一生.东阳丛书：15册.杭州：浙江古籍出版社，2015：37-38.
⑦ 王崇炳.学稼堂诗稿[M]//赵一生.东阳丛书：15册.杭州：浙江古籍出版社，2015：241.
⑧ 白豪.论康熙年间官员在任守制[J].唐山师范学院学报，2019（1）：60-65.

靓",评价甚高。

王崇炳与同事张祖年道不同却相为谋。张祖年,字申伯,汤溪人,崇信朱子理学甚坚,拒象山、姚江甚力,王崇炳摒除门户之见,与之共事丽正书院,并乐为其《丽正书院集》作序,序中赞张"左右翼助之"①"申伯之于丽正书院,默助而阴赞,不避怨谤,志于成事,实有功于先贤""吾实心折于申伯,申伯岁数至书院,吾闻其足音而喜,风窗雨榻,杯茗接膝,内心无锢,所言辄投,是以不觉欣然而为之命笔。居丽正之堂,叙丽正之事,固予责也,而又何辞焉?"②张祖年时修《汤溪志》,王崇炳为之作《题张申伯勘书小影二首》③,另有诗《予友张申伯揭其祖宣公诗中句曰吾家道义尊榜诸宗祠,将使合族知法守也。属予为诗纪之》④,又有寿词《满庭芳·寿张申伯六十》⑤。

王崇炳《自述》中云:"吾为丽正书院师,受业五十人,不数年,或进学,或补廪,或登第。方予辞馆归,诸弟子送郭外,或至堕泪。予今年八十八,邑弟子欲制锦屏祝寿,不约而同,予坚却之,而诸弟子之情可见矣。"⑥当年受业五十人,大多学有所成。年底,王辞馆归家,弟子们送之城外,有的竟至垂泪。十几年后("八十八"肯定有误,因王崇炳八十七岁卒),诸弟子欲制锦屏以祝寿,王辞谢,其自豪之情溢于言表。何元显《王鹤潭先生行述》中也有类似记载:"六旬外,出贡,郡守张逊庵坦让聘为丽正书院师。不旬月,诸弟子心悦诚服,不异程门雪立。时也比腊,解馆归,弟子环送途次,多有泪湿沾襟者。"⑦

黄廷元《王鹤潭先生传》云:"雍正癸卯,七十有一,郡守汉阳张公坦让建书院于郡,首以礼聘为合郡弟子师。至则莫不因端开臂,决其障而各如其意之所欲得。善气薰人,不言而饮人以和。作学规十一则以示教。"⑧其《丽正学规》未睹全

---

① 王崇炳.学㭫堂文集[M]//赵一生.东阳丛书:15册.杭州:浙江古籍出版社,2015:168.
② 王崇炳.学㭫堂文集[M]//赵一生.东阳丛书:15册.杭州:浙江古籍出版社,2015:169.
③ 王崇炳.学㭫堂诗稿[M]//赵一生.东阳丛书:15册.杭州:浙江古籍出版社,2015:167.
④ 王崇炳.学㭫堂诗稿[M]//赵一生.东阳丛书:15册.杭州:浙江古籍出版社,2015:183-184.
⑤ 王崇炳.学㭫堂诗余[M]//赵一生.东阳丛书:15册.杭州:浙江古籍出版社,2015:299.
⑥ 东阳河汾王氏宗谱[M]//黄灵庚,陶诚华.重修金华丛书:189册.上海:上海古籍出版社,2014:10.
⑦ 东阳河汾王氏宗谱[M]//黄灵庚,陶诚华.重修金华丛书:189册.上海:上海古籍出版社,2014:13.
⑧ 王崇炳.金华文略[M]//赵一生.东阳丛书:16册.杭州:浙江古籍出版社,2015:814.

文，《河汾王氏宗谱》卷一载其八则①：

学首立志

人不立志，如屋无基，必不能成。范文正做秀才时，便以天下为己任。程明道先生年十四五，便思为圣人，卒为名臣，为大儒。人不立志，多因将自己看轻了，殊不知人配两仪，列为三才。天地之帅，即吾性也。天地之塞，即吾气也。吾自有为圣为贤之具，首曰真实心地，这真实二字，何人不能？但肯八字着脚，竖起脊梁，一念真实，则一切真实。真实事亲，便为孝子；真实事君，真实忠臣；真实事兄，便为悌弟；真实交友，便为良友。举凡处人接物，莫不真实，便是圣贤路上人了。阳明子曰：工夫愈易简愈真切，愈真切愈易简。只此一条鞭做去，更无他道理，那个不能？人但不肯立志下手耳。

学重敦伦

人为五伦，犹天有五行，一行缺则化育亏。犹人有五官，一官缺，则颜面恶。古人功业文章藉甚一时，而五伦有歉，载之史策，遗羞万世。至于布衣寒士，荆钗村妇，立孝立节，一行成名，千载之下，尚有余馨。即如我婺，自唐以来，其间位列三台，官居九列者，迄今荒塚一邱，已与氓庶俱泯。而孝子节妇，生无一命之荣，殁有无穷之誉，登诸祀典，官府致祭，莫不稽首肃拜于其下，无他，重人伦也。古人云：名教中自有乐地。事则平淡，其味弥旨，苟能深体其间，自有乐之而生，生而不能自已者。

学贵谨言

言者，性情所呈露也。口之所出，精神发为言语，痰涎溢为涕唾，若口无检稽，浮言日出，则是言语而涕唾弃之矣。所以古人为学必自不妄言。始，鲁有岑鼎，齐人求之，鲁人与以赝鼎，齐人疑而却之，鲁君曰：此真岑鼎也。齐人曰：必得柳下惠一信以为信。鲁君以命惠，惠曰：何不以真鼎与之？君曰：真鼎，吾爱之。惠辞曰：吾亦爱吾鼎。宋僧有芙蓉楷者，仁宗召之不往，赐衲衣、法号，又不受。仁宗怒，命所在官杖而戍之。其官怜之，将与杖，曰：和尚何瘦至此？病乎？但言病，可免杖。楷曰：深知美意，但吾素不妄言，实无有病。俯而受杖。官益重之，疏白其事，乃免戍。予尝书此二事以自儆。

士贵守身

初学位人，且要顾体。既为士，便与市井不同。山雉尚惜其尾，岂人而可损其毛羽乎？宁拔舌，必不可妄语；宁剔目，必不可视非礼之色；宁断手，必不可

---

① 《河汾王氏宗谱》卷一，光绪戊申（1908）重修。

取非义之财；宁刖足，必不可出入衙门。盖结交官府，便是凌虐乡曲之根；轻侮贫贱，即是趋逢富贵之萌。愿学者戒之。

士贵爱人

天地与我同根，万物与我同命。人有亲疏，皆吾胞与。见人落难，见人贫困，皆当随分救济，不可膜外视之。若呼吁在侧，漠不关情。不但功名薄，福分亦浅。至于生物，形气异，性命则一。岂可只图口腹，宰杀任意？虽不必茹素断荤，亦当用之有节，尤艮翁《戒杀文》云：罗网弥天，不异魂飞汤火；干戈满地，何殊命绕刀砧？读此，毛骨凛然。

士贵平气

大凡人品高一分，度量便宽一分。阳明子曰：人居常无所见，唯当患难遭屈辱，平日动心者，到此能不动心，此便是学问得力处，亦便是用力处。不佞常服膺一高僧之言曰：面上无嗔，供养具；口里无嗔，吐妙香；心中无嗔，真宝藏。既而思之，此意四书原有之。动容貌，斯远暴慢矣，岂不是面上无嗔？出辞气，斯远鄙悖矣，岂不是口里无嗔？心有所忿懥，则不得其正，岂不是心中无嗔？人能守此三句，可以保身，可以全家，即理性之道，亦不外此。故犯而不校，颜子成其大贤；横逆顺受，孟子卒为亚圣。生平常慕卓子康、刘文饶之为人，至今颇有得力。

士贵择交

与善人交，如入芝兰之室，久而不闻其香，与之化也；与不善人交，如入鲍鱼之肆，久而不闻其臭，亦与之化也。贫贱之家，门有才士，则子弟必良；富贵之家，座有媚客，则家声将落。观其所交，即可以知其人，可不慎乎？然使闭户禁足，息交绝游，封己自大，则又不可。古人有闭户学，有出门学，不见天下之贤士，则不知世界之阔；不闻贤士之议论，则不知学问之无穷。增城湛甘泉先生，年已九十，犹出岭访友，此真后学之标榜矣。

士贵读书

夫读书，非徒博闻强记已也，必须一一体之于身。程子曰：说得一尺，不如行得一寸。许白云先生曰：诵于口而可以心存，存于心而可以身践。朱子教人读《大学》之法曰：大文不明，则看传注，传注不明，则看或问，其实只有传注无或问，只有大文无传注，久之，吾心中自有一本《大学》，并不必有大文。盖读书者，将以明吾心之理也。吾心之理既明，书亦无所用之。譬之于筏，所以济人，人既泊岸，筏可舍去，安得舍筏之人而与之共读书哉？

略言立志、敦伦、谨言、守身、爱人、平气、择交、读书，莫不关乎安身立命，为学为人，循循善诱，诲人不倦，语重心长，王崇炳真乃可敬可亲。

核生前之学术，参身后之乡评，乾隆五年（1740年），金华郑里立、翁肇敞等合郡76位绅士联名上书请配祀王崇炳于金华丽正书院后堂七贤祠，已蒙院府各宪允准，历有多年，却未送主。七贤祠祀朱熹、张栻、吕祖谦、何基、王柏、金履祥、许谦。祔祀潘良贵、潘景宪、章如愚、范浚、陈亮、宋濂、章懋、孙文孝。据《金华县志》载，乾隆四十三年（1778年），增祀王崇炳于七贤祠①。乾隆己酉（1789年）徐爱莲等再请择日送主七贤书院，十一月初八日，终于成行。

三、藕塘书院

金律乃"北山四先生"之一金履祥十八世孙，平日收录金履祥《大学疏义》《论孟考证》等遗书，梓而布之。雍正七年（1729年），嘱托王崇炳校订金履祥文集四卷。雍正九年（1731年），金律刊印之，王崇炳作《重刻金仁山先生文集序》，序中追溯金履祥文稿聚散大致情形："其初辑而付之其家者，门人许白云先生、柳文肃公也；其次，购而藏之者，吴礼部也；又其次，萃散补遗而传之者，董道卿先生也；今所刻为董氏本，辗转抄录，恐脱误又不少矣。"②文集最初编辑者乃金履祥门人许谦、柳贯，其次吴师道从乡人何谨仁手里购而藏之，再次章懋门人董遵萃散补遗。"今所刻者"为兰溪章藜照。序末言：

> 噫！如孔时者，真可为能继志矣。先生之德行，诸先进道之详且尽，无待复赘。而予居然叙于首简，非为先生序，序孔时也；且非但序孔时，凡欲为五贤之子孙者，皆如孔时；又非但五贤子孙，更有望于婺中之后学，有能如吴礼部、董东湖者，各出其资力，使五先生之文灿然尽见于一世：是则私心所重望也。一国之人才，犹黍苗也；先贤之绪言，犹和风甘雨也。和风甘雨作于上，则黍苗勃然兴起；钟镛笙管杂奏并作，则必有起舞而登场者。予老且朽，尚拭目俟之。③

作序之用意，乃在表彰金律之"能继志"，希望金华五贤之子孙皆如金律，甚至寄厚望于后学皆如吴师道、董遵等，保存并传播先贤之文。因先贤之文如和风甘雨，滋润黍苗，即人才勃然兴起。

---

① 邓钟玉.金华县志[M].台北：成文出版社有限公司，1970：776.
② 王崇炳.学耨堂文集[M]//赵一生.东阳丛书：15册.杭州：浙江古籍出版社，2015：43.
③ 王崇炳.学耨堂文集[M]//赵一生.东阳丛书：15册.杭州：浙江古籍出版社，2015：44.

雍正十二年（1734年）春，金律延请王崇炳讲学于藕塘书院（东湖书院），王崇炳不惮年高，偕长子王国陛同往。黄廷元《王鹤潭先生传》记其事云，"岁甲寅年，八十有二，扶杖至郡，赴东湖金孔时之请，讲学于藕塘书院。讲义四条，至性豁露。时与听者六十人，闻者无不感动心怵。其言曰：学须体行，不在多言。说得一丈，不如行得一尺。为学无他法，只将此心托出，在千万人面前看，必不可有覆护遮掩之思。即在幽居独处，俨若十目十手之并集。又云：凡人积学非难，而广学为难。广学之难，难于出身担荷。顾吾年逾八十，岂能久留？所恃后起俊英，出而担荷。邹鲁一灯，不至终泯。其冀望后学之心甚至。而先生平素为人之概，亦见于此。"①讲义四条，受业者六十人，"感动心怵"是为教学效果，"邹鲁一灯，不至终泯"则为教学目的，一以贯之。何元显《王鹤潭先生行述》亦云："东藕塘金孔时，通郡之善士也，踵庐延至东湖讲学，绅士绎络赴就，每日数十余人闻教，皆恍若发蒙，铭佩勿忘。"②《金华征献略·金律》云："吾郡自五峰诸贤往，讲席久废，孔时恐邹鲁一灯遂烬，乃于宅旁建奎光阁，为书院，会合郡士讲学，而延予主讲席，其佑启后人之心甚切。"③

王崇炳于《东藕塘金仁山先生祠堂记》中言金律："其赀之余者，又储而岁积之，则延师以教其族之子弟，而资其膏火。……岁凶，则出谷以食族之贫者，以隆孝享，笃追养也；以教子孙，启后昆也；以旌节孝，美风俗也；以济贫困，厚本支也：此皆先贤之遗风，而孔时能行之，由是而俊髦继起。"④因金律特建金履祥祠堂，刊布金履祥及许谦遗集，建奎光阁，辟书院，延请名儒，以教宗族子弟及郡士，扶危济困，见义必为，故王崇炳将其列入《金华征献略》之卓行⑤，王崇炳《率祖堂记》云："昔郑清逸作《贤达传》，童庭式作《文献录》，而不及卓行；殊不知卓行乃贤达、文献所从出。叙贤达、文献，而不及卓行，是决水而塞其源也。吾作《征献略》，独叙卓行，而列孔时其中，固孔时之后人所当率，而亦凡欲兴家起后者之前轨也。"⑥高度赞扬金律之卓行，以之为后世楷模。

---

① 王崇炳.金华文略[M]//赵一生.东阳丛书：16册.杭州：浙江古籍出版社，2015：815.
② 东阳河汾王氏宗谱[M]//黄灵庚，陶诚华.重修金华丛书：189册.上海：上海古籍出版社，2014：13-14.
③ 王崇炳.金华征献略[M]//赵一生.东阳丛书：15册.杭州：浙江古籍出版社，2015：379-380.
④ 王崇炳.学耨堂文集[M]//赵一生.东阳丛书：15册.杭州：浙江古籍出版社，2015：104.
⑤ 王崇炳.金华征献略[M]//赵一生.东阳丛书：15册.杭州：浙江古籍出版社，2015：379-380.
⑥ 王崇炳.学耨堂文集[M]//赵一生.东阳丛书：15册.杭州：浙江古籍出版社，2015：118.

四、石洞书院

南宋绍兴十八年（1148年），浙江东阳郭宅人郭钦止（1128—1184）独资创建的石洞书院为东阳最早最有影响的书院之一。钦止崇贤好学，轻财乐施，捐数百亩田和石洞山以为书院产业，以家藏书籍充实书院。礼聘永嘉学派主要代表人物叶适主师席，名儒朱熹、吕祖谦，学者陈傅良、魏了翁、陆游、刘过等相继来此讲学交游。石洞书院声望日隆，吸引了来自鲁、赣、皖、苏、湘及省内各地学生。东阳宋宰相乔行简，名宦乔梦符曾就读于此。叶适《石洞书院记》称钦止"以学易游而不以物乐厚其身，以众合独而不以地胜私其家也。"① 朱熹于《郭公墓铭》中赞扬石洞书院为"豪杰之窟""礼义之场"②。元代以后，石洞书院时有兴废。明万历年间，郭文达（1549—1625）重返故里重建书院。

石洞书院藏有朱熹遗像，每年九月十五日展拜于讲堂。王崇炳曾去参拜，其《石洞书院拜朱文公遗像》云："今古相看五百年，影堂肃穆典型悬。容和气定人无语，云净风消日在天。讲席几为劳梦寐，名山何处叩心传？江边昨夜春波动，日暮还乘子静船。"③ 写朱熹气象雍容，如日在天，可惜其理学在婺州几近失传，唯余五峰书院传来之陆王心学。

郭钟儒（1626—1707），字尔雅，号林望，邑庠生④。据郭钟儒《记朱夫子真容来历》《题像后》⑤ 约略可知，朱子遗像乃吴其仕购于吕家（疑为吕祖谦后人），1648年夏，吴挟图避寇于郭宅，其外甥郭奘侯请求留朱熹像于石洞书院，吴首肯。郭钟儒《文公像》云：戊子岁得朱夫子像一幅。状敦厚，右颊有黑子七，列如北斗，眉秀目长，俨然德容道貌也。上自题曰"'苍颜已是十年前，把镜回看一怅然；履薄临深谅无几，且将余日付残编。'南城吴氏社仓书楼为余写真如此，因题其上。庆元庚申二月八日，沧洲病叟朱熹仲晦父。"云云。其笔墨遒劲，每岁九

---

① 郭钟儒. 石洞贻芳集 [M]// 赵一生. 东阳丛书：10 册. 杭州：浙江古籍出版社，2015：20.
② 郭钟儒. 石洞贻芳集 [M]// 赵一生. 东阳丛书：10 册. 杭州：浙江古籍出版社，2015：35.
③ 王崇炳. 学耨堂诗稿 [M]// 赵一生. 东阳丛书：15 册. 杭州：浙江古籍出版社，2015：13-14.
④ 《长衢郭氏宗谱》卷十五，2003年版，第7页.
⑤ 郭钟儒. 石洞贻芳集 [M]// 赵一生. 东阳丛书：10 册. 杭州：浙江古籍出版社，2015：29.

月望日，展轴致祭，见之咸启敬颛然①。上诗亦见《晦庵先生朱文公文集》②。为朱熹画像的是建昌军南城县的吴伸、吴伦兄弟，时在南宋绍熙元年（1190年）。吴氏兄弟在朱熹的带动和启发下，于淳熙甲寅（1194年）建造社仓，惠及乡里。庆元丙辰（1196年），吴氏子吴振请朱熹为记，即《建昌军南城县吴氏社仓记》③，可见，吴氏与朱氏过从之密。

王崇炳《紫阳花四首》自注云：此花世无其种，惟石洞有之。相传为紫阳遗植，故以名云。其二云："月峡红英的的开，至今传自紫阳栽。人亡道范千秋隔，花逐春风一度来。不用前贤乞灵种，还于自性谨滋培。悬知此物家家有，莫放牛羊蹄作苔。"④由花及人，由人及道，花与道并传而不朽。其《石洞》云："所隔一步地，幽奇未易传。波摇石上月，人在峡中天。胜事前规失，清流学脉延。纤纤书带草，留自宋诸贤。"⑤《偕楚乔廷佐孙延年游石洞》云："乐意相关何用寻，到山已会古贤心。风多众木皆翻翠，花落时禽又变音。入峡不须愁日暮，疲躯且喜得天阴。青春弟子皆星鬓，莫厌探幽路转深。"⑥《腊月郭方蘧先生招饮石洞，偕龟峰诸子》云："竹里行厨醪酒清，攀欢真透岁寒情。壶觞入峡天光湛，草木经霜石势横。列坐觉来冬日暖，衔杯莫放玉山倾。考亭一席前朝事，翘首高山愧后生。"⑦这些诗句皆表达了仰慕先贤、以继其志之义。

1694年，王崇炳读书于桥头寺，夏秋二游石洞书院，因多水，稍进月峡而止。腊月，郭方蘧复招王游，王携诸弟子同往。郭方蘧作导游，引领大家游历、确认古之景点如月峡、岚关、桂壑、药圃、倚剑等。无奈名存趣少，满眼荒秽。王崇炳《游石洞记》文末曰："夫池台亭馆，与时成毁者也；山岚水月，不与时而徂谢者也。道学之兴衰，朋徒之聚散，与时隆替者也；人性之善，在贤圣而不增，在凡夫而不减，不与时而存亡者也。山岚水月，在池台亭馆，而辉不加；在荒基苔洞，而趣不损。苟有人焉，因基而修筑之，则昔日之山岚水月依然在也；人性之善，反求而扩充之，含灵之人皆紫阳也。"⑧上升到理性层面，深刻总结其中变与常：池台亭馆、道学兴衰、朋徒聚散，与时隆替；而山岚水月，不增不减，人性

---

① 郭钟儒.石洞贻芳集[M]//赵一生.东阳丛书：10册.杭州：浙江古籍出版社，2015：80.
② 朱熹.朱子全书：20册[M].上海：上海古籍出版社，2002：541.
③ 朱熹.朱子全书：24册[M].上海：上海古籍出版社，2002：3814-3816.
④ 王崇炳.学耨堂诗稿[M]//赵一生.东阳丛书：15册.杭州：浙江古籍出版社，2015：43.
⑤ 王崇炳.学耨堂诗稿[M]//赵一生.东阳丛书：15册.杭州：浙江古籍出版社，2015：68.
⑥ 王崇炳.学耨堂诗稿[M]//赵一生.东阳丛书：15册.杭州：浙江古籍出版社，2015：175.
⑦ 王崇炳.学耨堂诗稿[M]//赵一生.东阳丛书：15册.杭州：浙江古籍出版社，2015：14.
⑧ 王崇炳.学耨堂文集[M]//赵一生.东阳丛书：15册.杭州：浙江古籍出版社，2015：107.

之善，可扩充之。富思辨色彩，乃善继志者。

王崇炳《金缕曲·石洞怀古》①云：

应有苍龙蛰，想穿空、龙飞入海，尚余龙窟。碧嶂苍峦标胜概，亭馆高低曲折。宾友尽、魁儒词伯。当日文星群聚处，更名章、磊落留编帖。思往事，霜鸿迹。　　飞来一片峨眉雪。撒珠帘，镕波走玉，双岩对立。两镜交辉月临峡，谁领清光奇绝。只天水、相为主客。一辈人过一辈至，知何年，方阁题诗笔。松簧奏，林莺答。

此词专写石洞山，补缺意。其题注云："石洞经历诸公，如陆务观、刘改之、杜伯高，皆南宋词手，曾无一章以光山灵，作此以补其缺。"豪杰已去，名山永在，唯有文章风流可与天水共存。正如其旁批云："情景相迫而来，气高韵远。"

五、八华书院

八华书院为许孚吉创办，乃东阳三大书院之一。元延祐元年（1314年），许谦患眼疾，门人许孚吉迎至八华山居住，不久开门讲学。许谦亲撰《八华讲义》及《学规》。声誉所及，"远而幽冀齐鲁，近而荆扬吴越""至诚谆悉，内外殚尽"②，以教人，深入浅出，因材施教，独不授科举文。及门弟子，见于著录者千余人，各有成就。如金元四大家之一、名医朱震亨，明朝南京兵部尚书许弘纲，等等。楼天良云："继许谦后，不知什么原因，也许是许谦的弟子高足们不甘寂寞、热衷名利之故，八华书院很快衰败下去。明许彦洪、许竹岩等尽管多方努力，或修缮八华书院，或创建彭山书院，招徕弟子，但其规模、声望都无法与许谦主师席时的八华书院相比，再也难现昔日'笈而游者、屐而登者、青衿篮舆而访者，充牣道途'的盛景。"③

王崇炳《八华山》云："贤者此弘道，门徒四海归。灯明刘向阁，花发马融帷。征士虚承诏，名山永息几。至今庭下草，犹沐旧时辉。"④《八华山怀古》云："思别归青琐，独来谒白云。瓣香瞻彼岸，一脉赖斯文。山出烟霞合，水流昼夜分。环

---

① 王崇炳.学耨堂诗余[M]//赵一生.东阳丛书：15册.杭州：浙江古籍出版社，2015：314-315.
② 黄溍.墓志铭.许谦.白云集[M].中华书局，1985：卷首.
③ 许鸿烈，陈一中.八华山志[M]//赵一生.东阳丛书：22册.杭州：浙江古籍出版社，2015：卷首.
④ 王崇炳.学耨堂诗稿[M]//赵一生.东阳丛书：15册.杭州：浙江古籍出版社，2015：69.

观绝顶上，松影落纷纷。"①意在缅怀八华书院旧日之荣光，仰慕许谦之理学及教育成就。

王崇炳《八华山白云亭遗址记》云："（许谦）所著有《八华讲义》。后之儒者读其书，想见其为人，思寻其讲学之所，觅途于荒榛蔓草中，以求其遗址之所在。……而先生之道则历千古而常新，于是乎'白云'之名，遂为先生之所据。以言则见白云于讲义，以遗址则见白云于八华，而要之不如见白云于白云，而且见夫朝岚暮霭、春风秋月、鸟翔鱼泳之莫非白云。噫，如是则真见白云矣！"②许谦为元代理学家、教育家，著有《四书丛说》《诗集传名物钞》《观史治忽几微》《春秋温故管窥》《三传义疏》《读书记》《自省编》《白云集》等书，王崇炳认为读其书、弘其道远胜于寻其所、觅其址。

阳明心学自五峰书院传入东阳。陈其蒽《讲堂复会序》云："夫吾邑自白云而后，惟见山杜先生倡明此举，而先师春洲、宗兄诚源、金友常惺三先生鼎力交撑法界、文山、官桥大会有三。"③加之赵忠济主持的石洞讲会，东阳社学著者有四，可谓繁盛一时。赵忠济《王隐君旭野传》云："三子崇炳颖悟绝伦，文艺超卓，尤笃志理学。余不敏，承先师莘斋陈子提命，窃先贤唾余，冀延道学一线，炳时赴会，有以佐其不逮，德造高深，殊未可量。"④赵主讲五峰书院、石洞讲会、淇阁讲会等，王崇炳时时助之，可惜难以为继。

王崇炳于《重刻石洞遗芳序》中明确了自己的主张：振兴教育以振兴婺学。"吾婺理学文章之盛，始于南宋；自元迄明，相继弥光；至于今，何寥寥无人耶？"王崇炳一语道破："礼贤之风替，则师道息；师道息，则正学衰；正学衰，则人才陋"⑤。结论归为仰仗教育："如郭公者，以其所畜陶铸人才，黄白之精，皆化为文章理学，真可谓善用其财矣。夫遗金满籝，不如遗子孙以学。前人遗之，后人必当守之；非惟守之，又当振而起之：此则郭氏子孙之责，而世之拥高资而思有以常享其用者，亦可以兴矣。"⑥他于《应慵庵传》中说："生逢盛世，不可有

---

① 许鸿烈，陈一中.八华山志[M]//赵一生.东阳丛书：22 册.杭州：浙江古籍出版社，2015：129.
② 王崇炳.学耨堂文集[M]//赵一生.东阳丛书：15 册.杭州：浙江古籍出版社，2015：109.
③ 郭钟儒.石洞贻芳集[M]//赵一生.东阳丛书：10 册.杭州：浙江古籍出版社，2015：28.
④ 东阳河汾王氏宗谱[M]//黄灵庚，陶诚华.重修金华丛书：189 册.上海：上海古籍出版社，2014：9.
⑤ 王崇炳.学耨堂文集[M]//赵一生.东阳丛书：15 册.杭州：浙江古籍出版社，2015：49.
⑥ 王崇炳.学耨堂文集[M]//赵一生.东阳丛书：15 册.杭州：浙江古籍出版社，2015：50.

傲爵禄之心。为诸生教弟子，为朝廷育人宏化，即月食数斗米不为过。"①从中亦见他崇尚和热爱教育的品格。他自己屡试不第，因此，授徒讲学就成了他终生的职业和谋生的主要手段。汤庆祖《读王鹤潭先生文集》云："鹤潭老明经，学业异伦父。姚江为之宗，紫阳乃其祖。有作皆古香，薰风吹兰杜。聚徒三十年，一亩宫环堵。"②天台神童，后累官至礼部侍郎的齐召南在《学耨堂文集序》中深有感触地说："先生夙负文章重名，好学深思，鄙俗儒举业之陋，于圣贤经术毫发无所得也。因地怀古，沿流溯源，志在绍何、王、金、许之传，以上承朱子；并由东莱以兼综金溪，多闻多见，采择至精，搜葺儒先遗书，广为刊布；家居教授，一言一动，皆足楷模后学。"③

王崇炳孜孜矻矻致力于教育事业，渴望以教育复兴婺学，或主讲郡学，或巡讲私学，或家居教授，或探访先贤遗迹，或钻研理学遗著，积极参与讲会、授课、供祀、藏书、校书、编书、著书、刻书诸活动，初心不改，至老不辍，一生弟子众多，亲如父子，且多有成就，对金华教育事业的发展与学术文化的繁荣做出了不俗的贡献。"论者谓婺学既微复著，恃先生克寻坠绪"④。其成绩有目共睹，崇祀附载于五峰书院，配祀于七贤祠，就是后人对他高度的认可与最好的纪念。

---

① 王崇炳.学耨堂文集[M]//赵一生.东阳丛书：15册.杭州：浙江古籍出版社，2015：94.
② 汤庆祖.五畅诗稿[M]//赵一生.东阳丛书：20册.杭州：浙江古籍出版社，2015：8.
③ 王崇炳.学耨堂文集[M]//赵一生.东阳丛书：15册.杭州：浙江古籍出版社，2015：卷首.
④ 王崇炳.学耨堂文集[M]//赵一生.东阳丛书：15册.杭州：浙江古籍出版社，2015：卷首.

第十章 王崇炳理学研究

姚观，字圣在，慈溪人，北榜正魁，覆试第一。其《赠王鹤潭先生》云："浙东七郡郡有山，独有婺山高崒嵲。其间往往生高人，何王金许最超轶。只今流传数百年，理学宗风绵未歇。鹤潭王子东阳英，奋然立志追先哲。少年掞藻词赋场，翱翔李杜争巧拙。艺战每出冠一军，世外浮名中不热。潜心理窟探渊源，却笑昔人多饶舌。鹅湖鹿洞本一家，何事纷纷辨优劣。存心制行宗孔孟，岂有支分与派别。我闻君名久契深，高山仰止旦暮切。扶筇忽尔甫上来，南溪高座为君设。睟然道气目击存，不俟闻言心已折。况得晨夕亲风仪，麈谈娓娓霏玉屑。作诗剔抉二五旨，白沙陈子堪等垺。顾视鲰生若可教，惠以佳篇真冰雪。但嫌乍交责尚宽，苦口之言未我竭。盍亦因味和盐醷，顿异酸咸慰饥渴。"[1]姚观认为王崇炳在婺学史上承上启下，应该占据一席之位。李德举，字上卿，号霁园，冀州武邑人，举人，于乾隆二十七年（1762）至乾隆三十二年（1767）任东阳县令。其《读鹤潭王先生集》云："大河以北李恕谷，大江以南王鹤潭。海内儒林知名重，著述鸿奥孰能探。我来不及先生存，晤公贤郎与佳孙。彬彬世继诗书业，文体有源理有根。朱陆异同互相訾，堪笑世俗浅学士。藩篱未窥议堂中，纷纷何关真趣旨。道无两途贵有得，非腐非幻均可则。"[2]李德举对王崇炳理学特点及其成就的评价较为到位、深刻。其中，"朱陆异同互相訾，堪笑世俗浅学士"尤其精彩。王崇炳《书筌随笔》云："此事门门可入，户户可通，只要办一副真实心地，做不退转工夫，主静可入，格物可入，立诚可入，主敬可入，良知可入，求仁可入，慎独可入，喜怒哀乐前观未发气象可入。只要见得自性笃信，而力学不倦，名虽有多般不同，做来却是一样；若不自己体认，做亲切工夫，终日辨朱辨陆，主此奴彼，徒张口说，以顺世好，于自己分上毫无所益。"[3]

---

[1] 东阳河汾王氏宗谱[M]//黄灵庚，陶诚华.重修金华丛书：189册.上海：上海古籍出版社，2014：61.
[2] 东阳河汾王氏宗谱[M]//黄灵庚，陶诚华.重修金华丛书：189册.上海：上海古籍出版社，2014：63.
[3] 王崇炳.学耨堂文集[M]//赵一生.东阳丛书：15册.杭州：浙江古籍出版社，2015：3-4.

王崇炳曾于《自述》中总结自己学习理学的经历与体会：

予少即有志理学，读四子书，于大全、或问反覆十回，尽透本旨，然不过分晰条理，提纲挈领，而不能与吾心打成一片。继而历览宋元明诸儒语录，其于明道、阳明犹所心契，然亦未到涣然冰释之地。后观《指月录》者十年，一切公案莫不穷参实证，一旦豁然有得于拈花之旨，乃知一千数百则公案只是少林一案，更无别案。后观四书五经，若红炉上一点雪，又如大海之纳众流，一切碍膺之物俱消，归于无有。昔明道先生见濂溪，后游心于释老者十年，归而求诸六经，其理咸具，乃知未学释老于经尚未圆也。①

其理学学习可大致分为四个阶段。第一阶段，青少年应反复熟读《性理大全》《四书或问》等经典著作，虽能做到"分晰条理，提纲挈领"，却"不能与吾心打成一片"。第二阶段，遍读宋元明诸儒语录，"心契"于程颢、王阳明，然而未臻"涣然冰释之地"。第三阶段，精研《指月录》十年，茅塞顿开，由博返约，"乃知一千数百则公案只是少林一案"。瞿汝稷《指月录序》云："圣人六艺之精蕴，诸所训诂，非读竺坟，不能得其真。生于万物之中，而得为人，人而男，男而知读书，于书知竺坟，于竺坟知宗门。是犹饮乳而得雪山之牛，复能得酪于乳，得生酥于酪，而熟酥，而醍醐哉！……题之曰《水月斋指月录》。'水月'，幻也，而云'指月'，果有如盘山所云'心月孤悬，光吞万象'者乎！"②第四阶段，百川归海，触类旁通，一通百通，三教合一，出入无碍。"若红炉上一点雪"，这个形象的比喻，他屡屡提及，如《踏莎行·偶兴》："本不曾离，何劳求合。飘然一点红炉雪。无端去打别家门，丝丝弱柳烟如织。"③《百字令·门人厉子曜来问疾兼致食物出素笺乞词走笔书之》："若问我辈为人，机情机事，一点红炉雪。率尔平怀无险陂，只有天然真实。美景良辰，扶藜密咏，红叶黄花节。会心不远，凭君默契难说。"④

王崇炳在龚一清《崇实学昭正道以光祀典疏》文后的一段补论十分精彩：

世以阳明子禅学，非也。禅以四大为假合，以真空为佛性。其学归于超三界而行其济度。儒以二五为至真，以五常为天性。其学归于尽人伦以普其经济。阳明子之学，致良知之学也。致良知者，致其知爱之心以事父，致其知敬之心以事

---

① 东阳河汾王氏宗谱[M]//黄灵庚，陶诚华.重修金华丛书：189册.上海：上海古籍出版社，2014：10.
② 瞿汝稷.指月录[M].成都：巴蜀书社，2005：卷首.
③ 王崇炳.学耨堂诗余[M]//赵一生.东阳丛书：15册.杭州：浙江古籍出版社，2015：289.
④ 王崇炳.学耨堂诗余[M]//赵一生.东阳丛书：15册.杭州：浙江古籍出版社，2015：306.

长，致其知羞恶之心以尽义，致其知辞让之心以尽礼。始于修身，中于齐家，终于治国、平天下。而谓禅乎非禅乎？所可疑者，无善无恶，类禅家之不思善不思恶。然而喜怒哀乐未发之前，着恶字不得，着善字亦不得，中庸亦禅乎？禅家之根尘，即儒家之嗜欲。不识本来，六尘之根不断。不观未发，五性之源不清。譬之两人，南北分背而行。行不同道，而水行舟、陆行马同也。不可以其乘舟、乘马之同而谓南北之途同也。①

王崇炳驳斥了将王阳明之学视为禅学的错误论调，帮助人们准确把握阳明心学的本质。他尝言："学须体行，不在多言。说得一丈，不如行得一尺。为学无他法，只将此心托出，在千万人面前看，必不可有覆护遮掩之思。即在幽居独处，俨若十目十手之并集。"②（《王鹤潭先生传》）王崇炳注重慎独、施行、实践，始终服膺并奉行王学之"知行合一"。

王崇炳认为王柏教金履祥须先立志，正是婺学之要：

学者莫患乎无志，故必先办必为圣贤之志，不安于流俗，乃可入道。鲁斋之教仁山，首提立志，可谓得为学之要矣。人之有志，如盘之有针。针一定而地形定，稍偏于东西而即见之；志一定而吾心之针正，稍涉于偏私而即觉之。见非礼之色，志立则勿视；闻非礼之声，志立则勿听。非礼之言，志立则勿出；非礼之事，志立则勿动。事父母，志欲尽孝，则不屑为不孝；处兄弟，志欲尽悌，则不屑为不悌；事君，志欲尽忠，则不屑为不忠；交朋友，志欲尽信，则不屑为不信。私心内萌，志不立也，志立则能绝；浮气外动，志不立也，志立则能平；与人不能容，志狭也，志立则能容；怨尤不忘，志弱也，志立则能忘；争忿不解，志慢也，志立则能解；研理不精，志昏也，志立则能精。志常立而不乱，即为持敬；志常存则不放，即为涵养截断。为人之功不外立志，包容一世之量亦在立志。学者立志，而奉以终身，以之为贤为圣不难矣。不然，志一放倒，则众弊丛生，如植木无根，引泉无源，吾见其枯槁干涸而不可为也。鲁斋以是教，而仁山以是学，婺学之要，其在是矣。③

王崇炳曾言："读书人，当早立志，穷则宜守，达则思行。"④其《丽正学规·学首立志》等，都是此意。

---

① 王崇炳.金华文略[M]//赵一生.东阳丛书：16册.杭州：浙江古籍出版社，2015：630.
② 王崇炳.金华文略[M]//赵一生.东阳丛书：16册.杭州：浙江古籍出版社，2015：815.
③ 王崇炳.金华征献略[M]//赵一生.东阳丛书：15册.杭州：浙江古籍出版社，2015：118.
④ 东阳河汾王氏宗谱[M]//黄灵庚，陶诚华.重修金华丛书：189册.上海：上海古籍出版社，2014：15.

王崇炳认为，学问之道，在于"精髓脉络之相传"，而不必"屑屑焉细求之语言文字之间"，否则，"其形虽在，其精已亡矣"[①]。他反对后世理学"日精日细"[②]，反而离理学本质、本源越来越远。

　　王崇炳发扬毛奇龄"竖义于传注之外"[③]的精神，深得赵忠济"读书不屑屑于笺注，涵泳于字句之外，得古人不言之隐"[④]的秘诀，并能够触类旁通，灵活运用。他曾言："若拘文牵义，一切活句皆成死句矣。"[⑤]他在《伤寒赋症方注序》中提道："昔人有言：'医不三世，不服其药。区区数月之功，而遽笔之书，得毋误乎？'然吾断然有以知其不误者。凡吾之书，皆以古人之言释古人之言，而吾未尝有言也。"[⑥]王崇炳这种"以古人之言释古人之言"，即以医注医之法正是毛奇龄"以六经注六经"的神髓，他将师传所得发挥到了炉火纯青之境。

　　张祖年（1668—1736），字申伯，金华汤溪人，张栻二十世孙，拜师于朱熹干城张仪封，著有《道驿集》。王崇炳主持丽正书院时，张祖年为其助手。张辟佛甚严，拒象山、姚江也甚力，而王崇炳却乐于为其《丽正书院文集》作序，且两人相处融洽，弟子感到不解，他说："夫道，本无异者也，异因见起，见因习起。申伯与古贤，相见于因习成见之后；而吾与申伯，相见于无习无见之先，斯时一性中涵，无朱无陆，无王亦无儒，亦无释，亦无申伯，亦无鹤潭，吾与申伯同一人也。申伯之于丽正书院，默助而阴赞，不避怨谤，志于成事，实有功于先贤；而吾虚受刺史之延聘，徒以经生制举之业，谆谆为诸生督课，其于先贤之实学，毫发不能有所发明。此虽由学者之根器，亦吾之所积者薄，无以为之感也。吾实心折于申伯，申伯岁数至书院，吾闻其足音而喜，风窗雨榻，杯茗接膝，内心无锢，所言辄投，是以不觉欣然而为之命笔。居丽正之堂，叙丽正之事，固予责也，而又何辞焉？"[⑦]王崇炳对张祖年复兴理学所作的努力充满了崇敬之情，两人实际乃殊途同归，典型的道不同而相为谋，其开放兼容的襟抱，大气包举的气度，正继承了吕祖谦婺学的精髓。齐召南在《王铁霞先生像赞》中言："婺州理学

---

① 王崇炳.金华征献略[M]//赵一生.东阳丛书：15册.杭州：浙江古籍出版社，2015：113-114.
② 王崇炳.金华文略[M]//赵一生.东阳丛书：16册.杭州：浙江古籍出版社，2015：680.
③ 王崇炳.学耨堂文集[M]//赵一生.东阳丛书：15册.杭州：浙江古籍出版社，2015：39.
④ 王崇炳.学耨堂文集[M]//赵一生.东阳丛书：15册.杭州：浙江古籍出版社，2015：85.
⑤ 王崇炳.学耨堂文集[M]//赵一生.东阳丛书：15册.杭州：浙江古籍出版社，2015：6.
⑥ 王崇炳.学耨堂文集[M]//赵一生.东阳丛书：15册.杭州：浙江古籍出版社，2015：72.
⑦ 王崇炳.金华文略[M]//赵一生.东阳丛书：16册.杭州：浙江古籍出版社，2015：169.

薮，鹤潭绍真宗。著述盈书室，今古罗襟胸。"①齐召南称王崇炳克绍婺学真宗，洵为的论。

一、东阳五峰学脉概说

　　五峰书院作为浙东较早的书院之一，位于永康方岩北侧一公里左右的寿山，是南宋永康学派、明朝五峰学派两座思想文化高峰的发源地。五峰书院经历了南宋初创、明中期发展、明末清初衰落、清康乾时的复兴等阶段，融自然景观、人文底蕴为一体，浑然天成、文脉所系，至今仍散发着熠熠光辉。

　　南宋乾道八年（1173），陈亮在寿山石洞内设帐授学，开一时文风之先。随后，吕皓、吕祖谦、叶适、时少章等人纷纷来此讲学，四方学子慕名前来。南宋淳熙九年（1182），朱熹应陈亮所邀，在此讲学数月，听课者达数百人。朱熹原本想在此建立精舍，后因诸多原因掣肘，只得作罢。

　　以应典、程文德、程梓、卢可久等为代表的永康阳明弟子建立五峰书院，利用阳明定期讲会活动集结当地士人，形成阳明学师友网络。卢可久更是通过学生杜惟熙，将阳明学由永康拓展到东阳，实现了跨地域传播。东阳五峰学脉与五峰书院保持密切联系，一直延续到清代中叶（图10-1）。

---

① 东阳河汾王氏宗谱[M]// 黄灵庚，陶诚华.重修金华丛书：189册.上海：上海古籍出版社，2014：37.

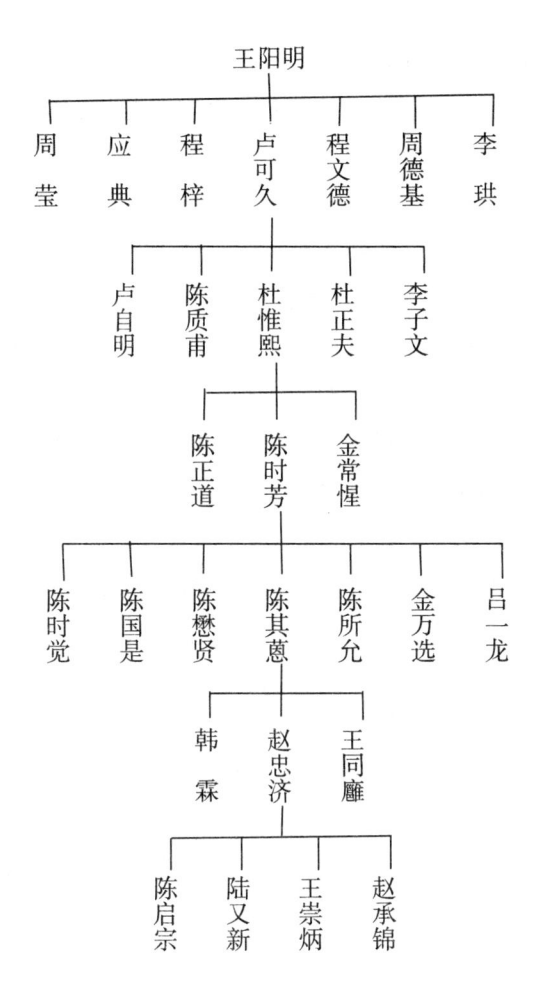

```
                            王阳明
        ┌──────┬──────┬──────┼──────┬──────┬──────┐
        周     应     程     卢     程     周     李
        莹     典     梓     可     文     德     琪
                            久     德     基
              ┌──────┬──────┼──────┬──────┐
              卢     陈     杜     杜     李
              自     质     惟     正     子
              明     甫     熙     夫     文
                     ┌──────┼──────┐
                     陈     陈     金
                     正     时     常
                     道     芳     惺
        ┌──────┬──────┬──────┼──────┬──────┬──────┐
        陈     陈     陈     陈     陈     金     吕
        时     国     懋     其     所     万     一
        觉     是     贤     蒽     允     选     龙
                            ┌──────┼──────┐
                            韩     赵     王
                            霖     忠     同
                                   济     雍
                            ┌──────┬──────┬──────┐
                            陈     陆     王     赵
                            启     又     崇     承
                            宗     新     炳     锦
```

图 10-1 东阳五峰学脉简图

（一）五峰书院讲学活动

正德年间，程文德、程梓、周德基从学阳明前，已在寿山石洞举行不定期讲学活动，为后来丽泽祠、五峰书院的建立奠定了基础。当时程文德所讲之学仍不出传统金华学术范畴，程梓和周德基也筑室五峰洞中与之交相砥砺。正德十四年（1519），应典自兵部车驾司主事考满后引疾归养。应典在奉养期间，与台州应良、黄绾往来不辍，讲论日深。因两人推荐，应氏携乡里诸生周德基等相继从学王阳明，得闻良知之说。"正德辛巳，久菴黄公访石门公，留五峰多日。嘉二先生志尚不凡，因语之曰：'姚江阳明子，今尼父也，盍往从之。'且出《传习录》数篇以示曰'孔孟正脉具在此'，二子见而悚悦服膺焉。久菴至越，语二先生于阳明子，阳明子喜。不数月而周生至，因诘之何不与程生偕来。煕之还，复邀程氏与俱，已而先生与方峰公同如越受业。"①

正德十六年（1521），为进一步凝聚永康阳明弟子，弘扬良知学说，应典与程梓、程文德、卢可久集诸生兴建丽泽祠并以此为会讲之地，五峰阳明学士人社群初步形成。金华知府张钺为新建丽泽祠题额，继任知府姚文焰作《丽泽祠碑记》。丽泽祠主祀的是朱熹、张栻、吕祖谦、陆九渊四位理学大师，意在接续南宋五峰讲学事迹，兴起后学。"吕子讲学明招，游而乐止。朱子按台过焉，欲创书院而未果。张子倅睦，陆子唱鹅湖。往复辨晰，合同于异。维时吕子阳、潘文叔、陈同甫、时少章之徒，业聚其间，丽泽志也。石门应子志古学道以淑人也，乃祠洞石祀四子附诸贤焉。"②祠宇将四位理学大师并祀，显示出应典等讲学士人在学术上合会朱陆、兼容并包的取向，五峰书院楹联"学术启良知，恍示鸢飞鱼跃；讲堂开胜地，何殊鹿洞鹅湖"③可谓一语道破。

嘉靖年间，永康阳明士人社群形成笃实践履的讲学风尚，地方官的强力支持使五峰讲会日趋兴盛。嘉靖十二年（1533），金华知府姚文焰与永康县令洪垣赴五峰拜访应典，见四方来学日众，周边斋舍不能容，遂命人撤去固厚峰小石洞内罗汉像，捐俸助建五峰书院。洪垣，字峻之，婺源人，嘉靖十一年（1532）进士，受业于湛若水。④洪氏任永康县县令期间与太平吕氏族人吕荣、吕瑗父子交好，即由他们负责五峰书院具体兴建事宜。吕荣父子捐金数百，购材兴工，于寿山石洞正中建楼数间，以广来学。洪垣升任御史后，甘翔鹏继任永康县县令，继续支持五峰书院建设。嘉靖十五年（1536）书院竣工，初名桃岩丽泽精舍，金华知府陈京题额"五峰书院"。在地方官员支持下，五峰书院不断发展壮大，讲会也日加兴盛。衢、婺、括苍诸郡邑士人，远近毕集，环侍听讲彻昼夜，教化翕然成风。"婺之文献，至是为一再盛，而良知一脉，又五峰之所独盛，非他邑所敢拟也。"⑤以应典为首的五峰书院讲学士人注重为学工夫、反求诸己，以阐扬阳明学说为己任，反对谈禅论定、专务口耳之弊。从应典所作的《诚意章讲义》，便可见此时

---

① 程尚斐.五峰书院志[M]//赵所生，薛正兴.中国历代书院志：9册.南京：江苏教育出版社，1995：181.
② 程尚斐.五峰书院志[M]//赵所生，薛正兴.中国历代书院志：9册.南京：江苏教育出版社，1995：189.
③ 程尚斐.五峰书院志[M]//赵所生，薛正兴.中国历代书院志：9册.南京：江苏教育出版社，1995：257.
④ 丁廷楗，赵吉士.康熙徽州府志[M].台北：成文出版社有限公司，1975：1770.
⑤ 程尚斐.五峰书院志[M]//赵所生，薛正兴.中国历代书院志：9册.南京：江苏教育出版社，1995：195.

五峰书院讲学风尚：

> 圣人千言万语，无非欲人反求诸己。……故诚意之首便指点出一个毋自欺三字。……或知有身心之学止摸拟想像，不肯为实践下手工夫，则行不著，习不察，自欺之罪终恐不免。今我同志亦有此病否，幸用力克去，毋令负今日之会也。①

嘉靖二十六年（1547）九月，应典病逝，五峰书院进入程文德、程梓主讲时期。除阐扬阳明心学外，书院通过对丽泽祠祭祀对象的调整，展现出承接南宋以来金华学脉的意图。五峰书院内设五峰祠，公开主祭王守仁。此时阳明心学虽已在各地广泛传播，但仍未得到朝廷认可。永康五峰书院在应典、程文德相继主持下，已在地方社会扎稳脚跟，形成一股讲学势力。在程文德主导下，书院对丽泽祠祭祀对象进行了调整：以张栻、陆九渊未亲至五峰为由，调整祭祀行列，主祭朱熹、吕祖谦、陈亮，以九月九日为岁祀之期，举行大规模讲会活动。丽泽祠初建时，五峰讲学社群尚处在构建中，还未在地方社会获得广泛认同。故讲学仍需借助南宋理学大师资源，以合会朱、陆名义进行。五峰书院建立后，讲会师友已在地方士人中形成气候，亟须在阳明之前接续南宋诸儒五峰讲学渊源，标明承继乡邦学术的正统地位。

嘉靖三十八年（1559），程文德病逝，五峰讲学士人将之奉祀于丽泽祠，配祀朱熹、吕祖谦、陈亮之侧。程氏先后以章懋、王阳明为师，两人分别被崇祀于学易斋与五峰祠。祠宇祝文赞"至于文恭公学术无忝儒臣，行谊足称君子，是皆道绍往圣，功在斯文者也"②。程文德时期，五峰讲学士人将阳明心学与金华之学相融合，奠定了自身的学术风格。

程文德之后，五峰讲会实际由卢可久主持。卢可久（1503—1579），字德卿，号一松，永康儒堂人。③卢氏与程梓同受业于王阳明，刻苦精思，尽得其旨，深受钱德洪、王畿、邹守益等王门高足推重。阳明甚为器重，等到卢学成而归，阳明送别时说："吾道东矣。"④阳明逝世后，他与同门迎奠于衢州，与应典、周莹、李

---

① 程尚斐.五峰书院志[M]//赵所生，薛正兴.中国历代书院志：9册.南京：江苏教育出版社，1995：226-227.
② 程尚斐.五峰书院志[M]//赵所生，薛正兴.中国历代书院志：9册.南京：江苏教育出版社，1995：257.
③ 程尚斐.五峰书院志[M]//赵所生，薛正兴.中国历代书院志：9册.南京：江苏教育出版社，1995：170.
④ 程尚斐.五峰书院志[M]//赵所生，薛正兴.中国历代书院志：9册.南京：江苏教育出版社，1995：170.

珙、周桐、程梓等创建五峰讲会。与其他永康阳明门人相比，卢可久年龄最小，但生性超然，于阳明学说造诣尤深。常言："本体工夫，不落阶级，不涉有无。悟得超于凡俗，不悟即落迷途。或问学之实功，曰：'非礼勿视听言动，充之而手舞足蹈，充之而动容周旋中礼。今人多不务此，此学之所以无实用耳。'人皆谓其妙契师门宗旨。"①又曰："原无所存，更有何亡？原无所得，更有何失？默而识之，神而明之。"又云："省愆改过，是真实下工夫处。见得已过日密，则用工益精。"②一松终身致力于阳明心学的阐释与传播，著有《光余或问》《望洋日录》《草窗巷语》《文录》等。《光余或问》是五峰讲会师友间的讲学问答语录，注重以小见大，阐发阳明学精要所在；《望洋日录》为其毕生学术心得，共407条。程文德晚年将赴五峰讲会，闻卢可久独在，叹曰"一夔足矣"③，而冒雪造访，其见推如此。

卢可久参与、主持五峰讲会前后近50年，四方来学者众，使五峰成为浙中王门讲学重镇。许宏纲的《理学·松卢先生传记》、卢自明的《一松先生行状》都谈及卢氏主持书院期间举办过浙江范围内的阳明学大会。"越岁姑洗月，龙溪子至自山阴，久庵子至自黄岩，南洲子至自仙居，皆大会于五峰精舍，其视鹅湖、鹿洞，与昔龙川、云溪之会朱吕诸公者，殆将以媲其美矣。先生在诸公间最少，而超然顿悟，暗然日章，则诸公之所让舍也。"④卢可久还通过对东阳讲学士人的影响，使阳明心学在东阳境内传播，拓展了五峰书院的辐射范围。东阳士人陈质甫、杜正夫、杜子光、李子文等数十人皆慕名参与五峰讲会，师事卢可久。"先生随材造就，人人以为得师，遂成东方之学，邑尹王公亦躬驾而请益焉。"⑤

赵岐宁、王同廱同为陈其蕙弟子，赵死后，王主五峰讲席10年。

总体来看，五峰书院讲会发端于应典，至程文德因显赫功名与宦业成就，使书院显扬于地方，讲学、祭祀事业更加完备。卢可久主讲时期，五峰讲学拓展至东阳，影响力波及整个浙中。

（二）阳明学讲会向东阳拓展

阳明心学向东阳的拓展，始自卢可久门生杜惟熙，他先后创办法界、官桥等

---

① 程尚斐.五峰书院志[M]//赵所生，薛正兴.中国历代书院志：9册.南京：江苏教育出版社，1995：170.
② 王崇炳.金华征献略[M]//赵一生.东阳丛书：15册.杭州：浙江古籍出版社，2015：158.
③ 程尚斐.五峰书院志[M]//赵所生，薛正兴.中国历代书院志：9册.南京：江苏教育出版社，1995：170.
④ 程朱昌，程育全.五峰书院志：增订本[M].程尚斐，纂辑.北京：中国文史出版社，2010：129.
⑤ 程朱昌，程育全.五峰书院志：增订本[M].程尚斐，纂辑.北京：中国文史出版社，2010：129.

乡里之会从事讲学活动。杜氏门生陈时芳在乡会之外，于宗族内辟祠会与家会，将阳明心学进一步传至乡里布衣阶层，陈其蒽接续其传，继续开展乡里讲学实践，实现了阳明学说在东阳的深层传布。

杜惟熙（1521—1601），字子光，号见山，东阳西街人。年十七，即赴五峰，师事卢可久四年，及归，一松叮嘱"汝迈往精进，诸子莫及。然为学须经事变，方可自信所得"[1]。后因举业受阻、家难并起，方大悟良知之旨，复至五峰讲学，作《悔言录》以自励。尝言："学者一息不寐，则万古皆通；一刻自宽，即终身欠缺。学是一体之学，心是统同之心。"又自咏："古今方寸里，天地范围中。自喜心神定，还知梦寐通。"[2]又曰："有事还无事，如空不落空。"王崇炳论曰："夫事无事之事，则勿忘勿助，空不落空，则无极而太极也。所造深矣。"[3]嘉靖年间，分守张凤梧建崇正书院，聘杜惟熙与兰溪徐用检递主教席。除书院讲学外，杜氏还先后创建法界与官桥讲会，向当地士民传授阳明心学。其学"以复性为宗，克欲为实际。审察克治，无间昼夜，持己接物，真率简易，不修边幅。其教人，迎机片语，即可证悟"[4]。毛奇龄谓其"大抵生平得力，惟主静立极，直本濂溪。而自抒要旨，则又以良知为本体，致良知为工夫，与阳明当日天泉授受者正相表里，见者因遂以近禅疑之。"[5]杜惟熙以书院、讲会为平台，以讲论阳明心学为己任，他身边逐渐聚集起一批东阳士人。例如，卢洪异，字思同，号渑池，受知周汝登、陶奭龄，"当时社学如惟熙法界、时芳丽泽、正道官桥，每会必赴。五峰重九之会，往无间期"[6]。陈正道，字直之，号诚源，东阳官桥人，祖父安山与杜惟熙讲学明德堂时，即执弟子礼。"见山及门甚盛，先生方年少，特见器重。"[7]陈氏为学不事辨难，专以静悟为主，以立大为要，善于讲论。尝言："学问大事，须看本来田地清净，纤翳自无所容，只此真种子，自然生生不已。"精通易义，凡所讲说，数言晓畅，使

---

[1] 程尚斐.五峰书院志[M]//赵所生，薛正兴.中国历代书院志：9册.南京：江苏教育出版社，1995：175.
[2] 程尚斐.五峰书院志[M]//赵所生，薛正兴.中国历代书院志：9册.南京：江苏教育出版社，1995：175.
[3] 王崇炳.金华征献略[M]//赵一生.东阳丛书：15册.杭州：浙江古籍出版社，2015：159.
[4] 王崇炳.金华征献略[M]//赵一生.东阳丛书：15册.杭州：浙江古籍出版社，2015：159.
[5] 毛奇龄.西河文集[M]//清代诗文集汇编编纂委员会.清代诗文集汇编：87册.上海：上海古籍出版社，2010：450.
[6] 党金衡.道光东阳县志[M].杭州：西泠印社出版社，2017：493.
[7] 程尚斐.五峰书院志[M]//赵所生，薛正兴.中国历代书院志：9册.南京：江苏教育出版社，1995：176.

听者忘倦而无从测其涯涘也。年八十余，能灯下作细字，犹徒步赴五峰讲会云。①

杜惟熙之后，陈时芳领导东阳士人继续开展阳明学讲会活动。陈时芳（1567—1642），字仲新，号春洲，东阳安文人，师事杜惟熙，殚精默会，尽得其奥，博学多闻，归于实践。其著有《宗传广录》34卷，《自考录》《五朝闻见录》《邹鲁遗芳》《丽泽会规》《学余偶笔》《琐笔》《五峰书院志》等书。②陈氏为学旨在立大志，识心体，以修悟交融为极，不泥门户。尝云："南宋之学，大抵失之难；近世良知教行，本源易窥，又未免失之易。失之难者，不但逐物寻索，苦于支离汗漫，而拘泥矫激之意，反为虚明之障；失之易者，不但任情圆转，堕于流俗，而疏略遗弃，终亏道体。非难非易之间，中道而立，能者从之。"③他于五峰、法界、官桥、柘林诸会轮回讲学，又立丽泽会，接待四方学者，从者云集。同时，陈时芳注重在宗族内举行讲会，以敦宗睦族。宗族若时觉、国是、懋贤、所允辈都从陈时芳学，入室者则为陈其蒽。陈时芳、陈时觉两兄弟率族人为大会于祠，月会于家。丽泽会每月两次举会于安文家塾，宗祠年大会于冬至后五日举行，四方贤士纷纷赴会，从者甚众。陈时觉于丽泽之会，饮食供帐，捐资数十年不少息。④陈嗣章，字伯音，别号木仙。父轩可，从陈时芳游。法界、五峰诸会，嗣章与闻绪论后，复与同志立辅仁会，反复辩论，共畅宗风。⑤东阳阳明学讲会在陈时芳主导下日趋兴盛。程俊曰："吾婺万历崇正间，邹鲁一脉独盛于东阳，其振铎盟坛即春洲陈先生也。"⑥陈正道在祖父陈亨同所建陈氏义塾基础上立文山讲会与时芳相呼应。陈氏义塾在东阳五十三都官桥，延请卢可久、杜惟熙主讲席，有"学绍姚江"匾额⑦，可见其鲜明的阳明心学色彩。由杜惟熙、陈时芳主导的东阳阳明学乡里讲会与五峰书院始终保持密切往来，两人也是该时期五峰讲会的主讲者。陈时芳注重学统构建，为使宋明诸儒五峰讲学事迹流传久远，用心于五峰书院文献的编纂整理，其《五峰书院志序》云：

---

① 程尚斐.五峰书院志[M]//赵所生，薛正兴.中国历代书院志：9册.南京：江苏教育出版社，1995：176.
② 程尚斐.五峰书院志[M]//赵所生，薛正兴.中国历代书院志：9册.南京：江苏教育出版社，1995：176.
③ 王崇炳.金华征献略[M]//赵一生.东阳丛书：15册.杭州：浙江古籍出版社，2015：160.
④ 党金衡.道光东阳县志[M].杭州：西泠印社出版社，2017：434.
⑤ 党金衡.道光东阳县志[M].杭州：西泠印社出版社，2017：494.
⑥ 程尚斐.五峰书院志[M]//赵所生，薛正兴.中国历代书院志：9册.南京：江苏教育出版社，1995：192.
⑦ 党金衡.道光东阳县志[M].杭州：西泠印社出版社，2017：227.

忆己丑岁，见山先生赴会五峰时，不肖芳实操杖履从行。此时会中诸先辈，俱谢世久矣。自恨生也晚，不及亲炙光仪。然五峰去家百里而遥，又不数数至也。荏苒日时，见山先生寻亦捐馆，朋俦稍稍凋谢。于是偕知友，期岁必一赴，以毋坠诸先哲之绪。而永邑同志友亦跃然奋砺，更相砥切。讲论之暇，试访遗踪，后生辈至有不能举其梗概者。则凡建置颠末，断简遗文，行且日就消沉，可念也。不揣芜陋，思托管城子记之。暇日颇留意搜采。世远言湮，十仅得其三四。漫加诠次，潦草成编。首曰《五峰纪事》，次曰《五峰渊源录》，而凡诗若文，有关五峰，及一二轶事，亦附录之，总名曰《五峰书院志》。自愧笔力菱弱，体裁未谙，然他日有诵遗编而思景仰者，则此志未必无少助焉。虽然，此特先哲之影似耳。石火流电，过眼成空，无从描画，不可执捉。阳明子不云乎？"千圣皆过影，良知是吾师"。又云："谁人不有良知在，知得良知却是谁。"夫知得良知，乃为善继阳明子之志，则志五峰者，夫亦志其影耳。执影为真，果诸贤哲真志否？天启五年乙丑，东阳陈时芳撰。①

天启年间，陈时芳编纂《五峰书院志》，以承继、发扬阳明良知学说为宗旨。乾隆年间，程尚斐所编《五峰书院志》即以陈氏志书为底本。"是编初名《五峰会志》，义取会友讲学也。后见陈春洲先生遗书名《书院志》，仍之。"②

陈时芳之后，东阳阳明学在陈其蒽主持下进入总结阶段。陈其蒽（1592—1665），字生南，号蘋斋，东阳安文人。③其为生员时，性豪爽任侠，后于"某岁之元日斋戒执贽往谒春洲，春洲大喜曰：'生南至，吾道有人矣'"。④其蒽为学以致良知为本，刻苦励行，尤重戒慎恐惧，讲学之地除永康五峰、东阳文山外，另辟西庵讲会，随地举会，接引后学。蘋斋继承陈时芳面向平民的讲学风格，语言通俗易懂，言不足则继之以歌，"无有智愚，莫不感动"。其言曰："戒慎恐惧，如人之津液，有之觉味平淡，一刻无之，则喝燥焦枯发矣。"或问朱、陆异同，曰："且莫问朱陆异同，但问此心诚伪。子若办必为圣人之志，身体而力行之，朱陆

---

① 程尚斐.五峰书院志[M]//赵所生，薛正兴.中国历代书院志：9册.南京：江苏教育出版社，1995：196.
② 程尚斐.五峰书院志[M]//赵所生，薛正兴.中国历代书院志：9册.南京：江苏教育出版社，1995：160.
③ 程尚斐.五峰书院志[M]//赵所生，薛正兴.中国历代书院志：9册.南京：江苏教育出版社，1995：177.
④ 程尚斐.五峰书院志[M]//赵所生，薛正兴.中国历代书院志：9册.南京：江苏教育出版社，1995：177.

异同，可不辨而解。"或疑良知未足尽事物之变，曰："致良知，非不博学、审问、慎思、明辨也。学、问、思、辨，非良知不可耳；不然，舍规矩而揣方圆，穷理格物，止益之障耳。理无穷，事无穷，工夫无穷，一致良知，无不兼括贯彻，故曰'一以贯之'。"或曰："致良知恐落虚空。"曰："万物皆备于我矣，致良知，即致万物皆备之良知也。内而省察克治，外而推行实践，精粗巨细，周密不备，何等实落。"或曰："静中观未发气象，须是闲时用功否？"曰："未发气象，即良知也。良知时时发而时时未尝发也。静观谓于心体至静中观之耳，非以无事为静也。动亦观，静亦观，即顾是天之明命也。"其蒽之学以致良知为本，刻苦厉行，齐得丧，忘物我，一死生，千驷万钟，不易其守。①此时讲学活动虽没有春洲先生时鼎盛，却更注重浸入乡里底层传承阳明心学。"自春洲没，广其传，使勿替者，先生力也。"②其著有《蒙训》《家训》《小学汇纂》《律吕新书解注合纂》《女训》等。同学弟国是，字修之，兴起后学，孜孜不倦。法界、五峰诸会，左右之功居多。③陈其蒽为陈诚源所作祭文中谈道："昔吾婺之学代有宗工，东莱辟其始，何王金许畅其风，而姚江一派则薪传于卢子一松，洎夫见山子司其铎，春洲子广其聪，而五峰一席复连翩鹊起于吾东。"④其对婺学如数家珍，充溢着强烈的使命感和自豪感。

蘋斋门生数十人，包括东阳赵忠济、永康王同廱等。明末清初，赵忠济、王同廱、王崇炳承继五峰讲学事业。赵衍在《赵岐宁先生配祀五峰书院叙》中云："而当时王文成公以良知之学倡教姚江，石门、方峰、一松三子往师事焉，闻道而归，因创建五峰书院，会集英隽之士，讲习斯学于其中，自是以来，理学一脉，流衍于东永二邑，若明季春洲先生，则其尤著者，蘋斋继起，绵延不绝，吾从弟歧宁负笈相从，每岁会期，蘋斋诣五峰讲学，吾弟辄追随函丈焉。蘋斋没后，常主讲席，一生心血，凝注于斯。"⑤赵忠济（1633—1687），字济卿，号岐宁，东阳人，其学以致良知为主，而善气迎人，不言而饮人以和，则仁者之气居多。其主师席，为弟子释经，不屑屑于训诂，每用明道法，以一二字点掇，使圣贤精神

---

① 王崇炳.金华征献略[M]//赵一生.东阳丛书：15册.杭州：浙江古籍出版社，2015：162.
② 程尚斐.五峰书院志[M]//赵所生，薛正兴.中国历代书院志：9册.南京：江苏教育出版社，1995：178.
③ 党金衡.道光东阳县志[M].杭州：西泠印社出版社，2017：435.
④ 程尚斐.五峰书院志[M]//赵所生，薛正兴.中国历代书院志：9册.南京：江苏教育出版社，1995：223.
⑤ 程尚斐.五峰书院志[M]//赵所生，薛正兴.中国历代书院志：9册.南京：江苏教育出版社，1995：200.

溢出于语言文字之外，闻者即于言下有会。或疑姚江之学与考亭异者，则晓之曰："为学不在多言，试取子思、孟子、周程之言沉潜玩味，一一反求诸身，当自得之。"又曰："学患见道不明，尤患立志不笃。担夫贩妇皆可作圣，患在不能自立。"作《立志衍义》一册。晚年接引之心愈坚，曰："教人非止成物，乃成己事。倘云学可不讲，便同自弃。"①甲寅之乱，人有流离之患，犹与韩国辅先生讲学不辍，其言有曰："求性命不出尽伦物，伦物恳切处即性命透彻处，伦物恰好处即性命精微处，伦物常尽自慊处即性命纯一不已处。"其著有《志学衍义》《述古约言》《四书考证》《灯前录》等书若干卷。自苹斋先生没继主五峰讲习，然周岁一赴犹病其阔，复设会于法界、淇阁。②赵正霖在《月堂淇阁书院记》中云："淇阁尤与五峰相表里，吴宁距五峰百里，行者惮劳色阻，与是会者，几成空谷足音，陆在本邑西南，为中途便道，五峰会在九月十一，淇阁会在九月廿二，至淇阁者，可先至五峰，到五峰者，可随到淇阁，两番讲彻，精蕴无遗，酿百花而成蜜，采千腋以为裘，是不难矣。"③淇阁与五峰相为表里，不仅在讲会时间上相互衔接，还在讲式上有针对性地进行了改进，"每见五峰、法界诸会，老成往往过谦，不肯当场阐发，后辈益退然不敢，恒默默相对晨夕。彼向幕诚切者，何所见而来，何所闻而去？不觉气阻志灰。先儒引诱鼓励，惟恐其不入我室也。今赴会矣，反孤其意兴，令闻风者裹足，吾辈不惟无功，更有罪焉。嗣后，会长各先酌会语，至期出之袖中，将学问纲领梳理清楚，警切畅透，令人恍然知悉精髓，激发讨论热情，起到并心一路，兼收众美的妙用。次则讲《家训》《家礼》，以五伦言行为要，申饬一悉。又次讲《迪吉录》等书，明感应之道，鼓励一悉。辨论答问，随机接引，空余时间令后学誊录会悟，携归备阅。会语并会友名，载入册内。有恐言行未符因而缄口者，非也。凡人品行与圣人远隔，自矜自夸，谓己地位尽高，开口责备他人，此所谓言不顾行也，若未到圣人境界，阐明圣人道德，自勉勉人，期共造乎圣人之域，却自无碍，有造道之言，有道之言，先儒论之矣，狂者行有不掩其志，其方动人，圣人为归乡愿，讥其言不顾言，行不顾言，而圣人取之，良可思也。但于行诣上全不实落用功，一味摭拾浮词，博道学名，此则所深戒尔。众友

---

① 王崇炳.金华征献略[M]//赵一生.东阳丛书：15册.杭州：浙江古籍出版社，2015：163-164.
② 程尚斐.五峰书院志[M]//赵所生，薛正兴.中国历代书院志：9册.南京：江苏教育出版社，1995：178.
③ 《东阳陆氏宗谱》卷二，2004重修，第417页。

各带纸笔。"①注重落实，可操作性强。"至先生（赵岐宁）而复讲学于法界、淇阁。先生殁，而会亦废。"②（《先师岐宁赵先生传》）王崇炳竟然未能接续乃师讲会衣钵，甚为遗憾。

王同麂，字天珠（球），号澹庵，永康象珠人。澹庵受学于陈其葸，读书五峰十年，晚年阐明理学至精至当，闻者莫不静听。其《报沈学博书》略曰："当今所当辨者，不在异端，而在吾儒。吾儒所当辨者，在君子小人为人为己之间，但辨一片为己之心，则入门工夫虽有不同，不害其为大同。尊意欲先于诸儒中辨同异。窃以为学，但求有益于己，期归于真而去其伪。此事非易非难，而有志者绝少。我辈既以仁为己任，不能风动而兴起之，或者明善诚身之功，尚有未实，所当反己而内省者也。盖人性无不善，诚至则动，诚使欲根尽除，至性流露，必有观感而兴起者。"其《论心学》略曰："伊川谓儒者本天，即吾心之天耳。今世学者不知心为天君，其于圣学，尚未知入门，以好胜之竞气，逞诘辨之小才。"③王崇炳师事赵岐宁，晚年屡至五峰讲学。

陈献章在《程乡县社学记》中云："社学之兴在今日，正淑人心、正风俗、扶世教之第一义也，何可少哉？何可少哉？"④实际上，杜惟熙设立的讲会乃是对东阳久废社学的一种恢复与创新。《道光东阳县志》对此有概述："明洪武八年，诏府州县每五十家设社学一所。时东阳凡十四乡，约每乡一所。后废，城中遗址仅存。宋艺祖诏令天下州、县、里皆设学。明洪武八年，诏令有司更置社学，每五十家设社学一所，请秀才教训军民子弟。正统元年，令各处县官严督社学，俊秀向学者许补生员。天顺六年，敕谕每乡每里择师设教，仍免为师者差徭。弘治十五年，令立社学，访明师。民间幼童年十五以下者，送入读书，讲习冠、婚、丧、祭之礼。其后学舍无复修举，凡市井乡村皆自行请师以教，而社学废。城中遗址仅存。万历间，乡先生见杜惟熙修葺，立为讲会，其地在法界寺西隅，而文山、官桥两会亦相继开设。时有陈春洲、诚源、金常惺诸徒辅之，皆合力醵金以支公费。复捐公余，置会产，一时称盛。已而见山没，诚源亦宦游四方，会稍弛，后进者几不晓所在。于是春洲与同学张明夫诉之邑令公郭。郭断还之，曰：'吾亦南皋邹子门人也，将广其会。'许以西司后一座助之，赠'辅仁嘉会'额。日久而

---

① 《东阳陆氏宗谱》卷三，2004重修，第453-454页。
② 王崇炳.学耨堂文集[M]// 赵一生.东阳丛书：15册.杭州：浙江古籍出版社，2015：86.
③ 王崇炳.金华征献略[M]// 赵一生.东阳丛书：15册.杭州：浙江古籍出版社，2015：164-165.
④ 陈献章.陈献章全集[M].黎业明，编校.上海：上海古籍出版社，2019：39.

圮，鞠为蔬圃，既乃以寺前东首基易之，而欲以其地建毗卢阁。鼎革后，会遂废不设。春洲之徒蘋斋尝谆谆于此，会邑令胡佑人崇尚儒学，因告语之。遂度其地，属诸讲会，而别于其前旧祠遗址为义学，择社师教之。"[1]杜惟熙及其弟子断而复续，为讲会付出了巨大的努力。赵忠济云："家无贫富，人无高下，咸得沐浴于诗书六艺之中。"[2]说明讲会是义学性质，平民教育。

五峰阳明学讲会由杜惟熙向东阳拓展，经陈时芳、陈正道、陈其蒽、赵岐宁等几代儒者发扬，始终与五峰书院保持密切联系，逐步构建起由书院到乡会再到祠会、家会的多层次讲学体系，实现了阳明学说从讲学士绅向乡里布衣阶层的深层渗透。

卢可久之后，亲炙阳明的永康弟子凋零殆尽，五峰讲会虽大师不再，但仍延续不绝。继卢可久之后，其侄卢自明笃志圣学，于五峰书院讲学数十载。"五峰雅集，自诸大老没后，朋侪星散，仅存饩羊。先生独身维之，不以盛衰易厥志。"[3]万历二十八年（1600），程正谊辞官归乡后召集讲学故友于五峰，重整讲会，讲学活动再趋活跃。缸窑胡大范、太平吕一龙晚年也参与五峰讲学，学者咸宗之。吕一龙，字云君，永康人，师事陈时芳、陈正道，他70余岁时仍手录陈时芳《宗传广录》，讲论阳明心学。尝谓："学者以治生为本，鲁斋言非是开功利之渐，一切银钱货赂直当粪土视之，乃可为学。"[4]明末永康游川周氏在周佑德带领下积极参与五峰书院建设事务，捐造学易斋于书院之右。五峰书院祠分三区，丽泽祠崇祀朱熹、吕祖谦、陈亮，配祀吕皓、程文德；五峰书院崇祀王阳明，配祀应典、程梓、卢可久；学易斋崇祀何基、王柏、金履祥、许谦、章懋，配祀李琪、周莹、周桐、杜惟熙、卢自明、陈时芳、陈正道、金万选、周佑德、吕一龙、陈其蒽、赵忠济、王同廱[5]，共计27人。祭祀规制基本确立，曾主书院讲席或有重大建树者均可申请入祀。每岁重阳日，讲学士人集聚五峰祭拜朱熹、吕祖谦、陈亮三先生，次日祀王阳明，三日祀何王金许诸儒，四方学者集聚讲学，盛极一时。

清代五峰书院讲学活动渐趋弱化，祭祀先贤、教化乡里功能日益突出，规

---

[1] 党金衡.道光东阳县志[M].杭州：西泠印社出版社，2017：223.
[2] 党金衡.道光东阳县志[M].杭州：西泠印社出版社，2017：223.
[3] 程尚斐.五峰书院志[M]//赵所生，薛正兴.中国历代书院志：9册.南京：江苏教育出版社，1995：175-176.
[4] 王崇炳.金华征献略[M]//赵一生.东阳丛书：15册.杭州：浙江古籍出版社，2015：163.
[5] 程尚斐.五峰书院志[M]//赵所生，薛正兴.中国历代书院志：9册.南京：江苏教育出版社，1995：256-258.

制日趋严密。康熙二十三年（1684），五峰书院罢春季大会，单为秋会。乾隆四十六年（1781）九月订立《五峰书院会规》（以下简称《会规》），形成了严密的祭祀、讲学规制。《会规》将祭祀时间定为九月十二日，相关事宜由应、程、卢三姓子弟操办。东阳会友因路途遥远，可在十一日到达书院。其余会友统一十二日午前至祠宇，正午时分举行祭祀大典。三祠由原来分三日依次祭拜，改为一日完成，顺序调整为首丽泽祠、次学易斋、次五峰祠。乾隆以前五峰书院祭祀依各祠宇创建时间为序，依次为丽泽祠、五峰祠、学易斋。五峰讲学士人希望通过祭拜先贤，以移风易俗、教化后人。为确保祭祀仪式庄重、神圣，制定了详细规条，具体如下：

祭器、祭品、馂品，务宜预备，倘有不周，责在司事。

迩来与祭颇滥，今议定诸贤后裔，每派以四人为率，如有绅衿，另行散馂。

是会原关讲学衣冠中人，即非派下，听其与祭。

入祠后各宜礼让相先，勿得轻言妄动，有愧儒风。

主祭必择衣冠中齿德兼者承之，毋得滥举。

执事必择礼仪娴熟者任之，毋俾失仪。

与祭者务宜衣冠整洁，敬谨行礼，咸昭如在之诚。①

清初五峰讲会虽在规模、频率上远不如明代，相关规制却日益完善。书院大会在每年九月十一日到十三日举行。十一日主要为会友报到，由年高德劭者讲明会规。十二日进行初步讨论，会友仍有疑难不明处则抄录登载于壁上，"正楷大书登名于尾，凡与会者各带纸笔，午后互相抄录完，时实粘壁上"。十三日由老成诸儒各拈《书》一章、《性理》一章予以阐发讲论，随后讨论"三日内余功，或质疑问难，或阐发格言，俱登载于簿"②。

王崇炳论五峰书院之东阳学脉曰：

姚江之门，泰和担荷甚力，人品甚高，而生本好奇。所以再传而为颜山农，三传而为何心隐，几于决裂师教矣。永康之学，出于卢先生一松，一松之在王门，不能与龙溪、心斋诸公接席也。后人载姚江弟子，不列其名；然而恪守师法，虽数传之后，皆遵行家礼：厚人伦，严取予，敦乡族。虽见地甚高，而行类于狷。至其单词偶句，一一从自己胸中流出，滴水滴冻，为前贤所不能道。其心体力行

---

① 程尚斐.五峰书院志[M]//赵所生，薛正兴.中国历代书院志：9册.南京：江苏教育出版社，1995：260-261.

② 程尚斐.五峰书院志[M]//赵所生，薛正兴.中国历代书院志：9册.南京：江苏教育出版社，1995：261.

之功深，而学问文章淹博开拓，则不如宋元五贤。然新建之学，竖穷三际，横遍六周，随口倾吐，洞入心窝，其规模气象，未尝不广大宏阔，则又不在乎博学也。①

卢可久于王阳明弟子中不甚著名，然能"恪守师法"，且"数传之后，皆遵行家礼"，即肯定卢可久徒子徒孙乃阳明学正脉，其学术地位应得到公平对待。

五峰书院作为金华一带阳明学讲论中心，讲会参与者多为本地及周边府县士人，借助师友间互相接引，阳明心学得以拓展到更广区域。东阳阳明学讲会虽属五峰书院分支，更侧重面向乡里布衣阶层讲学，借助众多小型乡会、祠会、家会实现了阳明心学的草根化。②这也许便是东阳五峰学脉的独特价值与贡献所在。

二、《广性理吟》注释

王崇炳自言："偶于尤艮翁集中得见朱子《性理吟》并其属和诗，皆七言律也。今春以性理课诸儿，因用五言六韵排律体和之，以功令将以此试士也，俾从举业中识理性之学，庶得希贤门轫。原题四十有八，今广为六十章。"③尤侗《西堂全集》中确实有朱熹《性理吟》，以及尤侗的和诗。④然而，经尹波、郭齐考证，影响至广的《训蒙绝句》《性理吟》的作者问题终于真相大白。旧题朱熹所作《训蒙绝句》和《性理吟》流传广泛，影响较大。数百年来，围绕其作者及真伪，人们一直争论不休，形成了肯定和怀疑两大派，而以前者为主流。根据元熊大年辑《养蒙大训·训蒙绝句》、明正德七年谭宝焕编著《性理吟》、朝鲜显宗十三年朴世采刊《朱子大全拾遗·训蒙绝句》、英祖二十九年洪启禧刊《朱子性理吟》、英祖四十七年刊《朱子大全·遗集》等材料，可以证明《训蒙绝句》为黄士毅嘉定八年所作，《性理吟》为谭宝焕正德七年所作，这桩聚讼八百余年的悬案至此可以了结。⑤

---

① 王崇炳.金华征献略[M]//赵一生.东阳丛书：15 册.杭州：浙江古籍出版社，2015：165.
② 兰军.联讲会，立书院：浙江阳明学讲会研究[D].长沙：湖南大学，2017：74.
③ 王崇炳.广性理吟[M]//赵一生.东阳丛书：15 册.杭州：浙江古籍出版社，2015：1.
④ 尤侗.西堂诗集[M]//清代诗文集汇编编纂委员会.清代诗文集汇编：65 册.上海：上海古籍出版社，2010.
⑤ 尹波，郭齐.旧题朱熹《训蒙绝句》《性理吟》之作者考辨[J].文艺研究，2022（5）：42-52.

好友杜秉琳于《广性理吟题辞》中言："王鹤潭先生学宗姚江，不立异于朱子，尝言'学者当于自心中辨舜跖，不当于纸墨上辨朱陆。'所著《性理吟》一帖，以唐人制举之体诠宋儒理性之学，盖于典确切，当中寓自得之趣焉。……先生研理精熟，粹然一出于正，虽祖述朱子之绪言，而江门高致时时溢出字句之外，使人讽而不厌。"①王崇炳主张兼收并蓄，辑采朱子理学、陈献章心学、王阳明心学等精华，经世而致用。恰如其弟子黄廷元《王鹤潭先生传》言其"笃志理学，凡先儒语录，尽透本旨。而于濂溪、明道、白沙、阳明之言，尤所心契。"②黄廷元指出王崇炳广采博收，对周敦颐、程颢、陈献章、王阳明之学等下过极深的功夫，争取融会贯通。

《广性理吟》在原题四十八章的基础上扩充至六十章，采用制举之体，以课诸儿，足见其希贤入圣之心。其立论公允平正，无意奇谈怪论，也无意构建理论体系，却体现了他学殖深厚、一以贯之的特点。

《仁》

乾道先元善，儒家在体仁。《易·乾》卦《文言》："元者，善之长也。君子体仁，足以长人。"君看群圣德，都是一腔春。程子曰："满腔子是恻隐。"兼爱无遗物，推恩首笃亲。体全方许尽，偶息即非纯。朱子以全体不息为仁。切脉知天运，程子曰："切脉可以知仁。"观雏识性真。程子曰："观鸡雏可以知仁。"闲存无过熟，夫仁亦在乎熟之而已矣。敦复戒其频。敦复、频复，俱《复》卦爻辞。③

《易·乾》卦《文言》："元者善之长也，亨者嘉之会也，利者义之和也，贞者事之干也。君子体仁足以长人，嘉会足以合礼，利物足以和义，贞固足以干事。"④程子曰："满腔子是恻隐之心。"⑤朱子以全体不息为仁。程子曰："切脉最可体仁。"⑥程子曰："观鸡雏。亦可观仁。"⑦《孟子·告子上》：孟子曰："五谷者，种之美者也，苟为不熟，不如荑稗。夫仁，亦在乎熟之而已矣。"朱熹《集注》云："荑稗，草之似谷者，其实亦可食，然不能如五谷之美也。但五谷不熟，则反不如荑稗之熟；犹为仁而不熟，则反不如为他道之有成。是以为仁必贵乎熟，而不可

---

① 王崇炳.广性理吟[M]//赵一生.东阳丛书：15册.杭州：浙江古籍出版社，2015：卷首.
② 王崇炳.金华文略[M]//赵一生.东阳丛书：16册.杭州：浙江古籍出版社，2015：814.
③ 王崇炳.广性理吟[M]//赵一生.东阳丛书：15册.杭州：浙江古籍出版社，2015：1.
④ 李学勤.十三经注疏·周易正义[M].北京：北京大学出版社，1999：12.
⑤ 程颢，程颐.二程集·河南程氏遗书[M].王孝鱼，点校.北京：中华书局，1981：62.
⑥ 程颢，程颐.二程集·河南程氏遗书[M].王孝鱼，点校.北京：中华书局，1981：59.
⑦ 程颢，程颐.二程集·河南程氏遗书[M].王孝鱼，点校.北京：中华书局，1981：59.

徒恃其种之美，又不可以仁之难熟，而甘为他道之有成也。"①

《义》

万物各居所，张弛在得宜。义者，宜也。是非分秒忽，取与慎毫厘。笃好方成喻，求精在致思。终当忘适莫，先要绝游移。是路行难越，为干德自威。三公不易介，卓立果吾师。②

"万物各居所"，《战国策·秦策三》："富贵显荣，成理万物，万物各得其所。"③《中庸》："义者，宜也，尊贤为大。"④"取与慎毫厘"，《礼记·经解》："《易》曰：'君子慎始，差若毫厘，缪以千里。'"⑤《淮南子·本经训》："取予有节，出入有时"⑥。朱熹在《论语集注》中指出："喻，犹晓也。义者，天理之所宜。利者，人情之所欲。程子曰：'君子之于义，犹小人之于利也。唯其深喻，是以笃好。'"⑦"求精"，《论语·学而》："《诗》云：'如切如磋，如琢如磨。'其斯之谓与？"⑧朱熹注："言治骨角者，既切之而复磋之；治玉石者，既琢之而复磨之。治之已精，而益求其精也。"⑨"致思"，《孔子家语·致思》："孔子北游于农山，子路、子贡、颜渊侍侧。孔子四望，喟然而叹曰：'于斯致思，无所不至矣。二三子各言尔志，吉将择焉。'"⑩"三公不易介"，《孟子·尽心上》："柳下惠不以三公易其介。"⑪

《礼》

性涵天秩序，玉帛特其仪。假以声音托，终将等杀移。身心资约束，伦教藉纲维。用则和为贵，体还敬是基。别宜居鬼地，《乐记》："礼者，别宜居鬼而从地。"承祭见宾时。功要无多旨，终朝俨若思。⑫

---

① 朱熹.朱子全书·孟子集注：6册[M].上海：上海古籍出版社，2002：409.
② 王崇炳.广性理吟[M]//赵一生.东阳丛书：15册.杭州：浙江古籍出版社，2015：2.
③ 刘向.战国策笺证[M].范祥雍，笺证.范邦瑾，协校.上海：上海古籍出版社，2006：358.
④ 李学勤.十三经注疏·礼记正义[M].北京：北京大学出版社，1999：1440.
⑤ 李学勤.十三经注疏·礼记正义[M].北京：北京大学出版社，1999：1373.
⑥ 何宁.淮南子集释[M].北京：中华书局，1998：584.
⑦ 朱熹.朱子全书·论语集注：6册[M].上海：上海古籍出版社，2002：96.
⑧ 杨伯峻.论语译注[M].北京：中华书局，1980：9.
⑨ 朱熹.朱子全书·论语集注：6册[M].上海：上海古籍出版社，2002：73.
⑩ 孔子.孔子家语[M].王国轩，王秀梅，译注.北京：中华书局，2009：63.
⑪ 杨伯峻.孟子译注[M].北京：中华书局，1960：314.
⑫ 王崇炳.广性理吟[M]//赵一生.东阳丛书：15册.杭州：浙江古籍出版社，2015：2.

"用则和为贵",《礼记·乐记》:"如此,则乐者,天地之和也。"①《论语·学而》:"礼之用,和为贵"②。朱熹指出:"自心而言,则心为体,敬和为用;以敬对和而言,则敬为体,和为用。"③"体还敬是基",《左传·成公十三年》:"礼,身之干也;敬,身之基也。"④《礼记·乐记》:"礼者别宜,居鬼而从地。"⑤

《智》

各有元珠在,《庄子》:"黄帝失其元珠。"恒因识者稀。磨铜堪作镜,积日自成辉。顺理何劳凿,穷神在审几。吉凶悬上下,端兆积幽微。要欲除由豫,先当定是非。学焉诚不厌,贤圣卒同归。⑥

《庄子·天地》:"黄帝游乎赤水之北,登乎昆仑之丘而南望。还归,遗其玄珠。"⑦"积日自成辉",《文子·上德》:老子曰:"积薄成厚,积卑成高。君子日汲汲以成辉,小人日怏怏以至辱。"⑧"学焉诚不厌",《论语·述而》:"默而识之,学而不厌,诲人不倦,何有于我哉?"⑨程颐《四箴·动箴》:"习与性成,圣贤同归。"⑩

《信》

以实之为信,居心首在兹。能为万善主,还作四端基。中孚豚鱼格,怀机鸥鸟疑。阴阳恒赴节,潮汐岂愆期?诺有千金重,心难九死移。学如留寸妄,犹似聚沙炊。古语:炊沙岂能作饭?⑪

王崇炳《书筌随笔》云:"或问如何是信?曰:知至善而有诸己之为信。若天下之理,有一毫头许过不得,不可云信;到信时,这里移易一丝毫不得。考诸三王而不谬,建诸天地而不悖,质诸鬼神而无疑,百世以俟圣人而不惑。这才叫作

---

① 李学勤.十三经注疏·礼记正义[M].北京:北京大学出版社,1999:1096.
② 杨伯峻.论语译注[M].北京:中华书局,1980:8.
③ 朱熹.朱子全书·朱子语类:14册[M].上海:上海古籍出版社,2002:766.
④ 李学勤.十三经注疏·春秋左传正义[M].北京:北京大学出版社,1999:753.
⑤ 李学勤.十三经注疏·礼记正义[M].北京:北京大学出版社,1999:1093.
⑥ 王崇炳.广性理吟[M]//赵一生.东阳丛书:15册.杭州:浙江古籍出版社,2015:2-3.
⑦ 曹础基.庄子浅注[M].北京:中华书局,2000:163.
⑧ 王利器.文子疏义[M].北京:中华书局,2000:300.
⑨ 杨伯峻.论语译注[M].北京:中华书局,1980:66.
⑩ 程颢,程颐.二程集·河南程氏遗书[M].王孝鱼,点校.北京:中华书局,1981:589.
⑪ 王崇炳.广性理吟[M]//赵一生.东阳丛书:15册.杭州:浙江古籍出版社,2015:3.

个信。"①"以实之为信",朱熹《论语集注》曰:"尽己之谓忠。以实之谓信。"②"中孚豚鱼格",《周易·中孚卦》:"豚鱼吉。利涉大川,利贞。"③"怀机鸥鸟疑",《列子·黄帝》:"海上之人有好沤鸟者,每旦之海上,从沤鸟游,沤鸟之至者百住而不止。其父曰:'吾闻沤鸟皆从汝游,汝取来,吾玩之。'明日之海上,沤鸟舞而不下也。"④"诺有千金重",《史记·季布栾布列传》:"得黄金百,不如得季布一诺"⑤。"心难九死移",《宋史·赵鼎传》:"白首何归,怅余生之无几;丹心未泯,誓九死以不移。"⑥唐顾况《行路难》:"君不见担雪塞井徒用力,炊沙作饭岂堪吃?"⑦

《性》

此是惟皇降,良由继善成。抱兹五行粹,兼聚两仪精。静则一物无,动焉万善生。品流分气质,求复在明诚。弗使真机梏,须防嗜欲争。鸢飞鱼跃处,天理日流行。⑧

"此是惟皇降",宋代程洵《荣木和陶靖节韵》:"惟皇降衷,天理具存。是曰成性,道义之门。"⑨程洵(1135—1196),宋徽州婺源人,字允夫,号克庵,又号翠林逸民。程鼎子。为朱熹内弟。为朱熹门人,潜心理学,是程朱学派的重要学者。"静则一物无",宋汪莘《方壶自咏》其一:"性静无一物,心生有万端。"⑩汪莘(1155—1227),南宋诗人。字叔耕,号柳塘,休宁(今属安徽)人,布衣。隐居黄山,研究《周易》,旁及释、老。晚年筑室柳溪,自号方壶居士,与朱熹友善。"动焉万善生",张栻《元日》:"古史书元意义存,春秋揭示更分明。人心天理初无欠,正本端原万善生。"⑪"求复在明诚",《中庸》中说:"自诚明谓之性,

---

① 王崇炳.学耨堂文集[M]//赵一生.东阳丛书:15册.杭州:浙江古籍出版社,2015:11.
② 朱熹.朱子全书·论语集注:6册[M].上海:上海古籍出版社,2002:69.
③ 李学勤.十三经注疏·周易正义[M].北京:北京大学出版社,1999:242.
④ 杨伯峻.列子集释[M].北京:中华书局,1979:67-68.
⑤ 司马迁.史记[M].北京:中华书局,1959:2731.
⑥ 脱脱.宋史[M].北京:中华书局,1977:11294.
⑦ 顾况.华阳集[M]//影印文渊阁四库全书编纂委员会.影印文渊阁四库全书 集部:1072册.台北:台湾商务印书馆,1986:526.
⑧ 王崇炳.广性理吟[M]//赵一生.东阳丛书:15册.杭州:浙江古籍出版社,2015:3.
⑨ 北京大学古文献研究所.全宋诗:46册[M].北京:北京大学出版社,1998:28900.
⑩ 北京大学古文献研究所.全宋诗:55册[M].北京:北京大学出版社,1998:24703.
⑪ 张栻.张栻集[M].邓洪波,校点.济南:齐鲁书社,2010:529.

自明诚谓之教。诚则明矣，明则诚矣。"①"天理日流行"，湛若水《题日惺斋为杭上舍封兼似乡进士郑世迪》："日惺名尔斋，尔心日了了。天理日流行，天运日旋绕。心日日日惺，神理日日妙。一惺明德昭，太虚游八表。退藏外昭心，声臭不闻睹。惺惺斯不惺，长夜何时晓？"《朱子语类》卷四十："天理流行，触处皆是。暑往寒来，川流山峙，'父子有亲，君臣有义'之类，无非这理。"②朱熹《论语集注》云："曾点之学，盖有以见夫人欲尽处，天理流行，随处充满，无少欠缺。故其动静之际，从容如此。"③陈文蔚，字才卿，上饶人。生卒年均不详，约宋宁宗嘉泰初前后在世。师事朱熹，尝举进士。庆元中（1198）馆于朱熹家，课其诸孙。又讲读铅山。端平二年（1235），都省言其所作尚书类编，有益治道，诏补迪功郎。学者称克斋先生。陈文蔚《又和清明日兀坐用前韵》："天理流行不用寻，鸢飞鱼跃自升沉。细观自有昭然处，始信严师是此心。"④

《情》

阴阳既相得，万物岂无情？要识四端发，皆由五性生。端倪随处露，朕兆有时呈。礼节淫伤定，心平哀乐平。欲求波浪净，须是本源清。秕稗蒙嘉谷，情田合屡耕。《礼运》："人情以为田，修礼以耕之。"⑤

五性即人的五种性情，指喜、怒、欲、惧、忧。《礼记·礼运》："故人情者，圣王之田也，修礼以耕之。"⑥

《心》

人身参两大，有物宰其中。触境情方动，根天性自通。心统性情。一灵涵众妙，兼照摄无穷。须藉操存力，无将嗜欲攻。周流元气运，寂静太虚同。莫旷天君职，惺惺秉至公。⑦

"根天性自通"，《孟子·尽心上》："尽其心者，知其性也。知其性，则知天矣。"⑧"心统性情"，张载说："心统性情者也。有形则有体，有性则有情。发于性

---

① 李学勤.十三经注疏·礼记正义[M].北京：北京大学出版社，1999：1447.
② 朱熹.朱子全书·朱子语类：15册[M].上海：上海古籍出版社，2002：1435.
③ 朱熹.朱子全书·论语集注：6册[M].上海：上海古籍出版社，2002：165.
④ 北京大学古文献研究所.全宋诗：51册[M].北京：北京大学出版社，1998：31942.
⑤ 王崇炳.广性理吟[M]//赵一生.东阳丛书：15册.杭州：浙江古籍出版社，2015：3-4.
⑥ 李学勤.十三经注疏·礼记正义[M].北京：北京大学出版社，1999：709.
⑦ 王崇炳.广性理吟[M]//赵一生.东阳丛书：15册.杭州：浙江古籍出版社，2015：4.
⑧ 杨伯峻.孟子译注[M].北京：中华书局，1960：301.

则见于情，发于情则见于色，以类而应也。"① 朱熹发挥说："心是神明之舍，为一身之主宰。性便是许多道理，得之于天而具于心者。发于智识念虑处，皆是情，故曰'心统性情'也。"② 其又说："性是未动，情是已动，心包得已动未动。"③《朱子语类》卷五：问性、情、心、仁。曰："横渠说得最好，言：'心，统性情者也。'孟子言：'恻隐之心，仁之端；羞恶之心，义之端。'极说得性、情、心好。性无不善。心所发为情，或有不善。说不善非是心，亦不得。却是心之本体本无不善，其流为不善者，情之迁于物而然也。性是理之总名，仁义礼智皆性中一理之名。恻隐、羞恶、辞逊、是非是情之所发之名，此情之出于性而善者也。其端所发甚微，皆从此心出，故曰：'心，统性情者也。'性不是别有一物在心里。心具此性情。心失其主，却有时不善。"④"操存"，《孟子·告子上》："孔子曰：'操则存，舍则亡；出入无时，莫知其乡。'惟心之谓与？"⑤ 朱熹《答窦文卿》："为学之要，只在著实操存，密切体认，自己身心上理会，切忌轻自表襮，引惹外人辩论，枉费酬应，分却向里工夫。"⑥

《志》

人涵二五粹，周子无极之真，二五之精，妙合而凝。七尺岂虚生？不定一朝志，谁为百世英？正邪宜早辨，淡泊亦能明。《乐记》："一年视离经辨志。"诸葛武侯云："非淡泊无以明志。"气懦身难立，心专事竟成。希贤中是鹄，适道远为程。切切耻衣食，卑哉下士情。⑦

陈献章《漫笔示李世卿、湛民泽》："彼文章、功业、气节，世未尝乏人，在人立志大小。"⑧《礼记·学记》："一年视离经辨志。"⑨ 诸葛亮《诫子书》："非淡泊无以明志。"⑩《论语·里仁》：子曰："士志于道，而耻恶衣恶食者，未足与议也。"⑪《朱子语类》卷二十六："凡人有志于学，皆志于道也。若志得来泛泛不切，则未

---

① 张载.张载集[M].北京：中华书局，1978：374.
② 朱熹.朱子全书·朱子语类：17册[M].上海：上海古籍出版社，2002：3305.
③ 朱熹.朱子全书·朱子语类：14册[M].上海：上海古籍出版社，2002：229.
④ 朱熹.朱子全书·朱子语类：14册[M].上海：上海古籍出版社，2002：227-228.
⑤ 杨伯峻.孟子译注[M].北京：中华书局，1960：263.
⑥ 朱熹.朱子全书·晦庵先生朱文公文集：23册[M].上海：上海古籍出版社，2002：2822.
⑦ 王崇炳.广性理吟[M]//赵一生.东阳丛书：15册.杭州：浙江古籍出版社，2015：4.
⑧ 陈献章.陈献章全集[M].黎业明，编校.上海：上海古籍出版社，2019：109.
⑨ 李学勤.十三经注疏·礼记正义[M].北京：北京大学出版社，1999：1052.
⑩ 诸葛亮.诸葛亮集校注[M].张连科，管淑珍，校注.天津：天津古籍出版社，2008：109.
⑪ 杨伯峻.论语译注[M].北京：中华书局，1980：37.

必无耻恶衣恶食之事。又耻恶衣食，亦有数样。今人不能甘粗粝之衣食，又是一样。若耻恶衣恶食者，则是也吃着得，只是怕人笑，羞不如人而已，所以不足与议。"①

《意》

终身观立志，举念意为名。遇物遂横出，无因亦自萌。憧憧频起伏，默默有经营。希圣宜先绝，子绝四毋（毋）意。为贤急用诚。诚意。恐君腾似马，心猿意马。防尔要如城。张南轩《敬斋箴》："守口如瓶，防意如城。"候至天常运，应同庭草生。周茂叔：窗前草不除日，生意与我一般。②

"终身观立志"，王阳明《示弟立志说》："盖终身问学之功，只是立得志而已。"③《论语·子罕》："子绝四——毋意，毋必，毋固，毋我。"④张栻《敬斋箴》："守口如瓶，防意如城。"宋晁说之《晁氏客语》："刘器之云：富郑公年八十，书座屏云：守口如瓶，防意如城。"⑤周敦颐：窗前草不除日，生意与我一般。《二程遗书》卷三曰："周茂叔窗前草不除去，问之，云：'与自家意思一般。'"⑥

《气》

大块涵元气，于人曰浩然。坚强堪配道，充塞竟弥天。要藉栽培力，能分参赞权。收功防助长，集义必精专。任重神常暇，临危志不迁。屈伸皆自反，庶不负前贤。⑦

"于人曰浩然"，文天祥《正气歌》："天地有正气，杂然赋流形。下则为河岳，上则为日星。于人曰浩然，沛乎塞苍冥。"⑧《孟子·公孙丑上》："敢问夫子恶乎长？"曰："我知言，我善养吾浩然之气。""敢问何谓浩然之气？"曰："难言也。其为气也，至大至刚，以直养而无害，则塞于天地之间。其为气也，配义与道；无是，馁也。是集义所生者，非义袭而取之也。行有不慊于心，则馁矣。我故曰，

---

① 朱熹.朱子全书·朱子语类：14 册[M].上海：上海古籍出版社，2002：934-935.
② 王崇炳.广性理吟[M]//赵一生.东阳丛书：15 册.杭州：浙江古籍出版社，2015：5.
③ 王阳明.王阳明全集：新编本 1 册[M].吴光，编校.杭州：浙江古籍出版社，2010：278.
④ 杨伯峻.论语译注[M].北京：中华书局，1980：87.
⑤ 晁说之.晁氏客语[M]//影印文渊阁四库全书编纂委员会.影印文渊阁四库全书 子部：863 册.台北：台湾商务印书馆，1986：169.
⑥ 程颢，程颐.二程集·河南程氏遗书[M].王孝鱼，点校.北京：中华书局，1981：60.
⑦ 王崇炳.广性理吟[M]//赵一生.东阳丛书：15 册.杭州：浙江古籍出版社，2015：5.
⑧ 文天祥.文天祥全集[M].北京：中国书店，1985：375.

告子未尝知义，以其外之也。必有事焉，而勿正，心勿忘，勿助长也。"①"屈伸皆自反"，《孟子·公孙丑上》："子好勇乎？吾尝闻大勇于夫子矣：自反而不缩，虽褐宽博，吾不惴焉；自反而缩，虽千万人，吾往矣。"②陈献章《云潭记》："天地间一气而已，屈信相感，其变无穷。人自少而壮，自壮而老，其欢悲、得丧、出处、语默之变，亦若是而已，孰能久而不变哉？变之未形也，以为不变；既形也，而谓之变，非知变者也。夫变也者，日夜相代乎前，虽一息变也，况于冬夏乎？"③

《思》

作圣资天睿，思曰："睿睿作圣。"生民各启蒙。心官常欲醒，理窟正堪攻。拟议开灵境，精研夺化工。不愁金石固，思之所至，金石皆穿。自有鬼神通。《管子》："思之思之，则鬼神将通之。"集益宜兼学，求诚漫泥空。不遵朱泗教，殆罔两无功。④

《孟子·告子章句上》："心之官则思，思则得之，不思则不得也。"⑤《通书·思》："《洪范》曰：'思曰睿，睿作圣。'"⑥《王阳明集·答欧阳崇》："思曰睿，睿作圣。""心之官则思，思则得之。思其可少乎？"⑦《管子·内业》："思之思之，又重思之。思之而不通，鬼神将通之。"⑧"不遵朱泗教，殆罔两无功。"《论语·为政》：子曰："学而不思则罔，思而不学则殆。"⑨

《诚》

善恶悬穹壤，蹊途别伪诚。欲求全体粹，莫放一私萌。致曲方能有，如神岂易名？至诚如神。显微咸统贯，夫微之显，诚之不可掩。终始待兼成。诚者，物之终始。忠信宜先立，精明自此生。诚精故明。希天皆有路，赤子笑啼情。⑩

《中庸》第十六章："夫微之显，诚之不可掩，如此夫。"⑪《中庸》第二十五章："诚者物之终始，不诚无物。是故君子诚之为贵。"⑫周敦颐《通书·圣第四》："诚

---

① 杨伯峻.孟子译注[M].北京：中华书局，1960：62.
② 杨伯峻.孟子译注[M].北京：中华书局，1960：61.
③ 陈献章.陈献章全集[M].黎业明，编校.上海：上海古籍出版社，2019：51.
④ 王崇炳.广性理吟[M]//赵一生.东阳丛书：15册.杭州：浙江古籍出版社，2015：5-6.
⑤ 杨伯峻.孟子译注[M].北京：中华书局，1960：270.
⑥ 周敦颐.周敦颐集[M].梁绍辉，徐荪铭，点校.长沙：岳麓书社，2007：69.
⑦ 王阳明.王阳明全集：新编本1册[M].吴光，编校.杭州：浙江古籍出版社，2010：78.
⑧ 黎翔凤.管子校注[M].梁运华，整理.北京：中华书局，2004：943.
⑨ 杨伯峻.论语译注[M].北京：中华书局，1980：18.
⑩ 王崇炳.广性理吟[M]//赵一生.东阳丛书：15册.杭州：浙江古籍出版社，2015：6.
⑪ 李学勤.十三经注疏·礼记正义[M].北京：北京大学出版社，1999：1434.
⑫ 李学勤.十三经注疏·礼记正义[M].北京：北京大学出版社，1999：1450.

精故明，神应故妙，几微故曲。诚、神、几，曰圣人。"①

《敬》

姬圣容常肃，唐尧德始钦。凛乎如驭朽，《尚书·夏书·五子之歌》曰："予临兆民，懔乎若朽索之驭六马，为人上者，奈何不敬？"惕若似临深；起念存三畏，终身守四箴；要居常醒地，谢上蔡曰：敬是常惺惺法。不放缉熙心。弓懈无良射，琴张出好音。千秋名教圃，莫向竹林寻。②

"唐尧德始钦"，《尚书·尧典》："曰若稽古，帝尧，曰放勋，钦明文思安安，允恭克让，光被四表，格于上下。克明俊德，以亲九族。九族既睦，平章百姓。百姓昭明，协和万邦。黎民于变时雍。"③《朱子语类》卷十二："尧是初头出治第一个圣人。《尚书·尧典》是第一篇典籍，说尧之德，都未下别字，"钦"是第一个字。如今看圣贤千言万语，大事小事，莫不本于敬。④《尚书·夏书·五子之歌》曰："予临兆民，懔乎若朽索之驭六马，为人上者，奈何不敬？"⑤"惕若似临深"，《诗经·小雅·小旻》："战战兢兢，如临深渊，如履薄冰。"⑥"起念存三畏"，《论语·季氏》：孔子曰："君子有三畏：畏天命，畏大人，畏圣人之言。小人不知天命而不畏也，狎大人，侮圣人之言。"⑦"四箴"即宋代大儒程颐所撰视、听、言、动四箴。"视箴：心兮本虚，应物无迹；操之有要，视为之则。蔽交于前，其中则迁；制之于外，以安其内。克己复礼，久而诚矣。听箴：人有秉彝，本乎天性；知诱物化，遂亡其正。卓彼先觉，知止有定；闲邪存诚，非礼勿听。言箴：人心之动，因言以宣；发禁躁妄，内斯静专。矧是枢机，兴戎出好；吉凶荣辱，惟其所召。伤易则诞，伤烦则支；己肆物忤，出悖来违。非法不道，钦哉训辞！动箴：哲人知几，诚之于思；志士励行，守之于为。顺理则裕，从欲惟危；造次克念，战兢自持；习与性成，圣贤同归。"⑧谢良佐（1050—1103），字显道，今河南省上蔡县人。人称上蔡先生或谢上蔡，北宋学者。谢良佐《上蔡语录》卷中："敬是常

---

① 周敦颐.周敦颐集[M].梁绍辉，徐荪铭，点校.长沙：岳麓书社，2007：67.
② 王崇炳.广性理吟[M]//赵一生.东阳丛书：15册.杭州：浙江古籍出版社，2015：6.
③ 李学勤.十三经注疏·尚书正义[M].北京：北京大学出版社，1999：25-27.
④ 朱熹.朱子全书·朱子语类：14册[M].上海：上海古籍出版社，2002：367.
⑤ 李学勤.十三经注疏·尚书正义[M].北京：北京大学出版社，1999：177.
⑥ 程俊英，蒋见元.诗经注析[M].北京：中华书局，1991：593.
⑦ 杨伯峻.论语译注[M].北京：中华书局，1980：177.
⑧ 程颢，程颐.二程集·河南程氏遗书[M].王孝鱼，点校.北京：中华书局，1981：588-589.

惺惺法，心斋是事事放下，其理不同。"①朱熹注："惺惺，乃心不昏昧之谓，只此便是敬。"②"不放缉熙心"，《诗经·大雅·文王》："穆穆文王，于缉熙敬止。"③《朱子语类》卷四十二："敬之至，固无己可克，克己之至，亦不消言敬。'敬则无己可克'者，是无所不敬，故不用克己。此是大敬，如'圣敬日跻'，'于缉熙敬止'之'敬'也。"④《朱子语类》卷十二：尝爱古人说得"学有缉熙于光明"，此句较好。盖心地本自光明，只被利欲昏了。今所以为学者，要令其光明处转光明，所以下"缉熙"字。缉，如"缉麻"之"缉"，连缉不已之意。熙，则训"明"字。⑤

《道》

莫去高边仰，休于坚处钻。且从形下学，仍向画前观。杨龟山诗：画前有易方知易。几及原非易，何不使彼为可几及。寻求不在难。事在易而求诸难。元贞一理运，动静两仪端。一阴一阳之谓道。食蘖才知苦，茹冰始觉寒。甘苦寒暖，到口方知。阶前盈尺地，有路透长安。行远自迩。⑥

"莫去高边仰，休于坚处钻"，《论语·子罕》："颜渊喟然叹曰：'仰之弥高，钻之弥坚。'"⑦宋代杨时《和陈莹中了斋自警六绝》其一："画前有易方知易，历上求玄恐未玄。白首纷如成底事，蠹鱼徒自老青编。"⑧"何不使彼为可几及"，《孟子·尽心上》：公孙丑曰："道则高矣，美矣，宜若登天然，似不可及也；何不使彼为可几及而日孳孳也？"孟子曰："大匠不为拙工改废绳墨，羿不为拙射变其彀率。君子引而不发，跃如也。中道而立，能者从之。"⑨《易经·系辞上》："一阴一阳之谓道，继之者善也，成之者性也。"⑩"行远自迩"，《礼记·中庸》："君子之道，辟如行远必自迩，辟如登高必自卑。"⑪《孟子·离娄上》：孟子曰："道在迩而求诸远，事在易而求诸难：人人亲其亲、长其长，而天下平。"⑫

---

① 黄宗羲.宋元学案[M].全祖望,补修.陈金生,梁运华,点校.北京：中华书局,1986：924.
② 朱熹.朱子全书·朱子语类：14 册[M].上海：上海古籍出版社,2002：573.
③ 程俊英,蒋见元.诗经注析[M].北京：中华书局,1991：748.
④ 朱熹.朱子全书·朱子语类：15 册[M].上海：上海古籍出版社,2002：1489.
⑤ 朱熹.朱子全书·朱子语类：14 册[M].上海：上海古籍出版社,2002：369-370.
⑥ 王崇炳.广性理吟[M]//赵一生.东阳丛书：15 册.杭州：浙江古籍出版社,2015：7.
⑦ 杨伯峻.论语译注[M].北京：中华书局,1980：90.
⑧ 北京大学古文献研究所.全宋诗：19 册[M].北京：北京大学出版社,1998：12952.
⑨ 杨伯峻.孟子译注[M].北京：中华书局,1960：320.
⑩ 李学勤.十三经注疏·周易正义[M].北京：北京大学出版社,1999：268-269.
⑪ 李学勤.十三经注疏·礼记正义[M].北京：北京大学出版社,1999：1433.
⑫ 杨伯峻.孟子译注[M].北京：中华书局,1960：173.

《德》

孜孜勉行道，有得始知真。行道而有得于心曰得。懋进存时习，加功在日新。不矜终累大，细行不矜，终累大德。常浴要求纯。《礼记·儒行》："儒有澡身浴德。"既醉仍堪饱，《性理》："觌德者心醉诗，既饱以德。"能居必有邻。《易》夬（夬）《渐》二象，皆言居德。孙修看损象，《易·系辞》："《损》，德之修也。"主敬合天均。云雨以时普，《易》："云行雨施。""德施普也。"区中物物春。①

"行道而有得于心曰得"，朱熹《论语集注·为政》曰："德之为言得也，得于心而不失也。"②"细行不矜，终累大德"，《尚书·旅獒》："不矜细行，终累大德。为山九仞，功亏一篑。"③《礼记·儒行》："儒有澡身而浴德。"④《性理》："觌德者心醉诗，既饱以德。"疑点断有误，似应为"《性理》：'觌德者心醉。'《诗》：'既饱以德。'"《近思录》卷十四："闻风者诚服，觌德者心醉。"⑤《诗经·大雅·既醉》："既醉以酒，既饱以德。"⑥《易·夬》："君子以施禄及下，居德则忌。"⑦《易·渐》："《象》曰：山上有木，渐，君子以居贤德善俗。"⑧《易·系辞下》："损，德之修也。"⑨《周易·乾》："'云行雨施'，天下平也。"⑩《周易·乾》："德施普也。"⑪

《几》

不待呈形觉，当于未睹知。几者，动而未形。欲乘宜早见，既失岂堪追！温肃无常候，阴阳有密移。《庄子》："天地密移。"隐同弩牙伏，捷似箭锋驰。祸福乘除顷，公私倚伏时。此中如不审，千里隔毫厘。⑫

《周易·系辞上》："夫《易》，圣人之所以极深而研几也。唯深也，故能通天下之志。唯几也，故能成天下之务。"⑬周敦颐《通书·圣第四》："动而未形，有无

---

① 王崇炳.广性理吟[M]//赵一生.东阳丛书：15册.杭州：浙江古籍出版社，2015：7.
② 朱熹.朱子全书·论语集注：6册[M].上海：上海古籍出版社，2002：74.
③ 李学勤.十三经注疏·尚书正义[M].北京：北京大学出版社，1999：330.
④ 李学勤.十三经注疏·礼记正义[M].北京：北京大学出版社，1999：1587.
⑤ 朱熹.朱子全书·近思录：13册[M].上海：上海古籍出版社，2002：285.
⑥ 程俊英，蒋见元.诗经注析[M].北京：中华书局，1991：813.
⑦ 李学勤.十三经注疏·周易正义[M].北京：北京大学出版社，1999：181.
⑧ 李学勤.十三经注疏·周易正义[M].北京：北京大学出版社，1999：217.
⑨ 李学勤.十三经注疏·周易正义[M].北京：北京大学出版社，1999：313.
⑩ 李学勤.十三经注疏·周易正义[M].北京：北京大学出版社，1999：21.
⑪ 李学勤.十三经注疏·周易正义[M].北京：北京大学出版社，1999：11.
⑫ 王崇炳.广性理吟[M]//赵一生.东阳丛书：15册.杭州：浙江古籍出版社，2015：8.
⑬ 李学勤.十三经注疏·周易正义[M].北京：北京大学出版社，1999：285.

之间者，几也。"① "天地密移"，《列子·天瑞》："粥熊曰：'运转亡已，天地密移，畴觉之哉？故物损于彼者盈于此，成于此者亏于彼。损盈成亏，随世随死。'"②

《中》

偏倚形俱泯，中从未发呈。既呈即发。帝王相授受，天地得均平。至当难增减，微倾积重轻。用时宜允执，择处要惟精。道自参三立，《正蒙》言三极，大中之矩。功由执两成。贤愚同秉命，人受天地之中以生。皆得与知行。③

王崇炳《书筌随笔》云："无声无臭，天之宰也，日月星辰，风雨露雷，皆一极之所运；不睹不闻，人之中也，喜怒哀乐，貌言视听，皆一中之所印。天失其宰，而日月星辰错行矣，风雨露雷失节矣；人失其中，而喜怒哀乐谬理矣，貌言视听失宜矣。是故瞬有存，息有养，无一刻而可离乎中也。"又言："居仁，即是居中；由义，即是用中。"④ "中从未发呈"，陈献章《夜坐》："吾儒自有中和在，谁会求之未发前？"⑤《礼记·中庸》："喜怒哀乐之未发，谓之中。"⑥张载《正蒙·太和篇》："不悟一阴一阳范围天地、通乎昼夜、三极大中之矩，遂使儒、佛、老、庄混然一涂。"⑦《左传·成公十三年》："民受天地之中以生。"孔颖达疏："'天地之中'，谓中和之气也。"⑧

《权》

乾坤无二理，变化乃名权。莫以反经合，汉儒以反经合道为权。多因执一偏。无衡难转毂，胶柱漫调弦。默共两仪运，还随四序迁。通方需立后，握柄在机先。称物平施毕，仍于空处悬。《孙子》："悬权而动。"⑨

朱熹《论语集注·子罕》引程子曰："汉儒以反经合道为权。"⑩ "称物平施毕"，《周易·谦》："君子以裒多益寡，称物平施。"⑪《孙子兵法·军争第七》："掠乡分众，

---

① 周敦颐.周敦颐集[M].梁绍辉，徐荪铭，点校.长沙：岳麓书社，2007：67.
② 杨伯峻.列子集释[M].北京：中华书局，1979：29-30.
③ 王崇炳.广性理吟[M]// 赵一生.东阳丛书：15册.杭州：浙江古籍出版社，2015：8.
④ 王崇炳.学耨堂文集[M]// 赵一生.东阳丛书：15册.杭州：浙江古籍出版社，2015：2.
⑤ 陈献章.陈献章全集[M].黎业明，编校.上海：上海古籍出版社，2019：583.
⑥ 李学勤.十三经注疏·礼记正义[M].北京：北京大学出版社，1999：1422.
⑦ 张载.张载集[M].北京：中华书局，1978：8.
⑧ 李学勤.十三经注疏·春秋左传正义[M].北京：北京大学出版社，1999：755.
⑨ 王崇炳.广性理吟[M]// 赵一生.东阳丛书：15册.杭州：浙江古籍出版社，2015：8-9.
⑩ 朱熹.朱子全书·论语集注：6册[M].上海：上海古籍出版社，2002：147.
⑪ 李学勤.十三经注疏·周易正义[M].北京：北京大学出版社，1999：81.

廓地分利，悬权而动。"①陈献章《新会县辅城记》："行圣人之道有二术，内之曰心，外之曰权。无其心，则权为挟私妄作矣；无其权，虽有其心，将安施哉？"②

《圣》

道非思虑得，天授纵聪明。充极大而化，忧违乐则行。心希须主一，周子："学圣有要乎？"曰："一为要。"愿学要求诚。半属殷忧启，皆由克念成。《书》曰："殷忧启圣。"又曰："狂克念作圣。"龙图开泰运，麟史觉群生。莫以高难及，谁无赤子情？③

"充极大而化"，《孟子·尽心下》："可欲之谓善，有诸己之谓信，充实之谓美，充实而有光辉之谓大，大而化之之谓圣，圣而不可知之之谓神。"④"忧违乐则行"，《易·乾》："乐则行之，忧则违之。"⑤周敦颐《通书·圣学第二十》："圣可学乎？曰：可。曰：有要乎？曰：有。请闻焉。曰：一为要。"⑥"殷忧启圣"，刘琨《劝进表》："或多难以固邦国，或殷忧以启圣明。"⑦《尚书·多方》："惟圣罔念作狂，惟狂克念作圣。"⑧"麟史"，孔子作《春秋》，绝笔于获麟，后因称《春秋》为麟史，也借以泛指史籍。

《神》

用以存诚得，体居过化前。试听空谷响，《老子》："谷神不死。"应识《泰》蓍圆。《易·系辞上》："蓍之德，圆而神。"开阖原无迹，推移出自然。动时如或使，"或使"出《庄子》，言若或使之也。行处入无边。精气常依物，《易》："精气为神物。"阳灵亦统天。神为阳之灵。一机捷应处，有物妙难传。⑨

"用以存诚得"，《易·乾》："庸言之信，庸行之谨，闲邪存其诚。"孔颖达疏："言防闲邪恶，当自存其诚实也。"⑩《老子》："谷神不死。"⑪《易·系辞上》："蓍之德，圆而神。"⑫"或使"，《庄子·则阳》："季真之莫为，接子之或使。二家之议，孰正

---

① 骈宇骞，王建宇，牟虹，等. 孙子兵法 孙膑兵法[M]. 北京：中华书局，2006：48.
② 陈献章. 陈献章全集[M]. 黎业明，编校. 上海：上海古籍出版社，2019：50.
③ 王崇炳. 广性理吟[M]// 赵一生. 东阳丛书：15册. 杭州：浙江古籍出版社，2015：9.
④ 杨伯峻. 孟子译注[M]. 北京：中华书局，1960：334.
⑤ 李学勤. 十三经注疏·周易正义[M]. 北京：北京大学出版社，1999：15.
⑥ 周敦颐. 周敦颐集[M]. 梁绍辉，徐荪铭，点校. 长沙：岳麓书社，2007：75.
⑦ 萧统. 六臣注文选[M]. 李善，吕延济，刘良，等，注. 北京：中华书局，1987：701.
⑧ 李学勤. 十三经注疏·尚书正义[M]. 北京：北京大学出版社，1999：460.
⑨ 王崇炳. 广性理吟[M]// 赵一生. 东阳丛书：15册. 杭州：浙江古籍出版社，2015：9.
⑩ 李学勤. 十三经注疏·周易正义[M]. 北京：北京大学出版社，1999：15.
⑪ 朱谦之. 老子校释[M]. 北京：中华书局，1984：25.
⑫ 李学勤. 十三经注疏·周易正义[M]. 北京：北京大学出版社，1999：286.

于其情，孰偏于其理？"①《易》："精气为神物。"《周易·系辞上》说："精气为物，游魂为变，是故知鬼神之情状。"②"神为阳之灵"，朱熹《中庸章句》中对"鬼神"作了这样的解释："愚谓以二气言，则鬼者阴之灵也，神者阳之灵也。以一气言，则至而伸者为神，反而归者为鬼，其实一物而已。"③

《刚》

中处乾坤大，无令浩气伤。愿言伸道义，不是厉矜张。任重宜坚确，成仁在发强。良椎惊掣电，董笔挟风霜。易夺三军帅，难摧介士肠。气靡因有欲，枨也岂能刚？④

"中处乾坤大"，王柏《台山周咏道别五年因诗寄借韵以谢二首》其二："中处乾坤大，同时总弟兄。"⑤张良椎，典出《史记》卷五十五《留侯世家》："良尝学礼淮阳。东见仓海君。得力士，为铁椎重百二十斤。秦皇帝东游，良与客狙击秦皇帝博浪沙中，误中副车。"⑥后遂以"张良椎"指汉张良狙击秦始皇的铁椎，亦为此事之典。董狐笔指春秋时晋国史官董狐在史策上直书晋卿赵盾弑其君的事。后用以称直笔记事、无所忌讳的笔法为"董狐笔"。《左传·宣公二年》："乙丑，赵穿攻灵公于桃园。宣子未出山而复。大史书曰：'赵盾弑其君。'以示于朝。宣子曰：'不然。'对曰：'子为正卿，亡不越竟，反不讨贼，非子而谁？'……孔子曰：'董狐，古之良史也，书法不隐。'"⑦"易夺三军帅"，苏轼《潮州韩文公庙碑》："文起八代之衰，而道济天下之溺，忠犯人主之怒，而勇夺三军之帅。岂非参天地，关盛衰，浩然而独存者乎！"⑧《论语·公冶长》：子曰："吾未见刚者。"或对曰："申枨。"子曰："枨也欲，焉得刚？"⑨

《柔》

君子持恭谨，煦然一气春。薰风不烁物，暖日信宜人。自是天和粹，还由涵

---

① 曹础基.庄子浅注[M].北京：中华书局，2000：399.
② 李学勤.十三经注疏·周易正义[M].北京：北京大学出版社，1999：266-267.
③ 朱熹.朱子全书·中庸章句：6册[M].上海：上海古籍出版社，2002：41.
④ 王崇炳.广性理吟[M]//赵一生.东阳丛书：15册.杭州：浙江古籍出版社，2015：10.
⑤ 王柏.鲁斋集[M]//影印文渊阁四库全书编纂委员会.影印文渊阁四库全书 集部：1186册.台北：台湾商务印书馆，1986：17.
⑥ 司马迁.史记[M].北京：中华书局，1959：2034.
⑦ 李学勤.十三经注疏·春秋左传正义[M].北京：北京大学出版社，1999：597-598.
⑧ 苏轼.苏轼文集[M].孔凡礼，点校.北京：中华书局，1986：509.
⑨ 杨伯峻.论语译注[M].北京：中华书局，1980：46.

养纯。秉心原介介，执礼自恂恂。蕴藉如良玉，慈祥类饮醇。岂同乡愿士？巧令鲜其仁。①

"饮醇"，《三国志·吴志·周瑜传》载："惟与程普不睦。"裴松之注引晋虞溥《江表传》："普颇以年长，数陵侮瑜。瑜折节容下，终不与校。普后自敬服而亲重之，乃告人曰：'与周公瑾交，若饮醇醪，不觉自醉。'"②后遂以"饮醇"指受到宽厚对待而心悦诚服。《论语·乡党》："孔子于乡党，恂恂如也，似不能言者。"③《论语·阳货》子曰："乡愿，德之贼也。"④《论语·学而》：子曰："巧言令色，鲜矣仁！"⑤

《忧》

坐惜生民病，常嗟德不修。抱兹千载虑，不为一朝谋。高厚功难报，生成恩未酬。临河孔子叹，去国孟轲愁。戚戚复戚戚，愀愀复愀愀。一瓢居陋巷，贫也我何忧。⑥

"坐惜生民病，常嗟德不修"，《论语·述而》：子曰："德之不修，学之不讲，闻义不能徙，不善不能改，是吾忧也。"⑦"临河孔子叹"，《史记·孔子世家》："孔子既不得用于卫，将西见赵简子。至于河而闻窦鸣犊、舜华之死也，临河而叹曰：'美哉水，洋洋乎！丘之不济此，命也夫！'子贡趋而进曰：'敢问何谓也？'孔子曰：'窦鸣犊、舜华，晋国之贤大夫也。赵简子未得志之时，须此两人而后从政；及其已得志，杀之乃从政。……夫鸟兽之于不义也尚知辟之，而况乎丘哉！'乃还息乎陬乡，作为《陬操》以哀之。"⑧"一瓢居陋巷，贫也我何忧"，《论语·雍也》：子曰："贤哉，回也！一箪食，一瓢饮，在陋巷，人不堪其忧，回也不改其乐。贤哉，回也！"⑨

《乐》

时至将自得，无因莫强寻。周茂叔每令寻孔颜乐处。处心恬俯仰，即趣旷高深。

---

① 王崇炳. 广性理吟[M]// 赵一生. 东阳丛书：15册. 杭州：浙江古籍出版社，2015：10.
② 陈寿. 三国志[M]. 北京：中华书局，1959：1265.
③ 杨伯峻. 论语译注[M]. 北京：中华书局，1980：97.
④ 杨伯峻. 论语译注[M]. 北京：中华书局，1980：186.
⑤ 杨伯峻. 论语译注[M]. 北京：中华书局，1980：3.
⑥ 王崇炳. 广性理吟[M]// 赵一生. 东阳丛书：15册. 杭州：浙江古籍出版社，2015：10.
⑦ 杨伯峻. 论语译注[M]. 北京：中华书局，1980：67.
⑧ 司马迁. 史记[M]. 北京：中华书局，1959：1926.
⑨ 杨伯峻. 论语译注[M]. 北京：中华书局，1980：59.

浴罢乘风咏，归来弄月吟。程子云："自见周茂叔吟风弄月以归，有'吾与点也'之意。"悠悠谁共语？矗矗自难禁。窗外交花树，枝头对语禽。"乐意相关禽对语，生香不断树交花。"朱子常取此二语，以示乐趣。吾徒如可共，一鼓南薰琴。①

《宋史·周敦颐传》："敦颐每令寻孔、颜乐处，所乐何事，二程之学源流乎此矣。"故颢之言曰："自再见周茂叔后，吟风弄月以归，有'吾与点也'之意。"②陈献章《与湛民泽》其九："自然之乐，乃真乐也，宇宙间复有何事？"③"处心恬俯仰，即趣旷高深"，陈献章《寻乐斋记》："仲尼、颜子之乐，此心也；周子、程子，此心也；吾子，亦此心也。得其心，乐不远矣。"④"浴罢乘风咏"，《论语·先进》：子路、曾皙、冉有、公西华侍坐。子曰："以吾一日长乎尔，毋吾以也。居则曰：'不吾知也！'如或知尔，则何以哉？"子路率尔而对曰："千乘之国，摄乎大国之间，加之以师旅，因之以饥馑；由也为之，比及三年，可使有勇，且知方也。"夫子哂之。"求！尔何如？"对曰："方六七十，如五六十，求也为之，比及三年，可使足民。如其礼乐，以俟君子。""赤，尔何如？"对曰："非曰能之，愿学焉。宗庙之事，如会同，端章甫，愿为小相焉。""点，尔何如？"鼓瑟希，铿尔，舍瑟而作，对曰："异乎三子者之撰。"子曰："何伤乎？亦各言其志也。"曰："莫春者，春服既成，冠者五六人，童子六七人，浴乎沂，风乎舞雩，咏而归。"夫子喟然叹曰："吾与点也！"⑤"乐意相关禽对语，生香不断树交花"出自宋代石延年的《金乡张氏园亭》："亭馆连城敌谢家，四时园色斗明霞。窗迎西渭封侯竹，地接东陵隐士瓜。乐意相关禽对语，生香不断树交花。纵游会约无留事，醉待参横月落斜。"⑥

《命》

人世荣枯事，由来大不同。只应安见在，无处叩玄穹。秉器凭炉冶，成材任化工。千途分顺逆，一理有穷通。计出常情外，身居冥数中。君其安正命，顺受保初终。⑦

《孟子·尽心上》：孟子曰："莫非命也，顺受其正；是故知命者不立乎岩墙之

---

① 王崇炳. 广性理吟[M]// 赵一生. 东阳丛书：15册. 杭州：浙江古籍出版社，2015：11.
② 脱脱. 宋史[M]. 北京：中华书局，1977：12712.
③ 陈献章. 陈献章全集[M]. 黎业明，编校. 上海：上海古籍出版社，2019：253.
④ 陈献章. 陈献章全集[M]. 黎业明，编校. 上海：上海古籍出版社，2019：59.
⑤ 杨伯峻. 论语译注[M]. 北京：中华书局，1980：118-119.
⑥ 北京大学古文献研究所. 全宋诗：3册[M]. 北京：北京大学出版社，1998：2001-2002.
⑦ 王崇炳. 广性理吟[M]// 赵一生. 东阳丛书：15册. 杭州：浙江古籍出版社，2015：11.

下。尽其道而死者，正命也；桎梏死者，非正命也。"①

《太极》

不可名为《易》，讵堪号作元？杨子云作《太玄》以拟《易》。无形涵有象，有理摄无边。尚未陶人物，先凭铸坤乾。阴阳中对立，动静互回旋。合体非分授，区形各自全。不是将太极分与万物，万物各具一极，而总不离太极。拈将一茎草，触处具圆圈。②

朱熹《朱子语类》卷一："太极只是天地万物之理。在天地言，则天地中有太极；在万物言，则万物中各有太极。"③朱熹《朱子语类》卷九十四："太极只是个极好至善底道理。人人有一太极，物物有一太极。周子所谓太极，是天地人物万善至好底表德。"④

《阴阳》

阳屈阴司令，阴伸即是阳。伸时皆发育，屈处即潜藏。一理成通复，千途异翕张。肴为八卦体，还作五行纲。泽气通山液，霄明借日光。愿君秉龙德，畜牝以为刚。⑤

"泽气通山液"，《易·说卦》曰："天地定位，山泽通气。"⑥又云："山泽通气，然后能变化，既成万物也。"⑦《易·乾》："初九曰'潜龙勿用'，何谓也？子曰：'龙德而隐者也。不易乎世。'"⑧

《变化》

本是诚形积，皆由拟议成。《易》曰："拟议以成其变化。"两仪纷错综，一理妙纵横。似蠖随时屈，为龙不可名。浸寻分壮老，瞬息殊阴晴。世异经难守，时穷法用更。请君观《易》象，造化岂留行？⑨

《易·系辞上》："拟之而后言，议之而后动，拟议以成其变化。"⑩《易·系辞

---

① 杨伯峻.孟子译注[M].北京：中华书局，1960：301.
② 王崇炳.广性理吟[M]//赵一生.东阳丛书：15册.杭州：浙江古籍出版社，2015：11-12.
③ 朱熹.朱子全书·朱子语类：14册[M].上海：上海古籍出版社，2002：113.
④ 朱熹.朱子全书·朱子语类：17册[M].上海：上海古籍出版社，2002：3122.
⑤ 王崇炳.广性理吟[M]//赵一生.东阳丛书：15册.杭州：浙江古籍出版社，2015：12.
⑥ 李学勤.十三经注疏·周易正义[M].北京：北京大学出版社，1999：326.
⑦ 李学勤.十三经注疏·周易正义[M].北京：北京大学出版社，1999：329.
⑧ 李学勤.十三经注疏·周易正义[M].北京：北京大学出版社，1999：14.
⑨ 王崇炳.广性理吟[M]//赵一生.东阳丛书：15册.杭州：浙江古籍出版社，2015：12.
⑩ 李学勤.十三经注疏·周易正义[M].北京：北京大学出版社，1999：275.

上》："参伍以变，错综其数。"①《易·系辞上》："是故天生神物，圣人则之。天地变化，圣人效之。天垂象，见吉凶，圣人象之。河出图，洛出书，圣人则之。易有四象，所以示也。系辞焉，所以告也。定之以吉凶，所以断也。"②

《人心》

血气涵知觉，危同浪拍天。七情攻自内，万物诱吾前。忽鼓龙雷火，龙雷为无根之火。能枯性海泉。公私交战胜，理欲互持权。纵使随流转，终难丧本然。虽经人欲之蔽，而本体之明不息。反求全体见，即是执中传。③

"理欲互持权"，《礼记·乐记》："好恶无节于内，知诱于外，不能反躬，天理灭矣。夫物之感人无穷，而人之好恶无节，则是物至而人化物也。人化物也者，灭天理而穷人欲者也。"④"虽经人欲之蔽，而本体之明不息"，朱熹《大学章句》："明德者，人之所得乎天，而虚灵不昧，以具众理而应万事者也。但为气禀所拘，人欲所蔽，则有时而昏；然其本体之明，则有未尝息者。"⑤宋儒重视"允执厥中"的"执中之传"，视为尧舜心法根本所在。《尚书·大禹谟》："人心惟危，道心惟微，惟精惟一，允执厥中。"⑥

《道心》

人心能见道，即以道心名。风息波还定，尘消镜本清。四端凭主宰，万理待权衡。广似蟾辉摄，微同谷种萌。迷真群妄集，达妄一真呈。珍重十六字，森然铸鼎成。⑦

《传习录》中徐爱问阳明先生："'道心常为一身之主，而人心每听命。'以先生'精一'之训推之，此语似有弊。"先生曰："然。心一也，未杂于人谓之道心。杂以人伪谓之人心。人心之得其正者即道心，道心之失其正者即人心，初非有二心也。程子谓'人心即人欲，道心即天理'，语若分析而意实得之。今曰'道心为主，而人心听命'，是二心也。天理、人欲不并立，安有天理为主，人欲又从而听命者？"⑧"珍重十六字"，《尚书·大禹谟》："人心惟危，道心惟微，惟精惟

---

① 李学勤.十三经注疏·周易正义[M].北京：北京大学出版社，1999：284.
② 李学勤.十三经注疏·周易正义[M].北京：北京大学出版社，1999：290.
③ 王崇炳.广性理吟[M]//赵一生.东阳丛书：15册.杭州：浙江古籍出版社，2015：13.
④ 李学勤.十三经注疏·礼记正义[M].北京：北京大学出版社，1999：1083-1084.
⑤ 朱熹.朱子全书·大学章句：6册[M].上海：上海古籍出版社，2002：16.
⑥ 李学勤.十三经注疏·尚书正义[M].北京：北京大学出版社，1999：93.
⑦ 王崇炳.广性理吟[M]//赵一生.东阳丛书：15册.杭州：浙江古籍出版社，2015：13.
⑧ 王阳明.王阳明全集：新编本1册[M].吴光，编校.杭州：浙江古籍出版社，2010：7-8.

一,允执厥中。"①

《四德》

　　元为《乾》道始,亨是大通名。就实斯为利,归根乃号贞。显仁阳德布,《易·系辞》:"显诸仁,藏诸用。"藏用晏阴成。以定晏阴之所成,出《月令》。分位四时列,循环一气行。推移企是健,通复不离诚。周子:"元亨,诚之通;利贞,诚之复。"君子体乾道,天工要合并。《乾》卦文,言君子行此四德者。②

　　《易·系辞上》:"显诸仁,藏诸用。"③《礼记·月令》:"是月也,日长至,阴阳争,死生分。君子齐戒,处必掩身,毋躁。止声色,毋或进。薄滋味,毋致和。节嗜欲,定心气。百官静。事毋刑。以定晏阴之所成。"④周敦颐《通书·诚上第一》:"故曰:'一阴一阳之谓道,继之者善也,成之者性也。'元亨,诚之通;利贞,诚之复。"⑤"《乾》卦文,言君子行此四德者",《易经·乾卦·文言》曰:"元者善之长也,亨者嘉之会也,利者义之和也,贞者事之干也。君子体仁足以长人,嘉会足以合礼,利物足以和义,贞固足以干事。君子行此四德者,故曰'乾,元、亨、利、贞。'"⑥

《四端》

　　瓜姜分苦辣,梅李异甘酸。不有五常性,如何露四端?火然见初体,泉达得微澜。到处扩充急,当机察识难。每因入井动,还向过墟观。过墟墓而思哀。若使推恩遍,能教四海安。⑦

　　"四端""火然见初体,泉达得微澜""到处扩充急",《孟子·公孙丑上》:"恻隐之心,仁之端也;羞恶之心,义之端也;辞让之心,礼之端也;是非之心,智之端也。人之有是四端也,犹其有四体也。有是四端而自谓不能者,自贼者也;谓其君不能者,贼其君者也。凡有四端于我者,知皆扩而充之矣,若火之始然,泉之始达。苟能充之,足以保四海;苟不充之,不足以事父母。"⑧"每因入井动",《孟子·公孙丑上》:孟子曰:"人皆有不忍人之心。先王有不忍人之心,斯有不忍

---

① 李学勤.十三经注疏·尚书正义[M].北京:北京大学出版社,1999:93.
② 王崇炳.广性理吟[M]//赵一生.东阳丛书:15册.杭州:浙江古籍出版社,2015:13-14.
③ 李学勤.十三经注疏·周易正义[M].北京:北京大学出版社,1999:270.
④ 李学勤.十三经注疏·礼记正义[M].北京:北京大学出版社,1999:505-506.
⑤ 周敦颐.周敦颐集[M].梁绍辉,徐苏铭,点校.长沙:岳麓书社,2007:65.
⑥ 李学勤.十三经注疏·周易正义[M].北京:北京大学出版社,1999:12.
⑦ 王崇炳.广性理吟[M]//赵一生.东阳丛书:15册.杭州:浙江古籍出版社,2015:14.
⑧ 杨伯峻.孟子译注[M].北京:中华书局,1960:80.

人之政矣。以不忍人之心，行不忍人之政，治天下可运之掌上。所以谓人皆有不忍人之心者，今人乍见孺子将入于井，皆有怵惕恻隐之心——非所以内交于孺子之父母也，非所以要誉于乡党朋友也，非恶其声而然也。"① "若使推恩遍，能教四海安"，《孟子·梁惠王上》："故推恩足以保四海，不推恩无以保妻子。"②

《明明德》

欲启乾坤耀，毋为自照萤。早求益智学，兼颂息心铭。慧剑常须砺，明珠勿自扃。发光俱遍现，秉体本虚灵。一大包全理，千区别众形。乘时握元运，瑞日出重溟。③

王崇炳《书筌随笔》："朱子注'明德'云：'但为气禀所拘，人欲所蔽，则有时而昏；然其本体之明，则有未尝息者。'此即天理之本然，不为尧存，不为桀亡，在圣贤而不增，在凡庸而不减，处定静而不寂，居烦杂而不乱者也。这个主人，与你同生同死，而未尝一见其面，惜哉！"④ "明明德"，《大学》："大学之道，在明明德，在亲民，在止于至善。"僧亡名《息心铭》："古之摄人心页，戒之哉！戒之哉！无多虑，无多知。多知多事，不如息意。多虑多失，不如守一。虑多志散，知多心乱。心乱生恼，志散妨道。勿谓何伤，其苦悠长。勿言何畏，其祸鼎沸。滴水不停，四海将盈。纤尘不拂，五岳将成。防末在本，虽小不轻。关尔七窍，闭尔六情。莫视于色，莫听于声。闻声者聋，见色者盲。一文一艺，空中小蚋。一伎一能，日下孤灯。英贤才艺，是为愚蔽。舍弃淳朴，耽溺淫丽。识马易奔，心猿难制。神既劳役，形必损毙。邪行终迷，修途永泥。莫贵才能，日益惛瞢。夸拙羡巧，其德不弘。名厚形薄，其高速崩。内怀憍伐，外致怨憎。或谈于口，或书于手。邀人令誉，亦孔之丑。凡谓之吉，圣谓之咎。赏玩暂时，悲哀长久。畏影畏迹，逾远逾极。端坐树阴，迹灭影沈。厌生患老，随思随造。心想若灭，生死长绝。不死不生，无相无名。一道虚寂，万物齐平。何贵何贱？何辱何荣？何胜何劣？何重何轻？澄天愧净，皎日惭明。安夫岱岭，同彼金城。敬贻贤哲，斯道利贞。"⑤ "秉体本虚灵"，朱熹《大学章句》："明德者，人之所得乎天，而虚灵不昧，以具众理而应万事者也。"⑥《传习录·答顾东桥书》："心者身之主也，

---

① 杨伯峻. 孟子译注[M]. 北京：中华书局，1960：79-80.
② 杨伯峻. 孟子译注[M]. 北京：中华书局，1960：16.
③ 王崇炳. 广性理吟[M]// 赵一生. 东阳丛书：15册. 杭州：浙江古籍出版社，2015：14.
④ 王崇炳. 学稼堂文集[M]// 赵一生. 东阳丛书：15册. 杭州：浙江古籍出版社，2015：1.
⑤ 道原. 景德传灯录译注[M]. 顾宏义，译注. 上海：上海书店出版社，2010：2405.
⑥ 朱熹. 朱子全书·大学章句：6册[M]. 上海：上海古籍出版社，2002：16.

而心之虚灵明觉，即所谓本然之良知也。其虚灵明觉之良知，应感而动者谓之意；有知而后有意，无知则无意矣。"①

《止至善》

义理当然极，传中允在兹。似车循正轨，如器出圆规。堂陛宜忠敬，家庭守孝慈。须求一理粹，难杂半毫私。知必开离照，《离·卦象》："大人以继明照于四方。"行当体艮思，《艮·卦象》："君子思不出其位。"邦畿王会地，莫向异途驰。②

"允在兹"，《左传·哀公六年》："允出兹在兹，由己率常可矣。"③《周易·离》："大人以继明照于四方。"④《周易·艮》："君子以思，不出其位。"⑤

《格物》

有物必有则，咸从太极生。群分与类聚，一理各圆成。体统一太极，物物一太极。卦本龙图出，书由鸟迹呈。五行皆异象，六律不同声。要使区形别，先求镜体明。指南不自定，鉴物岂能精？⑥

"有物必有则"，《诗经·大雅·烝民》："天生烝民，有物有则。"⑦程颐："天下物皆可以理照，有物必有则，一物须有一理。"⑧"群分与类聚"，《周易·系辞上》："方以类聚，物以群分。"⑨《战国策·齐策三》："夫鸟同翼者而聚居，兽同足者而俱行。"⑩"体统一太极，物物一太极"，朱熹《朱子语类》卷九十四："盖体统是一极，然又一物各具一太极。"⑪

《谨独》

众中皆有独，独处众皆窥。起念已先觉，休云人不知。圣狂途始判，人鬼路方歧。诚意是人鬼关。去伪同防寇，存诚似育儿。主人莫放睡，锁钥合严持。一息提撕懈，终无自慊时。⑫

---

① 王阳明.王阳明全集：新编本1册[M].吴光，编校.杭州：浙江古籍出版社，2010：52.
② 王崇炳.广性理吟[M]//赵一生.东阳丛书：15册.杭州：浙江古籍出版社，2015：15.
③ 李李学勤.十三经注疏·春秋左传正义[M].北京：北京大学出版社，1999：1637.
④ 李学勤.十三经注疏·周易正义[M].北京：北京大学出版社，1999：135.
⑤ 李学勤.十三经注疏·周易正义[M].北京：北京大学出版社，1999：214.
⑥ 王崇炳.广性理吟[M]//赵一生.东阳丛书：15册.杭州：浙江古籍出版社，2015：15.
⑦ 程俊英，蒋见元.诗经注析[M].北京：中华书局，1991：896.
⑧ 程颢，程颐.二程集·河南程氏遗书[M].王孝鱼，点校.北京：中华书局，1981：193.
⑨ 李学勤.十三经注疏·周易正义[M].北京：北京大学出版社，1999：258.
⑩ 刘向.战国策笺证[M].范祥雍，笺证.范邦瑾，协校.上海：上海古籍出版社，2006：610.
⑪ 朱熹.朱子全书·朱子语类：17册[M].上海：上海古籍出版社，2002：3167.
⑫ 王崇炳.广性理吟[M]//赵一生.东阳丛书：15册.杭州：浙江古籍出版社，2015：15-16.

"诚意是人鬼关",朱熹《朱子语类》:"又曰'诚意是人鬼关。'诚得来是人,诚不得是鬼。"①

《絜矩》

有觉皆含性,怀生岂异情!一中归拟议,万事待裁成。运用四方正,措施八面平。皇途开坦荡,寰宇绝欹倾。道出藏身恕,功由格物精。九州王化里,处处受钧衡。②

《礼记·大学》:"所谓平天下在治其国者,上老老而民兴孝,上长长而民兴弟,上恤孤而民不倍,是以君子有絜矩之道也。"郑玄注:"絜,犹结也,挈也;矩,法也。君子有挈法之道,谓当执而行之,动作不失之。"③朱熹集注:"絜,度也。矩,所以为方也……是以君子必当因其所同,推以度物,使彼我之间各得分愿,则上下四旁均齐方正,而天下平矣。"④"道出藏身恕",《大学》:"君子有诸己而后求诸人,无诸己而后非诸人。所藏乎身不恕而能喻诸人者,未之有也。"⑤"功由格物精",《大学》:"致知在格物。物格而后知至。"⑥

《中和》

太极涵虚体,是天地之中。从兹运化工。是天地之和。至和名达道,大本不离中。寂若形声泯,是言中。感通好恶同。是言和。居心绝偏倚。是言中。处世普冲融。是言和。兼备显藏体,分司礼乐功。二句兼言中和。参天与育物,只向本真充。仍讲到天地。⑦

《中庸》:"喜怒哀乐之未发谓之中,发而皆中节谓之和。中也者,天下之大本也。和也者,天下之达道也。致中和,天地位焉,万物育焉。"⑧"太极涵虚体",陈献章《神泉八景为饶鉴赋其四赠之(其一)太极涵虚》:"混沌固有初,浑沦本无物。万化自流形,何处寻吾一?"⑨"参天与育物,只向本真充",《中庸》:"唯天下至诚,为能尽其性。能尽其性,则能尽人之性。能尽人之性,则能尽物之性。

---

① 朱熹.朱子全书·朱子语类:14册[M].上海:上海古籍出版社,2002:481.
② 王崇炳.广性理吟[M]//赵一生.东阳丛书:15册.杭州:浙江古籍出版社,2015:16.
③ 李学勤.十三经注疏·礼记正义[M].北京:北京大学出版社,1999:1600.
④ 朱熹.朱子全书·大学章句:6册[M].上海:上海古籍出版社,2002:24.
⑤ 李学勤.十三经注疏·礼记正义[M].北京:北京大学出版社,1999:1600.
⑥ 李学勤.十三经注疏·礼记正义[M].北京:北京大学出版社,1999:1592.
⑦ 王崇炳.广性理吟[M]//赵一生.东阳丛书:15册.杭州:浙江古籍出版社,2015:16.
⑧ 李学勤.十三经注疏·礼记正义[M].北京:北京大学出版社,1999:1422.
⑨ 陈献章.陈献章全集[M].黎业明,编校.上海:上海古籍出版社,2019:761.

能尽物之性，则可以赞天地之化育。可以赞天地之化育，则可以与天地参矣。"①

《忠恕》

忠是中心义，如心乃恕名。天人虽异理，忠为天道，恕为人道。体用不离诚。我欲通人欲，人情即己情。推心金节合，称物玉衡平。违道夫何远？终身可以行。不劳求一贯，二字是前程。②

"忠是中心义，如心乃恕名"，邢昺《论语注疏》："忠，谓尽中心也。恕，谓忖己度物也。"③朱熹《论语集注》："尽己之谓忠，推己之谓恕。……或曰：'中心为忠，如心为恕。'于义亦通。"④"称物玉衡平"，朱子曰："主于内为忠，见于外为恕。忠是无一毫自欺处，恕是'称物平施'处。"⑤"忠为天道，恕为人道"，二程说："忠者天理，恕者人道。忠者无妄，恕者所以行乎忠也。忠者体，恕者用，大本达道也。此与'违道不远'异者，动以天尔。"⑥"违道夫何远？终身可以行。不劳求一贯，二字是前程"，《中庸》："忠恕违道不远，施诸己而不愿，亦勿施于人。"⑦《论语·卫灵公》：子贡问曰："有一言而可以终身行之者乎？"子曰："其恕乎！己所不欲，勿施于人。"⑧《论语·里仁》："子曰：'参乎！吾道一以贯之。'曾子曰：'唯！'子出，门人问曰：'何谓也？'曾子曰：'夫子之道，忠恕而已矣。'"⑨

《求放心》

真宰宜居位，茫茫何所之？放焉无定处，求即在于斯。朱子曰："不是别去求个心来，只才觉放心便在此。"才起呼猿想，旋为入室时。既因克念得，仍恐物交离。动静常收敛，操存戒把持。朱子曰："无一分着力处，亦无一分不着力处。"辔衔恒在手，南北任驰驱。⑩

《孟子·告子上》："学问之道无他，求其放心而已矣。"⑪《朱子语类》卷

---

① 李学勤.十三经注疏·礼记正义[M].北京：北京大学出版社，1999：1448.
② 王崇炳.广性理吟[M]//赵一生.东阳丛书：15册.杭州：浙江古籍出版社，2015：16-17.
③ 李学勤.十三经注疏·论语注疏[M].北京：北京大学出版社，1999：51.
④ 朱熹.朱子全书·论语集注：6册[M].上海：上海古籍出版社，2002：96.
⑤ 朱熹.朱子全书·朱子语类：15册[M].上海：上海古籍出版社，2002：968.
⑥ 程颢，程颐.二程集·河南程氏遗书[M].王孝鱼，点校.北京：中华书局，1981：124.
⑦ 李学勤.十三经注疏·礼记正义[M].北京：北京大学出版社，1999：1431.
⑧ 杨伯峻.论语译注[M].北京：中华书局，1980：166.
⑨ 杨伯峻.论语译注[M].北京：中华书局，1980：39.
⑩ 王崇炳.广性理吟[M]//赵一生.东阳丛书：15册.杭州：浙江古籍出版社，2015：17.
⑪ 杨伯峻.孟子译注[M].北京：中华书局，1960：267.

一百一十三："所谓求放心者，非是别去求个心来存著，只才觉放，心便在此。"①《朱子语类》卷十二："人能存得敬，则吾心湛然，天理粲然，无一分着力处，亦无一分不着力处。"②

《夜气》

旦昼趋朝市，纷纷各有营。上床眠一觉，刻漏报三更。隐隐天心动，微微惭汗生。玄穹泰宇定，"泰宇定"出《庄子》。虚室梦魂清。目瞑群邪息，神恬本体呈。教君频克念，常似听鸡鸣。③

"泰宇定"，《庄子·庚桑楚》："宇泰定者，发乎天光。发乎天光者，人见其人，物见其物。人有修者，乃今有恒。有恒者，人舍之，天助之。人之所舍，谓之天民；天之所助，谓之天子。"④

《践形》

秉性符三极，肖形合两仪。一真归保合，万理溢敷施。不懋性情德，能无形器亏？五官皆顺则，四体必中规。灵秀非虚立，纷纭半走尸。天彝如未尽，徒自号须眉。⑤

"践形"，《孟子·尽心上》："形色，天性也；惟圣人然后可以践形。"⑥"三极"，《易·系辞上》："六爻之动，三极之道也。"王弼注："三极，三材也。"⑦"万理溢敷施"，《朱子语类》卷五："性是理，心是包含该载，敷施发用底。"⑧

《君道》

九州安乐育，起化在深宫。执极存无逸，虚心秉至公。万民忧乐共，四国隐微通。近色王心荡，亲贤圣德崇。调元先论相，分职课群工。莫以才知驭，苍黎赤子同。⑨

"执极存无逸"，《尚书·无逸》：周公曰："呜呼！君子所其无逸。先知稼穑之艰难，乃逸，则知小人之依。相小人，厥父母勤劳稼穑，厥子乃不知稼穑之艰

---

① 朱熹.朱子全书·朱子语类：18 册[M].上海：上海古籍出版社，2002：3596.
② 朱熹.朱子全书·朱子语类：14 册[M].上海：上海古籍出版社，2002：372.
③ 王崇炳.广性理吟[M]//赵一生.东阳丛书：15 册.杭州：浙江古籍出版社，2015：17.
④ 曹础基.庄子浅注[M].北京：中华书局，2000：348.
⑤ 王崇炳.广性理吟[M]//赵一生.东阳丛书：15 册.杭州：浙江古籍出版社，2015：18.
⑥ 杨伯峻.孟子译注[M].北京：中华书局，1960：319.
⑦ 李学勤.十三经注疏·周易正义[M].北京：北京大学出版社，1999：263.
⑧ 朱熹.朱子全书·朱子语类：14 册[M].上海：上海古籍出版社，2002：223.
⑨ 王崇炳.广性理吟[M]//赵一生.东阳丛书：15 册.杭州：浙江古籍出版社，2015：18.

难,乃逸乃谚。既诞,否则侮厥父母曰:'昔之人无闻知。'"①"亲贤圣德崇",《宋史·颜师鲁传》:迁吏部侍郎,寻除吏部尚书兼侍讲,屡抗章请老,以龙图阁直学士知泉州。台谏、侍从相继拜疏,引唐孔戣事以留行。内引,奏言:"愿亲贤积学,以崇圣德,节情制欲,以养清躬。"②

《相道》

启沃资贤佐,中台位望隆。仪型师百辟,知略慑群雄。坐使三纲正,能教万国同。休容布衣色,吐握大儒风。弭变持衡地,销萌纳牖中。功成不赖宠,拂袖蹑冥鸿。③

"启沃",《尚书·说命上》:"启乃心,沃朕心。"孔颖达疏:"当开汝心所有,以灌沃我心。欲令以彼所见,教己未知故也。"④后因以"启沃"谓竭诚开导、辅佐君王。"中台位望隆",马祖常《秋谷平章生日》:"上宰儒宗重,中台位望隆。""仪型师百辟",《尚书·洛诰》:"汝其敬识百辟享,亦识其有不享。"⑤"吐握大儒风",《史记·鲁周公世家》卷三十三:周公戒伯禽曰:"我文王之子,武王之弟,成王之叔父,我于天下亦不贱矣。然我一沐三捉发,一饭三吐哺,起以待士,犹恐失天下之贤人。子之鲁,慎无以国骄人。"⑥《易·坎》:"六四:樽酒簋贰,用缶,纳约自牖,终无咎。"⑦程颐传:"纳约谓进结于君之道。牖,开通之义。室之暗也,故设牖所以通明。自牖,言自通明之处,以况君心所明处……人臣以忠信之道结于君心,必自其所明处乃能入也。"⑧后遂以"纳牖"谓导人于善。

《师道》

经师容易得,难得是人师。尚未登贤路,如何广教思?铸金为鼎鼐,范土作卮匜。橐钥因天地,陶镕用坎离。良工无弃物,化雨必随时。所以裁成德,恩同堂上慈。⑨

---

① 李学勤.十三经注疏·尚书正义[M].北京:北京大学出版社,1999:429.
② 脱脱.宋史[M].北京:中华书局,1977:11933.
③ 王崇炳.广性理吟[M]//赵一生.东阳丛书:15册.杭州:浙江古籍出版社,2015:18.
④ 李学勤.十三经注疏·尚书正义[M].北京:北京大学出版社,1999:248.
⑤ 李学勤.十三经注疏·尚书正义[M].北京:北京大学出版社,1999:410.
⑥ 司马迁.史记[M].北京:中华书局,1959:1518.
⑦ 李学勤.十三经注疏·周易正义[M].北京:北京大学出版社,1999:132.
⑧ 程颢,程颐.二程集·河南程氏遗书[M].王孝鱼,点校.北京:中华书局,1981:847.
⑨ 王崇炳.广性理吟[M]//赵一生.东阳丛书:15册.杭州:浙江古籍出版社,2015:19.

晋袁宏《后汉纪·灵帝纪》："昭曰：'盖闻经师易遇，人师难遭'。"①"橐钥"，《老子》第五章："天地之间，其犹橐籥乎。"②"良工无弃物"，宋代徐铉《送吴郎西使成州》："所向皆为道，遐征岂足辞。中华垂尽处，别路正秋时。高阁兰台笔，闲吟板屋诗。良工无弃物，珍重岁寒姿。"③

《吏道》

皇帝怀中子，亲交守土臣。呼君为父母，烦尔善调驯。职事皆家事，民身即己身。居官岂怀宠？申道漫忧贫。要切如伤志，须存抚字仁。脂膏尔俸禄，莫作路旁人。④

《干禄》

矻矻何为者？咸思作好官。谁知得意处，都是启羞端。名至常应惧，身荣未足欢。见闻先用广，疑殆不堪安。尤悔来时易，枢机发处难。教君慎言行，有禄不须干。⑤

干禄，即求仕进，从政谋求官职的意思。干，追求的意思。禄，旧指官吏的俸给，又称俸禄。《诗经·大雅·旱麓》："岂弟君子，干禄岂弟。"⑥《论语·为政》："子张学干禄。"⑦后来引申为钻营当官、追名逐利，含贬义。

《玉韫山含辉》此下制艺体换韵

林峦萃佳气，有物在昆岗。未受郊坛荐，先增草木光。清辉传粹美，懿质抱纯良。特达终难掩，精神不自藏。山川露虹彩，云物献天章。倘入荆人目，连城未易偿。⑧

朱熹《斋居感兴二十首》其三："珠藏泽自媚，玉韫山含晖。"⑨

《珠藏泽自媚》

赤水有遗宝，形潜色自扬。乃知经寸质，能发一川光。望气钦无价，沂泉识所藏。蛇含吐清润，骊抱透芬芳。照乘精难掩，沉渊德本良。圆莹全五色，价值

---

① 袁宏.后汉纪[M].张烈，点校.北京：中华书局，2002：450.
② 朱谦之.老子校释[M].北京：中华书局，1984：23.
③ 北京大学古文献研究所.全宋诗：1册[M].北京：北京大学出版社，1998：127.
④ 王崇炳.广性理吟[M]//赵一生.东阳丛书：15册.杭州：浙江古籍出版社，2015：19.
⑤ 王崇炳.广性理吟[M]//赵一生.东阳丛书：15册.杭州：浙江古籍出版社，2015：19.
⑥ 程俊英，蒋见元.诗经注析[M].北京：中华书局，1991：769.
⑦ 杨伯峻.论语译注[M].北京：中华书局，1980：19.
⑧ 王崇炳.广性理吟[M]//赵一生.东阳丛书：15册.杭州：浙江古籍出版社，2015：20.
⑨ 朱熹.朱子全书·晦庵先生朱文公文集：20册[M].上海：上海古籍出版社，2002：361.

比圭璋。①

《礼记·礼器》："圭璋特。"孔颖达疏："'圭璋特'者，圭璋，玉中之贵也。特，谓不用他物媲之也。诸侯朝王以圭，朝后执璋，表德特达，不加物也。"②

《瑞日祥云》朱子赞程伯子

大贤为世法，乾德体全彰。初日一轮霁，油云五色翔。钦容争睹瑞，觌貌即为祥。共被朝曦曜，还呈碧汉章。仪型瞻有象，区宇望生光。欲悬无瑕质，涵濡理义场。③

朱熹《六先生画像赞·明道先生》："扬休山立，玉色金声。元气之会，浑然天成。瑞日祥云，和风甘雨。龙德正中，厥施斯普。"④

《和风甘雨》

盎然温粹质，吐纳泄天和。吹面冲襟惬，沾衣乐意多：如薰消酷烈，似醴积滂沱。披拂苏寒草，淋漓翼早禾。施仁非有意，润物本无科。居处占丰稔，遥闻《击壤歌》。⑤

朱熹《六先生画像赞·明道先生》：扬休山立，玉色金声。元气之会，浑然天成。瑞日祥云，和风甘雨。龙德正中，厥施斯普。"如薰消酷烈，似醴积滂沱"，左思《三都赋·魏都赋》："蕙风如薰，甘露如醴。"⑥《击壤歌》，"天下大和，百姓无事，有八十老人击壤于道，观者叹曰：'大哉，帝之德也。'老人曰：'吾日出而作，日入而息，凿井而饮，耕田而食，帝何力于我有哉！'"⑦（《帝王世纪》）

《中天照万国》朱子《感兴》诗上句是"太一有常居"

太一司魁柄，诸方尽拱乾。分光临大块，正位丽中天。运轴周无外，常居更不迁。九州瞻斗极，六气应星躔。禹甸垂辉遍，尧疆兼照全。圜穹悬帝则，恭默握钧权。⑧

朱熹《斋居感兴二十首》其九："微月堕西岭，烂然众星光。明河斜未落，斗柄低复昂。感此南北极，枢轴遥相当。太一有常居，仰瞻独煌煌。中天照四国，

---

① 王崇炳.广性理吟[M]//赵一生.东阳丛书：15册.杭州：浙江古籍出版社，2015：20.
② 李学勤.十三经注疏·礼记正义[M].北京：北京大学出版社，1999：728.
③ 王崇炳.广性理吟[M]//赵一生.东阳丛书：15册.杭州：浙江古籍出版社，2015：20.
④ 朱熹.朱子全书·晦庵先生朱文公文集：24册[M].上海：上海古籍出版社，2002：4002.
⑤ 王崇炳.广性理吟[M]//赵一生.东阳丛书：15册.杭州：浙江古籍出版社，2015：21.
⑥ 萧统.六臣注文选[M].李善，吕延济，刘良，等，注.北京：中华书局，1987：124.
⑦ 皇甫谧，宋翔凤，钱宝塘.帝王世纪 山海经 逸周书[M].沈阳：辽宁教育出版社，1997：10.
⑧ 王崇炳.广性理吟[M]//赵一生.东阳丛书：15册.杭州：浙江古籍出版社，2015：21.

三辰环侍旁。人心要如此，寂感无边方。"①《史记·天官书》："中宫天极星，其一明者，太一常居也。"②"禹甸"，《诗经·小雅·信南山》："信彼南山，维禹甸之。"③后作为中国的代称。

《妙用原从乐处生》

尧舜垂衣治，孔颜疏食情。一几常活活，万理各生生。时习方知味，忘忧始致精。穷通皆自得，上下共流行。律转梅花发，春回鸟语清。请君寻至乐，体易妙权衡。④

朱熹《次卜掌书落成白鹿佳句》："重营旧馆喜初成，要共群贤听鹿鸣。三爵何妨奠苹藻，一编讵敢议明诚？深源定自闲中得，妙用元从乐处生。莫问无穷庵外事，此心聊与此山盟。"⑤ "尧舜垂衣治"，《周易·系辞下》："黄帝、尧、舜垂衣裳而天下治，盖取诸乾、坤。"⑥ "孔颜疏食情"，《论语·述而》：子曰："饭疏食饮水，曲肱而枕之，乐亦在其中矣。"⑦

《庭院无风花自飞》

闲庭昼景静，花落岂因风？不借吹嘘力，还成造化功。联翩纷砌艳，忽漫透窗红。祸厕终难定，亏盈事不同。落迟春似倦，堕久日犹烘。要识开时意，余香在碧丛。⑧

邵雍《暮春吟》："林下居常睡起迟，那堪车马近来稀。春深昼永帘垂地，庭院无风花自飞。"⑨

《万物静观皆自得》

众万各生性，高贤有旷观。庭前留茂草，天际送飞翰。动植情难易，行藏理殊端。帝庭云五色，颜巷日三竿。素位心皆乐，居仁境自安。此言如未省，请向静中看。⑩

---

① 朱熹.朱子全书·晦庵先生朱文公文集：20 册[M].上海：上海古籍出版社，2002：362.
② 司马迁.史记[M].北京：中华书局，1959：1289.
③ 程俊英，蒋见元.诗经注析[M].北京：中华书局，1991：664.
④ 王崇炳.广性理吟[M]//赵一生.东阳丛书：15 册.杭州：浙江古籍出版社，2015：21.
⑤ 朱熹.朱子全书·晦庵先生朱文公文集：20 册[M].上海：上海古籍出版社，2002：473-474.
⑥ 李学勤.十三经注疏·周易正义[M].北京：北京大学出版社，1999：300.
⑦ 杨伯峻.论语译注[M].北京：中华书局，1980：70-71.
⑧ 王崇炳.广性理吟[M]//赵一生.东阳丛书：15 册.杭州：浙江古籍出版社，2015：22.
⑨ 邵雍.伊川击壤集[M].陈明，点校.上海：学林出版社，2003：167.
⑩ 王崇炳.广性理吟[M]//赵一生.东阳丛书：15 册.杭州：浙江古籍出版社，2015：22.

程颢《秋日偶成二首》其二："闲来无事不从容，睡觉东窗日已红。万物静观皆自得，四时佳兴与人同。道通天地有形外，思入风云变态中。富贵不淫贫贱乐，男儿到此是豪雄。"①孟郊《蜘蛛讽》："万类皆有性，各各禀天和。"②"庭前留茂草"，《二程遗书》卷三曰："周茂叔窗前草不除去，问之，云：'与自家意思一般。'"③"素位心皆乐"，《礼记·中庸》："君子素其位而行，不愿乎其外。"④"居仁境自安"，《孟子·尽心上》："居仁由义，大人之事备矣。"⑤《孟子·离娄上》："吾身不能居仁由义，谓之自弃也。"⑥

《四时佳兴与人同》

四季韶光好，同人亦最宜。生民各有欲，造化本无私。春夏山川丽，秋冬景物奇。愿将同乐意，普作不言施。洙泗安怀日，沂雩风浴时。当前各自足，何用橐中资！⑦

程颢《秋日偶成》："闲来无事不从容，睡觉东窗日已红。万物静观皆自得，四时佳兴与人同。道通天地有形外，思入风云变态中。富贵不淫贫贱乐，男儿到此是豪雄。"⑧"生民各有欲"，《尚书·仲虺之诰》："仲虺乃作诰，曰：'呜呼！惟天生民有欲，无主乃乱，惟天生聪明时乂。'"⑨"造化本无私"，周必大《立春帖子·皇帝阁》其三："暖律催花花，晴晖活柳枝。发生虽有信，造化本无私。"⑩《礼记·檀弓上》："吾与女事夫子于洙、泗之间。"⑪后多以"洙泗"代称孔子及儒家。"安怀"，《论语·公冶长》："子路曰：'愿闻子之志。'子曰：'老者安之，朋友信之，少者怀之。'"⑫"沂雩风浴时"，《论语·先进》："浴乎沂，风乎舞雩，咏而归。"⑬后

---

① 程颢，程颐.二程集·河南程氏遗书[M].王孝鱼，点校.北京：中华书局，1981：482.
② 孟郊.孟郊集校注[M].韩泉欣，校注.杭州：浙江古籍出版社，2012：393.
③ 程颢，程颐.二程集·河南程氏遗书[M].王孝鱼，点校.北京：中华书局，1981：60.
④ 李学勤.十三经注疏·礼记正义[M].北京：北京大学出版社，1999：1431.
⑤ 杨伯峻.孟子译注[M].北京：中华书局，1960：316.
⑥ 杨伯峻.孟子译注[M].北京：中华书局，1960：172.
⑦ 王崇炳.广性理吟[M]//赵一生.东阳丛书：15册.杭州：浙江古籍出版社，2015：22.
⑧ 程颢，程颐.二程集·河南程氏遗书[M].王孝鱼，点校.北京：中华书局，1981：482.
⑨ 李学勤.十三经注疏·尚书正义[M].北京：北京大学出版社，1999：196.
⑩ 周必大.文忠集[M]//影印文渊阁四库全书编纂委员会.影印文渊阁四库全书 集部：1148册.台北：台湾商务印书馆，1986：313.
⑪ 李学勤.十三经注疏·礼记正义[M].北京：北京大学出版社，1999：202.
⑫ 杨伯峻.论语译注[M].北京：中华书局，1980：52.
⑬ 杨伯峻.论语译注[M].北京：中华书局，1980：119.

多用"浴沂"喻一种怡然处世的高尚情操。

《万紫千红总是春》

众卉殊颜色，兼资造化工。锦铺千树紫，猩染万花红。随地舒根异，乘时破萼同。各从元始运，均在太和中。叶叶滋灵雨，枝枝翼暖风。上林谁秉令？无极一苍翁。①

朱熹《春日》："胜日寻芳泗水滨，无边光景一时新。等闲识得东风面，万紫千红总是春。"②"乘时破萼同"，朱熹《元范尊兄示及十梅诗》："梅花破萼时，瘴雨吹成雪。驿使忽相逢，无言似愁绝。"③"无极一苍翁"，朱熹《奉同张敬夫城南二十咏·濯清》："涉江采芙蓉，十反心无斁。不遇无极翁，深衷竟谁识？"④

《天光云影共徘徊》

湛湛天沉水，霏霏云覆天。玄穹虚体定，苍翠绣纹连。荡漾形频异，参差影互穿。浅深相掩映，上下共澄鲜。巧绘真难似，奇章出自然。谁知一鉴地，清彻摄无边。⑤

朱熹《观书有感》其一："半亩方塘一鉴开，天光云影共徘徊。问渠那得清如许？为有源头活水来。"⑥

《为有源头活水来》

莫惜滔滔去，旋看汩汩来。趋卑循曲折，遇坎即潆洄。波静千寻彻，源从一勺开。盈科行有渐，放海若为催。不见蒙泉细，徒惊雪浪堆。朝宗环大块，扶日出蓬莱。⑦

---

① 王崇炳. 广性理吟[M]// 赵一生. 东阳丛书：15 册. 杭州：浙江古籍出版社，2015：23.
② 朱熹. 朱子全书·晦庵先生朱文公文集：20 册[M]. 上海：上海古籍出版社，2002：285.
③ 朱熹. 朱子全书·晦庵先生朱文公文集：20 册[M]. 上海：上海古籍出版社，2002：471.
④ 朱熹. 朱子全书·晦庵先生朱文公文集：20 册[M]. 上海：上海古籍出版社，2002：318.
⑤ 王崇炳. 广性理吟[M]// 赵一生. 东阳丛书：15 册. 杭州：浙江古籍出版社，2015：23.
⑥ 朱熹. 朱子全书·晦庵先生朱文公文集：20 册[M]. 上海：上海古籍出版社，2002：286.
⑦ 王崇炳. 广性理吟[M]// 赵一生. 东阳丛书：15 册. 杭州：浙江古籍出版社，2015：23.

第十一章　乡邦文献的整理

何元显《王鹤潭先生行述》云："金华四先生书暨吕东莱集多澌缺，先生极意搜访，俱获重梓，其表彰先贤，独见诚切。"[1]王崇炳不知疲倦地精择先儒之遗书的整理和刊布工作。他较为赞赏金履祥十八世孙金孔时重刻《金仁山文集》和许谦弟子刊印《许白云先生遗集》的善举，并亲自为之校订、编帖、作序。他在《重刻金仁山先生文集序》中说："一国之人才，犹黍苗也；先贤之绪言，犹和风甘雨也。和风甘雨作于上，则黍苗勃然兴起；钟镛笙管杂奏并作，则必有起舞而登场者。"[2]其盼才育才之心甚切。

一、吕祖谦《东莱文集》

吕祖谦（1137—1181），字伯恭，婺州金华（今浙江金华）人。隆兴元年（1163）进士，复中博学宏词科，调南外宗教。除太学博士，添差严州教授，寻召为博士兼国史院编修官、实录院检讨官。父忧免丧，主管台州崇道观。越三年，除秘书郎、国史院编修官、实录院检讨官。重修《徽宗实录》，书成，迁著作郎，以末疾，请祠归。受诏诠择《圣宋文海》，淳熙六年（1179）书成，赐名《皇朝文鉴》，诏除直秘阁。寻主管冲祐观。明年，除著作郎兼国史院编修官。卒，年四十五，谥曰成。《宋史》卷四三四有传。

吕祖谦为尚书右丞好问之孙，其学本之家庭，有中原文献之传。曾师事林之奇，又与张栻、朱熹为友，并称"东南三贤"。学术以关、洛为宗，但又偏向"心学"，力图调和道学、心学而归于一。同时，因曾为学官，故注重时文研究，好苏氏词章，又欲调和理学与词章之学。吕祖谦博学多识，主张明理躬行，学以致

---

[1] 东阳河汾王氏宗谱[M]//黄灵庚，陶诚华.重修金华丛书：189册.上海：上海古籍出版社，2014：15.
[2] 王崇炳.学稼堂文集[M]//赵一生.东阳丛书：15册.杭州：浙江古籍出版社，2015：44.

用，反对空谈心性，开"浙东学派"之先声。他所创立的"婺学"，是当时较具影响的学派。其著有《东莱集》《历代制度详说》《东莱博议》等，并与朱熹合著《近思录》。

吕祖谦生前所辑，乃其弟祖俭及从子乔年于嘉泰四年（1204）编刊，吕乔年跋谓分正集、别集、外集、附录，"大凡四十卷"。陈振孙《直斋书录解题》卷一八著录家编本，为《东莱吕太史集》十五卷、《别集》十六卷、《外集》五卷、《附录》三卷。《通考》二卷，《宋志》亦同。嘉泰四年所刊板片明代犹残存，故今各图书馆著录宋本及宋刻元、明递修本多达七部（包括残本）。国家图书馆即藏有五部，皆系递修本。台北"中央图书馆"皮藏一部。瞿氏《铁琴铜剑楼藏书目录》卷二一著录宋刊本，其内容结构详尽："文集凡诗一卷，表奏一卷，奏状、札子一卷，启一卷，策问一卷，记、序、铭、赞、辞一卷，题跋一卷，祭文、祝文一卷，行状一卷，墓志铭四卷，传一卷，纪事一卷。其《庚子辛丑日记》于淳熙九年（1182）朱子跋公殁后一年作也。《别集》凡家范六卷，尺牍五卷，读书杂记四卷，师友问答一卷。《外集》凡策问二卷，宏词进卷、试卷共二卷，诗文拾遗一卷。文集附录凡年谱、圹记一卷，祭文、像赞、哀诗三卷。《拾遗》存《祠堂记》《祠堂祭文》，余残阙。《丽泽论说集录》皆门人所集录者，凡易说二卷，诗说拾遗一卷，周礼说一卷，礼记说一卷，论语说一卷，孟子说一卷，史说一卷，杂说二卷。乔年有跋。《四库全书》以宋刊明印本著录，而将《丽泽论说》移入经部。《续金华丛书》据宋本付梓，附胡宗楙撰《考异》四卷。①

明嘉靖三年（1524）安正书堂刻本不再分集，通编为四十卷，今有传本。

清雍正元年（1723），金华陈思胪敬胜堂刻《吕东莱先生文集》二十卷、首一卷，乃王崇炳编次重刊，卷一表、札子，卷二策问、启，卷三至卷五书，卷六记、序、铭、赞、辞、题跋，卷七至卷八墓志铭，卷九家传、祭文，卷十官箴、宗法条目、学规，卷十一诗，卷十二至卷十四易说，卷十五诗说，卷十六礼记说、周礼说，卷十七论语说、孟子说，卷十八孟子说，卷十九史说，卷二十杂说。

王崇炳《重刻吕东莱先生文集叙》②云：

婺郡为小邹鲁，居此土者，皆言理学之邦，至问以理学之渊源，则茫无以应，即或能举其师弟子承传之详，至叩以诸儒深造自得之旨，则犹之茫然也。盖文以载道，岂非以文之不传？则其所以为道者，亦无从考乎？婺州之学，至何、王、

---

① 傅璇琮.中国古代诗文名著提要：宋代卷[M].石家庄：河北教育出版社，2009：440.
② 吕祖谦.吕东莱文集[M].北京：中华书局，1985：卷首.

金、许而盛，而东莱吕成公首濬其源。盖自其祖正献公与涑水司马公同朝，往来于河南二程间最契，荥阳公则受业二程之门。至于南渡，北方之学散，而吕氏一家，独得中原文献之传。其官检讨，则识陆象山先生之文于南宫，而资其切磋，又时时与朱文公、张宣公讲贯不辍，一时濂洛之学，焕然昭著。今汉阳张公以簪缨名胄，出守婺郡，重创丽正书院，有兴起理学之意。夫理学之衰，衰于过分门户，圣人之道，其揆则一，而入门途径，不必尽同，象山先生曾有言曰："张敬夫似明道，朱晦庵似伊川。"而朱文公则曰："南渡以来，八字著脚，做著实工夫者，惟予与陆子静二人。予实敬其为人，未可轻议。"其互相推重如此。世徒见其著论，偶有不同，遂各相诋訾，至使理学之坛，划为鸿沟。成公逆知后世流弊，势必至此，欲兼通两家，使归于一，最为卓识。且其学近里切己，贵涵养实践，不贵争辨，于洙泗为近。其为人闳廓平粹，志在经世，而耻苟合。其为文波流云涌，珠辉玉洁，为一时著作之冠。其释经研精覃思，婉转归已，拔义于训诂之外，读其书可知也。今考亭、象山之书，皆传于世，惟成公所著，自《博议》外，人皆罕睹。《文统》及《五先生集》，则略而不备。偶于兰溪学博褚先生处见其遗集，而脱简不少，思得重吹灰烬，汇萃成集，以嘉惠后学，而苦于无赀，乃因及门陈允琡谋赀于其季父陈君宸若，一言慨诺，经今十载，不得完本，蹉跎不举。今年，兰溪弟子唐思臣，购于叶老人之子而得之，叶老人者，名自合，予旧友也，少时为章无逸先生门人，无逸先生身任婺州文献，凡遗书之垂灭而不尽者，赖以存传。而老人所手抄书，不下数千卷，向尝出以示予，不知其有《吕成公集》也。今一旦得之，十余年夙愿，幸而得酬。仍谋诸陈君，慨然允诺，犹初志也。方予与陈君订刻此书时，其长子年可十三四，眉目娟秀，今已为诸生。次子才思杰出，其馆甥程君敬一，举庚子副榜，一门斯文之盛，斐然骏发。记曰：天降时雨，山川出云，嗜欲将至，有开必先。盖自其表彰先贤之一念开之矣，安知婺州之学，不归陈氏乎？丽泽者，成公讲学地也，鞠茂草而杂瓦砾，不知几何年矣。今张公于其祠侧，捐俸重构，广袤精好，比旧过之。夫有其地而无其书，其学不可兴也。有其书而无其读书精思之人，其学亦不可兴也。今当书院初成，而其书复出，此唱彼和，不谋而合，意有人焉，出而讲明吕氏之学者乎？婺壤方数百里，山川之灵如故也，居此土者，岂无英俊？宜必有卓然自立者，起而共仔肩之，以成贤太守兴起道学之意，庶不负小邹鲁之名乎？其拭目以俟之。

王崇炳指出，吕祖谦的学说源于二程。"此地所谓正献公就是吕公著，公著生希哲就是所谓荥阳公。希哲生好向（问），好向（问）生本中及弸中，弸中生大器，大器生祖谦。"①该叙高度赞扬了吕祖谦之道德文章、理学成就，进而着意搜访吕氏著作，以广传其学。十余年前，王崇炳偶于兰溪褚家得见吕氏遗集，虽脱简不少，足可宝之，便起意刊刻，因无资而募刻，其弟子陈允琡谋资于其叔叔陈宸若，不知何故，此事一拖就是十年。后兰溪弟子唐思臣向叶自合之子购得《东莱集》手抄本，王崇炳大喜过望，再募刻于陈宸若，陈如上次一样，慨然应允。

叶自合，兰溪人，乃王崇炳老友。王崇炳云："自合工书，凡婺中先贤遗集莫不抄录。予募刻《东莱集》及《征献略》，多资之。"②只是王崇炳不知叶自合生前手抄过《东莱集》。

可巧，后来陈宸若之子陈灿文也成了王崇炳的弟子。王崇炳《贻燕堂记》云："予弟子陈灿文宅焉，……灿文之尊人，字宸若。家仅中资，昔予募刻《东莱集》无有应者，宸若一身任之。予叙之曰：'天降时雨，山川出云，嗜欲将至，有开必先，此亦陈氏家运将开之先兆也。'不十年，而灿文暨弟焕文皆入泮；其婿程子敬一，联捷南宫，官部曹：门第辉焕，顿改前规，则予言验矣。"③忆及当初募刻《东莱集》事，陈宸若家虽中资，却全力承当，的确令王崇炳嘘唏感激。另，陈宸若之婿程敬一，与王崇炳之长子王国陞同榜，程与崇炳亦有诗歌往还。

王崇炳于《吕东莱先生本传》有言：

笺、表、启、状，非言学之文也，而首列之，何也？曰：仍旧贯也，而未尝不可以觇所学也。草木有臭味，神农尝之，即知其性情，用之以已疾，而生天下之人。人之言，亦各有气质臭味。因言以观其气质臭味，而其人之学可知也。即谓笺、表、启、状皆言学之文可也。

先生之学见于书牍，然不但可以觇先生之学，并可以观所与交者之学。观书方，而病者之轻重可知。观孔子发言，而弟子之浅深可知。观孟子开口，而时君之器局可知。故观先生诸书，而朱文公之学可知，张宣公之学可知，陈龙川、陈君举诸公之学皆有可得而知者。

先生之释经非释经也，皆以其平日之学，而借经以发之也。故往往附经以起意，或离经以广义，而不必附丽乎注疏。故训诂家多不采，盖单传之书也。

吕子约《圹记》云《读诗记》三十卷，今此编原本所载甚少，此编盖先生之侄乔年收拾于散失之余而录之者。然今世好古之士皆言《读诗记》三十卷，则当

---

① 何炳松.浙东学派溯源[M]//何炳松.何炳松文集：第4卷.北京：商务印书馆，1996：468-469.
② 王崇炳.金华征献略[M]//赵一生.东阳丛书：15册.杭州：浙江古籍出版社，2015：331.
③ 王崇炳.学耨堂文集[M]//赵一生.东阳丛书：15册.杭州：浙江古籍出版社，2015：112.

世尚有其书也。《易说》《圹记》不言,而此编独备,惟下经自兑卦以后皆缺。①

将笺、表、启、状列于全书之首,王崇炳认为这些虽非言学之文,却可从中觇其所学,故而不可轻视之。次列书牍,不但可观吕氏之学,亦可以观所交者之学,如朱熹、张栻、陈亮、陈傅良等。吕氏释经独特之处在于阐发己学,而非单纯释经,故时而附经,时而离经,而不局限于注疏,所以训诂家多不采,而王崇炳却较为认可,单列之。根据吕祖俭《圹记》所载,吕祖谦有《读诗记》三十卷,可惜此钞本不全,王崇炳怀疑世有单行本流传。而《易说》不为《圹记》所载,却于钞本以外被发现了,只是略有残缺。如此编排,是为了更好地呈现吕氏所学,体现了王崇炳的良苦用心。

今国内著录十余部,《金华丛书》据以付刊(《续金华丛书》改用宋本),《丛书集成初编》据《金华丛书》本排印。

除上述刊本外,今国家图书馆、南京图书馆等犹著录清抄本数部。②

二、许谦《白云集》

许谦(1270—1337),字益之,自号白云山人,世称白云先生,浙江金华人。早孤,由母陶氏启蒙。后从金履祥学,尽得其传。于书无所不读,读必穷探幽微。读《四书章句集注》有《丛说》二十卷,读《诗集传》有《名物钞》八卷,读《书集传》有《丛说》六卷。其观史有《治忽几微》,又有《自省编》。其他若天文、地理、典章、制度、食货、刑法、字学、音韵、医经、术数之说,无不融会贯通。又旁及释老,尝谓:"学者孰不曰辟异端,苟不深探其隐,而识其所以然,能辨其同异,别其是非也几希。"③延祐初,居东阳八华山,开门讲学,远而幽冀齐鲁,近而荆扬吴越,四方士以不登门为耻,著录者千余人,各有成就。《宋元学案》载有范祖干、朱震亨、刘名叔、李国凤、叶仪、敬俨、唐怀德、揭傒斯、朱公迁、欧阳玄、苏友龙、胡翰、吕洙、吕权、吕机、李唐、卫富益、戚崇僧、朱同善、刘涓、李裕、李序、蒋元、楼巨卿、赵子渐、张匡敬、马道贯、江孚、江起、王麟、合剌不花、何宗诚、何宗映、何宗瑞、方麟、李亦等。道风广布,如和风被物。

---

① 吕祖谦. 吕东莱文集[M]. 北京:中华书局,1985:卷首.
② 傅璇琮. 中国古代诗文名著提要:宋代卷[M]. 石家庄:河北教育出版社,2009:441.
③ 宋濂. 元史[M]. 北京:中华书局,1976:4319.

但独不以科举文授人。廉访使刘庭直、副使赵宏伟等先后论荐于朝,皆坚辞不出。远近学者以其是否健在为道运兴衰之标志。后至元三年(1337)卒,年六十八,谥文懿。事迹具黄溍《黄文献公集》卷八下《白云许先生墓志铭》、吴莱《渊颖集》卷七《白云先生许君哀颂辞》、王祎《王忠文集》卷一四《元儒林传》、《元史》卷一八九、《元儒考略》卷三。

金华从南宋末,历元至明,文教大盛,有"小邹鲁"之称。何基、王柏倡于前。元初,金履祥讲学兰江,许谦传其学而发扬光大,合称"北山四先生"。黄溍撰许谦《墓志铭》谓:"程子之道,得朱子而复明;朱子之道,至先生而益尊。"① 可见,许谦在金华一派的师承统绪中,地位至关重要。由于他在学术上的尊显地位,其诗文也受到后人较高评价。《元史》本传说他不喜矜露,所为诗文,非扶翼经义,张维世教,则未尝轻笔之书也。② 故而许谦传世诗文不多。虽其著述多有梓行,而诗文在其生前并未编订结集。李伸《白云集序》云:"今观其文,究极夫六经,出入乎子史,浸淫于群书。""修身体道,佩仁服义,故其发之于言辞也,深厚而雄博,至诚而谆悉。"③《四库全书总目》对其诗文评价尤高:"谦初从金履祥游,讲明朱子之学,不甚留意于辞藻,然其诗理趣之中颇含兴象,五言古体尤谐雅音,非《击壤集》一派惟涉理路者比。文亦醇古,无宋人语录之气,犹讲学家之兼擅文章者也。"④

今传《白云集》四卷,初编于明初李伸。李伸正统丁卯(1447)序云:"先生之没,迄今百有余年。其所著之书,见其传于世也,余幼时得之于祖妣王氏之家。盖王氏之先,有讳麟者,实受学于先生之门,故其家多存先生之遗书焉。此盖先生之草稿也。其手泽尚新,惜当时未有能编次以成帙者,故诗文杂乱而无统纪,简策历久而颇残缺。余因而次第之,分为四卷,缮写为集,藏之巾笥,以俟他日讬之有力者而板行之。"⑤ 李绅对此进行了初步编辑整理。李绅曾编次其曾祖李士瞻《经济文集》,编定其祖李继本《一山文集》。王麟,乃许谦弟子,许谦曾手书《学箴》以赠其行,其序云:"东平王生麟,自芜城来,求受业于余。适余病剧昏瞀,莫能相告以道,留连仅一载,盖乘橐而归,于别也复求一言,因书近作《学箴》

---

① 许谦.白云集[M].北京:中华书局,1985:卷首.
② 宋濂.元史[M].北京:中华书局,1976:4319.
③ 许谦.白云集[M].北京:中华书局,1985:93.
④ 永瑢,纪昀.影印文渊阁四库全书总目:4册[M].台北:台湾商务印书馆,1983:379.
⑤ 许谦.白云集[M].北京:中华书局,1985:93-94.

以遗之。"① 约略可见王麟求学行迹。《元儒考略》卷三云:"王麟,字阙,东平人,有志圣贤之学,闻金华许白云谦讲道,至顺初,麟徒步往从之。谦作《学箴》遗之,麟佩服之。后举于乡,为昌平教授,以所闻启发学者,及谦卒,麟为发丧制服。遇讳必斋戒设祭。人皆称为笃信好学君子也。子延陵,本朝永乐间为翰林检讨。"② 知服斋丛书本《元儒考略》卷三于此大类,不过明确王麟字"兆祥""遇讳必斋戒设祭"之"讳"后多一"日"字。可与《学箴》后黄淮、胡广、张洪诸跋相互参看。《宋元学案》称其"又为白云刻《尚书》《大学》诸书以传,盖不负师门者也。"③ 此书既非作者手定,编纂失误尚多,《四库全书总目》言之甚详:"惟其《与王申伯》一诗,宗旨入于庄老,非儒者所宜言。《求补儒吏》一书,代人干乞,亦可不必编置集中,为有道之累。至于《南城晚望》诗,乃五言长律八韵,而误分为二首。《放棹行》乃七言古诗,而误以为律体。故《朝散大夫婺州路总管治中致仕朱公圹志》末称孤子某等泣血谨识,全篇皆子为父作之词,乃他人之文,误为收入。《题赵昌甫诗卷》实七言绝句一首,题下昌甫以辛丑岁云云,即诗之序,乃误入杂著中。"④

许谦《学箴》手稿后归于王麟之子王延龄。王延龄任职翰林期间,出示许谦《学箴》求请同人题跋。永乐辛卯(1411)黄淮跋曰:"嗣子延龄,与余同官翰林,出此卷求题。"⑤ 胡广跋曰:"今麟之子延龄,为翰林检讨,用表章之,间以示予……因书此于卷末以归,延龄宜宝之勿失也。"⑥ 张洪跋则透露了一个信息,书卷由王延龄授其甥李方曙。"昔闻翰林检讨王延龄先生云,其先君从许益之先生学,得考亭之正传。先生尝手书《学箴》一幅,以遗之。延龄珍藏于家,将终,授其甥李公方曙,持以示予,字画遒劲沉实,非表里一于敬者不能作,见之不觉正立拱手。"⑦

---

① 许谦.白云集[M].北京:中华书局,1985:50.
② 冯从吾.元儒考略[M]//影印文渊阁四库全书编纂委员会.影印文渊阁四库全书 史部:453册.台北:台湾商务印书馆,1986:791.
③ 黄宗羲.宋元学案[M].全祖望,补修.陈金生,梁运华,点校.北京:中华书局,1986:2794.
④ 永瑢,纪昀.影印文渊阁四库全书总目:4册[M].台北:台湾商务印书馆,1983:379.
⑤ 许谦.白云集[M].北京:中华书局,1985:96.
⑥ 许谦.白云集[M].北京:中华书局,1985:96-97.
⑦ 许谦.白云集[M].北京:中华书局,1985:97.

李方曙（1360—1457），其人可据王直《太常寺丞李先生墓表》①了解大略。其表曰："先生李氏，讳东，字方曙。其先南阳新野人，后徙汉上。"洪武初，家顺天之东安，"以明经举未新城训导，历教平定、江浦"，受诬徙雅州。仁宗朝"召见文华殿，命讲《大学》。称旨，擢拜左春坊清纪郎。又以其纯诚可用，升行人司左司副。寻出判泰州，未几复召还"，后俟检讨秩满即弃职求去。"先生早丧父，而哀慕终身，奉母陈夫人尤极敬爱，未尝违于礼。"其母陈氏。李方曙有三子，"长汉，次教谕伸、太常丞侃也。伸娶宣圣裔孙曲阜孔氏；侃娶江浦张氏，乃德清令张侯之女，今吉郡守瑄之女兄。"李方曙次子为李伸。

后抄本为张瑄所得，张瑄（1417—1494），字廷玺，别号古愚，晚号安拙翁，再号观庵，江浦（今南京浦口）人。曾任刑部四川司主事、吉安知府、广东右布政使、广东左布政使、都察院右副都御史、巡抚福建、巡抚河南、南京刑部左侍郎、南京刑部尚书等职。弘治七年（1494），张瑄病卒，享年七十八岁。史载张瑄材优干济、能力出众，又才思敏捷，雅好赋诗作文，著有《香泉稿》《粉署余闲稿》《观庵集》《凝清集》《闽汴纪巡录》《南征录》等书稿。在公务之余，张瑄还校刊了多部书籍，为后世所美。张瑄成化元年（1465）跋云："二十六年前，余从今国学李先生（李伸）游，得许白云先生文集一帙，爱之不啻拱璧。惜誊写不佳。后官比部，命胥吏沈纯者录出，欲刊行之，顾力有未逮。及为郡于吉，迁广藩，力可为矣，而庶政填委，北陌南阡奔走之不暇，勘勚抢攘，事有急于此者。虽然，先生之名在天下后世，昭如日星，不系于言语文字之有无，区区言语文字，岂足以尽先生之道！而刊不刊，亦不系斯文之显晦也。姑藏之以俟时云。"②张瑄曾问学于李伸，两人有师弟之谊，而李伸之弟李侃妻为张瑄姊，李张两家又有这层姻亲关系。次年，即成化丙戌（1466），瑄与金华陈相刊刻于广东。陈相序云："近吾忝第贤科，拜宪职，出巡东广。偶与方伯江浦张公，论事之暇，谈及吾婺在昔理学之盛，忽袖出许公《白云集》写本四卷见示，且曰欲刻之未能……因节廪食之余，助方伯公购梓，刻之庠舍，以嘉惠来学。"③几经周折，许谦别集方得刊刻，且成为此后流传各版本的祖本。

此本页十行，行二十字，黑口，四周双栏。卷首有陈相序，正统十二年（1447）李伸旧序，次《元史载白云先生行实》附黄溍跋。附录载许谦《学箴》文

---

① 王直.抑庵文集[M]//影印文渊阁四库全书编纂委员会.文渊阁四库全书 集部：1242册.台北：台湾商务印书馆，1986：127-129.
② 许谦.白云集[M].北京：中华书局，1985：95.
③ 许谦.白云集[M].北京：中华书局，1985：94-95.

一首并附永乐九年（1411）三月望日右春坊大学士兼翰林侍读永嘉黄淮跋，永乐辛卯夏五月端阳日翰林学士兼左春坊大学士庐陵胡广跋、东吴张洪跋，天顺六年壬午（1462）夏六月既望翰林侍读学士直文华殿云间钱溥跋。书尾载成化乙酉（元年）冬十月张瑄《题许白云先生文集书后》一文。上海涵芬楼据常熟瞿氏铁琴铜剑楼藏本影印，民国间刊入《四部丛刊续编》。又有明正德十三年（1518）陈相孙陈纲重刊本，改名为《白云存稿》。有陈纲跋，卷首存成化二年陈相旧序及正德十三年知肇庆府黄琼后序，又正统丁卯李伸序，张瑄旧跋。嘉靖三年（1524），淮阴胡琏据陈纲肇庆刊本重刊。又有清写本数种，皆从以上诸明刊本出。清乾隆间编纂《四库全书》，乃从商丘宋荦家藏抄本转写录入。

清雍正十年（1732），金华金律将此书列入《率祖堂丛书》，刊刻于婺郡东藕塘。金律（1684—1755），字孔时，金履祥十八世孙。金律刻金履祥著述为《率祖堂丛书》，即《宋金仁山先生遗书》，附刻六种，《白云先生许文懿公传集》即其中一种。

此书首为戴锜序、王崇炳序、黄潜撰墓志铭，次目录、正文后为黄廷元跋。附录收李伸、陈相、陈纲、胡琏诸序，并有黄淮、胡广、张洪、钱溥题《学箴》诸跋。正文半叶十行二十字，下黑口，双鱼尾，左右双栏。版心刻卷次、页数。各卷卷端分三行题"滇海后学赵元祚鉴定、瀫水后学章黎照阅；檇李后学戴锜编次、双溪后学黄廷元校，吴宁后学王崇炳参订、东湖后学金律梓"。其中戴锜序云：

水行地中，千条万派，莫不从昆仑发源而来，犹夫学者穷经立说，传道解惑，有不自洙泗来乎？由洙泗而濂洛，由濂洛而关闽，一派相承，道统绵绵弗绝，何其盛哉？嗣后有造邪说以乱之，招歧途以引之，而终不能尽惑人心，必以紫阳为传道之准，斯时知有南轩张宣公，东莱吕成公，相与扶植而辅翼之，以为功之至巨者矣，而不知无何王砥柱于乾道咸淳之间，必不能传于金许，无金许振兴于绍定大德之时，又何能绵远于今兹也哉？尝读仁山文集，知其传道于白云，始而曰"吾儒之学，理一而分殊"，既而曰"圣人之道，中而已矣"。总不外圣门博约之教，而先生遂领斯旨，身体力行，卒成大儒。考其从游年月，不满三载，而仁山先生殁矣，非信道之笃，能如是之速哉？又尝读《元史》，至《儒林传》，载许先生行实云：制行最严，所应世者，不胶于古，不流于俗，介而不矫，通而不随。时想其生平行谊，殆颜闵之流与？其书不可不传，传其书，则传其道也。婺州金子孔时，仁山先生之后裔，笃好理学，刻成先集，欲购白云先生著述，同刻一编，以表师弟相承之谊，而难得其书。东阳王虎文先生，博学君子也，藏书最富，有先生旧刻文集四卷，什袭宝之，闻欲重刊，欣然发出，借录副本，怂恿剞劂，流传海内，以劝来学，成人之美，莫善于此，故不揣鄙陋，乐而序其颠末，知世间宝光必不终掩也。雍正十年夏四月朔檇李后学戴锜书。①

以此知此本盖源于明刻本系统，又因其收录胡琏序，故当出于嘉靖刻本。

王崇炳序云：

婺学自北山四传至白云先生，中间鲁斋、仁山，两世皆单传，至白云而天下浑一，燕赵齐鲁淮扬之士，皆百舍重茧而至，登弟子集者，几于千人，道风广布，十倍于前矣。尝试论之，北山如良玉温润，鲁斋如明霞丽天，仁山如金刀切玉，白云如和风被物，故其行广，惜无嫡嗣，而叶景翰、范景先，皆有道者，柳道传、黄文献、宋文宪，皆私淑门人也。白云著书甚多，今惟有零篇剩语，散见于诸书，而鲜见其全，好古者则重价购之而不可得。予得此本于弟子蔡六平，急思得其人，镌而布之，计惟有金太学孔时能，时仁山集初告竣，而《金华征献略》方鸠工，未即与言。适檇李戴碧川先生为丽正书院师，予门人黄殿选携此往示，戴先生喜而序之，见孔时怂恿之，遂决曰：此仁山弟子书，犹吾仁山书也。先儒凡著一书，皆其一生之学问，与其一时之精神所到。精神之在天地，不可磨灭，如灯将尽，必有人焉，吹其焰而续之，此皆彼此交感于作者之精神，而默应于数百年以前，与数百年以后者，此数卷书，白云著之，吾也藏之，孔时刻之，戴先生从旁鼓舞之，彼此相凑，若或使之，予以深山老学，以书为命，无足为难，难在孔时，然则孔时信今之超出流俗，而默与先贤相感通于性命间者也。时雍正十年四月既望东阳后学王崇炳虎文谨叙。②

王崇炳弟子黄廷元跋云：

右白云先生文集四卷，余鹤潭夫子珍藏本也。曩时获侍师门，示以吾婺先贤书集之盛，其东莱、鲁斋、仁山诸公之文，幸皆镂板，惟白云一集，不惟板毁无存，即卷帙亦不多觏。予曾重价购藏，宝为拱璧，以俟世之有力者梓之。余时默记于心。今东湖余友孔时，遣子就学，适先集镌成，告以白云文集，世鲜流传，又欣然欲刻。余不啻志惬心喜，往谒师门，乞本付雕。夫子喜不自胜，出书相示，余庄诵一过，见其字句多讹，细为较政，补其遗缺而诠次之，俾付诸梓。顾先生之集，自正德陈公纲镌后，迄今二百余年，书将湮没，复得金君孔时，再为刊刻，深羡克广其传之意，因题其签曰"许白云先生传集"。爰不揣弇鄙，书之集后，

---

① 许谦. 白云集[M]. 北京：中华书局，1985：卷首.
② 许谦. 白云集[M]. 北京：中华书局，1985：卷首.

以识此书始末，俾读之者知金君表彰先贤之心甚切，而深幸此集之不终于泯没也。雍正十年夏月金华后学黄廷元谨跋。①

又王崇炳《重刻〈许白云先生遗集〉序》②云：

婺学始北山，四传至白云先生。中间鲁斋、仁山，两世皆单传。至白云而道益宏，教益广。讲学八华山，其时燕、赵、齐、鲁、荆、扬之士，莫不百舍重茧而至；其高第弟子叶景翰、范景先，外若柳道传、黄晋卿，宋、王之伦，皆风承响接，得其道而益张以文者也。

予尝论：北山如良玉温润，鲁斋如明霞丽天，仁山如寒潭秋月，白云如春风被物，故其教之所及益广，生平著书甚富，今皆放失。尝于武林书肆见其抄本诗文四卷，弟子陈灿文以重贾购之不得，予归而得之。弟子蔡六平急思刊布，而苦无资，复谋诸金孔时，西吴戴碧传怂恿之，乃慨然允诺，曰："白云，吾祖仁山公嫡嗣也。传白云之书，即所以张仁山之学也。"考之此书，乃白云门人江西王麟手抄，后刻之广东，中间出而亡，亡而出，出而又几于亡，仅存此本。盖古人著书，皆其一生精神所聚，故将烬之灯火尽复燃。观诸先进之题志，莫不深相矜重嘘叹，以为书林之鸿宝。则不知其以重白云者重其书乎？抑见白云于其书而以得少为贵乎？

夫因人重言，千卷非多；从言见人，数卷非少。书不尽言，言随意发；言不尽意，意逐言生。文象孔辞，无增庖义之一画；周图朱释，止还太极之圆圈。有善读书者，循讽有得，而莫逆于心，月朗风清、天空云净之晨，百丈峰头，不妨与白云携手同行，则兹数卷，又鱼兔之筌蹄矣。

此书与明刻本最大的不同在于卷次。王崇炳曾于武林（杭州）书肆得见许谦别集抄本，弟子陈灿文出重价购而不得，王崇炳后来于弟子蔡六平处得刻本。黄廷元在跋语中记述了从其师王崇炳处得到底本的情形，称"见其字句多讹，细为较政，补其遗缺而诠次之，俾付诸梓，顾先生之集，自正德陈公纲锓后，迄今二百余年，书将湮没，复得金君孔时，再为刊刻，深羡克广其传之意，因题其签曰'许白云先生传集'"。可见，雍正刻本正是经过黄廷元的重新编订，而与其底本面貌有了较大不同。此书卷一为赋、序、记、行状；卷二为启、文、书；卷三为论、说、讲义、箴、赞、题跋；卷四为诗、词。篇卷分合与明刻不同，但所收诗文内容并无增益。在编纂体例方面，《学箴》已收入文类，《读赵昌甫诗卷》入

---

① 许谦. 白云集[M]. 北京：中华书局，1985：92.
② 王崇炳. 学耨堂文集[M]// 赵一生. 东阳丛书：15册. 杭州：浙江古籍出版社，2015：44-45.

七绝,《放棹行》却仍误入七律。卷四《城东南有虎群行有司命猎者捕其二以献》诗,"一矢糜其躯"句后直接"岂不念相从",核之成化刻本,知其间阙漏甚多。这更表明此抄本当出于嘉靖本,殆自正德本始,此处即已残逸。

同治间胡丹凤又据《率祖堂丛书》本辑入《金华丛书》。《丛书集成初编》据《金华丛书》本排印。

总之,正如慈波所言:"经过分疏,许谦《白云集》的版本源流已甚为明晰,可分为明刻与清刻两大系统。诸刻中以成化本最早,亦最善。正德本自成化本出,然有缺逸。嘉靖本为翻刻正德本,缺逸仍旧。四库本则据成化本收入,属于明刻本系统。清刻本系统与明刻本最大的区别在于改变了篇卷样貌,雍正刻本实际上以嘉靖本为底本而重加编次。金华丛书本则翻刻雍正本。两本皆有残逸。"[①]王崇炳、黄廷元、金律共同开创了许谦《白云集》清刻本,居功甚伟。

三、吴绛雪《徐烈妇诗钞》

吴宗爱(1650—1674),字绛雪,浙江永康人。嵊县教谕吴士骐女,诸生徐明英妻。早慧,九岁通音律,十余岁作诗辄工,尝代父与同年唱和,服其精当。善写生,间作设色山水,皆有致,为龚鼎孳所珍赏。绣《同心栀子图》回文诗锦囊,见者叹为双绝。康熙十三年(1674),耿精忠叛于闽中,伪总兵徐尚朝入浙东,六月,至永康,宣言以绛雪献者免屠城。邑人聚谋,欲以绛雪纾难。绛雪先一年寡,乃挺身而行,至三十里坑,绐骑取饮,投崖自尽。"绛雪既死,会总督李公之芳以兵扼衢州,尚朝踞金华之积道山,逾年行卒破灭,不复犯永康。"[②]俞樾赞道:"吴绛雪以国色天才,从容赴义,以全永康一邑民命,亦昭代一奇女子也。"[③]生平事迹见《清史稿》卷五百十[④]、《清代闺阁诗人征略》卷二[⑤]。

[①] 慈波.许谦《白云集》成书及版本考述[J].图书馆杂志,2010(12):69-72,80.
[②] 吴宗爱.徐烈妇诗钞[M]//黄灵庚,陶诚华.重修金华丛书:154册.上海:上海古籍出版社,2014:249-250.
[③] 俞樾.吴绛雪年谱[M]//北京图书馆编.北京图书馆藏珍本年谱丛刊:86册.北京:北京图书馆出版社,1999:289.
[④] 赵尔巽.清史稿[M].北京:中华书局,1977:14119.
[⑤] 施淑仪.清代闺阁诗人征略[M]//周骏富.清代传记丛刊·学林类34.台北:明文书局,1985:110-112.

吴宗爱工于诗，著有《六宜楼稿》《绿华草》等。王崇炳素闻其诗，可惜久访全稿未得，康熙年间，于武川友人处得其残卷，辑录整理。且先后留下两跋。

王崇炳原跋：

闺秀吴绛雪，吾郡永邑人，晓音律，娴吟咏，而姿色秾粹，见者艳为天人。闻有《六宜稿》《绿华草稿》诸诗，《燕脂续录》摘其佳句甚多。予向求其全稿，罕有知者。久之，始于武川友人家得之，乃钞本，然不过数十首。按之《燕脂录》所引之句但十存一二，知佳篇美什，半归零落，殊可惜也。因亟录之，以当吉光片羽，且待采风者择焉。①

跋交代了吴绛雪其人其诗，王崇炳慕访其诗，自武川友人家得钞本，诗存数十首（55），是为残本，然吉光片羽，当宝之，故而抄录，并做了一定的编辑工作。

王崇炳又跋：

忆前年过诸暨余秀才于甬上，谈诗颇洽，适见《六宜稿》，遂向予借钞，且言其室人亦能诗，因出小笺相示，书法妍秀，其诗云：窄袖春衫小样新，劳君远寄别离身。几回对镜增长叹，不是当年绮丽人。余为叹绝。今年春，寄其室人七绝诗四首，即《题六宜诗稿》者。余因弁其诗于集首。秀才名荫祖，字希曾。其室人名玉萼，姓戴氏。②

此处补充了一个小故事，以《六宜楼稿》为媒介，引出诸暨一位才女，即余荫祖妻戴玉萼，因读抄来吴绛雪诗而题诗四首，其夫寄给王崇炳，王乃记入跋语中，亦是一风流佳事。戴玉萼《题词》四首云：

吐属清华蕴若兰，仙风玉貌总珊珊。天人绰约争谁似，应是前身吴彩鸾。

片语由来重吉光，偶然陶写味深长。残膏剩粉都堪重，佳句真宜入锦囊。

果然玉佩更琼琚，钟郝门风式里闾。问字有缘亲绛帐，瓣香定奉女相如。

缥缈高楼号六宜，能琴善画更工诗。才人自古称珠树，争及闺中色色奇。③

陈凤巢辑《永康诗录》十八卷，其中第十七卷闺阁诗载有吴绛雪诗55首，其诗稿乃道光辛丑（1841）夏永康县丞吴廷康得之于武义学诸生某，正是王崇炳所

---

① 吴宗爱.徐烈妇诗钞[M]//黄灵庚，陶诚华.重修金华丛书：154 册.上海：上海古籍出版社，2014：252.

② 吴宗爱.徐烈妇诗钞[M]//黄灵庚，陶诚华.重修金华丛书：154 册.上海：上海古籍出版社，2014：252.

③ 吴宗爱.徐烈妇诗钞[M]//黄灵庚，陶诚华.重修金华丛书：154 册.上海：上海古籍出版社，2014：252.

编辑之钞本,《永康诗录》照录之,正文顺序依次为上卷《六宜楼稿》:《题晴湖春泛图》《题画三首》《迟素闻不至》《喜晤素闻》《春日即事和素闻》《春归寄和祁修嫣女史》《回文闺咏》《秋夜偶成》《旧宫人》《答西泠周女史寄诗二首》《访净因》《寄和净因》《春晓寄二姊》《招素闻以诗代柬》《将从秀水至嵊县别素闻》《渡江》《越州途中二首》《斋居杂咏》《七夕》《弹琴》《寄素闻》《春日怀素闻》《暮春漫具寄素闻》《题素闻山水小幅》《送春》《芭蕉》《卖花人》《剡溪雪夜》《拟镜听词》。下卷《绿华草》:《别剡溪》《舟泊兰江》《归家有感》《同心歌》《闻母舅自楚还志喜》《寄怀素闻》《招翠香二姊以诗代柬》《喜晤次姊二首》《送次姊二首》《楼眺》《寄外》《忆外》《清明展先慈墓》《纸鸢有作昭君像者为赋二绝》《题雪意图册子后》《翠香二姊将以次子为余嗣诗以志感》《抱二姊子为嗣》《送外妹》《悼杏》。上卷33首,下卷22首,共55首诗。

吴廷康(1799—1888),字元生,号康甫,又号赞甫、晋斋,晚年号茹芝,与何绍基至交。工书善画,嗜金石篆刻。其著有《问礼庵论书管窥》《玉台秋序述初稿》《慕陶轩古砖录》《问礼庵古今印存》等。官浙中数十年,身体力行,一直致力于恢复和弘扬传统的精神文化,让民族优良传统彰于世代。道光间,吴廷康来任永康令。道光癸卯(1843),遍访各处,奔走呼号,大力收集整理吴绛雪的生平事迹,并上报请旌,在永康县城建造烈妇祠祀之,请海盐许楣为之传,黄燮清撰《桃溪雪》传奇。黄燮清(1805—1864),原名宪清,字韵甫,号韵珊,又号吟香诗舫主人。"少负奇才,博通书史,工词翰,审音律,善绘事。"[1]其著有《倚晴楼诗集》《倚晴楼诗余》《倚晴楼七种曲》等,选编《国朝词综续编》。

道光二十二年(1842),吴廷康敦请金华王家齐刻绛雪遗作《六宜楼诗集》《绿华草》,所据底本即王崇炳所编辑过的钞本,又经过吴廷康的搜集整理,是为双溪王氏玉壶山房刻本,南京图书馆藏。王家齐冰壶山馆本比《永康诗录》卷十七所录绛雪诗多出的40多首分别是,上卷《六宜楼稿》有《夜坐同素闻作》《呈章年文》《叠前韵再呈章年文》《寄贺李蒙泉世兄新入词垣》《采菱歌》《王驸马园林》《暮秋感怀》《上家挺庵先生》《卖饧客》《小园》《秋日园林即景》《代家大人送戴文学之四川》《拟寄衣曲》《梅》;下卷《绿华草稿》有《元宵》《寄翠香二姊》《春日杂咏》《初夏寓斋即兴》《冬日村居杂兴》《春楼偶眺》《答次姊询近况》《家严构别墅五楹初成志喜》《园林》《春晚即事》《贫女行为外弟荣作》《题天台采药图》《李蒙泉世兄从京师寄馆阁诗并惠回回锦玉如意》《展家严课女图谨志》《赠邻女》《寄

---

[1] 王彬,徐用仪.海盐县志[M].台北:成文出版社有限公司,1975:1720.

外弟》《闻琵琶有感》《牡丹》《绣球花》《春日偶成》《邻女约踏青不果》《纸鸢有作昭君像者戏赋四首》(《永康诗录》卷十七只收录了其中后两首)《蟋蟀》《早春即景》。①

咸丰四年(1854),在吴廷康的倡议下,萧山丁文蔚和王锡龄取王家齐的冰壶山馆本《吴绛雪诗集》复刻之,是为萧山本。吴廷康请陈其泰校稿。陈其泰(1800—1864),字静卿,号琴斋,别号桐花凤阁主人,浙江海盐人。"骈体诗词,无不擅长。"②其著有《行素斋诗文集》《行素斋子史札记》《桐花凤阁诗文稿》《鸿雪词》等。吴又为之作序:

> 余官永康日,访得徐烈妇吴绛雪殉节事,求名人为作传,且播诸管弦以表彰之。先是邑人为余言吴绛雪,邑之才女也。武义李氏藏其诗。因借得钞本,知为东阳明经王虎文所辑。虎文撰《金华征献略》,载女史九十余人,而独不及绛雪。盖其时犹未见绛雪诗耳。此本殆其后见而录之者,故系以两跋,不及登诸梨枣也。夫世多以才女目绛雪,然其诗之几就湮没且如此,况乃捐躯兵燹之中,完节荒凉之地,志乘未载,传闻异辞,设非急为咨访,又安能传信于一百七十余年之后哉!曩者金华王君家齐刊绛雪诗,余曾为之序,亦只称其才,而惜其诗之仅有存者。及得闻其殉节始末,乃叹绛雪之传无待于诗也。夫古今才女多矣,有以才传者,有不仅以才传者。以才传者,其人不必传而翰墨可观,则因其才而传其人,故诗愈多才愈著耳。若夫奇节懿行,卓然自有千古而吟咏所寄,虽零章断句,亦足以想见其生平。是因其人而传其诗,其人固不仅以诗传也。如绛雪者,有才亦传,无才亦传,而何必计其诗之所存者尠乎!余既传绛雪之烈,因以传绛雪之才,则诗又乌可以不传?乃取王氏所刊本,属陈琴斋孝廉校勘一过,复序而梓之。绛雪兼工绘事,其父娶于应,故应氏藏有绛雪书画,余尝乞得一帧,设色精绝,书法仿董香光,亦神似,不徒其诗足传也,然皆绛雪之余事耳。其不朽者,固在彼,不在此。
>
> 咸丰二年(1852)岁在壬子二月下澣桐城吴廷康序。③

吴廷康对吴绛雪诗才节烈的认识有个不断深化的过程,且赞誉有加。他持续关注,广泛发动,以多种形式对其进行表彰。其中,他解释王崇炳所撰《金华征献略》载女史九十余人而独不及绛雪的原因,是吴绛雪诗集发现在后,不及补入以刊刻。

---

① 袁云兰.《吴绛雪诗集》研究与整理[D].金华:浙江师范大学,2011:13-14.
② 王彬,徐用仪.海盐县志[M].台北:成文出版社有限公司,1975:1850.
③ 吴宗爱.徐烈妇诗钞[M]//黄灵庚,陶诚华.重修金华丛书:154册.上海:上海古籍出版社,2014:248-249.

同治十三年（1874），又有桐城吴氏鹤仙馆刻本及民国影印丁芝宇手写本，国家图书馆皆有收藏。光绪云鹤仙馆重刻本，南京图书馆藏。光绪元年（1875）桐城吴氏刻本，上海图书馆藏。

总之，王崇炳抄录并整理之《吴绛雪诗集》乃为后来各种版本之祖本，吴廷康后来进行了增补，并在他的主持与参与下，二次刊刻。两人对《吴绛雪诗集》的挖掘、整理、传播做出了贡献。

第十二章 乡邦文献的编著

王崇炳一生心系桑梓,对于乡邦文献的收集和整理不遗余力。他不仅专注于浙东地区先贤文献的整理,更是亲力亲为,历经多年,编著了金华一地文献之姊妹篇《金华文略》《金华征献略》,两者均被《四库全书》《清史稿》所著录。

一、《金华文略》研究①

《金华文略》,王崇炳选编,王国陛补编,初刻于清康熙四十八年(1709),补刻于乾隆七年(1742),共收作者124人(其中3人有名无文),文章393篇,时间跨越1500余年,较好地保存、传播了乡邦文献。

(一)《金华文略》概况

1. 成书经过

《金华文略》的选辑、刊刻、重刻有一个特点,即父子相继以成。最初设计者为兰溪唐骧,"字骏修,康熙壬戌武进士,授明威将军。好辑遗编,金华文献赖以不坠"②。而唐骧自忖难以独力完成,确定最佳人选为王崇炳。而王崇炳亦早有此意,其子王国陛言:"先君夙念金华文献,每见先贤零篇剩简,必手录而订之,珍如拱璧,岁久成篇。"③王崇炳自言:"曩者薄游兰阴,与唐丈坯庵先生相晨夕。坯庵好古之士,所居即胡少室二酉山房,收罗放失,富有缃帙,而尤留心桑梓。尝以婺州之学,得中原文宪之传。而明初一二巨公,实开三百年文教之盛。思综其遗文,诠次排纂,如阮霞屿司李《文征》撰例,志未及就而卒。"④唐骧诸子唐正学、唐正位、唐正身等继承父志,延请王崇炳为师,并积极参与校对。康熙癸未

---
① 吕国喜.《金华文略》谫论[J].浙江树人大学学报,2019(3):60-66.
② 秦簧,邵秉经,唐壬森.光绪兰溪县志[M].上海:上海书店,1993:836.
③ 王崇炳.金华文略[M]//赵一生.东阳丛书:16册.杭州:浙江古籍出版社,2015:卷首.
④ 王崇炳.金华文略[M]//赵一生.东阳丛书:16册.杭州:浙江古籍出版社,2015:卷首.

（1703）至康熙己丑（1709），历时六年，终成《文略》二十卷，刊刻于唐家。至乾隆七年（1742），《金华文略》已少全帙，藏版也已虫蚀残缺。金华夏圣善欲更新之，惜其事未举即已成古人。后其次子夏浣潴川，承先志，借得旧版，筹资予以补刻缺损，增添文章，重新印行。时王崇炳已去世，其长子王国陛受聘完成此举。

2. 资料来源

王崇炳于《金华文略撰例六条》中言："是编采之《文征》者什之五，《文统》者什之二，其余诸书亦各有采焉。而自拔诸他书专集者什之三。"①《金华文统》，赵鹤编，刻于明正德六年（1511），共收作者26人，文章135篇。《金华文征》，阮元声、高俸编，刻于明崇祯五年（1632），共收作者120人，文章435篇。经笔者统计，《金华文略》采之《文统》者50篇，占《金华文略》总篇数（393篇）的13%，未达"什之二"。采之《文征》282篇，除去与《文统》重复的22篇，剩260篇，占《文略》总篇数的66%，远超"什之五"。除去采自《文统》《文征》的文章外，新增文83篇，占比21%，实不足"什之三"。

《金华文略》选文按地区分，金华112，兰溪94，东阳54，义乌54，浦江50，永康29。除金华外，兰溪独多。其文按朝代分，汉1，吴1，梁2，唐29，宋135，元62，明141，清22。唐前为略，因年代久远，文献无多。宋元以下，大家渐多，势必精选，不得不略，其中尤以宋明为多。《金华文征》云："每篇之末皆有评语，极简略，当亦阮、高二人所为，皆极其诵芬之辞，空疏无凭，不免言过其实。"②《金华文略》仿此，也于篇末作评语，有的还不止一条，总字数多达3万字，内容较为丰富，有的补充史料，有的辩难论学，有的考镜源流，有的对比赏鉴，不一而足。荦荦大者，王崇炳131条，阮霞屿159条。

其他如斯一绪《方会江先生宾贡北上序》搜之《义乌志》，胡翰《皇初》选自《明文衡》，等等，来源不一。

3. 编选原则、体例、分类

毛奇龄《金华文略序》曰："从前会粹，若《文统》《文宪》《文征》《婺书》，类又多所阙轶。王子虎文起而选定之。"③（毛奇龄《金华文略序》）这是说之前编

---

① 王崇炳.金华文略[M]//赵一生.东阳丛书：16册.杭州：浙江古籍出版社，2015：卷首.
② 阮元声,高俸.金华文征[M]//黄灵庚,陶诚华.重修金华丛书：176册.上海：上海古籍出版社，2014：卷首.
③ 王崇炳.金华文略[M]//赵一生.东阳丛书：16册.杭州：浙江古籍出版社，2015：卷首.

选的金华一地文章总集，多所缺失，或有偏颇，王崇炳欲补之、正之，故而才有《金华文略》。

编选宗旨："撰录之意，将以敷陈道德，表彰节概，扬励风教，而一切裁之以文。盖性道者，文章之本干也；文章者，性道之葩萼也。"① "表彰先哲，嘉惠来学。"②

参照王崇炳《金华文略叙》《金华文略撰例六条》，毛奇龄《金华文略序》等，抽绎其编选体例大致如下：

（1）唐以前，除骆宾王外，其他人之文概从《文征》登载，如舒元舆、冯宿等。宋唐仲友《悦斋文粹》未睹，其文21篇自《文征》照录。

（2）"是编所传，不必皆理学之文。而寻流溯源，支分别出，则婺州之学，亦有可得而知者。"③

（3）"是编所重在文，而人附见，盖文而兼献者也。"吴莱、宋濂、王袆等文章众多，"惟有关于婺中耆旧者则录之"。"凡欲表彰先哲也，至或文不甚工，而其人之德行功业足以表式后学，亦间存一作。所谓因人以录其文，且以文而传其人也。"

（4）"恻词艳语，导欲伤教，诚宜禁绝。他则悉凭文章取裁，不敢自区疆域。"

（5）"所录之文，至唐始详。""详于明而略于本朝"，而"明之文独详于兰邑，而他邑尤略"。④

（6）"理则以圣为宗，不标门户；文则以雅为的，不列蹊途。"

（7）"盖宋、元以前，三四大家，遗编散失，灰烬难搜，则势不得不略；宋、元以下，五六大家，巨编云束，而坳堂不能纳沧海，势又不得不略。若乃岩处之士，月旦逸其姓名则人略；著撰之家，谱牒失其编帙则言略。"⑤

（8）"凡夫大经大法、典礼制度，以至帝王之升降，时代之得失，或剖析理学，或表彰人物，稍有系于匡时救世之作，必隐括而探存之。"⑥

（9）"或其尝仕于朝，不为清议所予，而其文自亦有可观，如吕惠卿之类，亦取其不悖于理者，而不以人废言。"⑦ 参照《宋文鉴》"不以人废言"的办法，酌选

---

① 王崇炳. 金华文略[M]// 赵一生. 东阳丛书：16册. 杭州：浙江古籍出版社，2015：卷首.
② 王崇炳. 金华文略[M]// 赵一生. 东阳丛书：16册. 杭州：浙江古籍出版社，2015：卷首.
③ 王崇炳. 金华文略[M]// 赵一生. 东阳丛书：16册. 杭州：浙江古籍出版社，2015：卷首.
④ 以上出自王崇炳《金华文略撰例六条》。
⑤ 以上出自王崇炳《金华文略叙》。
⑥ 王崇炳. 金华文略[M]// 赵一生. 东阳丛书：16册. 杭州：浙江古籍出版社，2015：卷首.
⑦ 吕乔年. 太史成公编皇朝文鉴始末. 吕祖谦. 宋文鉴[M]. 北京：中华书局，1992：2118.

王淮、曹冠等文几篇。

对照《金华文统例训》，或可窥《金华文略》对《金华文统》的扬弃、超越。诚然，两者的编选意图不同，《金华文统》是赵鹤为诸生所编教材，不免带有一定的官方意识形态，恰如四库馆臣言："大旨仍以讲学为宗。故刘孝绰、骆宾王、舒元舆之文皆所不取。然唐仲友亦不登一字，则门户之见，殊未能化矣。"① 而《金华文略》实为保存金华一地文献，代表一种民间意识。骆宾王、舒元舆之文皆所不取，乃《金华文统》借鉴吕祖谦修《文鉴》"黜浮崇雅"法所致。王崇炳云："《文统》选例甚严，类皆理学之文。盖祖述吕东莱《宋文鉴》黜浮崇雅之例，其趣向可知矣。"② 而《金华文略》则选骆宾王文 8 篇，舒元舆文 11 篇。《文统》所取文辞平正，其义皆关于理学，涉于世教。而《文略》明确提出："是编所传，不必皆理学之文。"③ 故其选文范围更大。《文统》又借鉴朱熹取文字之法，文胜而义理乖僻者不取，赞邪害正者文辞虽工不取，故如陈亮上书，陈樵文，有为释之作及诸名臣封事论及兵机政术者皆不入此集。④ 而《金华文略》则选陈亮《上孝宗皇帝第一书》《戊申再上孝宗皇帝书》，选陈樵《东阳县学晖映楼赋》《太极赋》《放萤赋》《玳瑁赋》4 篇，论兵机政术者不在少数，如骆宾王《兵部奏姚州道破逆贼诺没弄杨虔柳露布》《代李敬业讨武曌檄》，陈亮《兵法奇正论》，王祎《兵论》，吴沉《兵礼论》，许弘纲《条陈兵事疏》，唐彪《兵制策》，王肇坤《请饬边防疏》，等等。《婺贤文轨》选陈樵《吟所记》《背山楼记》，戚雄赞陈樵"其文极新颖，《文章正宗》亦收此二篇，《文统》以其用枳实喻道，并他作尽弃之，过矣。"⑤ 又曰："碑记之作指为赞邪害正可也。至于兵机政术，皆吾儒分内事，在昔如李盱江、苏明允、叶水心俱有论著，为世所称述，今乃一切删去，可乎？"⑥《文略》同此。《文统》再据吴师道《敬乡录》，不选王淮、唐仲友之文⑦，《金华文略》则选录王淮文《辞

---

① 永瑢，纪昀. 影印文渊阁四库全书总目：5 册[M]. 台北：台湾商务印书馆，1983：136.
② 王崇炳. 金华征献略[M]// 赵一生. 东阳丛书：15 册. 杭州：浙江古籍出版社，2015：487.
③ 王崇炳. 金华文略[M]// 赵一生. 东阳丛书：16 册. 杭州：浙江古籍出版社，2015：卷首.
④ 赵鹤. 金华文统[M]// 四库全书存目丛书编纂委员会. 四库全书存目丛书 集部：297 册. 济南：齐鲁书社，1997：287.
⑤ 戚雄. 婺贤文轨[M]// 四库全书存目丛书编纂委员会. 四库全书存目丛书 集部：299 册. 济南：齐鲁书社，1997：698.
⑥ 戚雄. 婺贤文轨[M]// 四库全书存目丛书编纂委员会. 四库全书存目丛书 集部：299 册. 济南：齐鲁书社，1997：699.
⑦ 赵鹤. 金华文统[M]// 四库全书存目丛书编纂委员会. 四库全书存目丛书 集部：297 册. 济南：齐鲁书社，1997：287.

免起复太宰二表》，唐仲友文21篇。

仿《文征》撰例，《金华文略》也依文体分类编次，即卷一、卷二为赋，卷三、卷四为序，卷五为碑铭、记，卷六为记，卷七、卷八为论，卷九为辩、说、议，卷十为跋、题、读、考、疑、答、对，卷十一为册文、诏、札子、箴、露布、檄，卷十二为策问，卷十三为策、表，卷十四为（上）书，卷十五为疏，卷十六为书，卷十七为启、连珠、志、辞、祭文、哀辞、圹记、墓志铭、行状，卷十八为传，卷十九为传、赞、颂，卷二十为铭、杂著。《金华文略》共41种文体。

（二）阐幽：极力存其人

《金华文略》毕竟为选集，固不免有遗珠之憾，故王崇炳言："金华学者，有留心表彰者乎？将唐悦斋、苏平仲、胡仲申三先生文，尽搜而汇为一集。以存一邑文献，是在有志者也。"①他自忖力所不逮，希望有人将唐仲友、苏伯衡、胡翰之文搜罗汇集，以成全璧。此三人皆有才不得尽展，或为门户所排，或罹文网之祸，或位不配望，王崇炳深惜之，唯恐历久而湮没无闻，故借《金华文略》以阐幽。

1. 唐仲友：为门户所排

唐仲友（1136—1188），字与政，号说（悦）斋，金华人。绍兴二十一年（1151）进士，三十年（1160）中博学宏词科。次年至隆兴二年初，任建康府学教授。隆兴二年十二月，任秘书省正字。乾道元年，监南岳庙。乾道六年十一月，再任秘书省正字；八年五月，迁著作佐郎。乾道八年八月，出知信州。淳熙六年（1179）十二月，移知台州。淳熙九年（1182）七月，升任江南西路提点刑狱，尚未赴任，因提举浙东常平朱熹弹劾，奉祠。后开席授徒，学者云集，义乌傅寅、朱质，金华金式、叶秀发皆其知名弟子。《宋史》无传。唐著述多种，惜多散佚，《四库全书》收其《帝王经世图谱》，张作楠辑得《悦斋文钞》十卷。全祖望为其鸣冤："唐台州说斋以经术史学负重名于乾、淳间，自为朱子所纠，互相奏论，其力卒不胜朱子，而遂为世所訾。方乾、淳之学初起，说斋典礼经制本与东莱、止斋齐名，其后浙东儒者绝口不及。盖以其共事得罪宪府，而要人为之左袒者遂以伪学诋朱子，并其师友渊源而毁之，固宜诸公之割席。而要人之所以为说斋者，适以累之，可以为天下后世任爱憎者戒也。"②其时，唐仲友与吕祖谦、陈亮为婺学三家，"金华三大头身世悲叹，吕祖谦死得很早，陈亮郁郁以终，而唐仲友

---

① 王崇炳.金华文略[M]//赵一生.东阳丛书:16册.杭州:浙江古籍出版社,2015:371.
② 全祖望.全祖望集汇校集注[M].朱铸禹,汇校集注.上海:上海古籍出版社,2000:1190-1191.

生前和死后尤其被朱熹和朱熹的门人压迫得无地可容。"[①]王崇炳称唐仲友"学问精博，经济通贯，一代伟儒"[②]，却"不幸有为门户所排弃而遭焚灭者"[③]。何炳松云："我们以现代人的眼光去看，唐氏著作的澌灭不得不说是我国学术史上一个很惨的悲剧和我国学术上一种很大的损失。"[④]唐仲友是一位偏重经制的理学家。他反对急功近利，但又主张经世致用。他提出了一系列关于理气、人性、天人关系等的理论，与同时期的理学家基本一致。但他对于邵雍象数学的评价，《尚书》大、小序的真伪，《诗序》的作者和主旨，《四书集注》的评价，等等，都与朱熹相左，有些甚至是针对朱熹而发的。[⑤]金萼梅论唐仲友所遭六厄："独悦斋一厄于朱子之论劾，再厄于《宋史》不立传，三厄于吴师道不载入《敬乡录》，四厄于讲学家燔灭潜溪补传，五厄于赵鹤编《金华文统》屏斥悦斋以复新安九世之仇，六厄于修金华志者不能博考，剽窃论性论学之语，攒凑成传以求解于朱门弟子，以致遗事遗文寖以微灭。"[⑥]王崇炳感叹唐仲友文之不易得："吴正传作《敬乡录》，金华守赵鹤作《文统》，人与文皆不载。童廷式作《文献》，录其人而略其文。吴赐如作《婺书》，因事录其文而不详。向微阮公霞屿特识，录其文于《文征》，即今之二十篇，亦例付秦火矣。"[⑦]意即《金华文略》所录唐仲友文均来自《金华文征》。吴师道于《读〈太玄〉》文末曰："后之才智出雄下，而好为穿凿附会以求《易》者，可不戒哉！"[⑧]此语似对唐仲友《〈易〉论》而发，王崇炳对此颇感不平，他称："坠井之人，亦不必更下石焉。婺州学者，于朱子所贬之人，必加工剖击，此亦一种习气。"[⑨]王崇炳评唐仲友《〈韩子〉后序》云：

  悦斋称孟子为大而化之之圣，推扬退之，亦复逾量。观其文，想见其人。志大而气高，养或未粹，而正直光明之气则溢出文字间，不能自扼。不幸为朱子所挤排，遂使千载蒙垢。如人为震雷所击，谁则辨其非罪者？刘伯温先生曰：雷击或偶值天地之怒气，未必恶人也。然则悦斋之见排于朱子，安知非怒之偶激也。[⑩]

---

① 何炳松. 浙东学派溯源 [M]// 何炳松. 何炳松文集：第4卷. 北京：商务印书馆，1996：471.
② 王崇炳. 金华文略 [M]// 赵一生. 东阳丛书：16册. 杭州：浙江古籍出版社，2015：卷首.
③ 王崇炳. 金华文略 [M]// 赵一生. 东阳丛书：16册. 杭州：浙江古籍出版社，2015：卷首.
④ 何炳松. 浙东学派溯源 [M]// 何炳松. 何炳松文集：第4卷. 北京：商务印书馆，1996：472.
⑤ 朱瑞熙. 宋代理学家唐仲友. 曙城集 [M]. 上海：华东师范大学出版社，2001：67.
⑥ 金萼梅跋，张作楠集：《补唐仲友补传》，内部资料，第87页.
⑦ 王崇炳. 金华文略 [M]// 赵一生. 东阳丛书：16册. 杭州：浙江古籍出版社，2015：299.
⑧ 王崇炳. 金华文略 [M]// 赵一生. 东阳丛书：16册. 杭州：浙江古籍出版社，2015：440.
⑨ 王崇炳. 金华文略 [M]// 赵一生. 东阳丛书：16册. 杭州：浙江古籍出版社，2015：441.
⑩ 王崇炳. 金华文略 [M]// 赵一生. 东阳丛书：16册. 杭州：浙江古籍出版社，2015：61.

贬抑孟子，推扬韩愈，确乎失当。文如其人，王崇炳认为唐仲友"志大而气高"，未纯然养成孟子所谓"浩然之气"，但不失"正直光明之气"。唐仲友为朱子所排挤，千载悬案，莫可申辩。朱熹弹劾唐仲友之六通奏状于其文集中昭昭在目，《宋史·朱熹传》亦有载，而唐仲友自辩状无存，故而王崇炳言："悦斋之事，载之国史，遗羞千古。岂能凭藉牙颊，涤其瘢垢？犹幸其文尚在。"① 王崇炳甚至以人为震雷所击作喻，推测其可能事出偶然，或因理学门户之见："朱子与唐，毋乃以理学异同，过持门户，激成此事。"②

其实，王崇炳对唐仲友的认识有一个转变的过程，"向读《宋史》，悦斋似一无行墨吏。既而得闻当今魁儒毛西河、黄梨洲、朱竹垞诸先生绪论，每及悦斋，辄深相叹惋，憾其书不尽传于世。于是流览旧编，凡与悦斋有干涉者辄志之。"③ 毛奇龄、黄宗羲、朱彝尊等人对唐仲友"深相叹惋"，王崇炳深受影响与启发，自此很注意搜集唐仲友相关资料。如对于唐仲友狎严蕊事，"宋、元野史俱载其事。据此，则仲友狎妓事，亦未必真矣。况宋时士大夫，以携妓饮酒为常。即岳岳风裁如胡邦衡，尚不免。朱子或别有恶于仲友，而特假诸此乎？"④ 狎妓事被朱熹反复强调，是弹劾唐仲友的主要罪状之一，而王崇炳结合当时南宋社会风气，认为士大夫以携妓饮酒为常，即使如坚决的主战派代表胡邦衡亦不能免，故而推测朱熹是以此作借口，而别有隐情。张作楠按语云："朱子按仲友第三状，列仲友子士俊、士特、士济三人。今考唐氏谱，悦斋四子：士列、士耻、士宜、士茂，与状无一同者。谱牒家于仕履政绩或不无夸饰，至子孙载其先人名字断无误理，且系图丝联绳牵宗派井然，四子后人现有登科入仕者，朱状所列三人实其疏族，此亦风闻不实之一证也。"⑤ 史称，王淮擢陈贾为监察御史，陈贾上疏反伪道学，朱熹因此奉祠，遂启庆元伪学之祸。而王崇炳对此有疑："考之王氏谱，淮与唐非密亲。欲两平其事，如所云'秀才争闲气者'。则的语也。若云引陈贾，藉手以张伪学之禁，则有不足信者。淮荐紫阳，其初若此之力，一不当意，即欲举道学之群而空之，则非人情。况淮一家兄弟子侄，皆朱、吕门人，莫非道学。"⑥ 如王淮从叔王师愈，吕祖俭状其行，朱熹铭其墓。王介，从朱熹、吕祖谦游。值伪学之禁，介

---

① 王崇炳.金华文略[M]//赵一生.东阳丛书：16册.杭州：浙江古籍出版社，2015：300.
② 王崇炳.金华文略[M]//赵一生.东阳丛书：16册.杭州：浙江古籍出版社，2015：300.
③ 王崇炳.金华征献略[M]//赵一生.东阳丛书：15册.杭州：浙江古籍出版社，2015：98.
④ 王崇炳.金华文略[M]//赵一生.东阳丛书：16册.杭州：浙江古籍出版社，2015：299-300.
⑤ 张作楠集：《补唐仲友补传》，内部资料，第77-78页。
⑥ 王崇炳.金华文略[M]//赵一生.东阳丛书：16册.杭州：浙江古籍出版社，2015：559.

对策言：""今之所谓道学者，皆世之正人君子也。正人君子之名不可逐，故为伪学之名，一网而去之。圣明在上，而使天下以道学为讳，将何以立国？""①王淮与唐仲友非至亲，王淮没必要偏袒唐仲友，意欲两平其事。纠纷的实质是"秀才争闲气"，即学术见解的歧异。②当初乃王淮荐举朱熹，后则借机打击之，且王淮一家兄弟子侄都是朱、吕门人，这不合人情。朱熹、吕祖谦、辛弃疾、陆游等人都曾受到王淮的举荐。唐仲友《〈论语〉论》："汉儒数十家，大抵训诂通而已。以为圣道深远，未易以言语发明。略著大义，使学者自求而自得之也。近世释者，极力探讨，各以己意为说。以为圣人之道，尽在是，他所说者皆非，则过矣。"③唐仲友裔孙唐骧识曰："所论甚平淡，而大义悉包。末段似为朱子而发，而气甚和平，可以觇其养矣。谓汉儒训诂大义，使学者自求而得之，是也。然不起其钥，则亦不能得也。用其言而尽没其功，土芥视之，则不可也。"④这是说唐仲友对待学术开放包容，心平气和，不搞人身攻击。

王崇炳曾请托好友郑性为之寻访唐仲友《悦斋文粹》，慈溪郑氏是浙东文献世家，其藏书楼二老阁多藏黄宗羲文献。王崇炳于《与郑南溪》中言："去岁，曾欲借《东莱集》校正，今已刻就矣。所托访唐悦斋《文粹》、胡汲仲《缶鸣集》，未知可得否？"⑤从《金华文略》看，唐仲友21篇文自《文征》照录，故而推知郑性并未访得唐仲友之《文粹》，但从中可看出王崇炳为搜集唐仲友作品之努力。

张作楠《悦斋文钞序》云："然托克托等欲没其人，不知周氏密、叶氏绍翁、张氏枢、宋氏濂、郑氏柏、钱氏士升、朱氏右、童氏品、应氏廷育、吴氏之器、王氏崇炳已采其遗事传之矣。赵鹤、吴师道辈欲废其书，不知卫氏湜、马氏端临、王氏应麟、苏氏伯衡、杨氏士奇、阮氏元声、戚氏雄、冯氏亮，及朱氏彝尊、秦氏蕙田、顾氏宸、朱氏炎、姜氏韬、全氏祖望已搜其遗文传之矣。……然则悦斋之不朽者仍不朽矣。"戚雄云："君子不以人废言，若唐与政以帝王经世之学雄视一时，其文要亦不可尽没其善。今悉从摈弃，非惑与？"⑥张氏列举了诸多有识之士以传唐仲友其人其文，他相信唐仲友自可不朽。

---

① 王崇炳.金华征献略[M]//赵一生.东阳丛书：15册.杭州：浙江古籍出版社，2015：190.
② 朱瑞熙.宋代理学家唐仲友.嘐城集[M].上海：华东师范大学出版社，2001：67.
③ 王崇炳.金华文略[M]//赵一生.东阳丛书：16册.杭州：浙江古籍出版社，2015：271.
④ 王崇炳.金华文略[M]//赵一生.东阳丛书：16册.杭州：浙江古籍出版社，2015：272.
⑤ 王崇炳.学耨堂文集[M]//赵一生.东阳丛书：15册.杭州：浙江古籍出版社，2015：154.
⑥ 唐仲友.悦斋文钞[M]//续修四库全书编委会.续修四库全书 集部：1318册.上海：上海古籍出版社，2002：189.

2. 苏伯衡：文网之密

苏伯衡（1329—1392），字平仲，金华人，苏辙九世孙。伯衡警敏绝伦，博洽群籍，为古文有声。至正癸卯（1363）入礼贤馆，至正丙午（1366）为国子学录，后迁学正。洪武三年（1370），被荐，召见，擢翰林编修，力辞，归。洪武十年（1377），宋濂以翰林承旨致仕，曰："伯衡，臣乡人，学博行修，文词蔚赡有法。"① 荐平仲自代，太祖即征之，入见，复以疾辞还。二十一年（1388）聘主会试，事峻复辞还。寻为处州教授，坐表笺误，下吏死。《明史·文苑》卷二百八十五评其"警敏绝伦，博洽群籍，为古文有声"②。汤英认为，其文章德之充，学之纯主要体现在三个方面：为古文有声；崇之于天、深之于渊；明理而昌气。③《金华文略》录苏伯衡文11篇。

苏伯衡《舣航辩》有云："进则游乎学之海，止则泊乎圣之涯。今也年逾五十，荐更世变。身之不辱，而祖宗之无忝。非敢自以为能，庶几寡过焉耳矣，则固舣之力也。休吾身于斯轩，强吾轩以斯名。因物理之察察者，以图终而训后。则亦安而不忘危之志也。"④ 王崇炳于文后评曰："以此防身，犹至父子一家，俱受刑戮。明祖之网亦密哉！即兼张毅、单豹之养，亦不能免矣！"⑤ 张毅、单豹典见《庄子·达生》，大意是张毅应接世务恭慎而不知强身，死于内热；单豹强健而不知戒避险途，死于饿虎。此由两人各滞一边，未能去其不及所致。王崇炳感叹，苏伯衡即使兼具张单之长，而去其短，即使苏三次婉拒而不为官，依然无法全身，乃至保全全家。苏伯衡《畏慎训》亦云："君子宅心若救火，用畏为水。若防川，用畏为土。若御马，用畏为勒。肆厥心，罔有弗存……君子莅事若治丝，用慎为掷。若运辐，用慎为毂；若除蔓，用慎为斤。肆厥事，罔有弗济。"⑥ 王崇炳评曰："其见几防患如此，而卒不免。"⑦ 在《金华征献略》苏伯衡传后论曰："苏平仲抱先几之哲，兢兢畏慎，脱屣荣名，保身之道，可谓密矣。卒之祸起意外，父子俱刑，惜哉！"⑧

---

① 张廷玉.明史[M].北京：中华书局，1974：7311.
② 张廷玉.明史[M].北京：中华书局，1974：7310.
③ 汤英.明代金华府作家研究[D].上海：上海师范大学，2013：87.
④ 王崇炳.金华文略[M]// 赵一生.东阳丛书：16 册.杭州：浙江古籍出版社，2015：388.
⑤ 王崇炳.金华文略[M]// 赵一生.东阳丛书：16 册.杭州：浙江古籍出版社，2015：388.
⑥ 王崇炳.金华文略[M]// 赵一生.东阳丛书：16 册.杭州：浙江古籍出版社，2015：863.
⑦ 王崇炳.金华征献略[M]// 赵一生.东阳丛书：15 册.杭州：浙江古籍出版社，2015：305.
⑧ 王崇炳.金华征献略[M]// 赵一生.东阳丛书：15 册.杭州：浙江古籍出版社，2015：306.

表笺祸是洪武朝较为典型的文字狱案例，即王崇炳所谓"明祖之网亦密哉"。《静志居诗话》云："元时进贺表文，触忌讳者，凡一百六十七字，著之典章，使人不犯。其法良善。逮明孝陵，恩威不测，每因文字少不当意，辄罪其臣，若苏平仲、徐大章辈是也。当日有事圆丘，恶祝册有'予''我'字，将遣撰文者。桂正字彦良言于帝曰：'予小子履'，汤用于郊。'我将我享'，武歌于庙。以古率今，未足深谴。'帝怒乃释。可谓善于悟主矣。惜未有为平仲调解者，竟瘐死于狱。悲夫！"①苏伯衡之坐表笺祸，史载不详，徐永明有一种推测，他认为："许元死后，苏伯衡撰《祭许祭酒文》，文中对那些媢嫉构陷的小人给予了抨击，从而也间接地表达了对朱元璋高压政策的不满。苏伯衡在行动上'不为君用'，在言语上又直言无忌，故他最后被朱元璋所杀也就很自然了。"②清人赵翼《廿二史札记》卷三二论明初政治严苛："武臣被戮者固不具论，即文人学士，一授官职，亦罕有善终者。"③又曾感叹："于是文臣亦多冤死，帝亦太忍矣哉！"④

3. 胡翰：位不配望

胡翰（1307—1381），字仲申，又字仲子，号长山先生。先后受学于吴师道、吴莱、许谦、黄溍、柳贯，与宋濂、王祎、戴良并称"金华四先生"。洪武二年（1369），胡翰奉诏修撰《元史》，与汪克宽、宋禧、高启等十六人为纂修官，翰分撰英宗、睿宗本纪及丞相拜住等人之传。史成，明太祖特赐金帛遣归。胡翰素爱山水，最喜金华北山泉石，晚年遂卜筑其下，徜徉十数年而终，卒年七十有五，娶妻谢氏，早卒，再娶卫氏，皆无子，因此暮年以侄子胡溥为后，学者称其为"长山先生"。曾先后两度隐居，三度接触朱明政权，但采取的都是既合作又保持距离的态度。今存《胡仲子集》十卷。《金华文略》选胡翰文8篇。

同郡与胡翰交好的吴沉在《长山先生胡公墓铭》中这样评价道："先生禀高明卓绝之资，为精敏宏博之学，得于心而证于人，稽于今而质于古。为文章简洁清峻，不作则已，作则必高出于人。性严毅，寡酬应，未尝轻有所毁誉。暮年请文者踵门，不苟随也。"⑤钱谦益引朱良育语，比较胡翰与宋濂之遇与不遇大不同："潜溪遭时遇主，一时高文典册，皆出其手；仲申老于广文，位不配望，是以天下

---

① 朱彝尊.静志居诗话[M].北京：人民文学出版社，1990：41.
② 徐永明.婺州文人与朱元璋[J].中国典籍与文化，2002（3）：10-20.
③ 赵翼.廿二史札记校证[M].王树民，校证.北京：中华书局，1984：741.
④ 赵翼.廿二史札记校证[M].王树民，校证.北京：中华书局，1984：743.
⑤ 吴沉.长山先生胡公墓铭.程敏政.明文衡[M]//影印文渊阁四库全书 集部：1374册.台北：台湾商务印书馆，1986：636-637.

但知有潜溪,鲜知仲申也。"又论曰:"集中《皇初》《井牧》诸文,造诣渊源,踔厉风发,视诸公殆有过之无不及焉。"①王崇炳赞其"在明初,与宋濂、王祎(祎)同时崛起,开三百年文运之隆。"②又评胡翰《井牧论》曰:"乌伤吴赐如作《婺书》,不列仲申。与吴正传作《敬乡录》不收唐悦斋,同一隅见。"③其中指出吴之器《婺书》不收胡翰与吴师道《敬乡录》不收唐仲友一样是出于偏见。王崇炳曾苦苦寻觅《皇初》一文,"吾觅此文,三年不得。刻《文略》时不及载。后从故人赵岩夫家,得《皇明文衡》,见此篇如获至宝,即续登之。《文衡》所载仲申先生论,尚有《衡运》《正纪》《尚贤》《慎习》四篇,以不及尽载为憾"④。偶得之于《皇明文衡》,如获至宝,其敬服如此。

4. 其他

《金华文略》有明确的文以存人、存事的编选意识,通过序跋赞等有意录入一些金华耆旧,增强其文献之功。比如,曹冠《中兴寺环翠阁记》,阮霞屿评曰:"此宋名家。存此使知有此人也。"⑤王崇炳于金涓《杨仲章归东阳诗卷序》后言:"前贤姓名,赖此不泯。"⑥这指的是杨苎,字仲彰,一字质夫,自号鹤岩,学者称鹤岩先生。祖籍义乌,随父杨德润徙居东阳鹤岩。早从李序、陈樵游,晚登黄溍之门,与宋濂、王祎为同学,尤其为黄溍所推重,以友相称。洪武初,经王祎、宋濂等推荐,受聘为义乌学官。后应荐上京,太祖特聘试策,擢居内翰。不久以母老请归,终养老母。杜门著述,所著诗文有《百一稿》《无逸斋稿》《鹤岩集》共20卷。又辑海内名人乐府诸作,名曰《元诗正声类编》若干卷。又如,宋濂《凝熙先生私谥议》之后,王崇炳对宋濂恩师闻人梦吉作了适当的补充介绍。据宋濂《滕奉使赞》以存滕茂实,《金华文略》对滕籍贯东阳作了辨正。⑦于徐腾《先师姜先生行略》后言:"祝棠村、姜子发,皆师西洋学者。筼溪讳之,故引而不发。筼溪博学,善诗、古文,以婺州绝学自任。骥足未展,而鹏翼忽折。惜哉!"⑧王崇炳于黄溍《绣川二妙集序》文后补充道:

---

① 钱谦益.列朝诗集小传[M].上海:上海古籍出版社,1983:93.
② 王崇炳.金华征献略[M]//赵一生.东阳丛书:15册.杭州:浙江古籍出版社,2015:138.
③ 王崇炳.金华文略[M]//赵一生.东阳丛书:16册.杭州:浙江古籍出版社,2015:355.
④ 王崇炳.金华文略[M]//赵一生.东阳丛书:16册.杭州:浙江古籍出版社,2015:371.
⑤ 王崇炳.金华文略[M]//赵一生.东阳丛书:16册.杭州:浙江古籍出版社,2015:188.
⑥ 王崇炳.金华文略[M]//赵一生.东阳丛书:16册.杭州:浙江古籍出版社,2015:104.
⑦ 王崇炳.金华文略[M]//赵一生.东阳丛书:16册.杭州:浙江古籍出版社,2015:825-826.
⑧ 王崇炳.金华文略[M]//赵一生.东阳丛书:16册.杭州:浙江古籍出版社,2015:770.

刘山南先生载《元史·文翰传》，月泉吟社名列第五。谢皋羽评云：此卷七言凡六首，律细韵高，如"屋角枯藤粘树活，田头野水入溪浑。耕余树有牛磨痒，税足溪无人照癜。青春却付鸣鸠管，白日全输卧犊闲"。此等语夐未易及，逸趣幽怀，觉千岩万壑犹伤热闹。其见赏如此！①

特意拈出刘应龟参赛月泉吟社《春日田园杂兴》作品，并引谢翱评语佐证之。

王崇炳于何恪《黄槐卿〈太平楼词〉跋》后言："存此作，以补一条故事。"补充黄槐卿所作《满庭芳》词以讥刺秦桧事：

先处士讳中辅，字槐卿，别号细高。忠简宗公之甥，元学士文献公溍之六世祖。而乌伤黄氏，皆其后也。高宗朝，秦桧再相，和议成。使士人歌诵太平中兴之美。先处士作《满庭芳》词讥刺之，其词曰："沥血为词，披肝作纸，片言谁让千秋？快磨三尺，欲斩佞臣头。自憾草茅无路，望九重如隔瀛洲。空长叹，无言耿耿，独抱济时忧。休休休，真可惜，才如李广，却不封侯。奈伯郎斗酒，翻得凉州。尽道边庭卧鼓，谁知老尽貔貅。凭谁问，筹边未建，建甚太平楼？"时桧命察事卒数百游市中，闻有言其奸者，辄捕送大理狱杀之。以上书言朝政，例贬万里外。忠正之士，多避山林间，而公亦归隐不复出矣。裔孙黄之琦识②

另如，于唐元嘉《方明赋》后略纪其世系，于苏谔《净土禅寺新塑罗汉记》后记述苏伯衡之家学渊源，于杜旴《昭化寺佛阁记》后补杜氏五高之文采风流，通过张孟兼《唐珏传》以存唐珏，等等，皆津津乐道，有意为之。

（三）纪盛：追述婺学轨迹

王崇炳简明扼要梳理了金华文章流派史，并指出由婺州之文可寻溯婺州之学：

文章源流派别，各有师承。婺州之文，最为近古，则以数巨儒有以导其前也。淳熙间，吕伯恭首倡儒风，从之者则有乔寿朋、葛容甫、李茂钦，而徐文清则受业紫阳，叶成父则文清门人也。景定以后，何、王、金、许，师弟相承。柳道传则北面仁山，黄晋卿则私淑白云。叶景翰、范景先、胡仲申，皆出白云之门。宋景濂则师文肃，王子充则文献弟子也。自明以后，章枫山崛起瀫上。其时弟子则有章恭惠、唐文襄、董道卿、黄梦弼、陆汝亨、凌德容、方寒溪诸人。是编所传，不必皆理学之文。而寻流溯源，支分别出，则婺州之学，亦有可得而知者。③

此中提及25人，《金华文略》收其文118篇（其中4人无文），约占全书总

---

① 王崇炳.金华文略[M]//赵一生.东阳丛书：16册.杭州：浙江古籍出版社，2015：100.
② 王崇炳.金华文略[M]//赵一生.东阳丛书：16册.杭州：浙江古籍出版社，2015：417.
③ 王崇炳.金华文略[M]//赵一生.东阳丛书：16册.杭州：浙江古籍出版社，2015：卷首.

篇数的 30%，具体篇数为吕祖谦 7，乔行简 2，葛洪 2，李诚之 0，徐侨 1，叶由庚 1，何基 2，王柏 6，金履祥 6，许谦 4，柳贯 5，黄溍 8，叶仪 0，范祖干 0，胡翰 8，宋濂 28，王祎 19，章懋 7，章拯 0，唐龙 4，董遵 1，黄傅 1，陆震 2，凌瀚 3，方太古 1。《宋元学案》卷八十二《北山四先生学案》黄百家按语："金华之学，自白云一辈而下，多流而为文人。夫文与道不相离，文显而道薄耳，虽然，道之不亡也，犹幸有斯。"①自许谦始，金华朱学的学术色彩有所淡化，文学意味越来越强，而学术又赖文章以存。即如黄溍明确提出："文辞各载夫学术者也。"②王祎继承了老师黄溍的思想，于《宋景濂文集序》中言："文章所以载乎学术者也。"③徐永明说："婺州理学家既重道也不废文，大多有文集行世。"④例如，吕祖谦有《东莱文集》，并编纂《宋文鉴》《古文关键》等大型文章总集和选集。乔行简有《孔山文集》，葛洪有《蟠室老人文集》，徐侨有《文集》十卷，何基有《何北山遗集》，王柏有《文集》二十卷，金履祥有《仁山集》，许谦有《许白云先生文集》，柳贯有《柳待制文集》，黄溍有《黄文献集》，宋濂有《宋学士全集》，王祎有《王忠文公文集》，章懋有《枫山集》，方太古有《寒溪子集》，等等。王崇炳于宋濂《胡长孺传》后曰："元时金华宿儒，金、许之外，一则永康胡汲仲、一曰东阳陈君采、一曰兰溪吴正传。正传之学，为金、许佐辅。君采则自命孟子后一人。汲仲则象山之苗裔也。宋景濂作《元史》，五人并列儒学，不分门户，可谓通识。"⑤简述了元代金华理学脉络，略举五人：金履祥、许谦、胡长孺、陈樵、吴师道。吴师道为朱学嫡传，陈樵为孔孟正传，胡长孺则为陆九渊苗裔。

全祖望总结婺学三变："余尝谓婺中之学，至白云而所求于道者，疑若稍浅。观其所著，渐流于章句训诂，未有深造自得之语，视仁山远逊之，婺中学统为之一变也。义乌诸公师之，遂成文章之士，再变也。至公（宋濂）而渐流于佞佛者流，则三变也。"⑥唐正学于胡翰《华川集序》后指出，婺州文派至黄溍一变而为台阁之文，"婺州文派，何、王、金、许，论学之文也，至黄晋卿而一变。渊源师

---

① 黄宗羲.宋元学案[M].全祖望，补修.陈金生，梁运华，点校.北京：中华书局，1986：2801.
② 宋濂.金华先生黄文献公文集序.宋濂全集[M].黄灵庚，校点.北京：人民文学出版社，2014：705.
③ 王祎.王忠文集[M]//影印文渊阁四库全书编纂委员会.影印文渊阁四库全书 集部：1226 册.台北：台湾商务印书馆，1986：89.
④ 徐永明.元代至明初婺州作家群研究[M].北京：中国社会科学出版社，2005：19.
⑤ 王崇炳.金华文略[M]//赵一生.东阳丛书：16 册.杭州：浙江古籍出版社，2015：790.
⑥ 全祖望.全祖望集汇校集注[M].朱铸禹，汇校集注.上海：上海古籍出版社，2000：1098.

友,固自有在。而气象宽弘,冠裳佩玉,俨然台阁之文矣"①。王崇炳于吴莱《胡氏管见唐柳宗元〈封建论〉后题》后指出婺学至吴莱一变,甚至影响明代文运,"英儒特识,不守故方。婺学至渊颖先生而一变,再传而至宋、王。沉博绝丽之文,间见叠出。遂开有明三百年文运之盛"②。明代阮霞屿评宋濂《阅江楼记》:"应制之文,日月灿而江河流。其以领袖一代文运,固宜。"③崇炳评王袆《唐五礼序》:"必如此乃为通儒。事事祖述三代,徒费议论,而卒不可行,何益哉?婺州学者,至宋、王而识加通,才加大,乃儒术将行之候矣。"④全祖望于《宋文宪公画像记》中论宋濂:"公以开国巨公,首唱有明三百年钟吕之音,故尤有苍浑肃穆之神,旁魄于行墨之间,其一代之元化,所以鼓吹休明者与?"⑤四库馆臣亦称黄溍、柳贯与吴莱,再传至宋濂,"遂开明代文章之派"⑥。

(四)以儒家思想为主,兼而博杂

王崇炳崇儒,《金华文略》往往对选文作者的儒者身份加以确认、褒扬。例如,《金华文略》评吴师道《战国策校注序》:"儒者持世之论。"⑦评吕祖谦《白鹿洞书院记》:"典重和粹,大贤持世之论。"⑧评唐彪《游吼山记》:"前半写景如画,后半寓意新警不腐,确是师儒之言。"⑨评吴沉《兵礼论》:"粹然儒者之言。"⑩评王袆《唐起居郎箴》:"文如华川,始不失为儒者。"⑪评唐铖《纯心箴》:"理粹气茂,真儒者之言。"⑫评范浚《封建策》:"茂明先生乃通儒,非拘儒也!"⑬评范浚《远图策》:"类韩公子,茂明先生真英儒也。"⑭评徐侨《军国疏略》:"盖不徒辟室扃户,

---

① 王崇炳.金华文略[M]//赵一生.东阳丛书:16册.杭州:浙江古籍出版社,2015:118.
② 王崇炳.金华文略[M]//赵一生.东阳丛书:16册.杭州:浙江古籍出版社,2015:423.
③ 王崇炳.金华文略[M]//赵一生.东阳丛书:16册.杭州:浙江古籍出版社,2015:215.
④ 王崇炳.金华文略[M]//赵一生.东阳丛书:16册.杭州:浙江古籍出版社,2015:113.
⑤ 全祖望.全祖望集汇校集注[M].朱铸禹,汇校集注.上海:上海古籍出版社,2000:1099.
⑥ 永瑢,纪昀.影印文渊阁四库全书总目:4册[M].台北:台湾商务印书馆,1983:403.
⑦ 王崇炳.金华文略[M]//赵一生.东阳丛书:16册.杭州:浙江古籍出版社,2015:102.
⑧ 王崇炳.金华文略[M]//赵一生.东阳丛书:16册.杭州:浙江古籍出版社,2015:187.
⑨ 王崇炳.金华文略[M]//赵一生.东阳丛书:16册.杭州:浙江古籍出版社,2015:253.
⑩ 王崇炳.金华文略[M]//赵一生.东阳丛书:16册.杭州:浙江古籍出版社,2015:337.
⑪ 王崇炳.金华文略[M]//赵一生.东阳丛书:16册.杭州:浙江古籍出版社,2015:477.
⑫ 王崇炳.金华文略[M]//赵一生.东阳丛书:16册.杭州:浙江古籍出版社,2015:479.
⑬ 王崇炳.金华文略[M]//赵一生.东阳丛书:16册.杭州:浙江古籍出版社,2015:535.
⑭ 王崇炳.金华文略[M]//赵一生.东阳丛书:16册.杭州:浙江古籍出版社,2015:544.

较是非于纸墨间为儒者也。"① 评章懋《谏元宵灯火疏》:"真大儒气象也!"② 评陈亮《与朱元晦秘书》:"是真儒辨难。"③ 并论及作者的学养、风骨,认为文章是作者品德修养的集中反映。又如,评黄溍《张子长墓志铭》:"元时,张子长、宋景濂皆以翰林征。子长则谢病不起,景濂则为黄冠以逃。婺州学者,风裁气骨如此。"④ 评唐彪《宦官论》:"翼修先生学经于毛西河夫子,学文于黄梨州先生,宜其言有伦脊如此。"⑤

经史并重,不废经济。黄溍《张子长墓志铭》中评张枢:"凡为文,务推明经史,以扶翼教道。不善作琱琢侈靡,诡谀戏豫,放浪无实之言。"⑥ 很好地概括了婺州学者为文的特点。王崇炳于《金华征献略·胡翰》后论:

扬子云有言曰:"通天地人曰儒。"是故诠释经史,谈说经济,明二帝三王之道,皆理性之要务,经世之宏规也。吾婺儒者,自何北山得考亭之传于勉斋黄氏,然犹循轨守辙,以恪善恭谨取重于天下。至其徒鲁斋王氏,乃益扩推而张大之,有网罗天地、囊括古今之意。历数传而至仲申诸子出,其规模气象俱不失师匠之授受,以井田封建为必可复,以五帝三王为必可至,以汉唐诸君一切苟简之治为不可偶入于言议。噫!岂非信而好古之英儒哉?⑦

释经者如范浚《诗论》《性论》《春秋论》,唐仲友《论语论》《孟子论》《易论》《书论》《春秋论》《性论》,章懋《易论》《书论》《诗论》《春秋论》,凌瀚《与友人论春王正月书》,卢格《答友人论性书》,潘希曾《大礼问辩》,王祎《洛书辩》《河图论》《六经论》《洛书辩》,王绅《诗辩》,吴师道《定性斋记》,何基《系辞发挥序》,王柏《六义字原序》《诗亡辩》,吴莱《孔子不贬季札论》《春秋通旨后题》,吕文煃《答朱悦道论》《春秋书》,章如愚《〈河图〉〈洛书〉之数考》,等等。释史者如吕祖谦《成汤论》《大禹论下》,王柏《通鉴》《讬始论》《续国语序》,金履祥《虞氏谱系及宗尧论》《西伯戡黎辩》《微子不奔周辩》《通鉴全编序》《通鉴全编后序》,唐仲友《秦论》《书少游〈书王蠋事后〉》,陈亮《韩信论》《薛公论》《光武论》,吴莱《读唐太宗〈帝范〉》《春秋世变图序》,胡应麟《读〈诸

---

① 王崇炳.金华文略[M]// 赵一生.东阳丛书:16册.杭州:浙江古籍出版社,2015:609.
② 王崇炳.金华文略[M]// 赵一生.东阳丛书:16册.杭州:浙江古籍出版社,2015:633.
③ 王崇炳.金华文略[M]// 赵一生.东阳丛书:16册.杭州:浙江古籍出版社,2015:678.
④ 王崇炳.金华文略[M]// 赵一生.东阳丛书:16册.杭州:浙江古籍出版社,2015:756.
⑤ 王崇炳.金华文略[M]// 赵一生.东阳丛书:16册.杭州:浙江古籍出版社,2015:367-368.
⑥ 王崇炳.金华文略[M]// 赵一生.东阳丛书:16册.杭州:浙江古籍出版社,2015:754.
⑦ 王崇炳.金华征献略[M]// 赵一生.东阳丛书:15册.杭州:浙江古籍出版社,2015:140-141.

葛武侯全书〉》《读〈隋书〉》，王祎《正统论》，宋濂《治河议》，吴沉《读〈贾董传〉》，柳贯《齐太史〈春秋诸国统纪〉序》《共山书院藏书目录序》，吴师道《战国策校注序》，王祎《水经序》，徐介寿《百城楼藏书目序》，范浚《六国论》，黄遵识《武义县志目录后》，等等。王崇炳于金履祥《通鉴全编后序》后言："遂古简洁，平彻正大。文必如此，方可比附经史。"①

谈说经济者如阮霞屿评陈亮《光武论》云："龙川先生，实实经济手。故能谈天下大计，非卮言无当者。"②唐正位评郑刚中《思耕亭记》云："留心经济之人，凡有所触，即推进而出。"③其他如陈亮《七制论》，范浚《除盗策》《应天策》《实惠策》，葛洪《疏略》，王祎《演连珠》，陆震《陈言图治疏》，徐学聚《珰鉴序》，唐龙《盐政志序》《马政志序》，等等，所在多有。

崇尚忠义。徐永明言："婺州作家重视操行节义是有传统的。"④例如，初唐骆宾王为声讨僭主武则天而起草《讨武氏檄》，震动朝野，激扬万世。王崇炳编《金华征献略》即将其事迹列入《忠义传》予以表彰。宋代抗金将领宗泽，被金人挝杀的梅执礼，誓不降金的滕茂实，等等。明代出使云南、抗节而死的王祎，被《明史》列入《忠义列传》。时少章《大节堂碑》赞信安徐徽言、毛淑缜、徐揆以身殉义。《金华文略》评曰："健气雄词，抒写忠义，森然如生，足为三衢增光。"⑤评宗泽《上高宗第十五疏》："然天壤间日星河岳，何一非公忠义之所喷薄耶！"⑥评杜士贤《劾贾似道疏》："以书生斥权奸，其笔端直有朱云之剑、少连之笏。"⑦评章侨《劾东厂太监芮（芮）景贤疏》："公忠直谅之臣，比肩而立。披鳞逆耳之语，累牍而陈。吾婺学术士风，历世如此。"⑧评陆震《陈言图治疏》："批鳞请剑，字字沥血吐肝。虽碧化九原，而气扬千古。至其陈事纳忠，不随不激，尤足为告君者楷模。"⑨评陈震《与诸子书》："忠荩之念，溢于毫墨。"⑩评葛洪《祭李蕲州文》："忠勇之气，足以前追张巡，后启余阙。而在吾婺，则李蕲州效死于前，朱阁部植节

---

① 王崇炳.金华文略[M]//赵一生.东阳丛书：16册.杭州：浙江古籍出版社，2015：75.
② 王崇炳.金华文略[M]//赵一生.东阳丛书：16册.杭州：浙江古籍出版社，2015：311.
③ 王崇炳.金华文略[M]//赵一生.东阳丛书：16册.杭州：浙江古籍出版社，2015：184.
④ 徐永明.元代至明初婺州作家群研究[M].北京：中国社会科学出版社，2005：11.
⑤ 王崇炳.金华文略[M]//赵一生.东阳丛书：16册.杭州：浙江古籍出版社，2015：160.
⑥ 王崇炳.金华文略[M]//赵一生.东阳丛书：16册.杭州：浙江古籍出版社，2015：600.
⑦ 王崇炳.金华文略[M]//赵一生.东阳丛书：16册.杭州：浙江古籍出版社，2015：616.
⑧ 王崇炳.金华文略[M]//赵一生.东阳丛书：16册.杭州：浙江古籍出版社，2015：622.
⑨ 王崇炳.金华文略[M]//赵一生.东阳丛书：16册.杭州：浙江古籍出版社，2015：627.
⑩ 王崇炳.金华文略[M]//赵一生.东阳丛书：16册.杭州：浙江古籍出版社，2015：701.

于后。数百年间，若合符节，辉映简策。婺州多贤，顾不信哉！"①李诚之、朱大典先后辉映，王崇炳所撰《朱阁部未孩公传略》亦入录于后。评潘良贵《谢集应殿修撰提举江州太平观表》："数言之间，忠悃气骨，流贯毫墨。"②

王崇炳于《请饬边防疏》后补充了民族英雄王肇坤视死如归、浩气长存的史料：

按耕玄先生巡视居庸、紫荆两关，请饬边防，凡四疏，此其一也。未几敌至，遂力战而死。给事中冯元飚，题请恤典。略曰：肇坤闻警时，或谓巡关职在查核，无守土之责。而其所辖，兼居庸、紫荆等关。且可视势缓急，相机而进。肇坤厉声曰：陵寝至急，臣子何心？吾当以死赴之。即时介马径趋昌平。时昌平既分兵四出，无一人可守。独以忠义，激劝士民，婴城固拒，数日夜不解。求援之疏三上，迄无发一卒者。力屈城陷，犹力战，刀箭并集，身无完肤而死。时方七月甚热，逾十余日，门役张承祖往觅遗骸。获其元，面色如生。刘正宗诗有"成仁当七月，旬后面犹生"之句。而予诗则云"生归先轸元，面有关羽色"。③

关注教育。《金华文略》所选吕祖谦《白鹿洞书院记》、唐仲友《学论》、陈樵《东阳县学晖映楼赋》、许谦《学校论》、唐汝楫《兰溪县儒学学田记》、徐次铎《读书西岘峰记》、王袆《沧江书舍记》、戚雄《重修丽泽书院记》、唐钺《进学箴》、龚一清《崇实学昭正道以光祀典疏》等，都不失为教育方面名篇。王崇炳于陈亮《郭氏哀辞》后言：

郭氏在宋时为名族，德谊府君拥程卓之资，辟石洞书院。延请魁儒永嘉叶正则，教授子弟，及四方来学之士。朱文公、陈君举、陆务光、唐悦斋、陈龙川、吕子约、魏鹤山诸大儒，皆游处其地。朱子曾铭其墓，登之《全浙志》为山林尚义之冠。其时府君从兄良臣，建西园书院；侄伯广，建南湖书院。皆延名师，教乡里。所云郭彦明者，殆亦其人也。自郭氏创为义塾，邑人闻风而起。若许氏之八华书院，则延许白云以为师。蒋氏之横城义塾，则延方蛟峰以为师。一时风俗丕变，文教兴起，固师儒之功。而不知皆诸公有以为之创也。然兹三四公者，亦赖诗书之泽，延其族以至于今。呜呼！彼时岂无享膏腴，拥红朽，若数君者哉？皆已抱其所有，遗之不知何人，欲求其姓名而不可得。则兹数君者，不诚善于自树乎哉！④

---

① 王崇炳.金华文略[M]//赵一生.东阳丛书：16册.杭州：浙江古籍出版社，2015：727.
② 王崇炳.金华文略[M]//赵一生.东阳丛书：16册.杭州：浙江古籍出版社，2015：557.
③ 王崇炳.金华文略[M]//赵一生.东阳丛书：16册.杭州：浙江古籍出版社，2015：642.
④ 王崇炳.金华文略[M]//赵一生.东阳丛书：16册.杭州：浙江古籍出版社，2015：732.

南宋时东阳教育勃兴，郭钦止的石洞书院开其先，西园书院、南湖书院、八华书院、横城义塾等继其后，一时名师大儒如叶适、朱熹、陈傅良、陆游、唐仲友、陈亮、吕祖俭、魏了翁、方逢辰等，或游其间，或主师席，文教兴盛，人才辈出。其家族也赖诗书之泽绵延久远，王崇炳认为这是投资教育的利好，感叹创办教育者乃"善于自树"。

《金华文略》以儒家思想为主，兼而博杂，另涉及道教、道家的有冯宿的《大唐升玄刘先生碑铭》、唐彪的《自勉文》等，涉及佛教的有宋濂的《华严经赞》等。

（五）文学功用

唐代名臣魏征指出："文之为用，其大矣哉！上所以敷德教于下，下所以达情志于上，大则经纬天地，作训垂范，次则风谣歌颂，匡主和民。"[1]诚如徐永明所论："婺州作家大多是理学家吕祖谦和朱熹的徒子徒孙，浓厚的理学风气对婺州作家的人格、生活方式及创作产生了深远的影响……婺州作家的作品表现民族气节、国家命运、社会问题和民生疾苦的内容较多，而表现个人享乐方面的内容较少。"[2]王崇炳《金华文略叙》言："将以敷陈道德，表彰节概，扬励风教，而一切裁之以文。盖性道者文章之本干也；文章者，性道之葩萼也。"[3]典型的传统之"文以载道"观。《金华文略》本着经世致用思想，多选录关乎国计民生之文，也就不难理解了。

1. 治国功用

文学的价值和功用从来都是多元的，治国功用即其一。实用文体与政治、国家的关系较为密切，可以传达治国的理念、熟悉国家的制度，可以参与社会管理，为治理国家建言献策。正如曹丕言："盖文章，经国之大业，不朽之盛事。"[4]从政治角度讲，文章是治理国家的重要工具；从个人立场讲，文章可以让声名传于后世，使个体生命价值不朽。《文心雕龙·程器》言："摛文必在纬军国。"[5]刘勰旨在强调文章必须直接为国家政治、军事服务。《金华文略》评唐彪《赠北鱼吴子序》云："世之足以自寿者，立德、立功外，莫如文章。"[6]即儒家所谓的"三不朽"。评

---

[1] 魏征.隋书[M].北京：中华书局，1973：1729.
[2] 徐永明.元代至明初婺州作家群研究[M].北京：中国社会科学出版社，2005：191-192.
[3] 王崇炳.金华文略[M]//赵一生.东阳丛书：16册.杭州：浙江古籍出版社，2015：卷首.
[4] 萧统.六臣注文选[M].李善，吕延济，刘良，等，注.北京：中华书局，1987：967.
[5] 刘勰.文心雕龙注[M].范文澜，注.北京：人民文学出版，1958：720.
[6] 王崇炳.金华文略[M]//赵一生.东阳丛书：16册.杭州：浙江古籍出版社，2015：148.

舒元褒《贤良方正直言极谏策对》:"尽情言之,略无忌讳,唐时对策如此。夫乾其动也,直人之生也。直直道行,则是非明,善恶辨,正理申,元气通。唐世多难,享国长久,此篇可征矣。"①评舒元舆《上论贡士书》:"唐时尚有如此举子,唐时举子尚能作如此言。士气即为国气,士骨即是国桢。三复兹文,兴怀古之思矣!"②唐代开放包容,可以"尽情言之,略无忌讳",令王崇炳无限神往。评王祎《法天顺人疏》:"此万世治天下之法也。在当时疏此,培我明元气多矣。"③评许弘纲《条陈兵事疏》:"神羊不触,仗马无声。此亡国之征也。而明季之弊,则一切不然。甲是乙否,哗然并起。筑室道谋,迄于无成。夫弈者举棋不定,不胜其偶。今怀不断之心,而持屡易之议,宜其败也。先生此疏,洞中机宜矣。"④文风与国运紧密相连,"文风直接体现为政之气象,也从侧面反映了国家的盛衰"⑤。

2. 教化功用

贞观君臣认为"文章乃政化之黼黻"⑥,并站在政治立场上重视文章的教化作用。《金华文略》也强调文以致用,有关风教。吕祖谦《轮对札子》云:"夫不为俗学之所溺者,必能求实学。不为腐儒之所眩者,必能用真儒。圣道之兴,指日可俟。"⑦王崇炳肯定吕祖谦经世致用的为学为官之道。《金华文略》评郑刚中《论治道人材疏》:"名言笃论,所谓有用之学。"⑧评黄傅《嘱友直书》:"情词恳笃,句不嫌朴,而有益于人。"⑨评梅执礼《吴彦成墓志铭》:"无论人奇,其所建策,至今凿凿可用。"⑩评陈亮《书林勋〈本政〉后》:"硕儒经世有用之学。"⑪评范浚《性论》:"崇性而抑善,则理学无实用矣。"⑫评唐仲友《学论》:"布帛菽粟。实用之文,乃救时之良药。""学必务实,乃为有用。"⑬评张枢《郑义士传》:"文气宕往,至性流

---

① 王崇炳.金华文略[M]// 赵一生.东阳丛书:16 册.杭州:浙江古籍出版社,2015:507.
② 王崇炳.金华文略[M]// 赵一生.东阳丛书:16 册.杭州:浙江古籍出版社,2015:569.
③ 王崇炳.金华文略[M]// 赵一生.东阳丛书:16 册.杭州:浙江古籍出版社,2015:617.
④ 王崇炳.金华文略[M]// 赵一生.东阳丛书:16 册.杭州:浙江古籍出版社,2015:640.
⑤ 李韬,林经纬.文风与国运[N].光明日报,2013-07-23(11).
⑥ 魏征.隋书[M].北京:中华书局,1973:909.
⑦ 王崇炳.金华文略[M]// 赵一生.东阳丛书:16 册.杭州:浙江古籍出版社,2015:465.
⑧ 王崇炳.金华文略[M]// 赵一生.东阳丛书:16 册.杭州:浙江古籍出版社,2015:603.
⑨ 王崇炳.金华文略[M]// 赵一生.东阳丛书:16 册.杭州:浙江古籍出版社,2015:705.
⑩ 王崇炳.金华文略[M]// 赵一生.东阳丛书:16 册.杭州:浙江古籍出版社,2015:748.
⑪ 王崇炳.金华文略[M]// 赵一生.东阳丛书:16 册.杭州:浙江古籍出版社,2015:416.
⑫ 王崇炳.金华文略[M]// 赵一生.东阳丛书:16 册.杭州:浙江古籍出版社,2015:258.
⑬ 王崇炳.金华文略[M]// 赵一生.东阳丛书:16 册.杭州:浙江古籍出版社,2015:287.

注。足以起衰俗而振靡风。"①诸如此类，俯拾即是。

3. 审美功用

文学作品的审美功用是较为基础的，与作品的真、善相联系，其他功用的体现、发挥以审美功用为中介。《金华文略》选文标准之一即文质彬彬，情韵相生。例如，评骆宾王《上兖州崔长史启》："雕缋满眼，然情与文而俱至。"②评吕皓《上孝宗皇帝救父兄书》："情真词楚，宜其动主听，得免父兄于大狱也。"③评陈樵《太极赋》："文丽而理在其中，张平子、左太冲无其质。使宋儒先生为之，又孙其华。"④又如，评陈樵《放萤赋》："郁有余情，妙有余韵。风人骚些之遗也。"⑤评黄溍《跋吴善父哀辞》："丰文秀质，存悼之情，流溢毫楮。"⑥评柳贯《立祠植碑后祭方先生文》："情深词蔚。"⑦评唐汝楫《重建忠贤祠碑》："典重名贵，气厚质丽。"评许谦《学校论》："义正词醇。"⑧评王绅《滇南恸哭记》："字字血泪，如此文乃至文也。"⑨诸评见情见性，鞭辟入里，相当于一种美育。

另如潘良贵《答雷公达书》、宋濂《胡长孺传》《答郡守聘五经师书》、吕皓《牙医说》、郑瑾《杀虎答记》等文皆短小精悍，生动活泼，清新有味。

透过《金华文略》或可窥王崇炳的文学思想，他既肯定文学应该服务于政教，也承认文学有其自身的独立性；既要求文学具备功利性、实用性，也不排斥文学的审美性。他以通达的态度和辩证的方法对待文学发展历史，从来不设定门户、地域、时代等界限，因而能做到众体兼备，详略得当。

（六）文学鉴赏

王崇炳《金华文略叙》纵论金华古今作家云："牢笼百家，兼综群品，峥嵘发彩，卷舒风云，则有若骆临海；疏瀹性真，陶钧品教，言不过物，有典有则，则有若吕伯恭；驰思六合，开拓万古，雄襟浩气，谈王霸之略，则有若陈龙川；翕张六籍，弥纶彝宪，衍材闳丽，跌荡昭彰，醇而不杂，则有若唐悦斋；溯源濂、

---

① 王崇炳.金华文略[M]//赵一生.东阳丛书：16册.杭州：浙江古籍出版社，2015：783.
② 王崇炳.金华文略[M]//赵一生.东阳丛书：16册.杭州：浙江古籍出版社，2015：709.
③ 王崇炳.金华文略[M]//赵一生.东阳丛书：16册.杭州：浙江古籍出版社，2015：597.
④ 王崇炳.金华文略[M]//赵一生.东阳丛书：16册.杭州：浙江古籍出版社，2015：25.
⑤ 王崇炳.金华文略[M]//赵一生.东阳丛书：16册.杭州：浙江古籍出版社，2015：27.
⑥ 王崇炳.金华文略[M]//赵一生.东阳丛书：16册.杭州：浙江古籍出版社，2015：425.
⑦ 王崇炳.金华文略[M]//赵一生.东阳丛书：16册.杭州：浙江古籍出版社，2015：729.
⑧ 王崇炳.金华文略[M]//赵一生.东阳丛书：16册.杭州：浙江古籍出版社，2015：330.
⑨ 王崇炳.金华文略[M]//赵一生.东阳丛书：16册.杭州：浙江古籍出版社，2015：232.

洛，沿波辟流，探之而有本，言之而有文，则有若何北山、王鲁斋、金仁山、许白云、章枫山；涵括洪广，汇育瑰奇，冥搜创著，沉博绝丽，则有若吴立夫、陈君采；搜罗百氏，体物贲藻，式之如矩矱，宗之为鼎吕，则有若宋潜溪、王子充、胡仲绅；缔思密理，缕络众秀，锵金戛玉，有台阁之度，则有若柳道传、黄晋卿、唐渔石。其余作者，人不一言，言不一人，尺璧寸珠，各自可宝。每见簪缨区壤，元夫巨人，殚毕生之力，以作述自命，就其所至，足以荣今，不足传后，岂非川岳所秉，固有量哉！"①分门别类，切中肯綮，如数家珍。

1. 尊体意识

《金华文略》强调得体，有明确的尊体意识。中国古代文论历来有"尊体"传统，至魏晋南北朝，文体意识渐趋成熟，诸如曹丕《典论·论文》、陆机《文赋》、挚虞《文章流别论》、萧统《文选》、刘勰《文心雕龙》等均有"辨体"书写和"尊体"意识。《金华文略》继承了"尊体"的优良传统，多处盛赞文章"得体"，如评王祎《诫谕中外百僚诏》："深得制诰之体。"②评宋濂《进大明律表》："典雅得体。"③至正二十三年 (1363)，朱元璋在鄱阳湖大败陈友谅，宋濂立撰《平江汉颂》，称此仗胜过赤壁、淝水之战，笔势酣畅淋漓，《金华文略》评曰："善则归君，一篇俱是此意。若侈称将烈，便失裁矣。廊庙之文，所以异于山林也。"④宋濂尝于《蒋录事诗集后》中言："予闻昔人论文，有山林、台阁之异。山林之文，其气瑟缩而枯槁；台阁之文，其体绚丽而丰腴。此无他，所处之地不同，而所讬之兴有异也。"⑤四库馆臣在《四库全书总目·杨文敏集》中言："台阁之文所由与山林枯槁者异也"⑥，语本宋濂。评吕祖俭《吕东莱先生圹记》："存其实录，不多作谀墓语，故为得体。"⑦吕祖俭为兄长吕祖谦撰圹记，秉着实录精神，不作"谀墓语"，的确难得。评钱遹《椒湖筑堤记》："自合体裁。"⑧评冯宿《魏府狄梁公祠堂碑》："此碑作于魏博归命之时。所以默诱忠悃，而消其强悍者，无所不至，立言最为得

---

① 王崇炳.金华文略[M]//赵一生.东阳丛书：16册.杭州：浙江古籍出版社，2015：卷首.
② 王崇炳.金华文略[M]//赵一生.东阳丛书：16册.杭州：浙江古籍出版社，2015：462.
③ 王崇炳.金华文略[M]//赵一生.东阳丛书：16册.杭州：浙江古籍出版社，2015：564.
④ 王崇炳.金华文略[M]//赵一生.东阳丛书：16册.杭州：浙江古籍出版社，2015：840.
⑤ 宋濂.金华先生黄文献公文集序.宋濂全集[M].黄灵庚，校点.北京：人民文学出版社，2014：827.
⑥ 永瑢，纪昀.影印文渊阁四库全书总目：4册[M].台北：台湾商务印书馆，1983：499.
⑦ 王崇炳.金华文略[M]//赵一生.东阳丛书：16册.杭州：浙江古籍出版社，2015：740.
⑧ 王崇炳.金华文略[M]//赵一生.东阳丛书：16册.杭州：浙江古籍出版社，2015：189.

体。"①评张孟兼《商巫咸祠碑》："简古有体。"②评金履祥《通鉴全编序》："简而有体。"③其尊体意识贯彻始终。

2. 师法渊源

评吴莱《欧阳氏〈急就章解后序〉》："阔步长趋，卓荦伟丽，有追武长沙《过秦》之意。"点明有学习贾谊《过秦论》之意。④评宋濂《答郡守聘五经师书》："颇类嵇叔夜之与山巨源书。"⑤评徐袍《宋征士仁山金先生言行录序》："阐发幽光，文更得史公门法。"⑥点明得司马迁史家笔法。评唐正学《游大慈岩记》云："生气远出，寄意在游览之外，神味绝似袁石公。"⑦指出此文神味近似"公安三袁"之袁宏道，袁宏道游记文90余篇，于写景中注入主观情感，韵味深远，文笔优美。如《满井游记》《虎丘》《天目一》《晚游六桥待月记》《观第五泄记》等，真切动人，语言浅近，略无斧凿痕，皆为佳作。评陈亮《上孝宗皇帝第一书》："文如黄河落天，万里东注，使人昧其首尾。然而节节关锁，妙在结语即起语，殆深得《孟子》行文之秘者矣。"⑧评宋濂《五洩山水志》："柳子厚永州诸记，简峭独辟奇险。朱文公记云谷，纡徐详尽。景濂作记，似用朱法，而时兼柳之峭奥。"⑨评唐龙《吉庆传》："读之称快，其笔法全得之左氏。"⑩即点明笔法学自《左传》。评唐钺《章枫山先生传略》："宋儒道学传，皆学黄勉斋《朱子行状》，累称叠赞，古法尽亡。即婺州四先生状志，亦此体也。婺野公识卓才高，作传尤得司马子长笔法。"⑪冲破流俗，上溯古法，如司马迁之笔法。评吴之器《王孝子世民传》："叙事得史迁笔法，比之王弇州作，有过之而无不及。"⑫则是赞美吴氏史家笔法胜过王世贞。

师法唐宋八大家。指出吕祖谦文学苏轼，评其《大禹论下》："颇似东坡先生

---

① 王崇炳.金华文略[M]//赵一生.东阳丛书：16册.杭州：浙江古籍出版社，2015：152.
② 王崇炳.金华文略[M]//赵一生.东阳丛书：16册.杭州：浙江古籍出版社，2015：161.
③ 王崇炳.金华文略[M]//赵一生.东阳丛书：16册.杭州：浙江古籍出版社，2015：72.
④ 王崇炳.金华文略[M]//赵一生.东阳丛书：16册.杭州：浙江古籍出版社，2015：89.
⑤ 王崇炳.金华文略[M]//赵一生.东阳丛书：16册.杭州：浙江古籍出版社，2015：692.
⑥ 王崇炳.金华文略[M]//赵一生.东阳丛书：16册.杭州：浙江古籍出版社，2015：128.
⑦ 王崇炳.金华文略[M]//赵一生.东阳丛书：16册.杭州：浙江古籍出版社，2015：254.
⑧ 王崇炳.金华文略[M]//赵一生.东阳丛书：16册.杭州：浙江古籍出版社，2015：588.
⑨ 王崇炳.金华文略[M]//赵一生.东阳丛书：16册.杭州：浙江古籍出版社，2015：721.
⑩ 王崇炳.金华文略[M]//赵一生.东阳丛书：16册.杭州：浙江古籍出版社，2015：795.
⑪ 王崇炳.金华文略[M]//赵一生.东阳丛书：16册.杭州：浙江古籍出版社，2015：798.
⑫ 王崇炳.金华文略[M]//赵一生.东阳丛书：16册.杭州：浙江古籍出版社，2015：801.

之文，俊健灵逸之气，风驰电掣，捉之不得。"①评其《馆职策》云："而文章机巧，气魄力量，波澜情态，则眉山衣钵。"②学欧阳修，如评陈亮《书欧阳公〈文粹〉后》"纡徐委佩，起伏顿挫，亦有六一居士笔意"③。评唐彪《戒怒箴》"极其曲折，极其变化。气峻而神清，词华而笔健。置之永叔集中，不知孰伯孰仲？"④评黄溍《送曹顺府序》："宽弘和裕之气，流溢毫楮。开宕顿折，是庐陵风范。"⑤钱基博论曰："黄溍文为苏轼之疏畅，而归本欧阳修之纡徐……承宋人之学，为宋人之文。"⑥评徐畸《重游禹山会大智院新修记》："跌宕遒古，似欧、曾笔意。"⑦学韩愈，如评唐彪《自勉文》："神气绝似昌黎。然是自出机杼，不是学昌黎而摹其迹者。"⑧

3. 对比鉴赏

骆宾王《答员半千书》："比之徐、庾，流利之中，更杂英爽。"⑨又评骆宾王《兵部奏姚州破逆贼诺没弄杨虔柳露布》："骆丞才分，何必远逊徐、庾。"⑩均与徐陵、庾信对比。评舒元舆《录桃源画记》："古奥可敌韩昌黎诗。"⑪评谢翱《金华洞人物古迹记》："拉拉杂杂，似散似整。文字之奇，可与金华洞天共有千古。韩文画记，视此较易矣。"⑫与韩愈《画记》相比，似更为优胜。评吴莱《尚志赋》："赋才如此，直可并驾班、扬。"⑬意与班固、杨雄并驾齐驱。恰如钱基博论："其（吴莱）文寓陵厉于峭实，以汉窥秦。"⑭评黄溍《答客问》："拟古之辞，最不易工。较之《客难》《解嘲》，古茂颇不及之，而雅润明丽，差无愧也。拔萃文坛，为时宗匠，不亦宜乎！"⑮《金华文略》不是一味夸赞，亦偶有同时代作者进行对比，如评

---

① 王崇炳.金华文略[M]//赵一生.东阳丛书：16册.杭州：浙江古籍出版社，2015：264.
② 王崇炳.金华文略[M]//赵一生.东阳丛书：16册.杭州：浙江古籍出版社，2015：528.
③ 王崇炳.金华文略[M]//赵一生.东阳丛书：16册.杭州：浙江古籍出版社，2015：414.
④ 王崇炳.金华文略[M]//赵一生.东阳丛书：16册.杭州：浙江古籍出版社，2015：482.
⑤ 王崇炳.金华文略[M]//赵一生.东阳丛书：16册.杭州：浙江古籍出版社，2015：99.
⑥ 钱基博.中国文学史[M].北京：中华书局，1993：820.
⑦ 王崇炳.金华文略[M]//赵一生.东阳丛书：16册.杭州：浙江古籍出版社，2015：197.
⑧ 王崇炳.金华文略[M]//赵一生.东阳丛书：16册.杭州：浙江古籍出版社，2015：877.
⑨ 王崇炳.金华文略[M]//赵一生.东阳丛书：16册.杭州：浙江古籍出版社，2015：645.
⑩ 王崇炳.金华文略[M]//赵一生.东阳丛书：16册.杭州：浙江古籍出版社，2015：486.
⑪ 王崇炳.金华文略[M]//赵一生.东阳丛书：16册.杭州：浙江古籍出版社，2015：179.
⑫ 王崇炳.金华文略[M]//赵一生.东阳丛书：16册.杭州：浙江古籍出版社，2015：203.
⑬ 王崇炳.金华文略[M]//赵一生.东阳丛书：16册.杭州：浙江古籍出版社，2015：20.
⑭ 钱基博.中国文学史[M].北京：中华书局，1993：830.
⑮ 王崇炳.金华文略[M]//赵一生.东阳丛书：16册.杭州：浙江古籍出版社，2015：455.

胡翰《谢翱传》："高古劲健，骨韵不凡。较宋文宪作，一倍过之，故舍彼取此。"① 胡翰、宋濂均写有《谢翱传》，同题之作，经比较，胡翰所作为优，故据此做出判断、取舍。

（七）著录及影响

王崇炳对《金华文略》相当有自信，他曾自言："使学者欲求先贤之言，则《文略》可稽。"②他希望《金华文略》成为后来学者探求婺州先贤之言的参考书，可惜，王崇炳之后，婺学凋敝，人才断层，他的这一美好愿望几乎落空了。但他对乡邦文献付出的辛劳与取得的功绩并未被遗忘，而是常常被提及。1709 年，围绕《金华文略》，王崇炳向时年 87 岁的老师萧山毛奇龄请益，求助搜集资料，并恳请老师作序，毛奇龄高度评价王崇炳此举："然且辑乡先进文集，表彰先烈，总是快事。""《金华文略》真不朽大业。前文词雄然，舍选评骘，俱极精肃。"（相关三通书信现藏于东阳市博物馆）毛序载于《金华文略》卷首，《道光东阳县志·广闻志三》③亦有收录。

《清史稿·艺文志四》有著录，"《金华文略》二十卷。王崇炳编。"④《四库全书总目》存目有著录：

《金华文略》二十卷（副都御史黄登贤家藏本）国朝王崇炳编。崇炳有《金华征献略》，已著录。是编录金华一郡之文。始自汉尚书杨乔，迄于国朝徐腾，共一百一十七人，而崇炳之文亦自录焉。凡例称，取《金华文征》十之五，《金华文统》十之二，而益以他书十之三。又称《文统》之例凡论及兵机政术及为释氏而作者不录，是选汉文不及长沙家令，选宋文不及苏学士矣。故惟侧词艳语在所禁绝，他则悉凭文章，不区疆域云。⑤

《清朝文献通考》卷二百三十八《经籍考》亦有著录：

《金华文略》二十卷，王崇炳编。例略曰："是书取《金华文征》十之五，《金华文统》十之二，而益以他书十之三。"又曰："《文统》之例，凡论及兵机政术及为释氏而作者不录。"毛奇龄序曰："金华自颜乌、许孜以后多忠孝节烈之士，而各有文章，在唐则骆丞最著，而舒侍郎与冯节度继之，顾专以诗名。"至宋元迄今，则道学如吕伯恭，史学如陈同甫，以及元之金许，明之王宋，辉煌彪炳，指

---

① 王崇炳.金华文略[M]// 赵一生.东阳丛书：16 册.杭州：浙江古籍出版社，2015：786.
② 王崇炳.金华征献略[M]// 赵一生.东阳丛书：15 册.杭州：浙江古籍出版社，2015：卷首.
③ 党金衡.道光东阳县志[M].杭州：西泠印社出版社，2017：724-725.
④ 赵尔巽.清史稿[M].北京：中华书局，1977：4407.
⑤ 永瑢，纪昀.影印文渊阁四库全书总目：5 册[M].台北：台湾商务印书馆，1983：197.

不胜屈，然金（全）文未易辑，而从前若《文统》《文宪》《文征》《婺书》类又多所阙轶，崇炳起而选之，又得唐中舍为之校录云。①

于地方志中有著录，或于王崇炳本传中有提及。例如，《道光东阳县志》总集类有著录："《金华文略》二十卷，王崇炳辑。见《四库全书总目提要》。"②又《儒林·王崇炳》本传云："殷殷于乡邦文献之传，惟恐失坠，辑《金华征献略》《金华文略》，有功于桑梓。"③《光绪金华县志》载王崇炳："又辑《金华征献略》《金华文略》，有功于桑梓。"④《光绪兰溪县志》载王崇炳："尝辑录《金华征献略》《金华文略》，皆有功于桑梓。（按）辑文略时，正馆骧家，故仝较者为唐正位字存素，正学字思臣，正身字文度，即骧之诸子。"⑤

《金华文略》于诗文总集或丛书中有提及或收录。例如，清代地方诗总集《两浙輶轩录》作者小传言："王崇炳，字虎文，号鹤潭，东阳贡生，著《金华征献略》《金华文略》《学耨堂诗文集》。"⑥《清代诗文集汇编》188册录入王崇炳《学耨堂诗稿》，稿前作者小传云："生平谊重桑梓，以纂辑金华文献为己任，兼工诗古文词。有《金华文略》《金华征献略》《金华颂古诗》《朱子性理吟》《学耨堂诗稿》《学耨堂文集》等。"⑦《清文海》26册王崇炳小传中有提及："著《金华征献略》二十卷，《金华文略》二十卷，《学耨堂文集》七卷。"⑧《重修金华丛书》177册录《金华文略》二十卷。⑨

地方志中亦有参订，如《兰溪县志》卷十三人物之祝石、徐腾，均注曰："见《金华文略》。"⑩

郑振铎《劫中得书记·金华文征》中有提及："此书余得于富晋书社，刊印尚精。清人辑《金华文略》，多取材此书，而被削去之篇章不少。故此书仍不能废。

---

① 张廷玉.清朝文献通考[M].北京：商务印书馆，1936：6967.
② 党金衡.道光东阳县志[M].杭州：西泠印社出版社，2017：693.
③ 党金衡.道光东阳县志[M].杭州：西泠印社出版社，2017：436.
④ 邓钟玉.光绪金华县志[M].上海：上海书店，1993：868.
⑤ 秦簧，邵秉经，唐壬森.光绪兰溪县志[M].上海：上海书店，1993：855.
⑥ 阮元.两浙輶轩录[M]//续修四库全书编委会.续修四库全书 集部：1683册.上海：上海古籍出版社，2002：437.
⑦ 王崇炳.学耨堂诗稿[M]//清代诗文集汇编编纂委员会.清代诗文集汇编：188册.上海：上海古籍出版社，2010：卷首.
⑧ 南开大学古籍与文化研究所.清文海[M].北京：国家图书馆出版社，2010：385.
⑨ 黄灵庚，陶诚华.重修金华丛书：177册[M].上海：上海古籍出版社，2014.
⑩ 张许，陈凤举.兰溪县志[M].台北：成文出版社有限公司，1983：490-491.

元声别有《金华诗粹》一书，惜未收得。顷北平来薰阁复于此间得正德本《金华文统》。迨余知而追询，则已载之北去矣。"①

要编选金华一地1500多年的文章，实非易事。从1632年《金华文征》刻印至1709年《金华文略》初刻，再到1742年重刻，《金华文略》新增文23篇。其中，王崇炳《五峰先贤传略》介绍了王阳明心学之五峰书院派，包括卢可久、应典、程文德、程梓、李琪、周莹、杜惟熙、陈时芳、陈正道、陈其蒽、吕一龙、赵忠济等12人。《朱阁部未孩公传略》以存朱大典，《徐贞女郭氏传》以存徐应麟未过门而守贞之妻。清初诗人吴之器曾与斯一绪、龚士骧、陈达德、章有成等人组成"八咏楼社"，《金华文略》录入吴之器《章无逸〈上客轩集序〉》《王孝子世民传》，斯一绪《方会江先生宾贡北上序》，章有成《范泰符诗序》等，保存了珍惜文献。唐彪（1640—1713），乃唐骧之兄，字翼修，清顺治十八年（1661）岁贡。其自幼博览群书，曾求学于黄宗羲、毛奇龄之门。历任会稽、长兴、仁和训导。长期从事教学工作。解职后，益力于学，时誉为"金华名宿"。其作品有《人生必读书》《读书作文谱》《父子善诱法》。《金华文略》录其文6篇：《赠北鱼吴子序》《游吼山记》《宦官论》《戒怒箴》《兵制策》《自勉文》。《金华文略》又录入唐骧《可园记》、唐正学《游大慈岩记》等。李凤雏诗止于60岁，60岁以后所作与古文皆散失。王崇炳搜得李凤雏《幻客责主人文》，文后曰："此紫翔少时游戏之篇也。岭表数千里，一官鲍系，数载无归。欲觅其鸿文大章，而不可得。搜诸散帙中而登之，略存全豹一斑。"②另补刻有王崇炳长子王国陛《金华赋》《婺州先贤考》，王崇炳幼子王崧寿《三通策》《郊祖策》，王崇炳门生黄殿选《王鹤潭先生传》等。

"金华地称僻郡，数十年来蝉冕绝少。后生少年，因陋习简，数典者或忘其祖。叩以前民国宪，嗒焉不能举其姓氏。岂知儒宗文师，比肩接踵，即在桑梓间数百里地哉！"③继金华文献之传，复振婺学，这才是王崇炳选编《金华文略》的良苦用心。"编选文集根本就是表述文学思想的一种途径。"④《魏晋南北朝文学批评史》云："编选总集，目的之一是便于读者观摩文章、学习写作。而从编撰者对作家作品的取舍和编次方法、体例上，可见其批评标准和眼光……因此，总集的

---

① 郑振铎.劫中得书记[M]//郑振铎.郑振铎全集：第6卷.石家庄：花山文艺出版社，1998：820.
② 王崇炳.金华文略[M]//赵一生.东阳丛书：16册.杭州：浙江古籍出版社，2015：876-877.
③ 王崇炳.金华文略[M]//赵一生.东阳丛书：16册.杭州：浙江古籍出版社，2015：卷首.
④ 杜海军.吕祖谦文学研究[M].北京：学苑出版社，2003：104.

编纂,在古代文学批评史上有一定的地位。"①《金华文略》倡导探源溯流、经世之风,既得婺学之正传,又受到明末清初返经思潮的影响。通过比较,可看出《金华文略》对《敬乡录》《金华文统》《金华文征》等的扬弃与超越,以及其中蕴含的王崇炳文学思想,及其无门户之见、宽宏公正、理学贯通、经史共治、兼重文章的实用性与审美性等学术品格。

二、《金华征献略》研究②

王崇炳研究金华文献数十年,后因在兰溪唐家编撰《金华文略》,得以"会集旧编,颇知先贤颠末"③,觉得前人编录,或语事不详,或支繁浮夸,或收录太滥,或持论失之平允,于是"博采群书,而断以己意,备古今人物之缺,阐道德性命之精,发至论以阐幽,引群言以证实"④,编纂《金华征献略》,于雍正十年(1732)由崇炳高足黄廷元复加校勘,金华金孔时资助得以付梓。《金华文略》与《金华征献略》可谓双璧,王崇炳对此颇为自信,尝自言:"使学者欲求先贤之言,则《文略》可稽;欲考其行,则兹编颇具其概。"⑤

王崇炳所著《金华征献略》采用《史记》《汉书》之类叙法,共二十卷,分为十三类,入传人物678人。对比正史与同类文献,该书具有集大成性质,绘制婺学谱系,颂扬节义之美,考察家族盛衰。《金华征献略》所记丰富的地方人事资料,具有重要的史料价值、文献价值,有的不载于正史,有的比正史更为详尽,可以补正史之阙略,有好多珍贵文献赖之以传,体现了王崇炳欲延金华学脉、文脉的初心。

(一)资料来源与体例

《金华征献略》采用《史记》《汉书》之类叙法,卷一孝友传,卷二、卷三忠义传,卷四、卷五、卷六儒学传,卷七、卷八、卷九名臣传,卷十、卷十一、卷十二文学传,卷十三政绩传,卷十四卓行传、隐逸传,卷十五贞烈传,卷十六

---

① 王运熙,顾易生.中国文学批评通史:魏晋南北朝卷[M].上海:上海古籍出版社,1995:117.
② 吕国喜.论王崇炳《金华征献略》[J].黄河科技学院学报,2020(12):73-78.
③ 王崇炳.金华征献略[M]//赵一生.东阳丛书:15册.杭州:浙江古籍出版社,2015:卷首.
④ 王崇炳.金华征献略[M]//赵一生.东阳丛书:15册.杭州:浙江古籍出版社,2015:卷首.
⑤ 王崇炳.金华征献略[M]//赵一生.东阳丛书:15册.杭州:浙江古籍出版社,2015:卷首.

仙释传、方技传，卷十七、卷十八、卷十九来宦传，卷二十游寓传，凡十三类，二十卷。入传人物678人，按地区分，金华136，东阳164，兰溪122，义乌91，永康76，浦江60，武义20，汤溪9；按朝代分，秦1，汉6，吴3，晋8，南朝宋3，南朝齐2，南朝梁10，南朝陈1，隋2，唐26，宋182，元44，明293，清97。其中，来宦传以为官地、游寓传以游寓地进行统计。

王崇炳于《金华征献略引例》云：

立乎今日以指宋元，宋元之人远矣。又上而至唐，益远矣。固不可以意为断也，则取凭乎国史。其不登国史者，自元以上，则有吴正传《敬乡录》。自明初以上，则有宋文宪之《人物志》。其他，则考之其文集中之传志赞序。文宪最重桑梓，持论平允，陈明卿称其"彻髓皆仁义之气者"，信也。下此，则征诸郑清逸之《贤达传》、童廷式之《文献录》；然二书人多事少，类登科录、世家谱，兹则约取其人而增其事。近则有吴赐如之《婺书》。《婺书》之文高矣，然赐如以才子之心眼，以史法论一郡之人，则所遗多矣。外此，则不得不征之志书。志书惟《兰溪县志》定于章文懿，言简而事核。其余恐不能无滥，不足以取。征，则征之乡贤，乡贤能无滥乎？无已，则征之他郡历官之名宦。名宦不载，则仍考诸本志之质直可据而无支繁浮夸之词者。何则？近世之志书，以人情为贤否：子孙盛，则祖宗贤；子孙弱，在祖宗泯矣。①

此节大致说明了《金华征献略》的资料来源，首选正史，如《后汉书》杨璇，《三国志》骆统，《晋书》许孜，《南齐书》楼幼瑜、楼惠明，《南史》楼惠明、楼幼瑜，《旧唐书》冯宿、冯定、冯审、舒元舆、骆宾王、徐安贞，《新唐书》冯宿、冯定、冯审、舒元舆、张志和、徐安贞、骆宾王，《宋史》胡则、滕元发、钱遹、梅执礼、宗泽、郑刚中、潘良贵、楼炤、叶衡、陈良祐、林大中、王淮、王介、徐邦宪、王霆、葛洪、王万、马光祖、乔行简、范钟、王埜、应孟明、徐侨、李大同、吕祖谦、陈亮、何基、王柏、滕茂实、李诚之、徐道隆、吕祖俭、吕祖泰、郑绮、郑德珪、郑德璋，《元史》黄溍、柳贯、吴莱、金履祥、许谦、朱震亨、胡长孺、胡之纲、胡之纯、吴师道、张枢，《明史》宋濂、宋燧、吴沉、楼琏、龚泰、刘辰、邵玘、章懋、章拯、陆震、唐龙、唐汝楫、赵志皋、吴百朋、卢洪春、朱大典、张国维、吴履、范祖干、叶仪、何寿朋、汪与立、卢可久、程粹（梓）、陈时芳、陈正道、吕一龙、应典、杜惟熙、程文德、胡翰、苏伯衡、戴良、朱廉、张孟兼、胡应麟、王祎、王绅、王稌、王汶、王肇坤、徐学颜、周凤岐、王澄、

---

① 王崇炳.金华征献略[M]//赵一生.东阳丛书：15册.杭州：浙江古籍出版社，2015：卷首.

王世名、戴思恭、石氏、章银儿、方氏、叶氏、虞凤娘,《清史稿》朱之锡,除去重复,共得111人。①另外,《后汉书》之龙丘苌、杨乔、赵炳,《新唐书》之滕珦、应先、唐君佑,《宋史》之王师心、倪千里、唐仲友,《明史》之卢睿、潘希曾、诸葛伯衡、范浚、李学道、徐用检、程正谊、姜麟、宗祉、应刚(纲),《清史稿》之李凤雏,共计20人,正史中有附传或提及,一般较简略,而《金华征献略》则有传,可补正史之阙。

不登正史者,元代以上,参考吴师道《敬乡录》。吴师道(1283—1344),字正传,兰溪人,编纂《敬乡录》十四卷,收集南朝梁至宋末金华人物,先叙行略,后附录诗文,录约94人。吴师道私淑金履祥,与许谦亦师亦友,推崇朱学,故而《敬乡录》不登为朱熹所排之唐仲友,不载唐仲友文。王崇炳特为唐仲友作传,《金华文略》登唐仲友文21篇。

章懋《兰溪县志》不列吴师道于理学。王崇炳谓其有门户之见。《元史》登吴师道于儒学,《金华征献略》沿其例。四库馆臣赞《敬乡录》可补《宋史》之缺:"至所编辑宋人小传,犹在宋史未成以前,故记载多有异同,若谓梅执礼密与诸将谋夺万胜门,夜入金营劫二帝归,范琼以为无益,独吴革与赵子方结军民得众数万,王时雍、徐秉哲闻之惧,使琼泄谋于金师,《宋史》及《东都事略》本传俱不载,仅略见《三朝北盟会编》中,惟此书言之颇悉。"②《金华征献略》仍之。

明初以上,参考宋濂《浦阳人物记》及其文集中传志赞序。《浦阳人物记》二卷,凡五目:忠义、孝友、政事、文学、贞节,记浦阳人物29人。是为金华类传之滥觞,其体例、史笔影响深远。刘涝、叶秀发、喻侃、喻南强、叶由庚、吴思齐、谢翱、朱环、吴履、胡长孺、陈樵、楼大年、许子良、巩丰等传采自宋濂文集中同名传。《吴景奎传》采自宋濂《药房樵唱序》,《唐怀德传》采自宋濂《唐思诚墓志铭》。《黄溍传》采自宋濂《故翰林侍讲学士中奉大夫知制诰同修国史同知经筵事金华先生黄公行状》。采掇宋濂《送戴原礼还浦阳序》《故丹溪先生朱公石表辞》等而成《戴思恭传》。

明以下,参考郑柏《金华贤达传》、童品《金华文献录》、吴之器《婺书》等。郑柏(1361—1432),字叔端,浦江人,宋濂门人,所撰《金华贤达传》十二卷,辑金华一郡人物,各为小传,系之以赞,凡326人,分忠义、孝友、政事、儒学、卓行五门。例如,吴埛、梅执礼、汪涣等传出自《金华贤达传》。《文献录》不及

---

① 龚剑锋.二十五史金华人物传[M].杭州:浙江古籍出版社,2014.其中,滕茂实被遗落。
② 永瑢,纪昀.影印文渊阁四库全书总目:2册[M].台北:台湾商务印书馆,1983:287.

卓行，王崇炳谓"是决水而塞其源也"①。吴之器（1595—1680），字赐如，义乌人，撰《婺书》八卷，举金华一郡人物述而志之。有名臣、节义、儒林、孝友、文苑、逸民、仙释、方技、游寓、循绩、附传、家传，共12类，约84人。例如，贯休、宗泽、陈良祐、徐应亨、龚士骧、吴百朋传出自《婺书》。吕祖谦、徐侨、章懋等《婺书》列之名臣，《金华征献略》则列之儒学。

其他参考志书，如章懋《兰溪县志》。王崇炳好友兰溪叶自合抄录之先贤遗集，"予募刻《东莱集》及《征献略》，多资之"②。还有他郡历官之名宦等，搜罗不谓不广。例如，《斯敦传》本之《康熙新修东阳县志》③，《胡助传》采自胡助《纯白先生自传》，《婺书》《义乌县志》不登刘应龟，《金华征献略》之《刘应龟传》采自黄溍《绣川二妙集序》与《山南先生述》，《黄景昌传》采自吴莱《渊颖集》，《潘良贵传》采自罗大经《鹤林玉露》。厉玄收葬女尸，梦中得句，入试时用之，事载《林下诗谈》。刘昭禹诗得之《唐诗纪事》。俞紫芝《临江仙》词录自杨慎《词品》。明代儒学传自范祖干、叶仪以下，至章懋门人，皆遵张恒《明儒林录》，而五峰诸子，则遵陈时芳《宗传广录》。自陈时芳以下，则遵《东阳志》《永康志》。

体例设计。针对史书与地方文献各有其短，"大抵史文存大体，而笔记则务详所略"④。史书失之过简，仅存大体，王崇炳便有意增加细节，如《胡长孺传》采之《元史》，折狱诸案，多杂出于他书。《敬乡录》《贤达传》《文献录》《婺书》"皆语焉而不详"⑤。《贤达传》《文献录》"人多事少"，故而"约取其人而增其事"。另外，借鉴《婺书》于《文学传》中录诗之法以及传论赞体例，借鉴《敬乡录》以诗存史之法，"因人物以存文章，非因文章以存人物"⑥。而成传论之体例（表12-1）。

---

① 王崇炳.学耨堂文集[M]//赵一生.东阳丛书：15册.杭州：浙江古籍出版社，2015：118.
② 王崇炳.金华征献略[M]//赵一生.东阳丛书：15册.杭州：浙江古籍出版社，2015：331.
③ 赵衍.康熙新修东阳县志[M].杭州：西泠印社出版社，2018：335.
④ 王崇炳.金华征献略·汪浃[M]//赵一生.东阳丛书：15册.杭州：浙江古籍出版社，2015：367.
⑤ 王崇炳.学耨堂文集[M]//赵一生.东阳丛书：15册.杭州：浙江古籍出版社，2015：42.
⑥ 永瑢，纪昀.影印文渊阁四库全书总目：2册[M].台北：台湾商务印书馆，1983：287.

表 12-1　正史中附传或提及的金华人物

序号	人物	正史中卷数、类别	《金华征献略》中卷数、类别
1	杨璇	《后汉书》卷三十八，列传第二十八	卷七《名臣传一》
2	骆统	《三国志》卷五十七，吴书十二	卷七《名臣传一》
3	许孜	《晋书》卷八十八，列传第五十八《孝友》	卷一《孝友传》
4	楼幼瑜	《南齐书》卷五十四，列传第三十五《高逸》；《南史》卷七十六，列传第六十六《隐逸下》	卷十四《隐逸传》
5	楼惠明	《南齐书》卷五十四，列传第三十五《高逸》；《南史》卷七十五，列传第六十五《隐逸上》	卷十四《隐逸传》
6	冯宿	《旧唐书》卷一百六十八，列传第一百一十八；《新唐书》卷一百七十七，列传第一百二	卷七《名臣传一》
7	冯定	《旧唐书》卷一百六十八，列传第一百一十八；《新唐书》卷一百七十七，列传第一百二	卷七《名臣传一》
8	冯审	《旧唐书》卷一百六十八，列传第一百一十八；《新唐书》卷一百七十七，列传第一百二	卷七《名臣传一》
9	舒元舆	《旧唐书》卷一百六十九，列传第一百一十九；《新唐书》卷一百七十九，列传第一百四	卷二《忠义传一》
10	骆宾王	《旧唐书》卷一百九十上，列传第一百四十上《文苑上》；《新唐书》卷二百一，列传第一百二十六《文艺上》	卷二《忠义传一》
11	徐安贞	《旧唐书》卷一百九十中，列传第一百四十中《文苑中》	卷十《文学传一》
12	张志和	《新唐书》卷一百九十六，列传第一百二十一《隐逸》	卷十四《隐逸传》
13	胡则	《宋史》卷二百九十九，列传第五十八	卷七《名臣传一》
14	滕元发	《宋史》卷三百三十二，列传第九十一	卷七《名臣传一》
15	钱遹	《宋史》卷三百五十六，列传第一百一十五	卷十《文学传一》
16	梅执礼	《宋史》卷三百五十七，列传第一百一十六	卷二《忠义传一》
17	宗泽	《宋史》卷三百六十，列传第一百一十九	卷七《名臣传一》
18	郑刚中	《宋史》卷三百七十，列传第一百二十九	卷七《名臣传一》
19	潘良贵	《宋史》卷三百七十六，列传第一百三十五	卷七《名臣传一》
20	楼炤	《宋史》卷三百八十，列传第一百三十九	卷十三《政绩传》
21	叶衡	《宋史》卷三百八十四，列传第一百四十三	卷八《名臣传二》

续表

序号	人物	正史中卷数、类别	《金华征献略》中卷数、类别
22	陈良祐	《宋史》卷三百八十八，列传第一百四十七	卷八《名臣传二》
23	林大中	《宋史》卷三百九十三，列传第一百五十二	卷八《名臣传二》
24	王淮	《宋史》卷三百九十六，列传第一百五十五	卷七《名臣传一》
25	王介	《宋史》卷四百，列传第一百五十九	卷七《名臣传一》
26	徐邦宪	《宋史》卷四百四，列传第一百六十三	卷八《名臣传二》
27	王霆	《宋史》卷四百八，列传第一百六十七	卷八《名臣传二》
28	葛洪	《宋史》卷四百一十五，列传第一百七十四	卷八《名臣传二》
29	王万	《宋史》卷四百一十六，列传第一百七十五	卷八《名臣传二》
30	马光祖	《宋史》卷四百一十六，列传第一百七十五	卷八《名臣传二》
31	乔行简	《宋史》卷四百一十七，列传第一百七十六	卷八《名臣传二》
32	范钟	《宋史》卷四百一十七，列传第一百七十六	卷八《名臣传二》
33	王埜	《宋史》卷四百二十，列传第一百七十九	卷七《名臣传一》
34	应孟明	《宋史》卷四百二十二，列传第一百八十一	卷八《名臣传二》
35	徐侨	《宋史》卷四百二十二，列传第一百八十一	卷四《儒学传一》
36	李大同	《宋史》卷四百二十三，列传第一百八十二	卷八《名臣传二》
37	吕祖谦	《宋史》卷四百三十四，列传第一百九十三《儒林四》	卷四《儒学传一》
38	陈亮	《宋史》卷四百三十六，列传第一百九十五《儒林六》	卷四《儒学传一》
39	何基	《宋史》卷四百三十八，列传第一百九十七《儒林八》	卷五《儒学传二》
40	王柏	《宋史》卷四百三十八，列传第一百九十七《儒林八》	卷五《儒学传二》
41	滕茂实	《宋史》卷四百四十九，列传第二百八《忠义四》	卷二《忠义传一》
42	李诚之	《宋史》卷四百四十九，列传第二百八《忠义四》	卷二《忠义传一》
43	徐道隆	《宋史》卷四百五十一，列传第二百一十《忠义六》	卷二《忠义传一》
44	吕祖俭	《宋史》卷四百五十五，列传第二百一十四《忠义十》	卷二《忠义传一》
45	吕祖泰	《宋史》卷四百五十五，列传第二百一十四《忠义十》	卷二《忠义传一》
46	郑绮	《宋史》卷四百五十六，列传第二百一十五《孝义》	卷一《孝友传》
47	郑德珪	《宋史》卷四百五十六，列传第二百一十五《孝义》	卷一《孝友传》

续表

序号	人物	正史中卷数、类别	《金华征献略》中卷数、类别
48	郑德璋	《宋史》卷四百五十六，列传第二百一十五《孝义》	卷一《孝友传》
49	黄溍	《元史》卷一百八十一，列传第六十八	卷十一《文学传二》
50	柳贯	《元史》卷一百八十一，列传第六十八	卷十一《文学传二》
51	吴莱	《元史》卷一百八十一，列传第六十八	卷十一《文学传二》
52	金履祥	《元史》卷一百八十九，列传第七十六《儒学一》	卷五《儒学传二》
53	许谦	《元史》卷一百八十九，列传第七十六《儒学一》	卷五《儒学传二》
54	朱震亨	《元史》卷一百八十九，列传第七十六《儒学一》	卷十二《文学传三》
55	胡长孺	《元史》卷一百九十，列传第七十七《儒学二》	卷五《儒学传二》
56	胡之纲	《元史》卷一百九十，列传第七十七《儒学二》	卷五《儒学传二》
57	胡之纯	《元史》卷一百九十，列传第七十七《儒学二》	卷五《儒学传二》
58	吴师道	《元史》卷一百九十，列传第七十七《儒学二》	卷五《儒学传二》
59	张枢	《元史》卷一百九十九，列传第八十六《隐逸》	卷十一《文学传二》
60	宋濂	《明史》卷一百二十八，列传第十六	卷六《儒学传三》
61	宋燧	《明史》卷一百二十八，列传第十六	卷六《儒学传三》
62	吴沉	《明史》卷一百三十七，列传第二十五	卷十二《文学传三》
63	楼琏	《明史》卷一百四十一，列传第二十九	卷三《忠义传二》
64	龚泰	《明史》卷一百四十三，列传第三十一	卷三《忠义传二》
65	刘辰	《明史》卷一百五十，列传第三十八	卷十三《政绩传》
66	邵玘	《明史》卷一百五十八，列传第四十六	卷十三《政绩传》
67	章懋	《明史》卷一百七十九，列传第六十七	卷六《儒学传三》
68	章拯	《明史》卷一百七十九，列传第六十七	卷六《儒学传三》
69	陆震	《明史》卷一百八十九，列传第七十七	卷三《忠义传二》
70	唐龙	《明史》卷二百二，列传第九十	卷九《名臣传三》
71	唐汝楫	《明史》卷二百二，列传第九十	卷九《名臣传三》
72	赵志皋	《明史》卷二百一十九，列传第一百七	卷九《名臣传三》
73	吴百朋	《明史》卷二百二十，列传第一百八	卷九《名臣传三》

续 表

序号	人物	正史中卷数、类别	《金华征献略》中卷数、类别
74	卢洪春	《明史》卷二百三十四,列传第一百二十二	卷三《忠义传二》
75	朱大典	《明史》卷二百七十六,列传第一百六十四	卷三《忠义传二》
76	张国维	《明史》卷二百七十六,列传第一百六十四	卷三《忠义传二》
77	吴履	《明史》卷二百八十一,列传第一百六十九《循吏》	卷十三《政绩传》
78	范祖干	《明史》卷二百八十二,列传第一百七十《儒林一》	卷五《儒学传二》
79	叶仪	《明史》卷二百八十二,列传第一百七十《儒林一》	卷五《儒学传二》
80	何寿朋	《明史》卷二百八十二,列传第一百七十《儒林一》	卷五《儒学传二》
81	汪与立	《明史》卷二百八十二,列传第一百七十《儒林一》	卷五《儒学传二》
82	卢可久	《明史》卷二百八十三,列传第一百七十一《儒林二》	卷六《儒学传三》
83	程粹(梓)	《明史》卷二百八十三,列传第一百七十一《儒林二》	卷六《儒学传三》
84	陈时芳	《明史》卷二百八十三,列传第一百七十一《儒林二》	卷六《儒学传三》
85	陈正道	《明史》卷二百八十三,列传第一百七十一《儒林二》	卷六《儒学传三》
86	吕一龙	《明史》卷二百八十三,列传第一百七十一《儒林二》	卷六《儒学传三》
87	应典	《明史》卷二百八十三,列传第一百七十一《儒林二》	卷六《儒学传三》
88	杜惟熙	《明史》卷二百八十三,列传第一百七十一《儒林二》	卷六《儒学传三》
89	程文德	《明史》卷二百八十三,列传第一百七十一《儒林二》	卷六《儒学传三》
90	胡翰	《明史》卷二百八十五,列传第一百七十三《文苑一》	卷六《儒学传三》
91	苏伯衡	《明史》卷二百八十五,列传第一百七十三《文苑一》	卷十二《文学传三》
92	戴良	《明史》卷二百八十五,列传第一百七十三《文苑一》	卷三《忠义传二》
93	朱廉	《明史》卷二百八十五,列传第一百七十三《文苑一》	卷十二《文学传三》
94	张孟兼	《明史》卷二百八十五,列传第一百七十三《文苑一》	卷十二《文学传三》
95	胡应麟	《明史》卷二百八十七,列传第一百七十五《文苑三》	卷十二《文学传三》
96	王祎	《明史》卷二百八十九,列传第一百七十七《忠义一》	卷三《忠义传二》
97	王绅	《明史》卷二百八十九,列传第一百七十七《忠义一》	卷三《忠义传二》
98	王稔	《明史》卷二百八十九,列传第一百七十七《忠义一》	卷三《忠义传二》
99	王汶	《明史》卷二百八十九,列传第一百七十七《忠义一》	卷三《忠义传二》

续表

序号	人物	正史中卷数、类别	《金华征献略》中卷数、类别
100	王肇坤	《明史》卷二百九十一，列传第一百七十九《忠义三》	卷三《忠义传二》
101	徐学颜	《明史》卷二百九十四，列传第一百八十二《忠义六》	卷三《忠义传二》
102	周凤岐	《明史》卷二百九十四，列传第一百八十二《忠义六》	卷三《忠义传二》
103	王澄	《明史》卷二百九十六，列传第一百八十四《孝义一》	卷一《孝友传》
104	王世名	《明史》卷二百九十七，列传第一百八十五《孝义二》	卷一《孝友传》
105	戴思恭	《明史》卷二百九十九，列传第一百八十七《方伎》	卷十六《方技传》
106	石氏	《明史》卷三百一，列传第一百八十九《列女一》	卷十五《贞烈传》
107	章银儿	《明史》卷三百一，列传第一百八十九《列女一》	卷十五《贞烈传》
108	方氏	《明史》卷三百二，列传第一百九十《烈女二》	卷十五《贞烈传》
109	叶氏	《明史》卷三百二，列传第一百九十《烈女二》	卷十五《贞烈传》
110	虞凤娘	《明史》卷三百三，列传第一百九十一《烈女三》	卷十五《贞烈传》
111	朱之锡	《清史稿》卷二百七十九，列传第六十六	卷九《名臣传三》

二十五史中附传或提及的金华人物，如表12-2所示。

表12-2 二十五史附传或提及的金华人物

序号	人物	二十五史所在卷数、类别	《金华征献略》卷数、类别
1	龙丘苌	《后汉书》卷七十六，列传第六十六《循吏传》载《任延传》	卷十四《隐逸传》
2	杨乔	《后汉书》卷七十六，列传第六十六 载《孟尝传》	卷二《忠义传一》
3	赵炳	《后汉书》卷八十二，方术列传第七十二 载《徐登传》	卷十六《异术》
4	滕珦	《新唐书》卷六十，志第五十《艺文四》	卷十《文学传一》
5	应先	《新唐书》卷一百九十五，列传第一百二十《孝友》	卷一《孝友传》
6	唐君佑	《新唐书》卷一百九十五，列传第一百二十《孝友》	卷一《孝友传》
7	王师心	《宋史》卷三十 本纪第三十 载《高宗七》	卷七《名臣传一》
8	倪千里	《宋史》卷三百九十四 列传第一百五十三 载《京镗传》	卷十一《文学传二》
9	唐仲友	《宋史》卷三百九十四 列传第一百五十三 载《郑丙传》	卷四《儒学传一》

续 表

序　号	人　物	二十五史所在卷数、类别	《金华征献略》卷数、类别
10	卢睿	《明史》卷八十一 志第五十七 食货五 马市	卷十三《政绩传》
11	潘希曾	《明史》卷八十三 志第五十九 河渠一 黄河上	卷九《名臣传三》
12	诸葛伯衡	《明史》卷一百五十二 列传第四十 载《董伦传》	卷十三《政绩传》
13	范浚	《明史》卷一百八十六，列传第七十四 载《许诰传》	卷四《儒学传一》
14	李学道	《明史》卷二百十四，列传第一百二 载《王廷传》	卷九《名臣传三》
15	徐用检	《明史》卷二百三十三，列传第一百二十一 载《陈登云传》	卷六《儒学传三》
16	程正谊	《明史》卷二百四十七，列传第一百三十五 载《刘綎传》	卷十三《政绩传》
17	姜麟	《明史》卷二百八十三 列传第一百七十一 载《陈献章传》	卷十二《文学传三》
18	宗祉	《明史》卷二百九十六，列传第一百八十四《孝义一》	卷一《孝友传》
19	应刚	《明史》卷二百九十六，列传第一百八十四《孝义一》	卷一《孝友传》
20	李凤雏	《清史稿》卷一百四十六，志一百二十一《艺文二》	卷十二《文学传三》

（二）乡曲之私与编纂宗旨

四库馆臣批评《金华贤达传》："然如楼照迎合和议，曹冠为秦桧门客乃并取之，殊不免乡曲之私。"[1]对《金华征献略》也有类似批评："然乡曲之私，所录不免泛滥。其《序例》谓事迹或无可称而列之名臣者，乃序爵之义。不知乡间耆硕，原不当以禄秩为重轻，若概加采录，则是公卿表而非耆旧传矣。"[2]

楼炤（约1073—1145），字仲晖，金华永康人，登政和五年（1115）进士第，调大名府户曹，改西京国子博士、辟雍录、淮宁府司仪曹事，改尚书考功员外郎。《金华贤达传》卷三言："炤之所言，皆迎合苟且，无恢复远图，其取讥于时论，固亦宜已。然其封还张浤与郡乞、褒吴革等节义，奏还不从伪命之资产，又有合于公论者矣。读者可不审夫？"[3]指出楼炤迎合和议的确不对，但所作所为亦有合于公论者，故而对于楼炤应一分为二看待，不能一棍子打死。《金华征献略》依此

---

[1] 永瑢，纪昀.影印文渊阁四库全书总目：2册[M].台北：台湾商务印书馆，1983：346.
[2] 永瑢，纪昀.影印文渊阁四库全书总目：2册[M].台北：台湾商务印书馆，1983：386.
[3] 郑柏.金华贤达传[M]//四库全书存目丛书编纂委员会.四库全书存目丛书 史部：88册.济南：齐鲁书社，1996：31.

进行了发挥："襄靖（楼炤）论迁都，则阴附汪、黄；成和议，则显赞秦桧：儒者所不齿，乡评所羞称也。然贼过之后，易于张弓。宋室中覆，无论高光之业，即欲继武晋元，保守江南，传世数叶，亦必有知治体者经营其间；不然柄国无人，虽或建国，金鼓一震，便同瓦解。如襄靖者，力足宣劳，岂可轻非哉！"①污点不容抹杀，苦劳也不能一笔勾销，回护之意甚明。《永康县志》载楼炤为《名臣》②，当同一机杼。

曹冠（1128—1208），字宗臣，一字宗元，号双溪居士，东阳人。秦桧十客之一，桧以诸孙师事之。宋绍兴二十四年（1154）与桧孙秦埙同登进士甲科，其答策力攻二程理学。二十五年（1155），由平江府府学教授行国子录，寻擢太常博士兼权中书门下检正诸房公事。桧死议谥，谓桧绍开中兴，宜谥忠献。二十六年（1156）九月驳放其科名。孝宗时许再试，复登乾道五年（1169）进士。绍熙初，知郴州，后转朝奉大夫、赐金紫致仕。著作多种，均亡佚，仅存《燕喜词》③。曹冠，登之《金华贤达传》卷九《儒学传》。《浙江通志》不载。王崇炳论曰："吾邑乔、马诸公未贵，宗臣独以名绅居里，为乡人所推重，尤延之《东阳志序》可考也。"④尤焴《宋宝佑东阳县志序》云："大家多创书院，做好饭招延名士，以教乡党子弟。诗书讲诵相闻，旁郡他邑不及也。然未有显者，独曹检正以耆宿为达尊。余以先契先君命，率诸弟往拜焉。其他诸贤，如乔、葛二公，皆犹在选调。"⑤尤焴（1190—1272），字伯晦，号木石，南宋常州无锡人，嘉定元年进士。理宗端平初征为将作监主簿，后为淮西帅，以儒者守边，恩威兼施。累进礼部尚书，拜端明殿大学士，提举秘书省提纲史事。尤袤孙。其父尤桼于庆元二年至五年（1196—1199）任东阳令。

《金华征献略·郑刚中传》与《婺书·郑忠愍列传》基本一致，开头部分增加了两处细节，于"登绍兴进士"后补写"第三人"，源自《敬乡录》⑥，"为温州判官"后有"赈饥有方"。所引郑刚中《谏议和奏疏》替换了有关敏感字词，大类

---

① 王崇炳.金华征献略·楼炤[M]//赵一生.东阳丛书：15册.杭州：浙江古籍出版社，2015：337.
② 李汝为，潘树棠.永康县志[M].台北：成文出版社有限公司，1970：367-368.
③ 唐宋邑士诗文辑存[M]//赵一生.东阳丛书：1册.杭州：浙江古籍出版社，2015：122.
④ 王崇炳.金华征献略[M]//赵一生.东阳丛书：15册.杭州：浙江古籍出版社，2015：283.
⑤ 党金衡.道光东阳县志[M].杭州：西泠印社出版社，2017：卷首.
⑥ 吴师道.敬乡录[M]//影印文渊阁四库全书编纂委员会.影印文渊阁四库全书 史部：451册.台北：台湾商务印书馆，1986：284.

《四库全书》之做法，比如四个"虏"字皆改为"敌"，"戎虏"改为"强邻"。"必具櫜键庭伏乃就坐"句亦照录。"键"当为"鞬"，马上装弓箭的器具。櫜，弓箭鞬盒的外皮囊。《宋史·郑刚中传》开头有"刚中由秦桧荐于朝，桧主和议，刚中不敢言"[①]。《婺书》则云："时秦桧主和议，刚中抗疏曰。"[②]似乎给人以郑刚中反对和议之意。《金华征献略》则进一步淡化为"用秦桧荐"[③]，一笔带过。郑刚中《北山集》卷一中《谏议和奏疏》凡四谏，无反对和议之语。《再谏议和奏疏》言："和议之败，盖有两端，其一激怒于敌人也，二则激怒于国中也。有一于此，非但和议之不成，盖亦产祸之甚速。"[④]此乃四谏之中心思想。《宋史》言："兀术遣人力求和尚原，刚中恐败和好，以和尚原自绍兴四年后不系吴玠地分，于是割秦、商之半，弃和尚原以与金。"[⑤]《金华征献略》却云："兀术遣人求和尚原，桧恐刚中败盟，乃下诏：以和尚原自绍兴四年后，不系吴玠地分，于是割秦、商之半，弃和尚原以与金。"[⑥]割地的主语由郑刚中变为秦桧。"秦州、商州、和尚原三处，乃川陕咽喉要害之地，皆不可轻许，而和尚原最为不可。"[⑦]极力淡化郑刚中对秦桧的依附关系，以及郑对和议的真实态度。此与《婺书》同一用意。"究其原因，《婺书》是一部旨在弘扬乡贤，激励里人之作，必将重点置于所传人物个人的品格与才能，而不能过重地描述被权臣左右命运的情况。"[⑧]《金华征献略》同此。

王崇炳于《金华征献略引例》中言：

其有位列崇阶，国史无称，而皆列之名臣，何也？曰："序爵也。"《春秋》，天子三公书爵，王朝大夫书字，列国大夫书名，若列国之上，士则未尝以名见，其重爵如此。生于此土，为此邦之人，苟能策足王路，跻身九列，为桑梓光，但能恪守官箴以保令名，则虽盛位无赫赫之光，亦皆以名臣称之。盖一郡之名臣，非一朝之名臣也。其有卓然为一代之名臣者，观其传自足以知之，亦并列其中而

---

① 脱脱.宋史[M].北京：中华书局，1977：11512.
② 吴之器.婺书[M]//黄灵庚，陶诚华.重修金华丛书：49册.上海：上海古籍出版社，2014：17.
③ 王崇炳.金华征献略[M]//赵一生.东阳丛书：15册.杭州：浙江古籍出版社，2015：181.
④ 郑刚中.北山集[M]//王云五.丛书集成初编：1962册.北京：商务印书馆，1935：6.
⑤ 脱脱.宋史[M].北京：中华书局，1977：11512.
⑥ 王崇炳.金华征献略[M]//赵一生.东阳丛书：15册.杭州：浙江古籍出版社，2015：182.
⑦ 郑刚中.北山集[M]//王云五.丛书集成初编：1962册.北京：商务印书馆，1935：30.
⑧ 陈婺.《婺书》与《宋史》中的郑刚中传比较研究[J].黑龙江史志，2014（17）：149-150.

不别。至于位非九列而列名臣，则以其贤也。贤而特书，春秋之法也。①

明确序爵乃春秋之法。《金华征献略》卷七至卷九为名臣传，共53人，不足总人数的8%，难成四库馆臣所谓"公卿表"。史臣称范钟为相"直清守法，重惜名器，虽无赫赫可称，而清德雅量，与杜范、李宗勉齐名"②。王崇炳称："君臣之契有终，去就之迹不忒，其持守亦可见矣。"③"宋室南渡，吾婺居鼎铉者七人，吾录其六于名臣，重爵位也。若有玷青史，虽居枢府，难引为桑梓之光矣。"④南宋金华宰相有王淮、叶衡、乔行简、范钟等，皆列于名臣。"若有玷青史"，则难引以为荣，也就不能入传了。

反之，王崇炳又反复强调爵位之不足凭。例如，于《徐玘传》后论曰："至于疾风一振，士大夫皆如经霜黄叶，乱落委地，无有标孤节而格劲风者；而一介小臣，兀如苍松古柏挺然于大冬严雪之下。士之取重于世，岂以爵位之崇卑论哉！"⑤杨与立虽为闽人，兰溪人、汤溪人却唯恐不亲；贾似道谪闽，道过金华，金华人士作檄以摈，避之唯恐不及。王崇炳曰："由斯以论，人之生此世，岂以名爵为轻重哉？"⑥《刘良传》后论曰："知事微官，而阖门死节。士之报国，岂在爵之尊卑哉？"⑦

《易》曰："观乎'人文'，以化成天下。"⑧汤庆祖《读王鹤潭先生文集》"手编征献略，堂堂风化谱。名噪大江南，远与江北伍"句下自注："先生《征献略》书皆金郡佳士实录，有关风化者。"⑨揭示了《金华征献略》的编撰宗旨与实际效果。唐刘知几《史通·杂述》："郡书者，矜其乡贤，美其邦族。"⑩《金华征献略》对乡贤、邦族确乎有着回护、爱惜之意，隐恶扬善的主观意图比较明显。《礼记·中庸》言："尊其位，重其禄，同其好恶，所以劝亲亲也。"⑪或许，所谓的乡曲之私，

---

① 王崇炳.金华征献略[M]//赵一生.东阳丛书：15册.杭州：浙江古籍出版社，2015：卷首.
② 脱脱.宋史[M].北京：中华书局，1977：12496.
③ 王崇炳.金华征献略[M]//赵一生.东阳丛书：15册.杭州：浙江古籍出版社，2015：208.
④ 王崇炳.金华征献略[M]//赵一生.东阳丛书：15册.杭州：浙江古籍出版社，2015：208.
⑤ 王崇炳.金华征献略[M]//赵一生.东阳丛书：15册.杭州：浙江古籍出版社，2015：73.
⑥ 王崇炳.金华征献略[M]//赵一生.东阳丛书：15册.杭州：浙江古籍出版社，2015：106.
⑦ 王崇炳.金华征献略[M]//赵一生.东阳丛书：15册.杭州：浙江古籍出版社，2015：62.
⑧ 李学勤.十三经注疏·周易正义[M].北京：北京大学出版社，1999：105.
⑨ 汤庆祖.五岳诗稿[M]//赵一生.东阳丛书：20册.杭州：浙江古籍出版社，2015：8.
⑩ 刘知几.史通[M]//影印文渊阁四库全书编纂委员会.影印文渊阁四库全书 史部：685册.台北：台湾商务印书馆，1986：76.
⑪ 李学勤.十三经注疏·礼记正义[M].北京：北京大学出版社，1999：1443.

也体现了王崇炳的亲亲之道。

(三) 绘制婺学谱系

宋元以来，金华名儒接踵，人文荟萃，被誉为"小邹鲁""东南文献之邦"。王崇炳对此津津乐道，如数家珍，他认为"金华人物半在理学""名理学，则儒有不言理者矣，岂可弃乎？故予于儒学，言理、言心、言事功，皆一概收之，而特不取伪耳"①。名为"儒学"而非"理学"，乃遵宋濂《元史》之例，集"儒林""文苑"于一体。"儒学"包蕴更广，言理、言心、言事功者，一包在内。许谦以后，金华理学出现了"流而为文"②的现象，这个分类法反映了金华理学与文章合一的真实情形，也是道统与文统合一思想在史学上的具体实践。③

黄廷元序曰：

东莱吕成公以中原文献倡道于兹，一时从游之士居台鼎者，则有若乔文惠、葛端献；其余树名节、建功业者，指不胜屈。迨何、王、金、许四先生，得朱门之正学，递传至白云先生，而门人最盛。若柳文肃、黄文献，及宋文宪、王忠文，踵武而起，遂开有明三百年文教之盛。暨明中叶，章文懿讲学兰江，程文恭讲学五峰，其时居朝列而著贤声者，约三十余人。此"小邹鲁"之称有由来也。④

王崇炳《金华征献略引例》云：

至宋，而东莱吕成公得中原文献之传，倡学婺郡，何、王、金、许踵武并兴，相与讲明考亭之学，论者以比邹鲁。而陈同甫、唐悦斋以绝出之才左右翕张之，彬彬盛矣。下逮于元，吴立夫、柳道传、黄晋卿、陈君采后先继起，相与绍述圣学，佐之以文，不难与虞、揭颉颃。明兴，宋潜溪、王子充诸公，以英儒宿学遇主于巷，开国巨制皆出其手，一代文教之盛，婺州诸老，首辟蚕丛，而朱公未孩、张公止庵，复以文宋瑞余忠，宣之峻节，要胜国之终而为之后劲，不亦古今人物之林哉！⑤

婺学开宗范浚。"婺州之士，于圣贤之学，前此未有闻也，濬其源者自浚

---

① 王崇炳.金华征献略[M]//赵一生.东阳丛书：15册.杭州：浙江古籍出版社，2015：卷首.
② 黄宗羲.宋元学案[M].全祖望，补修.陈金生，梁运华，点校.北京：中华书局，1986：2801.
③ 徐永明.元代至明初婺州作家群研究[M].北京：中国社会科学出版社，2005：卷首.
④ 王崇炳.金华征献略[M]//赵一生.东阳丛书：15册.杭州：浙江古籍出版社，2015：卷首.
⑤ 王崇炳.金华征献略[M]//赵一生.东阳丛书：15册.杭州：浙江古籍出版社，2015：卷首.

始。"① 王崇炳论范浚曰:"当绍兴之际,朱吕之学未兴,香溪独能卓然自立,拔脚于声利功名辞章之外,而上窥孔孟之堂奥,开辟蚕丛,以为后学首路,其有功于婺贤甚伟。"②

婺学三巨头:吕祖谦、陈亮、唐仲友。王崇炳曰:"吾婺先贤盛于南宋,其文章政事卓然有闻于后者,皆东莱弟子;不然,则学于同甫、悦斋者也。"③"自东都文献之余,天下士大夫之学日趋于南,而吾婺特盛。时吕成公,则谈性学;唐悦斋,则谈经学;而永康陈同甫,则推黄帝王霸之略,而独重事功。盖悯南宋王业之偏安,欲振雄豪奇杰之气,使之通知时务,以救国步之衰也。"④吕祖谦"其及门高弟,则有乔行简、葛洪、王介、李诚之、李大同、乔梦符、陈黼、倪千里、戚如琥、赵彦秬、潘景宪、巩丰、石范、潘時、杜旟、夏明诚、叶邽、汪淳、王埜、时沄、时澜、叶霖、叶谨言、戚如圭、戚如玉、李厚之、汪大章、时镐、时锜、郑宗强,暨其弟祖俭、祖泰,俱见别传。"⑤还有王师愈。陈亮弟子为倪朴、喻偘、喻南强等。唐仲友弟子有傅寅、朱质、叶秀发等。

金华朱学。嫡传之文清学派,徐侨先学于吕祖谦门人叶邽,复登朱熹之门。王崇炳曰:"徐文清学行纯笃,风节高峻,诚儒者之宗师。出其门者多所树立。"⑥徐侨弟子有朱元龙、康植、王世杰、龚应之、朱中、叶由庚、李大同等。金华朱子门人"曰杜斿、杜旃,皆伯高弟;王瀚、王治、王汉,皆师愈子。王介、潘友端、潘友恭、潘友文、潘履孙,皆金华人。傅定、郭津、李大同、马仲壬,皆东阳人。巩丰,武义人。应纯之,永康人"⑦。"北山四先生"指朱学正脉之何基、王柏、金履祥、许谦。"吾婺自北山何氏得朱子之传于文肃黄干,再传而为鲁斋王氏,三传而为仁山金氏,四传而为白云许氏。北山清纯,鲁斋弘博,仁山英迈,白云更平粹通广。一时婺州之学,显于天下,有'小邹鲁'之目云。"⑧《宋元学案》云:"而北山一派,鲁斋、仁山、白云既纯然得朱子之学髓,而柳道传、吴正传以逮戴叔能、宋潜溪一辈,又得朱子之文澜,蔚乎盛哉!是数紫阳之嫡子,端在金

---

① 王崇炳.金华征献略[M]//赵一生.东阳丛书:15册.杭州:浙江古籍出版社,2015:84.
② 王崇炳.金华征献略[M]//赵一生.东阳丛书:15册.杭州:浙江古籍出版社,2015:84-85.
③ 王崇炳.金华征献略[M]//赵一生.东阳丛书:15册.杭州:浙江古籍出版社,2015:340.
④ 王崇炳.金华征献略[M]//赵一生.东阳丛书:15册.杭州:浙江古籍出版社,2015:264.
⑤ 王崇炳.金华征献略[M]//赵一生.东阳丛书:15册.杭州:浙江古籍出版社,2015:88.
⑥ 王崇炳.金华征献略[M]//赵一生.东阳丛书:15册.杭州:浙江古籍出版社,2015:215.
⑦ 王崇炳.金华征献略[M]//赵一生.东阳丛书:15册.杭州:浙江古籍出版社,2015:102.
⑧ 王崇炳.金华征献略[M]//赵一生.东阳丛书:15册.杭州:浙江古籍出版社,2015:121.

华也。"① 英雄所见略同，如王崇炳论柳贯："先生之学，源本金、许，其所自植于文章之本者固已深矣。惇于性，则文不靡；深于养，则文不悍。"②论宋濂："文宪之学，源本金、许，而张之以文，时出于少林之宗旨。故明祖目以文人，后人讥以佞佛。"③

婺学中兴之章懋。王崇炳曰："枫山学宗朱子，得何、王、金、许之的传。"④"枫山倡道兰江，一时英才，应时并起：功业文章则有唐文襄，气节则有陆汝亨，笃实则有董道卿、凌德容，廉介则有黄白露、李一清，自何、王、金、许四先生之后，百有余年而儒风复振于婺宿之墟。自此以后，家居砥行。聚徒讲学之士，往往不乏，而敷扬道教，发迩见远，则不能踵前儒之后尘。夫儒者之学，首贵实践，然必与文章名业相辅而行。"⑤ 章懋弟子有唐龙、陆震、董遵、凌翰、黄傅、李沧、章拯、张大伦、姜麟、王坡、方太古等。

明清五峰书院学脉。王阳明永康弟子有程文德、应典、李珙、周莹、程梓、卢可久。除李珙外，皆讲学五峰书院，其中卢可久主持书院最久。卢可久传之东阳杜惟熙，杜惟熙又传陈时芳、陈正道，吕一龙同时师事二陈。陈时芳又传陈其蒽，陈其蒽传赵忠济、王同廛。吕一龙、王同廛为永康人，余皆东阳人。

（四）颂扬节义之美

宋濂《景定谏疏序》言："吾婺旧称礼义之郡，士生其间，皆存气节、仗忠义，而东阳为尤盛。自宋中世以来以直道著称、朝列为国史者甚众，虽布衣下位之士不在谏诤之职，而上封事者亦往往有之。岂其人皆善为言论哉？德泽之所渐濡，师友之所讲说，风俗成于下，而至于斯盛也。"⑥ 宋濂《浦阳人物记》"凡例"中言："忠义、孝友，人之大节，故以为先。"⑦ 仿《浦阳人物记》，《金华征献略》首孝友，次忠义。例如，初唐义乌人骆宾王为声讨僭主武则天而起草《为徐敬业讨武照檄》，震动朝野，激扬万世。舒元舆擅文敢谏，欲清君侧，因与李训、郑注谋诛

---

① 黄宗羲. 宋元学案[M]. 全祖望，补修. 陈金生，梁运华，点校. 北京：中华书局，1986：2727.
② 王崇炳. 金华征献略[M]// 赵一生. 东阳丛书：15册. 杭州：浙江古籍出版社，2015：291.
③ 王崇炳. 金华征献略[M]// 赵一生. 东阳丛书：15册. 杭州：浙江古籍出版社，2015：137.
④ 王崇炳. 金华征献略·黄傅[M]// 赵一生. 东阳丛书：15册. 杭州：浙江古籍出版社，2015：148.
⑤ 王崇炳. 金华征献略[M]// 赵一生. 东阳丛书：15册. 杭州：浙江古籍出版社，2015：150.
⑥ 宋濂. 宋濂全集[M]. 黄灵庚，校点. 北京：人民文学出版社，2014：678.
⑦ 宋濂. 宋濂全集[M]. 黄灵庚，校点. 北京：人民文学出版社，2014：2239.

宦官，事机不密，于"甘露之变"中事败身死。宋代，有抗金将领宗泽被金人挝杀，碎首国门的梅执礼，誓不降金、节幡裹尸的滕茂实，直言不讳、身死蛮乡的吕祖俭，以一介布衣而效朱云请剑的吕祖泰，以一桐庐主簿而上疏斥责秦桧、请诛王伦的贾廷佐，舍生取义、满门忠烈的李诚之，拒权相、斥亲臣的潘良贵，等等。明代出使云南、抗节而死的王祎，临危不惧、马革裹尸的王肇坤，宁死不降、以身殉国的张国维。章懋之谏元宵灯火，陆震之谏止游幸，卢洪春之谏遣官代祭，可谓鼎足而三。王崇炳论曰："吾婺风土质厚，士大夫皆慷慨激烈，有独立敢言之气。"①

（五）考察家族盛衰

对于地方氏族，王崇炳关注的重心不是诸如慈善救济、公共工程修造、武装防御、发展教育等社会作用，或者其对官府的依附与互动，而是家族的盛衰，寓劝善劝学之意。

王崇炳于《卢溶传》后论曰：

古来子孙之昌，皆祖宗积德所致，观一郡可见矣。宋时人物衣冠之盛，在兰溪莫过香溪范氏，则其祖大录为吏廉平之德也。在义乌莫过喻氏，则其父葆光还金尊师之德也。明时甲第人物之盛，在兰溪莫过渡渎章氏，则其祖母练氏夫人全城之德也。在汤溪则青杨胡氏，则其祖廉一插柳育孤之德也。在吾邑为三邱卢氏，则孟涵之德不为少矣；其在巍山赵氏，则其祖孟实好施尚义之德也；在鹤岩王氏，则其祖得志七邑停征之德也。若夫富贵悠久，文学济济，莫如安文陈氏，则其祖怀堂之德也。若使所积不厚，子孙间有发越，如电光闪眼，一见不复再见。商道之盛，厥由司徒；周家之昌，推本后稷。从古而然，未之或爽也。②

以上分别见《文学·范端臣传》《文学·喻良能传》《卓行·胡麒传》《卓行·王得志传》等。列举了宋代兰溪香溪范氏、义乌喻氏，明代兰溪渡渎章氏，汤溪青杨胡氏、东阳三邱卢氏、巍山赵氏、鹤岩王氏、安文陈氏。结论即"古来子孙之昌，皆祖宗积德所致"。

王崇炳深信《易经》所言："积善之家，必有余庆。"③亦即如他于《厉玄传》后所论："水之积也不厚，则其流不长；木之植根不深，则枝不繁盛。从来启家开

---

① 王崇炳.金华征献略[M]//赵一生.东阳丛书：15册.杭州：浙江古籍出版社，2015：75.
② 王崇炳.金华征献略[M]//赵一生.东阳丛书：15册.杭州：浙江古籍出版社，2015：376-377.
③ 李学勤.十三经注疏·周易正义[M].北京：北京大学出版社，1999：31.

族，必有笃行厚德之人。厉御史之事，不见志乘，予阅《林下诗谈》得之，急登于篇，以为行善者之劝。"①劝善积德乃王崇炳本意。

王崇炳言："从来建家启族，必有宽仁笃厚之德，乃能传世永久，而子孙光显。土浅则草木不茂，水浅则鱼鳖不繁。刻薄传家，理无久享。"②于《何逵传》后言："夫一人作善，累世蒙休；今人以刻薄成家，欲遗子孙，不亦难哉？"③于《黄楼传》后言："捐粟赈饥，惠之及于桑梓者也。同时慷慨好义之士，其在东阳，则有张孟升、张泽、卢尚文、楼叔廷辈，并皆捐粟二千余石，奉诏褒敕，名播当时。迄今与兰溪黄时高，俱子孙众盛，宜哉！"④正反多次重申。

除了厚德起家，还有诗书传家。例如，王崇炳于《潘焘传》后论："吾婺诸大姓，非以厚德起家，则以诗书开族。若使畜积不厚，譬之朝霜，见日即消，福泽之来，可幸致哉！"⑤于《潘希曾传》后言："吾婺旧族簪缨之盛，所在多有；至于群贤踵武，则惟金华之王氏与潘氏焉。王氏济美，一时并兴；潘氏多贤，历朝间作：此虽山川之灵，亦其家学茂也。"⑥于《许弘纲传》后论："吾婺胜国华阀多零落不振，而许氏至今独为殷盛，士无论经世安民，即欲传家永久，亦莫不有学问焉，岂偶然哉？岂偶然哉？"⑦相互印证处不少。

而十五世同居的郑义门则两兼其美，王崇炳论曰：

予读《郑氏世谱》，其主家政，类皆贤而有才者为之，不必皆宗子也。其人，类多慷慨乐善好施予，赈贫济乏，动以千百计，岂其皆出之公库哉？即同居之中，亦时时有推解收恤之义，以为不蓄私财，亦未必然也。其初皆敦庞淳茂、倜傥奇伟之士，既有以创设其规模，而强干精敏，又能广置高资、市田宅以为永远无穷之计，使子孙有所恃以立。至四、五、六、七世，仁声义闻，倾动朝野，有司之褒称，大臣之表扬，天子之旌奖，无岁不至，益有以风厉而鼓舞之，虽当乱世，经祸患，而其家不毁。又其所交，皆一代魁儒，始则有如谢翱、方凤、吴思齐以为之客，继则有若吴莱、柳贯、宋濂以为之师，而王祎（袆）、胡翰、方孝孺之属，往来游处其间，相与谈说经史，扬榷古义，善气浸润，人人有士君子之行。

---

① 王崇炳.金华征献略[M]//赵一生.东阳丛书：15册.杭州：浙江古籍出版社，2015：255.
② 王崇炳.金华征献略[M]//赵一生.东阳丛书：15册.杭州：浙江古籍出版社，2015：258.
③ 王崇炳.金华征献略[M]//赵一生.东阳丛书：15册.杭州：浙江古籍出版社，2015：373.
④ 王崇炳.金华征献略[M]//赵一生.东阳丛书：15册.杭州：浙江古籍出版社，2015：374-375.
⑤ 王崇炳.金华征献略[M]//赵一生.东阳丛书：15册.杭州：浙江古籍出版社，2015：341.
⑥ 王崇炳.金华征献略[M]//赵一生.东阳丛书：15册.杭州：浙江古籍出版社，2015：227.
⑦ 王崇炳.金华征献略[M]//赵一生.东阳丛书：15册.杭州：浙江古籍出版社，2015：243.

至于明祖龙兴，一门子弟，联翩登朝，入侍经筵，出秉使节。簪绂之盛，遂冠东浙。①

郑氏家族所设宗子，仿周代的宗法组织，仅仅是一种精神偶像，不负责具体家族事务，实权掌握在家长手中，对家长的道德要求很高，须"守礼、奉公、诚信、孝敬"②。在家长的领导下，整个家族多行孝义。元、明时期，郑义门臻于鼎盛，与浦江周边名学宿儒多有交往，"或与族人有师承关系，或与族人为朋为友，或与族人同登政坛，交往切磋，诗酒酬唱，留下许多文献"③。

（六）审慎求实的科学精神

王崇炳撰《金华征献略》的目的是征献传信，秉承实事求是、言必有征的科学精神，具体表现有纠误、存疑、付诸阙如、实地走访以及一次推论等。

纠误。杨璇，宋濂以为浦江人，实为义乌人，因汉时为乌伤，后割义乌置浦江。滕茂实，元好问《中州集》载为姑苏人，《宋史》作临安人，《浙江通志》亦作临安人，王崇炳纠正之，滕实为东阳人。玉华山樵，乃元之遗宪，丁鹤年、蔡子英之流，非《东阳志》所疑为陈友谅、张士诚谋士，或建文从亡之人。殷仲文在婺有惠政，而以末路为累，人讳言之，《广舆记》改为殷仲堪，王崇炳考之庾信《枯树赋》，实为殷仲文。

《礼记·中庸》："上焉者，虽善无征，无征不信，不信，民弗从。"④王崇炳推崇言必有征，如资料匮乏，宁付阙如。例如，月明岩、慧光佛，无考，故不为之立传。王同祖，南宋金华人，有《学诗初稿》，事无所考，不为立传。杜旟、杜旃诗，古丽峭拔，章懋《兰溪县志》只载诸家评论，事不可考，故不为立传，只为杜旟、杜旃、杜斿、杜虙、杜旞合传。冯定《黑水碑》《画鹤记》《商山记》等宏文杰篇，流传外国，而记载阙如，王崇炳叹为可惜。徐安贞伪暗逃死，未知所犯何罪，只好阙而存之。为胡则立庙事，胡则传与范仲淹所撰《兵部侍郎致仕胡公墓志铭》俱不登载，然全婺之人传为故事，终不可考。王崇炳于《吴百朋传》后论曰："予读毛西河先生《后鉴录》，载明朝兵事甚详，不及百朋，颇疑本传有所增饰。继考《义乌志》，凡本传所载，或据《三朝实录》，或据《嘉隆闻见纪》，或据《天下人物考》，或据巡按御史李邦华《请谥疏》，乃知所载不诬。"⑤不是简

---

① 王崇炳.金华征献略[M]//赵一生.东阳丛书：15册.杭州：浙江古籍出版社，2015：13.
② 毛策.孝义传家：浦江郑氏家族研究[M].杭州：浙江大学出版社，2009：38.
③ 毛策.孝义传家：浦江郑氏家族研究[M].杭州：浙江大学出版社，2009：196.
④ 李学勤.十三经注疏·礼记正义[M].北京：北京大学出版社，1999：1457.
⑤ 王崇炳.金华征献略[M]//赵一生.东阳丛书：15册.杭州：浙江古籍出版社，2015：231.

单的拿来主义，对使用的材料善于追本溯源。张说请客而不至，却被封为谏议大夫者，是陈良翰，而非陈良祐。周密《齐东野语》误载，《婺书》本之，杨德周复登之《金华杂志》，而王崇炳不载入《陈良祐传》。黄溍于《日损斋笔记》辨史十六则之十三则按语考之甚详：

> 《宋实录·陈献肃公良翰传》载此事甚具，非良祐也，良祐亦同时从官，公谨误以良翰为良祐，而不知良翰传未尝不载也。且说为都承旨，亦非淳熙中，盖说以隆兴初为枢密副都承旨。乾道初，落"副"字，而良翰之除大坡，在五年十二月。八年，说已为签枢，累进知院事。淳熙元年，即罢去矣。记一事而三失焉，于秉史笔者，毋责可也。①

对于钱遹之死，王崇炳排比《挥尘录·方务德闻见手记》《文献录》《敬乡录》《贤达传》等不同说法，疑窦丛生，乃亲去离家十里的灵泉寺实地调查，寺僧告诉他，当初钱遹避难至此，匿荷池中，贼问寺僧所养鹁鸽，事泄，钱遹遂遇害。王崇炳道："亨仲以为在浦江亲见其事，则遹死灵泉，去浦江八十里，恐非亲见。若果迎贼，何至死于鹁鸽之口？而力战冒死之说，亦恐未真也。若迎贼而死，何以得赠大中大夫？《兰溪县志》载灵泉遇盗事似刻，庭式之论如此，可谓平允。呜呼！同一事皆载于乡曲所传闻，而互异如此！"② 不尽信书，也不轻信传闻，而是排比文献，发现抵牾，逐一辩正，甚至实地走访，从而得出比较公正持平之论。

仅作一次推测，不作无限推论，这同样体现了王崇炳审慎的科学态度。例如，于《叶秀发传》后论曰："朱仲文、叶茂叔，皆唐门弟子。有弟如此，其师之贤可知矣。两人皆不负所学，居官莅职，执义慷慨。而茂叔守桐城，风节尤著。"③ 由朱质、叶秀发之贤，推测其师唐仲友之贤。童俊、童品、童琥并称，时评为"精则童品，博则童琥，兼之者俊也"④。童品《文献录》、童琥《梅花集句》，王崇炳皆寓目，而童俊文未见。他推测道："既与二公并称，则其为宏博之儒可知也。"⑤

(七) 流传与影响

《金华征献略》在《四库全书总目》史部传记类存目有著录⑥，《清史稿·艺文

---

① 黄溍.黄溍全集[M].王颋, 点校.天津：天津古籍出版社，2008：131.
② 王崇炳.金华征献略[M]//赵一生.东阳丛书：15册.杭州：浙江古籍出版社，2015：260.
③ 王崇炳.金华征献略[M]//赵一生.东阳丛书：15册.杭州：浙江古籍出版社，2015：214.
④ 王崇炳.金华征献略[M]//赵一生.东阳丛书：15册.杭州：浙江古籍出版社，2015：312.
⑤ 王崇炳.金华征献略[M]//赵一生.东阳丛书：15册.杭州：浙江古籍出版社，2015：313.
⑥ 永瑢，纪昀.影印文渊阁四库全书总目：2册[M].台北：台湾商务印书馆，1983：385-386.

志二》有著录①,《清朝文献通考》卷二百二十一《经籍考》有著录②,《重修金华丛书》177册录《金华征献略》二十卷③,《金华征献略·张国维传》入录清咸丰刻本《张忠敏公遗集》卷首④。

《道光东阳县志·广闻志三》有著录⑤,经籍参见《金华征献略》的有杜惟熙著《悔言续录》,陈时芳著《自考录》《邹鲁遗芳》,李裕著《中行斋文集》,王乾章著《浪游集》《梁太素传奇》,李能茂著《武林唱和集》《友疴山房集》《卑迩亭稿》,斯一绪著《怀白山房集》,等等。参引《金华征献略》之人物有蔡思充、陶奭龄、刘振之、彭如翱、陈龙骧、董肇勋、刘溁符、舒元褒、倪千里、厉文翁、李叙、李诚之、卢格、杜惟熙、陈其蒽、赵忠济、厉玄、曹冠、何逮、孙德之、胡葳、王得志、李能茂、李凤雏、斯敦、金从鉴、张国谏、赵忠藩、金璋、蒋哲、郭钦止、蒋沐、卢溶、厉云波、卢士桂、李惠、何逮、郭贞女、王贞女、郭韬仲妻潘氏、华炳泰等43人。《嘉庆兰溪县志》人物传参《金华征献略》者有章适、黄傅、郭时斗、童琥、陈天隐、董少舒、金景文、潘琢、章瑗度、徐安贞、范端臣、姜麟、陆可教、胡应麟、徐与参、章有成、叶自合、唐彪、赵筠等19人。⑥

王崇炳有自觉的学术担当,诸锦言:"东阳鹤潭先生,独以金华文献为己任。"⑦王崇炳《表烈诗》言:"征显与阐幽,乃在吾辈责。"⑧《金华征献略引例》言:"夫称述前贤以为后法,此亦学者之责也。"⑨寄戴碧川,时为予较〈征献略〉》:"婺郡古贤聊纪实,襄阳耆旧敢同夸。"⑩将《金华征献略》自比于习凿齿所撰《襄阳耆旧记》,寓有自信、自我珍视之意。

吕祖谦上孝宗《进所编文海赐银绢谢表》中言:"抱椠怀铅,曷副右文之意;

---

① 赵尔巽.清史稿[M].北京:中华书局,1977:4282.
② 张廷玉.清朝文献通考[M].北京:商务印书馆,1936:6836.
③ 王崇炳.金华征献略[M]//黄灵庚,陶诚华.重修金华丛书:48册.上海:上海古籍出版社,2014.
④ 张国维.张忠敏公遗集[M]//四库未收书辑刊编纂委员会.四库未收书辑刊:6辑29册.北京:北京出版社,1997:624-625.
⑤ 党金衡.道光东阳县志[M].杭州:西泠印社出版社,2017:681.
⑥ 张许,陈凤举.兰溪县志[M].台北:成文出版社有限公司,1983.
⑦ 王崇炳.金华征献略[M]//赵一生.东阳丛书:15册.杭州:浙江古籍出版社,2015:卷首.
⑧ 王崇炳.学耨堂诗稿[M]//赵一生.东阳丛书:15册.杭州:浙江古籍出版社,2015:253.
⑨ 王崇炳.金华征献略[M]//赵一生.东阳丛书:15册.杭州:浙江古籍出版社,2015:卷首.
⑩ 王崇炳.学耨堂诗稿[M]//赵一生.东阳丛书:15册.杭州:浙江古籍出版社,2015:258.

赐金增秩，徒惭稽古之荣。"①"右文""稽古"确是吕祖谦整理经史子集文献的主旨，合乎"多识前言往行以蓄德"②的吕氏家学。自"接中原文献之正传"③的吕祖谦后，金华文献家如吴师道、宋濂、郑柏等代不乏人。王崇炳更是直接阐扬吕祖谦婺学精髓，"熔性理、经制、文史三事为一炉"④，经史兼治，文理并重，无门户之见，正如黄廷元言："自来撰录之家不无偏见：重理学者以事功为刍狗，重经济者视儒教为刍狗，尊经术则薄诗赋为浮华，尚文辞则鄙疏义为训诂，意有专主，必多遗弃。吾师学窥渊源，识量弘广，其所载如聚众宝于五达之衢，随其所好以为取舍，而无价衣珠自在其中，惟知者自得之。"⑤王崇炳兼容并蓄，博观约取，考核精详，持论平正，"陶铸同类以渐化其偏"⑥，才、学、识兼备，爬梳剔抉，积数年之功，而成《金华征献略》，与《敬乡录》《浦阳人物志》《金华贤达传》《金华文献录》《婺书》等同类文献相比，《金华征献略》后出转精，博采众长，堪称集大成，收录人物最多，分类最全面，十三类人物，涉及政治、经济、军事、文化、学术、卓行等，身份包括士、农、工、商，推崇传统儒家的忠、孝、礼、义等，确乎以奏"感发性情、翼人伦、美风俗"之效。⑦其中，重要的人物传记富有文学性，常常通过细节描写、语言描写，或穿插奏疏、诗文等方法塑造人物，形象丰满，具有很强的感染力，正如赵元祚所言："自秦汉以迄元明，上下千余年间，人物性情、形貌，跃出纸上，使人如接其謦欬。试趣举其大端：其叙孝友也，则血染丹青，性流毫楮；其叙忠义也，则寒铁生辉，精金耀彩；其叙儒学也，则江汉渊源，风月光霁；其叙功业也，则手拄山河，气吁雷电；其叙文学也，则缀锦编珠，锵金戛玉。"⑧史书但存大体，偏重宏大叙事，着意选择那些影响深远之事、之人，而那些未被载入的人、事便淹没于历史风尘中了。《金华征献略》所记丰富的地方人事资料，具有重要的史料价值、

---

① 吕祖谦.吕祖谦全集[M].杭州：浙江古籍出版社，2008：47.
② 黄宗羲.宋元学案[M].全祖望，补修.陈金生，梁运华，点校.北京：中华书局，1986：1234.
③ 黄宗羲.宋元学案[M].全祖望，补修.陈金生，梁运华，点校.北京：中华书局，1986：2526.
④ 邓广铭.浙东学派探源——兼评何炳松《浙东学派溯源》[N].益世报，1935-08-29（11）.
⑤ 王崇炳.金华征献略[M]//赵一生.东阳丛书：15册.杭州：浙江古籍出版社，2015：卷首.
⑥ 黄宗羲.宋元学案[M].全祖望，补修.陈金生，梁运华，点校.北京：中华书局，1986：1652.
⑦ 王崇炳.金华征献略[M]//赵一生.东阳丛书：15册.杭州：浙江古籍出版社，2015：卷首.
⑧ 王崇炳.金华征献略[M]//赵一生.东阳丛书：15册.杭州：浙江古籍出版社，2015：卷首.

文献价值，有的不载入正史，有的比正史更为详尽，可以补正史之阙略，有好多珍贵文献赖之以传，体现了他欲延金华学脉、文脉的苦心。正如刘知几《史通·杂述》言郡书："施于本国，颇得流行；置于他方，罕闻爱异。"[1]《金华征献略》也遭遇了这种尴尬，具有一定的局限性，虽然跨越了较长的时间，却未能走向更广阔的空间。

---

[1] 刘知几.史通[M]//影印文渊阁四库全书编纂委员会.影印文渊阁四库全书 史部：685册.台北：台湾商务印书馆，1986：76.

第十三章 王崇炳诗歌对陈献章的接受

王崇炳为王阳明七传弟子,然其学术不囿于一家,不辨朱陆,兼容并包,自觉上窥陈献章江门心学,于"自然""自得""静坐"诸奥旨尤所心契。心学与诗学相统一,王崇炳学习陈献章"文以载道"诗学观,以风雅救正理学诗,复归性情派、风韵派,秉承并发扬其诗以明道、教以诗传的诗教精神,在"鸢飞鱼跃"的审美理性中,追步陈献章,一些诗歌同臻性情、自然、自得三位一体之境。

陈献章(1428—1500),字公甫,号石斋,别号白沙子、石翁、碧玉老人等,广东新会白沙里人,明代岭南哲学家、教育家、书法家和诗人。正统十二年,两赴礼部不第。从吴与弼讲理学,居半年而归。筑阳春台,读书静坐,数年不出户。入京至国子监,祭酒邢让惊为真儒复出。成化十九年授翰林检讨,乞终养归。陈献章著有《白沙集》。学者尊其为"白沙先生"。上承宋儒理学,下启明代心学,开创了"江门学派",为广东唯一一位从祀孔庙的大儒。

黄宗羲说:"有明之学,至白沙始入精微……至阳明而后大。两先生之学,最为相近。"[1]陈献章弟子湛若水与王阳明一道将心学发扬光大。王阳明—卢—松—杜惟熙—陈时芳—陈其蒽—赵岐宁—王崇炳,作为永康五峰书院一脉的王阳明七传弟子,王崇炳尊师重道,珍视师承,自然对开启明代心学之陈献章格外关注,对其道德学问深相仰慕。另外,由于人生际遇大类,陈献章辞官不作而隐居讲学的高尚节操也令王崇炳折服,且天然具有一种亲近之感,故而于心学、诗学、诗教等诸多方面,王崇炳皆深受陈献章影响。

一、王崇炳以陈献章私淑弟子自任

王崇炳《壬辰仲春,适予六十诞辰,戒杀既久,理难享客,避居五峰僧舍,斋心静坐。偶览陈拾遗〈感遇〉诗,援笔属和,聊托鄙趣云十八首》其十四言:

---

[1] 黄宗羲.明儒学案[M].沈芝盈,点校.北京:中华书局,2008:79.

"南方有英儒，遗世而独立。头戴玉台巾，手弄江门楫。高旷颜孟情，洒落周程则。出同翱凤翔，隐似神龙蛰。我欲从之游，苦为时代隔。罗浮烟雨中，梦寐常相接。"①南方英儒即指陈献章。王崇炳认为，陈献章原属颜回、孟轲以至周敦颐、二程（程颐、程颢）等儒学谱系，其出处大略，堪为范式。本欲随侍左右，可惜同心不同时，唯有梦中神交了。于中可见王氏对陈献章道德人品的敬慕，俨然自任其私淑弟子了。"头戴玉台巾"为陈献章标志性装扮，其《清溪道中》其一云："惟有白头溪里影，至今犹戴玉台巾。"②《南安赠龙溪李知县》云："玉枕山前逢使君，西风吹破玉台巾。"③《对菊》其五云："日日狂歌菊涧滨，花神应识玉台巾。"④《寄彭都宪》云："却愧南安张太守，笑人头上玉台巾。"⑤《广东新语》言："白沙有玉台巾，平顶四直。象玉台山形为之。"⑥"手弄江门楫"则为陈献章隐逸生活之日常，如其《送刘方伯东山先生》云："江门卧烟艇，酒醒蓑衣薄。"⑦《寄林虚窗》云："苍梧酒兴未消磨，又向江门鼓枻歌。"⑧《次韵张廷实舟中写兴》其二云："白头不起江门浪，打住吟风弄月船。"⑨《赠袁晖用林时嘉韵》其二云："扁舟夜鼓寒潮枕，又是江门一度来。"⑩《代简奉寄饶平丘明府》云："何处思君独举杯，江门薄暮钓船回。"⑪《次韵李宪副若虚白沙别后途中见寄》其一云："江门春浪两涯平，半醉船如天上行。"⑫集中不胜枚举。这一点，王崇炳门人陈启成《恭祝鹤潭夫子七十》其三⑬中也曾点明："啸□都是江门趣，咳唾无非庐阜风。诸见不生同异泯，莫将文字号犹龙。"

　　既以私淑弟子自任，便要承担相应之责任，延续道脉，义不容辞。陈献章《江门钓濑与湛民泽收管》其二云："莫道金针不传与，江门风月钓台深。"其四

---

① 王崇炳.学稼堂诗稿[M]// 赵一生.东阳丛书：15册.杭州：浙江古籍出版社，2015：31.
② 陈献章.陈献章全集[M].黎业明，编校.上海：上海古籍出版社，2019：952.
③ 陈献章.陈献章全集[M].黎业明，编校.上海：上海古籍出版社，2019：676.
④ 陈献章.陈献章全集[M].黎业明，编校.上海：上海古籍出版社，2019：822.
⑤ 陈献章.陈献章全集[M].黎业明，编校.上海：上海古籍出版社，2019：715.
⑥ 屈大均.广东新语[M].北京：中华书局，1985：450.
⑦ 陈献章.陈献章全集[M].黎业明，编校.上海：上海古籍出版社，2019：408.
⑧ 陈献章.陈献章全集[M].黎业明，编校.上海：上海古籍出版社，2019：577.
⑨ 陈献章.陈献章全集[M].黎业明，编校.上海：上海古籍出版社，2019：596.
⑩ 陈献章.陈献章全集[M].黎业明，编校.上海：上海古籍出版社，2019：867.
⑪ 陈献章.陈献章全集[M].黎业明，编校.上海：上海古籍出版社，2019：881.
⑫ 陈献章.陈献章全集[M].黎业明，编校.上海：上海古籍出版社，2019：960.
⑬ 董肇勋，王崇炳.东阳历朝诗[M]// 黄灵庚，陶诚华.重修金华丛书：178册.上海：上海古籍出版社，2014：246.

云:"问我江门垂钓处,囊里曾无料理钱。"自注:"达磨西来,传衣为信。江门钓台,亦病夫之衣钵也。兹以付民泽,将来有无穷之托。珍重珍重。"①陈献章将江门钓台交与弟子湛若水收管,意即传其衣钵。王崇炳则以"江门月"指代江门心学,其《主教丽正书院,叶惟一孝廉以诗见赠,依韵奉和二首》其二云:"结榻鸥砂犊草边,人希土旷易称贤。衰龄淡似陶家菊,年少清同华岳莲。庐阜光风随地有,江门真月要人传。薄分官俸资吟啸,短策寻山挂酒钱。"②康熙六十一年(1722),金华知府张坦让主建丽正书院,礼聘王崇炳主师席,王崇炳初时婉拒,后盛情难却,答应出山。王氏于这首赠答诗中表露了心迹,他应聘实不为名利,只为传扬江门心学,殷殷之情,天人可鉴。其好友杜秉琳于《广性理吟题辞》中言:"鹤潭先生学宗姚江,不立异于朱子,尝言:'学者当于自心中辨舜跖,不当于纸墨上辨朱陆。'所著《性理吟》一帖,以唐人制举之体诠宋儒理性之学,盖于典确切,当中寓自得之趣焉。……先生研理精熟,粹然一出于正,虽祖述朱子之绪言,而江门高致时时溢出字句之外,使人讽而不厌。"③此明确指出王崇炳兼采朱子理学、陈献章心学、王阳明心学等精华,经世而致用。其弟子黄廷元《王鹤潭先生传》言其"笃志理学,凡先儒语录,尽透本旨。而于濂溪、明道、白沙、阳明之言,尤所心契"④。也指出王崇炳对周敦颐、程颢、陈献章、王阳明之学等下过极深而系统的功夫,陶铸贯通,心领神会。这一点,王崇炳的好友及其弟子最有发言权。

陈献章自制藤蓑,除垂钓自用外,也用来送人,如《赠世卿别》其二云:"何事今为别,藤蓑还赠公。"⑤其《藤蓑》五首⑥云:

一蓑费几藤,南冈砺朝斧。交加落翠蔓,制作类上古。吾闻大泽滨,羊裘动世祖。何如六尺蓑,灭迹芦花渚。举俗无与同,天随梦中语。今夜不须归,前溪正风雨。

人好蓑亦好,月光水亦光。水南有酒媪,酒熟唤我尝。半酣独速舞,舞罢还举觞。所乐在知止,百年安可忘。

挽蓑欲何为,新月出东岭。独速舞不休,凌乱何由整?旷哉漆园吏,自形还自影。

---

① 陈献章.陈献章全集[M].黎业明,编校.上海:上海古籍出版社,2019:915.
② 王崇炳.学耨堂诗稿[M]//赵一生.东阳丛书:15册.杭州:浙江古籍出版社,2015:166.
③ 王崇炳.广性理吟[M]//赵一生.东阳丛书:15册.杭州:浙江古籍出版社,2015:卷首.
④ 王崇炳.金华文略[M]//赵一生.东阳丛书:16册.杭州:浙江古籍出版社,2015:814.
⑤ 陈献章.陈献章全集[M].黎业明,编校.上海:上海古籍出版社,2019:513.
⑥ 陈献章.陈献章全集[M].黎业明,编校.上海:上海古籍出版社,2019:388-389.

新蓑藤叶青，旧蓑藤叶白。新故理则然，胡为浪忻戚？扁舟西浦口，坐望南山石。东风吹新蓑，浩荡沧溟黑。须臾月东上，万里天一碧。安得同心人，婆娑共今夕。

朽生何所营，东坐复西坐。搔头白发少，摊地青蓑破。千卷万卷书，全功归在我。吾心内自得，糟粕安用那？

藤蓑几乎成了陈献章的标配，是他身份的象征，品格的外化。他甚而觉得严光的羊裘未免招摇，终于给苦苦寻觅严光的光武帝提供了线索。"何如六尺蓑，灭迹芦花渚"，陈献章披蓑垂钓江门，和光同尘，彻底沉潜在山光水色之中，不被外界所打扰，这才是他想要的生活。

王崇炳对此悠然心会，跃然神往。其《白沙藤蓑》云："新制藤蓑坐钓槎，江门泊处即为家。光风霁月寻常有，不向濂溪书券赊。"①诗描述了想象中陈献章隐居的日常生活状态，藤蓑垂钓，放心于自然山水以体悟大道，不必拾人牙慧，甚至贩卖往哲如周敦颐等人的学说，而是自创心学体系，卓然成家。王崇炳还写有冯双铗、高渐离筑、黄石履、张良椎、苏武节、马援铜柱、郭泰巾、诸葛羽扇、管宁皂帽、吕虔刀、李白靴、尧夫小车、赵清献琴、祖生楫、陶潜菊、茂叔莲、林和靖梅等，皆为文史佳话，《白沙藤蓑》与之并传而不朽。

罗浮山乃罗山与浮山之合称，是岭南道教发展中心。罗浮山距白沙村200多千米，陈献章《与陈德雍》云："平生只有四百三十二峰念念欲往，亦且不果。"②不果，因之而成梦，如其七律《偶忆梦中长髯道士用一囊贮罗浮山遗予戏作示范规》三首，七绝《梦长髯道士以一囊贮罗浮山携以遗予纪以绝句》二首，等等。诗题中标明"罗浮"的就有五律《卧游罗浮》四首、《次韵林缉熙游罗浮》四首、《问罗浮道士》，五绝《罗浮》二首，七绝《罗浮春寄民泽》二首及《蕉丽望罗浮》，七律《将往罗浮》《次韵林缉熙游罗浮》，等等。陈献章善画墨梅，梅花诗也爱用罗浮山意象，如《梅花》其三云："何处寻梅好，罗浮海上春。"③《病中咏梅》其五云："罗浮在何处，魂梦与逍遥。"④《种梅》云："梦中山我罗浮到，雪里诗谁处士佳。"⑤《次韵伍南山贺碧玉楼新成》其一云："梅花又报罗浮信，月上江门

---

① 王崇炳.学櫾堂诗稿[M]//赵一生.东阳丛书：15册.杭州：浙江古籍出版社，2015：218.
② 陈献章.陈献章全集[M].黎业明，编校.上海：上海古籍出版社，2019：327.
③ 陈献章.陈献章全集[M].黎业明，编校.上海：上海古籍出版社，2019：503.
④ 陈献章.陈献章全集[M].黎业明，编校.上海：上海古籍出版社，2019：536.
⑤ 陈献章.陈献章全集[M].黎业明，编校.上海：上海古籍出版社，2019：624-625.

载影回。"①《月夜与何子有饮梅村社赠之》其一云："溪北溪南踏月游，梅花村落似罗浮。"②在他的诗歌中，罗浮山一直是神秘、奇幻、庄严的，因为其在很多时候是"道"的象征。③而王崇炳梅花诗中多用"罗浮（山）"意象，实乃爱屋及乌，由陈献章连带而及，如《题画古梅》云："罗浮梦醒记曾着，千尺悬空点烟雪。"④《梅花三首》其三云："罗浮山下雪初干，绝壁横欹不可攀。"⑤《题魏禹平水村第六图》二首云："曾梦罗浮山下路，清幽仿佛水村图。"⑥《和蟠梅诗用原韵》云："梦入罗浮见未真，虬蟠巧会雪梢神。"⑦所在多有。

陈献章《寒菊》云："菊花正开时，严霜满中野。从来少人知，谁是陶潜者。碧玉岁将穷，端居酒堪把。南山对面时，不取亦不舍。"⑧王崇炳《和白沙子》云："霜风吹枯桑，篱菊已堪把。各有本来人，何必陶潜者。天宇旷悠悠，寒空冒中野。取之无可取，舍之无可舍。"⑨"各有本来人，何必陶潜者"，意即不必执着一处，应随时，无住。"取之无可取，舍之无可舍"，大类于慧能"菩提本无树"偈子，心学上，王崇炳似乎比陈献章走得更远。

王崇炳于《金华征献略·李沧传》后论曰："夫儒者之学，首贵实践，然必与文章名业相辅而行。譬之登高而呼，声非加疾，其处势顺也。然亦视其人之精神力量焉，如新会陈白沙者，以蛮乡一老举子，而声彻帝听，大臣矜式，殁陪孔席，岂以文章科第之故哉？"⑩王崇炳认为陈献章偏处岭南，身处下位，却活出人生精彩，"声彻帝听，大臣矜式，殁陪孔席"，非因文章科第，而在于其学，其实践，其精神力量。王氏之崇敬、效仿意，溢于言表。

陈献章《与林郡博》云："会此，则天地我立，万化我出，而宇宙在我矣。"⑪《书自题大塘书屋诗后》云："为学当求诸心，必得所谓虚明静一者为之主，徐取古人紧要文字读之，庶能有所契合，不为影响依附以陷于徇外自欺之弊，此心学

---

① 陈献章.陈献章全集[M].黎业明，编校.上海：上海古籍出版社，2019：641.
② 陈献章.陈献章全集[M].黎业明，编校.上海：上海古籍出版社，2019：931.
③ 曲劲竹.陈献章理学诗研究[D].延边：延边大学，2019：20.
④ 王崇炳.学耨堂诗稿[M]//赵一生.东阳丛书：15册.杭州：浙江古籍出版社，2015：105.
⑤ 王崇炳.学耨堂诗稿[M]//赵一生.东阳丛书：15册.杭州：浙江古籍出版社，2015：109.
⑥ 王崇炳.学耨堂诗稿[M]//赵一生.东阳丛书：15册.杭州：浙江古籍出版社，2015：35.
⑦ 王崇炳.学耨堂诗稿[M]//赵一生.东阳丛书：15册.杭州：浙江古籍出版社，2015：136.
⑧ 陈献章.陈献章全集[M].黎业明，编校.上海：上海古籍出版社，2019：416.
⑨ 王崇炳.学耨堂诗稿[M]//赵一生.东阳丛书：15册.杭州：浙江古籍出版社，2015：260.
⑩ 王崇炳.金华征献略[M]//赵一生.东阳丛书：15册.杭州：浙江古籍出版社，2015：150.
⑪ 陈献章.陈献章全集[M].黎业明，编校.上海：上海古籍出版社，2019：282.

法门也。"①《偶题》云："由来须一静，亦足破群疑。敢避逃禅谤，全彰作圣基。"②白沙心学"以虚为基本，以静为门户"③，不重书本、文字，从静中养出端倪，使本心显露，以成为天地万化之主宰。正是依靠这种静坐和求学方法，陈献章完成了其学术思想的基本体系。④自诗题《壬辰仲春，适于六十诞辰。戒杀既久，理难享客，避居五峰僧舍，斋心静坐。偶览陈拾遗〈感遇〉诗，援笔属和，聊托鄙趣云十八首》可知，王崇炳平时也是服膺践履"斋心静坐"的。其《惩忿》云："我心超物我，胡粤皆同室。"⑤《雪夜嘱彭年、延年作文》云："志从严苦练，慧向静虚生。"⑥从中可窥，王崇炳服膺江门心学，并已深入其堂奥，是陈献章的忠实信徒、积极传播者。

二、以风雅救正理学诗

以理论入诗，在中国古代出现了两次高潮：一是魏晋玄言诗，历史证明基本上是失败的；二是两宋理学诗，得失参半，毁誉参半。其中，程颢《春日偶成》《郊行即事》《偶成》，朱熹《春日》《观书有感二首》，张栻《立春日禊亭偶成》等皆为名篇。而邵雍为理学诗派的代表，其《伊川击壤集》开创了我国古代理学诗派重要的支流——击壤派，经宋、元、明历数百年之久，其末流演化为语录体与浅俗体，渐显衰象，至陈献章而复振。清代朱彝尊说："自尧夫《击壤》而后，讲学毋复言诗，言诗辄祖尧夫，遂若理学风雅不并立者。"⑦《明诗综》言："元丰而后，理学、风雅截然为二，大约多祖《击壤》，言情之作，置之勿道。"⑧皆指出邵雍之后理学、风雅势若水火。祝尚书论："陈献章学到了邵雍的精髓，而未滑入'击壤派'之语录体与浅俗体的窠臼，克服了此派诗人的致命弱点：混淆学术与

---

① 陈献章.陈献章全集[M].黎业明，编校.上海：上海古籍出版社，2019：92-93.
② 陈献章.陈献章全集[M].黎业明，编校.上海：上海古籍出版社，2019：552.
③ 黄宗羲.明儒学案[M].沈芝盈，点校.北京：中华书局，2008：80.
④ 张运华.陈献章学术思想研究[M].北京：人民出版社，2010：37.
⑤ 王崇炳.学耨堂诗稿[M]//赵一生.东阳丛书：15册.杭州：浙江古籍出版社，2015：2.
⑥ 王崇炳.学耨堂诗稿[M]//赵一生.东阳丛书：15册.杭州：浙江古籍出版社，2015：214.
⑦ 朱彝尊.静志居诗话[M].北京：人民文学出版社，1990：212.
⑧ 朱彝尊.明诗综[M]//影印文渊阁四库全书编纂委员会.影印文渊阁四库全书 集部：1459册.台北：台湾商务印书馆，1986：815.

文学的界限。"①陈献章云:"拍拍满胸都是春,一声未唱已通神。新诗若道尧夫是,只问尧夫是底人?"(《次韵王乐用金宪见寄》其二)②又云:"诗到尧夫不论家,都随何柳傍何花?无住山僧今我是,夕阳庭树不闻鸦。"(《得世卿子长近诗赏之》其三)③表明他对邵雍有个学习乃至超越的过程。以性情、风雅救正理学诗,便成了陈献章的法宝。钱谦益即以诗人视陈献章,他说:"人亦有言,白沙为道学诗人之宗。余录其诗,则直以为诗人耳矣。"④陈献章诗歌内容与形式并重,既讲究日常中哲理的体悟,又不废诗艺,主张性情论,理学风雅兼具。

陈献章常将陶潜与杜甫并举,取其平淡与雅健。如《对酒用九日韵》其四云:"作诗尚平淡,当与风雅期。"《示李孔修近诗》云:"或疑子美圣,未若陶潜淡。"⑥《闻林缉熙初归自平湖寄之》云:"短世渊明醉,长愁子美歌。"⑦《自斗冈还至汾水江值暮》云:"社曲寄声凭骥子,武陵回首惜桃花。"⑧他写有《和陶一十二首》,包括《归田园》三首,《移居》二首,《九日闲居》《和刘柴桑寄袁道见怀一峰之意》《和郭主簿寄庄定山》《赠羊长史寄辽东贺黄门钦》《饮酒》《庚戌岁九月中于西田获早稻》《怀古田舍》。又有《送李刘二生还江右用陶韵》,其一用陶渊明《饮酒》其五韵,其二用《饮酒》其七韵。其《次王半山韵诗跋》云:"作诗当雅健第一,忌俗与弱。予尝爱看子美、后山等诗,盖喜其雅健也。"⑨陈献章取杜甫、陈师道诗之雅健。雅健者,内涵雅正、表现强大也。以雅健而救"俗与弱",是陈献章为传统理学诗开出的药方。他甚至称杜甫与邵雍为"二妙",即不离诗之本体的传道寄意。⑩《随笔》其六云:"子美诗之圣,尧夫更别传。后来操翰者,二妙少能兼。"⑪杨慎指出:"白沙之诗,五言冲淡,有陶靖节遗意,然赏者少。"⑫朱彝尊也说白沙诗歌"虽宗击壤,源出柴桑"⑬。王夫之论诗中"理语"以"造极精微"为其审

---

① 祝尚书.论"击壤派"[J].文学遗产,2001(2):30-45.
② 陈献章.陈献章全集[M].黎业明,编校.上海:上海古籍出版社,2019:894.
③ 陈献章.陈献章全集[M].黎业明,编校.上海:上海古籍出版社,2019:964.
④ 钱谦益.列朝诗集小传[M].上海:上海古籍出版社,1983:265.
⑤ 陈献章.陈献章全集[M].黎业明,编校.上海:上海古籍出版社,2019:778.
⑥ 陈献章.陈献章全集[M].黎业明,编校.上海:上海古籍出版社,2019:409.
⑦ 陈献章.陈献章全集[M].黎业明,编校.上海:上海古籍出版社,2019:515.
⑧ 陈献章.陈献章全集[M].黎业明,编校.上海:上海古籍出版社,2019:559.
⑨ 陈献章.陈献章全集[M].黎业明,编校.上海:上海古籍出版社,2019:97.
⑩ 郭万金,贾娟娟.陈白沙诗歌散论[J].北方论丛,2020(1):90-98.
⑪ 陈献章.陈献章全集[M].黎业明,编校.上海:上海古籍出版社,2019:755.
⑫ 李东阳.升庵诗话[M]//丁福保.历代诗话续编.北京:中华书局,1983:779.
⑬ 朱彝尊.静志居诗话[M].北京:人民文学出版社,1990:182.

美特征,"此后唯陈白沙,为能以风韵写天真,使读之者如脱钩而游杜蘅之沚"①。陈献章诗歌的这种优长,人所共赞。

王崇炳亦将陶潜与杜甫并举,推其真雅。他于《张西园诗序》中言:"夫诗之为道不一家,而总贵乎真。三百篇中,野夫游女之作与朝庙聘享之什并传,以其真也;后之作者,渊明之后,独推少陵,号称'诗史',亦以其真也。然真必翼之以雅;不然,则俚。"②《松溪自得斋诗序》云:"是故千葩万蕊,不如一荣之真;杂奏繁声,岂若天籁之至……上溯国风,下迄秦、汉,其时役夫弃妇之辞,渔童樵叟之作,一言中律,千载而下,使人咀之而不尽,摹之而不肖,岂非天韵所流,性情之笃哉?"③此与陈献章《夕惕斋诗集后序》中论极相类似:"受朴于天,弗凿以人;禀和于生,弗淫以习。故七情之发,发而为诗,虽匹夫匹妇,胸中自有全经,此风雅之渊源也。而诗家者流,矜奇眩能,迷失本真,乃至旬锻月炼,以求知于世,尚可谓之诗乎?"④王崇炳《蔡六平过访有作学徒和韵即用原韵以示诗筌十首》其一云:"须从风雅探精髓,莫共时贤论短长。"⑤提点弟子学诗入门须正,不可随俗俯仰,应追根溯源,探求诗的风雅精髓。其四云:"才华最有曹刘健,高雅还输陶谢长。"⑥王崇炳将建安风骨之代表曹植、刘祯的诗歌推为雅健,将陶渊明、谢灵运的诗歌推为高雅。其词《西江月·月露主人》云:"乍展新柔绿玉,徐开圆润青瑶。井栏一夜雨萧萧,滴破幽窗秋晓。奏响隐谐轩律,抱音暗叶虞韶。千寻栖老凤凰梢,挂月怀中朗照。"旁批有云:"子美、尧夫,二妙兼收。"⑦即达到了陈献章所称诗道相融的"二妙"之高境。

"真"乃性情之真。陈献章《送李世卿还嘉鱼序》云:"其言皆本于性情之真,非有意于世俗之赞毁。"⑧《批答张廷实诗笺》云:"欲学古人诗,先理会古人性情是如何,有此性情,方有此声。只看程明道、邵康节诗,真天生温厚和乐,一种好性情也。"⑨《与汪提举》云:"大抵论诗当论性情,论性情先论风韵;无风

---

① 王夫之.姜斋诗话笺注[M].戴鸿森,笺注.北京:人民文学出版社,1981:141.
② 王崇炳.学耨堂文集[M]//赵一生.东阳丛书:15册.杭州:浙江古籍出版社,2015:161-162.
③ 王崇炳.学耨堂文集[M]//赵一生.东阳丛书:15册.杭州:浙江古籍出版社,2015:51.
④ 陈献章.陈献章全集[M].黎业明,编校.上海:上海古籍出版社,2019:13.
⑤ 王崇炳.学耨堂诗稿[M]//赵一生.东阳丛书:15册.杭州:浙江古籍出版社,2015:116.
⑥ 王崇炳.学耨堂诗稿[M]//赵一生.东阳丛书:15册.杭州:浙江古籍出版社,2015:117.
⑦ 王崇炳.学耨堂诗余[M]//赵一生.东阳丛书:15册.杭州:浙江古籍出版社,2015:277.
⑧ 陈献章.陈献章全集[M].黎业明,编校.上海:上海古籍出版社,2019:19.
⑨ 陈献章.陈献章全集[M].黎业明,编校.上海:上海古籍出版社,2019:100.

韵，则无诗矣。……情性好，风韵自好；性情不真，亦难强说。"①《次王半山韵诗跋》云："须将道理就自己性情上发出，不可作议论说去；离了诗之本体，便是宋头巾也。"②李东阳言："秀才作诗不脱俗，谓之'头巾气'。"③此指宋代那些纯粹议论而缺乏情韵的诗作。章继光言："重真性情，这是白沙诗论的基石，也是他作诗之本。"④王崇炳对此毫无疑义，其《方仙止〈海山存稿〉序》云："或以意到，或以词到，或以神骨到，或以气韵到，亦总以所自到者为真。"⑤《〈赵斯敬诗册〉题辞》云："若使视官事为家事，一切士风民瘼，痛痒切己，即事兴怀，性真流露，情澜云集，干之以气骨，翼之以风韵，何遽不古人若？"⑥《徐松溪〈自得编〉诗序》云："诗道流传，风尚代变，其原本性情，则一而已。"⑦《张西园诗序》云："夫诗，犹绘事也。绘山绘水绘风月，绘草木禽鱼，要不如自绘其性情行履。"⑧将诗比作绘画，他承认诗歌取材广泛，但比较有意义、有价值的是自绘性情行履。《方仙止〈海山存稿〉序》云："词无雕饰，意皆朴真，以所到之境，作自到之诗，不必规规于汉、魏、六朝，三唐、两宋，以及元、明。总之成其为方子诗而止，则又何必操古人之玉尺，寸寸而较量之耶？"⑨《杜雍玉〈枫庄诗〉序》云："啬于性者，天不能资以韵；薄于情者，地不能贡以文。杜子之诗，杜子之性情也，岂关处地哉？"⑩王崇炳认为，发诸自己性情之真，而成自家面目，不必规唐摹宋。方仙止写己之性情，而成方仙止之诗；杜雍玉之诗，乃杜雍玉之性情。由性情到气骨再到风韵，正与陈献章对诗歌创作的设想合拍。"这种由性情到自得，由自得到风韵的路径，反映出陈献章对诗歌创作的基本设想，即诗作必须由性情出发，以自得为准绳，达至富有风韵的境界。"⑪王崇炳自己作诗，亦即此诗学思想之实践。其《书张白湖诗卷后》云："白湖见予诗，讥以不唐不宋。夫不唐不宋，所以称其为

---

① 陈献章.陈献章全集[M].黎业明，编校.上海：上海古籍出版社，2019：266.
② 陈献章.陈献章全集[M].黎业明，编校.上海：上海古籍出版社，2019：97.
③ 李东阳.麓堂诗话[M]//丁福保.历代诗话续编.北京：中华书局，1983：1384.
④ 章继光.陈白沙诗学论稿[M].长沙：岳麓书社，1999：15.
⑤ 王崇炳.学耨堂文集[M]//赵一生.东阳丛书：15册.杭州：浙江古籍出版社，2015：64.
⑥ 王崇炳.学耨堂文集[M]//赵一生.东阳丛书：15册.杭州：浙江古籍出版社，2015：141.
⑦ 王崇炳.学耨堂文集[M]//赵一生.东阳丛书：15册.杭州：浙江古籍出版社，2015：51.
⑧ 王崇炳.学耨堂文集[M]//赵一生.东阳丛书：15册.杭州：浙江古籍出版社，2015：161.
⑨ 王崇炳.学耨堂文集[M]//赵一生.东阳丛书：15册.杭州：浙江古籍出版社，2015：65.
⑩ 王崇炳.学耨堂文集[M]//赵一生.东阳丛书：15册.杭州：浙江古籍出版社，2015：63.
⑪ 孙立."广东第一人"——陈献章与明清岭南诗论初探[J].广东社会科学，1993（2）：96-101.

鹤潭诗也，而白湖乃以为讥。"①张钱沄讥讽王崇炳诗不唐不宋，而王崇炳恰恰认为不唐不宋方成己诗。他诗学取径极宽，不专主唐宋，这和他兼容并蓄、博采众长的学术思想一致。例如，《梅花三首》其二"垄首何人挑太极"自注："庄定山诗：垄上梅桃太极行。"其三"又随词客号都官"中"都官"自注："梅圣俞作都官员外郎，号梅都官。"②庄定山即陈献章好友庄昶，其二化用其诗句。梅圣俞即宋代梅尧臣，其三用梅之典故。《蔡六平过访有作学徒和韵即用原韵以示诗筌十首》其六"我爱惊才韩吏部，能将诗律杂班扬"③，赞颂韩愈以"以文为诗"的手法，险怪的意象，雄奇的风格，将诗歌提升至可与班固扬雄的辞赋相媲美的高度。《元宵杂咏二首》其一云："一对花灯二十年，灯纱面面绘前贤。生平酷好昌黎子，图作蓝关拥雪天。"④因平生酷爱韩愈，便于灯纱上绘了韩愈《左迁至蓝关示侄孙湘》之诗意图。《题巴船出峡图和吴立夫》⑤，吴立夫即元浦江吴莱。《纪时志感》"良友淹留聊膳粥"后自注"韦苏州有'淹留膳茶粥'之句"⑥。所化诗句乃出自唐储光羲《吃茗粥作》，而非韦应物之诗。《李采臣梦予往访，拟赋夏冰，寤而有作。秋杪予应梦适至，依韵和之》"晶晶银海眩"下自注："银海，目也。见东坡诗。"⑦东坡即宋苏轼。"银海"见苏轼《雪后书北台壁二首》其二："冻合玉楼寒起粟，光摇银海眩生花。"⑧《赋得秋叶下山飞》诗题自注："沈休文《甑山》句。"⑨沈休文即南朝沈约。

钱钟书言："二家（庄昶、陈献章）之师《击壤集》，夫人皆知。"⑩陈献章精熟《伊川击壤集》，或效其体，或和其韵，如《真乐吟效康节体》《夜坐因诵康节诗偶成》《雨中偶述效康节》《和康节闲适吟寄默斋五首》《小圃逢春追次康节韵》二首等，且诗中"击壤""尧夫""打乖"等典故比比皆是。然陈氏不囿于邵雍一家，钱钟书指出，白沙诗泛学宋人，往往遥袭成联，如《晚步》"泥筌收郭索，山网落钩辀"本之林逋"草泥行郭索，山木叫钩辀"，《春阴偶作寄定山》"共怜春错莫，更觉老侵寻"，本之王安石"塞垣春错莫，行路老侵寻"。《病疥用后山韵写怀》

---

① 王崇炳.学穞堂文集[M]// 赵一生.东阳丛书：15册.杭州：浙江古籍出版社，2015：137.
② 王崇炳.学穞堂诗稿[M]// 赵一生.东阳丛书：15册.杭州：浙江古籍出版社，2015：109.
③ 王崇炳.学穞堂诗稿[M]// 赵一生.东阳丛书：15册.杭州：浙江古籍出版社，2015：117.
④ 王崇炳.学穞堂诗稿[M]// 赵一生.东阳丛书：15册.杭州：浙江古籍出版社，2015：224.
⑤ 王崇炳.学穞堂诗稿[M]// 赵一生.东阳丛书：15册.杭州：浙江古籍出版社，2015：73.
⑥ 王崇炳.学穞堂诗稿[M]// 赵一生.东阳丛书：15册.杭州：浙江古籍出版社，2015：112.
⑦ 王崇炳.学穞堂诗稿[M]// 赵一生.东阳丛书：15册.杭州：浙江古籍出版社，2015：232.
⑧ 苏轼.苏轼诗集[M].王文浩，辑注.孔凡礼，点校.北京：中华书局，1982：605.
⑨ 王崇炳.学穞堂诗稿[M]// 赵一生.东阳丛书：15册.杭州：浙江古籍出版社，2015：188.
⑩ 钱钟书.谈艺录[M].北京：生活·读书·新知三联书店，2007：574.

《谢惠壶》《寄林虚窗》对陈师道诗皆有因袭之迹。①此外,《谢何秋官惠米追次陈后山韵》《春兴追次后山韵》等皆和陈师道诗韵。不仅如此,陈献章对杜甫、柳宗元、韦应物、苏轼、王安石、陆游、朱熹等唐宋名家的诗都下过较深的"仿古"功夫,如集中《病中寄张廷实用杜子美韵》《入峡借柳子厚韵》《读韦苏州诗四首》《钓鱼效张志和体》《浴日亭次东坡韵》《扶胥口书事借浴日亭韵》《东皋》(追和半山韵二首)、《即事》(和半山韵二首)、《昼睡》(次半山韵二首)、《怀古》(追和半山韵四首)、《欹眠》(追次半山韵二首)、《经故居》(追和半山二首)、《山行》(追和半山二首)、《岁晚江上》(追次半山韵二首)、《春怀次韵陆放翁》《九日和朱子韵示陈冕二首》等可为明证。又如,其《题应宪副真率卷》"春风回首黄岩会,醉插花枝少一人"②模仿王维《九月九日忆山东兄弟》,《赠周镐兄弟》"今夜尊前看秋月,明年秋月忆尊前"③模仿李商隐《夜雨寄北》。

试读两人诗歌以体会之。陈献章《神泉八景为饶鉴赋其四赠之》其二《浮螺得月》④:

道眼大小同,乾坤一螺寄。东山月出时,我在观溟处。

王崇炳《郑南溪游五岳归访诸鹳浦里第三首》其一⑤:

访道归来爨欲星,携筇远叩草堂灵。无边岳渎双芒屩,许大乾坤一旅亭。河伯久思观海若,西江今喜接东溟。不须更问南溪学,到处名山到处青。

以上两首诗都是以实入虚,借写景而阐发哲理,"乾坤一螺寄""许大乾坤一旅亭"大类于佛教须弥芥子之典,又似有人生如寄之慨。意即道眼观物,则无大小之别,以小见大,以大喻小,一通百通。湛若水释曰:"'乾坤一螺寄',言乾坤之道寓于一螺之中,亦言大小一也。然非天下之具道眼者,其孰能识之?"⑥"无边岳渎双芒屩"尚有"知行合一"、重践履之意。陈献章《答张内翰廷祥书括而成诗呈胡希仁提学》云:"本虚形乃实,立本贵自然。"⑦亦可为之注脚。

又如,陈献章《梅月用庄定山韵三首》其三⑧:

溪上梅花月一痕,乾坤到此见天根。谁道南枝独开早,一枝自有一乾坤。

---

① 钱钟书.谈艺录[M].北京:生活·读书·新知三联书店,2007:361.
② 陈献章.陈献章全集[M].黎业明,编校.上海:上海古籍出版社,2019:805.
③ 陈献章.陈献章全集[M].黎业明,编校.上海:上海古籍出版社,2019:803.
④ 陈献章.陈献章全集[M].黎业明,编校.上海:上海古籍出版社,2019:761.
⑤ 王崇炳.学檽堂诗稿[M]//赵一生.东阳丛书:15册.杭州:浙江古籍出版社,2015:141.
⑥ 陈献章.陈献章全集[M].黎业明,编校.上海:上海古籍出版社,2019:1103.
⑦ 陈献章.陈献章全集[M].黎业明,编校.上海:上海古籍出版社,2019:379.
⑧ 陈献章.陈献章全集[M].黎业明,编校.上海:上海古籍出版社,2019:934.

王崇炳《重阳前二日学耨堂桂花盛开三首》其一、其二①：
萧萧疏雨近重阳，枕簟凉生觉夜长。何处乾坤露消息，晓窗风细桂花香。
鱼泳澄潭鸟厉云，一花一草各含芬。怪来聪俊涪州客，直到木樨香处闻。

两人皆与天地同体，与道翱翔，以道观物，物我冥合，四时无言，各臻其妙，鸢飞鱼跃，生生不息，一枝一叶，自性完足，无论梅花桂花，均可传递乾坤消息，示人以万化之机。触处皆道，悟而入诗，带着理性的温度，带着诗的形象，贯彻情韵，而非枯燥的说教，空洞的哲学符号，或语录讲义之押韵。其胜义可参看陈献章《与湛民泽》其七："人与天地同体，四时以行，百物以生，若滞在一处，安能为造化之主耶？"②清沈德潜云："人谓诗主性情，不主议论，似也，而亦不尽然。试思二《雅》中何处无议论？老杜古诗中《奉先咏怀》《北征》《八哀》诸作，近体中《蜀相》《咏怀》《诸将》诸作，纯乎议论。但议论须带情韵以行，勿近伧父面目耳。"③真乃一语中的，为不刊之论。

王崇炳继承了"陈献章对诗歌相对积极的态度和开辟出的既表达悟道境界又不放松诗歌要求的诗学道路"④。姚观《赠王鹤潭先生》云："作诗剔抉二五旨，白沙陈子堪等埒。"⑤"二五"指阴阳与五行。姚观认为王崇炳理学诗不堆砌理学名词，不从空洞的理论到理论，其"理"是从山水风月、日常生活中观察、体悟而来，这种特点与成就堪与陈献章相媲美了。诚哉斯言。

三、诗教：诗以明道，教以诗传

唐枢言："白沙因诗写道。"⑥《四库全书总目·白沙集》言："陈献章'盖以高明绝异之姿，而又加以静悟之力，如宗门老衲，空诸障翳，心境虚明，随处圆通，辨才无碍。有时俚词鄙语，冲口而谈，有时妙义微言，应机而发。其见于文章者，

---

① 王崇炳.学耨堂诗稿[M]//赵一生.东阳丛书：15册.杭州：浙江古籍出版社，2015：164.
② 陈献章.陈献章全集[M].黎业明，编校.上海：上海古籍出版社，2019：252.
③ 沈德潜.说诗晬语[M].霍松林，校注.北京：人民文学出版社，1979：249-250.
④ 冯小禄.从诗与道的统一看陈献章的诗史意义[J].中国韵文学刊，2007（3）：51-56.
⑤ 东阳河汾王氏宗谱[M]//黄灵庚，陶诚华.重修金华丛书：189册.上海：上海古籍出版社，2014：61.
⑥ 唐枢.一庵杂问录[M]//四库全书存目丛书编纂委员会.四库全书存目丛书 子部：84册.济南：齐鲁书社，1997：399.

亦仍如其学问而已。'"①指出了陈献章文道合一的特点。张晶则更加简洁，他说："哲学与诗，在白沙这里是直接的同一。"②黄明同在其《陈献章评传》中指出，陈献章的诗教实践，着重体现在两个方面：一方面，陈献章用诗表述自己的学术思想，体现自己的理想人格和处世方式，并通过诗的传递和感染，使弟子与世人得到教益，这是陈献章诗教的重要方面；另一方面，陈献章通过同学生咏诗和交流诗作，进行思想教育和写作教育，这同样是陈献章诗教不可忽略的方面。③第一方面无须赘言。第二方面陈献章常常以诗代柬，与友朋弟子等交流，如《答张内翰廷祥书括而成诗呈胡希仁提学》《代简答罗一峰殿元》《蒋韶州书至代简答之》《得林子逢书感平湖事，赋此次前韵二首》《得林宪副待用书有怀故友张兼素》《得林别驾书云去秋九月尝梦予于广信舟中兼示道路所闻》《代简潘季亨》《缉熙书中问不报郑宪副提学书因成小诗代简托缉熙达意》《代简答吴抚州次定山韵》《代简奉寄邱明府》《代简答黄太守》《代简旧友克明梁先生》等。陈献章与弟子通信中多有谈诗内容，其中与张诩所谈较多、较详，如《与张廷实主事》其九云："看来诗真是难作，其间起伏、往来、脉络、缓急、浮沉，当理会处一一要到，非但直说出本意而已。此亦诗之至难，前此未易语也。"④其十九云："诗不用则已，如用之，当下工夫理会。观古人用意深处，学他语脉往来呼应、浅深浮沉、轻重疾徐，当以神会得之，未可以言尽也。到得悟入时，随意一拈即在，其妙无涯。"⑤其五十云："到极难处，正须着力一跃，莫容易放过，又当有悟入时。"⑥其五十三云："见示近作，皆条达可喜，但语脉结构欠妙耳，然亦难说。"⑦其六十三云："然吾辈作诗，非只喜跌宕而已，跌宕中又要稳实，乃佳耳。"⑧弟子有进步时不吝于鼓励，有缺点时则毫不含糊地提出批评，强调揣摩、悟入，论及立意、结构、语脉等，涉及诗之方方面面。

陈献章不著书，不立文字，其《再和示子长》其二云："莫笑老慵无著述，真儒不是郑康成。"⑨《刘进盛书来劝著述用旧韵答之》云："追陪水月惟须酒，管勾风

---

① 永瑢，纪昀.影印文渊阁四库全书总目：4册[M].台北：台湾商务印书馆，1983：507.
② 张晶，张振兴.诗学与心学中的陈白沙[J].社会科学辑刊，2002（3）：149-154.
③ 黄明同.陈献章评传[M].南京：南京大学出版社，1998：241.
④ 陈献章.陈献章全集[M].黎业明，编校.上海：上海古籍出版社，2019：218.
⑤ 陈献章.陈献章全集[M].黎业明，编校.上海：上海古籍出版社，2019：223.
⑥ 陈献章.陈献章全集[M].黎业明，编校.上海：上海古籍出版社，2019：240.
⑦ 陈献章.陈献章全集[M].黎业明，编校.上海：上海古籍出版社，2019：242.
⑧ 陈献章.陈献章全集[M].黎业明，编校.上海：上海古籍出版社，2019：246.
⑨ 陈献章.陈献章全集[M].黎业明，编校.上海：上海古籍出版社，2019：623.

光却要诗。孟子生忧传道废，仲尼不怕著书迟。"①《雨中偶述效康节》其三云："莫笑狂夫无著述，等闲拈弄尽吾诗。"②《留别诸友时赴召命》其三云："他时得遂投闲计，只对青山不著书。"③故其弟子湛若水于《诗教解序》中言："夫白沙诗教何为者也？言乎其以诗为教者也。何言乎教也？教也者，著作之谓也。白沙先生无著作也，著作之意寓于诗也，是故道德之精必于诗焉发之。"④又其裔孙陈炎宗于《重刻诗教解序》中言："族祖白沙先生以道鸣天下，不著书，独好为诗。诗即先生之心法也，即先生之所以为教也。……先生之道，因诗教而益彰矣。"⑤陈献章《认真子诗集序》云："夫诗，小用之则小，大用之则大。可以动天地，可以感鬼神，可以和上下，可以格鸟兽；四时行焉，百物生焉；皇王帝霸之褒贬，雪月风花之品题，一而已矣，小技云乎哉！"⑥《夕惕斋诗集后序》云："天道不言，四时行、百物生，焉往而非诗之妙用？会而通之，一真自如。故能枢机造化，开阖万象，不离乎人伦日用而见鸢飞鱼跃之机。若是者，可以辅相皇极，可以左右六经而教无穷，小技云乎哉？"⑦他多次强调诗歌的功能，诗非小技，诗有大用，可以"辅相皇极""左右六经"，直至与天道冥合，实臻理学家之会通高境。此恰合张立敏所论，儒家诗教理论重读者与世界的关系，无论是读者个体修养的完成（"其为人也温柔敦厚"）还是社会政治功能的实现（"观风俗，知得失，自考正"），它都体现了意识形态在文艺领域的渗透与文艺理论的意识形态内化，具有较强烈的干预现实、服务政治的目的。⑧陈献章甚至以诗为应世手段，曾教导弟子湛若水云："子何不学夫诗以应世。"⑨（湛若水《精选古体诗自序》）例如，陈献章《客乞题随时子轩》云："无雨笠且置，未晴蓑不舍。蓑笠用不穷，我是随时者。"⑩随时体认天理的前提是"道"无处不在的属性。而体认天理则是由"心"来完成的，这里的"蓑

---

① 陈献章. 陈献章全集[M]. 黎业明, 编校. 上海：上海古籍出版社, 2019：626.
② 陈献章. 陈献章全集[M]. 黎业明, 编校. 上海：上海古籍出版社, 2019：630.
③ 陈献章. 陈献章全集[M]. 黎业明, 编校. 上海：上海古籍出版社, 2019：674.
④ 陈献章. 陈献章全集[M]. 黎业明, 编校. 上海：上海古籍出版社, 2019：995.
⑤ 陈献章. 陈献章全集[M]. 黎业明, 编校. 上海：上海古籍出版社, 2019：996.
⑥ 陈献章. 陈献章全集[M]. 黎业明, 编校. 上海：上海古籍出版社, 2019：6-7.
⑦ 陈献章. 陈献章全集[M]. 黎业明, 编校. 上海：上海古籍出版社, 2019：13.
⑧ 张立敏. 论明末清初儒家诗教的失坠与承续——兼评明末清初诗教复兴论[J]. 铜仁学院学报, 2020（6）：13-22.
⑨ 湛若水. 湛甘泉先生文集[M]// 四库全书存目丛书编纂委员会. 四库全书存目丛书 集部：56册. 济南：齐鲁书社, 1997：697.
⑩ 陈献章. 陈献章全集[M]. 黎业明, 编校. 上海：上海古籍出版社, 2019：759.

笠"实际上是它的形象化表述。所以,"无雨笠且置"指的是无事之时涵养"此心",体认"天理";"未晴蓑不舍"指的是有事之时由"心"应对,无不妥帖。"蓑笠用不穷"实际上是"心"之用无穷。①陈献章云:"日用间随处体认天理,着此一鞭,何患不到古人佳处也。"②(《与湛民泽》其一)"随时者"即随时体认天理。"随处体认天理"是陈献章弟子湛若水的心学之重要命题,其实在陈献章这里已初现端倪,且两人已进行了深入探讨。

陈献章这种诗以明道,教以诗传的诗教精神为王崇炳所继承。王崇炳秉承传统的"文以载道"观,认为文学绝不是单纯的吟花弄草,而是渗透于人伦日用,关乎风俗政教。其《文学》云:"文以载道名,举世竞华艳。徒矜花草荣,反令五谷贱。"③《蔡六平过访有作学徒和韵即用原韵以示诗筌十首》其九云:"贡俗观风关政教,不徒景物待播扬。"④《学耨堂诗稿序》云:"以诗观诗则诗易,以道观诗则诗难。……不佞二十为诗,三十学诗,四十能诗;然能为易,而不能为工,至七十犹故吾也。于中亦有微觉其进,而不能喻诸人者。……倘道眼观之,则百丑并出;即法眼观之,亦多不入诗律,又何美之可见?"⑤王崇炳与诗相伴一生,作诗无数,不懈追求诗艺。诗之难易本是相对的,诗之美,应兼具诗美与道美,禁得起道眼、法眼的审视,主张回归诗教传统。王崇炳《黄山十景唱和诗集序》云:"即景即心为格物,即心即景为物格,心景双泯,则知物交融:如是,则即诗即学,即学即诗。"⑥"心景双泯""知物交融",即陈献章所言"会通"之境。

诚然,王崇炳的诗教观有个认识发展的过程,其《自述》云:"今为诗,未必工,然无浮艳,无怨悱,无感激,无抑郁,不谀贵,不自张,心平气和,时寓劝惩。黄山谷论陈后山诗,都非无为而作,予尝存此意焉。予向不作词,以其赓酒颂色,不足以翼风雅。七十以后,得《金澹归集》,其词皆发挥道趣,心窃喜之,兴之所到,时亦为之,虽不足为华艳,庶可为砥世励俗之一助云。"⑦所谓"寓劝惩""非无为而作""翼风雅""发挥道趣""砥世励俗"等,均说明王崇炳自作诗词是认真的,是有明确创作意图的,即"载道"。70岁之后始作词,是因为受到

---

① 曲劲竹.陈献章理学诗研究[D].延边:延边大学,2019:20.
② 陈献章.陈献章全集[M].黎业明,编校.上海:上海古籍出版社,2019:254.
③ 王崇炳.学耨堂诗稿[M]//赵一生.东阳丛书:15册.杭州:浙江古籍出版社,2015:236.
④ 王崇炳.学耨堂诗稿[M]//赵一生.东阳丛书:15册.杭州:浙江古籍出版社,2015:117.
⑤ 王崇炳.学耨堂诗稿[M]//赵一生.东阳丛书:15册.杭州:浙江古籍出版社,2015:卷首.
⑥ 王崇炳.学耨堂文集[M]//赵一生.东阳丛书:15册.杭州:浙江古籍出版社,2015:156.
⑦ 东阳河汾王氏宗谱[M]//黄灵庚,陶诚华.重修金华丛书:189册.上海:上海古籍出版社,2014:10.

金堡的启发，其《学稼堂诗余序》①特说明此事，北宋法秀性格严厉，道风峻洁，时人称其为"秀铁面"，曾当面指责黄庭坚作艳词。而苏轼习禅、欧阳修卫道，皆不免作有艳词，如遇法秀，料必被斥责为"泥犁种子"。鉴于此，王崇炳早年视词为艳科，敬而远之，不多作。直到70岁，思想认识上得以自我突破，认为诗词可通，皆有"俪情、通情、通性、通雅、通俗"之功用，故而放下思想包袱，大力作词。

王崇炳喜欢与人谈诗论道，如《依韵和诸暨陈巨源见怀之作转寄》云："追想嵬峰共酒卮，晨窗夜榻畅论诗。"②此为怀想过去与朋友论诗之情景。《晤楼文宰书赠》云："谈艺论诗欣得友，登山临水可同行。"③通过谈艺论诗，得以结交新朋友，进而登山临水，结伴而行，不亦乐乎？《首春虞羽翔、蔡六平以不佞出贡到舍兼遗美酝云履作此奉酬》云："谈诗不愧虞光禄，题版原推蔡少霞。"④两个弟子，各有所长，虞景翰善于谈诗，蔡光昇则擅长书法。《门鹤书明府以公事杜顾》云："脱粟一餐惭薄陋，论诗半晷接辉光。"⑤县令门应瓒因公事而屈驾王崇炳家，款待虽惭不周，论诗可焚膏继晷。《和吴乔林韵》诗序云："乔林读拙集诗，甚见倾注。但以枯坐谈空为禅悦，则非也。依韵辄成十一章奉酬，以示鄙趣。"⑥此与陈献章生前被人谤为逃禅近佛类似，王崇炳自申辩之。《蔡六平过访有作学徒和韵即用原韵以示诗筌十首》⑦，直接向弟子传授作诗之法。王崇炳《和高伯祖卧云先生古诗十首》，包括《观过》《知复》《立敬》《由义》《惩忿》《窒欲》《闲家》《缘俗》《莅官》《希圣》。《学谱吟》则有道学、性学、理学、经学、史学、文学、科举学、心学、默学、诵学、游学、行学、食学、睡学、闲学、忙学、机学、密学、实学、老学、教学、数学、画学等。《广性理吟》60首，则讨论了仁、义、礼、智、信、性、情、心、志、意、气、思等理学命题。

例如，王崇炳《与弟子论学四首》⑧中言：

片念欺时百不全，斩钉难假一丝悬。镕金功到砂无杂，钻木深时火自燃。尽已有途堪入圣，求人何处可希贤。鸢飞鱼跃吾生性，万理原来各自然。

---

① 王崇炳.学稼堂诗余[M]//赵一生.东阳丛书：15册.杭州：浙江古籍出版社，2015：271.
② 王崇炳.学稼堂诗稿[M]//赵一生.东阳丛书：15册.杭州：浙江古籍出版社，2015：164.
③ 王崇炳.学稼堂诗稿[M]//赵一生.东阳丛书：15册.杭州：浙江古籍出版社，2015：189.
④ 王崇炳.学稼堂诗稿[M]//赵一生.东阳丛书：15册.杭州：浙江古籍出版社，2015：122.
⑤ 王崇炳.学稼堂诗稿[M]//赵一生.东阳丛书：15册.杭州：浙江古籍出版社，2015：110.
⑥ 王崇炳.学稼堂诗稿[M]//赵一生.东阳丛书：15册.杭州：浙江古籍出版社，2015：249.
⑦ 王崇炳.学稼堂诗稿[M]//赵一生.东阳丛书：15册.杭州：浙江古籍出版社，2015：116.
⑧ 王崇炳.学稼堂诗稿[M]//赵一生.东阳丛书：15册.杭州：浙江古籍出版社，2015：186.

清和令节众芳鲜,骀荡暄风绿润天。神似湖平波不动,心如火聚物难缘。欲知身表真端的,须向人情验正偏。千圣相传无别旨,任他疑释与疑仙。

好向心中理寸田,五伦嘉种各生天。礼耕乐播难偷力,义种仁收即有年。清浊混时虫螟出,爱憎过处雨旸偏。只须顷刻分荣瘁,浇灌时时要引泉。

不须万卷积成楼,一脉天真日夜流。有间可将无厚入,太初难向有名求。好从河洛图前会,取次文周句后收。迅速光阴休滥掷,忽惊苍雪上乌头。

景物、历史、日用等信手拈来,形象化地阐明"自然""神""心""身""情""五伦""天真"之旨,深入浅出,随机点化,具有明显的心学色彩。

关心民瘼是儒家的诗教传统,王崇炳谓之"风雅遗意"。在这一点上,王崇炳与陈献章皆自觉学习杜甫。王崇炳《〈赵斯敬诗册〉题辞》云:"昔谢宣城以怀禄而趣适沧洲,陶彭泽以折腰而志存荣菊,皆非中道。惟韦苏州,'身多疾病思田里,邑有流亡愧俸钱',得风雅遗意。"[1]通过比较,王崇炳认为,谢朓身在官场而心向山林,陶渊明辞官而归隐田园,非中道,非大道,而韦应物悯民急病、忧国忧民之诗才算得风雅遗意。他以杜甫"诗史"为楷模、为号召。他的《兰溪得吴沛生书知东邑岁丰却寄》云:"才忧籴贵民争食,难得年登稻满畦。"[2]《续喜雨》其二云:"游手坐看年岁好,荒村到处黍苗丰。"[3]庄稼长势好,农业大丰收,他比农民还高兴。《山行》云:"三家成小聚,时闻云碓响。梯田刈菽粟,霜实收榛橡。松肪照虚房,中夜闻织纺。衣食苦不易,努力事生养。"[4]《偶成》云:"原头早麦冉冉黄,岁功驱迫无停毂。"[5]《采蕨行》云:"忍饥采蕨延微命,谁知蕨壤已先尽。远寻遗蕨陟危峰,手把长镵白木柄。荆棘成丛行径微,岁晏天寒山雪盛。"[6]《感时二首》其一云:"秔稻全无果亦稀,灾年物物减光辉。邻家遭疫多扶杖,暴客横乡早掩扉。"[7]表达对百姓辛劳与困苦的深深同情,对天灾人祸忧心如焚。《暨阳旅寓闻雷》云:"茅店寒溪上,忧同杞国天。"[8]其民胞物与、仁民爱物精神直承杜甫之"穷年忧黎元,叹息肠内热"[9]。《饥岁久雪闻县尹优觞燕客》云:"清歌檀板燕更阑,雪

---

[1] 王崇炳.学稼堂文集[M]//赵一生.东阳丛书:15册.杭州:浙江古籍出版社,2015:141.
[2] 王崇炳.学稼堂诗稿[M]//赵一生.东阳丛书:15册.杭州:浙江古籍出版社,2015:27.
[3] 王崇炳.学稼堂诗稿[M]//赵一生.东阳丛书:15册.杭州:浙江古籍出版社,2015:113.
[4] 王崇炳.学稼堂诗稿[M]//赵一生.东阳丛书:15册.杭州:浙江古籍出版社,2015:78.
[5] 王崇炳.学稼堂诗稿[M]//赵一生.东阳丛书:15册.杭州:浙江古籍出版社,2015:228.
[6] 王崇炳.学稼堂诗稿[M]//赵一生.东阳丛书:15册.杭州:浙江古籍出版社,2015:103.
[7] 王崇炳.学稼堂诗稿[M]//赵一生.东阳丛书:15册.杭州:浙江古籍出版社,2015:41.
[8] 王崇炳.学稼堂诗稿[M]//赵一生.东阳丛书:15册.杭州:浙江古籍出版社,2015:122.
[9] 杜甫.杜诗详注[M].仇兆鳌,注.北京:中华书局,2015:227.

暗银灯烂不寒。连日纷飘人迹绝，谁知僵卧有袁安？"[1]雪灾加饥荒，一边是县令彻夜吃喝玩乐，一边是"袁安卧雪"，其对比效果，堪比杜甫之"朱门酒肉臭，路有冻死骨"[2]。《腊月苦寒》云："欲制新裘怜搏兽，幸留旧絮备添衣。愿天速赐黄绵袄，大庇贫家暖敝帷。"[3]绝类杜甫《茅屋为秋风所破歌》之"安得广厦千万间，大庇天下寒士俱欢颜，风雨不动安如山"[4]。

陈献章："虽迹处山林，其爱君忧国之心，视诸食禄者殆有甚焉。"（张诩《翰林检讨白沙陈先生行状》）[5]其《悯雨寄叔仁》云："去年无雨谷不登，今年雨多种欲死。农夫十室九不炊，天道胡为乃如此！自从西贼来充斥，一十九年罢供亿。科征不停差役多，岁岁江边民荷戈。旧债未填新债续，里中今有逃亡屋。安能为汝上诉天，五风十雨无凶年。"[6]《秋雨书事寄黄叔仁》云："东舍今晨母敛儿，西邻昨夜夫葬妇。人间生死不可期，恸哭苍生奈何许。"[7]《喜雨》云："满眼珠玉不足珍，甘雨一洒万家春。昨日苍头木洲至，又道木洲饥杀人。"[8]皆表现出陈献章对人民生存状态的极度关注，并寄予了深切的同情。这种济世救民的仁爱襟怀常通过写景、题咏诗而自然流露，如《湖西八景》之六《玉冕晴云》："玉冕臣诸峰，左右罗络之。云来巾其颠，得雨不复疑。岂无泽物功，云覆在何时。怅望百谷春，广济苍生饥。"[9]赞美了云之泽物之功，期盼丰收，以解民饥。又《湖西八景》之八《大流垂玉》："一洗日月光，再洗天地清。何止天地清，万世无甲兵。"[10]诗意化自杜甫《洗兵行》"安得壮士挽天河，净洗甲兵长不用"[11]，陈献章与诗圣拯物济民之心息息相通。

扶纲常，旌表烈为诗教应有之义。陈献章对于节妇义士每多表彰。其《与崔楫》其二云："名节，道之藩篱。藩篱不守，其中未有能独存者也。"[12]《与贺克恭黄

---

[1] 王崇炳.学穮堂诗稿[M]//赵一生.东阳丛书：15册.杭州：浙江古籍出版社，2015：44.
[2] 杜甫.杜诗详注[M].仇兆鳌，注.北京：中华书局，2015：231.
[3] 王崇炳.学穮堂诗稿[M]//赵一生.东阳丛书：15册.杭州：浙江古籍出版社，2015：108.
[4] 杜甫.杜诗详注[M].仇兆鳌，注.北京：中华书局，2015：691.
[5] 陈献章.陈献章全集[M].黎业明，编校.上海：上海古籍出版社，2019：1170.
[6] 陈献章.陈献章全集[M].黎业明，编校.上海：上海古籍出版社，2019：438-439.
[7] 陈献章.陈献章全集[M].黎业明，编校.上海：上海古籍出版社，2019：438.
[8] 陈献章.陈献章全集[M].黎业明，编校.上海：上海古籍出版社，2019：804.
[9] 陈献章.陈献章全集[M].黎业明，编校.上海：上海古籍出版社，2019：383.
[10] 陈献章.陈献章全集[M].黎业明，编校.上海：上海古籍出版社，2019：384.
[11] 杜甫.杜诗详注[M].仇兆鳌，注.北京：中华书局，2015：434.
[12] 陈献章.陈献章全集[M].黎业明，编校.上海：上海古籍出版社，2019：324.

门》其四云:"人无气节不可处患难。"①陈献章:"少读宋亡厓山诸臣死节事,辄掩卷流涕。"②(张诩《翰林检讨白沙陈先生行状》)这种"厓山情结",催生了他有关诗作数十首。他发出倡议,经朝廷批准,先后修建了纪念文天祥、陆秀夫、张世杰三位名臣的大忠祠以及纪念杨太后的慈元庙。其《重过大忠祠》云:"宋有中流柱,三人吾所钦。"③表达对三人无尽的尊崇之意,《吊厓》:"天王舟楫浮南海,大将旌旗仆北风。义重君臣终死节,时来胡虏亦成功。"④李东阳于《麓堂诗话》中称赞陈白沙此诗"极有声韵",且"和者皆不及"。⑤其《慈元庙记》则追述了南宋行朝君臣、后妃悲壮殉国事,忠愤哀痛,情溢字间。其所谓"却到陵夷排乱贼,方知名节是忠臣"⑥(《子陵》其四),不出正统的名节心态。他对节妇进行记述表彰,如《程节妇诗钟氏独客之女》云:"风俗当年坏一丝,直到于今腐烂时。欲论千古纲常事,除是渠家节妇知。"⑦张诩记其本事:"程节妇,钟氏子也,孀居二十七年,贫甚,先生既为诗以嘉其节,复遗帛以周其贫。"⑧(《翰林检讨白沙陈先生行状》)陈献章不但作诗表彰程节妇,亦送衣服布料接济之。王崇炳《表烈诗》云:"国典扶纲常,显在旌表列。"⑨《卢烈女徐氏》云:"付身三尺练,永系万年纲。"⑩《表孝义诗》云:"二子皆人英,于世岂多得。当路如表扬,薄俗足矜式。"⑪另有《郭贞女》《独山刘烈妇祠》《任烈女》《史烈女》《徐贞女李氏》《贞女韦徐氏》《节妇卢黄氏》《节妇赵张氏》《徐贞女郭氏画像赞》《表贞诗三首》《李氏双节》《醉春风·清风岭王烈妇祠》《满江红·贞女卢徐氏》等。其《沁园春·读〈明史·杨椒山传〉》云:"惜气凌河岳,节标金石,志存社稷,名缺钟镛。"⑫于《徐贞女郭氏传》后论曰:"予尝两陈其事于当路,当路贵人搁不行竟稽旌典。旌与不旌,于贞女毫发无损益。独计胜朝留意表彰,下有奇贞而名不著,无以为厉世磨钝之资,是则可惜。

---

① 陈献章.陈献章全集[M].黎业明,编校.上海:上海古籍出版社,2019:181.
② 陈献章.陈献章全集[M].黎业明,编校.上海:上海古籍出版社,2019:1162.
③ 陈献章.陈献章全集[M].黎业明,编校.上海:上海古籍出版社,2019:500.
④ 陈献章.陈献章全集[M].黎业明,编校.上海:上海古籍出版社,2019:559.
⑤ 李东阳.麓堂诗话[M]//丁福保.历代诗话续编.北京:中华书局,1983:1384.
⑥ 陈献章.陈献章全集[M].黎业明,编校.上海:上海古籍出版社,2019:560.
⑦ 陈献章.陈献章全集[M].黎业明,编校.上海:上海古籍出版社,2019:905.
⑧ 陈献章.陈献章全集[M].黎业明,编校.上海:上海古籍出版社,2019:1173.
⑨ 王崇炳.学耨堂诗稿[M]//赵一生.东阳丛书:15册.杭州:浙江古籍出版社,2015:253.
⑩ 王崇炳.学耨堂诗稿[M]//赵一生.东阳丛书:15册.杭州:浙江古籍出版社,2015:195.
⑪ 王崇炳.学耨堂诗稿[M]//赵一生.东阳丛书:15册.杭州:浙江古籍出版社,2015:263.
⑫ 王崇炳.学耨堂诗余[M]//赵一生.东阳丛书:15册.杭州:浙江古籍出版社,2015:328.

著之传，以俟主风教，有势力者。"①王崇炳希望官方旌表宣扬节烈，以正风教。这与陈献章"古来名教要人扶"（《嘉会楼上梁和顾别驾》）②的主张如出一辙。

当然，解读这类诗歌，不能沿袭汉儒依经立义，阐扬诗教的做法，对于湛若水的《白沙子古诗教解》也应谨慎对待，先承认其中不乏精义，但湛若水基于学者立场，而非诗人立场，他将陈献章诗歌与理学直接等同，忽视了其美学特质，有时难免穿凿附会。朱彝尊言："文以载道，诗以言志，不诡于道，勿纳于邪，可也。谈理学者，必借诗为证道之言，若禅家之拈颂说偈者然，吾不得其解也。"③对于王崇炳的这类诗歌，亦作如是观。

儒家诗教一以贯之，其发展历程是动态的、复杂的，而不是静态的、单一的。诗教有时代性，不同历史时期其呈现形态也不尽相同。王崇炳与陈献章虽处异代，然同是布衣，哲学思想相近，诗教观相近，皆主张诗歌明道致用、化民的社会功能，而对于"辅君"之政治功能则相对弱化。两人志在求道，注重诗之用，诗为载道、传道之具，强调文道合一。

四、"吾师白沙子，率尔句弥新"

永康程开业与王崇炳长子王国陞乡试庚子（1720）同榜，甲辰（1724）进士，户部山东司员外郎，特授兖沂曹道。程开业《读鹤潭年伯〈学耨堂诗集〉》云："诗祖白沙子，情和语自工。终篇无楚调，满纸尽南风。品洁缑山鹤，韵高商雒鸿。德星光照处，一老隐墙东。"④其中明确指出王崇炳诗学陈献章，性情平和、雅正，诗句自工。诗中少浪漫之词，多源于《诗经》之淳朴诗风。用王子乔、商山四皓典故，旨在赞其诗"品洁""韵高"。

王崇炳《与郭岸先夜坐谈诗》云："要得无师知，宜传言外神。君看万花色，都是一丸春。舒卷云容变，高寒月色真。吾师白沙子，率尔句弥新。"⑤《东阳历朝

---

① 王崇炳.金华文略[M]//赵一生.东阳丛书：16册.杭州：浙江古籍出版社，2015：813.
② 陈献章.陈献章全集[M].黎业明，编校.上海：上海古籍出版社，2019：647.
③ 朱彝尊.静志居诗话[M].北京：人民文学出版社，1990：255.
④ 东阳河汾王氏宗谱[M]//黄灵庚，陶诚华.重修金华丛书：189册.上海：上海古籍出版社，2014：63.
⑤ 王崇炳.学耨堂诗稿[M]//赵一生.东阳丛书：15册.杭州：浙江古籍出版社，2015：34-35.

第十三章　王崇炳诗歌对陈献章的接受

诗》云："郭懋琏，字岸先，文学。"①据《东阳长衢郭氏宗谱》②可知，郭懋琏生卒为1658—1699年。"吾师白沙子"，乃夫子自道。率尔，乃随便、直率，无拘束之意。其中至少有两层意蕴，一是创作主体论，学习陈献章高扬主体精神，即"自然""自得"，从宇宙观、人格境界等方面入手，即如陈献章所言："襟韵高者，脱去凡近，所作万古常新。"③二是风格论，学习陈献章雅健平易的诗风。而一是本，二是标，雅健和平易的诗风，是陈献章"以自然为宗"的宇宙观，在诗歌创作上的体现，也是他审美境界的体现。④

陈献章《认真子诗集序》云："率吾情盎然出之，无适不可。"⑤《澹斋先生挽诗序》云："诗之发率情为之，是亦不可苟也已，不可伪也已。"⑥《与顺德吴明府》其三云："出处语默，咸率乎自然，不受变于俗，斯可矣。"⑦王世贞通过比较陈白沙与王守仁之诗，指出："公甫微近自然，伯安时有警策。"⑧陈献章《与湛民泽》其七云："学者，以自然为宗，不可不著意理会。"⑨陈献章《赠彭惠安别言》："自得者，不累于外，不累于耳目，不累于一切，鸢飞鱼跃，其机在我。知此者谓之善学，不知此者虽学无益也。"⑩意即不受外物的干扰，把握自然的运动规律，心中充沛着真理，对事物理解通透。黄宗羲言陈献章："先生学宗自然，而要归于自得。"⑪"以自然为宗"是江门心学的基本特色。"自然"，江门心学常用《诗经》中的"鸢飞鱼跃"来展示，既用来表示工夫的自然洒脱，也用来描述境界的自由活泼。具体如下：

工夫须用宽而敬，鱼跃鸢飞在此间。（《林君求余一线之引，示以六绝句》其五）⑫

一瓢岂敢方颜子，千首将无有邵雍？恨月啸花都大雅，鸢飞鱼跃一中庸。

---

① 董肇勋，王崇炳.东阳历朝诗[M]//黄灵庚，陶诚华.重修金华丛书：178册.上海：上海古籍出版社，2014：244.
② 《长衢郭氏宗谱》卷三之一，2003年重修。
③ 陈献章.陈献章全集[M].黎业明，编校.上海：上海古籍出版社，2019：297.
④ 黄明同.明代心学宗师：陈献章[M].广州：广东人民出版社，2005：188.
⑤ 陈献章.陈献章全集[M].黎业明，编校.上海：上海古籍出版社，2019：6.
⑥ 陈献章.陈献章全集[M].黎业明，编校.上海：上海古籍出版社，2019：12.
⑦ 陈献章.陈献章全集[M].黎业明，编校.上海：上海古籍出版社，2019：273.
⑧ 王世贞.艺苑卮言[M]//丁福保.历代诗话续编.北京：中华书局，1983：1051.
⑨ 陈献章.陈献章全集[M].黎业明，编校.上海：上海古籍出版社，2019：252.
⑩ 陈献章.陈献章全集[M].黎业明，编校.上海：上海古籍出版社，2019：30.
⑪ 黄宗羲.明儒学案[M].沈芝盈，点校.北京：中华书局，2008：4
⑫ 陈献章.陈献章全集[M].黎业明，编校.上海：上海古籍出版社，2019：969.

(《夜坐因诵康节诗偶成》)①

君若问鸢鱼,鸢鱼体本虚。我拈言外意,六籍也无书。(《赠陈頀湛雨》其二)②

天命流行,真机活泼。水到渠成,鸢飞鱼跃。得山莫杖,临济莫喝。万化自然,太虚何说。绣罗一方,金针谁掇?(《示湛雨》)③

匪巫匪徐,鱼跃鸢飞,乃见真机,天岂不知?(《拨闷》)④

王崇炳对此深有会心,诗文中常常用"鸢飞鱼跃"表现"自然""自得"之境界:

乐不可寻,不寻自得。处心平常,日用饮食,鱼跃鸢飞,山云出没,一性所周,一心所摄。立处皆真,触途不隔;放焉皆弥,退藏于密。(《书签随笔》)⑤

乾坤之德,皆不离直。……《中庸》说"率性之谓道",便是直。由是推之,"鸢飞鱼跃",鼓直之趣也;"沂雩风浴",率直之真也。(《书签随笔》)⑥

托根曲涧流觞地,曾放鸢飞鱼跃天。(《紫阳花四首》其三)⑦

"自得"无论在哲学上还是在美学上,都是一种得之于自我、得之于自然的方法,也是"鸢飞鱼跃"的一个规定性。⑧陈献章与王崇炳都将"自得"与"鸢飞鱼跃"的自由境界视为一体。

陈献章《李文溪文集序》云:

予尝语李德孚曰:"士从事于学,功深力到,华落实存,乃浩然自得,则不知天地之为大、死生之为变,而况于富贵贫贱、功利得丧、屈信予夺之间哉!"……徐考其实,则见其重内轻外,难进而易退,蹈义如弗及,畏利若懦夫,卓乎有以自立,不以物喜,不以己悲,盖亦庶几乎吾所谓浩然而自得者矣。……今幸寄目于先生之文,而知富贵果不足慕,贫贱果不足羞,功利得丧、屈信予夺,一切果不足为累;天地之为大,死生之为变,自得者果不可得知;而奋乎百世之上,兴起百世之下,孟轲氏果不予诬,其所恃者,盖有在也。故士必志道,

---

① 陈献章.陈献章全集[M].黎业明,编校.上海:上海古籍出版社,2019:581.
② 陈献章.陈献章全集[M].黎业明,编校.上海:上海古籍出版社,2019:764.
③ 陈献章.陈献章全集[M].黎业明,编校.上海:上海古籍出版社,2019:377.
④ 陈献章.陈献章全集[M].黎业明,编校.上海:上海古籍出版社,2019:376.
⑤ 王崇炳.学耨堂文集[M]//赵一生.东阳丛书:15册.杭州:浙江古籍出版社,2015:4-5.
⑥ 王崇炳.学耨堂文集[M]//赵一生.东阳丛书:15册.杭州:浙江古籍出版社,2015:15.
⑦ 王崇炳.学耨堂诗稿[M]//赵一生.东阳丛书:15册.杭州:浙江古籍出版社,2015:43.
⑧ 张晶."鸢飞鱼跃"与中国诗学中的审美理性[J].北京大学学报(哲学社会科学版),2018(4):82-91.

然后足以语此。①

"自得"的境界，即孟子所谓"浩然之气"的境界，也即"得道"的境界。这种境界建立在自我觉醒，即主体精神的觉醒之上。"白沙自然、自得的境界，既是治学为文的境界，也是一种人生的境界，它体现出白沙生机活泼、鸢飞鱼跃的人格精神。"②张毅云："学宗自然而贵自得的白沙心学，以诗入造化在心的天机自鸣为近道。""据于道而游于艺，心随动静以明体用，顺应性情之自然而忌穿凿，便成为白沙诗学的宗旨。"③"白沙诗出于性情，发乎自得，清新自然，不事雕琢，在风烟水月中流溢出一派天机。"④性情、自然、自得，三位一体，统一于两人的诗学与心学。

陈献章《观物》云："一痕春水一条烟，生生化化各自然。"⑤《与贺克恭黄门》其十云："到得物我两忘，浑然天地气象，方始是成就处。"⑥《随笔》其四云："断除嗜欲想，永撤天机障。身居万物中，心在万物上。"⑦陈献章为了达到自我的无限扩张，求得一种没有负累的状态，发明心学法门，从物我关系上说，是从重我轻物，到有我遗物，最后达到有心无物。⑧钱钟书云："迄乎有明，阳明心学既行，白沙、定山莫不以玩物为道。"⑨"以玩物为道"，可谓一语中的，妙到毫巅。

前引杜秉琳《广性理吟题辞》已明确王崇炳之"江门高致"即自得之趣。王崇炳认为，鸢飞鱼跃皆为现象，是方法、手段，而"理""道"才是本质，是目的。陆九渊《与赵然道》其三云："'君子无入而不自得焉'，所谓自得者，得其道也。"⑩自得的终极目的或说内容是得道。王崇炳《搔痒说》云："盖天地间总是一理之所变见。所以鸢飞鱼跃，皆可知道。"⑪"一切触着磕着踏着摸着，无非是这个自得之理。"⑫《董澹斋先生〈逍遥集〉序》："富贵贫贱患难，以道御之，焉往而不

---

① 陈献章.陈献章全集[M].黎业明，编校.上海：上海古籍出版社，2019：9-10.
② 章继光.陈白沙诗学论稿[M].长沙：岳麓书社，1999：29.
③ 张毅."万物静观皆自得"——儒家心学与诗学片论[J].中国文化研究，2002（4）：70-78.
④ 张晶，张振兴.诗学与心学中的陈白沙[J].社会科学辑刊，2002（3）：149-154.
⑤ 陈献章.陈献章全集[M].黎业明，编校.上海：上海古籍出版社，2019：962.
⑥ 陈献章.陈献章全集[M].黎业明，编校.上海：上海古籍出版社，2019：183.
⑦ 陈献章.陈献章全集[M].黎业明，编校.上海：上海古籍出版社，2019：755.
⑧ 张运华.陈献章学术思想研究[M].北京：人民出版社，2010：41.
⑨ 钱钟书.谈艺录[M].北京：生活·读书·新知三联书店，2007：580.
⑩ 陆九渊.陆象山全集[M].北京：中国书店，1992：100.
⑪ 王崇炳.学耨堂文集[M]//赵一生.东阳丛书.15册.杭州：浙江古籍出版社，2015：157.
⑫ 王崇炳.学耨堂文集[M]//赵一生.东阳丛书.15册.杭州：浙江古籍出版社，2015：21.

自得乎？"①鸢飞鱼跃，皆可知道；以道御之，无不自得。"君子深造之以道，欲其自得之也，故君子无入而不自得。自得何物？即自得其深造之所得也。"②李德举，字上卿，号观津、霁园，冀州武邑人，以举人令东阳，1762—1767 年在任。其《读鹤潭王先生集》云："朱陆异同互相訾，堪笑世俗浅学士。藩篱未窥议堂中，纷纷何关真趣旨。道无两途贵有得，非腐非幻均可则。"③诗道出王崇炳之理学精髓，即不辨朱陆异同，惟求其"真趣旨"，殊途同归，贵在"自得"。

陈献章追求雅健的内容与自然平易的语言、形式的完美统一，反对人为的"安排"。其《批答张廷实诗笺》云："大抵诗贵平易洞达，自然含蓄不露；不以用意装缀、藏形伏影，如世间一种商度隐语，使人不可模索为工。"④《与张廷实书》云："古文字好者，都不见安排之迹，一似信口说出，自然妙也。其间体制非一，然本于自然不安排者便觉好。如柳子厚比韩退之不及，只为太安排也。"⑤不待安排，"信口说出，自然妙也"，即王崇炳所谓"率尔"。因学之，故而王崇炳诗词亦能独抒性灵，情真意切，语言清新质朴，通俗易懂。例如，《百字令·门人厉子曜来问疾兼致食物出素笺乞词走笔书之》⑥：

摧颓余齿遇灾年，随例困缠衾席。感子殷勤劳询问，兼致青筐珍物。尺幅霜藤，手携索句，厚意难辞拙。摅衷裁谢，评章不在风月。　若问我辈为人，机情机事，一点红炉雪。率尔平怀无险陂，只有天然真实。美景良辰，扶藜密咏，红叶黄花节。会心不远，凭君默契难说。

上片实写，紧扣本事，叙弟子问疾，馈赠食物，并求词。下片虚写，借写景与议论，点明为人为学之道。和颜悦色，循循善诱，语言清新自然。

"道学家于春别有会心"⑦。陈献章《次韵庄定山谒孔庙》⑧云：

六经如日朝出东，夫子之教百代崇。揆之千圣无不合，施之万事无不中。水南新抽桃叶碧，山北亦放桃花红。乾坤生意每如是，万古不息谁为功？

孔子之"道"施之于人、事，无不合、不中。甚至驱使世界运转的自然之

---

① 王崇炳. 学樨堂文集[M]// 赵一生. 东阳丛书：15 册. 杭州：浙江古籍出版社，2015：52.
② 王崇炳. 学樨堂文集[M]// 赵一生. 东阳丛书：15 册. 杭州：浙江古籍出版社，2015：7.
③ 东阳河汾王氏宗谱[M]. 黄灵庚，陶诚华. 重修金华丛书：189 册. 上海：上海古籍出版社，2014：63.
④ 陈献章. 陈献章全集[M]. 黎业明，编校. 上海：上海古籍出版社，2019：100.
⑤ 陈献章. 陈献章全集[M]. 黎业明，编校. 上海：上海古籍出版社，2019：218.
⑥ 王崇炳. 学樨堂诗余[M]// 赵一生. 东阳丛书：15 册. 杭州：浙江古籍出版社，2015：306.
⑦ 钱钟书. 谈艺录[M]. 北京：生活·读书·新知三联书店，2007：566.
⑧ 陈献章. 陈献章全集[M]. 黎业明，编校. 上海：上海古籍出版社，2019：663.

"道",与之相通、相合,统而观之,其"道"一也。

王崇炳《紫阳花四首》其二①云:

月峡红英的的开,至今传自紫阳栽。人亡道范千秋隔,花逐春风一度来。不用前贤乞灵种,还于自性谨滋培。悬知此物家家有,莫放牛羊蹋作苔。

朱熹于东阳石洞书院手植之紫阳花俨然成为"道"的化身,它年年开放,昭示着道脉不败。这个"道"不必向前贤乞求而得来,而应反求诸己,滋培自性,即唤醒人们心中本有的良知。可参考陈献章《示黄昊》:"高明之至,无物不覆。反求诸身,霸柄在手。"②

《明史·儒林传序》云:"学术之分,则自陈献章、王守仁始。宗献章者曰江门之学,孤行独诣,其传不远。宗守仁者曰姚江之学,别立宗旨,显与朱子背驰,门徒遍天下,流传逾百年,其教大行,其弊滋甚。"③两派有隐有显,有短有长,由分到合。在湛若水之后,江门心学由吸收姚江心学的某些观点开始,最后就慢慢融入了姚江心学。④江门心学不久式微,渐与姚江之学合流。而王崇炳作为传承有序的阳明七代弟子,自觉上窥江门心学,并以传扬久远为己任,以"自得""自然"相号召,充分挖掘并发挥诗歌的社会、政治等功用,回归诗教传统,有意规避"性气派""性理派",而复归性情派、风韵派,追求诗歌雅健平易的风格,是为异代回响,虽然这次回波一转并未掀起巨浪,但王崇炳的主观努力以及所取得的实绩不容抹杀,值得后人深思。

---

① 王崇炳.学稼堂诗稿[M]//赵一生.东阳丛书:15册.杭州:浙江古籍出版社,2015:43.
② 陈献章.陈献章全集[M].黎业明,编校.上海:上海古籍出版社,2019:377.
③ 张廷玉.明史[M].北京:中华书局,1974:7222.
④ 崔大华.江门心学简述[J].中州学刊,1986(2):47-54.

第十四章　王崇炳词对澹归的接受

今释（1614—1680），字澹归，号舵石翁，又称冰还道人、借山野衲、茅坪野僧、跛阿师等，杭州仁和（今杭州）人。俗姓金，名堡，字道隐，一字蔗馀，号卫公。出身书香世家，从小深受传统文化熏陶，博通经史，心怀大志。明崇祯十三年庚辰（1640）进士，后任山东临清州牧。清顺治二年（1645），清兵破杭州，金堡弃家去福州，投奔南明唐王绍武与清廷抗衡。永历二年（1648），至广东肇庆，谒见南明永历帝桂王朱由榔，授兵科给事中，摄理科事。立朝侃侃，屡上封事，有清直声，时称"五虎"之一，是为"虎牙"。因上《时政八失疏》痛陈时弊，无所顾避，言论过激，遭帝怒斥。顺治七年（1650），被诬陷为误国，下锦衣狱，酷刑之下左腿致残，谪戍清浪卫，未达，途中遭清兵截击，脱身逃往桂林，为桂林留守大学士瞿式耜所重。金堡在桂林城破、瞿式耜身死之后，给孔有德的书信中写道："山僧梧水之罪人也。承乏掖垣，奉职无状，系锦衣狱，几死杖下。今夏编成清浪，以路道之梗，养疴招提，皈命三宝，四阅月于兹矣。"[1]据此，何林认为，金堡在永历四年（1650）八月左右自行披剃。[2]永历六年，即顺治九年（1652），至广东番禺雷峰海云寺，参天然和尚，受具足戒，为其第四法嗣，法名今释，字澹归。顺治十八年（1661）十月，师弟今地（俗名李充茂）将丹霞山舍给澹归。澹归于康熙元年（1662）三月开始在丹霞山营建别传寺，潜心佛事，四年后佛寺建成，金堡自充监院，并迎师天然函昰和尚入主法席。此后丹霞山成为避世隐居之所，部分明朝遗老聚居于此。康熙十七年（1678）夏，离粤返浙请《嘉兴藏》。两年后，示寂于嘉兴平湖南园。

澹归所撰《遍行堂集》有词三卷，其中卷四十二录词183首，卷四十三录词124首，卷四十四录词99首。又《遍行堂续集》卷十六录词60首。词合计466首。自小令至长调，按体排列。他尤擅长调，长调194首，占总数的42%。词牌计用46种之多。在词的诸种体式中，值得注意的是，澹归较擅长调叠章。这一方面展

---

[1] 徐鼒.小腆纪传[M].北京：中华书局，1958：329.
[2] 何林.南明时期金堡政治活动研究[D].哈尔滨：黑龙江大学，2022：71-72.

现了他采藻富赡，另一方面是其内心哽咽多时的幽情别恨的倾泻。①

王崇炳《学稼堂诗余》录词165首，其中长调70首，占比42%。长调词牌12种：满江红、满庭芳、百字令、法曲献仙音、金菊对芙蓉、秋霁、拜星月慢、东风第一枝、金缕曲、永遇乐、沁园春、长短句。这个比例与澹归有着惊人的相似之处，或许不只是巧合。

一、作词缘起

澹归《遍行堂集缘起》云："予以壬辰谒雷峰，涤器厨下，尽弃笔研，俄充化主，未免以诗文为酬应。及开丹霞，穿州撞府，积稿渐多，门人编录，迄于甲寅，凡四十八卷，目曰《遍行堂集》。"② 这是说《遍行堂集》起止时间为壬辰（1652）至甲寅（1674）。严迪昌谓"词基本上皆金堡薙发后所作"③。《中国文学大辞典》又谓"大都写于康熙十年（1671）前后"④。陈永正则认为，细审词题和自注中所记载的人事，似皆为康熙元年（1662）入丹霞山后所涉及者，故可视澹归词为词人50岁以后的作品。⑤ 又云："庚寅梧州诏狱中作词数阕，方密之见而称之，后绝不作。至庚戌复作，孝山谓吾手笔乃与词相称，意殊欣然。时孝山、融谷方共填词，复有不期而合者。此后一切填词作诗遂少矣。顷来老病，词亦不作。"⑥"庚寅梧州诏狱"是指永历四年（1650）澹归被敌党诬陷下狱一事。可见他在出家之前即已填词，并且深得方以智（字密之）的称赏，惜这些词作未能留存下来。方以智（1611—1671），字密之，号曼公，又号鹿起，别号龙眠愚者，出家后改名大智，字无可，别号弘智，人称药地和尚。南直隶安庆府桐城（今安徽桐城）人。明代思想家、哲学家、科学家。孝山，即陆世楷，澹归之中表，曾为南雄府知府。融谷，即沈皥日，"浙西六家"词人之一。词似乎更能体现澹归为僧之本色。这大

---

① 李舜臣.释澹归与《遍行堂》词[J].中国韵文学刊,2002(2)：95-101.
② 金堡.遍行堂集[M]//四库禁毁书丛刊编纂委员会.四库禁毁书丛刊 集部：127册.北京：北京出版社,1997：12.
③ 严迪昌.清词史[M].南京：江苏古籍出版社,1990：91.
④ 钱仲联.中国文学大辞典[M].上海：上海辞书出版社,1997：1459.
⑤ 陈永正.澹归词略论[J].岭南文史,2005(1)：45-51.
⑥ 金堡.遍行堂集[M]//四库禁毁书丛刊编纂委员会.四库禁毁书丛刊 集部：127册.北京：北京出版社,1997：13.

半得益于词灵活多变的句式和禅宗通俗本色之间的天然契合。另外，澹归之"笔致"亦较接近词这一文学样式。他曾说："宋时词学稍盛，称寿亦多度曲，弟近效之。孝山谓弟笔致颇与填词相宜，便欣然欲步苏辛后尘，数月来，竟不作诗。惜已老病，无由穷其变态耳。"①这里所说的其"笔致"，大概即姜伯勤所说的口语化、通俗化的倾向。②正因为词与禅、词与其"笔致"之间天然相通，澹归在词中阐扬宗风、写僧人洒然情怀时，就更得心应手。

《遍行堂集缘起》云："予作诗多用洪武正韵，或以出韵为疑，予笑曰：唐人图科第，不敢出韵；吾若出韵，只失却一名诗僧耳。秃头沙门，故自无恙，且勿担忧。"③由此可见，澹归把自己看作一名诗僧，但又不以作一名诗僧为满足。

与同时代的云间词派只尊南唐、北宋和浙西词派独尚南宋姜、张不同，澹归并不专注于哪一朝代或派别，而是转益多师，博采众长。④用澹归自己的话即欲"穷其变态"，这突出体现在《遍行堂》词中存在着大量次和前人之韵的作品，比如和晚唐花间词2人2首，即和温庭筠之《更漏子·和温庭筠》，和毛文锡之《巫山一段云·和毛文锡本意》。和北宋词8人32首，即和林逋之《点绛唇·次林君复咏草韵》，和柳永之《醉蓬莱·老人星和柳耆卿》，和苏轼之《水龙吟·同即觉离公登海螺岩礼舍利塔用东坡咏笛韵》，和章质夫之《水龙吟·次韵章质夫杨花六首》，和周邦彦之《六丑·次周美成落花韵》，和毛滂之《更漏子·和毛滂鹤唳》，和词僧洪觉范之《点绛唇·次觉范梅花韵》《浪淘沙·次觉范思归》，和宋自逊之《贺新郎·反宋自逊题雪堂即次其韵》。和南宋词6人29首，即和朱淑真之《蝶恋花·和朱淑真闺情》，和李清照之《如梦令·和易安春晚韵》《如梦令·和易安闺怨韵》《蝶恋花·和易安离情韵》《声声慢·次易安秋闺韵》《声声慢·赋得壮心不已仍用易安韵》《百字令·秋思次易安春情韵》，和辛弃疾之《西江月·遣兴和稼轩韵二首》《南歌子·次稼轩独坐蔗庵》《粉蝶儿·和辛稼轩落花韵》《蓦山溪·次辛稼轩一丘一壑韵》《水调歌头·病入雄州承诸君子慰留调治次辛幼安宿博山寺韵志谢》《沁园春·欲筑南湖不能如愿次稼轩偃湖韵》《沁园春·次稼轩答杨世长韵酬龚升璐》《摸鱼儿·清远峡次稼轩山鬼谣韵即用其起句》《贺新郎·遣兴

---

① 金堡.遍行堂集[M]//四库禁毁书丛刊编纂委员会.四库禁毁书丛刊 集部：127册.北京：北京出版社，1997：576.
② 姜伯勤.石濂大汕与澳门禅史[M].上海：学林出版社，1999：584–587.
③ 金堡.遍行堂集[M]//四库禁毁书丛刊编纂委员会.四库禁毁书丛刊 集部：127册.北京：北京出版社，1997：12–13.
④ 姚良.金堡及其《遍行堂》词研究[D].重庆：西南大学，2006：25.

二首次稼轩忆同父韵》《贺新郎·遣兴次稼轩自述韵》《贺新郎·遣兴用稼轩题积翠岩韵》《哨遍·和稼轩韵答鱼计亭疑问二首》,和蒋捷之《木兰花慢·和竹山赋冰三首》《瑞鹤仙·和蒋竹山红叶》《永遇乐·和蒋竹山绿阴》《贺新郎·感旧次竹山兵后寓吴韵》《贺新郎·次竹山秋晓韵》,和刘克庄之《水龙吟·小除初度时在归宗次刘后村自寿韵二首》,和高观国之《兰陵王·秋雨用高宾王春雨韵》。和明代词6人8首,即和刘伯温之《踏莎行·和刘伯温游丝》《传言玉女·和刘伯温蝴蝶》,和杨基之《望湘人·和杨眉庵咏尘》《沁园春·次眉庵春水韵》,和高启之《沁园春·和高季迪咏雁》,和董遐周之《减字木兰花·对镜次董遐周》,和林章之《河满子·次林章咏梦韵》,和杨宛之《金人捧露盘·和杨宛秋海棠》,计22人56首,占全部词作的十分之一。

《草堂诗余》是南宋何士信编辑的一部词选,选录了唐五代及两宋120余位词人380余首词作,其中以宋词为主。《草堂诗余》历南宋末年、元代,并没有产生太大的社会影响,到了明代却达到独盛的局面。当时的书商刻者竞相刊刻《草堂诗余》,仅今传明版《草堂诗余》就多达20种。人们认为明人尊奉《花间》《草堂》而导致词风不振,只是清人根据明词创作和受明词影响的清词创作的一种逆推。[①]例如,"浙西词派"创始人朱彝尊(1629—1709)对明词持否定态度,认为"词自宋元以后,明三百年无擅场者",并进一步把这种状况的形成归咎于《草堂诗余》的盛行:"古词选本,若《家宴集》《谪仙集》《兰畹集》《复雅歌辞》《类分乐章》《群公诗余后编》《五十大曲》《万曲类编》及《草窗周氏选》,皆轶不传,独《草堂诗余》所收最下最传,三百年来学者守为兔园册,无惑乎词之不振也。"[②]又如,高佑祀《湖海楼词序》云:"词始于唐,衍于五代,盛于宋,沿于元,而榛芜于明。明词佳者不数家,余悉踵《草堂》之习,鄙俚亵狎,风雅荡然矣。"[③]再如,陈维崧云:"今之不屑为词者固亡论,其学为词者,又复极意《花间》,学步《兰畹》,矜香弱为当家,以清真为本色。神瞽审声,斥为郑卫。甚或爨弄俚词,闺襜冶习,音如湿鼓,色若死灰。此则嘲诙隐廋,恐为词曲之滥觞;所虑杜夔左,将为师涓所不道。辗转流失,长此安穷。胜国词流,即伯温、用修、元美、征仲诸家,未离斯弊,余可识矣。"[④]

---

① 张宏生.清词探微[M].上海:上海古籍出版社,2008:71.
② 朱彝尊.词综[M]//四部备要:97册.北京:中华书局,1936:6.
③ 陈维崧.湖海楼词集[M]//清代诗文集汇编编纂委员会.清代诗文集汇编:96册.上海:上海古籍出版社,2010:214.
④ 陈维崧.陈维崧集[M].上海:上海古籍出版社,2010:54-55.

北宋词人黄庭坚曾因作词受到佛家的批评,其《小山词序》记述:"予少时间作乐府,以使酒玩世,道人法秀独罪余以笔墨劝淫,于我法中当下犁舌之狱。"①朱彝尊云:"言情之作易流于秽,此宋人选此多以雅为目,法秀道人语涪翁曰'作艳词当堕犁舌地狱',正指涪翁一等体制而言耳。"②清初的词家因受传统观念的影响,仍视词为"艳体",黄庭坚当年所受法秀和尚的批评也成为清代词人的思想障碍。《古今词话》记载了清初大词人龚鼎孳的矛盾心理:

钱光绣曰:"芝麓尚书龚鼎孳,自受弘觉记莂,仆与偶僧沈雄俱忝为法门兄弟。"尚书龚鼎孳退食之暇,闭户坐香,不复作绮语。有以《柳塘词》沈雄撰进者,尚书曰:"艳才如是,可称绮语一障。我可以谢过于山翁黄庭坚,并可以谢过于秀老法云秀矣。"因驰翰相讯,偶僧答以《歌头》有云:"不入泥犁狱底。便主芙蓉城里。抱槊也风流。莫借空中语,大雅定无尤。"尚书重为之首肯。③

龚鼎孳受法秀和尚斥责黄庭坚作词故事的影响,为避免作"绮语"之讥,竟不复作词,还写信批评作艳词的沈雄,可见清初人受传统词学观念(包括佛门对词体的批评)影响之深。

沈谦《填词杂说》记云:"彭金粟在广陵,见予小词及董文友《蓉渡集》,笑谓邹程村曰:泥犁中皆若人,故无俗物。夫韩偓、秦观、黄庭坚及杨慎辈,皆有郑声,既不足以害诸公之品,悠悠冥报,有则共之。"④邹祇谟《远志斋词衷》也记述了这件事:"广陵寓舍,一日,彭十金粟雨中过,集读云华、蓉渡诸词曰,此非秀法师所诃耶。如此泥犁,安得有空日。又曰:自山谷来,泥犁尽如我辈,此中便无俗物败人意,为之绝倒。"⑤以上涉及沈谦《云华词》和董文友《蓉渡词》。沈、董两人词以绮艳而闻名,如王士祯说"董文友善写闺襜之致"⑥。彭孙遹用调侃的语气将两人的词作与黄庭坚词相提并论,并引"秀法(法秀)和尚"戒斥黄庭坚之语加以比附,但表达的却是不畏世俗之讥,勇于作词的思想。清初词家不为传统观念所束缚,作词不避性情,不避绮艳,由此可见清人词学观念的变化。⑦

澹归在《蝶恋花·焕之有〈草堂诗余〉,予偶携之行笥,颇解岑寂,题此乞之》

---

① 黄庭坚.黄庭坚全集[M].成都:四川大学出版社,2001:413.
② 朱彝尊.词综[M]//.四部备要:97册.北京:中华书局,1936:7.
③ 沈雄.古今词话[M].上海:上海古籍出版社,2009:91.
④ 沈谦.填词杂说[M]//唐圭璋.词话丛编.北京:中华书局,1986:635.
⑤ 邹祇谟.远志斋词衷[M]//唐圭璋.词话丛编.北京:中华书局,1986:657.
⑥ 王士祯.花草蒙拾[M]//唐圭璋.词话丛编.北京:中华书局,1986:685.
⑦ 孙克强.清代词学与佛义禅理[J].中山大学学报(社会科学版),2006(1):11-15.

一词中，直接表达了对《草堂诗余》的钟爱。其词曰：

  点着眼前禁不住。不痒不疼，冷冷酸酸处。乞与草堂浇酒具。古人剩有伤心句。 月貌云情风意绪。吞既难留，吐又难教去。枝上柳绵双玉筯。天涯滴尽秋宵雨。①

词中"不痒不疼，冷冷酸酸处"，可谓道尽《草堂》秉承《诗经》中"乐而不淫，哀而不伤"的精髓。金堡之所以将之携带在行李箱中，皆因其中多有古人"冷冷酸酸"的伤时感事之句，颇可借来浇奠胸中不尽的块垒。"月貌云情风意绪。吞既难留，吐又难教去"，更是将《草堂》中词于花月风情背后所隐含的令人哽咽肠断的沉痛心绪描绘得形象具体。可以说在金堡词中，《花间》《草堂》中伤春悲秋、云恨雨愁已被其转移为家国之痛、故园之思。这种移情的手法使金堡词扬弃了《花间》《草堂》中柔靡绮艳的消极成分，同时使其词呈现出多样化的风格。②恰如沈暐日于《遍行堂续集叙》中言："而又出其余思以为辞，则豪而为铜琵琶铁绰板，细而为晓风残月，秦苏辛柳不多让焉。"③其实，这是澹归的有意追求，欲"穷其变态"。④覃召文论曰："今释工词，其词作能刚能柔，端庄之外又杂以流丽"，以《小重山·得程周量民部诗却寄》为例，"落落寒云晓不流。是谁能寄语，竹窗幽。远怀如画一天秋。钟徐歇，独自倚层楼。 点点鬓霜稠。十年山水梦，未全收。相期人在别峰头。闲鸥意，烟雨又扁舟"。词中既有"十年山水梦，未全收"的痛苦与怅惘，又有"烟雨又扁舟"之野逸高蹈之意。作品情景交融，诚为诗僧的上乘之作。⑤澹归词的这种风格特点多源自《草堂诗余》。

又如，澹归和"花间派"之鼻祖温庭筠词《更漏子·和温庭筠》⑥：

  茗沉涛，烛销泪。搅动一船清思。更点乱，客吟残。山云叶叶寒。 岸上树，江中雨。共说人间辛苦。夹水响，带风声。连天说不明。

动景与静景结合，充分表现出了澹归于离乱之中的孤苦迷惘之状，于这些风

---

① 金堡.遍行堂集[M]//四库禁毁书丛刊编纂委员会.四库禁毁书丛刊 集部：128册.北京：北京出版社，1997：182.
② 姚良.金堡及其《遍行堂》词研究[D].重庆：西南大学，2006：33.
③ 金堡.遍行堂集[M]//四库禁毁书丛刊编纂委员会.四库禁毁书丛刊 集部：128册.北京：北京出版社，1997：321.
④ 金堡.遍行堂集[M]//四库禁毁书丛刊编纂委员会.四库禁毁书丛刊 集部：127册.北京：北京出版社，1997：576.
⑤ 覃召文.岭南禅文化[M].广州：广东人民出版社，1996：141.
⑥ 金堡.遍行堂集[M]//四库禁毁书丛刊编纂委员会.四库禁毁书丛刊 集部：128册.北京：北京出版社，1997：170.

格婉丽柔靡的词韵中他却领悟到了苍凉与辛酸。①如此继承与创新，无疑对王崇炳是个开示，打通了学词写词的法门。

王崇炳早年不作词，其《自述》云："予向不作词，以其赓酒颂色，不足以翼风雅。七十以后，得《金澹归集》，其词皆发挥道趣，心窃喜之，兴之所到，时亦为之，虽不足为华艳，庶可为砥世励俗之一助云。"②他一直认为词"赓酒颂色，不足以翼风雅"，七十岁以后，偶读《澹归全集》，受到澹归突破词为"艳科""小道"的藩篱，"发挥道趣"的启发，豁然开朗，竟然"心窃喜之"，便随兴而作，一发不可收拾。其《踏莎行·兰溪唐中舍有素客山西携〈澹归全集〉回特以见赠作此志感兼颂澹公》③云：

来自山西，去从南粤。去来万里飞无翼。故人持赠极难忘，为予远作传书驿。

曾戴貂蝉，仍披袈裟。庄周梦破非蝴蝶。杖头指处落天花，霜毫万斛翻春雪。

上阕感念好友唐中舍赠书。《澹归全集》刻印自岭南，传至山西，又经素客携至浙江，辗转万里，缘分不浅。下阕赞颂澹归。澹归由儒入佛，所谓"铁衣著尽著僧衣"。用庄周梦蝶的典故，暗指澹归即使出家，依然无法忘世。王夫之称金堡"故喜读《庄子》"④，此典紧扣金堡爱好，可谓贴切。结拍喻指澹归的诗文风格。今无《遍行堂文集序》："予道弟澹归和尚为文阵雄，帅四十年前鹊起甲科，健笔劲气，破明二百余年委靡之习，浩浩然，落落然，使人如攀琼枝，坐瑶圃，离奇光怪，楷模宇内。"⑤

王崇炳作词，还与他的理学修为渐老渐深有关，是他一贯的性情、风雅、文以载道等文学观的生动实践。其《学耨堂诗余序》云：

不佞前生想是一苦行头陀，今世作住家学博，袈裟之气未除，闻钗钏声便觉不宜住。时评《草堂诗余》曰：东坡习禅，生埋脂粉，庐陵卫道，老葬烟花，若遇铁面法秀，便当斥为坭犁种子。而词家共推之趣既不近，遂不多作。及其老也，视色与空等，闲花野草与寒岩古桧月冷风高等，则诗何必不词，词何必不俪情、通情、通性、通雅、通俗，此则予为词之大概也。词又何必不作，数年以来，楮

---

① 姚良.金堡及其《遍行堂》词研究[D].重庆：西南大学，2006：33.
② 东阳河汾王氏宗谱[M]//黄灵庚，陶诚华.重修金华丛书：189册.上海：上海古籍出版社，2014：10.
③ 王崇炳.学耨堂诗余[M]//赵一生.东阳丛书：15册.杭州：浙江古籍出版社，2015：292.
④ 王夫之，钱秉镫.永历实录 所知录[M].上海：上海古籍出版社，1987：185.
⑤ 金堡.遍行堂集[M]//四库禁毁书丛刊编纂委员会.四库禁毁书丛刊 集部：127册.北京：北京出版社，1997：8.

墨遂多见。子国陞检括刻之。只好付云游道人，以渔筒简板沿门宣唱，若二八女郎铜琵琶、铁绰板都无所用之。①

此序作于雍正辛亥（1731）正月上元，王崇炳时年七十九。他自称其词非传统的婉约、豪放所能笼罩，非有"娱宾遣兴"功能，而是付之云游道人沿门宣唱，说明其词更接地气，雅俗共赏，"可为砥世励俗之一助"。相较于澹归《遍行堂集缘起》："凡四十八卷，目曰《遍行堂集》。阅之自笑，登歌清庙，与街头市尾唱莲花落并行千古，若一派化主椰铃声，喧天聒地，则昔贤集中所未有者，不妨澹归所独擅也。"②两人均较为自信，相信其词并非闲言语，而是渴望充分发挥其词的现实功能。

王崇炳《如梦令·劝老友郭蒿园息讼》其三："老树亭皋一叶。燕去鸿来时节。七尺百金身，好为故人珍惜。珍惜，珍惜，杨柳晓风残月。"原有旁批："变香艳为森辣。"③柳永婉约词代表作《雨霖铃·寒蝉凄切》："今宵酒醒何处，杨柳岸，晓风残月。"④全词勾勒环境，描写情态，想象未来，情景交融，将宦途的失意与恋人的离别交织在一起，表现了词人前途的暗淡和渺茫。王崇炳将柳词中渲染离人凄楚惆怅、孤独忧伤的感情变为对风烛残年的老友生命的珍惜与劝慰，没有了情意绵绵，只有生命的警醒。

二、追求道趣

道趣即理趣，"理趣"一词最早见于佛教经典，后来被借用到文学创作中，用以称谓文学作品的一种审美特征。所谓"理趣"之理，即哲理。它既指那些抽象而深奥之理，也包括儒、道、佛家之理以及人们对社会、人生、历史、自然的理性思索与感悟。⑤把理学思想融进词句当中，借词篇阐发理学义理，传达理意。理意的表现有精粗巧拙之分。上者义理与词情审美有机融合，表现为理趣；中者稍

---

① 王崇炳.学耨堂诗余[M]// 赵一生.东阳丛书：15 册.杭州：浙江古籍出版社，2015：271.
② 金堡.遍行堂集[M]// 四库禁毁书丛刊编纂委员会.四库禁毁书丛刊 集部：127 册.北京：北京出版社，1997：12.
③ 王崇炳.学耨堂诗余[M]// 赵一生.东阳丛书：15 册.杭州：浙江古籍出版社，2015：275.
④ 柳永.乐章集校注[M].薛瑞生，校注.北京：中华书局，1994：59.
⑤ 周秀荣.理趣：北宋词的重要审美特征[J].江西社会科学，2003（5）：76-79.

乏词情诗意，重在传达哲理、义理，表现为理致；下者粗列理语，沦为理障。[1]

作为一位精通佛法的高僧，澹归词中常有悟道名言，其中一些好似禅偈语录，有理致而少情味，如"不扫不教存，扫亦何尝了"(《卜算子·病中》)[2]、"牛口元清净，人心费扫除"(《南歌子·偶题》)[3]、"脚底全凭手掌擎，自家寸步不消行"(《鹧鸪天·舆中偶成》其二)[4]等，皆非词家之语。但大多能够寓哲理于形象，不失为词家妙语。例如，"莫爱天边清楚，也亏地上荒唐"(《清平乐·云海》)[5]、"雪霜压得眉毛重，一点瞳人一点冰"(《鹧鸪天·答翁山愚赠诗》)[6]、"白云放去三千里，埋却孤峰莫出头"(《鹧鸪天·偶题》其二)[7]、"悲秋何必秋风起，二月春风透骨寒"(《鹧鸪天·闻鹧鸪》)[8]、"莫将佛性隔精魂，罡风翻渤海，净月罩昆仑"(《临江仙·隐松上座八秩》)[9]、"谁向颓波观砥柱，人文便是珊瑚树"(《渔家傲·郭介繁民部典试还朝过访海幢》)[10]、"人面桃花，门前红映，白骨千秋聚"(《百字令·闻杜鹃》)[11]、"今来古往浑如许，问谁非、独尊人也"(《桂枝香·浴佛日》)[12]、"谁掩绿

---

[1] 张文利.论魏了翁以理入词[J].西北大学学报(哲学社会科学版), 2009(2): 10-14.
[2] 金堡.遍行堂集[M]// 四库禁毁书丛刊编纂委员会.四库禁毁书丛刊 集部: 128册.北京: 北京出版社, 1997: 168.
[3] 金堡.遍行堂集[M]// 四库禁毁书丛刊编纂委员会.四库禁毁书丛刊 集部: 128册.北京: 北京出版社, 1997: 171.
[4] 金堡.遍行堂集[M]// 四库禁毁书丛刊编纂委员会.四库禁毁书丛刊 集部: 128册.北京: 北京出版社, 1997: 174.
[5] 金堡.遍行堂集[M]// 四库禁毁书丛刊编纂委员会.四库禁毁书丛刊 集部: 128册.北京: 北京出版社, 1997: 169.
[6] 金堡.遍行堂集[M]// 四库禁毁书丛刊编纂委员会.四库禁毁书丛刊 集部: 128册.北京: 北京出版社, 1997: 172.
[7] 金堡.遍行堂集[M]// 四库禁毁书丛刊编纂委员会.四库禁毁书丛刊 集部: 128册.北京: 北京出版社, 1997: 172.
[8] 金堡.遍行堂集[M]// 四库禁毁书丛刊编纂委员会.四库禁毁书丛刊 集部: 128册.北京: 北京出版社, 1997: 172.
[9] 金堡.遍行堂集[M]// 四库禁毁书丛刊编纂委员会.四库禁毁书丛刊 集部: 128册.北京: 北京出版社, 1997: 181.
[10] 金堡.遍行堂集[M]// 四库禁毁书丛刊编纂委员会.四库禁毁书丛刊 集部: 128册.北京: 北京出版社, 1997: 185.
[11] 金堡.遍行堂集[M]// 四库禁毁书丛刊编纂委员会.四库禁毁书丛刊 集部: 128册.北京: 北京出版社, 1997: 201.
[12] 金堡.遍行堂集[M]// 四库禁毁书丛刊编纂委员会.四库禁毁书丛刊 集部: 128册.北京: 北京出版社, 1997: 201.

杨枝畔耳,啼得血流无用"(《贺新郎·舟中卧病》)①等,这些词频用禅宗公案语,曲意含包,机峰峻烈,僧之特色十分显豁。徐世昌赞以"超然本色沙门"②以此评这些词,似更为确切。

王崇炳曾总结学习理学的经验,以为效仿程颢,参以释老,方可融会贯通。其有些词就体现了这种思想特点,如《渔家傲·示学者》:"曾向葛藤椿下住,利刀斩断千丝绪。执着精言皆死句。君自悟、家家门首长安路。"①《踏莎行·简介仁禅士》其三:"一念迴光,千般具足。泥沙入手成珠玉。昨宵疏雨过窗棂,麦畦趁晓舒新绿。"④《金缕曲·寄郑南溪》:"吾昏如中逡巡酒。全凭仗、松涛溪濑,六时抖擞。鱼跃鸢飞吃紧地,不放原非执守。本无垢,何劳去垢。举目寥寥谁共语,藉谈衷、千里鳞鸿口。知我者,忘年友。"⑤

王崇炳《渔家傲·晨气清凉早起闲步》其二:"一片遥天如织绮,东山曙色朱霞丽。邻舍有人余宿醉。犹鼾寐、晓风残月柴门闭。　闲趣先催闲客起。短衫披拂凉飕细。山鸟呼人出烟际。知何意、天机清发谁能会?"⑥"天理"是理学家孜孜探求的重要范畴,笼统地说,是指大自然及人类社会的运行规律。理学家信奉"天理流行"是颠扑不破的真理。王崇炳将"天理"表述为"天机",亦即"天理流行"。

王崇炳《一剪梅·咏月》:"暗波微云入署明,才到楼心,又转庭心。一声羌管破层阴,照彻闺心,净洗诗心。　清光普照八方均,一个天心,万个波心。冰轮缓驾寂无声,印妙明心,摄静虚心。"⑦"理一分殊"是理学的基本命题,较早是程颐回答杨时关于《西铭》的疑问时提出,着眼于儒家传统的伦理道德层面,朱熹将之引申到性理、物理层面,即万物一理,表象不一。这正是理学"理一分殊"的思想。朱熹引入"太极"的概念描述这一范畴,曰:"总天地万物之理,便是太极。"⑧"本只是一太极,而万物各有禀受,又自各全具一太极尔。如月在天,

---

① 金堡.遍行堂集[M]//四库禁毁书丛刊编纂委员会.四库禁毁书丛刊 集部:128册.北京:北京出版社,1997:213.
② 徐世昌.晚晴簃诗汇[M].闻石,点校.北京:中华书局,1990:8951.
① 王崇炳.学耨堂诗余[M]//赵一生.东阳丛书:15册.杭州:浙江古籍出版社,2015:288.
④ 王崇炳.学耨堂诗余[M]//赵一生.东阳丛书:15册.杭州:浙江古籍出版社,2015:290.
⑤ 王崇炳.学耨堂诗余[M]//赵一生.东阳丛书:15册.杭州:浙江古籍出版社,2015:315.
⑥ 王崇炳.学耨堂诗余[M]//赵一生.东阳丛书:15册.杭州:浙江古籍出版社,2015:288.
⑦ 王崇炳.学耨堂诗余[M]//赵一生.东阳丛书:15册.杭州:浙江古籍出版社,2015:292.
⑧ 朱熹.朱子全书:17册[M].上海:上海古籍出版社,2002:3127-3128.

只一而已；及散在江湖，则随处而见，不可谓月已分也。"①又引入佛家"月印万川"的教义，"释氏云：'一月普现一切水，一切水月一月摄。'这是那释氏也窥见得这些道理。"②王崇炳的这些词作恰好符合澹归《姚雪庵诗叙》所云："僧诗不可有僧气，居士诗不可无僧气。"③

王崇炳《长短句·何北山教人截断为人而孟子则一切放出有此异同是一是二如何批判》④：

截断截断，须是人间真铁汉。若还点滴漏风声，看取南山白石烂。放出放出，是水流归东大泽。莫教锁闭本来人，相伴枯髅葬三尺。　是二是一。二既不生，一不立两处，加功一处，不挂寸丝，生性直。是异是同，问取庞眉无极翁。离离庭下无名草，都在清虚一大中。

金履祥《再祭北山先生文》云："甲寅季秋，时始受学。截断为人，一语梦觉。"⑤王崇炳《金华征献略》中云："问如何是截断为人？曰：'非礼勿视听言动，岂不是截断为人？无为其所不为，无欲其所不欲，岂不是截断为人？'"⑥孟子曰："仁，人心也；义，人路也。舍其路而弗由，放其心而不知求，哀哉！人有鸡犬放，则知求之；有放心而不知求。学问之道无他，求其放心而已矣。"⑦学问之道就在于把那失去了的本心找回来罢了。朱熹《斋居感兴诗二十首》其三："人心妙不测，出入乘气机。凝冰亦焦火，渊沦复天飞。至人秉元化，动静体无违。"何基解释为："此章言人心出入无时，莫知其乡。凝冰焦火，则喜怒忧惧不常之心也；渊沦天飞，则奔逸不制之心也。皆气之所为，孟子所谓放心也。惟圣人之心，能自为主宰，如元化之能宰制万有，故曰'秉元化'也。昔人谓气为马，心为君，心之出入，盖随气之动静，如乘马然，故曰'乘气机'。惟心君则能为之主宰政事，此之谓'动静体无违'。"⑧

王崇炳《长短句·北山教人刻苦功夫而夫子则时习而悦有此异同是一是二如

---

① 朱熹.朱子全书：17册[M].上海：上海古籍出版社，2002：3167-3168.
② 朱熹.朱子全书：14册[M].上海：上海古籍出版社，2002：607.
③ 金堡.遍行堂集[M]//四库禁毁书丛刊编纂委员会.四库禁毁书丛刊 集部：127册.北京：北京出版社，1997：189.
④ 王崇炳.学耨堂诗余[M]//赵一生.东阳丛书：15册.杭州：浙江古籍出版社，2015：319.
⑤ 何基.何北山先生遗集[M]//王云五.丛书集成初编：2039册.北京：商务印书馆，1935：35.
⑥ 王崇炳.金华征献略[M]//赵一生.东阳丛书：15册.杭州：浙江古籍出版社，2015：110.
⑦ 杨伯峻.孟子译注[M].北京：中华书局，1960：267.
⑧ 何基.何北山先生遗集[M]//王云五.丛书集成初编：2039册.北京：商务印书馆，1935：16.

何批判》①：

刻苦刻苦，重担在肩途又阻。汗流气喘步步高，不到登巅不放汝。悦学悦学。一道平平无走作。花村才过又逢花，不疾不徐难驻脚。　是一是二。涩口谁知，有真味至腴须向苦中寻，齿颊甘回难舍弃。是异是同尔交肩，人去瑶台二十年。

《宋史》何基本传记载："（黄）干告以必有真实心地、刻苦工夫而后可，基悚惕受命。"②何伯贽于绍熙三年（1192）任临川县丞，时朱熹女婿黄干为临川县令，遂命长子南、次子基师事之。黄干教以"治学必有真实心地，刻苦工夫而后可"，何基终身实践不违。金履祥《祭北山先生文》："学之者惟真实心地，与刻苦之工夫，能此者，虽不及吾门可也。"③孔子则说："学而时习之，不亦说乎？"④

上面两首词充满了理学概念，而忽视了形象、意境创造，艺术性不足，缺乏感染力，满纸学究气，试验不可谓成功。恰如南宋刘克庄《恕斋诗存稿》所言："近世贵理学而贱诗，间有篇咏，率是语录讲义之押韵者耳。"⑤

三、咏史怀古

澹归抗清失败，遁迹空门，是不肯做清王朝臣民之意，并非真的"四大皆空"，故其昂藏不平之气随处辄发，尤以咏史怀古词为烈，如其《满江红·大风泊黄巢矶下》⑥：

激浪输风，偏绝分、乘风破浪。滩声战，冰霜竞冷，雷霆失壮。鹿角狼头休地险，龙蟠虎踞无天相。问何人、唤汝作黄巢，真还谤。　雨欲退，云不放。海欲进，江不让。早堆垠一笑，万机俱丧。老去已忘行止计，病来莫算安危帐。是铁衣、着尽着僧衣，堪相傍。

此词境界开阔，雄深雅健，沉郁顿挫，深得苏辛之三昧。上阕"鹿角狼头"出自杜甫《大历三年春白帝城放船出瞿唐峡久居夔府将适江陵漂泊有诗凡四十韵》

---

① 王崇炳. 学穭堂诗余 [M]// 赵一生. 东阳丛书：15 册. 杭州：浙江古籍出版社，2015：320.
② 脱脱. 宋史 [M]. 北京：中华书局，1977：12979.
③ 何基. 何北山先生遗集 [M]// 王云五. 丛书集成初编：2039 册. 北京：商务印书馆，1935：34.
④ 杨伯峻. 论语译注 [M]. 北京：中华书局，1980：1.
⑤ 刘克庄. 后村先生大全集 [M]// 四部丛刊：1315 册. 北京：商务印书馆，1922.
⑥ 金堡. 遍行堂集 [M]// 四库禁毁书丛刊编纂委员会. 四库禁毁书丛刊 集部：128 册. 北京：北京出版社，1997：191.

"鹿角真走险，狼头如跋胡"①。描绘黄巢矶山势的险峻；"龙盘虎踞"乃用诸葛亮语"钟山龙盘，石头虎踞，此帝王之宅"②，描绘黄巢矶地形的雄奇。然若无天时，则地险实不足恃。联系澹归身世，实寓亡国之痛，寄之以无限愤慨之情。"问何人、唤汝作黄巢，真还谤"，与苏轼之"人道是、三国周郎赤壁"③，有异曲同工之妙，黄巢矶究竟在哪里，如何得名的，作者无兴趣查考，但并不影响他的思考与抒写。下阕"铁衣着尽着僧衣"传为黄巢诗句，黄巢起义兵败后，自杀于泰山下的虎狼谷。但到了宋代，便有人编造故事，说他逃亡后削发为僧，陶谷《五代乱纪》中曾引黄巢为僧后的诗曰"三十年前草上飞，铁衣著尽著僧衣。天津桥上无人问，独倚危栏看落晖"④，"铁衣着尽着僧衣"明指黄巢，暗含自己。他于《鹧鸪天·黄伯修有入山之约》⑤词中亦用此句，表明他对这句诗的喜爱。胸怀报国大志，然"偏绝分、乘风破浪"，尤其是出家为僧之后，金堡更是与反清复明的兴复大业断绝了缘分，胸中早就有所郁结。当其于黄巢矶下观"激浪输风"之时，自然界中的惊涛骇浪激荡起金堡心中耿耿不平之气，于是胸中顿起沟壑。所以，"滩声战、冰霜竞冷，雷霆失壮""雨欲退，云不放。海欲进，江不让"，所描绘的不仅是黄巢矶下的波澜壮阔，更是金堡内心海洋的汹涌澎湃。⑥皆表现作者对眼前时代的不平，对黄巢造反的向往。⑦

澹归"词语多痛切，表现故国之情"⑧。他亲历易代，其咏史怀古词表达了家国之痛、身世之悲，百转千回，砭骨蚀心，撼人心魄，自具一股感发之力量。王崇炳一生布衣，生活环境、人生经历以及思想认识等决定了其词的内容、风格以及境界等，虽欲学澹归，不免有时徒其形似，这其实是勉强不来的。

例如，王崇炳《沁园春·婺城吊古》："一个忠臣，全城海覆，地老天荒。惨头抛乱雨，血翻洪水，无分玉石，莫辨贤良。骴骼模糊，躯骸颠倒，大塚堆堆万骨藏。长亭路，对西风残叶，千古神伤。　　即今庐舍辉煌，都是青磷古战场。

---

① 杜甫.杜诗详注[M].仇兆鳌，注.北京：中华书局，2015：1539.
② 李昉.太平御览[M].北京：中华书局，1960：758.
③ 邹同庆，王宗堂.苏轼词编年校注[M].北京：中华书局，2002：398.
④ 王明清.挥麈录（二）[M]//王云五.丛书集成初编：2771册.北京：商务印书馆，1935：463-464.
⑤ 金堡.遍行堂集[M]//四库禁毁书丛刊编纂委员会.四库禁毁书丛刊 集部：128册.北京：北京出版社，1997：173.
⑥ 姚良.金堡及其《遍行堂》词研究[D].重庆：西南大学，2006：28.
⑦ 唐圭璋，钟振振.金元明清词鉴赏辞典[M].南京：江苏古籍出版社，1989：733.
⑧ 钱仲联.中国文学家大辞典：清代卷[M].北京：中华书局，1996：513.

叹支离朝市，兴亡迭代，颠连民物，剥复循环。惨淡乾坤，玄黄淆杂，别有孤行逼浩苍。寒食节，见萋迷芳草，寂寞斜阳。"①朱大典坚守金华，城崩，大典全家自焚死，清兵屠城三日，王崇炳因之感慨忠烈，感叹兴亡，由"一"而至"多"，开掘出了历史的纵深感。又如，《沁园春·读〈明史·杨椒山传〉》："直谏英才，祖宗培养，冠世人龙。痛金吾重杖，顿成朽骨，秋官黑狱，莫白孤忠。天作黄霾，地膏碧血，驱入逢于一队中。君何憾、有千秋信史，齿颊生风。　垂衣鉴比重瞳，只元恺，非贤贤四凶。惜气凌河岳，节标金石，志存社稷，名缺钟镛。边塞频惊，君臣无策，难起诸贤抔土封。君休矣，也曾青蒲伏泣，白简披衷。"②词咏前朝史事，重在传达对谏臣杨继盛的崇敬之意，同情其遭际，慨叹其时代。王崇炳无做官经历，很难融入自己，他不过是一个读史者，一个旁观者，故而咏史而少伤今、伤己，其情感的力度、浓度以及现实针对性稍有不逮。再如，《满江红·赠浦江方冠山远访高祖岩南先生文集》上阕："南宋江山，都抛向、崖门沉没。留几个、忠臣义士，星辉岳立。剩水残山余落照，登高雪涕怀京国。想岩南、一介老遗民，声悲切。"③盛赞南宋遗民方岩南，苍凉悲壮，虎虎有生气，这在他词中属于别调。

四、自我审视

每个人的心中都有理性和情绪的斗争，自己随时随地在和自己争讼，即孔子所谓"内讼"，《论语·公冶长》云："已矣乎，吾未见能见其过而内自讼者也。"④自我审视的能力是人类具有理性智慧的证明，因而也是人之所以为人的表现。人正是在不断认识自我、审视自我的前提下成熟的。正因为如此，认识自我、审视自我也就成为历代哲人关注人生的聚光点。⑤

澹归《满江红》六首，题为自寿，亦庄亦谐，是作者五十年人生的真实体

---

① 王崇炳.学耨堂诗余[M]//赵一生.东阳丛书：15册.杭州：浙江古籍出版社，2015：318.
② 王崇炳.学耨堂诗余[M]//赵一生.东阳丛书：15册.杭州：浙江古籍出版社，2015：328.
③ 王崇炳.学耨堂诗余[M]//赵一生.东阳丛书：15册.杭州：浙江古籍出版社，2015：296.
④ 杨伯峻.论语译注[M].北京：中华书局，1980：53.
⑤ 杜学文，许晓晴.人，在自我审视中完成——对孔子人学思想理解之一得[J].山西大学师范学院学报（综合版），1999（1）：83-84.

验。①《满江红·小除夕自寿六首》②：

其一

五十知非，又五十、今朝过七。龙钟样、半醒半睡，忽宽忽窄。鹤发·氍毹谁会染，豆皮仿佛曾相识。好多年、不见没毛驴，骑驴觅。　　当时失，非狼藉。此时得，非收拾。做葫芦一缠，鸳鸯双劫。少即输人赢得老，老还累汝呼为贼。念多生、有句可怜生、如胶漆。

其二

阳错阴差，是妙喜、如来无动。眼不眨、难寻始末，唤谁迎送。一幅丹青千载事，十方世界三更梦。看小儿、去病耻为家，吾安用。　　锦山水，修职贡。文龙虎，供擒纵。向无生路上，风吟月弄。免得明湖重放鹤，须知韶石曾仪凤。问老夫、片叶泛沧浪，何人共。

其三

十载丹霞，没两载、偎松倚竹。全受用、穿州撞府，抗尘走俗。游客生涯诗与字，丛林大计钱和谷。也不消、辨取浊中清，清中浊。　　赤脚子，须赶鹿。穿靴子，须吃肉。与王郎笑罢，围棋一局。此乐有时偷不到，是谁着枕眠俱足。怪眼睛、明处易关心，宁为腹。

其四

我不寻他，有底事、他还寻我。冷地里、一丝才动，万重难锁。破出尘中经一卷，开消笔上花千朵。笑当初、口舌得官来、真齐虏。　　生一念，物物左。死一念，头头妥。信老鸦囊扑，大虫纸里。客好谈些浅浅话，夜寒拨着深深火。算百年、三万六千场，谁能那。

其五

此日吾生，堕地后、安居盖寡。排比煞、身宫命主，迁移驿马。强项不愁豪帅断，顽皮可怕金吾打。剩光光、一个配军头，萧萧洒。　　空已定，行兼假。声已定，行兼哑。喜柔能绕指，圆能合瓦。眼睫有毛难结网，鼻梁有肉还成鲊。把骷髅、常作唾壶敲，风风雅。

其六

腊里迎春，想眉际、白光东照。谁投我、冷云冻雨，冰天雪窖。崖上饥鹰呼

---

① 陈永正.澹归词略论[J].岭南文史，2005（1）：45-51.
② 金堡.遍行堂集[M]//四库禁毁书丛刊编纂委员会.四库禁毁书丛刊 集部：128册.北京：北京出版社，1997：191-192.

似鬼,村中寒犬啼如豹。死灰堆、摸着老头陀,嫌同调。　　小除夕,祠行灶。大新岁,烧纸炮。倩孤舟妆点,暂时热闹。果碟茶杯宾主话,小锣碎鼓儿童笑。恶风波、触处便为家,家方到。

金堡是一位传统文人,早年接受儒家的正统教育,忠爱之道,浩然之气,是他立身行事的根本。中年时由儒入释,更受到天然禅师的启发,大彻大悟。儒释之道,使澹归词既有广阔的现实内容,又深含哲理机趣。① 出家后的澹归,内心实则受到两种精神力量的主导,一种力量是亡国和个人所历之屈辱的煎熬;另一种力量是来自佛教安顿身心的"精神良方"②。上述词作中,人们可以或明或暗地感受到澹归这两种力量的交缠、博弈乃至调服。沈晫日《遍行堂续集叙》云:"当其为儒也,是以佛菩萨之心为心者也;当其为僧也,是以尧舜禹汤文武孔孟之心为心者也,故其言也皆理也,皆学也,皆情皆性而皆秉彝伦类之正者也。"③ 实道出了澹归为文、为诗、为词之复杂心态。

以下同样也列举了王崇炳几首类似的词:

似梦如真,忽惊破、一声霹雳。腾身上、天际巍峰,天然安宅。白玉堂前鸣珮士,水晶宫里题诗客。闪电光、眨眼过寒空,无留迹。　　茅檐下,谈风月。竹窗下,开书帖。对青山满目,苍岚新涤。文字席同花上露,功臣一似刀头蜜。看登台、做到下场头,难销结。(《满江红·自叹》)④

我不疑人,见举世、人谁疑我。生受用、八面门开,一关长锁。出岫闲云游逐队,衔泥新燕飞成夥。渺春江、天际泛孤舟,操轻柁。　　胶一念,行皆陂,平一念,皆行妥。看蜂狂蝶梦,萍浮絮裹。若是可时皆可耳,若还未可何时可。带一分、微醉踏晴郊,花千朵。(《满江红·自叙》)⑤

尼珠虚挂,负龙泉头戴,飘然云笠。片念兴时违即斩,一串难寻初末。不脱茅蒲,非觌月露,欲试摩空翼。回头微笑,故吾如昨历历。　　对此面目依然,形神潜改,须发萧萧白。二十年来弹指过,此日刘郎非昔。珠与衲僧,剑还羽士,

---

① 陈永正.澹归词略论[J].岭南文史,2005(1):45-51.
② 李舜臣.释澹归与《遍行堂》词[J].中国韵文学刊,2002(2):95-101.
③ 金堡.遍行堂集[M]//四库禁毁书丛刊编纂委员会.四库禁毁书丛刊 集部:128册.北京:北京出版社,1997:321.
④ 王崇炳.学耨堂诗余[M]//赵一生.东阳丛书:15册.杭州:浙江古籍出版社,2015:296.
⑤ 王崇炳.学耨堂诗余[M]//赵一生.东阳丛书:15册.杭州:浙江古籍出版社,2015:297-298.

笠付烟波客。芒鞋藤杖，闲看川逝山立。(《念奴娇·鹤潭第一图》)①

子为谁也，廿年前与尔、寓形山泽。许大乾坤如驿舍，寸影居中为宅。我已非渠，渠应笑我，须发纷飘雪。焚香枯坐，花前犹拥缃帙。　　不见岁月如驰，山川依旧，弹指成今昔。记得年时精力健，摧破文坛坚壁。今我非今，故吾非故，总是飞鸿迹。良工心苦，传真真岂能出？(《念奴娇·鹤潭第二图》)②

相君之面，似鹤潭老子，六旬眉目。廊庙山林难寄顿，安置地舆天幄。霁月光风，伴花随柳，拟着皆拈缚。石边清坐，静观携书忘读。　　此老隐似嘲予，容颜顿改，争共光阴逐。衰老随人无特操，满面雪霜难扑。我亦怜君，面门印定，椿立如枯木。生机流转，朝华夕秀相续。(《念奴娇·鹤潭第五图》)③

词作更多体现的是儒家传统的反躬自省精神。自省就是自我评价、自我反省、自我批评、自我调控和自我教育，是孔子提出的一种自我道德修养的方法。王崇炳将自己早年的写真图当作他者，拉开一定距离进行审视，并伴以比较客观的评判。这是新我与故我的反复对话，大体包括了对过去的总结，对当下的省察，对未来的展望。例如，张仲谋所论，无论是诗是词，都会自觉地向邵雍、程颐、程颢、司马光、朱熹等人的诗风靠拢。呈现出来的必然是从容、闲适、静观、省察、旷达、自得，是气度闲雅、无争无竞、圆融无碍。这就是所谓大儒气象④。例如，《念奴娇·鹤潭第五图》之"霁月光风"，即"光风霁月"。黄庭坚在《濂溪诗序》中赞颂周敦颐云："春陵周茂叔，人品甚高，胸中洒落如光风霁月。"⑤史季温注曰："'光风'，和也，如颜子之春；'霁月'，清也，如孟子之秋。合清和于一体，则夫子之元气可识矣。李延平愿中尝诵此语，以为善形容有道气象。"⑥朱熹亦对此大为赞赏，他说："观其赞周茂叔'光风霁月'，非煞有学问，不能见此四字；非煞有功夫，亦不能说出此四字。"⑦自黄庭坚之后，后世理学家喜用此语来形容有道者气象。"伴花随柳"表达理学家对平淡自然境界的追求，出自程颢《春日偶成》：

---

① 王崇炳.学耨堂诗余[M]//赵一生.东阳丛书：15册.杭州：浙江古籍出版社，2015：301-302.
② 王崇炳.学耨堂诗余[M]//赵一生.东阳丛书：15册.杭州：浙江古籍出版社，2015：302.
③ 王崇炳.学耨堂诗余[M]//赵一生.东阳丛书：15册.杭州：浙江古籍出版社，2015：302.
④ 张仲谋.《苏武慢》与词史中的理学体[J].江苏师范大学学报(哲学社会科学版)，2018(1)：34-41.
⑤ 黄庭坚.山谷诗集注[M].任渊，史容，史季温，注.上海：上海古籍出版社，2003：1063.
⑥ 黄庭坚.山谷诗集注[M].任渊，史容，史季温，注.上海：上海古籍出版社，2003：1063.
⑦ 黄宗羲.宋元学案[M].全祖望，补修.陈金生，梁运华，点校.北京：中华书局，1986：810.

"云淡风轻近午天,傍花随柳过前川。时人不识余心乐,将谓偷闲学少年。"①

五、关注现实

提倡宗风、激扬祖道固然是佛门龙象澹归之大业,然出家后的他亦不仅仅局限于相对狭窄的宗教生活空间。其《满江红·小除夕自寿六首》其三云:"十载丹霞,没两载、偎松倚竹。全受用、穿州撞府,抗尘走俗。"②他虽身为空门中人,但绝非仅过着"偎松倚竹"、餐霞吸露般的隐士生活,而是大部分时间仍"穿州撞府,抗尘走俗",奔波于尘世之途。所以,《遍行堂集》中自然也少不了反映社会状况,揭示社会矛盾且具有一定"词史"意义的作品。例如,《满江红》九首,题中均有"无"字,极写乱后山居生活的窘困。③选录两首如下:

白马青袍,偏打算、穷乡下邑。时正是、秧针透绿,波文浮碧。呼犊田间空老柠,插禾砦上惟顽石。待回旗、榴火已炎炎,嗟何及。 种得许,抽芒急。收得许,吹稃密。听庄头报道,四方之一。旧谷已将填旧债,新租更苦无新入。叹过堂、板外事还多,眉毛结。(《满江红·早禾无收》)④

载谷船回,结局了、数声长叹。谁承望、薄田三顷,抛荒一半。弃去投军元作贼,剩来非佃还思乱。问汝催、可得似官催,声声怨。 差使到,鸡豚断。兵马过,妻孥散。把生愁死乐,添修空观。县尹已开明岁卯,库司未打今年算。怕长沟、大壑有人填,无人看。(《满江红·晚禾无半》)⑤

历来有"诗庄词媚"之说,以为词不过是浅斟低酌、刻红雕翠的"倚声小道"而已,所以词中如杜甫"三吏""三别"类的客观写实之作较少。这两首词突破了词的这种局限,较为真实地反映了当时的社会状况,揭露出清朝统治者不顾人民死活而疯狂征敛的酷政。两词下阕的起首四句,均很好地利用了词灵活多变的句

---

① 张立敏.千家诗[M].北京:中华书局,2012:2.
② 金堡.遍行堂集[M]// 四库禁毁书丛刊编纂委员会.四库禁毁书丛刊 集部:128册.北京:北京出版社,1997:191.
③ 陈永正.澹归词略论[J].岭南文史,2005(1):45-51.
④ 金堡.遍行堂集[M]// 四库禁毁书丛刊编纂委员会.四库禁毁书丛刊 集部:128册.北京:北京出版社,1997:636.
⑤ 金堡.遍行堂集[M]// 四库禁毁书丛刊编纂委员会.四库禁毁书丛刊 集部:128册.北京:北京出版社,1997:637.

式，以简洁的语言反映深刻的社会现实，语调短促，仿佛催租声声正紧，令人惊悸。而"旧谷已将填旧债，新租更苦无新入""怕长沟、大壑有人填，无人看"等句，表达了澹归悲天悯人、忧生嗟世的情怀。①

例如，《满江红·纳粮无办》："四事关，颜长厚。三征欠，眉长皱。却正供未了，加征还又。便有一钱看自笑，此无二两闻谁诉。"②《鹧鸪天·扶九庄主五十初度》："却因田里催租早，脚下芒鞋露不晞。"③均涉及苛捐杂税。

王崇炳生活在清初，他的词暴露了"康乾盛世"下人们的真实生活。例如，《虞美人·初冬》其三："贫家寒至床无褥，风雨穿茅屋。富家寒至不知寒，暖阁红炉欢燕、到更阑。 老人居贫俨如富，陋巷安吾素。敝裘遮体就晨曦，净几明窗、呵冻赋新诗。"④上阕运用对比手法，写出了初冬下的贫富差距。下阕写自己，安贫乐道，呵冻赋诗，精神富足。《踏莎行·偶兴》其二："莲叶圆浮，鱼苗队出，蝉嘶碧柳蛙鸣歇。乡村都是卖丝人，官差挨户催人急。 于物无欣，于情先戚。单衫踏草携轻策。平桥野水绿阴浓，夕阳断处炊烟出。"⑤本来一派生机勃勃的夏初村景，不料，一句"官差挨户催人急"，便陡然插入了不和谐因素，立时打破了这份宁静与美好。又如，《望江南·山居乐》其十四："山居乐，邻舍病皆痊。耕垄人同黄犊健，观澜兴比白鸥闲。且喜脱灾年。"⑥写邻居病痊脱灾，恢复生产，作者感同身受，大喜过望。《渔家傲·晨气清凉早起闲步》："四月家家农务急，栖禽未出人先出。"⑦以早出写农忙。类似于宋翁卷《乡村四月》："绿遍山原白满川，子规声里雨如烟。乡村四月闲人少，才了蚕桑又插田。"⑧

另外，澹归善用联章形式十分突出，如《如梦令·遣兴》十五首、《沁园春·题骷髅图》七首，还有《点绛唇》八首，分咏岭南独有的植物。《菩萨蛮·和栖贤团扇韵》三首，《眼儿媚·食荔支》四首、《西江月·灯花》四首、《虞美

---

① 李舜臣.释澹归与《遍行堂》词[J].中国韵文学刊，2002（2）：95-101.
② 金堡.遍行堂集[M]// 四库禁毁书丛刊编纂委员会.四库禁毁书丛刊 集部：128 册.北京：北京出版社，1997：637.
③ 金堡.遍行堂集[M]// 四库禁毁书丛刊编纂委员会.四库禁毁书丛刊 集部：128 册.北京：北京出版社，1997：172.
④ 王崇炳.学耨堂诗余[M]// 赵一生.东阳丛书：15 册.杭州：浙江古籍出版社，2015：286.
⑤ 王崇炳.学耨堂诗余[M]// 赵一生.东阳丛书：15 册.杭州：浙江古籍出版社，2015：291.
⑥ 王崇炳.学耨堂诗余[M]// 赵一生.东阳丛书：15 册.杭州：浙江古籍出版社，2015：274.
⑦ 王崇炳.学耨堂诗余[M]// 赵一生.东阳丛书：15 册.杭州：浙江古籍出版社，2015：288.
⑧ 徐照，徐玑，翁卷，等.永嘉四灵诗集[M].陈增杰，校点.杭州：浙江古籍出版社，1985：206.

人·春愁》三首、《梅花引·咏梅》三首,《梅花引·海幢鹰爪兰》三首、《满红红·小除夕自寿》六首、《木兰花慢·和蒋竹山赋冰》三首、《梅花引·次韵章质夫杨花》六首,《贺新郎》五首,分题"舟中卧病""示病""逐病""病谏""病留"。《踏莎行》四首,分题春、夏、秋、冬四时景;《满江红》九首,分题"早禾无收""无油""无豆""无药""无笔墨""中秋无饼""寒夏无衣""晚禾无半""纳粮无办"。至于两首联章的就更多了。联章的运用,使每首词的内容互相关联,感情逐步深化、丰富。《如梦令》词本为小令,十五首连起来则成为一篇大文章,全面反映作者对世态人生的看法。[1]

王崇炳也善用联章,如《望江南·山居乐》二十首,《如梦令·劝老友郭蒿园息讼》七首,《如梦令·规弟子息讼》四首,《虞美人·初冬》五首,《渔家傲·暮春》三首,《踏莎行·简介仁禅士》三首,《踏莎行·偶兴》二首。相较于澹归,王崇炳长调联章者较少。

澹归《如梦令》[2]与王崇炳《如梦令·劝老友郭蒿园息讼》其一[3]皆用到"天下藏于天下",出自《庄子·大宗师》:"藏小大有宜,犹有所遁。若夫藏天下于天下而不得所遁,是恒物之大情也。"[4]

王崇炳《踏莎行·题山水画册》其一:"庐阜移来,移归庐阜。"[5]《一剪梅·送燕》:"来遇归鸿,归遇来鸿"[6],是对澹归《雨中花慢·壬子元日》:"旧雨新云,新雨旧云"[7]的句式模拟,妙参活句,循环往复,平中出奇。

澹归以俗为雅,多用口语、俗语入词,王崇炳则偏重于复归词的雅化,俗语、口语等入词偏少。王崇炳的咏物词与赠答词亦复不少,但其中向澹归的接受痕迹表现不突出,从略。"文艺从它的右邻'哲学'获得深隽的人生智慧、宇宙观念,使它能执行'人生批评'和'人生启示'的任务。"[8]这正是王崇炳词接受澹归的关键,也是两人词中具有独特的审美价值之所在。

---

[1] 陈永正.澹归词略论[J].岭南文史,2005(1):45-51.
[2] 金堡.遍行堂集[M]//四库禁毁书丛刊编纂委员会.四库禁毁书丛刊 集部:128册.北京:北京出版社,1997:165.
[3] 王崇炳.学耨堂诗余[M]//赵一生.东阳丛书:15册.杭州:浙江古籍出版社,2015:275.
[4] 曹础基.庄子浅注[M].北京:中华书局,2000:92.
[5] 王崇炳.学耨堂诗余[M]//赵一生.东阳丛书:15册.杭州:浙江古籍出版社,2015:291.
[6] 王崇炳.学耨堂诗余[M]//赵一生.东阳丛书:15册.杭州:浙江古籍出版社,2015:293.
[7] 金堡.遍行堂集[M]//四库禁毁书丛刊编纂委员会.四库禁毁书丛刊 集部:128册.北京:北京出版社,1997:195.
[8] 宗白华.美学散步[M].上海:上海人民出版社,2005:41.

第十五章 王崇炳农事诗研究[①]

王崇炳一生创作了大量农事诗，内容包括农村风光，山居逸趣；同情民瘼，为民请命；关注农事，描写劳作；生产习俗，节俗祭祀等，集中反映了他以农为本、民胞物与的思想。其农事诗体裁、表现手法多样，感情真挚，艺术特色鲜明。解读这些诗歌，可以帮助人们了解王崇炳的生活道路、创作道路及其思想，以及清代前期东阳的农村状况、农业生产状况、农民生活状况及其民风民俗等。

农事诗是以描写农事活动和农民生活状况，反映农民的疾苦和乡风民俗为主要内容的诗歌。农事诗涉及范围广、信息量大、内容丰富，是人们研究古代历史、古代思想文化、古代经济以及农业技术、教育、民风民俗等的重要资料来源。王崇炳于《文学》诗中言："文以载道名，举世竞华艳。徒矜花草荣，反令五谷贱。"[②]他一反世俗，不矜花草，而多绘五谷。《清人诗集叙录》云："其诗不屑任情山水，《采蕨行》《咏耕二十三章》，足以明志。"[③]

一、王崇炳农事诗的内容

（一）农村风光，山居逸趣

王崇炳《宅舍诸景》诗序介绍了他的居住环境："予居东西二溪间，其前曰双溪。净胜寺当其北，谷曰合浦寺。突而为洲曰鹤洲，其川曰丽川。障于西溪之北曰北山庵，于南涯驾木为桥，以通往来。予读书此庵十余年，所非甚风雨，时时登北山。大山居南曰岩梯。岩梯之阴表千尺之松以为庐，即予宅也。"[④]这组诗包括《双溪》《合浦》《丽川》《鹤洲人村》《净胜寺》《北山》《鹤桥茅庵》《岩梯》《宅畔

[①] 吕国喜.论王崇炳农事诗[J].兰州文理学院学报（社会科学版），2018（2）：110-115.
[②] 王崇炳.学稼堂诗稿[M]//赵一生.东阳丛书：15册.杭州：浙江古籍出版社，2015：236.
[③] 袁行云.清人诗集叙录[M].北京：文化艺术出版社，1994：527.
[④] 王崇炳.学稼堂诗稿[M]//赵一生.东阳丛书：15册.杭州：浙江古籍出版社，2015：4-5.

乔松》等九首，以下选两首以观大略：

合浦①

浪长滩喧昼日闻，鱼标插处有闲云。绿沉潭影诸峰合，青突汀砂二水分。树暗小桥通巷陌，人迷芳草到鸥群。是中大有濠梁兴，迢递轻风散锦纹。

鹤洲人村②

数家烟火自为邻，绕舍青松间绿筠。胜日溪山如白社，前朝冠服似秦人。花风献岁邀佳客，禾黍登场赛土神。最是雨晴寒食节，碧桃潇洒武陵春。

《合浦》写双溪边景致，其中鱼标即卖鱼时设立的标牌，涉及农村的渔业，"濠梁兴"咏山水之乐，比喻隐士悠然自得的出世思想，表达"反其真"的境界，出自《庄子·秋水》：庄子与惠子游于濠梁之上。庄子曰："鲦鱼出游从容，是鱼之乐也。"惠子曰："子非鱼，安知鱼之乐？"庄子曰："子非我，安知我不知鱼之乐？"惠子曰："我非子，固不知子矣；子固非鱼也，子之不知鱼之乐，全矣！"庄子曰："请循其本。子曰'汝安知鱼乐'云者，既已知吾知之而问我。我知之濠上也。"③《鹤洲人村》则写寒食节前后山村特有的景物与农人的服饰、活动，一派和谐、古朴的景象，俨然陶渊明笔下的桃花源。

《归家二首》其一："再熟蚕登薄，桑柘采还稀。平畴交晚风，新秧绿初齐……牛场列后囿，鸡栅对前墀。"④诗中描写山村的蚕桑、庄稼、家畜家禽等。《首夏》："山容日渐壮，暑气昼氤氲。茶户千家足，缫车一国喧。素花临野水，朱果耀山园。忙月亲朋阻，招寻不到门。园林无杂色，苍翠遍汀洲。天以雷鸣夏，人将麦号秋。迎梅方剧雨，半月在高楼。远眺生佳兴，新诗逼火榴。"⑤农历四月，草木葱茏，气温升高，迎来梅雨季，农村却是个忙月，采茶、缫丝、管理果园、准备收麦等农活应接不暇。此外还有《首夏漫兴五首》《山居杂咏八首》等。

王崇炳熟悉农村生活，热爱农村生活，虽粗茶淡饭，却甘之若饴，其《归途偶兴》云："生性从来甘淡泊，只须白水煮青芹。"⑥《归家二首其一》云："生性安朴陋，所厌不在兹。"⑦《丙申除夕》云："处士家风常淡泊，生人岁月易乘除。"⑧即使

---

① 王崇炳.学櫾堂诗稿[M]// 赵一生.东阳丛书：15 册.杭州：浙江古籍出版社，2015：5.
② 王崇炳.学櫾堂诗稿[M]// 赵一生.东阳丛书：15 册.杭州：浙江古籍出版社，2015：6.
③ 曹础基.庄子浅注[M].北京：中华书局，2000：253.
④ 王崇炳.学櫾堂诗稿[M]// 赵一生.东阳丛书：15 册.杭州：浙江古籍出版社，2015：27.
⑤ 王崇炳.学櫾堂诗稿[M]// 赵一生.东阳丛书：15 册.杭州：浙江古籍出版社，2015：251.
⑥ 王崇炳.学櫾堂诗稿[M]// 赵一生.东阳丛书：15 册.杭州：浙江古籍出版社，2015：242.
⑦ 王崇炳.学櫾堂诗稿[M]// 赵一生.东阳丛书：15 册.杭州：浙江古籍出版社，2015：27.
⑧ 王崇炳.学櫾堂诗稿[M]// 赵一生.东阳丛书：15 册.杭州：浙江古籍出版社，2015：109.

农村普通景物,他亦慧眼独具,发现大美,恰如他在《金盘宅舍记》中云:"夫水不必溟渤,在观澜会意;山不必泰、华,在即境怡神。凡吾宅所有,皆家户间常物。然境同,而入于目不必同;即入于目之景皆同,而会于心不必同。"①他所强调并独享的"会意""怡神",正是他所谓的山居逸趣。

(二)同情民瘼,为民请命

同情民瘼是儒家的诗教传统,"哀民生之多艰"②是文人士大夫积极入世的自我表白,成为中国古代诗歌的一大主题。王崇炳于《山行》中言:"衣食苦不易,怒力事生养。"③他作为一介布衣,与农民同呼吸,共命运,同悲欢,共进退。虽生当清初盛世,却是欢少悲多,如其《村居偶兴》中"且喜时丰租易辨(办),闲居不作石濠(壕)吟"④及《秋日杂咏四首》其三"东原获稻向晨兴,肥白葫芦好烂蒸。饱饭家家余白粲,漫将米价问庐陵"⑤这样民和时丰的年景罕有。清代灾祸连连,"至于满清入主中国,凡二百九十六年,其间灾害辄见,尤甚于明。盖清代灾害之频数,总计达一千一百二十一次,较明代尤为繁密也。此一千一百二十一次灾害之分配如下:旱灾二〇一;水灾一九二;地震一六九;雹灾一三一;风灾九七;蝗灾九三;歉饥九〇;疫灾七四;霜雪之灾七四"⑥。具体到金华、东阳,旱灾、水灾、虫灾、饥荒、疫灾、雪灾等时有发生。

遇上正常年景,"天工变化不可详,旋见家家开雪屋。原头早麦冉冉黄,岁功驱迫无停觳"⑦。(《偶成》)农民一年辛劳到头,无有竟时。而赶上天灾人祸,其生活就更加苦不堪言了。《丁酉春纪事志感》其二:"寒食东风烟火新,桃花历乱不成春。榆皮作饼堪供膳,野菜和羹未是贫。东郭乞儿多少妇,若敖旧鬼半饥魂。括田使者无劳设,仰望封侯策富民。"⑧若敖之鬼语出《左传·宣公四年》:"鬼犹求食,若敖氏之鬼不其馁而!"⑨诗写寒食节,农民用榆树皮作饼,用野菜和羹,许多人沦落为乞丐,甚至有大批的人饿死。而当官者却无所事事,无所作为,仍旧

---

① 王崇炳.学稼堂文集[M]//赵一生.东阳丛书:15册.杭州:浙江古籍出版社,2015:126.
② 金开诚,董洪利,高路明.屈原集校注[M].北京:中华书局,1996:39.
③ 王崇炳.学稼堂诗稿[M]//赵一生.东阳丛书:15册.杭州:浙江古籍出版社,2015:78.
④ 王崇炳.学稼堂诗稿[M]//赵一生.东阳丛书:15册.杭州:浙江古籍出版社,2015:214.
⑤ 王崇炳.学稼堂诗稿[M]//赵一生.东阳丛书:15册.杭州:浙江古籍出版社,2015:161.
⑥ 邓云特.中国救荒史[M].上海:上海书店,1984:32.
⑦ 王崇炳.学稼堂诗稿[M]//赵一生.东阳丛书:15册.杭州:浙江古籍出版社,2015:228.
⑧ 王崇炳.学稼堂诗稿[M]//赵一生.东阳丛书:15册.杭州:浙江古籍出版社,2015:110.
⑨ 李学勤.十三经注疏·春秋左传正义[M].北京:北京大学出版社,1999:608.

做着升官发财的美梦。这描绘了东阳当时农民真实而凄惨的生活状况。袁行云评曰:"诗写康熙五十六年浙中饥荒,句句沉实。"①1718年,旱灾加上疫灾加上强盗,真是雪上加霜。《感时二首》其一:"杭稻全无果亦稀,灾年物物减光辉。邻家遭疫多扶杖,暴客横乡早掩扉。群燕无餐皆北去,游鸿何事向南飞。晚来村舍人声寂,都向深山采蕨薇。"②

1723年,东阳旱,王崇炳其时主席金华府丽正书院,向知府张坦让献诗《悯饥上郡侯张公》③:

一春鸣鸟惨无欢,人似前秋旱稻干。马腹势悬沾泽鲜,龟毛情竭望恩难。腐儒虚口论施济,当路何人计治安。五马翩翩临下邑,千家仰屋待分餐。

《道光东阳县志》载:"雍正元年,旱。王崇炳《上张太尊救荒书》。"④王崇炳实地调查后发现,东阳"居十之四"的坂田"一分有收,二分断粒",溪田有收,原田、山田颗粒无收,且秋季作物也难播种,他以一介贡生身份,如实反映东阳灾民分散四方、辗转沟壑等惨情,同时请求政府不要沿袭旧制,再向富裕殷实之家募捐摊派,而应该采取其他措施,筹款筹粮,救灾民于水火。

凡遇灾年,地方政府一般会救荒赈济,朝廷也可能捐租赦免。王庆云《石渠余纪》:"我朝列圣以爱民为家法……本朝丁田赋役素轻,二百余年以来,未尝增及铢黍,而诏书停放,动至数千百万,敛从其薄,施从其厚,所以上培国脉,下恤民依,岂唐宋以来所可同年而语者哉?"⑤王崇炳《读辛卯捐租诏》云:"中天丽日喜重临,历纪尧年被泽深。宇宙千秋逢泰运,黍苗六月得甘霖。玉音悃款捐租诏,蒲屋欢欣击壤心。独有攒眉铜墨吏,羡余悼丧橐中金。"⑥辛卯即康熙五十年(1711)。诗以尧年比太平盛世,得知捐租的消息后,老百姓欢欣鼓舞,县令却愁眉苦脸。《清史稿》有载:"是岁(1711),免直隶、安徽等省八州县灾赋有差。"⑦其中可能就包括东阳。

---

① 袁行云.清人诗集叙录[M].北京:文化艺术出版社,1994:527.
② 王崇炳.学耨堂诗稿[M]//赵一生.东阳丛书:15册.杭州:浙江古籍出版社,2015:41.
③ 王崇炳.学耨堂诗稿[M]//赵一生.东阳丛书:15册.杭州:浙江古籍出版社,2015:184.
④ 党金衡.道光东阳县志[M].杭州:西泠印社出版社,2017:260.
⑤ 王庆云.石渠余纪[M]//续修四库全书编委会.续修四库全书 史部:815册.上海:上海古籍出版社,2002:265-266.
⑥ 王崇炳.学耨堂诗稿[M]//赵一生.东阳丛书:15册.杭州:浙江古籍出版社,2015:92-93.
⑦ 赵尔巽.清史稿[M].北京:中华书局,1977:280.

(三) 关注农事，描写劳作

农事劳作是较为辛苦的，并且与气候条件密切相关，故而每逢阴晴雨旱，王崇炳首先念及的总是农事、农民。例如，《庚子腊月闻雷》中言①：

时惟庚子季冬朔，阳气大泄夜正中。疾雷一声震山谷，掣电十丈惊天红。枕上轰轰鸣不已，披衣起坐心忡忡。年来寒暑每颠倒，腊月频闻雷似炮。乙未闻雷在绣川，丁酉闻雷暨阳道。乙未闻雷丙申饥，比户无餐采木皮。丁酉闻雷戊戌疫，居民十二登鬼录。明年未审作何祥，老人伏枕心彷徨。饥疫荐臻人力殚，官租积逋无由偿。公府督责民命促，连颈锁系驱群羊。中丞上书请缓逋，计臣持法停飞章。西师未解军储急，骡驼车载相扶将。时荒民病实可畏，所急不在收戎羌。耳闻王师屡克捷，天子受贺开明堂。

《卜岁恒言》引《农桑要览》云："发雷喜甲子日，主岁熟；秋雷忌甲子日，主人多暑病，岁凶。"②《田家占候集览》云："无云而雷，饥疫大起。"③这种"天人合一"的思维虽缺乏科学依据，但说明了古人对气象与人事的观察、思考。腊月打雷这种异象，在作者看来，乃不祥之兆，他以过去的经验说明之，乙未年（1715），在绣川腊月闻雷，结果第二年即丙申年（1716）大饥，没有粮食可吃，家家户户只能采木皮充饥。丁酉（1717）闻雷于暨阳，结果第二年即戊戌（1718）则发生了瘟疫，十分之二的人因此丧命。作此诗时为庚子（1720），作者忧心忡忡，比较"时荒民病"与清政府第二次用兵西藏并驱逐准噶尔割据势力，他显然更注重前者，将老百姓的切身利益放在更高的位置。他于《感时二首》其二中慨叹："悬知巧力难全恃，不及天工有默施。"④意即人巧有时难胜天工。说来巧合，第二年，东阳果然秋旱。《道光东阳县志》载："六十年秋，旱。"⑤

久旱逢甘霖固然可喜，王崇炳有《喜雨三首》，其三云："夏日逢霖颗颗珠，盈畴焦卷忽皆苏。征输渐可偿租吏，粗粝还能饱腐儒。贤令如焚原默祷，醉翁志喜亦堪图。年来民命无栖泊，都寄收瓶行雨姝。"⑥庄稼起死复生，租税便有指望缴

---

① 王崇炳.学耨堂诗稿[M]//赵一生.东阳丛书：15册.杭州：浙江古籍出版社，2015：39-40.
② 吴鹄.卜岁恒言[M]//续修四库全书编委会.续修四库全书 子部：976册.上海：上海古籍出版社，2002：180.
③ 邹存淦.田家占候集览[M]//续修四库全书编委会.续修四库全书 子部：976册.上海：上海古籍出版社，2002：541.
④ 王崇炳.学耨堂诗稿[M]//赵一生.东阳丛书：15册.杭州：浙江古籍出版社，2015：41.
⑤ 党金衡.道光东阳县志[M].杭州：西泠印社出版社，2017：260.
⑥ 王崇炳.学耨堂诗稿[M]//赵一生.东阳丛书：15册.杭州：浙江古籍出版社，2015：112.

纳，百姓可赖以存活，官民一派喜气洋洋。继而又作《续喜雨》二首，可见作者有多高兴。其《望雨》云："浓云虚聚碧层层，霢霂微沾卒未能。老眼错看雨点下，忽然飞起是苍蝇。"①仰望天上浓云滚滚，等待大雨倾泻而下，却错将飞起的苍蝇当作雨点，其盼雨的心情较为急切，甚至产生了幻觉。

王崇炳描写农作的诗主要有《耕织图诗》四十五首，包括《咏耕二十三章》与《咏织二十二章》。南宋绍兴三年（1133），于潜（今浙江临安）县令楼璹绘制《耕织图》四十五幅，包括二十一幅耕图、二十四幅织图，详细画出从浸种到入仓的田耕过程、从浴蚕到剪帛的蚕织过程，每幅都附一首五言律诗。康熙南巡，得见楼璹《耕织图》，后命焦秉贞仿作，并御笔题诗。清张庚《国朝画征录》中载："焦秉贞，济宁人，钦天监五官正。工人物，其位置之自近而远、由大及小，不爽毫毛，盖西洋法也。康熙中祗候内廷，圣祖御制《耕织图》四十六幅，秉贞奉诏所作。村落风景、田家作苦，曲尽其致，深契圣衷，锡赉甚厚，旋镂板印赐臣工。"②康熙版耕织图计有耕图和织图各二十三幅，并每幅制诗一章。王崇炳诗序言："方春时和，偶得《耕织图诗》，玩之不觉杂有所感，按其篇次，依题属和。"③序中未交代其所据之版本，综合查考，似乎与康熙版更为接近，但咏织又少了一章，有的题目也略有差异，不知何故。

总体看，这两组诗既接地气又富有诗意，遵循农时，能抓住每个劳作环节的要点，符合时令的农村景物点缀其间，又融入了当地的风俗以及作者的情感、思考。例如，《耙耨》："启土须用深，易耨毋灭裂。"④《布种》："历头检良日，布种须及期。"⑤《便民图纂》有云："撒时必晴明，则苗易竖，亦须看潮候，二三日后撒稻草灰于上，则易生根。"⑥《初秧》："山禽休下食，一粒亏无数。"⑦《天工开物》有云："凡谷种生秧之后，防雀鸟聚食，此三灾也。立标飘扬鹰俑，则雀可驱矣。"⑧

---

① 王崇炳.学稼堂诗稿[M]//赵一生.东阳丛书：15册.杭州：浙江古籍出版社，2015：176.
② 张庚，刘瑗.国朝画征录[M].祁晨越，点校.杭州：浙江人民美术出版社，2011：58.
③ 王崇炳.学稼堂诗稿[M]//赵一生.东阳丛书：15册.杭州：浙江古籍出版社，2015：45.
④ 王崇炳.学稼堂诗稿[M]//赵一生.东阳丛书：15册.杭州：浙江古籍出版社，2015：46.
⑤ 王崇炳.学稼堂诗稿[M]//赵一生.东阳丛书：15册.杭州：浙江古籍出版社，2015：47.
⑥ 邝璠.便民图纂[M]//续修四库全书编委会.续修四库全书 子部：975册.上海：上海古籍出版社，2002：230.
⑦ 王崇炳.学稼堂诗稿[M]//赵一生.东阳丛书：15册.杭州：浙江古籍出版社，2015：47.
⑧ 宋应星.天工开物[M]//续修四库全书编委会.续修四库全书 子部：1115册.上海：上海古籍出版社，2002：27.

《插秧》:"植根欲其固,立苗欲其疏。"①《农说》记"插秧法":"栽苗者当如是也:先以一指搪泥,然后以二指嵌苗置其中,则苗根顺而不逆,纵横之列整,则易于耘荡。疏密各因其地之肥瘠为傅,疏者每亩约七千二百科,密则数逾于万。"②《沈氏农书》载"行稀段密插秧法":"其插种之法,行欲稀,须间七寸,段欲密,容荡足矣。"③《一耘》:"上蒸下土热,力作及此朝。除草辨非种,慎勿误伤苗。……家人具樽酒,为我慰劬劳。"④《浦泖农咨》可为其作注脚:"农人之苦,未有过于耘挡者,当是时,炎天赤日,万里无云,田中之泥水如沸,不得不膝行于其中,自朝至暮,复历多日,因而足趾腐烂,苦楚异常,是即泥犁地狱。其佣工者,故皆需饮酒食肉,以慰劳之。"⑤养蚕时,不但要注意寒热饥饱和饲喂时的紧慢,而且要注意其所呈现的光泽,其所居处的空间地位,以及一些禁忌。前人总结为十体、三光、八宜、三稀、五广等。例如,《三眠》:"得叶宜细裁,日夕闻刀剪。"⑥《蚕桑说》云:"蚕至大眠,蚕身大,食叶较多,而天气亦暖,饲之宜愈加勤慎。盖三眠起后,饲叶五六日,早起,见有光黄之蚕,不食,在叶上游走,是蚕将大眠,切叶宜稍细,食尽便饲,不拘遍数。"⑦

(四) 生产习俗,节俗祭祀

首先看生产习俗。《浇灌》:"田首槔乌响,引机运簦篛。修绠汲寒泉,滚滚泻青畦。"⑧从诗意看,浇灌水稻的汲水工具乃辘轳,而非桔槔,两者相较,《授时通考》云:"凡汲于井上,取其俯仰,则桔槔;取其圆转,则辘轳,皆挈水械也。然桔槔绠短而汲浅,独辘轳深浅俱适其宜也。"⑨《烘簇》:"吴蚕性宜温,炽炭烘湿楚。地炉扬红光,流汗色如土。"⑩《蚕桑备要》云:"蚕,火类也。宜用火养之,但

---

① 王崇炳.学稼堂诗稿[M]// 赵一生.东阳丛书:15册.杭州:浙江古籍出版社,2015:48.
② 马一龙.农说[M]// 王云五.丛书集成初编:1468册.北京:商务印书馆,1936:6.
③ 沈氏.沈氏农书[M]// 王云五.丛书集成初编:1468册.北京:商务印书馆,1936:6.
④ 王崇炳.学稼堂诗稿[M]// 赵一生.东阳丛书:15册.杭州:浙江古籍出版社,2015:48.
⑤ 姜皋.浦泖农咨[M]//续修四库全书编委会.续修四库全书 子部:976册.上海:上海古籍出版社,2002:216.
⑥ 王崇炳.学稼堂诗稿[M]// 赵一生.东阳丛书:15册.杭州:浙江古籍出版社,2015:52.
⑦ 赵敬如.蚕桑说[M]//续修四库全书编委会.续修四库全书 子部:978册.上海:上海古籍出版社,2002:534.
⑧ 王崇炳.学稼堂诗稿[M]// 赵一生.东阳丛书:15册.杭州:浙江古籍出版社,2015:49.
⑨ 鄂尔泰,张廷玉.钦定授时通考[M]//影印文渊阁四库全书编纂委员会.影印文渊阁四库全书 子部:732册.台北:台湾商务印书馆,1986:503.
⑩ 王崇炳.学稼堂诗稿[M]// 赵一生.东阳丛书:15册.杭州:浙江古籍出版社,2015:53.

畏烟熏。牛粪为上，炭火次之……火之大小，当随寒热添减，务要温和，勿忽寒忽热。"①又云："不能胜其寒者，则用抬炉，外烧木炭火料，置蚕室四隅，火气自然熏蒸，觉热则去余火。"②蚕室升温采用抬炉，反映的大致是陕西三原县习俗。而王崇炳所记为"地炉"，明代浙江海宁人胡奎于《蚕簇词》诗中亦有言及："地炉火煖借春回，再祷神蚕须急作。"③《山家》："田束刍灵防野兽，风鸣铃柝击空匏。"④《礼记·檀弓下》："涂车、刍灵，自古有之，明器之道也。"郑玄注："刍灵，束茅为人马。谓之灵者，神之类。"⑤刍灵，可能相当于稻草人，放在田里，防止野兽糟蹋粮食。

然后看节令习俗。春节、上元、端午、重阳节等，王崇炳诗歌均有提及，展现了清初东阳地区的节日民俗。例如，除夕，《壬午岁除二首》其一："送岁梅花放小园，惊眠爆竹四山喧。"⑥其二："明日整衣还聚拜，一春风景又从新。"⑦《丙申除夕》："周甲重经四载余，催年爆竹响山居。"⑧《癸巳除夕》："隔邻爆竹催残腊，当户梅花逗早春。"⑨写到除夕燃放烟花爆竹，以及春节要换新衣、相互拜年的习俗。《道光东阳县志》载："除日，洒扫堂室，悬祖先像，燔柴于庭，燃纸炮，终夜围炉，集少长欢饮，群坐不寝，名曰守岁。"⑩又如，上元节，《自邵村回途中作》："处处相留新岁酒，家家催放上元灯。"⑪《清潭同杜舜士过上元节》："横野星桥曲复伸，山翁尊酒夜留宾。微云过雨犹承宇，明月何天不逐人。伴水一村依壑谷，疏灯数点落烟津。银花火树传奇丽，都作京华去马尘。"⑫《上元节方景贤、黄殿选以候师至》："春霁梅花行处路，上元灯火数家村。碧空皓月闲门静，断续星

---

① 刘青藜.蚕桑备要[M]//续修四库全书编委会.续修四库全书 子部：978册.上海：上海古籍出版社，2002：470.
② 刘青藜.蚕桑备要[M]//续修四库全书编委会.续修四库全书 子部：978册.上海：上海古籍出版社，2002：472.
③ 胡奎.斗南老人集[M]//影印文渊阁四库全书编纂委员会.影印文渊阁四库全书 集部：1233册.台北：台湾商务印书馆，1986：392-393.
④ 王崇炳.学耨堂诗稿[M]//赵一生.东阳丛书：15册.杭州：浙江古籍出版社，2015：11.
⑤ 李学勤.十三经注疏·礼记正义[M].北京：北京大学出版社，1999：277.
⑥ 王崇炳.学耨堂诗稿[M]//赵一生.东阳丛书：15册.杭州：浙江古籍出版社，2015：20.
⑦ 王崇炳.学耨堂诗稿[M]//赵一生.东阳丛书：15册.杭州：浙江古籍出版社，2015：20.
⑧ 王崇炳.学耨堂诗稿[M]//赵一生.东阳丛书：15册.杭州：浙江古籍出版社，2015：109.
⑨ 王崇炳.学耨堂诗稿[M]//赵一生.东阳丛书：15册.杭州：浙江古籍出版社，2015：129.
⑩ 党金衡.道光东阳县志[M].杭州：西泠印社出版社，2017：96.
⑪ 王崇炳.学耨堂诗稿[M]//赵一生.东阳丛书：15册.杭州：浙江古籍出版社，2015：135.
⑫ 王崇炳.学耨堂诗稿[M]//赵一生.东阳丛书：15册.杭州：浙江古籍出版社，2015：45.

桥鼓吹喧。寂寞山居君谙否,荒园挑菜佐清樽。"①《元宵杂咏二首》其一:"一对花灯二十年,灯纱面面绘前贤。生平酷好昌黎子,图作蓝关拥雪天。"②《首夏杂咏》:"邻家尚饮新年酒,门首犹悬元夜灯。"③则看出上元节放花灯、燃爆竹的习俗,一对花灯居然连续用了20年,灯纱上绘了韩愈被贬潮州而雪拥蓝关的画面。入夏了,邻居竟然还在饮用新年酒,门首犹自悬挂上元节的花灯,从这些细节都可看出东阳人的简素,《道光东阳县志》:"正月十五,各家悬灯于门首,街衢接竹为棚,系灯其上,笙歌鼓乐,喧闹彻旦。"④又云:"日用饮食、服饰、器具一以简素为尚,不事文饰。"⑤端午节,如《端午圣湖庵偕成丈素庵》:"山深不必携蕉葛,人世从教系彩丝。九节菖蒲一樽酒,高谈幸喜得相知。"⑥《道光东阳县志》:"端阳日,取箬叶裹黏米为角黍相馈,置菖蒲、雄黄于酒饮之。妇女佩符艾,或以茧作虎。小儿丝绳系臂,缀绣符于衣带,谓可消灾。采药合药者俱以是日为最效。"⑦中秋节,《中秋得月偕龟峰诸子即席》:"素辉入酒金波动,冷艳浮花玉露清。朋旧论心当此夕,高谈飞作步虚声。"⑧《中秋得月知崧寿延年毕试》:"中秋正及三场毕,畅饮方于五夜宜。"⑨重阳节,如《九日携弟子登高游鹿田》:"领徒陟峻得僧陪,老子于兹兴未灰。饥岁喜逢禾稼美,重阳未见菊花开。杖头云吐诸峰密,日脚烟消远水来。兰若今为樵子舍,汲泉烹茗当萸杯。"⑩登高、赏菊(虽然未见菊花开)、以茶代酒(茱萸酒)。《道光东阳县志》载:"重阳,与端午并重亦制角黍相馈。以茱萸酿酒,养菊者饮菊花酒,提壶挈榼,登高揽胜。"⑪

再看精神民俗之祭祀。祭祀是一种古老的精神民俗,人们通过祭祀祈求人畜兴旺、粮食丰收。祀田神,以求风调雨赐,五谷丰登。例如,《祭神》:"黄鸡秋正肥,白酒浓于乳。万宝皆告成,殷勤谢田祖。但酬雨旸赐,不必迎猫虎。日暮数

---

① 王崇炳.学穮堂诗稿[M]//赵一生.东阳丛书:15册.杭州:浙江古籍出版社,2015:260.
② 王崇炳.学穮堂诗稿[M]//赵一生.东阳丛书:15册.杭州:浙江古籍出版社,2015:224.
③ 王崇炳.学穮堂诗稿[M]//赵一生.东阳丛书:15册.杭州:浙江古籍出版社,2015:251.
④ 党金衡.道光东阳县志[M].杭州:西泠印社出版社,2017:95.
⑤ 党金衡.道光东阳县志[M].杭州:西泠印社出版社,2017:95.
⑥ 王崇炳.学穮堂诗稿[M]//赵一生.东阳丛书:15册.杭州:浙江古籍出版社,2015:83.
⑦ 党金衡.道光东阳县志[M].杭州:西泠印社出版社,2017:96.
⑧ 王崇炳.学穮堂诗稿[M]//赵一生.东阳丛书:15册.杭州:浙江古籍出版社,2015:13.
⑨ 王崇炳.学穮堂诗稿[M]//赵一生.东阳丛书:15册.杭州:浙江古籍出版社,2015:263.
⑩ 王崇炳.学穮堂诗稿[M]//赵一生.东阳丛书:15册.杭州:浙江古籍出版社,2015:176.
⑪ 党金衡.道光东阳县志[M].杭州:西泠印社出版社,2017:96.

村喧，里巫醉击鼓。"①祀蚕神以求蚕事的丰收。例如，《祭神》："家家笑语声，开帘见雪屋。何以报先蚕？麦饭兼豕肉。焚香酹清酤，欷语殷勤祝。愿以祈来年，缫将丝百箔。"②社祭分为春社和秋社，也称赛社或赛神，是一种集体祭神活动。《周礼·地官·州长》载："春祭社，以祈膏雨，望五谷丰熟。秋祭社者，以百谷丰稔，所以报功。"③《道光东阳县志》载："社日，四乡各有社祭，以祀土谷之神。用青面作粿，橘叶夹之，名曰社粿，以献其先，乃食。"④《喜雨三首》其二："堆盘玉粒家家喜，赛社村醪处处同。"⑤《酬裘蔗村庶常四首》其一："随例共倾春社酒，高情仍是玉堂仙。"⑥《和杜雍玉〈枫庄杂咏〉四首》其三："秋到山居物物宜，天澄墟里上孤炊。瓢分红玉收瓜垄，花吐朱英缀槿篱。入馈鸡豚田舍酒，喧村鼓角社公祠。"⑦《自茶场偕门人朱景阳至永泰寺访杜汪千不值留寄》："年丰家家大作社，八月秋风正潇洒。"⑧《门人龚映书招游绣川纪事》："时方秋成大作社，家家饭牛啖精膳。"⑨

家祭是家族民俗的重要事项之一。一般有两部分内容，一是供家族守护神，如灶神等，其目的是求得六畜兴旺，家宅安定。二是供奉祖先神，其目的是维护同姓家族的血族势力，教育子孙不要忘记先祖创业的艰辛，以便将良好的家风传承下去。王崇炳诗中也有反映，如《归家二首》其二："半载始一归，整衣拜宗祐。"⑩

二、王崇炳农事诗的思想

（一）以农为本

中国是传统的农业国，中国古代封建王朝以农为本，重农抑商。王崇炳继承

---

① 王崇炳.学稼堂诗稿[M]//赵一生.东阳丛书：15册.杭州：浙江古籍出版社，2015：51.
② 王崇炳.学稼堂诗稿[M]//赵一生.东阳丛书：15册.杭州：浙江古籍出版社，2015：55.
③ 李学勤.十三经注疏·周礼注疏[M].北京：北京大学出版社，1999：301.
④ 党金衡.道光东阳县志[M].杭州：西泠印社出版社，2017：95.
⑤ 王崇炳.学稼堂诗稿[M]//赵一生.东阳丛书：15册.杭州：浙江古籍出版社，2015：112.
⑥ 王崇炳.学稼堂诗稿[M]//赵一生.东阳丛书：15册.杭州：浙江古籍出版社，2015：143.
⑦ 王崇炳.学稼堂诗稿[M]//赵一生.东阳丛书：15册.杭州：浙江古籍出版社，2015：37.
⑧ 王崇炳.学稼堂诗稿[M]//赵一生.东阳丛书：15册.杭州：浙江古籍出版社，2015：204.
⑨ 王崇炳.学稼堂诗稿[M]//赵一生.东阳丛书：15册.杭州：浙江古籍出版社，2015：210.
⑩ 王崇炳.学稼堂诗稿[M]//赵一生.东阳丛书：15册.杭州：浙江古籍出版社，2015：27.

了传统的"农本"思想,如其《两惰农》①云:

> 同里两惰农,一悍一贪痴。悍者健讼走州县,痴者贸贩废天时。日中星鸟方南讹,风苗如须草成窠。牧人腰镰争相过,爱此苗稀秕稗多。嗟予薄田二十亩,四亩已落惰农手。……即今岁赋王租急,吏搜契券成罗织。十家已有九家贫,尔辈佃田曾未识。君不见先秦立法重弃灰,忍使膏腴成草莱。又不见周官常设田大夫,曾读嗟嗟保介无?

诗歌批判、谴责两个惰农的种种表现,这种严厉的口吻在其诗歌中较为罕见。《道光东阳县志》:"东阳多山,其民朴而勤,勇决而尚气,族居岩谷,不轻去其乡,以耕种为生,不习工商。"②诗中的两个惰农,与东阳传统民风相悖,一个悍而善讼,王士性《广志绎》卷四云:"金、衢武健负气善讼。"③又云:"东阳、义乌、永康、武义万山之中,其人鸷悍飞扬,不乐畎亩。"④另一个贪恋经商。《书·尧典》:"日中,星鸟,以殷仲春。"孔颖达疏:"日中,谓春分之日。"鸟,南方朱鸟七宿。殷,正也。春分之昏,鸟星毕见,以正仲春之气节,转以推季孟则可知。《书·尧典》:"申命羲叔,宅南交。平秩南讹,敬致。"孔安国传:"讹,化也。掌夏之官平叙南方化育之事,敬行其教,以致其功。四时同之,亦举一隅。"⑤"南讹"指夏时耕作及劝农等事。商鞅对弃灰于道者处黥刑用以立威治国。汉桓宽《盐铁论·刑德》:"千仞之高,人不轻凌,千钧之重,人不轻举。商君刑弃灰于道,而秦民治。"⑥"嗟嗟保介"源于《诗经·周颂·臣工》:"嗟嗟保介,维莫之春,亦又何求?如何新畲?"《诗经注析》云:"保介,田官,又称田畯。"⑦"这是一首周王耕种籍田并劝诫农官的诗。"⑧诗最后由批判惰农转而批判官府,不重视农业之本,致使十家九贫,实在是尸位素餐,不遵古训了。

其他如《再耘》:"岂不惮劬勋,生计在粒食。"⑨《入仓》:"稼穑信当宝,耒耜

---

① 董肇勋,王崇炳.东阳历朝诗[M]//黄灵庚,陶诚华.重修金华丛书:178册.上海:上海古籍出版社,2014:208-209.
② 党金衡.道光东阳县志[M].杭州:西泠印社出版社,2017:95.
③ 王士性.王士性地理书三种[M].周振鹤,编校.上海:上海古籍出版社,1993:323.
④ 王士性.王士性地理书三种[M].周振鹤,编校.上海:上海古籍出版社,1993:327.
⑤ 李学勤.十三经注疏·尚书正义[M].北京:北京大学出版社,1999:29.
⑥ 王利器.盐铁论校注[M].北京:中华书局,1992:566.
⑦ 程俊英,蒋见元.诗经注析[M].北京:中华书局,1991:954.
⑧ 程俊英,蒋见元.诗经注析[M].北京:中华书局,1991:955.
⑨ 王崇炳.学耨堂诗稿[M]//赵一生.东阳丛书:15册.杭州:浙江古籍出版社,2015:49.

讵可忘？"①《续喜雨》其一："莫以无收轻稼穑，昔年虚亩尽黄金。"②其二："振廪分餐亦有穷，沾濡普被仗天工。"③这说明了农业的重要，强调要尊重农人的劳动成果，企盼年年风调雨顺。

孟子强调民以食为天，主张"不违农时，谷不可胜食也"④。王崇炳关心农业，注重农时，如《感时二首》其二云："食指频添岁不支，田家生计在乘时。"⑤《渍种》云："农事不可失，渍种须及时。"⑥

（二）民胞物与

"民胞物与"是宋明理学奠基者之一的张载提出的思想主张，其核心思想是爱人爱物。张载在《正蒙·乾称》中言："乾称父，坤称母；予兹藐焉，乃混然中处。故天地之塞，吾其体；天地之帅，吾其性。民吾同胞，物吾与也。"⑦王崇炳《归家二首》其二："兄弟各招呼，款曲鸡黍食。……曰予守先畴，饘粥幸无缺。独憾少赢余，分供里邻乞。依依桑梓情，真朴皆可悦。"⑧作者与兄弟、邻里相处融洽，一派和谐。又如《自叹》⑨中云：

半属穷庐僵卧人，救灾其奈素儒贫。倾赀不足周三党，振廪徒能及四邻。省口分餐苏接目，朝炊暮绝转伤神。纷纷带雪沿门乞，戚戚无非胞与身。

赶上灾年，作者虽感叹自己"素儒贫"，却倾其所有，资助父族、母族、妻族等三党，又打开自家粮仓，周济左邻右舍。自己则省吃俭用，甚至达到断炊的地步。然而个人能力毕竟有限，门外那些冒雪乞讨的穷苦人，可都是作者的兄弟姐妹呀，可作者却爱莫能助，岂不可叹！

类似的诗例很多，如《纪时志感》："衰迟虚想周三党，假贷徒劳问一箪。"⑩《壬午岁除二首》其二："过年肉米资朋友，馈岁糕饧谢里邻。"⑪《岁除》："恤邻米粟无

---

① 王崇炳.学櫏堂诗稿[M]//赵一生.东阳丛书：15册.杭州：浙江古籍出版社，2015：51.
② 王崇炳.学櫏堂诗稿[M]//赵一生.东阳丛书：15册.杭州：浙江古籍出版社，2015：113.
③ 王崇炳.学櫏堂诗稿[M]//赵一生.东阳丛书：15册.杭州：浙江古籍出版社，2015：113.
④ 杨伯峻.孟子译注[M].北京：中华书局，1960：5.
⑤ 王崇炳.学櫏堂诗稿[M]//赵一生.东阳丛书：15册.杭州：浙江古籍出版社，2015：41.
⑥ 王崇炳.学櫏堂诗稿[M]//赵一生.东阳丛书：15册.杭州：浙江古籍出版社，2015：46.
⑦ 张载.张载集[M].北京：中华书局，1978：62.
⑧ 王崇炳.学櫏堂诗稿[M]//赵一生.东阳丛书：15册.杭州：浙江古籍出版社，2015：27.
⑨ 王崇炳.学櫏堂诗稿[M]//赵一生.东阳丛书：15册.杭州：浙江古籍出版社，2015：45.
⑩ 王崇炳.学櫏堂诗稿[M]//赵一生.东阳丛书：15册.杭州：浙江古籍出版社，2015：112.
⑪ 王崇炳.学櫏堂诗稿[M]//赵一生.东阳丛书：15册.杭州：浙江古籍出版社，2015：20.

多与，馈岁糕饧亦薄登。"① 王崇炳可谓时时、处处记挂着朋友乡邻，尤其天灾人祸、逢年过节之时，更是如此。《王鹤潭先生行述》："最留心经济，每喜讲论古人经济之学，故见饥寒切肤体，见疾病关痛痒，见急难代分解，所谓廓然大公纯然无私者非乎？"② 王崇炳自云："人若分得墨子一毫毛利人心肠便是个好人，所谓张子'以爱己之心爱人则尽仁'是也。读书人留心经济，亦为利泽及人起见。"③ "以爱己之心爱人则尽仁"出自张载《正蒙·中正》。④

《腊月苦寒》⑤ 中言：

  冉冉云开见曙晖，廉纤复作雪花飞。纸窗薄暮风威壮，绳榻中宵火力微。欲制新裘怜搏兽，幸留旧絮备添衣。愿天速赐黄绵袄，大庇贫家暖敞帷。

天色拂晓，先雨后雪，寒风凛冽，半夜则炉火渐微，寒气逼人，最后两句推己及人，写作者的美好愿望，但愿雪后初晴，太阳当空，温暖普天下如作者一般的"贫家"。其思维特点、情怀境界让人们联想到杜甫《茅屋为秋风所破歌》中的"安得广厦千万间，大庇天下寒士俱欢颜，风雨不动安如山。"⑥ 与白居易《新制布裘》中的"安得万里裘，盖裹周四垠？稳暖皆如我，天下无寒人。"⑦ 其中，"欲制新裘怜搏兽，幸留旧絮备添衣"更体现了王崇炳的大爱，由人而及野兽，又《耖》"心力不自惜，念此牛辛苦"⑧，则是施爱于家畜。

三、王崇炳农事诗的艺术特色

（一）体裁多样化

王崇炳农事诗在创作体裁上古体诗与近体诗兼备。古体诗主要是五言古诗、七言古诗（包括七言为主的歌行体）以及七言绝句等。五言古诗如《归家二首》

---

① 王崇炳.学稼堂诗稿[M]// 赵一生.东阳丛书：15 册.杭州：浙江古籍出版社，2015：191.
② 东阳河汾王氏宗谱[M]// 黄灵庚，陶诚华.重修金华丛书：189 册.上海：上海古籍出版社，2014：15.
③ 东阳河汾王氏宗谱[M]// 黄灵庚，陶诚华.重修金华丛书：189 册.上海：上海古籍出版社，2014：15.
④ 张载.张载集[M].北京：中华书局，1978：32.
⑤ 王崇炳.学稼堂诗稿[M]// 赵一生.东阳丛书：15 册.杭州：浙江古籍出版社，2015：108.
⑥ 杜甫.杜诗详注[M].仇兆鳌，注.北京：中华书局，2015：691.
⑦ 白居易.白居易诗集校注[M].谢思炜，校注.北京：中华书局，2006：122.
⑧ 王崇炳.学稼堂诗稿[M]// 赵一生.东阳丛书：15 册.杭州：浙江古籍出版社，2015：47.

《庚子腊月闻雷》《暨阳旅寓闻雷》《首夏》等，以叙事为主，擅长白描，字里行间渗透着作者的赤子情怀。七言古诗形式较为活泼、体裁多样、句法和韵脚的处理较为自由，且抒情叙事富有表现力，作品如《争座位》《吴毅公至山斋叙款》等。杂言歌行体是古诗体中比较自由的诗歌体式，不像近体诗那样平仄、押韵要求严格，也不像五言古诗那样节奏张驰弛有度，更适合于有情感地叙事，如《两惰农》《采蕨行》等，读来感觉参差错落，婉转流畅，带有浓郁的民歌韵味，如"采蕨采蕨入云谷，朝采蕨根暮打滩。黄茅盖头霜露繁，面皮皴裂手皲瘃。昔年采蕨蕨根肥，今年采蕨蕨根希。和泥作餐食不饱，妻孥相望蕨粉归。山中何地不生蕨，不堪人多连岁掘"[①]。从文学风貌论，七言古诗的典型风格是端正浑厚、庄重典雅，歌行的典型风格则是宛转流动、纵横多姿。七言绝句如《过松谷厉尔仪表叔山斋赋赠六首》《题南溪力耕图四首》《秋日杂咏四首》《梦得雨》《望雨》《山居杂咏八首》等，皆能即景抒情，语短情深。其近体诗有五言律诗如《咏耕二十三章》《咏织二十二章》等，七言律诗如《丁酉春纪事志感》五首、《宅舍诸景》九首、《喜雨三首》《首夏漫兴五首》《续喜雨》二首等，讲究平仄、押韵，在抒发情感上更具优势。

（二）表现手法多样化

王崇炳农事诗表现手法多样，善用对比，如《村庄四首录一》："田家风味常平淡，不似朱门一瞬移。"[②]"田家"与"朱门"对举，平淡暗比浓烈，一瞬暗比长久，表现了作者甘于淡泊，不慕荣利的高尚品格。《饥岁久雪闻县尹优觞燕客》："清歌檀板燕更阑，雪暗银灯烂不寒。连日纷飘人迹绝，谁知僵卧有袁安？"[③]《后汉书·袁张韩周列传·袁安》唐·李贤注引《汝南先贤传》曰："时大雪积地丈余，洛阳令身出案行，见人家皆除雪出，有乞食者。至袁安门，无有行路。谓安已死，令人除雪入户，见安僵卧。问何以不出。安曰：'大雪人皆饿，不宜干人。'令以为贤，举为孝廉。"[④]县令大摆宴席，通宵达旦，歌舞升平，全然不顾饥年久雪，百姓死活，更不会亲自下基层考察、施救，哪里会想到如袁安一样的贤才遭厄呢？只是列举事实，爱憎终不可掩，其深刻处直追杜甫的"朱门酒肉臭，路有冻死

---

① 王崇炳.学耨堂诗稿[M]//赵一生.东阳丛书：15册.杭州：浙江古籍出版社，2015：103.
② 王崇炳.学耨堂诗稿[M]//赵一生.东阳丛书：15册.杭州：浙江古籍出版社，2015：232.
③ 王崇炳.学耨堂诗稿[M]//赵一生.东阳丛书：15册.杭州：浙江古籍出版社，2015：44.
④ 范晔.后汉书[M].北京：中华书局，1965：1518.

骨"①。《烘簇》②以"流汗色如土"的"蚕家"与"春朝戏深院，按拍调鹦鹉"的"纨绮人"对比，反衬蚕家之辛苦。《络丝》③中所描述的同样是深夜，同样是女人，农妇为了交租加班加点地工作，"清宵络新丝，轧轧声不绝。作速输官租，庶以免督责"。而高楼上的美姬却在弹筝玩乐，"高楼谁家姬？弹筝亦未歇"。《成衣》④中以连夜赶制寒衣的巧妇与"坐待早凉生"的懒妇对比。

　　王崇炳又善用比喻。《耙耨》："寒波决春畦，滚滚似翻雪。"⑤《再耘》："挥汗如雨珠，白日头上炙。"⑥写农民挥汗如雨，一是耗费体力，二是烈日当空，气温高。《刈获》："以兹千亩云，报我三时力。"⑦《筛》："簟鸣风雨骤，筛动黄云卷。"⑧《簸扬》："持以养耆老，匕箸翻香雪。"⑨《分箔》："蚕饥得叶欢，声如风雨作。"⑩《下茧》："天晴蚕屋开，连茧似积雪。"⑪《择茧》："大茧如芋魁，小茧大于枣。"⑫稻谷、蚕茧以风、雨、云自然物象及芋、枣等农产物作比，形象、生动地描绘了丰收后的喜悦。陈燕认为，王崇炳大量运用比喻，是由于比喻的特点及王崇炳多重身份决定的。王崇炳作为当时的乡学领袖，他不仅是一位出色的理学家，更是一位谆谆授徒的师者。因而从这两种身份来说，他所写的文章必须以"通俗易懂、深入浅出、易被接受"为创造宗旨。然而理学中的"中、性、明德"等概念却纷繁复杂、抽象难懂，这便使他不得不从写作技巧上寻求途径，而修辞中的"比喻"恰恰满足了他的这一需求；另外，对于阐述其他非理学概念，他也运用了比喻的手法。王崇炳作为一名老师，其职便是"传道授业解惑"，故其文浅而理深，使学生更易理解、接受，这点依然与阐述理学概念的初衷有着某些方面的契合，这也正是两者的共鸣之处，使得文中比喻辞格的运用成了一大亮点。⑬

　　叠字可以使诗歌轻松流利、和谐悦耳、节奏明朗、韵律协调，具有传情达意

---

① 杜甫.杜诗详注[M].仇兆鳌,注.北京：中华书局,2015：231.
② 王崇炳.学稼堂诗稿[M]//赵一生.东阳丛书：15册.杭州：浙江古籍出版社,2015：53.
③ 王崇炳.学稼堂诗稿[M]//赵一生.东阳丛书：15册.杭州：浙江古籍出版社,2015：55.
④ 王崇炳.学稼堂诗稿[M]//赵一生.东阳丛书：15册.杭州：浙江古籍出版社,2015：57.
⑤ 王崇炳.学稼堂诗稿[M]//赵一生.东阳丛书：15册.杭州：浙江古籍出版社,2015：46.
⑥ 王崇炳.学稼堂诗稿[M]//赵一生.东阳丛书：15册.杭州：浙江古籍出版社,2015：49.
⑦ 王崇炳.学稼堂诗稿[M]//赵一生.东阳丛书：15册.杭州：浙江古籍出版社,2015：49.
⑧ 王崇炳.学稼堂诗稿[M]//赵一生.东阳丛书：15册.杭州：浙江古籍出版社,2015：50.
⑨ 王崇炳.学稼堂诗稿[M]//赵一生.东阳丛书：15册.杭州：浙江古籍出版社,2015：51.
⑩ 王崇炳.学稼堂诗稿[M]//赵一生.东阳丛书：15册.杭州：浙江古籍出版社,2015：53.
⑪ 王崇炳.学稼堂诗稿[M]//赵一生.东阳丛书：15册.杭州：浙江古籍出版社,2015：54.
⑫ 王崇炳.学稼堂诗稿[M]//赵一生.东阳丛书：15册.杭州：浙江古籍出版社,2015：54.
⑬ 陈燕.王崇炳研究[D].金华：浙江师范大学,2012：78.

的形象性。数量叠字如《碌碡》:"忽闻好鸟鸣,声声唤布谷。"①《三耘》:"停午白日丽,个个蜻蜓飞。"②《上蔟》:"株株动蜿蜒,入手宜宽秉。"③名叠字如《登场》:"南村与北舍,处处堆新黄。"④《持穗》:"凉风洒茅屋,村村打稻声。"⑤《祭神》:"家家笑语声,开帘见雪屋。"⑥形容叠字如《耷》:"秋村无停响,终朝声碌碌。"⑦《初秧》:"纤纤银钩屈,鬖鬖绿针吐。"⑧《一耘》:"日夕荷蓧归,庭宇虚寥寥。"⑨《拔秧》:"首夏风日喧,梅实垂纂纂。"⑩《筛》:"离离好嘉谷。"⑪《下茧》:"谁知郁郁青,化作皑皑白。"⑫《蚕蛾》:"蠕蠕出圆壳,栩栩缘素壁。"⑬《经》:"纤纤接玉手,鬖鬖引霜素。"⑭《染》:"峨峨雪一团,忽作云五色。"⑮《剪帛》:"罢织帛在手,皎皎白雪光。"⑯有单用,有对用,俯拾即是。

用典如《浇灌》:"笑彼汉阴丈,抱瓮何其愚"⑰中"汉阴抱瓮"源自《庄子·天地》。《染》:"物情各争丽,何人更尚白。徒劳墨翟翁,见此心悲戚。"⑱墨翟悲丝见《墨子·所染》:"子墨子言见染丝者而叹曰:染于苍则苍,染于黄则黄。所入者变,其色亦变;五入必而已则为五色矣。故染不可不慎也!"墨子看到洁白的丝被染成不同颜色,感伤世人随欲浮沉而不能自拔,犹如洁丝染色,失去本来面目。《读辛卯捐租诏》:"玉音悃款捐租诏,蒲屋欢欣击壤心。"⑲击壤见《帝王世纪》,传说中老人的歌,描绘了一幅和平安乐的图景,后"击壤"为太平盛世之

---

① 王崇炳.学稼堂诗稿[M]// 赵一生.东阳丛书:15册.杭州:浙江古籍出版社,2015:47.
② 王崇炳.学稼堂诗稿[M]// 赵一生.东阳丛书:15册.杭州:浙江古籍出版社,2015:49.
③ 王崇炳.学稼堂诗稿[M]// 赵一生.东阳丛书:15册.杭州:浙江古籍出版社,2015:54.
④ 王崇炳.学稼堂诗稿[M]// 赵一生.东阳丛书:15册.杭州:浙江古籍出版社,2015:50.
⑤ 王崇炳.学稼堂诗稿[M]// 赵一生.东阳丛书:15册.杭州:浙江古籍出版社,2015:50.
⑥ 王崇炳.学稼堂诗稿[M]// 赵一生.东阳丛书:15册.杭州:浙江古籍出版社,2015:55.
⑦ 王崇炳.学稼堂诗稿[M]// 赵一生.东阳丛书:15册.杭州:浙江古籍出版社,2015:51.
⑧ 王崇炳.学稼堂诗稿[M]// 赵一生.东阳丛书:15册.杭州:浙江古籍出版社,2015:47.
⑨ 王崇炳.学稼堂诗稿[M]// 赵一生.东阳丛书:15册.杭州:浙江古籍出版社,2015:48.
⑩ 王崇炳.学稼堂诗稿[M]// 赵一生.东阳丛书:15册.杭州:浙江古籍出版社,2015:48.
⑪ 王崇炳.学稼堂诗稿[M]// 赵一生.东阳丛书:15册.杭州:浙江古籍出版社,2015:50.
⑫ 王崇炳.学稼堂诗稿[M]// 赵一生.东阳丛书:15册.杭州:浙江古籍出版社,2015:54.
⑬ 王崇炳.学稼堂诗稿[M]// 赵一生.东阳丛书:15册.杭州:浙江古籍出版社,2015:55.
⑭ 王崇炳.学稼堂诗稿[M]// 赵一生.东阳丛书:15册.杭州:浙江古籍出版社,2015:56.
⑮ 王崇炳.学稼堂诗稿[M]// 赵一生.东阳丛书:15册.杭州:浙江古籍出版社,2015:56.
⑯ 王崇炳.学稼堂诗稿[M]// 赵一生.东阳丛书:15册.杭州:浙江古籍出版社,2015:57.
⑰ 王崇炳.学稼堂诗稿[M]// 赵一生.东阳丛书:15册.杭州:浙江古籍出版社,2015:49.
⑱ 王崇炳.学稼堂诗稿[M]// 赵一生.东阳丛书:15册.杭州:浙江古籍出版社,2015:56.
⑲ 王崇炳.学稼堂诗稿[M]// 赵一生.东阳丛书:15册.杭州:浙江古籍出版社,2015:92-93.

典。语典如《首夏》："天以雷鸣夏，人将麦号秋。"①"以雷鸣夏"源自韩愈《送孟东野序》："是故以鸟鸣春，以雷鸣夏，以虫鸣秋，以风鸣冬。四时之相推敚，其必有不得其平者乎！"②

（三）感情真挚

王崇炳农事诗表现出强烈的忧民情怀，其情感真挚感人。《王鹤潭夫子传》称："其所著时艺及诗悉本性情而发，无浮艳，无雕饰，平淡超逸，随机指点，皆足以提醒聋瞆。"③《叹虎灾》："出门难保得归身，白额经村日几巡。夜怕燃灯停织纺，朝防截路罢樵薪。从来善气能驱虎，愧列儒群亦唤人。不见辽东邴根矩，坐消猛挚护生民。"④为了防止被老虎所伤，农妇夜里不敢点灯，停止织纺，农夫白天不敢出门打柴，严重影响了农民的正常生活。自己虽忝列为儒，却不能以善气驱虎，渴望有邴根矩那样的人出现，为人民除害。《织》："早起得一尺，日暮裁一端。抛梭响萝屋，仰见白露溥。授衣将届候，敢辞玉臂酸？可怜机上素，不蔽贫女寒。"⑤为了按时交租，织女日夜赶工，不辞辛劳，只可惜家贫，机上有布，却不能为织女御寒，恰如民谣所唱"泥瓦匠住草房，纺织娘没衣裳"。《筛》："寄语玉食人，农家功不浅。"⑥饮水思源，作者告诫那些锦衣玉食之人要眼光向下，尊重那些创造物质财富的农民。《入仓》："告君但节食，贮以待凶荒。"⑦作者告诉农民，虽然逢了丰年，稻米入仓，但应节约粮食，以备饥荒。《暨阳旅寓闻雷》："生逢全盛日，小儆值灾年。茅店寒溪上，忧同杞国天。"⑧盛日遭灾，作者担忧的是老百姓的生活、生存，这不是杞人忧天，而是"位卑未敢忘忧国"⑨。《梦得雨》："雨声转听转分明，剧喜生灵尚可生。梦里依希疑是梦，忽然打失枕边声。"⑩梦中得雨，大喜生灵可活，事虽虚，情最真。《丙申除夕》："徒将文字供衰暮，愧乏升筲

---

① 王崇炳.学耨堂诗稿[M]//赵一生.东阳丛书：15册.杭州：浙江古籍出版社，2015：251.
② 韩愈.韩昌黎文集校注[M].马其昶，校注.马茂元，整理.上海：上海古籍出版社，1986：233.
③ 东阳河汾王氏宗谱[M]//黄灵庚，陶诚华.重修金华丛书：189册.上海：上海古籍出版社，2014：17.
④ 王崇炳.学耨堂诗稿[M]//赵一生.东阳丛书：15册.杭州：浙江古籍出版社，2015：194.
⑤ 王崇炳.学耨堂诗稿[M]//赵一生.东阳丛书：15册.杭州：浙江古籍出版社，2015：57.
⑥ 王崇炳.学耨堂诗稿[M]//赵一生.东阳丛书：15册.杭州：浙江古籍出版社，2015：50.
⑦ 王崇炳.学耨堂诗稿[M]//赵一生.东阳丛书：15册.杭州：浙江古籍出版社，2015：51.
⑧ 王崇炳.学耨堂诗稿[M]//赵一生.东阳丛书：15册.杭州：浙江古籍出版社，2015：122.
⑨ 陆游.剑南诗稿校注[M].钱仲联，校注.上海：上海古籍出版社，1985：578.
⑩ 王崇炳.学耨堂诗稿[M]//赵一生.东阳丛书：15册.杭州：浙江古籍出版社，2015：176.

被里间。"①作者感愧自己书生无用,对乡邻爱莫能助,感人肺腑,体现了作者对农民炽热的爱,对搜刮百姓的官吏则是刻骨的仇恨,如《三宿乡村皆谈邑令假命取金事》:"黑心老獍握铜章,日暮偏增饿虎肠。家破多因人命累,墙高妄意室中藏。圣朝焉用求金吏,县令今为发冢郎。漫说桃源堪避世,横征直道武陵乡。"②将假命取金的县令比作"黑心老獍",极尽嘲讽,最后感叹即使是世外桃源也难避横征暴敛。

王崇炳以授徒与务农为主,一生绝大部分时间定居于家乡金盘(后田),其农事诗的创作时间长,几乎贯穿了他的一生,诗作规模和数量大,题材众多。王氏自言"仆本田家"③,即他定位自己的身份是农民,他名其书斋为"学耨堂",喻以学耨心田,其治学以农事为喻,就近取譬,这无疑从侧面说明了他与农事的密切关系。王崇炳的农事诗反映了清代康乾时期东阳的农业生产状况、民风民俗、农民生存状态、自然灾害(饥荒、钱荒、疫病、水灾、虎灾等)以及王崇炳村居的景象,体现了王崇炳以农为本、民胞物与等思想以及山栖逸趣。这些农事诗对于人们了解王崇炳的生活道路、创作道路及其思想,以及清代前期东阳的农业生产状况及其民风民俗等有一定价值。

---

① 王崇炳.学耨堂诗稿[M]//赵一生.东阳丛书:15册.杭州:浙江古籍出版社,2015:109.
② 王崇炳.学耨堂诗稿[M]//赵一生.东阳丛书:15册.杭州:浙江古籍出版社,2015:135.
③ 王崇炳.学耨堂诗稿[M]//赵一生.东阳丛书:15册.杭州:浙江古籍出版社,2015:45.

第十六章 王崇炳咏史怀古诗词研究 ①

王崇炳今存咏史怀古诗 80 首，体裁多样，有七古、七律、七绝、五古、五律等。且有咏史怀古词 7 首。他一生足迹大致不出浙江省范围，咏怀地点集中于金华、杭州以及东阳至慈溪一线。咏史诗较多关注唐五代、明代。

梳理王崇炳咏史怀古诗词的主题内容，集中于身份强调、地域认同与读史志趣，分析其艺术表现手法如想象、对比、用典等，总结其多用传体以及哲学意蕴等特征，反映出王氏"雅慕桑梓，留心前烈"的文化自觉，抑恶扬善的善恶观，一分为二的辩证思维以及借此"载道"的文学观。

一、咏史怀古诗词的主题内容

（一）身份强调：隐士与文士

王崇炳《鹤潭时艺稿自序》云："不佞少而入泮，五入棘闱，六十五出贡，殆非山人也。然老无所归，则亦将归于山人。"②科举时代，凡屡试不第的贡生，可按年资轮次到京，由吏部选任杂职小官。某年轮着，就叫作"出贡"。可惜，他"既出贡广文一席，届期不赴"③，故而自称"山人"。隐士、文士是他人生的底色，这种身份强调，在其咏史怀古诗词中有着精彩的表现。

1. 隐士

严光是东汉隐士，与光武帝刘秀为同学，拒绝出仕，其高风亮节流传后世。王崇炳往来桐庐钓台，对严光心心念念，赋诗多首，如《夜过子陵钓台》："拟访

---

① 吕国喜.论王崇炳咏史怀古诗词[J].兰州文理学院学报（社会科学版），2022（3）：58-65.
② 王崇炳.学稼堂文集[M]//赵一生.东阳丛书：15 册.杭州：浙江古籍出版社，2015：169.
③ 程开业.河汾王氏续修宗谱序八.东阳河汾王氏宗谱[M]//黄灵庚，陶诚华.重修金华丛书：189 册.上海：上海古籍出版社，2014：2.

高踪此一来，江程风便夕帆开。不知卧渡严陵濑，天晓从人问钓台。"①《过钓台》："前度更深过钓台，而今天黑晓帆开。名区密迩身难到，急棹中流首重回。严濑风光穷劫好，南阳火德有时衰。千寻立石无今古，下界舟船日往来。"②《咏严子陵》："老脚横加万乘身，狂奴生性懒称臣。归来仍向严江钓，不说南阳有故人。"③《后汉书·严光传》："因共偃卧，光以足加帝腹上。明日，太史奏客星犯御坐甚急。帝笑曰：'朕故人严子陵共卧耳。'"④此即"老脚横加万乘身"。严光对刘秀说："昔唐尧著德，巢父洗耳。士故有志，何至相迫乎！"⑤王崇炳认为，两相相比，东汉王朝早已走向衰败，而严濑风光长在，严光之精神永存。

林逋"少孤，力学，不为章句。性恬淡好古，弗趋荣利"⑥。隐居杭州西湖，结庐孤山，梅妻鹤子，驾小舟遍游西湖，与高僧诗友相往还。王崇炳《林处士宅》⑦云：

古木青萝系钓船，水楼掩映芰荷烟。即今处士门墙峻，日见当关启闭虔。疏影每劳园吏护，缟衣亦食大官钱。一轮清浅明湖月，不照寒篱照管弦。

苏轼《书林逋诗后》云："我笑吴人不好事，好作祠堂傍修竹。不然配食水仙王，一盏寒泉荐秋菊。"⑧苏轼认为林逋像可配祀水仙王庙，唯以寒泉秋菊祭祀，方称其高洁。而王崇炳看到的林逋宅仍为改造后的祠堂，且为官家所保护，门墙加高，关闭有时，林逋手植的梅树也有园吏专门维护。热闹取代了幽静，这明显有违林逋本意，作者意味深长地指出：保护反成伤害。视角可谓独特。

沈寿民（1607—1675），字眉生，宣城人，明诸生，崇祯九年举贤良方正，与沈士柱（字昆铜）号称"江上二沈"，黄宗羲为其撰《征君沈耕岩先生墓志铭》。⑨崇祯末以诸生劾首辅杨嗣昌，与周镳（号鹿溪）相善，阮大铖视两人为《留都防乱公揭》的主谋，周被阮诬杀，沈变名姓为王子云，遁入金华山中，授经于乡。"诗沉思多慨，述志高洁。"⑩《金华诗录》收其诗1首。王崇炳在其《题沈征士

---

① 王崇炳.学稼堂诗稿[M]//赵一生.东阳丛书：15册.杭州：浙江古籍出版社，2015：119.
② 王崇炳.学稼堂诗稿[M]//赵一生.东阳丛书：15册.杭州：浙江古籍出版社，2015：168.
③ 王崇炳.学稼堂诗稿[M]//赵一生.东阳丛书：15册.杭州：浙江古籍出版社，2015：119.
④ 范晔.后汉书[M].北京：中华书局，1965：2764.
⑤ 范晔.后汉书[M].北京：中华书局，1965：2763.
⑥ 脱脱.宋史[M].北京：中华书局，1977：13432.
⑦ 王崇炳.学稼堂诗稿[M]//赵一生.东阳丛书：15册.杭州：浙江古籍出版社，2015：21.
⑧ 苏轼.苏轼诗集[M].王文浩，辑注.孔凡礼，点校.北京：中华书局，1982：1344-1345.
⑨ 黄宗羲.黄梨洲文集[M].北京：中华书局，1959：176-179.
⑩ 严迪昌.清诗史[M].杭州：浙江古籍出版社，2002：199.

隐迹录》①中云：

　　日月沈山海水黑，乾坤忽入昆明劫。赵岐投身卖饼家，梅福去作吴门卒。宛陵亦有沈征君，被发佯狂行大泽。国之将亡柱石空，元戎重寄归菜佣。征君应荐挺危论，请剑慷慨朱云风。投匦上书不见省，飘然一舸来江东。回首铜驼已荆棘，万里河山付楚弓。白云须臾变苍狗，青山不掩群公丑。有才不用用非才，黍苗离离泪成斗。灭迹潜名麋鹿群，物色幸脱当途口。首阳七尺薇蕨身，学圃书田时灌耨。金华诸山郁嵯峨，芙蓉秀色明江波。十万生灵一炬灰，残山剩水哀情多。金貂不入丹阳市，蜡屐亭边忍泪过。孤灯冷燄照独夜，头上岁月空蹉跎。竹坞梅花春色好，寂寞行逢顽石老。欲哭无声歌不成，时与欹歔说天宝。长烟荒荒白日暮，双溪草色非前度。即今名孙千里来，欲向遗民访平素。山川满目不见人，碧桃红杏春无数。江城楼阁夜萧萧，鹿田风雨子雉号。征君之贤今谢翱，铁笛一声山月高。

　　据诗序，沈寿民之孙延璐来金华访其祖旧事，浦江傅旭元为其作《隐迹录》，王崇炳为之题诗。王将沈寿民避世比为赵岐、梅福。赵岐于汉桓帝时因得罪宦官而逃至北海卖饼，被孙嵩救至家中，藏于复壁内数年，后被赦出。《汉书·梅福传》："至元始中，王莽颛政，福一朝弃妻子，去九江，至今传以为仙。其后，人有见福于会稽者，变名姓，为吴市门卒云。"②其直言敢谏，又比之为"臣愿赐尚方斩马剑，断佞臣一人以厉其余"③的朱云。戴名世于《沈寿民传》中赞曰："沈先生清风高节，不可及矣。当明之既亡，东南遗民义不忍忘故国，多有愚昧以触罪戾，至于覆其宗祀。海上之役，金坛、丹徒、宣城三县士大夫受祸尤烈。先生独超然远览，自全于耕凿之间，可不谓智勇绝人者乎。"④

2. 文士

　　诗词歌赋、琴棋书画，乃是文士必备与日常，王崇炳对文人雅事抱着欣赏的态度，沉迷其中，诉诸笔端。

　　比如，觅诗苦吟的《灞桥风雪》⑤：

　　郑五金闺彦，滑稽类齐赘。宣麻忽自嗤，数月即引退。尝吟讫后诗，微词讽流辈。得句非经营，即趣聊点缀。苍茫风雪中，灞桥驴子背。寒景发奇藻，高言

---

① 王崇炳. 学耨堂诗稿 [M]// 赵一生. 东阳丛书：15册. 杭州：浙江古籍出版社，2015：94-95.
② 班固. 汉书 [M]. 北京：中华书局，1962：2927.
③ 班固. 汉书 [M]. 北京：中华书局，1962：2915.
④ 戴名世. 戴名世集 [M]. 北京：中华书局，1986：156.
⑤ 王崇炳. 学耨堂诗稿 [M]// 赵一生. 东阳丛书：15册. 杭州：浙江古籍出版社，2015：60.

息凡喙。此秘君弗传，时至当自会。

郑綮之滑稽大类于战国时齐之赘婿淳于髡。"初去庐江，与郡人别云：'唯有两行公廨泪，一时洒向渡头风。'滑稽皆此类也。"①"宣麻忽自嗤，数月即引退"本事见于《旧唐书》本传："明日果制下，亲宾来贺，搔首言曰：'歇后郑五作宰相，时事可知矣。'累表逊让不获。既入视事，侃然守道，无复诙谐。终以物望非宜，自求引退。"②"灞桥风雪"本事见《北梦琐言》："或曰：'相国近有新诗否？'对曰：'诗思在灞桥风雪中驴子上，此处何以得之？'盖言平生苦心也。"③鉴于晚唐清冷枯寂、骑驴苦吟诗风，王崇炳认为诗思诗料来源于生活，情景相迫相生乃是作诗的不传之秘。

《扫雪候客》④写王元宝"暖寒会"：

吾家王元宝，风雅一时播。庭户正寂寥，山雪落方大。端居念同人，谁为诗酒佐？呼童扫柴关，候彼轩车过。有客策寒来，登堂拥炉坐。酒馔出中厨，新诗交唱和。兹会名暖寒，相与毕清课。自愧同袁生，终朝但高卧。

王崇炳将王元宝认为本家，意即"风雅吾家事"，大类于杜甫之"诗是吾家事"⑤。《开元天宝遗事·扫雪迎宾》："巨豪王元宝，每至冬月大雪之际，令仆夫自本家坊巷扫雪为径路，躬亲立于坊巷前迎揖宾客，就本家具酒炙宴乐之，为暖寒之会。"⑥王崇炳展开艺术想象，将暖寒会描写得风流高雅，清气氤氲。结尾自比袁安卧雪，暗示自己清贫，无力办此雅集。

其《赞善画雪》⑦云：

赞善工画雪，妙得诗中境：峨峨岸上山，皑皑潭心影。樟入玉千林，蓑披银一领；砂上浴凫寒，烟际飞鸿隐。泊处即为家，瓦瓯与蓬艇。锦堂羔酒浓，仙仗朝靴冷。谁谙雪渔情？画出君当省。

赞善当指段文昌之孙、段成式之子段安节。段安节善画，曾采郑谷《雪中偶题》诗句"江上晚来堪画处，渔人披得一蓑归"⑧为图，曲尽潇洒之意，持以赠谷，

---

① 刘昫.旧唐书[M].北京：中华书局，1975：4662.
② 刘昫.旧唐书[M].北京：中华书局，1975：4663.
③ 孙光宪.北梦琐言[M].北京：中华书局，2002：149-150.
④ 王崇炳.学耨堂诗稿[M]//赵一生.东阳丛书：15册.杭州：浙江古籍出版社，2015：61.
⑤ 杜甫.杜诗详注[M].仇兆鳌，注.北京：中华书局，2015：1218.
⑥ 王仁裕，姚汝能.开元天宝遗事 安禄山事迹[M].北京：中华书局，2006：13-14.
⑦ 王崇炳.学耨堂诗稿[M]//赵一生.东阳丛书：15册.杭州：浙江古籍出版社，2015：61.
⑧ 郑谷.郑谷诗集笺注[M].严寿澂，黄明，赵昌平，笺注.上海：上海古籍出版社，1991：213.

谷为诗以谢,《予尝有雪景一绝为人所讽吟段赞善小笔精微忽为图画以诗谢之》云:"赞善贤相后,家藏名画多。留心于绘素,得事在烟波。属兴同吟咏,成功更琢磨。爱予风雪句,幽绝写渔簑。"①王崇炳仔细描摹了画之"诗中境",通过这种诗境、画境的相互转化,可以深切地参悟诗画艺术相互融通的艺术规律。

(二)地域认同:先进往迹

金华文风,肇自唐朝骆宾王、冯宿、舒元舆,盛自宋朝吕祖谦、唐仲友、陈亮以及何、王、金、许"四先生"。而元之黄溍、柳贯,堪与赵孟頫、虞集并驾;明之宋濂,更被朱元璋誉为"开国文臣之首"。之后,似乎难以为继。戴璐《藤阴杂记》云:"金华府顺治丙戌朱之锡馆选后,一百五十年无继者。嘉庆丙辰,浦江戴殿泗传胪馆选,兰溪严殿传武殿试传胪。同科同府,名俱殿字,亦巧合矣。"②1646—1796 年,恰为一百五十年。王崇炳编纂《金华文略》时,感慨道:"金华地处僻郡,数十年来蝉冕绝少。后生少年,因陋习简,数典者或忘其祖。叩以前民国宪,嗒焉不能举其姓氏。岂知儒宗文师,比肩接踵,即在桑梓间数百里地哉!"③又云:"生同乡国,耆旧无传,岂非后人之责哉!"④凭此文化自觉,他"雅慕桑梓,留心前烈"⑤,编著了《金华文略》《金华征献略》,为金华一地整理、保存了珍贵的文献资料。故而对东阳乃至金华一地的先贤往迹尤多关注。

《白鹿峰》写许孜墓:"白鹿峰如笔,森然入太清。前贤无故里,遗迹有山名。沧海何时竭?孤云连夜生。即今庐墓处,犹见护松情。"⑥《道光东阳县志》载:"许孝子墓在县北七十里蓝硎保,坐东向西。"⑦"护松情"见《晋书》本传所载:俄而二亲没,柴毁骨立,杖而能起,建墓于县之东山,躬自负土,不受乡人之助。……孜以方营大功,乃弃其妻,镇宿墓所,列植松柏亘五六里。时有鹿犯其松栽,孜悲叹曰:"鹿独不念我乎!"明日,忽见鹿为猛兽所杀,置于所犯栽下。孜怅惋不已,乃为作冢,埋于隧侧。猛兽即于孜前自扑而死,孜益叹息,又取埋之。自后

---

① 郑谷.郑谷诗集笺注[M].严寿澄,黄明,赵昌平,笺注.上海:上海古籍出版社,1991:147.
② 戴璐.藤阴杂记[M].上海:上海古籍出版社,1985:43.
③ 王崇炳.金华文略[M]//赵一生.东阳丛书:16 册.杭州:浙江古籍出版社,2015:卷首.
④ 王崇炳.金华文略[M]//赵一生.东阳丛书:16 册.杭州:浙江古籍出版社,2015:卷首.
⑤ 王崇炳.金华文略[M]//赵一生.东阳丛书:16 册.杭州:浙江古籍出版社,2015:卷首.
⑥ 王崇炳.学耨堂诗稿[M]//赵一生.东阳丛书:15 册.杭州:浙江古籍出版社,2015:69.
⑦ 党金衡.道光东阳县志[M].杭州:西泠印社出版社,2017:615.

树木滋茂，而无犯者。①极言其孝竟能感动树木鸟兽。

写乔行简故居的则有《孔山怀古三章》②：

乔公致政反丘园，旧府相传父老言。荒径已无牛氏石，古城犹有谢公墩。苔生断砌冰花合，霜落疏林寒鸟喧。不见南朝好陵寝，年年风雨泣黄昏。

河山半壁藉调元，光映文昌上相尊。闻说朱门花作垿，眼看黄叶鸟归村。高名尚喜留桑梓，故国徒劳问子孙。五府相连各衰散，一从野老牧鸡豚。

相臣门第对三丘，绕郭崩砂水漫流。一代功名余石砌，四郊烟火抱城楼。市喧日暮人将散，树老台荒我欲愁。只有青编两行字，尚留忠亮照千秋。

诗序所云乔行简"功存桑梓，名在竹帛""今虽桑田迁改，而故迹犹存"，实为诗旨所在。乔行简（1156—1241），字寿朋，浙江东阳人，吕祖谦门生。宋光宗绍熙年间进士，宋理宗时曾任参知政事，兼同知枢密院事、进知枢密院事、右丞相、左丞相，晚年至平章军国重事，并被封为鲁国公。"只有青编两行字，尚留忠亮照千秋"，《宋史》本传云："行简历练老成，识量弘远，居官无所不言。好荐士，多至显达，至于举钱时、吴如愚，又皆当时隐逸之贤者。"③

写许谦讲学处的则有《八华山》："贤者此宏道，门徒四海归。灯明刘向阁，花发马融帷。征士虚承诏，名山永息几。至今庭下草，犹沐旧时辉。"④许谦（1269—1337），字益之，号白云山人，浙江东阳人，晋许孜后裔。金华何基、王柏、金履祥、许谦称"金华四先生"或"北山四先生"，是宋元之际朱子学代表。"延祐初，谦居东阳八华山，学者翕然从之。寻开门讲学，远而幽、冀、齐、鲁，近而荆、扬、吴、越，皆不惮百舍来受业焉。"⑤王崇炳将许谦比作西汉经学家刘向与东汉经学家马融，意许谦可为刘向之灯传、继马融之绛帐，评价较高。

写许弘纲别墅的则有《过许司马别墅》："名园迢递竹千竿，邂逅经行一倚栏。啸月楼高空翠入，赐书堂在古苔寒。江湖岁晚尚书卧，桑梓恩深父老欢。几处芙蓉临水岸，不堪花在暮秋看。"⑥许弘纲（1554—1638），字张之，号少薇，东阳黄田畈紫薇山人。明万历庚辰（1580）进士，曾任绩溪县令、顺天府尹。天启五年（1625）为南京兵部尚书。许平易近人，退居乡里，与父老相处甚欢。《金华征献

---

① 房玄龄. 晋书 [M]. 北京：中华书局，1974：2279.
② 王崇炳. 学耨堂诗稿 [M]// 赵一生. 东阳丛书：15 册. 杭州：浙江古籍出版社，2015：127.
③ 脱脱. 宋史 [M]. 北京：中华书局，1977：12495.
④ 王崇炳. 学耨堂诗稿 [M]// 赵一生. 东阳丛书：15 册. 杭州：浙江古籍出版社，2015：69.
⑤ 宋濂. 元史 [M]. 北京：中华书局，1976：4319.
⑥ 王崇炳. 学耨堂诗稿 [M]// 赵一生. 东阳丛书：15 册. 杭州：浙江古籍出版社，2015：8.

略》云:"弘纲为人,清不绝物,和不图俗。既归里,悠然山水之间,颇治园圃,艺花竹,日与山叟、田父谈说桑麻,脱略仪检,诙谐谈笑,无有贵贱老幼,莫不欢欣悦慕,若侪辈之相与,忘其为达官贵人之乡居者。"①此诗着重抒发物是人非、不胜今昔之感。

写张国维遂初堂的则有《白云洞怀张大司马》②:

飞瀑成潭第一泉,尚书归省此留连。誓同止水终能践,节比寒松晚更坚。一代孤忠推后劲,千秋信史表前贤。午桥庄舍供凭吊,不似凄凉金谷园。

白云洞"在甑山下。四山屈缭,洞介其中,如屋然,广五丈,深三丈。中广二丈,高亦如之"③。"尚书归省",指崇祯十七年(1644),张国维与大学士马士英、魏党阮大铖不和,告假归里,在此构筑遂初堂,奉母居住。王崇炳赞张国维忠孝大节彪炳史册,最后用对比手法,指出地因人显。拟之唐裴度午桥庄,完胜石崇金谷园。

写东阳石洞书院的则有《金缕曲·石洞怀古》④:

应有苍龙蛰,想穿空、龙飞入海,尚余龙窟。碧嶂苍峦标胜概,亭馆高低曲折。宾友尽、魁儒词伯,当日文星群聚处,更名章、磊落留编帖。思往事,霜鸿迹。　　飞来一片峨眉雪。撒珠帘,镕波走玉,双岩对立。两镜交辉月临峡,谁领清光奇绝。只天水、相为主客。一辈人过一辈至,知何年,方阁题诗笔。松簧奏,林莺答。

"石洞书院在县东南五十里。宋绍兴间,邑人郭钦止于洞前建屋一区,题曰'石洞书院'。延龙泉叶适主师席,以教族之子弟及乡里俊秀。当时来往者,如朱熹、吕祖谦、魏了翁、陆游诸贤,皆有题识,见胜迹。由是石洞之名大显。"⑤词中"文星"即包括诸如朱熹、吕祖谦、魏了翁、陆游、叶适等当时一流学者。"更名章、磊落留编帖"指的是《石洞贻芳集》,明代郭氏裔孙郭铁编撰,原为二卷本,清代其后裔孙郭钟儒重刊时改为五卷本,即芳音、芳纪、芳泽、芳传、芳绪。石洞书院的著名景点有清旷亭、月峡、小烂柯、高壁岩、壶中阁、石井、飞云、玉

---

① 王崇炳.金华征献略[M]//赵一生.东阳丛书:15册.杭州:浙江古籍出版社,2015:243.
② 王崇炳.学耨堂诗稿[M]//赵一生.东阳丛书:15册.杭州:浙江古籍出版社,2015:239-240.
③ 党金衡.道光东阳县志[M].杭州:西泠印社出版社,2017:606.
④ 王崇炳.学耨堂诗余[M]//赵一生.东阳丛书:15册.杭州:浙江古籍出版社,2015:314-315.
⑤ 党金衡.道光东阳县志[M].杭州:西泠印社出版社,2017:215.

佩、笙鹤亭、药圃、倚剑、倾月、玉泉等，词中写及玉泉、高壁岩、月峡等。王崇炳于陈亮《郭氏哀辞》后论曰："自郭氏创为义塾，邑人闻风而起。若许氏之八华书院，则延许白云以为师。蒋氏之横城义塾，则延方蛟峰以为师。一时风俗丕变，文教兴起，固师儒之功。"①肯定了石洞书院的文教之功，可与此词参读。

写义乌徐侨墓的则有《过徐文清公墓》②：

石马苔痕落照明，无风广谷起寒声。昏鸦老树千年塚，立懦廉顽百世英。垄首残碑犹有字，花宫遗像俨如生。心悬青史光穷劫，眼底荣枯不足争。

徐侨（1160—1237），字崇甫，婺州义乌靖安里龙陂（今义乌佛堂镇王宅桥西村）人。南宋政治家、理学家。宋淳熙十四年（1187）中进士，历任上饶主簿、校书郎、江东提点刑狱公事、太常少卿等职。在江西任上饶主簿时，拜理学大师朱熹为师，朱熹称他为"明白刚直"，并将其书房命名为"毅斋"③。王氏另于《门人龚映书招游绣川纪事》亦提及徐侨墓："古木苍藤石马僵，整衣肃拜文清墓。"④可见其对徐侨为官、为学、为人的敬慕。

写朱大典的则有《沁园春·婺城吊古》⑤：

一个忠臣，全城海覆，地老天荒。惨头抛乱雨，血翻洪水，无分玉石，莫辨贤良。崗骼模糊，躯骸颠倒，大塚堆堆万骨藏。长亭路，对西风残叶，千古神伤。

即今庐舍辉煌，都是青磷古战场。叹支离朝市，兴亡迭代，颠连民物，剥复循环。惨淡乾坤，玄黄淆杂，别有孤行逼浩苍。寒食节，见凄迷芳草，寂寞斜阳。

上片回忆朱大典死守金华事。王崇炳《金华征献略》有《朱大典传》⑥，《金华文略》有《朱阁部未孩公传略》⑦。朱大典（1581—1646），字延之，号未孩，金华长山村人。明万历四十四年（1616）进士，授章邱知县。历任兵科给事中、福建副使、右参政、右佥都御史、山东巡抚等，不能持廉、被劾、诏命革职候审。明亡，福王于南京称帝，大典贿结马士英、阮大铖，被召为兵部左侍郎，逾月进尚书，总督上江军务。清兵大举南下，福王被擒，遂率军还乡，据府城固守。鲁王监国任命为文华殿大学士。唐王立于福建，授东阁大学士，督师如旧。清顺治三

---

① 王崇炳.金华文略[M]//赵一生.东阳丛书：16册.杭州：浙江古籍出版社，2015：732.
② 王崇炳.学耨堂诗稿[M]//赵一生.东阳丛书：15册.杭州：浙江古籍出版社，2015：209.
③ 脱脱.宋史[M].北京：中华书局，1977：12614.
④ 王崇炳.学耨堂诗稿[M]//赵一生.东阳丛书：15册.杭州：浙江古籍出版社，2015：210.
⑤ 王崇炳.学耨堂诗余[M]//赵一生.东阳丛书：15册.杭州：浙江古籍出版社，2015：318.
⑥ 王崇炳.金华征献略[M]//赵一生.东阳丛书：15册.杭州：浙江古籍出版社，2015：78-79.
⑦ 王崇炳.金华文略[M]//赵一生.东阳丛书：16册.杭州：浙江古籍出版社，2015：809-812.

年（1646）三月，清兵下浙东，阮大铖驰书招降，大典裂书并杀招抚使，与部将固守金华。清兵围攻城两旬，后阮大铖知西门新筑土未坚，以炮专攻其处，城崩。大典全家自焚死。城陷后，清兵屠城三日，死者不可胜数。下片通过古今对比，由今溯古，以发吊古之意。指出当下的安宁、辉煌都是前人用生命换来的。

（三）志趣所在：读史

读史是王崇炳坚持终生的志趣，也许跟他平时教学有关。通过大量咏史诗来惩恶扬善、激清扬浊，便是他创作的初衷。其咏史诗所咏对象多集中于唐五代、明代。

1.忠义节烈

王崇炳曾云："而在吾婺，则李蕲州效死于前，朱阁部植节于后。数百年间，若合符节，辉映简策。婺州多贤，顾不信哉！"①金华历来不乏死节之士，李诚之、朱大典便是代表，前规后随，绵延不绝。放眼历史，王崇炳亦对心目中的忠义节烈献上一瓣心香。

其《蓝关阻雪》②云：

昌黎群儒雄，谠言表直节。九重樱盛怒，万里遭严斥。行至蓝田关，雪花纷如翼。我马冻欲殭，仆夫咸股慄；秦树远苍茫，回头望京国。徘徊恋阙情，恻怆怀乡色。岂不惮行役？王程有敦迫。谁知文章宗，际此穷途阨？除弊惜未能，投荒何足戚！

唐元和十四年（819）正月，唐宪宗命宦官从凤翔府法门寺真身塔中将所谓的释迦文佛的一节指骨迎入宫廷供奉，并送往各寺庙，要官民敬香礼拜。时任刑部侍郎的韩愈为此作《论佛骨表》，劝谏阻止唐宪宗，指出信佛对国家无益，而且自东汉以来信佛的皇帝都短命，结果触怒了唐宪宗，韩愈几乎被处死。经裴度等人说情，最后韩愈被贬为潮州刺史。此诗紧扣韩愈《左迁至蓝关示侄孙湘》③，前半部分乃是对"云横秦岭家何在？雪拥蓝关马不前"的铺陈与补足，结尾则是"欲为圣明除弊事，肯将衰朽惜残年"的翻版，高度颂扬韩愈虽获严惩却无怨悔的精神。

---

① 王崇炳.金华文略[M]//赵一生.东阳丛书：16册.杭州：浙江古籍出版社，2015：727.
② 王崇炳.学耨堂诗稿[M]//赵一生.东阳丛书：15册.杭州：浙江古籍出版社，2015：59.
③ 韩愈.韩昌黎诗系年集释[M].钱仲联，集释.上海：上海古籍出版社，1984：1097.

写义乌宗泽的则有《读忠简宗公遗事》①：

忠简起下寮，暮龄奋武怒。社稷一身当，力欲扶衰祚。亡国岂无贤，苦受庸才误。惜哉韩白俦，发名在末路。帝后皆北辕，六宫亦踪步。崛起干危鼎，怒髯磔霜素。呼吸成风云，咄嗟扫烟雾。陈前收孽狐，帐下拔飞兔。抚众推赤心，令出鬼神怖。强胡骇且奔，穿垒孤无辅。招集百万师，日费困仓赋。挥霍非人谋，功成有天数。中原尽归心，恢复在指顾。二帝未即归，汪黄已潜妒。唐亡子仪奋，汉替孔明故。运筹赤心枯，感慨碧血吐。绝命无他言，黄河三呼渡。

宗泽（1060—1128），字汝霖，浙江义乌人，两宋之交杰出的政治家、军事家，民族英雄。建炎元年（1127）六月，任东京留守，知开封府，招集王善、杨进等义军协助防守，又联络两河"八字军"等部协同抗金，并任用岳飞等人为将，屡败金兵。宗泽曾20多次上书高宗赵构，力主还都东京，并制定了收复中原的方略，因有汪伯彦、黄潜善所阻，均未被采纳。壮志难酬，他忧愤成疾，"翌日，风雨昼晦。泽无一语及家事，但连呼'过河'者三而薨"②。王崇炳将宗泽比之唐之郭子仪，三国时诸葛亮，对其壮志难酬、忧愤遽逝给予了较大同情。

《沁园春·读〈明史·杨椒山传〉》③云：

直谏英才，祖宗培养，冠世人龙。痛金吾重杖，顿成朽骨，秋官黑狱，莫白孤忠。天作黄霾，地膏碧血，驱入逢于一队中。君何憾、有千秋信史，齿颊生风。　　垂衣鉴比重瞳，只元恺，非贤贤四凶。惜气凌河岳，节标金石，志存社稷，名缺钟镛。边塞频惊，君臣无策，难起诸贤抔土封。君休矣，也曾青蒲伏泣，白简披衷。

杨继盛（1516—1555），字仲芳，号椒山，直隶容城（今河北容城）人。嘉靖二十六年（1547），杨继盛登进士第，初任南京吏部主事，师从南京吏部尚书韩邦奇学习律吕。后官兵部员外郎。因上疏弹劾仇鸾开马市之议，被贬为狄道典史。其后被起用，为诸城知县，迁南京户部主事、刑部员外郎，调兵部武选司员外郎。嘉靖三十二年（1553），上疏力劾严嵩"五奸十大罪"，遭诬陷下狱。在狱中备经拷打，于嘉靖三十四年（1555）遇害，年四十。临刑赋诗曰："浩气还太虚，丹心照千古。生平未报恩，留作忠魂补。"④词主要赞扬了杨继盛不畏强权、敢于直

---

① 王崇炳.学耨堂诗稿[M]//赵一生.东阳丛书：15册.杭州：浙江古籍出版社，2015：255-256.
② 脱脱.宋史[M].北京：中华书局，1977：11285.
③ 王崇炳.学耨堂诗余[M]//赵一生.东阳丛书：15册.杭州：浙江古籍出版社，2015：328.
④ 张廷玉.明史[M].北京：中华书局，1974：5542.

谏的一腔"孤忠",英风长存,人所共仰。

其《李西涯东阳》①云:

> 顾命龙墀泪未干,果哉长往末之难。若教共去君谁守?犹藉孤撑国以安。调护忠良原有道,剪除凶竖岂无端?康陵论旨真平允,曲表臣心一寸丹。

李东阳(1447—1516),字宾之,号西涯。明朝内阁首辅。柄国十八载,"立朝五十年,清节不渝"②。李东阳与刘健、谢迁同受顾命。刘瑾乱政,论诛不允,刘健、谢迁辞官,而李东阳独留,却是去易留难。"调护忠良原有道",李东阳主动与刘瑾搞好关系,与其周旋,解救一些被陷害的官员,"刘健、谢迁、刘大夏、杨一清及平江伯陈熊辈几得危祸,皆赖东阳而解。其潜移默夺,保全善类,天下阴受其庇"③。另如崔璇、姚祥、张玮、安奎、张彧等,后来,李东阳设计除去刘瑾。《明史》将李东阳塑造成以大局为重、隐忍求全的大臣形象,几乎剔除了反面评价,王崇炳此诗接受了《明史》的书写,对李东阳抱有同情之心。

其他如"谠论危言一片诚,洛阳理学古先生"(《刘洛阳健》)④的刘健,"调理荒君如捧玉,主持国论似凭城"(《杨新都廷和》)⑤的杨廷和,"先帝平台执手嘘……新朝启运延耆德,直亮重陈政本书"(《谢余姚迁》)⑥的谢迁,等等。

2. 昏君佞臣

王崇炳对于昏君佞臣自然是无情嘲讽、批判,告诫学生及世人以此为戒,不可重蹈覆辙。

其《朱温》⑦云:

> 劝君利刃在手,慎莫杀人无遗子。岂知有人在我身后立,天地终须有变易。出尔反尔在顷刻,曾不移时权柄失。合家大小男女,连颈受系、断腰截项,即我今日杀人之故辙。他人杀我犹自可,偏欲使尔骨肉相屠灭,不信,但看砀山之民朱三为天子亲儿,拔刃冲腹洞背出。

朱温的滥杀史上罕见,一是滥杀战俘。例如,唐乾宁二年(895)十一月,朱

---

① 王崇炳.学耨堂诗稿[M]//赵一生.东阳丛书:15册.杭州:浙江古籍出版社,2015:64.
② 张廷玉.明史[M].北京:中华书局,1974:4825.
③ 张廷玉.明史[M].北京:中华书局,1974:4823.
④ 王崇炳.学耨堂诗稿[M]//赵一生.东阳丛书:15册.杭州:浙江古籍出版社,2015:64.
⑤ 王崇炳.学耨堂诗稿[M]//赵一生.东阳丛书:15册.杭州:浙江古籍出版社,2015:64.
⑥ 王崇炳.学耨堂诗稿[M]//赵一生.东阳丛书:15册.杭州:浙江古籍出版社,2015:65.
⑦ 王崇炳.学耨堂诗稿[M]//赵一生.东阳丛书:15册.杭州:浙江古籍出版社,2015:219-220.

温在钜野（今山东巨野）之南大败朱瑄部一万余人，杀戮将尽，俘虏3000余人。傍晚打扫战场时，忽然狂风暴起，沙尘沸涌。朱温竟借故胡说："此乃杀人未足耳。"①下令把俘虏全部杀死。二是滥杀部属。朱温用法严峻残酷，战场上将校战死，所部士兵生还即全部斩首，叫作"跋队斩"。他用这种野蛮的办法来提高战斗力，因此一旦主将战死，士兵也就亡逸不敢归。朱温就命军士都文刺其面以记军号，军士或思乡里逃去，关津辄执之送所属，无不死者。三是滥杀士人。对唐昭宗与唐哀帝及其文武百官，更是毫不手软，杀人如麻。尾句指乾化二年（912），朱温因继立问题，被亲子朱友珪弑杀。朱温传位博王朱友文，其庶子友珪说动统军韩勍，以牙兵五百并部分控鹤卫士半夜斩关入万春门，"至寝中，侍疾者皆走。太祖惶骇起呼曰：'我疑此贼久矣，恨不早杀之，逆贼忍杀父乎！'友珪亲吏冯廷谔以剑犯太祖，太祖旋柱而走，剑击柱者三，太祖急，仆于床，廷谔以剑中之，洞其腹，肠胃皆流"②。正所谓恶有恶报，因果轮回，此诗戒杀主题甚明。

其《冯道》③云：

妇人嫁七夫，一文亦不直。冯道事七姓，声名益增赫。道去举朝危，道来群情怗。生则一等荣，死则万姓惜。称之为圣人，所操果何术。脱然势利场，亦不顾名节。有问则正言，不可言则默。随流而浮沉，入水永不溺。或加大隐名，或云无耻极。破戒比丘僧，沿门行托钵。食肉说净戒，随方输利益。史法持纲常，斯人固宜斥。

冯道（882—954），于五代十国时期历经五朝十二帝八姓，五朝指唐、晋、辽、汉、周，十二帝包括后唐李存勖、后唐李嗣源、后唐李从厚、后唐李从珂、后晋石敬瑭、后晋石重贵、后汉刘知远、后汉刘承祐、后周郭威、后周柴荣，还有桀燕刘守光、契丹耶律德光。八姓指唐庄宗、明宗、潞王各为一姓，石晋、邪律、刘汉、周太祖、世宗各为一姓。后代对冯道褒贬不一，欧阳修骂他不知廉耻，"予读冯道《长乐老叙》，见其自述以为荣，其可谓无廉耻者矣"④。司马光说他是无耻之尤，"臣愚以为正女不从二夫，忠臣不事二君。为女不正，虽复华色之美，织纤之巧，不足贤矣；为臣不忠，虽复材智之多，治行之优，不足贵矣。何则？大节已亏故也。道之为相，历五朝、八姓，若逆旅之视过客，朝为仇敌，暮为君

---

① 薛居正.旧五代史[M].北京：中华书局，1976：17.
② 欧阳修.新五代史[M].北京：中华书局，1974：137.
③ 王崇炳.学稼堂诗稿[M]//赵一生.东阳丛书：15册.杭州：浙江古籍出版社，2015：220.
④ 欧阳修.新五代史[M].北京：中华书局，1974：611.

臣，易面变辞，曾无愧怍，大节如此，虽有小善，庸足称乎！"① 冯道谥曰文懿，《旧五代史》释云："然而事四朝，相六帝，可得为忠乎！夫一女二夫，人之不幸，况于再三者哉！所以饰终之典，不得谥为文贞、文忠者，盖谓此也。"② 王崇炳也持相似观点，认为冯道不顾名节，故而"宜斥"。

其《严嵩》③云：

六载钤山不下来，斋词供奉擅新裁。鄙夫酷有妖狐性，孽子偏饶梼杌才。婉转君前如妇女，指挥军事类婴孩。奸雄天锡期颐寿，门户无光国步衰。

诗欲抑先扬。"六载钤山不下来"，即本传"移疾归，读书钤山十年，为诗古文辞，颇著清誉"④。"斋词供奉擅新裁"，即本传"言去，醮祀青词，非嵩无当帝意者"⑤。梼杌，楚国史书名。"孽子偏饶梼杌才"是说其子严世蕃颇具史才，即"颇通国典，晓畅时务"⑥。"婉转君前如妇女"，即本传"嵩无他才略，惟一意媚上，窃权罔利"⑦。王崇炳直呼严嵩为"奸雄"，期颐指一百岁，而严嵩（1480—1567）实际享年八十八岁，意即俗云：好人不长命，祸害活千年。"门户无光国步衰"，是说严嵩祸国殃民，遗臭万年。

合咏的有《念奴娇·观〈唐书·安史传〉》："肥躯麽目，万夫雄乱炒，浮沤天地。驱策千群拽落河，席卷两京余几。流血成渠，积骸为垄，万死难偿抵。风灯露电，头颅交付亲子。　因念美色倾城，谗人交乱，勾引干戈起。饿俘夷奴豺虎性，曲意养成骄子。锦绣江山，繁华宫馆，朝市俱如洗。沉香亭北，一枝空想娇倚。"⑧ 上片抓住安禄山、史思明的形貌特点，写安史之乱给唐代造成的损害，以及安、史皆为自己亲生儿子所杀的结局。下片追溯安史之乱爆发的原因，杨贵妃认安禄山为义子，无非是红颜祸水，"谗人交乱"，比较传统的史家观点。

咏群像的如《念奴娇·宰相传》："唇枪舌剑，啸凶媒莫问，鬼卢雕李。聚党排贤操国柄，一似鱼争香饵。我既仇人，人还仇我，霜刃难回避。机缘巧凑，杀人自杀而已。　欲借弘景山中，松风万斛，浣净肥肠腻。不见休休千顷量，宇

---

① 司马光.资治通鉴[M].北京：中华书局，1956：9511-9512.
② 薛居正.旧五代史[M].北京：中华书局，1976：1666.
③ 王崇炳.学耨堂诗稿[M]//赵一生.东阳丛书：15册.杭州：浙江古籍出版社，2015：65.
④ 张廷玉.明史[M].北京：中华书局，1974：7914.
⑤ 张廷玉.明史[M].北京：中华书局，1974：7915.
⑥ 张廷玉.明史[M].北京：中华书局，1974：7920.
⑦ 张廷玉.明史[M].北京：中华书局，1974：7916.
⑧ 王崇炳.学耨堂诗余[M]//赵一生.东阳丛书：15册.杭州：浙江古籍出版社，2015：304.

宙咸资和理。时至为之，不为则止，台鼎区区耳。东门黄犬，几人回首空泪。"①宰相作为社会政治生活的主角，对社会各方面的影响明显。此词概写中唐以后宰相群像，"鬼卢雕李"下自注："卢杞如鬼，李林甫如雕。"是说卢杞貌丑，《新唐书·李林甫传》云："初，三宰相就位，二人磬折趋，而林甫在中，轩骛无少让，喜津津出眉宇间。观者窃言：'一雕挟两兔。'"②三宰相指张九龄、裴耀卿、李林甫。概述人们为争宰相之位，犹如群鱼争饵。他们结党营私，尔虞我诈，为达目的，无所不用其极。下片说理。这些宰相过于热衷功名，奉劝他们应该学学"山中宰相"陶弘景，退隐江苏句容句曲山（茅山）四十五年；真正做到"宰相肚里能撑船"，奉行"和为贵"的至理名言；待时而行，理性对待权势，否则悔之晚矣。

二、咏史怀古诗词的艺术手法

（一）文学想象

文学离不开想象，想象是文学的关键和基础。文学想象指文学创作中所具有的想象力与创造力。陆机《文赋》云："其始也，皆收视反听，耽思傍讯，精骛八极，心游万仞。其致也，情瞳昽而弥鲜，物昭晰而互进。倾群言之沥液，漱六艺之芳润。浮天渊以安流，濯下泉而潜浸。于是沈醉怫悦，若游鱼衔钩而出重渊之深；浮藻联翩，若翰鸟缨缴而坠曾云之峻。收百世之阙文，采千载之遗韵。谢朝华于已披，启夕秀于未振。观古今于须臾，抚四海于一瞬。"③刘勰《文心雕龙·神思》云："形在江海之上，心存魏阙之下。"又云："寂然凝虑，思接千载；悄然动容，视通万里；吟咏之间，吐纳珠玉之声；眉睫之前，卷舒风云之色。"④如此才能把创作者的艺术感觉和艺术发现转化为能被读者感知的视觉形象和听觉形象。创作咏史怀古诗，尤须运用文学想象，以自身的阅历、识见，最大限度地还原历史情境，通过环境、心理、细节等来塑造人物形象。王崇炳的咏史怀古诗较擅此技。例如，《雪夜访戴》⑤：

---

① 王崇炳.学耨堂诗余[M]//赵一生.东阳丛书：15册.杭州：浙江古籍出版社，2015：305.
② 欧阳修，宋祁.新唐书[M].北京：中华书局，1975：6344.
③ 张少康.文赋集释[M].北京：人民文学出版社，2002：36.
④ 刘勰.文心雕龙注[M].范文澜，注.北京：人民文学出版，1958：493.
⑤ 王崇炳.学耨堂诗稿[M]//赵一生.东阳丛书：15册.杭州：浙江古籍出版社，2015：61.

子猷本清狂，高旷脱尘网。人怀寂不欢，雪意浓方酿。坐念戴安道，苍茫结遥想。相思不待旦，中宵理双桨。徘徊玉树林，转侧银砂壤。鸡犬寂无声，幽人自孤往。始知万壑奇，益觉千岩爽。仓猝动归兴，浩然不可枉。相契在忘言，何用接音响。

本事出自《世说新语·任诞》①：

王子猷居山阴，夜大雪，眠觉，开室命酌酒，四望皎然。因起彷徨，咏左思《招隐诗》，忽忆戴安道。时戴在剡，即便夜乘小船就之。经宿方至，造门不前而返。人问其故，王曰："吾本乘兴而行，兴尽而返，何必见戴！"

由志人小说氍毹为咏史诗，通过对比，颇见王崇炳匠心。诗并非逐字逐句硬译，其中"开室命酌酒""因起彷徨，咏左思《招隐诗》"等情节略去，而就"经宿方至"展开合理想象，详写雪夜航船见闻，移步换景，妙不可言。一路风光写足写精彩了，"造门不前而返"才不觉突兀，且有了根据。王子猷的解释则出之以十字："相契在忘言，何用接音响"，神完气足。忘言指不以语言为媒介而相知于心的友谊。宋陈师道《次韵德麟植桧》有云："萧萧孤竹君，忘言理相契。"②反过来再看开篇两句，揭示了王子猷"清狂""高旷"的魏晋风度，一语破的，乃奏提纲挈领之效。

其《雪中射雁》③云：

西川高将军，雄勇故无匹。凌云领髯儿，纵猎城南陌。风雪卷地来，乾坤翕然合。马跑饥兽起，阵骇惊禽出。注矢仰高空，冻弦响霹雳。纤影入寒云，飘摇落双翼。千里塞垣群，毕命在一息。霜毛乱银花，纷纷难辨色。

本事见《北梦琐言·高崇文相国咏雪》④：

唐高相国崇文，本蓟州将校也，因讨刘辟有功，授西川节度使。一旦大雪，诸从事吟赏有诗，渤海遽至饮席，笑曰："诸君自为乐，殊不见顾鄙夫。鄙夫虽武人，亦有一诗。"乃口占云："崇文崇武不崇文，提戈出塞号将军。那个髯儿射落雁，白毛空里落纷纷。"其诗著题，皆谓北齐敖曹之比也。

高昂，字敖曹，渤海蓨县（今河北省景县）人，除侍中司徒、兼西南道都督。《北齐诗》录其诗三首，其中《赠弟季式诗》云："怜君忆君停欲死，天上人间无可比。走马海边射游鹿，偏坐石上弹鸣雉。昔时方伯愿三公，今日司徒羡刺

---

① 刘义庆.世说新语校笺[M].徐震堮，校笺.北京：中华书局，1984：408.
② 陈师道.后山诗注补笺[M].任渊，注.冒广生，补笺.北京：中华书局，1995：482.
③ 王崇炳.学耨堂诗稿[M]//赵一生.东阳丛书：15册.杭州：浙江古籍出版社，2015：60.
④ 孙光宪.北梦琐言[M].北京：中华书局，2002：162.

史。"①

高崇文原诗射雁只有一句"白毛空里落纷纷",王崇炳对此展开想象,敷衍为诗,设置了射雁的地点为"城南陌",渲染了冰天雪地的环境,营造了马跑禽出的狩猎氛围,蓄势已足,接下来是射雁的精彩表现,"霜毛乱银花,纷纷难辨色",白毛与雪花纷纷落下,难辨其色,比之高诗,更典雅,更富有文学性。

其《程门立雪》②云:

非同华山卧,亦非南郭隐。泯然众虑消,端默契无朕。侍侧多高贤,吹面朔风紧。忽看微霰飞,飘瞥势益猛。须臾盈阶除,先生犹未醒。寂为万感基,静为群动领。譬彼丹光潜,息心气自整。弟子不敢呼,却立益恭谨。

"程门立雪"原文极简,见《宋史·杨时传》:"至是,又见程颐于洛,时盖年四十矣。一日见颐,颐偶瞑坐,时与游酢侍立不去,颐既觉,则门外雪深一尺矣。"③王崇炳以"增"法成诗。开头铺陈"颐偶瞑坐",不同于西华山陈抟高卧,也不同于《庄子·齐物论》中南郭子綦的物我两忘、清高淡泊。"侍侧多高贤",方才引出杨时、游酢。以下都写"立雪","寂为万感基,静为群动领。譬彼丹光潜,息心气自整",倘若缺乏理学的修为与尊师重道的切身体会,断然不会写得如此真切、透彻。

(二)对比

对比是把具有明显差异、矛盾和对立的双方或同一事物相反、相对的两个方面安排在一起,进行对照比较的表现手法。对比能很好地揭示好与坏、善与恶、美与丑,给人们以深刻的印象和启示。王崇炳咏史怀古诗词善用对比,包括同代、异代不同人物间以及同一人物前后的对比。

其《苏武啮雪》④云:

阴山一片寒,苏卿万古节;渴饮漠中冰,饥餐海上雪;十年濒死身,百炼孤忠骨;坐看童羖驯,卧拥旄毛脱;白雁上林飞,苍髯玉关入;图形麟阁中,森然标壮烈。回首李陵台,故人掩袂泣。

此诗紧扣苏武牧羊本事,赞苏武"孤忠""壮烈"。"苍髯玉关入"即指"武

---

① 逯钦立.先秦汉魏晋南北朝诗[M].北京:中华书局,1983:2258.
② 王崇炳.学耨堂诗稿[M]//赵一生.东阳丛书:15册.杭州:浙江古籍出版社,2015:59.
③ 脱脱.宋史[M].北京:中华书局,1977:12738.
④ 王崇炳.学耨堂诗稿[M]//赵一生.东阳丛书:15册.杭州:浙江古籍出版社,2015:58.

留匈奴凡十九岁，始以强壮出，及还，须发尽白"①。"陵泣下数行，因与武决。"②结尾写苏李长别，暗含对比。李白《苏武》云："苏武在匈奴，十年持汉节。白雁上林飞，空传一书札。牧羊边地苦，落日归心绝。渴饮月窟水，饥餐天上雪。东还沙塞远，北怆河梁别。泣把李陵衣，相看泪成血。"③"白雁上林飞"，王诗用李白诗成句。内容也相似，结构稍异，结尾都用对比，略同。

与之相似的题材，还有整首诗对比的，如《苏武李陵》④：

牧羊北海雪花大，少卿生荣子卿饿。玉关书来雁报秋，子卿生还少卿留。团团月上苏武城，常照李陵台畔明。

苏武字少卿，李陵字子卿。此诗每两句成一对比，共三组。第一组，北海荒寒雪大，苏武牧羊，忍饥挨饿；而李陵投降匈奴，得享荣华富贵。第二组，白雁传书，苏武生还汉朝，而李陵有国难投，有家难回，只能老死匈奴。第三组，苏武城与李陵台共沐月华，默默无语，供后人凭吊。苏武城，在今内蒙古呼和浩特市西北，苏武是匈奴时居住的地方。李陵台即李陵墓，在今内蒙古正蓝旗南黑城。卢柟《云中曲八首》其四："黄沙欲没李陵墓，明月长悬苏武城。"⑤此诗选取了三个时间段（点），包括生前死后，面对出处大节，而展示了两种不同的人生走向，取得了更佳的艺术效果。

《曹娥庙》结尾："越国佳人西子丽，荒丘谁问髑髅埋。"⑥西施与曹娥相比，虽美丽过之，却身后寂寞，未免太清冷了些。《读书映雪》结尾："悠悠暖阁中，谁会读书益？"⑦相对于孙康，有的人物质条件优渥，可又有几人真正具有孙康那种刻苦学习的精神呢？这无疑是映雪读书所蕴含的千古不衰的教育意义。

以上是不同人物间的对比，还有同一人物的前后对比，如《唐庄宗》⑧：

君不见斗鸡小儿李亚子，百战决胜凭十指。群凶荡扫宝位登，四年犹如风过耳。当其卤燕灭伪梁，英武一似小秦王。功成志骄任群小，汗马屠脍功臣亡。祸乱猝起在顷刻，登高四顾徒悲伤。面涂粉墨杂优伶，哀笛一声已下场。

---

① 班固.汉书[M].北京：中华书局，1962：2467.
② 班固.汉书[M].北京：中华书局，1962：2466.
③ 李白.李太白全集[M].王琦，注.北京：中华书局，1977：1035.
④ 王崇炳.学稼堂诗稿[M]//赵一生.东阳丛书：15册.杭州：浙江古籍出版社，2015：207.
⑤ 卢柟.蠛蠓集[M]//影印文渊阁四库全书编纂委员会.影印文渊阁四库全书 集部：1289册.台北：台湾商务印书馆，1986：885.
⑥ 王崇炳.学稼堂诗稿[M]//赵一生.东阳丛书：15册.杭州：浙江古籍出版社，2015：140.
⑦ 王崇炳.学稼堂诗稿[M]//赵一生.东阳丛书：15册.杭州：浙江古籍出版社，2015：59.
⑧ 王崇炳.学稼堂诗稿[M]//赵一生.东阳丛书：15册.杭州：浙江古籍出版社，2015：220.

李存勖英勇善战，能以弱晋胜强梁，出类拔萃，英武绝类秦王李世民。后期沉湎声色，重用伶人、宦官，以致百姓困苦、藩镇怨愤、士卒离心。同光四年（926），于兴教门之变中被杀，时年四十二岁。结尾富讽刺意味，世事如戏，你方唱罢我登场。"故方其盛也，举天下之豪杰莫能与之争；及其衰也，数十伶人困之，而身死国灭，为天下笑。"① 盛衰成败，须臾变换。

（三）用典

类比或对比古人，是王崇炳咏史怀古诗词常见的用典方式。例如，《张承业》："安邦萧相功，给饷杜畿绩。……远比荀令公，心迹尤昭彻。"② 王崇炳将张承业类比为三个历史人物：安邦定国之功可比西汉开国功臣萧何。曹魏时，杜畿在河东郡共当了十六年太守，史书评价其政绩为"常为天下最"③。河东郡是曹操的股肱重地、充实储备的所在。荀令公指的是杜畿推荐给曹操的荀彧，曹操的重要谋臣。《杨石淙一清》："坐决大猷如寇准，不修小让似陈平。"④ 王崇炳将杨一清比为善决大事如劝帝立储、澶渊退敌的寇准，比为六出奇计协助刘邦统一天下、善于抓大放小的陈平。《徐华亭阶》："风度汪汪似九龄，一生功业在调停。"⑤ 王崇炳将徐阶比作唐朝开元名相张九龄，举止优雅，风度不凡，尤善于"调停"。《高新郑拱》："时贤近少高胡子，雅度终输娄跛翁。"⑥ 用河南同籍的唐代娄师德感愧狄公之典，指出高拱量浅的缺点。

反用典故者，如《雪夜下蔡》"百里蹶大将，兹言岂予欺！"⑦《史记·孙子吴起列传》："兵法，百里而趣利者蹶上将，五十里而趣利者军半至。"⑧ 李愬乘风雪阴晦之机，敌军不备，烽火不可用，而孤军深入，置之死地而后生，虽犯兵法大忌，却出奇制胜。《念奴娇·观〈唐书·安史传〉》："沉香亭北，一枝空想娇倚。"⑨ 反用李白《清平调词三首》其三："解释春风无限恨，沉香亭北倚阑干。"⑩ 这是说杨贵妃无枝可倚了。

---

① 欧阳修.新五代史[M].北京：中华书局，1974：397.
② 王崇炳.学櫕堂诗稿[M]//赵一生.东阳丛书：15册.杭州：浙江古籍出版社，2015：220.
③ 陈寿.三国志[M].北京：中华书局，1959：497.
④ 王崇炳.学櫕堂诗稿[M]//赵一生.东阳丛书：15册.杭州：浙江古籍出版社，2015：63.
⑤ 王崇炳.学櫕堂诗稿[M]//赵一生.东阳丛书：15册.杭州：浙江古籍出版社，2015：66.
⑥ 王崇炳.学櫕堂诗稿[M]//赵一生.东阳丛书：15册.杭州：浙江古籍出版社，2015：66.
⑦ 王崇炳.学櫕堂诗稿[M]//赵一生.东阳丛书：15册.杭州：浙江古籍出版社，2015：60.
⑧ 司马迁.史记[M].北京：中华书局，1959：2164.
⑨ 王崇炳.学櫕堂诗余[M]//赵一生.东阳丛书：15册.杭州：浙江古籍出版社，2015：304.
⑩ 李白.李太白全集[M].王琦，注.北京：中华书局，1977：306.

用事典如《念奴娇·宰相传》结拍用"东门黄犬"之典,出自《史记·李斯列传》。秦丞相李斯因遭奸人诬陷,论腰斩咸阳市。临刑谓其中子曰:"吾欲与若复牵黄犬俱出上蔡东门逐狡兔,岂可得乎!"①用语典如《念奴娇·越城怀古》"万壑争流,千岩竞秀"②,倒用刘义庆《世说新语·言语》③成句。《袁安卧雪》:"愿言砺清操,弗复涎鼠壤"④之"鼠壤"出自《庄子·天道》:"鼠壤有余蔬而弃妹,不仁也!"⑤

三、咏古怀古诗词的特征

(一)传体与论体

关于咏史诗的体式,有传体与论体之别。何焯《义门读书记》云:"咏史者不过美其事而咏叹之,隐括本传,不加藻饰,此正体也。太冲多据胸臆,乃又其变。叙致本事能不冗不晦,以此为难。"⑥刘熙载云:"左太冲《咏史》似论体,颜延年《五君咏》似传体。"⑦两人所标之名虽有异,而实质则相同。所谓"正体""传体"者,皆以剪裁史实,叙写本事为主,作者的见解和褒贬寓于客观描叙之中,很少直接流露;所谓"变体""论体"者,多借古人古事,抒写自己的遭遇与感慨,有时还将并无关联只是事例相近的人和事揉在一起,以申己意。⑧王崇炳咏史怀古诗多采用传体,继承了忠于史实和抑恶扬善的人物传记的优良传统,借鉴了史传的一些手法,如讲究文采,富于文学性,注意塑造文学形象,又尊重历史真实,符合艺术真实,做到史论结合。于中常常是秉心、秉公而论,似乎总是站在历史的制高点上指点江山,而绝少抒写一己的遭遇与感慨。例如,《伍相祠》⑨:

---

① 司马迁.史记[M].北京:中华书局,1959:2562.
② 王崇炳.学㭊堂诗余[M]//赵一生.东阳丛书:15册.杭州:浙江古籍出版社,2015:303.
③ 刘义庆.世说新语校笺[M].徐震堮,校笺.北京:中华书局,1984:81.
④ 王崇炳.学㭊堂诗稿[M]//赵一生.东阳丛书:15册.杭州:浙江古籍出版社,2015:58.
⑤ 曹础基.庄子浅注[M].北京:中华书局,2000:196.
⑥ 何焯.义门读书记[M].北京:中华书局,1987:893.
⑦ 刘熙载.艺概[M]//郭绍虞,编选.富寿荪,校点.清诗话续编.上海:上海古籍出版社,1983:2423.
⑧ 林心治.刘禹锡咏史怀古诗新探[J].渝州大学学报(哲学社会科学版),1996(1):40-46,73.
⑨ 王崇炳.学㭊堂诗稿[M]//赵一生.东阳丛书:15册.杭州:浙江古籍出版社,2015:12-13.

子胥闷闷横剑死,抉目吴门怒涛起。天地嘘气为不平,千秋遗憾钱塘水。黄池既霸越人来,果然姑苏游鹿豕。悲哉伍相何英雄?一生都在艰难中。出关赍憾无所向,须发为白身羁穷。吹箫乞食游吴市,芦中之人贫至此。退耕因进专设诸,鱼肠计就遂破楚。玄黄血战江河流,豁然一雪父兄仇。寄语山中谢良友,逆施倒行毋予尤。鞭尸处宫颇无礼,子之报仇真过矣。入郢鼍越功正成,吴之无极又生嚭。

诗用倒叙手法,先写伍子胥的悲剧结局。伍子胥被夫差赐死前对门客说:"必树吾墓上以梓,令可以为器;而抉吾眼县吴东门之上,以观越寇之入灭吴也。"① 果然,伍子胥死后九年,吴国为越国所灭。重点描述伍子胥的一生艰难,出昭关,江上为渔父所救,乞食,投奔吴国,退耕以养晦,进专诸于公子光,被起用,攻破楚都,鞭尸楚平王以报父兄之仇。伍子胥之于伯嚭,正相当于伍奢之于费无极(忌),皆因有人拨乱其间,落得个悲剧的下场。诗选材考究,篇幅不长,却写尽了伍子胥之一生行藏,其隐忍艰难,其复仇之志,其智谋过人,其雄图不展,不溢美,不隐恶,虎虎有生气。非史实不熟、诗艺不精者不能办。

又如,《夏贵溪言》②:

耿耿才锋剑气寒,筹边命落舌锋端。曾叨绣蟒孤卿服,不着沉香道士冠。猜主危同乳虎噬,老奸误作小鸡看。早知淮里风波恶,稳卧鸥园十亩安。

首联总论,评价人物主要特征,交代人物结局。中两联抓典型、细节,着重写他与明世宗、严嵩之间的故事,从中反映传主的性格特点。尾联巧妙发议论,旁及他的文学成就,兼具论赞的性质。"老奸误作小鸡看"下自注:"严嵩当国,江西士绅以生辰致贺。嵩长身耸立,诸公俯躬趋谒,高新郑旁睨而笑。嵩问其故,新郑曰:'偶思韩昌黎《斗鸡》诗:大鸡昂然来,小鸡竦而待,是以失笑耳。'京师市语,以江西人为鸡,相与哄堂而散。""早知淮里风波恶,稳卧鸥园十亩安"下自注:"贵溪祈梦九鲤山,得'问舟子'三字。罢相再起,至淮上,与杨梦羽赋诗,取孟浩然诗《探韵得问舟子》,诗云:'向夕问舟子,前程没几多。湾头正好泊,淮里足风波。'不乐而散。贵溪有集,名《鸥园新曲》。"反观夏言的一生,他虽然早就体会到宦海风波,可惜未能及早抽身归田,落得个冤死的下场。语气里有敬畏,亦有惋惜。

---

① 司马迁.史记[M].北京:中华书局,1959:2180.
② 王崇炳.学耨堂诗稿[M]//赵一生.东阳丛书:15册.杭州:浙江古籍出版社,2015:65.

再如,《张永嘉孚敬》①:

　　大礼书成竟策勋,至今功过两半分。冠时才业因遭遇,从古忠良不乱群。壮岁蛟螭潜壑谷,晚年雕鹗际风云。如何误断张寅狱,合受冯恩柱后文。

　　张璁一生宦海沉浮与"大礼议"事件息息相关,概举"壮岁""晚年"事明之,盖棺论定几与史书同,即功过平分。《明史》评张璁、桂萼、方献夫等人:"究观诸人立身本末与所言是非,固两不相掩云。"②张璁卷入张寅狱,可看作"继嗣派"与"继统派"的大礼议之争的余波。王崇炳认为此冤案中张璁应负有主要责任,所以无怪乎冯恩弹劾张璁了。此诗能抓住关乎人生命运的主要矛盾,不枝不蔓,史论结合,相当于一篇缩微版的史传。

　　《高新郑拱》:"时贤近少高胡子,雅度终输娄跛翁。寄托不终因量浅,谟谋必中见才雄。"③高拱是明中后期政治家和军事家,也是"隆(庆)万(历)大改革"的开创者和奠基人。然其缺点是"雅度"不及、"量浅"。娄跛翁指唐娄师德,娄师德曾两度拜相,他推荐狄仁杰担任宰相。狄仁杰拜相后,对此丝毫不知,多次排挤他,将他放了外任。当武则天让狄仁杰看了娄师德推荐他的奏章后,狄曰:"娄公盛德,我为所容乃不知,吾不逮远矣!"④王崇炳一分为二地看待高拱,比较客观、公正。

　　《张江陵居正》:"寄托才优不学道,功成名灭一长吁。"⑤张居正曾辅佐明万历皇帝进行"万历新政",知人善任,雷厉风行,令行禁止,王崇炳认为张居正锋芒太露,不懂得功成身退的道理。略同《明史》赞:"张居正通识时变,勇于任事。神宗初政,起衰振惰,不可谓非干济才。而威柄之操,几于震主,卒致祸发身后。《书》曰:'臣罔以宠利居成功',可弗戒哉。"⑥

　　清人吴乔指出:"古人咏史,但叙事而不出己意,则史也,非诗也;出己意,发议论,而斧凿铮铮,又落宋人之病。"唯"用意隐然,最为得体"⑦。王崇炳咏史诗能"出己意",而不以议论为诗,故堪为上乘。

---

① 王崇炳.学耨堂诗稿[M]//赵一生.东阳丛书:15册.杭州:浙江古籍出版社,2015:63-64.
② 张廷玉.明史[M].北京:中华书局,1974:5199.
③ 王崇炳.学耨堂诗稿[M]//赵一生.东阳丛书:15册.杭州:浙江古籍出版社,2015:66.
④ 欧阳修,宋祁.新唐书[M].北京:中华书局,1975:4093.
⑤ 王崇炳.学耨堂诗稿[M]//赵一生.东阳丛书:15册.杭州:浙江古籍出版社,2015:66.
⑥ 张廷玉.明史[M].北京:中华书局,1974:5653.
⑦ 吴乔.围炉诗话[M]//郭绍虞,编选.富寿荪,校点.清诗话续编.上海:上海古籍出版社,1983:558.

（二）历史与哲学

"予二十即治《诗》《礼》《春秋》三经，易书则手抄，记其精语。三传、史记、老庄、唐宋八家皆诵服。"[①]王崇炳熟读史书，对历史有着系统、精深的研究，而且编著了《金华征献略》，为金华一地678人立传。他兼具史、学、才、情，对于"史"与"诗"跨界交融的咏史怀古诗驾轻就熟，往往又对社会历史作深层次的哲学思考，深切体察世事变迁，使诗歌富有隽永的哲理意味。"哲学原理的依托，主要是指历史就像是一面多棱镜，能够折射出许多不同向度和维度的七色光芒，为后代人提供各不相同的人生路标和生活镜鉴。"[②]

《刘孝标讲堂》："石老书台在，苔深墨沼荒。虚名落人世，我辈挹余光。"[③]508年，刘峻"以疾弃官，游紫岩山，闲居教授，吴、会人士多从之游。其聚讲处，后人号之曰讲堂洞"[④]。紫岩山即今浙江省金华市金华山。"虚名落人世，我辈挹余光"，刘峻千载留名，是师者的荣光。阐发以无为有的理念，强调要超越时间界限，乃至超越自身狭隘的观念，笑看历史风云，"不必有去留兴废之感"（《皆宜堂记》）[⑤]。

《过范茂明先生香溪故里》："乾坤原寄寓，人世易沧桑。只有昌平里，千秋属素王。"[⑥]王崇炳对范浚评价甚高，认为范浚开婺学之先。但范浚老宅早换新主，王崇炳不禁发出人生如寄、人生苦短之叹，大约只有孔子乃千秋素王，可与天地同在。

《过唐悦斋先生故里》："百年作述存吾党，兴废何劳问子孙。"[⑦]唐仲友为朱熹及其后学所排，数百卷著作大多散失不存，其后诸孙怀敬辑其文为《悦斋文粹》，是为王崇炳所谓"百年作述存吾党"。"吾党"二字，意蕴深沉，其中有敬佩，有感慨，有愤懑，有欣喜。"世之足以自寿者，立德、立功外，莫如文章。"[⑧]立言为三不朽之一，精神长存甚至胜过子孙绵延。

王崇炳生当康乾盛世，布衣终身，主要以授馆为业，他不汲汲于功名，人生

[①] 王崇炳.自述.东阳河汾王氏宗谱[M]//黄灵庚，陶诚华.重修金华丛书：189册.上海：上海古籍出版社，2014：10.
[②] 沈文凡，王慷.怀古咏史词创作流变述论[J].阅江学刊，2013（3）：122-127.
[③] 王崇炳.学耨堂诗稿[M]//赵一生.东阳丛书：15册.杭州：浙江古籍出版社，2015：7.
[④] 王崇炳.金华征献略[M]//赵一生.东阳丛书：15册.杭州：浙江古籍出版社，2015：537.
[⑤] 王崇炳.学耨堂文集[M]//赵一生.东阳丛书：15册.杭州：浙江古籍出版社，2015：114.
[⑥] 王崇炳.学耨堂诗稿[M]//赵一生.东阳丛书：15册.杭州：浙江古籍出版社，2015：86.
[⑦] 王崇炳.学耨堂诗稿[M]//赵一生.东阳丛书：15册.杭州：浙江古籍出版社，2015：181.
[⑧] 王崇炳.金华文略[M]//赵一生.东阳丛书：16册.杭州：浙江古籍出版社，2015：148.

无大起大落,其咏史怀古诗具有深厚的历史感,而现实针对性不强,主观意绪不明显,怀古而不伤今,怀人而不伤己,缺乏历史隐喻。通常与历史、政治有意保持一定距离,对古人、古地秉承着自我审视的创作态度,其诗中人、事是一种诗化、哲学化的书写,穿越时空,解剖人事,探讨古与今、理与势、心与物、有与无、功与名、变与不变、有限与无限等哲学命题,体味天人相通的宇宙精神,感悟生生不息的生命意识。其《自述》云:"今为诗,未必工,然无浮艳,无怨悱,无感激,无抑郁,不谀贵,不自张,心平气和,时寓劝惩。黄山谷论陈后山诗,都非无为而作,予尝存此意焉。"[1] 所谓"寓劝惩""非无为而作",亦在说明诗应"载道",其咏史怀古诗不过是"载道"之一种罢了。

---

[1] 王崇炳.自述.东阳河汾王氏宗谱[M]// 黄灵庚,陶诚华.重修金华丛书:189 册.上海:上海古籍出版社,2014:10.

参考文献

[1] 李学勤.十三经注疏·周易正义[M].北京：北京大学出版社，1999.
[2] 李学勤.十三经注疏·尚书正义[M].北京：北京大学出版社，1999.
[3] 李学勤.十三经注疏·论语注疏[M].北京：北京大学出版社，1999.
[4] 李学勤.十三经注疏·周礼注疏[M].北京：北京大学出版社，1999.
[5] 李学勤.十三经注疏·礼记正义[M].北京：北京大学出版社，1999.
[6] 李学勤.十三经注疏·春秋左传正义[M].北京：北京大学出版社，1999.
[7] 毛奇龄.春秋简书刊误[M]//影印文渊阁四库全书编纂委员会.影印文渊阁四库全书 经部：176册.台北：台湾商务印书馆，1986.
[8] 司马迁.史记[M].北京：中华书局，1959.
[9] 班固.汉书[M].北京：中华书局，1962.
[10] 范晔.后汉书[M].北京：中华书局，1965.
[11] 陈寿.三国志[M].北京：中华书局，1959.
[12] 房玄龄.晋书[M].北京：中华书局，1974.
[13] 魏征.隋书[M].北京：中华书局，1973.
[14] 刘昫.旧唐书[M].北京：中华书局，1975.
[15] 欧阳修，宋祁.新唐书[M].北京：中华书局，1975.
[16] 薛居正.旧五代史[M].北京：中华书局，1976.
[17] 欧阳修.新五代史[M].北京：中华书局，1974.
[18] 脱脱.宋史[M].北京：中华书局，1977.
[19] 宋濂.元史[M].北京：中华书局，1976.

[20] 张廷玉. 明史 [M]. 北京：中华书局，1974.

[21] 赵尔巽. 清史稿 [M]. 北京：中华书局，1977.

[22] 袁宏. 后汉纪 [M]. 张烈，点校. 北京：中华书局，2002.

[23] 司马光. 资治通鉴 [M]. 北京：中华书局，1956.

[24] 程夔初. 战国策集注 [M]. 程朱昌，程育全，译. 上海：上海古籍出版社，2013.

[25] 刘向. 战国策笺证 [M]. 范祥雍，笺证. 范邦瑾，协校. 上海：上海古籍出版社，2006.

[26] 吴师道. 敬乡录 [M]// 影印文渊阁四库全书编纂委员会. 影印文渊阁四库全书 史部：451 册. 台北：台湾商务印书馆，1986.

[27] 冯从吾. 元儒考略 [M]// 影印文渊阁四库全书编纂委员会. 影印文渊阁四库全书 史部：453 册. 台北：台湾商务印书馆影印，1986.

[28] 郑柏. 金华贤达传 [M]// 四库全书存目丛书编纂委员会. 四库全书存目丛书 史部：88 册. 济南：齐鲁书社，1996.

[29] 吴之器. 婺书 [M]// 黄灵庚，陶诚华. 重修金华丛书：49 册. 上海：上海古籍出版社，2014.

[30] 孙奇逢. 理学宗传 [M]// 续修四库全书编委会. 续修四库全书 史部：514 册. 上海：上海古籍出版社，2002.

[31] 钱谦益. 列朝诗集小传 [M]. 上海：上海古籍出版社，1983.

[32] 清史列传 [M]. 王钟翰，点校. 北京：中华书局，1987.

[33] 黄宗羲. 宋元学案 [M]. 全祖望，补修. 陈金生，梁运华，点校. 北京：中华书局，1986.

[34] 黄宗羲. 明儒学案 [M]. 沈芝盈，点校. 北京：中华书局，1986.

[35] 黄宗羲. 明儒学案 [M]. 沈芝盈，点校. 北京：中华书局，2008.

[36] 王崇炳. 金华征献略 [M]// 赵一生. 东阳丛书：15 册. 杭州：浙江古籍出版社，2015.

[37] 俞樾. 吴绛雪年谱 [M]// 北京图书馆. 北京图书馆藏珍本年谱丛刊：86 册. 北京：北京图书馆出版社，1999.

[38] 张作楠. 补唐仲友补传 [M].

[39] 曹秉仁. 宁波府志 [M]. 台北：成文出版社有限公司，1974.

[40] 赵吉士. 康熙徽州府志 [M]. 丁廷楗，卢询，修. 台北：成文出版社有限公司，1975.

[41] 魏礼焯，时铭修，阎学夏，等. 嘉庆昌乐县志 [M]. 南京：江苏凤凰出版社，2008.

[42] 邓钟玉. 金华县志 [M]. 台北：成文出版社有限公司，1970.

[43] 邓钟玉. 光绪金华县志 [M]. 上海：上海书店出版社，1993.

[44] 潘树棠. 永康县志 [M]. 李汝为，修. 台北：成文出版社有限公司，1970.

[45] 朱谨. 永康县志 [M]. 沈藻，修. 台北：成文出版社有限公司，1983.

[46] 程瑜. 义乌县志 [M]. 诸自榖，修. 台北：成文出版社有限公司，1970.

[47] 戴鸿熙. 汤溪县志 [M]. 丁燮，修. 台北：成文出版社有限公司，1975.

[48] 徐用仪. 海盐县志 [M]. 王彬，修. 台北：成文出版社有限公司，1975.

[49] 陈凤举. 兰溪县志 [M]. 张许，修. 台北：成文出版社有限公司，1983.

[50] 唐壬森. 光绪兰溪县志 [M]. 秦簧，邵秉经，修. 上海：上海书店出版社，1993.

[51] 赵衍. 康熙新修东阳县志 [M]. 杭州：西泠印社出版社，2018.

[52] 党金衡. 道光东阳县志 [M]. 杭州：西泠印社出版社，2017.

[53] 张廷玉. 清朝文献通考 [M]. 北京：商务印书馆，1936.

[54] 陈康祺. 郎潜纪闻初笔二笔三笔 [M]. 晋石，点校. 北京：中华书局，1984.

[55] 浙江通志 [M]// 影印文渊阁四库全书编纂委员会. 影印文渊阁四库全书 史部：519 册. 台北：台湾商务印书馆，1986.

[56] 屈大均. 广东新语 [M]. 北京：中华书局，1985.

[57] 王士性. 王士性地理书三种 [M]. 周振鹤，编校. 上海：上海古籍出版社，1993.

[58] 王庆云. 石渠余纪 [M]// 续修四库全书编委会. 续修四库全书 史部：815 册. 上海：上海古籍出版社，2002.

[59] 王夫之，钱秉镫. 永历实录 所知录 [M]. 上海：上海古籍出版社，1987.

[60] 徐鼒. 小腆纪传 [M]. 北京：中华书局，1958.

[61] 王仁裕，姚汝能. 开元天宝遗事 安禄山事迹 [M]. 北京：中华书局，2006.

[62] 中国第一历史档案馆. 清代档案史料丛编：第九辑 [M]. 北京：中华书局，1983.

[63] 永瑢，纪昀. 影印文渊阁四库全书总目 [M]. 台北：台湾商务印书馆，1983.

[64] 刘知几. 史通 [M]// 影印文渊阁四库全书编纂委员会. 影印文渊阁四库全书 史部：685 册. 台北：台湾商务印书馆，1986.

[65] 程尚斐. 五峰书院志 [M]// 赵所生，薛正兴. 中国历代书院志：9 册. 南京：江苏教育出版社，1995.

[66] 程朱昌，程育全. 五峰书院志：增订本 [M]. 程尚斐，纂辑. 北京：中国文史出版社，2010.

[67] 东阳河汾王氏宗谱 [M]// 黄灵庚，陶诚华. 重修金华丛书：189 册. 上海：上海古籍出版社，2014.

[68] 河汾王氏宗谱 [M].1908.

[69] 岘西金氏宗谱 [M].1910.

[70] 鹿峰蔡氏宗谱 [M].1918.

[71] 安文陈氏宗谱 [M].1918.

[72] 三元徐氏宗谱 [M].1920.

[73] 岘西杜氏宗谱 [M].1924.

[74] 雅溪卢氏宗谱 [M].1929.

[75] 华溪虞氏宗谱 [M].1999.

[76] 安文陈氏宗谱 [M].2001.

[77] 东阳赵氏宗谱 [M].2002.

[78] 长衢郭氏宗谱 [M].2003.

[79] 东阳陆氏宗谱 [M].2004.

[80] 岘北陈氏宗谱 [M].2004.

[81] 吴宁托塘张氏宗谱 [M].2005.

[82] 凤山楼氏宗谱 [M].2006.

[83] 东阳瀫溪李氏宗谱 [M].2014.

[84] 南岑吴氏宗谱 [M].2017.

[85] 王通. 中说 [M]// 影印文渊阁四库全书编纂委员会. 影印文渊阁四库全书 子部：696 册. 台北：台湾商务印书馆，1986.

[86] 骈宇骞，王建宇，牟虹，等. 孙子兵法 孙膑兵法 [M]. 北京：中华书局，2006.

[87] 黎翔凤.管子校注[M].梁运华,整理.北京:中华书局,2004.

[88] 鄂尔泰,张廷玉.钦定授时通考[M]//影印文渊阁四库全书编纂委员会.影印文渊阁四库全书 子部:732册.台北:台湾商务印书馆,1986.

[89] 邝璠.便民图纂[M]//续修四库全书编委会.续修四库全书 子部:975册.上海:上海古籍出版社,2002.

[90] 吴鹊.卜岁恒言[M]//续修四库全书编委会.续修四库全书 子部:976册.上海:上海古籍出版社,2002.

[91] 姜皋.浦泖农咨[M]//续修四库全书编委会.续修四库全书 子部:976册.上海:上海古籍出版社,2002.

[92] 邹存淦.田家占候集览[M]//续修四库全书编委会.续修四库全书 子部:976册.上海:上海古籍出版社,2002.

[93] 刘青藜.蚕桑备要[M]//续修四库全书编委会.续修四库全书 子部:978册.上海:上海古籍出版社,2002.

[94] 赵敬如.蚕桑说[M]//续修四库全书编委会.续修四库全书 子部:978册.上海:上海古籍出版社,2002.

[95] 宋应星.天工开物[M]//续修四库全书编委会.续修四库全书 子部:1115册.上海:海古籍出版社,2002.

[96] 马一龙.农说[M]//王云五.丛书集成初编:1468册.北京:商务印书馆,1936.

[97] 沈氏.沈氏农书[M]//王云五.丛书集成初编:1468册.北京:商务印书馆,1936.

[98] 瞿汝稷.指月录[M].德贤,侯剑,整理.成都:巴蜀书社,2005.

[99] 释晓莹.罗湖野录[M]//王云五.丛书集成初编:3354册.北京:商务印书馆,1935.

[100] 杨伯峻.列子集释[M].北京:中华书局,1979.

[101] 王利器.文子疏义[M].北京:中华书局,2000.

[102] 何宁.淮南子集释[M].北京:中华书局,1998.

[103] 晁说之.晁氏客语[M]//影印文渊阁四库全书编纂委员会.影印文渊阁四库全书 子部:863册.台北:台湾商务印书馆,1986.

[104] 王士禛. 香祖笔记 [M]. 洪之, 点校. 上海：上海古籍出版社，1982.

[105] 戴璐. 藤阴杂记 [M]. 上海：上海古籍出版社，1985.

[106] 何焯. 义门读书记 [M]. 北京：中华书局，1987.

[107] 唐枢. 一庵杂问录 [M]// 四库全书存目丛书编纂委员会. 四库全书存目丛书 子部：84 册. 济南：齐鲁书社，1997.

[108] 王明清. 挥麈录（二）[M]// 王云五. 丛书集成初编：2771 册. 北京：商务印书馆，1935.

[109] 皇甫谧，宋翔凤，钱宝塘. 帝王世纪 山海经 逸周书 [M]. 沈阳：辽宁教育出版社，1997.

[110] 王世贞. 艳异编 [M]. 上海：上海古籍出版社，1993.

[111] 孙光宪. 北梦琐言 [M]. 北京：中华书局，2002.

[112] 陶宗仪. 南村辍耕录 [M]. 北京：中华书局，1959.

[113] 张庚，刘瑗. 国朝画征录 [M]. 祁晨越，点校. 杭州：浙江人民美术出版社，2011.

[114] 李昉. 太平御览 [M]. 北京：中华书局，1960.

[115] 金开诚，董洪利，高路明. 屈原集校注 [M]. 北京：中华书局，1996.

[116] 诸葛亮. 诸葛亮集校注 [M]. 张连科，管淑珍，校注. 天津：天津古籍出版社，2008.

[117] 李白. 李太白全集 [M]. 王琦，注. 北京：中华书局，1977.

[118] 杜甫. 杜诗详注 [M]. 仇兆鳌，注. 北京：中华书局，2015.

[119] 顾况. 华阳集 [M]// 影印文渊阁四库全书编纂委员会. 影印文渊阁四库全书 集部：1072 册. 台北：台湾商务印书馆，1986.

[120] 孙望. 韦应物诗集系年校笺 [M]. 北京：中华书局，2002.

[121] 孟郊. 孟郊集校注 [M]. 韩泉欣，校注. 杭州：浙江古籍出版社，2012.

[122] 郑谷. 郑谷诗集笺注 [M]. 严寿澂，黄明，赵昌平，笺注. 上海：上海古籍出版社，1991.

[123] 韩愈. 韩昌黎文集校注 [M]. 马其昶，校注. 马茂元，整理. 上海：上海古籍出版社，1986.

[124] 韩愈. 韩昌黎诗系年集释 [M]. 钱仲联, 集释. 上海：上海古籍出版社, 1984.

[125] 刘禹锡. 刘禹锡集 [M]. 卞孝萱, 校订. 北京：中华书局, 1990.

[126] 白居易. 白居易诗集校注 [M]. 谢思炜, 校注. 北京：中华书局, 2006.

[127] 刘学锴, 余恕诚. 李商隐文编年校注 [M]. 北京：中华书局, 2002.

[128] 柳永. 乐章集校注 [M]. 薛瑞生, 校注. 北京：中华书局, 1994.

[129] 邵雍. 伊川击壤集 [M]. 陈明, 点校. 上海：学林出版社, 2003.

[130] 周敦颐. 周敦颐集 [M]. 梁绍辉, 徐荪铭, 点校. 长沙：岳麓书社, 2007.

[131] 张载. 张载集 [M]. 北京：中华书局, 1978.

[132] 苏轼. 苏轼诗集 [M]. 王文浩, 辑注. 孔凡礼, 点校. 北京：中华书局, 1982.

[133] 邹同庆, 王宗堂. 苏轼词编年校注 [M]. 北京：中华书局, 2002.

[134] 苏轼. 苏轼文集 [M]. 孔凡礼, 点校. 北京：中华书局, 1986.

[135] 黄庭坚. 山谷诗集注 [M]. 任渊, 史容, 史季温, 注. 上海：上海古籍出版社, 2003.

[136] 黄庭坚. 黄庭坚全集 [M]. 成都：四川大学出版社, 2001.

[137] 陈师道. 后山诗注补笺 [M]. 任渊, 注. 冒广生, 补笺. 北京：中华书局, 1995.

[138] 郑刚中. 北山集 [M]// 王云五. 丛书集成初编：1962~1966 册. 北京：商务印书馆, 1935.

[139] 陆游. 剑南诗稿校注 [M]. 钱仲联, 校注. 上海：上海古籍出版社, 1985.

[140] 周必大. 文忠集 [M]// 影印文渊阁四库全书编纂委员会. 影印文渊阁四库全书 集部：1148 册. 台北：台湾商务印书馆, 1986.

[141] 朱熹. 朱子全书 [M]. 上海：上海古籍出版社, 2002.

[142] 张栻. 张栻集 [M]. 邓洪波, 校点. 济南：齐鲁书社, 2010.

[143] 唐仲友. 悦斋文钞 [M]// 续修四库全书编委会. 续修四库全书 集部：1318 册. 上海：上海古籍出版社, 2002.

[144] 吕祖谦. 吕东莱文集 [M]. 北京：中华书局, 1985.

[145] 吕祖谦. 宋文鉴 [M]. 齐治平, 点校. 北京：中华书局, 1992.

[146] 吕祖谦. 吕祖谦全集 [M]. 杭州：浙江古籍出版社, 2008.

[147] 陆九渊. 陆象山全集 [M]. 北京：中国书店, 1992.

[148] 刘克庄. 后村先生大全集 [M]. 北京：商务印书馆，1922.

[149] 何基. 何北山先生遗集 [M]// 王云五. 丛书集成初编：2039 册. 北京: 商务印书馆，1935.

[150] 王柏. 鲁斋集 [M]// 影印文渊阁四库全书编纂委员会. 影印文渊阁四库全书 集部：1186 册. 台北：台湾商务印书馆，1986.

[151] 文天祥. 文天祥全集 [M]. 北京：中国书店，1985.

[152] 许谦. 白云集 [M]. 北京：中华书局，1985.

[153] 黄溍. 黄溍全集 [M]. 王颋，点校. 天津：天津古籍出版社，2008.

[154] 陈樵. 鹿皮子集 [M]// 赵一生. 东阳丛书：10 册. 杭州：浙江古籍出版社，2015.

[155] 胡奎. 斗南老人集 [M]// 影印文渊阁四库全书编纂委员会. 影印文渊阁四库全书 集部：1233 册. 台北：台湾商务印书馆，1986.

[156] 宋濂. 宋濂全集 [M]. 黄灵庚，校点. 北京：人民文学出版社，2014.

[157] 王祎. 王忠文集 [M]// 影印文渊阁四库全书编纂委员会. 影印文渊阁四库全书 集部：1226 册. 台北：台湾商务印书馆，1986.

[158] 王直. 抑庵文集 [M]// 影印文渊阁四库全书编纂委员会. 影印文渊阁四库全书 集部：242 册. 台北：台湾商务印书馆，1986.

[159] 陈献章. 陈献章全集 [M]. 黎业明，编校. 上海：上海古籍出版社，2019.

[160] 湛若水. 湛甘泉先生文集 [M]// 四库全书存目丛书编纂委员会. 四库全书存目丛书 集部：56 册. 济南：齐鲁书社，1997.

[161] 王阳明. 王阳明全集：新编本 [M]. 吴光，编校. 杭州：浙江古籍出版社，2010.

[162] 卢柟. 蠛蠓集 [M]// 影印文渊阁四库全书编纂委员会. 影印文渊阁四库全书 集部：1289 册. 台北：台湾商务印书馆，1986.

[163] 徐学谟. 徐氏海隅集 [M]// 四库全书存目丛书编纂委员会. 四库全书存目丛书 集部：124 册. 济南：齐鲁书社，1997.

[164] 邢侗. 来禽馆集 [M]// 四库全书存目丛书编纂委员会. 四库全书存目丛书 集部：161 册. 济南：齐鲁书社，1997.

[165] 张国维. 张忠敏公遗集 [M]// 四库未收书辑刊编纂委员会. 四库未收书辑刊：6

辑 29 册. 北京：北京出版社，1997.

[166] 黄宗羲. 黄梨洲文集 [M]. 北京：中华书局，1959.

[167] 金堡. 遍行堂集 [M]// 四库禁毁书丛刊编纂委员会. 四库禁毁书丛刊 集部：127~128 册. 北京：北京出版社，1997.

[168] 尤侗. 西堂诗集 [M]// 清代诗文集汇编编纂委员会. 清代诗文集汇编：65 册. 上海：上海古籍出版社，2010.

[169] 毛奇龄. 西河文集 [M]// 清代诗文集汇编编纂委员会. 清代诗文集汇编：87 册. 上海：上海古籍出版社，2010.

[170] 陈维崧. 湖海楼词集 [M]// 清代诗文集汇编编纂委员会. 清代诗文集汇编：96 册. 上海：上海古籍出版社，2010.

[171] 陈维崧. 陈维崧集 [M]. 上海：上海古籍出版社，2010.

[172] 邵长蘅. 邵子湘全集 [M]// 清代诗文集汇编编纂委员会. 清代诗文集汇编：145 册. 上海：上海古籍出版社，2010.

[173] 郑梁. 寒村诗文选 [M]// 清代诗文集汇编编纂委员会. 清代诗文集汇编：148 册. 上海：上海古籍出版社，2010.

[174] 查慎行. 敬业堂诗集 [M]. 上海：上海古籍出版社，1986.

[175] 吴宗爱. 徐烈妇诗钞 [M]// 黄灵庚，陶诚华. 重修金华丛书：154 册. 上海：上海古籍出版社，2014.

[176] 戴名世. 戴名世集 [M]. 北京：中华书局，1986.

[177] 王崇炳. 学耨堂诗稿 [M]// 清代诗文集汇编编纂委员会. 清代诗文集汇编：188 册. 上海：上海古籍出版社，2010.

[178] 王崇炳. 学耨堂诗稿 [M]// 赵一生. 东阳丛书：15 册. 杭州：浙江古籍出版社，2015.

[179] 王崇炳. 学耨堂文集 [M]// 赵一生. 东阳丛书：15 册. 杭州：浙江古籍出版社，2015.

[180] 王崇炳. 学耨堂诗余 [M]// 赵一生. 东阳丛书：15 册. 杭州：浙江古籍出版社，2015.

[181] 王崇炳. 广性理吟 [M]// 赵一生. 东阳丛书：15 册. 杭州：浙江古籍出版社，

2015.

[182] 李凤雏.梧冈诗集[M]//赵一生.东阳丛书：18册.杭州：浙江古籍出版社，2015.

[183] 郑性.南溪偶刊[M]//四库未收书辑刊编纂委员会.四库未收书辑刊：8辑27册.北京：北京出版社，1997.

[184] 郑性.南溪台游日记[M].清刻本.

[185] 万承勋.冰雪集[M]//清代诗文集汇编编纂委员会.清代诗文集汇编：221册.上海：上海古籍出版社，2010.

[186] 沈德潜.归愚文钞[M]//清代诗文集汇编编纂委员会.清代诗文集汇编：234册.上海：上海古籍出版社，2010.

[187] 沈德潜.沈归愚诗文全集·归愚自订年谱[M]//清代诗文集汇编编纂委员会.清代诗文集汇编：234册.上海：上海古籍出版社，2010.

[188] 诸锦.绛跗阁诗稿[M]//清代诗文集汇编编纂委员会.清代诗文集汇编：313册.上海：上海古籍出版社，2010.

[189] 金农.冬心先生集[M]//续修四库全书编委会.续修四库全书 集部：1424册.上海：上海古籍出版社，2002.

[190] 杭世骏.道古堂文集[M]//续修四库全书编委会.续修四库全书 集部：1426册.上海：上海古籍出版社，2002.

[191] 全祖望.全祖望集汇校集注[M].朱铸禹，汇校集注.上海：上海古籍出版社，2000.

[192] 汤庆祖.五皛诗稿[M]//赵一生.东阳丛书：20册.杭州：浙江古籍出版社，2015.

[193] 逯钦立.先秦汉魏晋南北朝诗[M].北京：中华书局，1983.

[194] 萧统.六臣注文选[M].李善，吕延济，刘良，等，注.北京：中华书局，1987.

[195] 郭茂倩.乐府诗集[M].北京：中华书局，1979.

[196] 程颢，程颐.二程集[M].王孝鱼，点校.北京：中华书局，1981.

[197] 徐照，徐玑，翁卷，等.永嘉四灵诗集[M].陈增杰，校点.杭州：浙江古籍出版社，1985.

[198] 中华书局编辑部.全唐诗[M].北京：中华书局，1999.

[199] 北京大学古文献研究所.全宋诗[M].北京：北京大学出版社，1998.

[200] 唐宋邑士诗文辑存[M]//赵一生.东阳丛书：1册.杭州：浙江古籍出版社，2015.

[201] 张立敏.千家诗[M].北京：中华书局，2012.

[202] 戚雄.婺贤文轨[M]//四库全书存目丛书编纂委员会.四库全书存目丛书 集部：299册.济南：齐鲁书社，1997.

[203] 赵鹤.金华文统[M]//四库全书存目丛书编纂委员会.四库全书存目丛书 集部：297册.济南：齐鲁书社，1997.

[204] 程敏政.明文衡[M]//影印文渊阁四库全书编纂委员会.影印文渊阁四库全书 集部：1374册.台北：台湾商务印书馆，1986.

[205] 董肇勋，王崇炳.东阳历朝诗[M]//黄灵庚，陶诚华.重修金华丛书：178册.上海：上海古籍出版社，2014.

[206] 王崇炳.金华文略[M]//赵一生.东阳丛书：16册.杭州：浙江古籍出版社，2015.

[207] 郭钟儒.石洞贻芳集[M]//赵一生.东阳丛书：10册.杭州：浙江古籍出版社，2015.

[208] 朱琰.金华诗录[M]//黄灵庚，陶诚华.重修金华丛书：178册.上海：上海古籍出版社，2014.

[209] 阮元.两浙輶轩录[M]//续修四库全书编委会.续修四库全书 集部：1683册.上海：上海古籍出版社，2002.

[210] 徐世昌.晚晴簃诗汇[M].闻石，点校.北京：中华书局，1990.

[211] 施淑仪.清代闺阁诗人征略[M]//周骏富.清代传记丛刊·学林类34.台北：明文书局，1985.

[212] 南开大学古籍与文化研究所.清文海[M].北京：国家图书馆出版社，2010.

[213] 李东阳.麓堂诗话[M]//丁福保.历代诗话续编.北京：中华书局，1983.

[214] 杨慎.升庵诗话[M]//丁福保.历代诗话续编.北京：中华书局，1983.

[215] 谢榛.四溟诗话[M].宛平，校点.北京：人民文学出版社，1961.

[216] 王夫之. 姜斋诗话笺注 [M]. 戴鸿森，笺注. 北京：人民文学出版社，1981.

[217] 王世贞. 艺苑卮言 [M]// 丁福保. 历代诗话续编. 北京：中华书局，1983.

[218] 朱彝尊. 词综 [M]//. 四部备要：97 册. 北京：中华书局，1936.

[219] 朱彝尊. 明诗综 [M]// 影印文渊阁四库全书编纂委员会. 影印文渊阁四库全书 集部：1459 册. 台北：台湾商务印书馆，1986.

[220] 朱彝尊. 静志居诗话 [M]. 北京：人民文学出版社，1990.

[221] 沈雄. 古今词话 [M]. 上海：上海古籍出版社，2009.

[222] 沈德潜. 说诗晬语 [M]. 霍松林，校注. 北京：人民文学出版社，1979.

[223] 吴乔. 围炉诗话 [M]// 郭绍虞，编选. 富寿荪，校点. 清诗话续编. 上海：上海古籍出版社，1983.

[224] 袁枚. 随园诗话 [M]. 顾学颉，校点. 北京：人民文学出版社，1982.

[225] 法式善. 梧门诗话 [M]// 续修四库全书编委会. 续修四库全书 集部：1705 册. 上海：上海古籍出版社，2002.

[226] 刘熙载. 艺概 [M]// 郭绍虞，编选. 富寿荪，校点. 清诗话续编. 上海：上海古籍出版社，1983.

[227] 陈廷焯. 白雨斋词话 [M]. 杜维沫，校点. 北京：人民文学出版社，1959.

[228] 刘勰. 文心雕龙注 [M]. 范文澜，注. 北京：人民文学出版，1958.

[229] 杨伯峻. 孟子译注 [M]. 北京：中华书局，1960.

[230] 朱谦之. 老子校释 [M]. 北京：中华书局，1984.

[231] 昌彼得，乔衍琯，宋常廉，等. 明人传记资料索引 [M]. 台北：台湾文史哲出版社，1978.

[232] 杨伯峻. 论语译注 [M]. 北京：中华书局，1980.

[233] 刘义庆. 世说新语校笺 [M]. 徐震堮，校笺. 北京：中华书局，1984.

[234] 赵翼. 廿二史札记校证 [M]. 王树民，校证. 北京：中华书局，1984.

[235] 邓云特. 中国救荒史 [M]. 上海：上海书店，1984.

[236] 唐圭璋. 词话丛编 [M]. 北京：中华书局，1986.

[237] 王谠. 唐语林校证 [M]. 周勋初，校证. 北京：中华书局，1987.

[238] 王德毅，李荣村，潘柏澄. 元人传记资料索引 [M]. 北京：中华书局，1987.

[239] 刘向. 说苑校证 [M]. 向宗鲁，校证. 北京：中华书局，1987.

[240] 唐圭璋，钟振振. 金元明清词鉴赏辞典 [M]. 南京：江苏古籍出版社，1989.

[241] 严迪昌. 清词史 [M]. 南京：江苏古籍出版社，1990.

[242] 程俊英，蒋见元. 诗经注析 [M]. 北京：中华书局，1991.

[243] 王利器. 盐铁论校注 [M]. 北京：中华书局，1992.

[244] 钱基博. 中国文学史 [M]. 北京：中华书局，1993.

[245] 袁行云. 清人诗集叙录 [M]. 北京：文化艺术出版社，1994.

[246] 钱仲联. 中国文学家大辞典：清代卷 [M]. 北京：中华书局，1996.

[247] 王运熙，顾易生. 中国文学批评通史：魏晋南北朝卷 [M]. 上海：上海古籍出版社，1995.

[248] 季啸风. 中国书院辞典 [M]. 杭州：浙江教育出版社，1996.

[249] 覃召文. 岭南禅文化 [M]. 广州：广东人民出版社，1996.

[250] 何炳松. 浙东学派溯源 [M]// 何炳松. 何炳松文集：第4卷. 北京：商务印书馆，1996.

[251] 钱仲联. 中国文学大辞典 [M]. 上海：上海辞书出版社，1997.

[252] 郑振铎. 劫中得书记 [M]// 郑振铎. 郑振铎全集：第6卷. 石家庄：花山文艺出版社，1998.

[253] 黄明同. 陈献章评传 [M]. 南京：南京大学出版社，1998.

[254] 章继光. 陈白沙诗学论稿 [M]. 长沙：岳麓书社，1999.

[255] 姜伯勤. 石濂大汕与澳门禅史 [M]. 上海：学林出版社，1999.

[256] 张健. 清代诗学研究 [M]. 北京：北京大学出版社，1999.

[257] 曹础基. 庄子浅注 [M]. 北京：中华书局，2000.

[258] 朱瑞熙. 嘐城集 [M]. 上海：华东师范大学出版社，2001.

[259] 杨迪昌. 清诗史 [M]. 杭州：浙江古籍出版社，2002.

[260] 张少康. 文赋集释 [M]. 北京：人民文学出版社，2002.

[261] 杜海军. 吕祖谦文学研究 [M]. 北京：学苑出版社，2003.

[262] 宗白华. 美学散步 [M]. 上海：上海人民出版社，2005.

[263] 黄明同. 明代心学宗师：陈献章 [M]. 广州：广东人民出版社，2005.

[264] 徐永明. 元代至明初婺州作家群研究 [M]. 北京：中国社会科学出版社，2005.

[265] 钱钟书. 谈艺录 [M]. 北京：生活·读书·新知三联书店，2007.

[266] 张宏生. 清词探微 [M]. 上海：上海古籍出版社，2008.

[267] 常春藤编委会. 三字经 百家姓 千字文 弟子规 [M]. 北京：中华书局，2009.

[268] 孔子. 孔子家语 [M]. 王国轩，王秀梅，译注. 北京：中华书局，2009.

[269] 傅璇琮. 中国古代诗文名著提要：宋代卷 [M]. 石家庄：河北教育出版社，2009.

[270] 傅璇琮. 中国古代诗文名著提要：金元卷 [M]. 石家庄：河北教育出版社，2009.

[271] 傅璇琮. 中国古代诗文名著提要：明清卷 [M]. 石家庄：河北教育出版社，2009.

[272] 毛策. 孝义传家：浦江郑氏家族研究 [M]. 杭州：浙江大学出版社，2009.

[273] 张运华. 陈献章学术思想研究 [M]. 北京：人民出版社，2010.

[274] 道原. 景德传灯录译注 [M]. 顾宪义，译注. 上海：上海书店出版社，2010.

[275] 蒋寅. 清代诗学史：第1卷 [M]. 北京：中国社会科学出版社，2012.

[276] 龚剑锋. 二十五史金华人物传 [M]. 杭州：浙江古籍出版社，2014.

[277] 许鸿烈，陈一中. 八华山志 [M]// 赵一生. 东阳丛书：22 册. 杭州：浙江古籍出版社，2015.

[278] 姚良. 金堡及其《遍行堂》词研究 [D]. 重庆：西南大学，2006.

[279] 袁云兰.《吴绛雪诗集》研究与整理 [D]. 金华：浙江师范大学，2011.

[280] 陈燕. 王崇炳研究 [D]. 金华：浙江师范大学，2012.

[281] 汤英. 明代金华府作家研究 [D]. 上海：上海师范大学，2013.

[282] 袁静兰. 论厉鹗的孤寂幽僻诗风 [D]. 湘潭：湘潭大学，2016.

[283] 兰军. 联讲会，立书院：浙江阳明学讲会研究 [D]. 长沙：湖南大学，2017.

[284] 杨亭亭. 梨洲弟子郑梁及其文学研究 [D]. 金华：浙江师范大学，2017.

[285] 曲劲竹. 陈献章理学诗研究 [D]. 延边：延边大学，2019.

[286] 江跃霞. 诸锦及其《绛跗阁诗稿》研究 [D]. 合肥：安徽大学，2021.

[287] 何林. 南明时期金堡政治活动研究 [D]. 哈尔滨：黑龙江大学，2022.

[288] 崔大华.江门心学简述[J].中州学刊,1986(2):47-54.

[289] 孙立."广东第一人"——陈献章与明清岭南诗论初探[J].广东社会科学,1993(2):96-101.

[290] 林心治.刘禹锡咏史怀古诗新探[J].渝州大学学报(哲学社会科学版),1996(1):40-46,73.

[291] 杜学文,许晓晴.人,在自我审视中完成——对孔子人学思想理解之一得[J].山西大学师范学院学报(综合版),1999(1):83-84.

[292] 祝尚书.论"击壤派"[J].文学遗产,2001(2):30-45.

[293] 李舜臣.释澹归与《遍行堂》词[J].中国韵文学刊,2002(2):95-101.

[294] 张晶,张振兴.诗学与心学中的陈白沙[J].社会科学辑刊,2002(3):149-154.

[295] 徐永明.婺州文人与朱元璋[J].中国典籍与文化,2002(3):10-20.

[296] 张毅."万物静观皆自得"——儒家心学与诗学片论[J].中国文化研究,2002(4):70-78.

[297] 周秀荣.理趣:北宋词的重要审美特征[J].江西社会科学,2003(5):76-79.

[298] 陈永正.澹归词略论[J].岭南文史,2005(1):45-51.

[299] 孙克强.清代词学与佛义禅理[J].中山大学学报(社会科学版),2006(1):11-15.

[300] 冯小禄.从诗与道的统合看陈献章的诗史意义[J].中国韵文学刊,2007(3):51-56.

[301] 吴光.关于"清代浙东学派"名称与性质的辨析——为"清代浙东经史学派"正名[J].中共宁波市委党校学报,2008(4):69-72.

[302] 张文利.论魏了翁以理入词[J].西北大学学报(哲学社会科学版),2009(2):10-14.

[303] 慈波.许谦《白云集》成书及版本考述[J].图书馆杂志,2010(12):69-72,80.

[304] 陈燕.乡学领袖王崇炳[J].安徽文学,2011(7):61-62.

[305] 沈文凡,王慷.怀古咏史词创作流变述论[J].阅江学刊,2013(3):122-127.

[306] 陈婺.《婺书》与《宋史》中的郑刚中传比较研究[J].黑龙江史志,2014(17):149-150.

[307] 张仲谋.《苏武慢》与词史中的理学体[J].江苏师范大学学报(哲学社会科学版),2018(1):34-41.

[308] 吕国喜.论王崇炳农事诗[J].兰州文理学院学报(社会科学版),2018(2):110-115.

[309] 吕国喜.王崇炳与郑性交游考论[J].盐城师范学院学报(人文社会科学版)2018(4):44-48.

[310] 张晶."鸢飞鱼跃"与中国诗学中的审美理性[J].北京大学学报(哲学社会科学版),2018(4):82-91.

[311] 白豪.论康熙年间官员在任守制[J].唐山师范学院学报,2019(1):60-65.

[312] 吕国喜.王崇炳与李凤雏交游考[J].兰州文理学院学报(社会科学版),2019(2):98-104.

[313] 吕国喜.《金华文略》谫论[J].浙江树人大学学报,2019(3):60-66.

[314] 吕国喜.王崇炳与金华书院[J].湖北职业技术学院学报,2019(3):64-68,108.

[315] 郭万金,贾娟娟.陈白沙诗歌散论[J].北方论丛,2020(1):90-98.

[316] 张立敏.论明末清初儒家诗教的失坠与承续——兼评明末清初诗教复兴论[J].铜仁学院学报,2020(6):13-22.

[317] 吕国喜.论王崇炳《金华征献略》[J].黄河科技学院学报,2020(12):73-78.

[318] 吕国喜.论王崇炳咏史怀古诗词[J].兰州文理学院学报(社会科学版),2022(3):58-65.

[319] 尹波,郭齐.旧题朱熹《训蒙绝句》《性理吟》之作者考辨[J].文艺研究,2022(5):42-52.

[320] 邓广铭.浙东学派探源——兼评何炳松《浙东学派溯源》[N].益世报,1935-08-29(11).

[321] 李韬,林经纬.文风与国运[N].光明日报,2013-07-23(11).

[322] 金一初.明朝开东阳诗派的李能茂[N].东阳日报,2014-07-09(6).